Rechnungswesen und EDV

7. Saarbrücker Arbeitstagung 1986

Kostenträgerrechnung · Standardsoftware
Neue Bilanzrichtlinien · CIM

Herausgegeben von
W. Kilger und A.-W. Scheer

Springer-Verlag Berlin Heidelberg GmbH

Professor Dr. Wolfgang Kilger, Universität des Saarlandes,
Industrieseminar, Im Stadtwald, D-6600 Saarbrücken, FRG

Professor Dr. August-Wilhelm Scheer, Universität des Saarlandes,
Institut für Wirtschaftsinformatik, Im Stadtwald, D-6600 Saarbrücken, FRG

CIP-Kurztitelaufnahme der Deutschen Bibliothek

Rechnungswesen und EDV / ... Saarbrücker Arbeitstagung. - Heidelberg : Physica-Verlag
NE: Saarbrücker Arbeitstagung
7. Kostenträgerrechnung, Standardsoftware, neue Bilanzrichtlinien, CIM. - 1986.
ISBN 978-3-7908-0358-7 ISBN 978-3-662-00410-4 (eBook)
DOI 10.1007/978-3-662-00410-4

Ursprünglich erschienen bei Physica-Verlag Heidelberg 1986

7120/7130-543210

Vorwort

In der Vergangenheit gingen die Impulse für die Entwicklung des computergestützten Rechnungswesens von der Kostenarten- und Kostenstellenrechnung aus, da diese verhältnismäßig einfach zu standardisieren sind.

Wesentlicher Schwerpunkt der 7. Saarbrücker Arbeitstagung RECHNUNGSWESEN UND EDV/1986 ist deshalb die KOSTENTRÄGERRECHNUNG und die Diskussion der zu diesem Teilgebiet des Rechnungswesens existierenden Standardsoftwarelösungen.

Bei der KOSTENTRÄGERRECHNUNG kommen Branchen- und Produktunterschiede stärker zum Tragen, so daß sich die Entwickler bisher sowohl bei Eigenentwicklungen als auch bei Standardsoftwarelösungen zurückgehalten haben. Für die Entscheidungsfindung wird eine aktuelle Kalkulation jedoch immer wichtiger.

Neu hinzugekommen sind in diesem Jahr Aspekte, wie sie sich aus CIM (Computer Integrated Manufacturing) und dem neuen Bilanzrichtlinien-Gesetz auf das Rechnungswesen ergeben.

Die SAARBRÜCKER ARBEITSTAGUNGEN sind schon seit geraumer Zeit zu einem Forum der Diskussion von Anwendung, Entwicklung und Forschung geworden, von dem wesentliche Anregungen für zukünftige Entwicklungen ausgehen.

Von den 26 Vorträgen entfällt mit mehr als 15 Vorträgen auch dieses Jahr der überwiegende Teil der Referate auf kompetente Anwender. Es kommen aber auch die Hersteller zu Wort, um ihre Konzeptionen und Lösungen vorzustellen. Parallel dazu referieren namhafte Wissenschaftler zu den Themen der Tagung.

Damit wird ein ausgewogenes Verhältnis zwischen Theorie und Praxis erreicht, durch das sich die Tagung seit jeher auszeichnet.

Der Dank der Herausgeber gilt den Referenten für die Bereitschaft, ihre Vorträge zur Veröffentlichung vorzulegen. Weiterhin danken die Herausgeber ihren Mitarbeitern Lucie Bender, Ulrike Gräff, Dipl.-Kfm. Hubert Jäger, Dipl.-Kfm. Dipl.-Inform. Richard Lackes, Dipl.-Kfm. Jürgen Lange, Dipl.-Ing. Elmar Sick, Dipl.-Kfm. Udo Venitz und Dipl.-Kfm Volker Warschburger für ihre hilfreiche Unterstützung.

Saarbrücken, im August 1986

Prof. Dr. W. Kilger — Prof. Dr. A.-W. Scheer

Inhaltsverzeichnis

A Kostenträgerrechnung, datenbankgestütztes Rechnungswesen, Vertriebscontrolling, Anwenderberichte

Die Kostenträgerrechnung als leistungs- und kostenwirtschaftliches Spiegelbild des Produktions- und Absatzprogramms

Prof. Dr. W. Kilger, Universität des Saarlandes, Saarbrücken

Gliederung:

7. Saarbrücker Arbeitstagung 1986
Rechnungswesen und EDV
hrsg. v. W. Kilger/A.-W. Scheer

1. Die Kostenträgerrechnung als Teilsystem einer entscheidungs- und kontroll-orientierten Kostenrechnung und Leistungsrechnung

Der Schwerpunkt der diesjährigen Saarbrücker Arbeitstagung liegt auf dem Gebiet der Kostenträgerrechnung, und zwar sowohl bei den betriebswirtschaftlich als auch bei den EDV-orientierten Beiträgen.

Betrachtet man den jahrzehntelangen Entwicklungsprozeß der Kosten- und Leistungsrechnung, so erkennt man, daß die Frage nach den "richtigen Selbstkosten pro Einheit" als eine der wichtigsten, ja vielleicht sogar als die Hauptaufgabe des internen Rechnungswesens angesehen wurde. In den ersten Phasen der Entwicklung wurde die Kosten- und Leistungsrechnung daher häufig sogar in ihrer Gesamtheit als "Selbstkostenrechnung" oder "Kalkulation" bezeichnet.

Im Laufe der Zeit erkannte man aber, daß die Frage nach den "richtigen Selbstkosten pro Einheit" nur zuverlässig beantwortet werden kann, wenn der Prozeß der betrieblichen Leistungserstellung und -verwertung vom ersten Kostengütereinsatz an über alle Arbeitsgänge und Produktionsstufen bis zur Fertigstellung der Erzeugnisse und ihrer Veräußerung auf den Absatzmärkten prozeßkonform von der Kostenrechnung erfaßt wird. Hierbei ist die Kostenträgerrechnung das Endglied mehrerer aufeinander aufbauender interdependenter Teilsysteme der Kosten- und Leistungsrechnung, die wir in Anlage 1 zusammengefaßt haben. Wie diese Anlage erkennen läßt, führen Erfassungsfehler der Kostenarten, Mängel der Kostenstelleneinteilung und Bezugsgrößenwahl sowie Fehler im System der innerbetrieblichen Leistungsverrechnung und der innerbetrieblichen Auftragsabrechnung zwangsläufig zu Fehlern in der Kostenträgerrechnung.

Die Kostenträgerrechnung als das letzte Teilsystem der Kosten- und Leistungsrechnung besteht aus der Kostenträgerstückrechnung (Kalkulation) und der Kostenträgerzeitrechnung (Betriebsergebnisrechnung).

Die Kostenträgerstückrechnung (Kalkulation) ermittelt die Herstellkosten pro Kalkulationseinheit für die Zwecke der Bestandsbewertung und die Selbstkosten pro Kalkulationseinheit als Grundlage für die Preispolitik und die Erfolgsplanung und -kontrolle.

Die mit Hilfe der Kalkulation ermittelten Kosten pro Einheit gehen als Daten in die Kostenträgerzeitrechnung (Betriebsergebnisrechnung) ein; ihre Aufgabe besteht in der nach Kostenträgern, Kostenträgergruppen, Absatzgebieten, Kundengruppen und anderen marketingrelevanten Klassifikationsmerkmalen differenzierten Ermittlung und Analyse des Periodenerfolgs für kurzfristige Abrechnungszeiträume (in der Regel Monate).

Der Inhalt und der Aufbau der in Anlage 1 dargestellten Teilsysteme ist im Zeitablauf wesentlich von verschiedenen Entwicklungsformen der Kosten- und Leistungsrechnung geprägt worden. In der Istkostenrechnung werden die effektiv anfallenden vollen Istkosten von der Kostenartenrechnung bis in die Kostenträgerrechnung "durchgerechnet" (Kostenüberwälzungsprinzip). Bei Anwendung einer Normalkostenrechnung gehen Normalkosten in die Kalkulationen ein; daneben fallen Unter- bzw. Überdeckungen an.

In den entscheidungs- und kontrollorientierten Systemen der flexiblen Plankostenrechnung werden die Istkosten in einer doppelten Differenzierung durchgerechnet:

1. Sollkosten und Kostenabweichungen
2. proportionale Kosten und fixe Kosten.

Der Übergang zur flexiblen Plankostenrechnung auf Proportionalkostenrechnung (Grenzplankostenrechnung, Direct Costing) veränderte insbesondere die Kostenträgerrechnung. Die Kostenträgerstückrechnung wurde von einer Vollkosten- zu einer Proportionalkosten-Kalkulation (Grenzkostenkalkulation) und die Kostenträgerzeitrechnung entwickelte sich von einer Vollkosten-Ergebnisrechnung zu einer Deckungsbeitragsrechnung weiter. In den 50er und 60er Jahren, als sich diese Entwicklung vollzog, herrschte zunächst die Tendenz vor, die Erstellung von Vollkosten-Kalkulationen vollständig aufzugeben. Inzwischen "pendelte" sich die Entwicklung aber in der "Mitte" ein; heute werden flexibe Plankostenrechnungen stets so aufgebaut, daß eine parallele Erstellung von Proportional- und Vollkostenkalkulationen erfolgt. Bei unseren folgenden Ausführungen wollen wir von diesem Entwicklungsstand der Plankostenrechnung ausgehen.

Die in Anlage 1 dargestellten, stufenweise aufeinander aufbauenden Teilsysteme der Kosten- und Leistungsrechnung weisen in ihrem Aufbau und ihren

Ausgestaltungsformen in der betrieblichen Praxis von der Kostenarten- über die Kostenstellen- zur Kostenträgerrechnung eine zunehmende Abhängigkeit von branchenspezifischen Einflüssen auf.

Die Kostenartenrechnung ist abgesehen von unterschiedlichen Kostenartengliederungen und dem unterschiedlichen Gewicht einzelner Kostenarten nur relativ wenig von branchenspezifischen Einflüssen abhängig.

Beim Aufbau und der Durchführung der Kostenstellenrechnung und der innerbetrieblichen Auftragsabrechnung wirken sich zwar branchenspezifische Einflüsse bereits erheblich stärker aus als in der Kostenartenrechnung, die Grundstruktur dieser Teilsysteme der Kosten- und Leistungsrechnung werden aber in weitaus geringerem Maße von branchenspezifischen Einflüssen geprägt als die Kostenträgerrechnung. Bereits auf einem relativ geringen Abstraktionsniveau lassen sich die Kostenartenrechnung, die Kostenstellenrechnung und die innerbetriebliche Auftragsabrechnung sowie die zwischen ihnen bestehenden interdependenten Beziehungen auf eine branchenübergreifende Grundstruktur zurückführen.

Am weitaus stärksten ausgeprägt sind die branchenspezifischen Einflüsse auf die Kostenträgerrechnung. Da die Kostenträgerrechnung die Aufgabe hat, die Kosten der Leistungserstellung und -verwertung prozeßkonform auf die betrieblichen Leistungseinheiten zu projizieren, schlägt sich hier die Mannigfaltigkeit der Leistungsarten der Unternehmen weitgehend auf den Aufbau und die Durchführung der Rechnung nieder. Die Kostenträgerrechnung ist bildlich gesprochen ein leistungs- und kostenwirtschaftliches Spiegelbild des Produktions- und Absatzprogramms der Unternehmungen und entsprechend vielgestaltig.

Es wäre reizvoll zu untersuchen, ob und auf der Grundlage welchen Abstraktionsgrades ein branchenübergreifender Grundaufbau der Kostenträgerrechnung definierbar ist, der die Belange von Gewinnungsbetrieben (Landwirtschaft, Forstwirtschaft, Fischerei und Bergbau),der Betriebe der umformenden Produktion (vom Handwerk bis zu den unterschiedlichsten Branchen der Industrie), der Betriebe der verteilenden Produktion (Handel und Verkehr) sowie von Banken, Versicherungen und sonstigen Dienstleistungsunternehmen gleichermaßen abdeckt; dies wäre eine notwendige Voraussetzung für den Aufbau einer universellen Standardsoftware für die Kostenträgerrechnung.

Bei unseren weiteren Ausführungen wollen wir aber den Rahmen der Betrachtungen enger wählen und uns auf branchenspezifische Unterschiede der Kostenträgerrechnung innerhalb der Unternehmungen der industrieller Sachgüterproduktion beschränken.

2. Die Kostenträgerstückrechnung (Kalkulation) und ihre Beziehungen zu Strukturmerkmalen des Produktions- und Absatzprogramms

21. Die Abhängigkeit der Kalkulationsarten von Strukturmerkmalen des Produktions- und Absatzprogramms

Beim Aufbau der Kostenträgerstückrechnung ist zwischen Kalkulationsarten und dem Kalkulationsaufbau zu unterscheiden.

Die Kalkulationsart wird durch folgendes Kalkulationsmerkmale gekennzeichnet:[1)]

1. Kalkulationszeitpunkt
   11. Vor Auftragsabwicklung
   12. Nach Auftragsabwicklung
2. Kalkulationsgegenstand
   21. Fallbezogene Einzelkalkulationen
   22. Zeitraumbezogene Durchschnittskalkulationen
3. Kalkulationsgenauigkeit
   31. Kalkulationen auf der Grundlage von Näherungsverfahren
   32. Kalkulationen auf der Grundlage exakter Kalkulationsverfahren.

Wie die Anlage 2 erkennen läßt, sind die für eine Unternehmung erforderlichen Kalkulationsarten wesentlich von der Art der Produktionsplanung und Auftragsabwicklung abhängig. Hierbei sind folgende beiden Grundformen industrieller Produktion zu unterscheiden:

1. Unternehmen mit Auftragsproduktion
   11. Langfristige Einzelauftragsproduktion
   12. Kurzfristige Serienauftragsproduktion

2. Unternehmungen mit Marktprodukten standardisierter Erzeugnisse

3. Mischformen.

In welchen Stufen die Produktionsplanung in Unternehmen mit Auftragsproduktion erfolgt, haben wir in Anlage 3 dargestellt. Der Schwerpunkt der Kostenträgerrechnung liegt bei Auftragsproduktion zwangsläufig auf auftragsbezogenen Kalkulationen, da in der Planung, Auftragsabwicklung und Kontrolle eindeutig die einzelnen Kundenaufträge und Projekte im Mittelpunkt stehen. Hierbei ist zwischen langfristiger Einzelproduktion (z.B. Anlagenbau, Schiffsbau, Bauindustrie usw.) und kurzfristiger Auftragsserienproduktion (z.B. Herstellung von Druckerzeugnissen oder Kartonagen) zu unterscheiden.

Wie die Anlage 3 erkennen läßt, werden bei langfristiger Einzelauftragsproduktion zunächst aufgrund von Kundenanfragen auftragsbezogene Angebotsvorkalkulationen erstellt. Da bei langfristiger Einzelauftragsproduktion im Zeitpunkt der Angebotsbearbeitung in der Regel der konstruktive Produktaufbau noch nicht detailliert festliegt und sich noch keine genauen Daten des Mengengerüstes der betrieblichen Projekte bestimmen lassen, basieren die Angebotsvorkalkulationen normalerweise auf geschätzten Kalkulationsdaten und kalkulatorischen Näherungsverfahren. Diese Verfahren basieren meistens auf Kostenkennziffern, die aus Nachkalkulationen ähnlicher früherer Aufträge abgeleitet werden. Diese Kennziffern geben Kosten-Erfahrungswerte für leicht erfaßbare Mengengrößen der Kostenträger (z.B. Kosten pro Gewichtseinheiten, Leistungsdaten, Mengengrößen usw.) an. Stehen im Zeitpunkt der Angebotsbearbeitung für Teilleistungen eines Auftrages bereits exakte Kalkulationsdaten zur Verfügung, so werden diese natürlich bei der Erstellung von Angebotsvorkalkulationen genutzt.

Führen die Verhandlungen mit dem Kunden zur Auftragserteilung, so setzt die detaillierte Produkt- und Produktionsplanung für das betreffende Projekt ein. Hierbei werden sukzessiv alle Mengendaten geplant, die für die Erstellung exakter Kalkulationen erforderlich sind. Sie dienen als Grundlage für den Aufbau von Auftragsvorkalkulationen. Diese Kalkulationen werden auch als "mitlaufende" Plankalkulationen bezeichnet, da sie die geplanten Projektkosten im Zeitablauf so abbilden, wie die Plandaten des Mengengerüstes festgelegt werden.

Parallel zur Auftragsausführung müssen bei langfristiger Einzelproduktion die Istkosten der Einzelaufträge bzw. Projekte nachkalkuliert werden. Dies geschieht mit Hilfe mitlaufender Nachkalkulationen.

Bei der kurzfristigen Serienauftragsproduktion werden ebenfalls auftragsbezogene Vor- und Nachkalkulationen erstellt. Da infolge des in der Regel einfacheren Produktaufbaus die Mengendaten der Erzeugnisse bereits im Zeitpunkt der Angebotsbearbeitung exakt vorausbestimmt werden können, stimmt der Genauigkeitsgrad der Angebotsvorkalkulationen mit dem Genauigkeitsgrad der Auftragsvorkalkulationen überein; in vielen Fällen sind heute Kalkulationen identisch.

Eine andere Betrachtungsweise für den Aufbau von Kalkulationen liegt in Unternehmungen mit Marktproduktion standardisierter Erzeugnisse vor. Hier wird vom Konstruktions- und Entwicklungsbereich auf der Grundlage erwarteter Nachfragedaten für eine bestimmte Angebotsperiode ein Sortiment standardisierter Erzeugnisse konzipiert. Die Länge der Angebotsperiode beträgt häufig ein Jahr, bei jahreszeitlich beeinflußten Artikeln oftmals sogar nur ein halbes Jahr (z.B. Sommer- und Winterkollektionen der Textilindustrie). Bei langfristig nutzbaren Erzeugnissen kann die Angebotsperiode mehrere Jahre betragen (z.B. 7 Jahre für Personenkraftwagen und 10 Jahre für Nutzfahrzeuge).

Für die Angebotsperiode werden in der Regel die Anzahl der Erzeugnisse, der Produktaufbau (Konstruktion und Formgebung) sowie die vorgesehenen Ausgestaltungsformen (Muster, Desings, Farbstellungen usw.) genau im voraus festgelegt und zwar lange bevor Kundenaufträge eingehen. Ein Sortimenge standardisierter Erzeugnisse wird dem "anonymen Markt" zu Listenpreisen und bestimmten Konditionen angeboten. Für die Preispolitik, Verkaufssteuerung und Absatzplanung sind daher keine auftragsbezogenen Einzelkalkulationen, sondern zeitraumbezogene Durchschnittskalkulationen erforderlich. Diese Kalkulationen basieren auf den während der Angebotsperiode erwarteten durchschnittlichen Plankalkulationsdaten und werden daher als Plankalkulationen oder auch als Standardkalkulationen bezeichnet.

In zeitraumbezogenen Plankalkulationen werden alle relevanten Kalkulationsdaten planmäßig fixiert und während der Gültigkeitsdauer dieser Kalkulationen nicht verändert, relevante Kalkulationsdaten sind:

1. Plandaten des Mengengerüstes
   11. Produktaufbau
   12. Einzelmaterialeinsatz
   13. Produktionsvollzug
2. Plan-Wertansätze
   21. Plan-Preise
   22. Plan-Lohnsätze
   23. Plan-Verrechnungssätze der Kostenstellen.

Plankalkulationen, deren Gültigkeitsdauer mit der (meistens einjährigen) Angebotsperiode der standardisierten Erzeugnisse übereinstimmen, werden als Basis-Plankalkulationen bezeichnet. Ein Problem der Kostenträgerrechnung, auf das später noch im einzelnen einzugehen sein wird, besteht in der Frage, ob die Basis-Plankalkulationen während der Angebotsperiode ausreichen, oder ob das laufende Abrechnungssystem der Kostenträgerrechnung durch aktualisierte Plankalkulationen ergänzt werden muß. Werden die Basis-Plankalkulationen als ausreichend angesehen, so gehen sämtliche Kostenabweichungen als nicht kalkulatorisch verrechnete Kostenabweichungen in die Kostenträgerzeitrechnung ein. Erfolgt eine Ergänzung der Basis-Plankalkulationen durch aktualisierte Plankalkulationen, so werden im laufenden Abrechnungssystem Kalkulations-Abweichungen wirksam, die nicht kalkulatorisch verrechneten Kostenabweichungen werden entsprechend reduziert.

Unsere Ausführungen haben gezeigt, daß in Unternehmen mit Marktproduktion standardisierter Erzeugnisse der Schwerpunkt der gesamten Kostenträgerrechnung auf periodenbezogenen Plankalkulationen liegt. Daneben können aber für bestimmte Aufgaben <u>fallweise Sonderkalkulationen</u> erstellt werden, die nicht in die laufende Kostenträgerzeitrechnung eingehen.

Hierzu gehören <u>fallweise Nachkalkulationen</u> zur Bestimmung der Istkosten bestimmter Einzelerzeugnisse. Sie setzen eine fallweise serien- und erzeugnisbezogene Erfassung der erforderlichen Ist-Kalkulationsdaten voraus, können näherungsweise aber auch aus den zugehörigen Plankalkulationen durch Zuordnung aktueller Kostenabweichungen abgeleitet werden.

Die laufende Nachkalkulation sämtlicher Erzeugnisse ist bei Marktproduktion nicht erforderlich.

In Unternehmen mit einer relativ großen Variationsbreite des Produktionsvollzugs (Eigenerstellung oder Fremdbezug, Verfahrenswahl, Seriengrößen, Bedienungsrelationen, Prozeßbedingungen usw.) sind für kurzfristige Entscheidungen (z.B. Optimierungsrechnungen) oftmals Kalkulationen von Interesse, die auf alternativen Plan-Kalkulationsdaten des Mengengerüstes basieren und daher als fallweise Alternativkalkulationen bezeichnet werden. Diese Kalkulationen beschränken sich meistens auf die Herstell- oder sogar nur auf die Fertigungskosten.

Neben den reinen Formen der Auftrags- und Marktproduktion treten in der Praxis Mischformen auf, für die unsere obigen Ausführungen zu den Kalkulationsarten analog gelten.

So gibt es z.B. Unternehmen, die nebeneinander Standarderzeugnisse und Kundenaufträge herstellen (z.B. standardisierte und nach Kundenangaben gefertigte Zahnräder und Antriebsketten). Weiterhin werden bei Auftragsproduktion aus Rationalisierungsgründen möglichst viele Einzelteile oder Bauelemente (z.B. Getriebeteile, Behälter usw.) standardisiert. In diesen Fällen sind nebeneinander Vor- und Nachkalkulationen (für auftragsweise gefertigte Endprodukte) und Plankalkulationen (für Standarderzeugnisse bzw. standardisierte Teile oder Bauelemente) erforderlich.

Eine weitere Mischform ist die abnehmerdeterminierte Variantenproduktion standardisierter Erzeugnisse. Hier werden mehrteilige Stückgüter angeboten und produziert, die zwar ausschließlich aus standardisierten Teilen, Baugruppen und Aggregaten bestehen, bei denen die Abnehmer aber bei ihrer Kaufentscheidung bestimmen, wie die Elemente zu einem Endprodukt zu kombinieren sind. Ein typisches Beispiel hierfür ist die Automobilindustrie, wo für die einzelnen Fahrzeugmodelle heute oftmals einige hunderttausend Variationsmöglichkeiten bestehen. Grundsätzlich sollten auch bei abnehmerdeterminierter Variantenproduktion standardisierter Erzeugnisse zeitraumbezogene Plankalkulationen die Grundlage der Kostenträgerrechnung bilden. Hierbei treten aber spezielle Probleme auf, auf die später noch zurückzukommen sein wird.

22. Die Abhängigkeit des Kalkulationsaufbaus von Strukturmerkmalen des Produktions- und Absatzprogramms

Der Kalkulationsaufbau wird wesentlich vom Aufbau der Herstellkostenkalkulation bestimmt. Die Kalkulation der Herstellkosten ist eine prozeßkonforme Zusammenfassung der leistungs- und kostenwirtschaftlichen Daten der Produktentstehung zu den Produktionskosten pro Kalkulationseinheit. Daher besteht eine weitreichende Abhängigkeit des Kalkulationsaufbaus von Strukturmerkmalen des Produktions- und Absatzprogramms. So kompliziert oder einfach wie der Produktaufbau, so kompliziert, vielschichtig oder einfach ist auch der Aufbau der Herstellkostenkalkulationen.

In bezug auf den Produktaufbau lassen sich die folgenden Erzeugniskategorien unterscheiden:

1. Stückgüter
   11. mehrteilig
   12. einteilig
2. Fließgüter
   21. Einzelstoffe
   22. Stoffgemische
3. Mischformen.

Durch die Daten des Produktaufbaus werden Stückgüter dreidimensional festgelegt. Bei Fließgütern bleibt im Produktionsprozeß mindestens eine Dimension zunächst unbestimmt; erst die letzten Arbeitsgänge (z.B. Verpackungsarbeitsgänge) führen zu endgültig determinierten Kalkulationseinheiten (z.B. Ballen, Rollen, Pakete, Flaschen, Fässer usw.). Mischformen sind z.B. mit Fließgütern (z.B. Farben, Lacken) überzogene Stückgüter oder in Stückgüter (z.B. Pakete, Dosen, Flaschen usw.) verpackte Fließgüter.

Wie die Anlage 4 erkennen läßt, ist eine wichtige Schnittstelle zwischen der Produktionsplanung und der Herstellkostenkalkulation die Stoff- und/oder Stücklistenauflösung. Durch die Stoffauflösung werden aufgrund von Mischungsanweisungen und Rezepturen Stoffgemische in selbst zu erstellende Eigenstoffe und extern zu beziehende Fremdstoffe zerlegt. Analog werden mehrteilige Stückgüter mit Hilfe einer Stücklistenauflösung in selbsterstellte Eigenteile (Herstellteile) und extern zu beschaffende Fremdteile zerlegt. Formal sind die Stoffauflösung bei Fließgüterproduktion und die Stücklistenauflösung bei Stückgüterproduktion identisch, die EDV spricht in beiden Fällen von einer Stücklistenauflösung, materiell bestehen aber wesentliche Unterschiede, da bei Fließgütern in der Regel größere Substitutionsmöglichkeiten bestehen und andere Techniken zur Erfassung von Mengenverlusten in der Produktion erforderlich sind, wie später noch zu zeigen sein wird.

Unabhängig hiervon aber gilt der Grundsatz, daß die Kalkulation der Herstellkosten stets nur so genau und eindeutig sein kann, wie die Ergebnisse der Stoff- und/oder Stücklistenauflösung.

Nur wenn diese für eine Angebotsperiode relativ konstant ist, reichen für standardisierte Erzeugnisse Basis-Plankalkulationen aus. Variiert die Stoff- und Stücklistenauflösung, so sind mengenseitig aktualisierte Plankalkulationen erforderlich. Bei abnehmerdeterminierter Variantenproduktion standardisierter Erzeugnisse (z.B. Automobilindustrie) muß man sich bei der Bestimmung von Plan-Herstellkosten zunächst auf Rumpfstücklisten beschränken, auf die bei der späteren Produktion Variantenstücklisten aufbauen. Bei langfristiger Auftragsproduktion stehen für die Endprodukte im Zeitpunkt der Angebotsvorkalkulation noch keine Stücklisten zur Verfügung, woraus folgt, daß zunächst nur eine näherungsweise Bestimmung der Herstellkosten möglich ist.

Wie die Anlage 4 erkennen läßt, sind die Eigenstoffe in der Regel Einzelstoffe und die Eigenteile einteilige Stückgüter (oder lassen sich auf solche zurückführen). Daher sind stets Einzelstoff- und Einzelteilkalkulationen die Bausteine für Herstellkostenkalkulationen von Stoffgemischen bzw. mehrteiligen Stückgütern. Die mit ihrer Hilfe ermittelten Herstellkosten pro Einheit gehen direkt oder über Zwischenkalkulationen in die Enderzeugniskalkulationen ein. Die Fremdstoffe und Fremdteile werden in den Zwischen- bzw. Endkalkulationen mit Fremdbezugskosten (Einstandspreis zuzüglich Materialgemeinkosten) bewertet. Weiterhin gehen die Fertigungskosten für zusammenfügende Arbeitsgänge (Mischungs- oder Montageprozesse) in die Zwischen bzw. Endkalkulationen ein. Vgl. hierzu das Beispiel in Anlage 5.

In der Literatur zur Kostenrechnung werden seit vielen Jahrzehnten folgende Kalkulationsverfahren in Abhängigkeit vom Differenzierungsgrad des Produktions- und Absatzprogramms beschrieben:

Massenproduktion	→	Divisionskalkulation
Sortenproduktion	→	Äquivalenzziffernkalkulation
Serien- und Einzel-produktion	→	Lohnzuschlagskalkulation
	→	Bezugsgrößenkalkulation

Die weitere Entwicklung auf dem Gebiet der Kostenträgerstückrechnung hat aber deutlich werden lassen, daß die Voraussetzungen für die Anwendung der Divisionskalkulation (Einproduktfall) in der Praxis nur sehr selten erfüllt sind und die Äquivalenz- und die Lohnzuschlagskalkulation ungenaue oder sogar fehlerhafte Kalkulationsverfahren sind. Daher geht man in der Plankostenrechnung grundsätzlich vom Verfahren der <u>Bezugsgrößenkalkulation</u> aus. Bei diesem Verfahren werden alle Einzelkosten in den Kalkulationen gesondert ausgewiesen und die Fertigungskosten (einschl. Fertigungslohnkosten) den Erzeugnissen mit Hilfe kostenstellenindividueller Bezugsgrößen (z.B. Maschinenstunden, Fertigungsstunden, Rüststunden, Gewichts-, Längen-, Flächen-oder Hohlmaßen)zugeordnet.

Zur Ableitung der Grundformel für die Bestimmung der Herstellkosten von Einzelteilen nach dem Verfahren der Bezugsgrößenkalkulation wollen wir folgende Kurzzeichen einführen:

<u>Grund-Kurzzeichen</u>:

m = Materialverbrauch pro Einzelteile

q = Einstandspreis pro Materialeinheit

b = Bezugsgrößen pro Einzelteil

d = Kostensatz pro Bezugsgrößeneinheit

d_m = Materialgemeinkosten Verrechnungssatz in %

e_{Ftg} = Sondereinzelkosten der Fertigung pro Erzeugniseinheit

<u>Indizes</u>:

= Index zur Kennzeichnung der Teileart

v = Anzahl Teilearten

i = Index zur Kennzeichnung der Fertigungsstelle (Arbeitsgang)

n = Anzahl beanspruchter Fertigungsstellen (Arbeitsgänge)

Unter Verwendung dieser Kurzzeichen erhält man folgende Grundgleichung für die Bestimmung der Herstellkosten eines Einzelteils:

$$k_{H\nu} = \sum_{\nu=1}^{v} m_\nu q_\nu \left(1 + \frac{d_{m\nu}}{100}\right) + \sum_{i=1}^{n} b_{i\nu} d_i + e_{Ftg\nu} \qquad (\nu=1,\ldots,v)$$

Die obige Gleichung gilt für den Regelfall, daß für eine Fertigungsstelle jeweils eine Bezugsgrößenart ausreicht (homogene Kostenverursachung). Sind pro Kostenstelle mehrere Bezugsgrößen erforderlich (heterogene Kostenverursachung), so enthalten die Einzelteilkalkulationen für die betreffenden Fertigungskostenstellen für jede Bezugsgrößenart eine gesonderte Zeile.

Neben dem Grundaufbau der Herstellkostenkalkulation ist die kalkulatorische Berücksichtigung von Mengenverlusten der Produktion weitgehend von Strukturmerkmalen des Produktions- und Absatzprogramms abhängig; vgl. hierzu die Übersicht in Anlage 6.

Bei Stückgüterproduktion lassen sich fehlerhafte Erzeugnismengen in der Regel mit Hilfe von Einzelbelegen erfassen und als Ausschuß oder nacharbeitsfähige Mengen klassifizieren. Die Ausschuß- und Nacharbeitskosten werden durch spezielle Ausschuß- und Nacharbeitskostenkalkulationen im System der innerbetrieblichen Auftragsabrechnung erfaßt und weiterverrechnet. In entscheidungs- und kontrollorientierten Kostenrechnungssystemen werden den Ausschuß- und Nacharbeitsfällen nur proportionale Kosten zugeordnet.

Bei Serienproduktion standardisierter Erzeugnisse werden die Ausschuß- und Nacharbeitskosten über die (verursachenden) Kostenstellen abgerechnet. In Form knapp aber realistisch bemessener Kostenvorgaben sind in den Planverrechnungssätzen der Fertigungskostenstellen Ausschuß- und Nacharbeitskosten enthalten und gehen für diese in die Kalkulationen ein. Ausschuß- und Nacharbeitskostenabweichungen sind in den Kostenstellenabweichungen enthalten.

Bei Auftragsproduktion werden die Ausschuß- und Nacharbeitskosten den Einzelaufträgen als Sondereinzelkosten der Fertigung zugeordnet.

In manchen Betrieben mit Stückgüterproduktion fallen permanent fehlerhafte Stücke aufgrund produktionsbedingter Einflüsse an, so daß eine belegmäßige Erfassung zu aufwendig ist; dies gilt z.B. für die Porzellanindustrie. Hier werden Mengenverluste in gleicher Weise berücksichtigt wie in der Fließgüterproduktion.

Bei Fließgüterproduktion (z.B. Grundstoffindustrie, Chemie, Textilindustrie usw.) fallen Mengenverluste in der Produktion in der Regel permanent (z.B. als Abrieb, in Form von Feuchtigkeitsverlusten, Einsprung bei Veredelungsvorgängen usw.) an, so daß eine laufende mengenmäßige Erfassung am Entstehungsort in der Regel aus Wirtschaftlichkeitsgründen nicht realisierbar ist. Hier erfolgt die Erfassung von Mengenverlusten daher mit Hilfe geplanter Einsatzfaktoren. Unter Einsatzfaktoren werden die Relationen der Einsatz- zu den Ausbringungsmengen der Fertigungskostenstellen verstanden. In den Kalkulationen werden die Einzelmaterial- und die Fertigungskosten mit den kumulierten Planeinsatzfaktoren der Fertigungskostenstellen (= Produkte der Einsatzfaktoren der von den Erzeugnissen nacheinander durchlaufenen Kostenstellen) multipliziert, um die Mengenverluste kalkulatorisch zu erfassen. Abweichungen der Mengenverluste von den Planvorgaben können in den meisten Fällen nicht einzeln erfaßt werden; sie gehen in den Einzelmaterialverbrauchs- und den Kostenstellenabweichungen unter.

23. Kalkulationsprobleme bei speziellen Strukturmerkmalen des Produktions- und Absatzprogramms

231. Kalkulationsprobleme bei Auftragsproduktion

Wir wollen im folgenden einige spezielle Kalkulationsprobleme bei Auftragsproduktion behandeln.

In Unternehmungen mit langfristiger Einzelauftragsproduktion (z.B. Großanlagenbau, Schiffsbau, Bauindustrie usw.) steht die projektbezogene Kostenträgerstückrechnung im Mittelpunkt der gesamten Kosten- und Leistungsrechnung. Unter Bezugnahme auf die in Kapitel 21 dargestellten Kalkulationsarten wollen wir auf die folgenden speziellen Kalkulationsprobleme bei langfristiger Einzelauftragsproduktion eingehen:[2)]

1. Auftragsstrukturierung und Kalkulationsgenauigkeit
2. Anwendungsmöglichkeiten der Deckungsbeitragsrechnung
3. Kalkulatorische Berücksichtigung von Risiken
4. Durchführung projektbezogener Kostenkontrollen.

Das Problem der Auftragsstrukturierung und der Kalkulationsgenauigkeit stellt sich beim Aufbau von Angebotsvorkalkulationen. Im Zeitpunkt der Angebotsbearbeitung ist bei langfristiger Einzelauftragsproduktion in der Regel nur eine begrenzte Strukturierung in Kalkulationseinheiten (Bauabschnitte, Teilaggregate, Funktionselemente usw.) realisierbar, da die für eine detaillierte Strukturierung erforderlichen Plandaten noch nicht zur Verfügung stehen und wegen der mit ihrer Erstellung verbundenen hohen Planungskosten sowie aus Termingründen auch nicht erstellt werden können. Hieraus folgt, daß Angebotsvorkalkulationen im Regelfall Näherungskalkulationen sein müssen. Hierbei sind aber unter Aufwendung mehr oder weniger hoher Planungskosten (die bei Nichterteilung des Auftrages verloren sind) unterschiedliche Genauigkeitsgrade realisierbar. Für welche Anfragen man an die untere Genauigkeitsgrenze der Angebotsvorkalkulation geht und für welche Kundenanfragen man die Kalkulationsgenauigkeit möglichst hoch wählt, ist mit der Auftragserteilungs-Wahrscheinlichkeit abzuwägen.

Ein weiteres Problem der Kalkulationsgenauigkeit der Angebotsvorkalkulation ist die richtige Bestimmung von Plan-Kostenkennziffern. Diese sind prinzipiell aus Nachkalkulationen artähnlicher Aufträge abzuleiten. Hierbei sind zunächst globale Kosteneinflußgrößen (Leistungs-, Gewichts-, Volumensgrößen) zu ermitteln, und zwar für diejenigen Strukturierungseinheiten, die in den Angebotsvorkalkulationen gesondert ausgewiesen werden sollen. Da die Nachkalkulationen erheblich detaillierter erstellt werden, sind entsprechende Verdichtungen erforderlich. Zur Bestimmung geeigneter Kosteneinflußgrößen können Verfahren der Regressionsanalyse eingesetzt werden. Die ermittelten durchschnittlichen Kennziffern sind mit Hilfe von erwarteten Preis- und Lohn-Erhöhungsfaktoren an das Preis- und Lohnniveau des vorgesehenen Ausführungszeitraumes anzupassen. Weiterhin muß der Kalkulator auftragsspezifische Zu- und Abschläge vornehmen, wenn zu erkennen ist, daß das betreffende Projekt aufgrund seiner Leistungsdaten von der üblichen Ausgestaltungsform (z.B. beim Materialbedarf oder der elektronischen Ausrüstung) abweicht.

Die Auftragsstrukturierung der Auftragsvorkalkulation ist erheblich differenzierter als die der Angebotsvorkalkulation. Sie reicht oft bis zu den Einzelteilen der Stücklistenauflösung. Hier liegt das Strukturierungsproblem aber in der Anpassung an Änderungen des Produktaufbaus. Auf jeden Fall sollte eine neue Auftragsvorkalkulation bei Änderungen erstellt werden, die nachträglich vertraglich mit den Kunden vereinbart worden sind; sie verändern in der Regel auch die Erlöse. Gehen die Änderungen vom anbietenden Betrieb aus (z.B. aufgrund von kostensparenden oder funktionsverbessernden Konstruktionsänderungen oder Wahl eines anderen Fremdanbieters), so sollte die erste Auftragsvorkalkulation als Basis-Kalkulation beibehalten und durch systematisch dokumentierte Mengen- und Kostenabweichungen ergänzt werden. Faßt man die Kostenvorgaben der Basis-Auftragsvorkalkulationen mit den geplanten Abweichungen zusammen, so erhält man eine zeitliche Abfolge von Kalkulationsergebnissen, die jeweils den letzten Stand der Projektplanung kostenmäßig abbilden.

Ein gerade in jüngster Zeit wieder häufig diskutiertes Problem ist die Anwendungsmöglichkeit der Deckungsbeitragsrechnung bei langfristiger Einzelauftragsproduktion. Als Gegenargumente werden hervorgehoben:

1. Fehlen der "Orientierungsgröße" Marktpreis

2. Problematik der Kostenauflösung in fixe und proportionale Kosten
   21. aufgrund der langen Produktionsdauern
   22. aufgrund hoher Projektplanungs- und Vorleistungskosten.

Bei der Marktproduktion standardisierter Erzeugnisse geht die Deckungsbeitragskonzeption davon aus, daß sich die Verkaufspreise aus Marktdaten ableiten lassen und die Stück-Deckungsbeiträge für die Zwecke der Verkaufssteuerung verwendet werden können. Bei langfristiger Auftragsproduktion stehen keine Marktpreise zur Verfügung. Die Auftragserlöse müssen vielmehr in jedem Einzelfall bilateral mit den Kunden ausgehandelt werden. Da "Verlustaufträge" nach Möglichkeit zu vermeiden sind, sollten nach Ansicht vieler Fachleute die Angebotsvorkalkulationen (und damit auch die folgenden Auftragsvorkalkulationen und Nachkalkulationen) grundsätzlich nur als Vollkostenkalkulationen aufgebaut werden. Hierbei wird aber nicht beachtet, daß die Preise bei langfristiger Einzelauftragsproduktion im Regelfall keine Selbstkostenerstattungspreise sind. Bei starkem Wettbewerb ist vielmehr immer wieder bei einigen Aufträgen ein Verzicht auf volle Kostendeckung unvermeidbar. In solchen Situationen sollte man aber nicht willkürlich bestimmte Kostenbestandteile aus den Angebotsvorkalkulationen eliminieren, sondern über betriebswirtschaftlich fundierte Preisuntergrenzen in Form der proportionalen Selbstkosten zuzüglich bestimmter Mindestdeckungsbeiträge verfügen. Wir empfehlen daher, in den Angebotsvorkalkulationen (und auch in späteren Angebotsvorkalkulationen und Nachkalkulationen) nebeneinander Vollkosten und proportionale Kosten auszuweisen.

Der Einwand, daß die Kostenauflösung in fixe und proportionale Kosten bei langfristiger Auftragsproduktion problematisch sei, kann ebenfalls nicht generell akzeptiert werden. Seit langem ist bekannt, daß die Ergebnisse der planmäßigen Kostenauflösung in der flexiblen Plankostenrechnung von der Fristigkeit der Kostenplanung und der damit vorgegebenen Anpassungsflexibilität der Kosten (insbesondere der Personalkosten) abhängig sind. Zweifellos ist bei langfristiger Einzelauftragsproduktion mit mehrjährigen Produktionsdauern und Großaufträgen, die erhebliche Anteile der Personalkosten für die Projektplanung und -realisierung binden, eine höhere Fristigkeit und Anpassungsflexibilität erforderlich als bei kurzfristiger Produktion. Große Teile der Angestelltengehälter sind mit Hilfe von Stundenaufschreibungen den Einzelaufträgen zuzuordnen und (einschl. der zugehörigen Personalnebenkosten) als auftragsvariable Kosten zu kalkulieren. Die auftragsvariablen Kosten unterscheiden sich von den vollen Selbstkosten um solche Fixkosten, die gewissermaßen als "Grundlast" im Forschungs- und Entwicklungsbereich, dem Produktionsbereich und den übrigen Funktionsbereichen unabhängig von den Veränderungen des Auftragsvolumens in einem Zeitraum von etwa 5 Jahren vorgehalten werden.

Ein weiteres Kalkulationsproblem bei langfristiger Einzelauftragsproduktion ist die kalkulatorische Berücksichtigung von Risiken. Hierbei ist zwischen den folgenden Risikoarten zu unterscheiden:

1. Funktions- und Gewährleistungsrisiken

2. Kostenrisiken

3. Terminrisiken

4. Finanzrisiken.

Die Funktions- und Gewährleistungsrisiken resultieren daraus, daß der Anbieter solange zu Nachleistungen verpflichtet ist, bis der betreffende Anlagengegenstand nachhaltig den vereinbarten Leistungsanforderungen genügt. In den Kalkulationen sind hierfür z.T. erhebliche Zuschläge zu berücksichtigen und entsprechende Rückstellungen zu bilden.

Die Kostenrisiken resultieren insbesondere daraus, daß bei der Erstellung der Angebotsvorkalkulationen Näherungsverfahren angewandt werden müssen. Ihnen kann nur durch entsprechende vorsichtig geschätzte Kostenvorgaben begegnet werden.

Die Terminrisiken kennzeichnen die Gefahr, daß Terminüberschreitungen vertraglich vereinbarte Konventionalstrafen auslösen können.

Zu den Finanzrisiken zählen insbesondere Bonitäts- und Währungsrisiken. Die Bonitätsrisiken werden in der Regel durch Kreditversicherungen abgedeckt, deren Prämien in die Kalkulationen einzubeziehen sind. Die Währungs- bzw. Wechselkursrisiken können durch Termingeschäfte abgesichert werden.

Ein weiteres spezielles Problem der Kostenträgerrechnung bei langfristiger Einzelauftragsproduktion ist die Durchführung projektbezogener Kostenkontrollen. Im Rahmen eines Projekt-Controllings steht neben der Qualitäts- und Terminüberwachung die laufende Projektkostenkontrolle im Mittelpunkt des Interesses. Im ersten Stadium der projektbezogenen Kostenkontrolle sind die Selbstkosten der Angebotsvorkalkulation mit den Selbstkosten der (ersten) Auftragsvorkalkulation zu vergleichen. Erschwerend wirken sich hier die unterschiedlichen Differenzierungsgrade beider Kalkulationen aus. Dennoch sollte es gelingen, die wichtigsten Abweichungsursachen zu identifizieren.

Werden der Projektaufbau und/oder weitere Daten des Mengengerüstes später geändert, so sollte eine sorgfältige Dokumentation der Änderungsplanung und der daraus resultierende Mehr- und Minderkosten erfolgen, wobei die Änderungsursachen festzuhalten sind.

Der letzte Stand des Mengengerüstes der Auftragsvorkalkulation sollte dem Mengengerüst der mitlaufenden Nachkalkulation entsprechen. Diese wird zweckmäßigerweise als Standard-Nachkalkulation geführt, so daß in der letzten Kontrollstufe sämtliche Wertabweichungen (Preis-, Tarif- und Kostensatzabweichungen) gesondert ausgewiesen werden.[3)]

Die kurzfristige Serienauftragsproduktion weist kalkulatorisch mehr Parallelen zur Marktproduktion standardisierter Erzeugnisse als zur langfristigen Einzelauftragsproduktion auf. Die Kundenaufträge bestehen aus gleichartigen, oftmals sehr vielen Mengeneinheiten (z.B. Druckerzeugnisse, Kartonagen usw.). In vielen Fällen werden die vereinbarten Gesamtmengen vom Kunden seinem Bedarf entsprechend in Einzellosen angefordert, deren Umfang kurzfristig bestimmt wird.

Da der Produktaufbau bei kurzfristiger Serienauftragsproduktion meistens relativ einfach ist, kann bereits bei der Angebotsvorkalkulation das Mengengerüst (Materialbedarf, Arbeitsgänge, Vorgabezeiten und sonstige Stückbezugsgrößen) genau geplant werden, so daß die Angebotsvorkalkulationen zugleich weitgehend den Auftragsvorkalkulationen entsprechen.

Im einzelnen sind die folgenden speziellen Kalkulationsprobleme hervorzuheben:

1. Berücksichtigung mehrerer Kalkulationsebenen
   11. Gesamtauftrag
   12. Einzellose (Serien)
   13. Produktionseinheit
   14. Endprodukteinheit (Nutzeneinheit)
2. Kalkulatorische Verrechnung der Kosten für Spezialwerkzeuge
3. Kalkulatorische Berücksichtigung alternativer Auftrags- und Seriengrößen.

Bei kurzfristiger Serienauftragsproduktion sind meistens mehrere Kalkulationsebenen zu unterscheiden. Dem Gesamtauftrag (z.B. 500 000 Faltschachteln) sind sämtliche Kosten zuzuordnen. Wird er in mehrere Einzellose (Serien) zerlegt, so fallen hierfür im Zeitablauf gesonderte Kosten an. Häufig besteht bei Serienauftragsproduktion eine Divergenz zwischen Produktionseinheiten und Endprodukteinheiten (Nutzeneinheiten). So sind z.B. beim Druck von Faltschachteln zunächst die Kosten für Druckbögen zu bestimmen. Hieraus werden dann anschließend die Kosten pro 1 000 Faltschachteln abgeleitet, indem man die Herstellkosten pro Bogen durch den "Nutzen" (= Anzahl Schachteln pro Bogen) dividiert und mit 1 000 multipliziert.

Für die meisten kurzfristigen Serienaufträge sind Spezialwerkzeuge (z.B. Druckplatten oder -walzen) erforderlich, die vom Auftragnehmer in einer Spezialfertigung (z.B. Lithographie) hergestellt oder fremdbezogen werden. Die Kosten pro Werkzeug sind unabhängig von der Auftragsgröße, so daß sich kalkulatorisch das Problem der Größendegression ergibt. Häufig werden sie daher den Kunden gesondert in Rechnung gestellt.

Ist die Auftragsgröße und die Aufteilung der Gesamtauftragsmenge in Lose (Serien) noch nicht endgültig fixiert, so sind Alternativkalkulationen für unterschiedliche Auftrags- und Seriengrößen erforderlich, bei denen im Regelfall die Kosten gesonderter Rüstzeit-Bezugsgrößen der Fertigungskostenstellen zu berücksichtigen sind.

232. Kalkulationsprobleme bei Marktproduktion standardisierter Erzeugnisse

Die Erscheinungsformen der Marktproduktion standardisierter Erzeugnisse sind in der betrieblichen Realität so vielgestaltig, daß es im Rahmen dieses Vortrages unmöglich ist, die hieraus resultierenden Kalkulationsprobleme erschöpfend zu behandeln. In der Praxis treten aber vor allem die folgenden speziellen Kalkulationsprobleme standardisierter Erzeugnisse auf:

1. Anpassung der Plankalkulationen an veränderte Kalkulationsdaten
   11. Anpassung an veränderte Mengendaten

111. Produktaufbau
112. Stoffeinsatz
113. Produktionsvollzug

12. Anpassung an veränderte Wertdaten

2. Spezielle Kalkulationsprobleme bei abnehmerdeterminierter Variantenproduktion standardisierter Erzeugnisse
3. Kalkulatorische Bewertung von Vor- und Zwischenprodukten bei mehrstufiger Produktion
4. Ausweis von Primärkosten in der Kalkulation
5. Kalkulationsverfahren bei Kuppelproduktion
6. Kalkulatorische Verrechnung von Vor- und Nachleistungskosten.

Unsere Ausfürhungen in Kapitel 21 haben gezeigt, daß bei Marktproduktion standardisierter Erzeugnisse zeitraumbezogene Plankalkulationen die Grundlage der Kostenträgerrechnung bilden, die auf geplanten (standardisierten) Mengen- und Wertdaten basieren. In der ursprünglichen Konzeption der Plankostenrechnung, vor allem im amerikanischen Standard Cost Accounting ging man grundsätzlich davon aus, daß die Plankalkulationen (standard unit costs) während der Angebots- bzw. Planungsperiode nicht geändert werden. In der Konstanz der Kalkulationsergebnisse sah man gerade den Vorteil gegenüber der traditionellen Istkostenrechnung.

Im Zeitablauf hat sich diese Ansicht insbesondere in Deutschland aus folgenden Gründen gewandelt:

1. Häufigere Änderungen des Produktionsaufbaus und des Produktionsvollzugs
2. Größere Preisveränderungen.

In vielen Branchen erfordern die verstärkte "Konkurrenz mit der Produktqualität", der Zwang zu Kostensenkungen mit Hilfe der Wertanalyse und veränderte Materialpreise Änderungen des Produktaufbaus und des Materialeinsatzes. Weiterhin können Schwankungen der Absatzmengen und wechselnde Produktionsengpässe Veränderungen des Produktionsvollzugs gegenüber den ursprünglichen Plankalkulationen erforderlich machen. Zusätzlich sind seit der Ölkrise in den 70er Jahren in vielen Branchen größere Preisveränderungen wirksam geworden.

Bei Veränderungen der Kalkulationsdaten während der Planungsperiode sind zwei Fälle zu unterscheiden:

1. Oszillative Schwankungen
2. Nachhaltige Veränderungen.

Im Falle oszillativer Schwankungen, d.h. Veränderungen der Kalkulationsdaten, die sich im Zeitablauf während der Planungsperiode in etwa ausgleichen, kommt eine Anpassung der Plankalkulation grundsätzlich nicht in Frage. Es ist ja gerade die Aufgabe zeitraumbezogener Plankalkulationen solche Schwankungen zeitlich auszugleichen.

Unter nachhaltigen Veränderungen der Kalkulationsdaten sind Veränderungen des Produktaufbaus, des Materialeinsatzes, des Produktionsvollzugs und der Faktorpreise zu verstehen, die von einem bestimmten Zeitpunkt an auf Dauer (mindestens für den Rest der Planungsperiode) wirksam werden. In diesen Fällen kann die Ergänzung der Basis-Plankalkulationen durch mengen- oder/ und wertseitig aktualisierte Plankalkulationen in Erwägung gezogen werden. Grundsätzlich besteht aber auch bei nachhaltigen Veränderungen der Kalkulationsdaten die Möglichkeit, im laufenden Abrechnungssystem auf aktualisierte Plankalkulationen zu verzichten und sich mit einer möglichst genauen Erfassung und kostenträgerweisen Zuordnung der Kostenabweichung zu begnügen. Kurzfristige Entscheidungen können hierbei mit Hilfe fallweiser Alternativkalkulationen getroffen werden.

Der Vorteil aktualisierter Plankalkulationen besteht in einer größeren Realitätsnähe der Plan-Selbstkosten in der laufenden Abrechnung und geringeren Kostenabweichungen. Diesen Vorteilen steht der Nachteil gegenüber, daß in der geschlossenen Kostenträgerzeitrechnung die rechnerische Bestandsführung der Halb- und Fertigfabrikatebestände erschwert wird.

Die speziellen Kalkulationsprobleme bei abnehmerdeterminierter Variantenproduktion standardisierter Erzeugnisse resultieren aus der Vielfalt der Kombinationsmöglichkeiten der Produktgestaltung und deren Abhängigkeit von den Kaufentscheidungen der Endabnehmer.

Bei abnehmerdeterminierter Variantenproduktion standardisierter Erzeugnisse werden für alle selbsterstellten Teile, mehrteilige Funktionselemente, Aggregate usw. Basis-Plankalkulationen erstellt, wobei in Zwischenkalkulationen die Plan-Fertigungskosten zusammenfügender Arbeitsgänge und die Kosten für Fremdteile eingehen; vgl. hierzu die Übersicht in Anlage 5. Um die Variantenvielfalt bereits auf dieser Ebene zu reduzieren, sollten für Variationsformen mit geringen Kostenunterschieden durchschnittliche Kosten geplant werden (z.B. für unterschiedliche Lackierungen und Polsterfarben in Kraftfahrzeugen).

Das eigentliche Kalkulationsproblem stellt sich erst bei der Bestimmung von Plan-Selbstkosten der Enderzeugnisse für die Ergebnisplanung. Da im Zeitpunkt der Absatz- und Erfolgsplanung noch nicht vorhersehbar ist, in welchen abnehmerdeterminierten Varianten die Enderzeugnisse nachgefragt werden, ist das Bild von der Kostenträger- bzw. Kalkulationseinheit zu diesem Zeitpunkt noch entsprechend "unscharf". Für die Enderzeugnisse fehlen im Zeitpunkt der Planung daher noch klar definierte Kalkulationseinheiten. Wegen der großen, im einzelnen unvorhersehbaren Variantenvielfalt muß man sich mit einer unvollständigen Abbildung der Herstellkosten in den Basis-Plankalkulationen pro Erzeugniseinheit begnügen; vgl. hierzu die Darstellung in Abbildung 1.

Zunächst werden für jede Erzeugnisart (Modell) Plan-Grundvarianten (z.B. Modell A mit Antriebsaggregat c, Getriebeart y, zweitürig, ohne Schiebedach usw.) festgelegt und hierfür die Planherstellkosten kalkuliert. Anschließend wird für jede Erzeugnisart (Modell) ein durchschnittlicher Standard für Mehrausstattungen festgelegt, deren Planherstellkosten ebenfalls pro Erzeugniseinheit kalkuliert werden. Hierbei können aber meistens nicht alle Mehrausstattungen berücksichtigt werden. Für nicht in die Basis-Plankalkulationen integrierte Mehrausstattungen werden nur die Planherstellkosten bzw. Planpreise pro Ausstattungseinheit geplant. In der Erfolgsplanung werden die zugehörigen Kosten pro Periode geplant und den Erzeugnisarten oder -gruppen global zugeordnet.

Die Grenze zwischen den in die Plan-Grundvarianten pro Einheit einbezogenen Produkteingenschaften und den standardmäßig zugeordneten bzw. nicht pro Enderzeugniseinheit geplanten Mehrausstattungen gibt es nur an, für wieviele Varianten gesonderte Plankalkulationen pro Erzeugniseinheit zu erstellen sind, sondern sie legt zugleich den erforderlichen Differenzierungsgrad der Absatz- und Erfolgsplanung fest.

Neben dem Problem der Variantenvielzahl tritt in Unternehmen mit abnehmerdeterminierter Variantenproduktion standardisierter Erzeugnisse häufig zugleich das Problem der Anpassung der Plankalkulationen an veränderte Mengendaten (insbesondere in Form von Stücklistenänderungen) auf, da die Erzeugnisse häufig konstruktiv verändert werden (so z.B. in der Automobilindustrie). In diesen Fällen sind die Basis-Plankalkulationen durch mengenseitig aktualisierte Plankalkulationen zu ergänzen, bei denen alle bis zu einem bestimmten Stichtag erfolgten Konstruktionsänderungen berücksichtigt werden.

In die nachträgliche Kostenträgerzeitrechnung (Ergebniskontrolle) sind die Plankosten pro Erzeugniseinheit, wie sie für die Erfolgsplanung verwendet werden, nicht relevant. Hier werden vielmehr die für die Arbeitsgänge, selbsterstellten Teile, mehrteiligen Funktionselemente, Aggregate usw. bestimmten Plan-Fertigungs- und Plan-Herstellkosten aufgrund der Ist-Varianten der verkauften Erzeugnisse (Ist-Stücklisten) zu den Plan-Herstellkosten der Istleistung und der Ist-Absatzmengen zusammengefaßt.

In mehrstufigen Unternehmen mit marktgängigen Vor- und Zwischenprodukten stellt sich das spezielle Kalkulationsproblem der kalkulatorischen Bewertung von Vor- und Zwischenprodukten, d.h. die Frage nach den "richtigen" zwischenbetrieblichen Verrechnungspreisen.[4)]

Schon Schmalenbach hat erkannt, daß bei der Bestimmung zwischenbetrieblicher Verrechnungspreise folgende Zielsetzungen zu unterscheiden sind:

1. Allokations- und Planungsfunktion
2. Motivations- und Einkommensfunktion.

Für die Allokations- und Planungsfunktion sind zwischenbetriebliche Verrechnungspreise erforderlich, die in allen Stufen das Treffen richtiger Entscheidungen ermöglichen. Hieraus folgt, daß in einer entscheidungsorientierten Kostenrechnung sämtliche Vor- und Zwischenprodukte kalkulatorisch mit proportionalen Herstellkosten zu bewerten sind. Nur wenn über alle Produktionsstufen mit "proportionalen Kosten durchgerechnet" wird, können in allen Stufen richtige Verfahrenswahl- und Verkaufsentscheidungen getroffen werden.

Für Bewertungszwecke und langfristige Planungsaufgaben sollten auch in mehrstufigen Unternehmen Parallel- oder Doppelkalkulationen erstellt werden, in denen neben den proportionalen auch die vollen Kosten ausgewiesen werden. Hierbei werden die Vor- und Zwischenprodukte mit vollen Herstellkosten bewertet.

Nach der Motivations- und Einkommensfunktion sollten die zwischenbetrieblichen Verrechnungspreise so angesetzt werden, daß sie in den Vor- und Zwischenstufen zum Ausweis "motivierender Zwischengewinne" führen, die als Grundlage für Tantiemeberechnungen dienen können. Hierfür wird eine Bewertung zu Markt- oder Verhandlungspreisen vorgeschlagen. Im System einer entscheidungs- und kontrollorientierten Kosten- und Leistungsrechnung sind solche Verrechnungspreise ein "Fremdkörper". Sie entsprechen einer dezentralen Lenkungskonzeption, die im Widerspruch zu den zentralen Planungsmöglichkeiten auf der Grundlage einer Plankostenrechnung steht. Eine Bewertung zu Markt- oder Verhandlungspreisen wird vor allem in Unternehmen gefordert, die ihre Produktionsstufen als "Profit Center" abrechnen wollen. Hierbei wird aber verkannt, daß die Profit-Center-Organisation nur für horizontale Verbundformen sinnvoll ist, bei denen die Verrechnungspreisproblematik nicht auftritt oder nur eine untergeordnete Rolle spielt.

Mehrstufige Unternehmen, die dennoch einen Ausweis von Zwischengewinnen der Vorstufen wünschen, müssen ihre Vor- und Zwischenprodukte neben proportionen und vollen Herstellkosten zusätzlich mit Markt- oder Verhandlungspreisen bewerten. Medicke hat hierfür ein Verfahren entwickelt, das er als "duale Kosten- und Deckungsbeitragsrechnung" bezeichnet.

Ein weiteres Kalkulationsproblem, das in allen Unternehmen auftritt, wenn auch mit mehr oder weniger großem Gewicht, ist der Ausweis von Primärkosten in der Kalkulation. Die in den Kalkulationssätzen enthaltenen Kostenarten gehen in den Kalkulationen in den Kostenkategorien Materialgemeinkosten, Fertigungskosten, Verwaltungs- und Vertriebsgemeinkosten usw. unter. Man erkennt daher in den Kalkulationen nicht, wie hoch der Anteil der einzelnen Primärkostenarten in Herstell- und Selbstkosten der Erzeugnisse ist.

Um diesen Mangel zu beseitigen stehen folgende Verfahren zur Verfügung:

1. Anwendung einer Primärkostenrechnung
   11. Mit Berücksichtigung der Interdependenzen des innerbetrieblichen Leistungsaustauschs
   12. Ohne Berücksichtigung der Interdependenzen des innerbetrieblichen Leistungsaustauschs
2. Kostensatzdifferenzierung der primären Kostenstellen.

Bei Anwendung einer Primärkostenrechnung mit Berücksichtigung der Interdependenzen des innerbetrieblichen Leistungsaustauschs müssen in der Kostenstellenplanung alle proportionalen Verrechnungssätze und Fixkostenbeträge der Sekundärstellen nach den Primärkostenarten differenziert werden, die in den Endkalkulationen ausgewiesen werden sollen. Hierbei sind alle interdependenten Beziehungen des innerbetrieblichen Leistungsaustauschs zu berücksichtigen. Da dieses Verfahren relativ kompliziert ist, wendet man in der Praxis aber meistens die Primärkostenrechnung ohne Berücksichtigung der Interdependenzen des innerbetrieblichen Leistungsaustauschs an.

Eine wesentliche Vereinfachung erzielt man bei der Beschränkung auf eine Kostensatzdifferenzierung der primären Kostenstellen. Hierbei verzichtet man völlig auf eine Primärkostendifferenzierung der sekundären Kostenarten. Die Kalkulationssätze der Primärstellen werden lediglich nach den in den Kalkulationen transparent zu machenden (primären und sekundären) Kostenarten (z.B. Fertigungslöhne und Lohnnebenkosten, Werkzeugkosten, Hilfs- und Betriebsstoffkosten, Reparatur- und Instandhaltungskosten, Abschreibungen und Zinsen, Energiekosten usw.) differenziert. Im Gegensatz zur Primärkostenrechnung ist der Primärkostenausweis bei diesem Verfahren eber unvollständig, da Teile der Primärkosten in sekundären Kostenarten untergehen.

Da jede Differenzierung der Wertansätze nach Kostenarten den Aufbau der Kostenträgerrechnung komplizierter und umfangreicher gestaltet, sollte man sich auf den Ausweis der wichtigsten Kostenarten beschränken.

Ein nach wie vor nicht abschließend gelöstes Problem ist die Bestimmung von Kalkulationsverfahren bei Kuppelproduktion. Mit diesem Problem hat sich die Betriebswirtschaftslehre seit Jahrzehnten intensiv beschäftigt. Hierbei wurde deutlich, daß sich Kuppelprodukten weder die proportionalen noch die vollen Herstellkosten der Kuppelproduktion nach dem Verursachungsprinzip zuordnen lassen. Daher wurden die folgenden Kalkulationsverfahren entwickelt, die sich am Tragfähigkeitsprinzip orientieren:

1. Einstufige Kuppelproduktion
   11. Ein Hauptprodukt ⟶ Substraktions- oder Restwertverfahren
   12. Kein eindeutiges Hauptprodukt ⟶ Marktpreis-Äquivalenzziffernverfahren
2. Mehrstufige Kuppelproduktion ⟶ Retrograde Kostenzuordnung mit Hilfe kumulierter Verwendungsüberschüsse

Kann bei einstufiger Kuppelproduktion ein Kuppelprodukt eindeutig als Hauptprodukt klassifiziert werden, so ist das Substraktions- oder Restwertverfahren anwendbar, bei dem die Erlöse der Nebenprodukte (abzüglich Aufarbeitungs- und Vertriebskosten) von den Herstellkosten der Kuppelproduktion subtrahiert und der Saldo dem Hauptprodukt als Herstellkosten zugeordnet wird.

Kann bei einstufiger Kuppelproduktion kein eindeutiges Hauptprodukt identifiziert werden, so ist das Marktpreis-Äquivalenzziffernverfahren zu empfehlen, bei dem die Herstellkosten den Kuppelprodukten im Verhältnis ihrer Marktpreise (abzüglich Aufbereitungs- und Vertriebskosten) zugeordnet werden.

Erheblich komplizierter ist die kalkulatorische Kostenzuordnung bei mehrstufiger Kuppelproduktion; vgl. hierzu das Beispiel in Anlage 7. Anwendungsschwierigkeiten des Tragfähigkeitsprinzips ergeben sich bei mehrstufiger Kuppelproduktion daraus, daß für Kuppelprodukte der Vorstufen in vielen Fällen keine Marktpreise verfügbar sind. Aber selbst wenn Marktpreise existieren, ist es fraglich, ob diese als Aufteilungsmaßstab geeignet sind, wenn Kuppelprodukte nicht verkauft, sondern in den Folgestufen weiterverarbeitet werden. Es ist daher das (im ersten Ansatz auf Riebel zurückgehende) Verfahren der retrograden Kostenzuordnung mit Hilfe kumulierter Verwendungsüberschüsse[5)] entwickelt worden. Dieses relativ komplizierte Verfahren geht von den Deckungsbeiträgen über die Weiterverarbeitungskosten und proportionalen Vertriebskosten der Kuppelerzeugnisse der letzten Produktionsstufe aus und ermittelt rückschreitend bis zur ersten Stufe mit Kuppelproduktion Verwendungsüberschüsse pro Einheit, die sich auf den einzelnen Stufen wie Marktpreisäquivalenzziffern verwenden lassen.

Das Problem bei Kuppelproduktion besteht nicht darin, bessere Verfahren für ein im Grunde nach dem Verursachungsprinzip unlösbares Kalkulationsproblem zu suchen - das wird nicht gelingen -, sondern die richtigen Schlüsse aus dieser Unlösbarkeit zu ziehen. Da bei Kuppelproduktion keine isolierten Verfahrenswahl- und Verkaufsentscheidungen für einzelne Kuppelprodukte getroffen werden können, sollte man von vornherein das Ziel der Bestimmung entscheidungsrelevanter Stückkosten aufgeben. An die Stelle entscheidungsrelevanter Plankalkulationen sollten bei Kuppelproduktion vielmehr simultane Planungsmodelle der Produktions- und Absatzplanung treten.[6)] In diesen Modellen, deren Zielgrößen periodenbezogene Deckungsbeiträge sind, werden die proportionalen Herstellkosten bestimmten Prozeßvariablen (Betriebs- oder Apparatestunden, Leit-Einsatzmengen oder Leit-Ausbringungsmengen) ohne schlüsselmäßige Verteilung zugeordnet und die Einhaltung sämtlicher Kuppelprodukt-Relationen durch entsprechende Mengen- oder Stoffflußrestriktionen sichergestellt. Mit Hilfe solcher simultaner Planungsmodelle können auch die variierbaren Prozeßbedingungen (z.B. Druck, Temperatur, Verweilzeiten usw.) von Kuppelprozessen unter Berücksichtigung aller produktions- und absatzwirtschaftlichen Interdependenzen optimiert werden.

Insgesamt hat man in der Betriebswirtschaftslehre in den 60er und 70er Jahren die Anwendungsmöglichkeiten simultaner Planungsmodelle sicherlich überschätzt. Für Unternehmen mit mehrstufiger Kuppelproduktion schätze ich diese Anwendungsmöglichkeiten aber nach wie vor groß ein. Hierfür spricht nicht zuletzt, daß für solche Betriebe schon lange vor Bekanntwerden der linearen Programmierung simultane Planungstechniken (damals noch ohne Optimierungsalgorithmen) zur Berücksichtigung interdependenter Mengenbeziehungen von O. Pichler entwickelt wurden.[7)]

Ein weiterer Problembereich, der in der Praxis vielfach noch nicht zufriedenstellend gelöst wird, ist die kalkulatorische Verrechnung von Vor- und Nachleistungskosten. Zu den Vorleistungskosten zählen Forschungs-, Entwicklungs- und Sortimentsgestaltungskosten, zu den Nachleistungskosten spezielle Auslauf- und Entsorgungskosten. Die speziellen Kalkulationsprobleme dieser Kosten resultieren daraus, daß sie phasenverschoben zu den Produktions- und Absatzmengen der laufenden Produktion anfallen und zu diesen keine unmittelbaren Beziehungen aufweisen.

Die Vorleistungskosten fallen zeitlich vor Produktionsbeginn der Erzeugnisse an, für die sie aufgewandt wurden. In manchen Branchen haben sie nur eine unterjährige Vorlaufdauer (so z.B. die Musterungskosten der Textil- und Tapetenindustrie), in vielen Industrien haben sie aber eine mehrjährige Vorlaufdauer (z.B. in der Automobil-, Elektro- und der chemischen Industrie).

Die Grundlage einer richtigen kalkulatorischen Verrechnung der Vorleistungskosten ist die projektweise Abrechnung der Vorleistungskosten im System der innerbetrieblichen Auftragsabrechnung. Für alle Forschungs-, Entwicklungs- und Sortimentsgestaltungsaktivitäten sind Einzelauftragsnummern zu eröffnen, für welche die erwarteten Projektkosten geplant und auf denen später die Istkosten gesammelt werden. Fallen für bestimmte Erzeugnisse oder Erzeugnisgruppen mehrere Vorleistungsprojekte an und/oder erfolgt eine Weiterverrechnung mit Standardraten, so werden die Projektkosten der betreffenden Einzelauftragsnummern auf Standardauftragsnummern umgebucht.

Bei der Weiterverrechnung der projektweise geplanten Vorleistungskosten auf die Kostenträger ergeben sich folgende Kalkulationsprobleme:

1. Kalkulatorische Behandlung von Vorleistungsprojekten ohne erkennbaren Kostenträgerbezug
2. Berücksichtigung von Verbundbeziehungen von Vorleistungsprojekten
3. Wahl zwischen vor- und nachlaufender Zuordnung zyklisch wiederkehrender Vorleistungskosten
4. Berücksichtigung der Zinswirkung bei Vorleistungsprojekten mit mehrjährigen Vorlaufdauern.

Bei Vorleistungsprojekten ohne erkennbaren Kostenträgerbezug, z.B. bei Projekten der Grundlagenforschung oder bei fehlgeschlagenen Projekten sollte man auf eine Verteilung auf Kostenträger von vornherein verzichten und die betreffenden Beträge in die laufende Betriebsergebnisrechnung ausbuchen.

Können die Ergebnisse von Vorleistungsprojekten für mehrere Kostenträger- oder Kostenträgergruppen genutzt werden, so stellt sich das Problem, wie die hieraus resultierenden Verbundbeziehungen kalkulatorisch zu berücksichtigen sind. Diese Frage stellt sich z.B. in der Automobilindustrie, wenn neue Motore, Getriebe, Bremssysteme, Achsen usw. entwickelt werden, die später für mehrere PKW-Modelle verwendet werden können. Nach dem Verursachungsprinzip ist ein solches Zurechnungsproblem nicht lösbar. In einer strengen Deckungsbeitragsrechnung müßte man daher auf eine "Aufschlüsselung" dieser Kosten verzichten und sie insgesamt in die kostenträgergruppenweise zu deckenden Kosten einbeziehen. Da die Vorleistungskosten aber ohnehin nicht zu den proportionalen Kosten gehören - worauf noch zurückzukommen sein wird -, zieht man in der Praxis meistens eine Verteilung aufgrund erwarteter Absatzmengen oder Deckungsbeiträge vor.

Unter zyklisch wiederkehrenden Vorleistungskosten sind Vorleistungskosten zu verstehen, die in etwa gleichen zeitlichen Abständen wiederkehren, solange eine Unternehmung eine bestimmte Produktgruppe anbietet. Beispiele hierfür sind die Musterungskosten in der Textil- und Tapetenindustrie und die Entwicklungskosten für Anschlußmodelle in der Automobilindustrie.[8)] Hier stellt sich die Frage, ob beim Aufbau von Plankalkulationen den in der Planungsperiode zu produzierenden Kostenträgern die in der Vergangenheit für ihre Entwicklung und Gestaltung geplanten Kosten zuzuordnen sind (ex-post-Verrechnung) oder die für das Anschlußprogramm vorgesehenen Vorleistungskosten der laufenden Planungsperiode (ex-ante-Verrechnung). In der Praxis wird meistens der zuerst genannte Weg beschritten, da er konkrete Verteilungs- und Kontrollmöglichkeiten bietet. Für die Vorgabe von Soll-Deckungsbeiträgen hat der zweite Weg Vorteile. Im übrigen vgl. hierzu die Ausführungen von Lederle auf der 6. Saarbrücker Arbeitstagung.

Bei Vorleistungsprojekten mit mehrjährigen Vorlaufdauern stellt sich das Problem der Berücksichtigung der Zinswirkung bei der kalkulatorischen Verrechnung von Vorleistungskosten. In der Praxis wird dieses Problem meistens nur unzureichend gelöst, da richtige Lösungsverfahren die Anwendung investitionstheoretischer Planungsmodelle erfordern. Bei diesen Modellen werden zunächst sämtliche für einen Kostenträger vorgesehenen auszahlungswirksamen Vorleistungskosten auf den Zeitpunkt des Produktionsbeginns aufgezinst; fallen später noch Beträge an (z.B. für planmäßig zu erwartende Produktverbesserungen), so sind sie auf diesen Zeitpunkt abzuzinsen. Der so erhaltene Gegenwartswert wird in Annuitäten umgerechnet, mit der Produktlaufzeit multipliziert und durch die geplante Gesamtabsatzmenge des betreffenden Erzeugnisses dividiert. Auf diese Weise erhält man die Plan-Vorleistungskosten pro Kostenträgereinheit.

Sind für ein Produkt Nachleistungskosten zu erwarten (z.B. Auslauf- und

Entsorgungskosten), so sind auch hier die geplanten auszahlungswirksamen Kosten auf den Zeitpunkt des Produktionsbeginns zu diskontieren und durch die geplanten Gesamtabsatzmengen zu dividieren.

Da Vor- und Nachleistungskosten weder eine unmittelbare Beziehung zu den Produktions- und Absatzmengen aufweisen, noch für die periodische Bereitstellung von Kapazitäten anfallen, lassen sie sich in den Kalkulationen weder den proportionalen noch den fixen Kosten zuordnen; sie sollten vielmehr stets gesonders ausgewiesen werden. Im Regelfall sind sie nicht Bestandteil entscheidungsrelevanter Stückkosten und Deckungsbeiträge.

3. Die Kostenträgerzeitrechnung (Betriebsergebnisrechnung) und ihre Beziehungen zu Strukturmerkmalen des Produktions- und Absatzprogramms

31. Probleme der Kostenträgerzeitrechnung bei Auftragsproduktion

In entscheidungs- und kontrollorientierten Systemen der Kostenrechnung wird die Betriebsergebnisrechnung nach dem Umsatzkostenverfahren auf der Grundlage proportionaler Kosten durchgeführt, das heute allgemein als Deckungsbeitragsrechnung bezeichnet wird. Für dieses Verfahren sind in der Praxis die beiden folgenden Durchführungsformen entwickelt worden:[9)]

1. Nicht geschlossene Kostenträgerzeitrechnung (Artikelergebnisrechnung)
2. Geschlossene Kostenträgerzeitrechnung.

Bei der nicht geschlossenen Kostenträgerzeitrechnung (Artikelergebnisrechnung) werden die Ist-Selbstkosten des Umsatzes retrograd aus den Ist-Absatzmengen abgeleitet. Zunächst multipliziert man die Ist-Absatzmengen mit den zugehörigen Plan-Selbstkosten pro Einheit laut Plankalkulation, wodurch man die Soll-Selbstkosten des Umsatzes erhält, und anschließend ordnet man diesen mit Hilfe von Abweichungsprozentsätzen anteilige Kostenabweichungen zu. Eine Abstimmung der erfolgswirksam verrechneten Kosten mit den vorgeschalteten Teilsystemen der Kosten- und Leistungsrechnung erfolgt nicht; rechnerische Bestände der Halb- und Fertigerzeugnisse werden nicht ausgewiesen.

In der geschlossenen Kostenträgerzeitrechnung werden dagegen dem eigentlichen Erfolgsausweis eine Betriebsleistungsrechnung zur Abstimmung der Kosten mit der Kostenartenrechnung und dem Soll-Ist-Kostenvergleich sowie eine Bestandsrechnung zum rechnerischen Ausweis von Halb- und Fertigfabrikatebeständen vorgeschaltet (beide differenziert nach Plankosten und anteiligen Kostenabweichungen).

Auf die Vor- und Nachteile beider Verfahren sei hier nicht näher eingegangen.

Für Industriebetriebe mit Auftragsproduktion, vor allem bei langfristiger Einzelauftragsproduktion, kommt grundsätzlich nur die geschlossene Kostenträgerzeitrechnung als Betriebsergebnisrechnung in Frage, da hier auf den Ausweis von Beständen unfertiger Erzeugnisse (noch nicht abgerechnete Aufträge), die in der Regel größere Anteile der Herstellkosten binden, und eine genaue vertragsweise Zuordnung von Kostenabweichungen nicht verzichtet werden kann. Diese Aufgabe erfüllt aber nur die geschlossene Form der Kostenträgerzeitrechnung.

Bei der Durchführung einer Kostenträgerzeitrechnung in Betrieben mit Auftragsproduktion treten die folgenden speziellen Probleme auf:

1. Informatiosgehalt kurzfristiger, periodenbezogener Ergebnisse
   11. nach dem Deckungsbeitragsprinzip
   12. nach dem Vollkostenprinzip
2. Abgrenzungsprobleme der Erfolgsbeiträge
   21. Zulässigkeit von Teilgewinnrealisierungen
   22. Abgrenzung von Risiken
3. Durchführbarkeit periodischer Plan-Erfolgsrechnungen.

Während bei kurzfristiger Serienauftragsproduktion der Informationsgehalt und die Durchführbarkeit periodischer Betriebsergebnisrechnungen nicht in Frage gestellt werden, besteht bei langfristiger Einzelauftragsproduktion das Problem, ob hier aufgrund der langen Produktionsdauern, der hohen Anteile der Einzelaufträge am Gesamtumsatz und der großen auftragsspezifischen Risiken ein kurzfristiger periodenbezogener Ergebnisausweis überhaupt sinnvoll ist.

Nicht selten findet man in der Praxis die Ansicht, daß sich die kostenträgerorientierte Erfolgsplanung und -kontrolle bei langfristiger Einzelauftragsproduktion ausschließlich auf die Erfolgsbeiträge der einzelnen Aufträge konzentrieren sollte und daneben eine periodenbezogene Betriebsergebnisrechnung überflüssig sei. Der jährliche Erfolgsausweis im Rahmen des Jahresschlusses wird hierbei für ausreichend gehalten. Begründet wird diese Ansicht nicht zuletzt mit der Tatsache, daß der kurzfristige Erfolgsausweis bei langfristiger Einzelauftragsproduktion zu erheblichen zeitlichen Schwankungen der Deckungsbeiträge und Gewinne führt. Viele Monate lang, oftmals sogar während eines ganzen Jahres werden keine Aufträge abgerechnet, so daß keine Erlöse, sondern nur Kosten anfallen und daher lediglich Verluste ausgewiesen werden. Folgt dann eine Periode, in der Aufträge abgerechnet werden, so entstehen entsprechend große Deckungsbeitrags- und Gewinnspitzen. So problematisch diese Schwankungen im einzelnen auch sein mögen, letztlich spiegeln sie die Erfolgsentwicklung so wieder, wie sie sich bei langfristiger Auftragseinzelproduktion im Zeitablauf abspielt. Trotz der Dominanz der Einzelaufträge spielt sich auch bei langfristiger Auftragsproduktion das Betriebsgeschehen im Zeitablauf ab. Daher sollte auf die laufende Durchführung einer nach Auftragsgruppen (oder Einzelaufträgen) differenzierten geschlossenen Kostenträgerzeitrechnung nicht verzichtet werden. Von besonderer Bedeutung ist hierbei nicht zuletzt der Bestandsausweis unfertiger Erzeugnisse (differenziert nach Plankosten und Kostenabweichungen) und die Beobachtung der Bestandsentwicklung.

Da bei langfristiger Auftragsproduktion die Anwendungsmöglichkeiten der Deckungsbeitragsrechnung bezweifelt werden, wird vorgeschlagen, die Betriebsergebnisrechnung ausschließlich auf Vollkostenbasis durchzuführen; hierdurch würden zugleich die Gewinnschwankungen gedämpft. Trotz z.T. erheblicher Gewinnschwankungen gibt m.E. aber die Deckungsbeitragsrechnung die richtige Gewinnentwicklung wieder. Dennoch sollte man durch eine bestandsmäßige Fixkostenabgrenzung ergänzend die Vollkostenergebnisse und die zu Vollkosten bewerteten Bestände ausweisen.

Weiterhin treten bei langfristiger Auftragsproduktion schwierige Abgrenzungsprobleme der Erfolgsbeiträge auf.

Zunächst stellt sich die Frage der Zulässigkeit von Teilgewinnrealisierungen.[10] Nach dem im deutschen Handelsrecht gültigen Realisationsprinzip dürfen Gewinne erst nach Lieferung des geschuldeten Sachgutes oder nach Beendigung der vereinbarten Leistung ausgewiesen werden. Wendet man dieses Prinzip auch in der Betriebsergebnisrechnung an, so dürfen in der Regel erst endgültig abgeschlossene Aufträgen Erlöse zugeordnet werden, un zwar auch dann, wenn vorher Kundenanzahlungen erfolgen. Im amerikanischen Handels- und Steuerrecht ist dagegen grundsätzlich eine Teilgewinnrealisierung nach Maßgabe des Leistungsfortschritts (percentage of completition-Methode) zulässig. Hierbei werden den Aufträgen Erlöse im Verhältnis ihrer Fertigstellungsgrade zugeordnet, so daß im Zeitablauf ein erheblich ausgeglichenerer Gewinnausweis erfolgt. Sind aus späteren Abschnitten Verluste zu erwarten, so sind entsprechende Verlustrückstellungen vorzunehmen. Eine Zwischenform ist die Teilgewinnrealisierung für vertraglich fest abgegrenzte Teilleistungen (z.B. Bauabschnitten), die nach vorherrschender Meinung auch nach dem deutschen Handelsrecht zulässig ist.

Da die interne Betriebsabrechnung grundsätzlich nicht an handelsrechtliche Vorschriften gebunden ist, stellt sich für sie die Frage, ob hier die Teilgewinnrealisierung nach Maßgabe des Leistungsfortschritts nicht zweckmäßiger ist als eine strenge Anwendung des Realisationsprinzips. Hierbei stellt sich aber in besonderem Maße das Problem der "richtigen" Abgrenzung von Risiken (vor allem von Verlust- und Gewährleistungsrisiken).

Ein weiteres Problem bei langfristiger Auftragsproduktion ist die Durchführung periodischer Plan-Erfolgsrechnungen. Für den jeweiligen Auftragsbestand sollte man auf der Grundlage der Angebots- bzw. Auftragsvorkalkulationen eine Vorschaurechnung durchführen, die neben den erwarteten Erlösen und Kosten auch die disponierten Konstruktions- und Fertigungsstunden erkennen läßt. Das Hauptproblem dieser Rechnung ist die planmäßige zeitliche Strukturierung der Auftragsfolge und die zeitliche Begrenzung der Planungsperiode.

32. Probleme der Kostenträgerzeitrechnung bei Marktproduktion standardisierter Erzeugnisse

In Unternehmen mit Marktproduktion standardisierter Erzeugnisse sind beide Durchführungsformen der Kostenträgerzeitrechnung anwendbar und sollten im Regelfall nebeneinander eingesetzt werden.

Unverzichtbar ist bei Marktproduktion standardisierter Erzeugnisse die Anwendung der nicht geschlossenen Kostenträgerzeitrechnung (Artikelergebnisrechnung), und zwar zugleich als Planungs- und Kontrollrechnung. Da bei diesem Verfahren auf eine Abstimmung mit den vorgeschalteten Teilsystemen der Kosten- und Leistungsrechnung sowie auf eine rechnerische Bestandsführung verzichtet wird, ist sein Aufbau relativ einfach und weit weniger von branchenspezifischen Merkmalen geprägt als die geschlossenen Formen der Kostenträgerzeitrechnung. Aus diesem Grund verfügen fast alle bekannten Softwarehäuser bereits heute über Standardsoftware für eine nicht geschlossene Kostenträgerzeitrechnung (Betriebsergebnisrechnung).

Bei der praktischen Anwendung der nicht geschlossenen Kostenträgerzeitrechnung treten folgende spezielle Probleme auf:

1. Richtiger Einsatz als Planungs-, Steuerungs- und Kontrollinstrument des Vertriebs
2. Kostenträgerweise Zuordnung der Kostenabweichungen in der Kontrollrechnung
3. Durchführung von Soll-Ist-Vergleichen des Periodenerfolgs
4. Anwendungsprobleme bei abnehmerdeterminierter Variantenproduktion.

Die Stärke der nicht geschlossenen Kostenträgerzeitrechnung liegt in ihrer großen Flexibilität als Planungs-, Steuerungs- und Kontrollinstrument des Vertriebs. Das Anwendungsproblem liegt darin, diese Möglichkeiten richtig zu nutzen.

Als Planungsinstrument kann die nicht-geschlossene Kostenträgerzeitrechnung natürlich nur so gut sein, wie verfügbare Absatzmengen- und Erlösplanung. Grundlage der kurzfristigen Planung sollte eine nach Monaten differenzierte Jahresplanung der Absatzmengen und Erlöse sein; die Planerlöse sind nach

Bruttoerlösen und Erlösschmälerungen zu differenzieren. Im übrigen ist die Ergebnisplanung weitgehend nach marketingrelevanten Gliederungsmerkmalen (Kostenträgergruppen und -untergruppen, Absatzgebiete, Absatzwege, Kundengruppen usw.) zu gliedern, damit sie wirklich zu einem leistungs- und kostenwirtschaftlichen "Spiegelbild" des geplanten Absatzprogramms wird. Die nach diesen Gliederungsprinzipien ermittelten Deckungsbeiträge sollten nicht nur absolut, sondern stets auch in Prozent der proportionalen Selbstkosten und/oder der Nettoerlöse angegeben werden.

Werden bei der Abstimmung der Absatzplanung mit der Produktions- und Kapazitätsplanung Engpässe festgestellt, so ist eine Steuerung nach relativen Deckungsbeiträgen (ein Engpaß) oder mit Hilfe linearer Planungsmodelle (mehrere Engpässe) vorzunehmen; die Anwendungsmöglichkeiten der linearen Programmierung sind aber heute immer noch auf Unternehmen mit Fließgüterproduktion oder relativ einfacher Stückgüterproduktion begrenzt.

In Unternehmungen mit Kuppelproduktion sind auf jeden Fall beim Aufbau der Ergebnisplanung die Mengenrelationen der Kuppelprodukte zu beachten. Wie wir bereits im Abschnitt über die Kostenträgerstückrechnung gezeigt haben, sind bei Kuppelproduktion simultane Planungsrechnungen von Vorteil bzw. sogar eine notwendige Voraussetzung für die Erstellung zulässiger und optimaler Absatzpläne.

Bei horizontalen und vertikalen Verbundformen empfiehlt sich die Ausgestaltung der nicht geschlossenen Kostenträgerzeitrechnung zu einer mehrstufigen Deckungsbeitragsrechnung (stufenweise Fixkosten-Deckungsrechnung).

Die ursprüngliche Jahresplanung sollte stets als Basisplanung beibehalten, aber monatlich oder quartalsweise nach dem Prinzip der rollierenden Planung an kurzfristige Veränderungen der Absatzerwartungen angepaßt werden.

Grundsätzlich besteht auf der Grundlage von Parallel- oder Doppelkalkulationen die Möglichkeit, die nicht-geschlossene Kostenträgerzeitrechnung parallel auch als Ergebnisausweis nach dem Vollkostenprinzip zu führen. Hierin sehen wir aber einen unnötigen und möglicherweise sogar gefährlichen Rückschritt zum Vollkostendenken.

Bei ihrer Anwendung als Kontrollinstrument besteht das Problem zunächst in der Wahl der Kontrollperiode. Die nicht geschlossene Kostenträgerzeitrechnung sollte mindestens monatlich durchgeführt, bei Bedarf aber auch für kürzere Perioden erstellt werden. Sie läßt sich sogar als tägliche Verkaufs-Kontrollrechnung durchführen, um noch vor den endgültigen Verkaufsabschlüssen steuernd eingreifen zu können.

Die Differenzierung der Ergebniskontrolle sollte genau mit der Ergebnisplanung übereinstimmen. Bei einer großen Anzahl von Erzeugnissen kann eine selektive Auswertung erfolgen, wobei nur Kostenträger- bzw. Kostenträgergruppen ausgewiesen werden, deren Deckungsbeiträge bestimmte Grenzwerte über- oder unterschreiten.

Ein in der Praxis immer noch unzureichend gelöstes Problem ist die möglichst genaue kostenträgerweise Zuordnung von Kostenabweichungen. In manchen Betrieben und nach einigen Softwareprogrammen wird auf eine kostenträgerweise Zuordnung der Kostenabweichungen völlig verzichtet; die Kostenabweichungen werden im Monat ihrer Entstehung global in das Betriebsergebnis ausgebucht. Hieraus können insbesondere bei großen Saisonschwankungen der Produktions- und Absatzmengen sowie stark schwankenden Rohstoffpreisen erhebliche "Erfolgsverzerrungen" resultieren. In der nicht geschlossenen Kostenträgerzeitrechnung kann zwar wegen der fehlenden Abstimmung der vorgeschalteten Teilsysteme und dem Verzicht auf eine rechnerische Bestandsführung keine völlig exakte Abweichungsverteilung erfolgen, diese kann aber durch die folgende Verfahrenstechnik relativ genau gestaltet werden:

1. Auflösung der proportionalen Soll-Selbstkosten des Umsatzes nach Kostenartengruppen
2. Ergänzung der maschinell erstellten Plankalkulationen um Kostenabweichungen.

Die Durchführung der Abweichungsverteilung wird durch eine Anwendung der Primärkostenrechnung erleichtert.

Die laufende Auswertung der Betriebsergebniskontrolle sollte zu einem Soll-Ist-Vergleich des Periodenerfolgs ausgebaut werden. Hierbei werden die Plan- und die Ist-Deckungsbeiträge verglichen und die Deckungsbeitragsabweichungen in folgende Teilabweichungen zerlegt:[11)]

1. Absatzabweichungen 2. Verkaufspreis- bzw. Erlösschmälerungsabweichungen	Erlösabweichungen
3. Abweichungen der prop. Kosten 4. Abweichungen der fixen Kosten	Kostenabweichungen
5. Spezialabweichungen (z.B. Produktmischungsabweichungen, Währungsabweichungen usw.)	

In der Praxis bereitet die richtige Behandlung von Abweichungsüberschneidungen häufig noch Schwierigkeiten.

Spezielle Anwendungsprobleme der nicht geschlossenen Kostenträgerzeitrechnung bestehen in Unternehmen mit abnehmerdeterminierter Variantenproduktion. Hier können die Soll-Selbstkosten des Istumsatzes nicht ohne weiteres retrograd aus den Ist-Absatzmengen abgeleitet werden. Sie müssen vielmehr mit Hilfe der Ist-Stücklisten "von unten" aufgebaut werden. Wenn zugleich monatliche Stücklistenänderungen erfolgen, wird die Durchführung von Soll-Ist-Vergleichen des Periodenerfolgs recht kompliziert.

Grundsätzlich sollte in jeder Unternehmung mit Marktproduktion standardisierter Erzeugnisse neben der nicht geschlossenen Kostenträgerzeitrechnung auch eine geschlossene Kostenträgerzeitrechnung durchgeführt werden. Nur bei sehr einfachen Produktionsverhältnissen und geringen Veränderungen der Halb- und Fertigfabrikatebestände kann hierauf verzichtet werden - selbst in einem Dienstleistungsunternehmen wie der Deutschen Bundespost hat es sich aber als notwendig erwiesen, dem Erfolgsausweis eine Betriebsleistungsrechnung vorzuschalten.

Bei der Anwendung der geschlossenen Kostenträgerzeitrechnung in der betrieblichen Praxis treten vor allem folgende spezielle Probleme auf:[12]

1. Wahrung der Kostenidentität

2. Differenzierung der Bestandsrechnung

3. Nicht endkostenträgerdeterminierte Vor- und Zwischenprodukte
   31. Gegebene Produktionsdaten der Vor- und Zwischenprodukte
   32. Nicht gegebene Produktionsdaten der Vor- und Zwischenprodukte

Unter Kostenidentität versteht man nach Medicke die Übereinstimmung der proportionalen Soll-Herstellkosten der mit Hilfe von Plan-Kalkulationen nach Kostenträgern differenzierten Betriebsleistung und den proportionalen Soll-Herstellkosten des Soll-Ist-Kostenvergleichs. Nach Medicke ist die Wahrung der Kostenidentität der "oberste Grundsatz" für das Funktionieren einer geschlossenen Kostenträgerzeitrechnung.[13)] Störungen der Kostenidentität treten auf, wenn der Produktionsvollzug im Ist vom Produktionsvollzug laut Plankalkulation abweicht. Sie muß in diesen Fällen durch die systematische Erfassung von Produktionsvollzugsabweichungen (z.B. Verfahrens-, Seriengrößen-, Bedienungs-, Rezeptur-Abweichungen usw.) wiederhergestellt werden, was in der Praxis nicht immer zufriedenstellend gelingt.

Ein weiteres Problem ist die Differenzierung der Bestandsrechnung. Bei relativ geringen Bestandsbewegungen reicht eine gemeinsame Bestandsrechnung für die Halb- und Fertigfabrikatebestände aus. Bei größeren Bestandsveränderungen kann dagegen die folgende Unterteilung zweckmäßig sein.

Bestandsrechnung I:	In Arbeit befindliche Halbfabrikate
Bestandsrechnung II:	Auf Lager befindliche fertige Teile, Zwischen- und Enderzeugnisse
Bestandsrechnung III:	Fertigerzeugnisse im Versand.

Die Bestandsrechnung III ist nur erforderlich, wenn im Versandlager größere Versandaufträge zusammengestellt werden.

Besonders schwierige Probleme bei der Durchführung einer geschlossenen Kostenträgerzeitrechnung treten auf, wenn im Produktionsprozeß nicht endkostenträgerdeterminierte Vor- und Zwischenprodukte anfallen (wie z.B. in der Textil-, Kabel- und chemischen Industrie). Hierbei sind zwei Unterfälle zu unterscheiden.

Erstens können gegebene Produktionsdaten für Vor- und Zwischenprodukte vorliegen. In diesen Fällen ist lediglich der Endverwendungszweck noch offen. Das Problem wird gelöst, indem man in die geschlossene Kostenträgerzeitrechnung für die betreffenden Vor- und Zwischenprodukte "Hilfskostenträgergruppen" integriert. Die Produktionsmengen der Vor- und Zwischenprodukte gehen zunächst in die Bestandsrechnung ein und fließen bei Festliegen ihrer endgültigen Verwendung als "Wiedereinsatz" in die Betriebsleistungsrechnung zurück (parallel bewertet zu proportionalen Plan-Herstellkosten und anteiligen Kostenabweichungen). Hierbei ergeben sich Zurechnungsprobleme, die sich exakt mit Hilfe linearer Gleichungssysteme lösen lassen.

Zweitens besteht die Möglichkeit nicht gegebener Produktionsdaten für Vor- und Zwischenprodukte. In diesen Fällen sind auf die Vor- und Zwischenprodukte noch nicht genau determiniert. Für diese Fälle hat Medicke das Verfahren der material- und arbeitsgangweisen Kostenträgerzeitrechnung entwickelt.[14)]

In Unternehmen mit vielschichtigen Umwandlungsprozessen, nicht quantifizierbaren Mengengefällen der Produktion und zu einer großen Anzahl von Vor-, Zwischen- und Enderzeugnissen kann die geschlossene Kostenträgerzeitrechnung so kompliziert werden, daß die Grenze der praktischen Anwendbarkeit erreicht wird.

4. Schlußbemerkungen

Ich habe versucht, in meinem Vortrag zunächst zu zeigen, daß die Kostenträgerrechnung in weit stärkerem Maße von branchenspezifischen Merkmalen und Unterschieden geprägt ist als alle übrigen Teilgebiete der Kosten- und Leistungsrechnung. Dies liegt daran, daß von ihr in den verschiedenen Stadien des Prozesses der Leistungserstellung und -verwertung eine prozeßkonforme kosten- und leistungswirtschaftliche Darstellung des Produktions- und Absatzprogramms verlangt wird - möglichst mit der Genauigkeit eines "Spiegelbildes", allerdings nicht "seitenverkehrt".

Besonders groß ist der Einfluß branchenspezifischer Merkmale und Unterschiede in der Kostenträgerstückrechnung, wo sie sich in den erforderlichen Kalkulationsarten, dem Kalkulationsaufbau und den Erfordernissen von Kalkulationsänderungen auswirkt. Hinzu kommen Spezialprobleme, wie die Bewertung von Vor- und Zwischenprodukten bei mehrstufiger Produktion, die Probleme bei Kuppelproduktion und der Primärkostenausweis.

Bei der Kostenträgerzeitrechnung ist die nicht geschlossene Form relativ unabhängig von branchenspezifischen Einflüssen. Bei den geschlossenen Formen wirken sich aber branchenspezifische Unterschiede (besonders in der Betriebsleistungs- und der Bestandsrechnung) sehr viel stärker aus.

Ich glaube, wir können gespannt darauf sein, wie die auf der diesjährigen Saarbrücker Arbeitstagung vertretenen Softwareanbieter die mannigfaltigen branchenspezifischen Probleme der Kostenträgerrechnung beim Aufbau möglichst vielseitig verwendbarer Standardsoftwaresysteme für die Kostenträgerrechnung lösen werden.

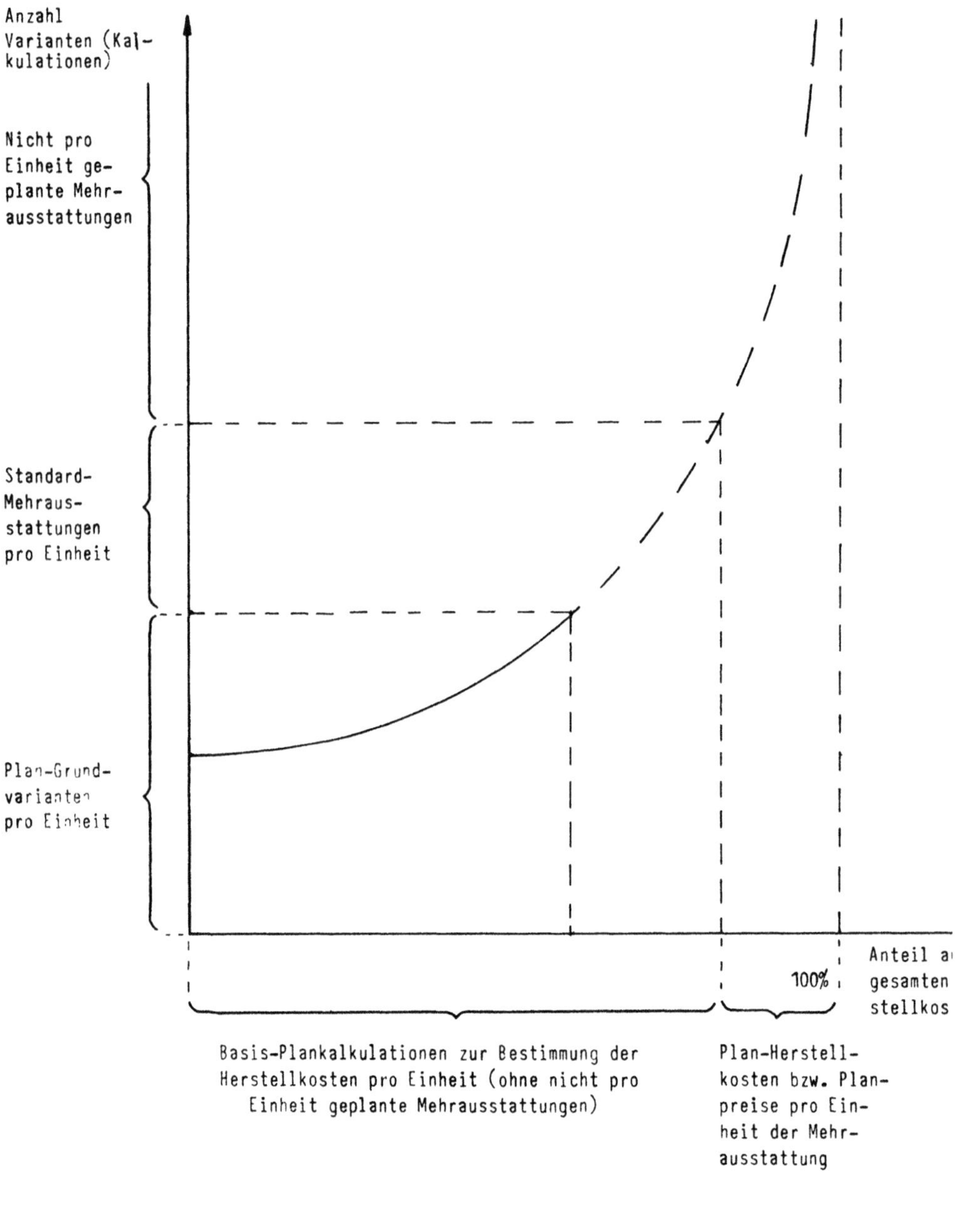
Anzahl Varianten (Kalkulationen)
Nicht pro Einheit geplante Mehrausstattungen
Standard-Mehrausstattungen pro Einheit
Plan-Grundvarianten pro Einheit
100%
Anteil a
gesamten
stellkos
Basis-Plankalkulationen zur Bestimmung der Herstellkosten pro Einheit (ohne nicht pro Einheit geplante Mehrausstattungen)
Plan-Herstellkosten bzw. Planpreise pro Einheit der Mehrausstattung

Abbildung 1

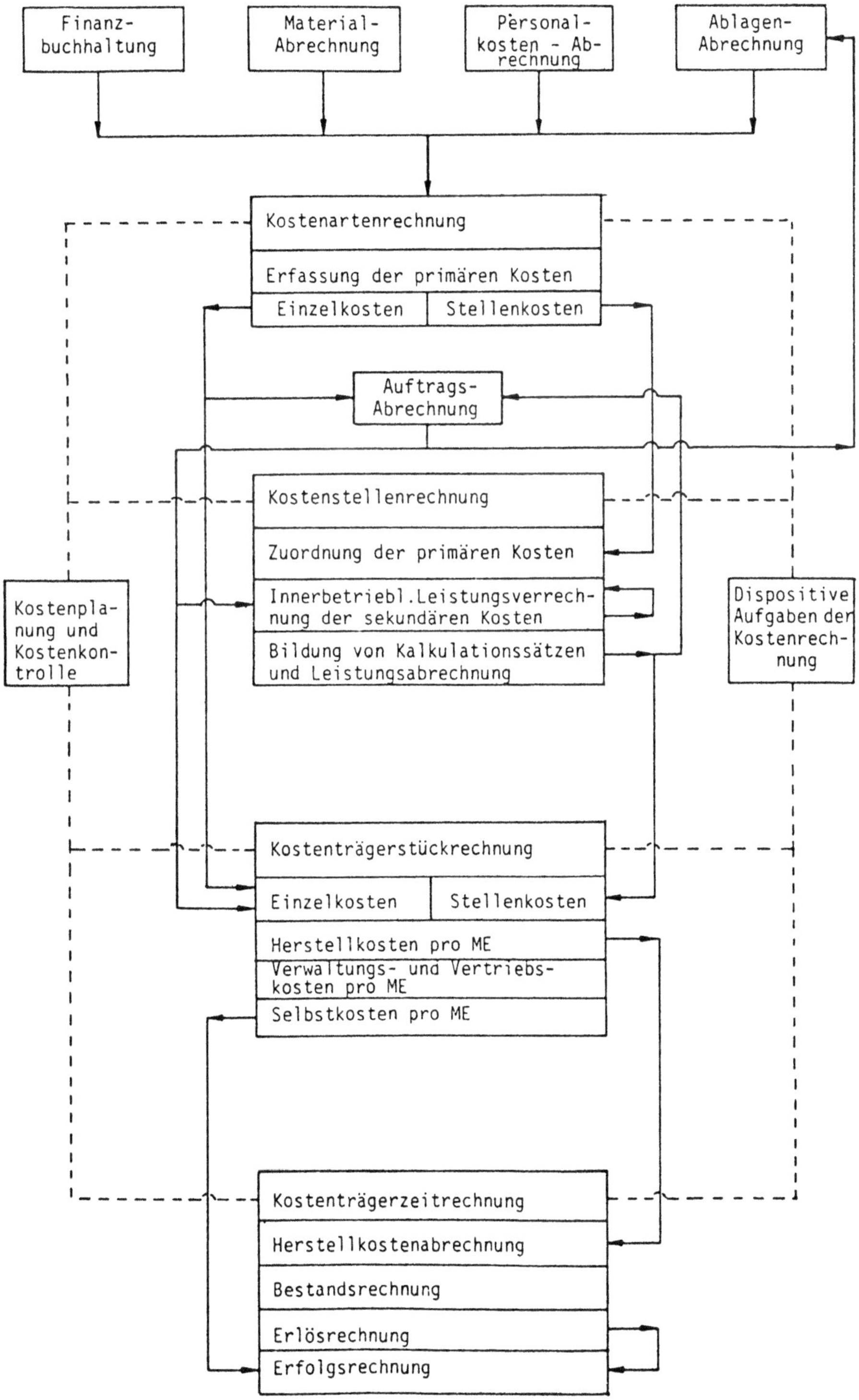
Finanz-
buchhaltung
Material-
Abrechnung
Personal-
kosten - Ab-
rechnung
Ablagen-
Abrechnung
Kostenartenrechnung
Erfassung der primären Kosten
Einzelkosten
Stellenkosten
Auftrags-
Abrechnung
Kostenstellenrechnung
Zuordnung der primären Kosten
Innerbetriebl.Leistungsverrech-
nung der sekundären Kosten
Bildung von Kalkulationssätzen
und Leistungsabrechnung
Kostenpla-
nung und
Kostenkon-
trolle
Dispositive
Aufgaben der
Kostenrech-
nung
Kostenträgerstückrechnung
Einzelkosten
Stellenkosten
Herstellkosten pro ME
Verwaltungs- und Vertriebs-
kosten pro ME
Selbstkosten pro ME
Kostenträgerzeitrechnung
Herstellkostenabrechnung
Bestandsrechnung
Erlösrechnung
Erfolgsrechnung

Anlage 1

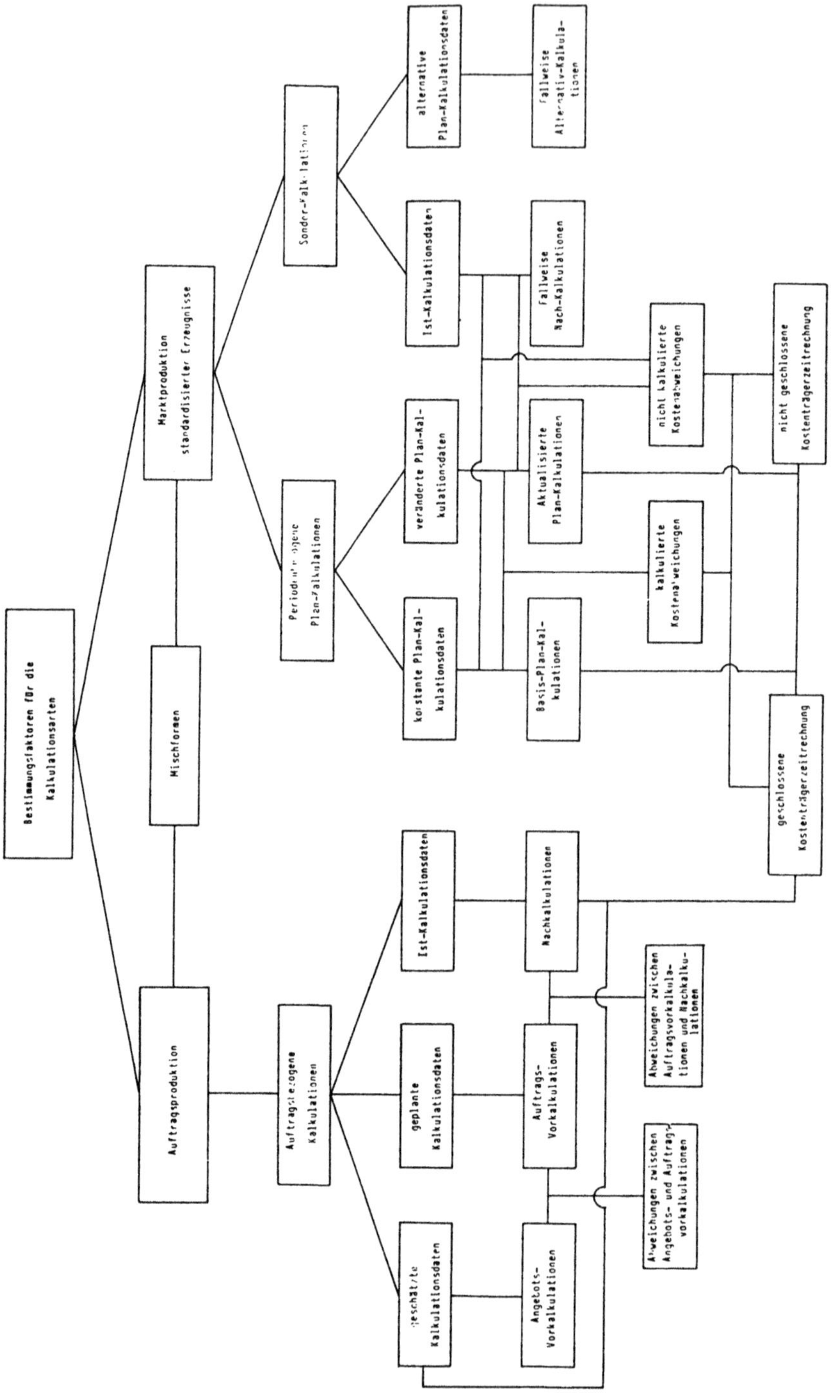
Bestimmungsfaktoren für die Kalkulationsarten
Marktproduktion standardisierter Erzeugnisse
Mischformen
Auftragsproduktion
Sonder-Kalkulationen
Periodenbezogene Plan-Kalkulationen
alternative Plan-Kalkulationsdaten
Fallweise Alternativ-Kalkulationen
Ist-Kalkulationsdaten
Fallweise Nach-Kalkulationen
veränderte Plan-Kalkulationsdaten
Aktualisierte Plan-Kalkulationen
nicht kalkulierte Kostenabweichungen
nicht geschlossene Kostenträgerzeitrechnung
konstante Plan-Kalkulationsdaten
Basis-Plan-Kalkulationen
kalkulierte Kostenabweichungen
geschlossene Kostenträgerzeitrechnung
Auftragsbezogene Kalkulationen
Ist-Kalkulationsdaten
Nachkalkulationen
geplante Kalkulationsdaten
Auftrags-Vorkalkulationen
geschätzte Kalkulationsdaten
Angebots-Vorkalkulationen
Abweichungen zwischen Auftragsvorkalkulationen und Nachkalkulationen
Abweichungen zwischen Angebots- und Auftragsvorkalkulationen

Anlage 2

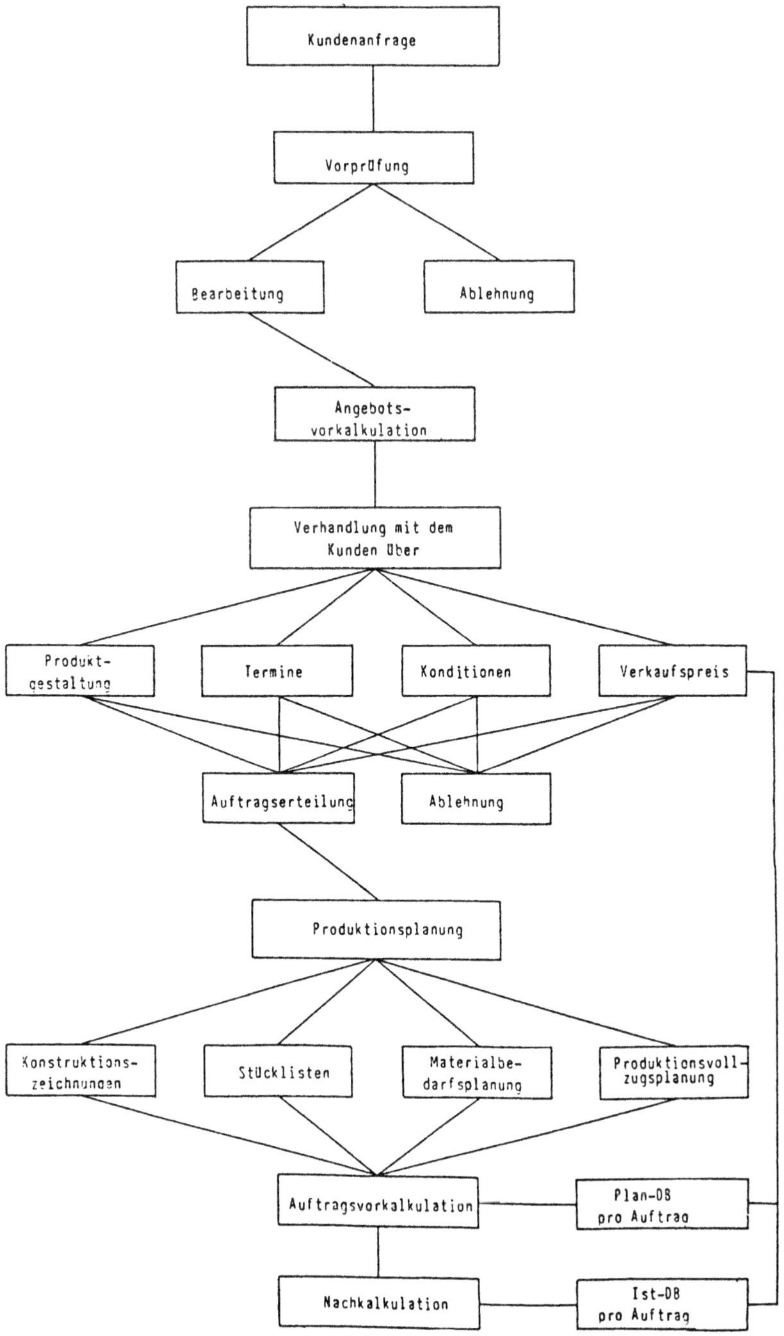
Kundenanfrage
Vorprüfung
Bearbeitung
Ablehnung
Angebots-
vorkalkulation
Verhandlung mit dem
Kunden über
Produkt-
gestaltung
Termine
Konditionen
Verkaufspreis
Auftragserteilung
Ablehnung
Produktionsplanung
Konstruktions-
zeichnungen
Stücklisten
Materialbe-
darfsplanung
Produktionsvoll-
zugsplanung
Auftragsvorkalkulation
Plan-DB
pro Auftrag
Nachkalkulation
Ist-DB
pro Auftrag

Anlage 3

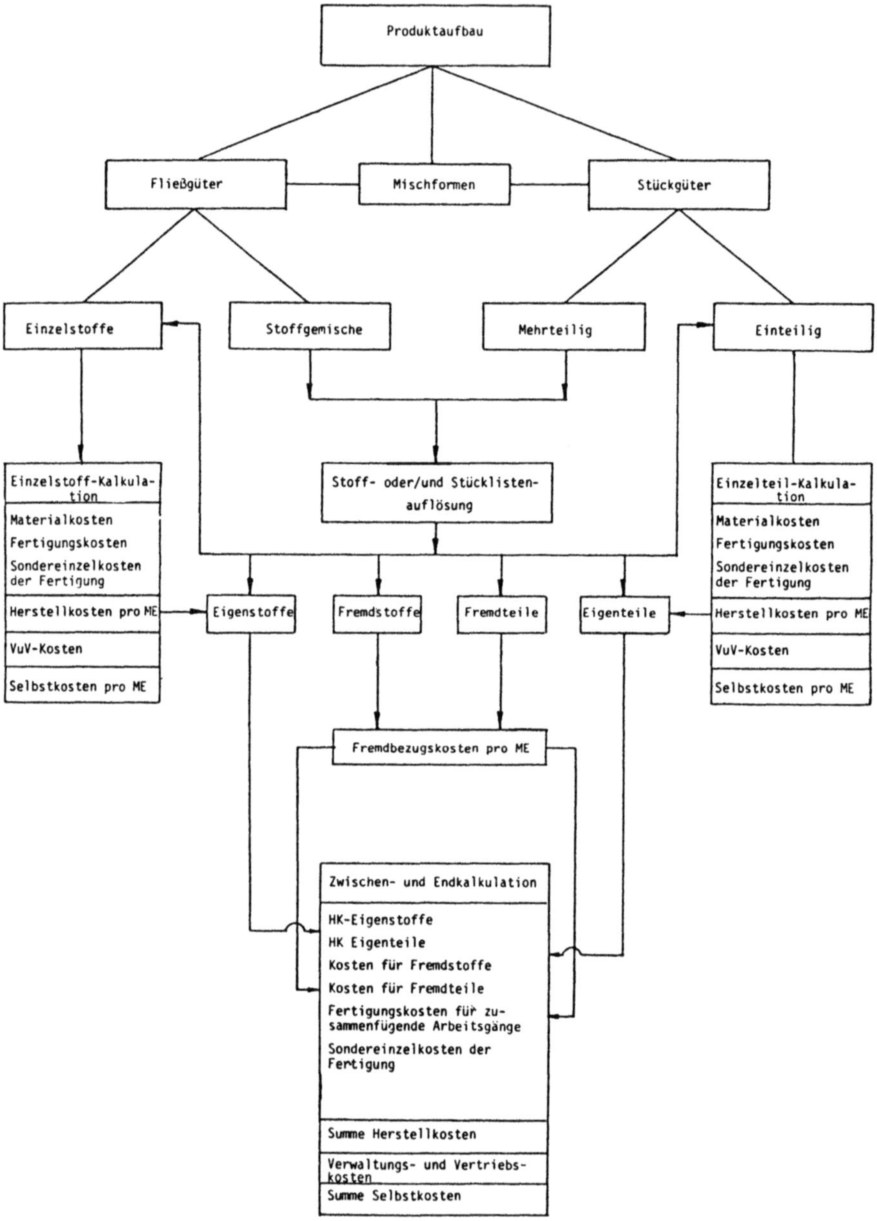
Produktaufbau
Fließgüter
Mischformen
Stückgüter
Einzelstoffe
Stoffgemische
Mehrteilig
Einteilig
Einzelstoff-Kalkulation
Materialkosten
Fertigungskosten
Sondereinzelkosten der Fertigung
Herstellkosten pro ME
VuV-Kosten
Selbstkosten pro ME
Stoff- oder/und Stücklisten-auflösung
Einzelteil-Kalkulation
Materialkosten
Fertigungskosten
Sondereinzelkosten der Fertigung
Herstellkosten pro ME
VuV-Kosten
Selbstkosten pro ME
Eigenstoffe
Fremdstoffe
Fremdteile
Eigenteile
Fremdbezugskosten pro ME
Zwischen- und Endkalkulation
HK-Eigenstoffe
HK Eigenteile
Kosten für Fremdstoffe
Kosten für Fremdteile
Fertigungskosten für zusammenfügende Arbeitsgänge
Sondereinzelkosten der Fertigung
Summe Herstellkosten
Verwaltungs- und Vertriebskosten
Summe Selbstkosten

Anlage 4

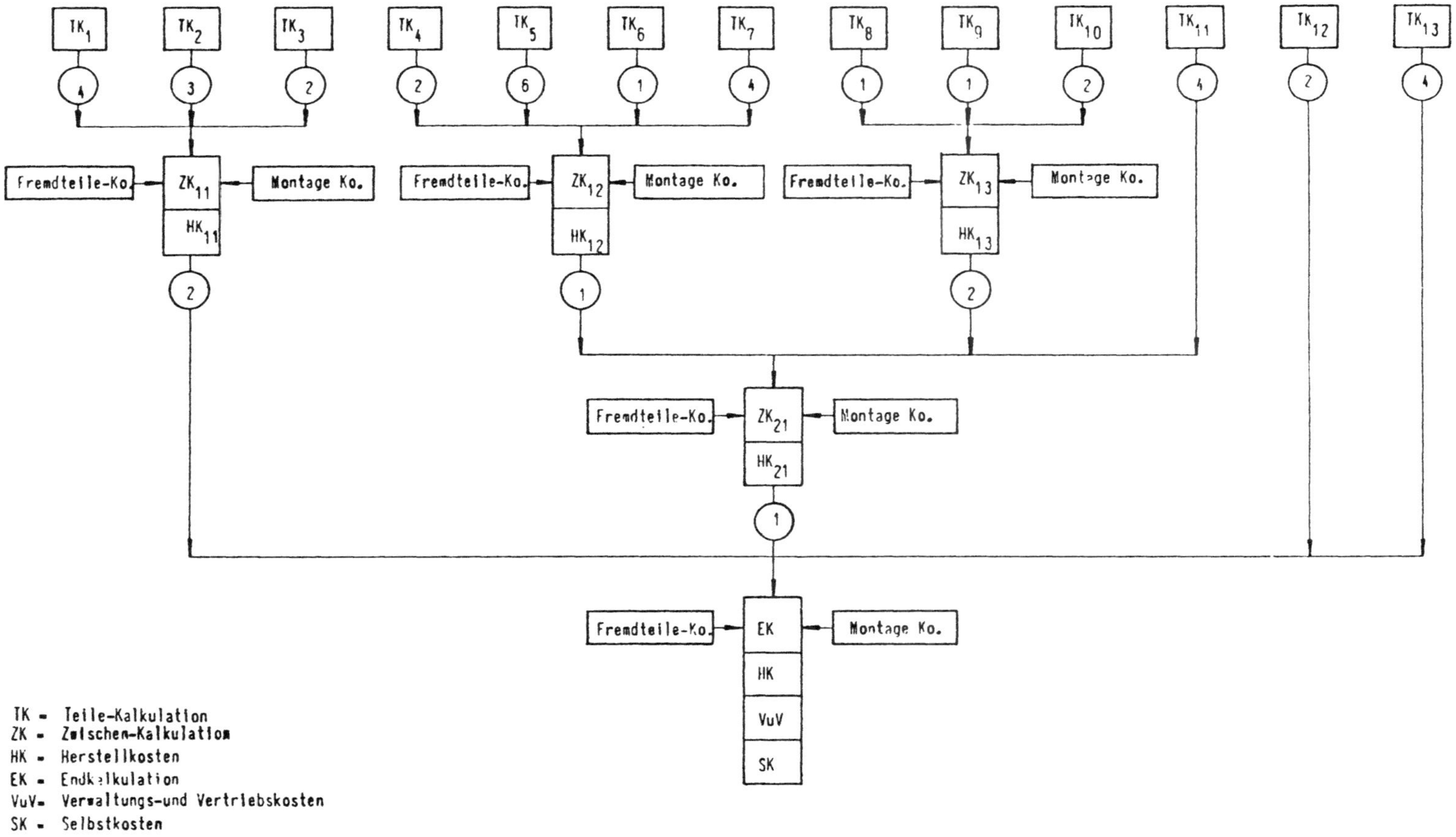
TK1
TK2
TK3
TK4
TK5
TK6
TK7
TK8
TK9
TK10
TK11
TK12
TK13
4
3
2
2
6
1
4
1
1
2
4
2
4
Fremdteile-Ko.
ZK11
HK11
Montage Ko.
2
Fremdteile-Ko.
ZK12
HK12
Montage Ko.
1
Fremdteile-Ko.
ZK13
HK13
Montage Ko.
2
Fremdteile-Ko.
ZK21
HK21
Montage Ko.
1
Fremdteile-Ko.
EK
HK
VuV
SK
Montage Ko.
TK - Teile-Kalkulation
ZK - Zwischen-Kalkulation
HK - Herstellkosten
EK - Endkalkulation
VuV- Verwaltungs-und Vertriebskosten
SK - Selbstkosten

Anlage 5

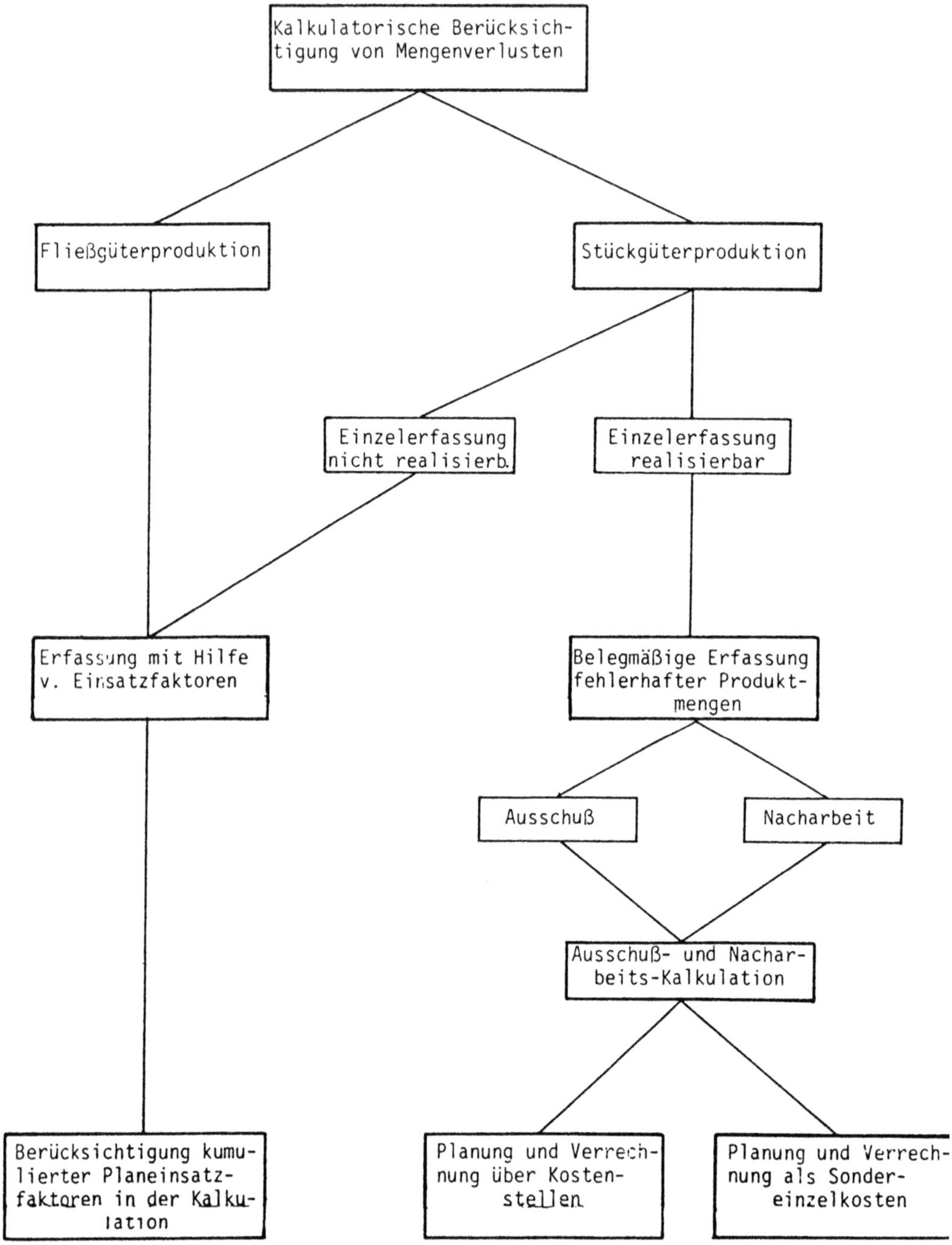
Kalkulatorische Berücksichtigung von Mengenverlusten
Fließgüterproduktion
Stückgüterproduktion
Einzelerfassung nicht realisierb.
Einzelerfassung realisierbar
Erfassung mit Hilfe v. Einsatzfaktoren
Belegmäßige Erfassung fehlerhafter Produktmengen
Ausschuß
Nacharbeit
Ausschuß- und Nacharbeits-Kalkulation
Berücksichtigung kumulierter Planeinsatzfaktoren in der Kalkulation
Planung und Verrechnung über Kostenstellen
Planung und Verrechnung als Sondereinzelkosten

Anlage 6

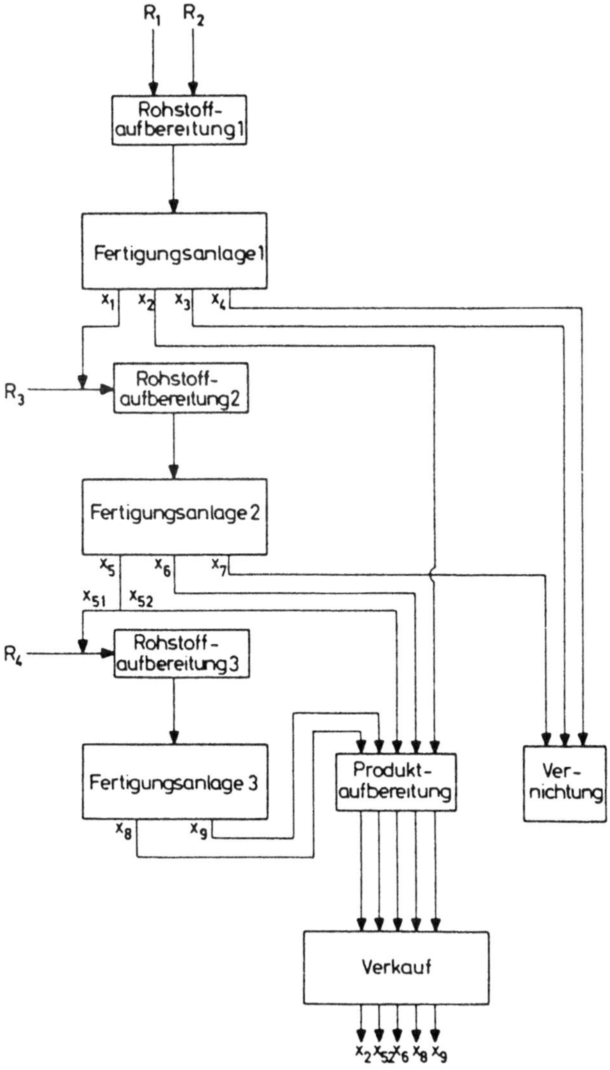

R1 R2
Rohstoff-aufbereitung 1
Fertigungsanlage 1
x1 x2 x3 x4
R3
Rohstoff-aufbereitung 2
Fertigungsanlage 2
x5 x6 x7
x51 x52
R4
Rohstoff-aufbereitung 3
Fertigungsanlage 3
x8 x9
Produkt-aufbereitung
Ver-nichtung
Verkauf
x2 x52 x6 x8 x9

Anlage 7

Fußnoten

1) Vgl. W. Kilger, Flexible Plankostenrechnung und Deckungsbeitragsrechnung, 8. Aufl., Wiesbaden 1981, S. 605 ff. sowie W. Kilger, Einführung in die Kostenrechnung, 2. Aufl., Wiesbaden 1980, S. 289 ff.

2) Vgl. hierzu die Vorträge von E. Höffken, P.H. Hay und K.v. Lindeiner-Wildau auf der Schmalenbach-Tagung vm 19.04.1986 in Düsseldorf - Thema: Langfristiges Anlagengeschäft. Risiko-Management und Controlling - (erschienen in der Zeitschrift für betriebswirtschaftliche Forschung).

3) Vgl. W. Kilger, Flexible ..., a.a.O., S. 655 ff.

4) Vgl. W. Kilger, Die Aufgaben von Konzernverrechnungspreisen in der Planung und im Rechnungswesen, in: Wolfsburger Fachgespräche 6, Dokumentation der Tagung vom 14./25. Juni 1983, S. 3-33.

5) Vgl. W. Kilger, Einführung ..., a.a.O., S. 365 ff. Dort findet sich auch ein Zahlenbeispiel zur Kalkulation bei mehrfacher Kuppelproduktion gemäß dem Beispiel in Anlage 7.

6) Vgl. W. Kilger, Optimale Produktions- und Absatzplanung, Opladen 1973, S. 358 ff.

7) Vgl. dazu die zusammenfassende Darstellung des Pichler-Modells in K. Dellmann, Betriebswirtschaftliche Produktions- und Kostentheorie, Wiesbaden 1980, S. 85-91.

8) Vgl. H. Lederle, Planung, Verrechnung und Kontrolle der Forschungs- und Entwicklungskosten in der Automobilindustrie, in: W. Kilger, A.-W. Scheer (Hrsg.), Rechnungswesen und EDV, 6. Saarbrücker Arbeitstagung 1985, Würzburg 1985, S. 189-205, hier S. 190 f.

9) Vgl. W. Kilger, Flexible ..., a.a.O., S. 671 ff.

10) Vgl. auch den bereits erwähnten Vortrag von E. Höffken auf der Schmalen-nach Tagung am 29.04.1986.

11) Vgl. W. Kilger, Flexible ..., a.a.O., S. 713 ff.

12) Vgl. W. Kilger, Flexible ..., a.a.O., S. 682 ff.

13) Vgl. H.G. Plaut, H. Müller, W. Medicke, Grenzplankostenrechnung und Datenverarbeitung, 3. Aufl., München 1973, S. 308.

14) Vgl. ebenda, S. 326.

Kalkulation, Kostenträger- und Ergebnisrechnung in einem Unternehmen der Stahlverarbeitung mit Serien- und Auftragsfertigung

Dipl.-Betriebsw. H. Stippel, Hoesch Rothe Erde - Schmiedag AG, Dortmund

Vorbemerkungen

Die Hoesch Rothe Erde - Schmiedag AG ist auf dem Sektor der Stahlverarbeitung tätig und produziert in fünf Inlandswerken mit rd. 3.000 Mitarbeitern Großwälzlager, nahtlos gewalzte Ringe, Gesenkschmiedestücke, Sphäroguß, Oberbaustoffe und Grubenausbaumaterial.

Das breit gefächerte Produktionsprogramm, das als Großserien gefertigte Kleinteile und komplexe einbaufertige Komponenten umfaßt, erfordert ein sehr differenziertes Kostenrechnungssystem.

Wir haben 1968 mit der Einführung der Grenzplankostenrechnung begonnen und das geschlossene System mit

- Kostenstellenplanung
- Kostenstellen Soll-Ist-Vergleich
- Interne Auftragsabrechnung
- Plankalkulation
- Betriebsleistungsrechnung
- Fabrikate-Bestandsrechnung
- Artikelergebnisrechnung

bis Ende 1973 installiert. In der Folgezeit wurde die Standardkostenrechnung mit der Unternehmensplanung verknüpft und zu einem funktionsfähigen Controlling-System ausgebaut.

...

7. Saarbrücker Arbeitstagung 1986
Rechnungswesen und EDV
hrsg. v. W. Kilger/A.-W. Scheer

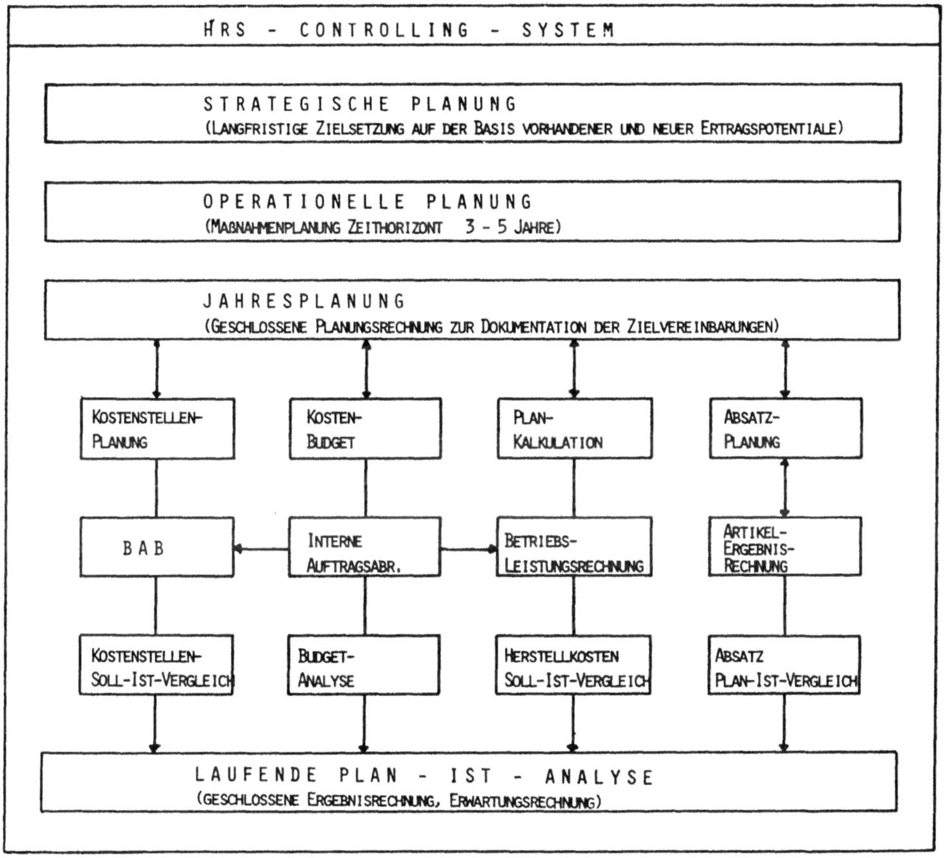

Die Zielvereinbarung zwischen der Unternehmensleitung und den verantwortlichen Vertriebs- und Werksleitern ist in der Jahresplanung dokumentiert. Aufgabe des geschlossenen Controlling-Systems ist es, die Realisierung dieser Zielsetzungen im Plan-Ist-Vergleich sichtbar zu machen und die Abweichungen über die Standardkostenrechnung den Verantwortlichen aller Hierarchiestufen aufzuzeigen, um danach Ansatzpunkte für Korrekturmaßnahmen zu finden.

In der weiteren Darstellung werden die Teilsysteme der Kostenträgerrechnung und die geschlossene Ergebnisrechnung näher erläutert.

...

G l i e d e r u n g

I. Plankalkulation und Kostenträgerrechnung

Die Schwachstelle des zunächst installierten Gesamtsystems lag in der Überwachung der Produktkosten. Während der Kostenstellen Soll-Ist-Vergleich, die Artikel-Ergebnis-Rechnung und der Absatz Plan-Ist-Vergleich transparente und zeitnahe Informationen zur Verfügung stellten, lagen die Erkenntnisse aus der Kostenträgerrechnung zu spät (6 - 8 Wochen nach der Fertigung) vor. Aussagefähige Analysen konnten nur mit großem Zeitaufwand erstellt werden.

Um diese Teilsysteme für die Steuerung der Werke wirkungsvoll einsetzen zu können, wurden die Plankalkulation und Kostenträgerrechnung um den Herstellkosten Soll-Ist-Vergleich erweitert und als dialogfähige Programme ausgelegt. Bei der Neukonzeption standen folgende Ziele im Vordergrund:

- Lieferung zeitnaher, möglichst entscheidungsbegleitender Informationen für die Fertigungssteuerung und Werksleitung

- Enge Anlehnung an die in der Technik für die Kapazitätsplanung und Fertigungssteuerung genutzten Systeme

- Einbeziehung und Nutzung des Änderungsdienstes der Technik für die Kostenrechnung und Vermeidung von Doppelarbeiten

- Steigerung der Aussagefähigkeit bei Reduzierung des Arbeitsaufwandes

Die vorgegebene Zielsetzung wurde mit den neu installierten Systemen erreicht. Das nachfolgende Ablaufschema zeigt die dabei entstandene Verknüpfung der Kostenträgerrechnung mit den angrenzenden Arbeitsgebieten.

...

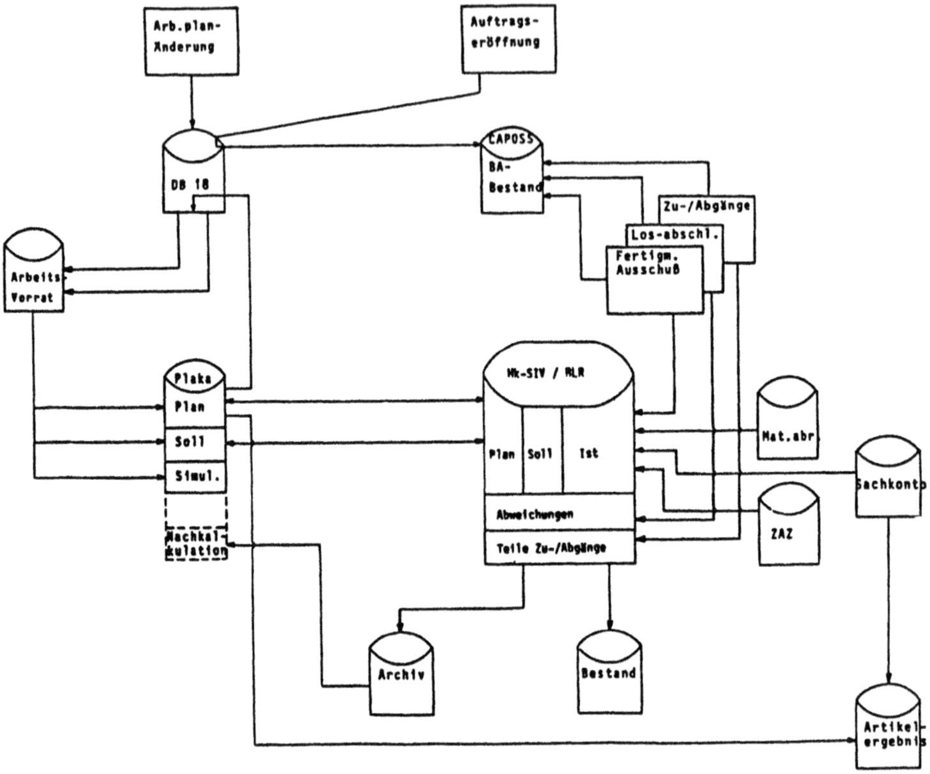

In das System der Produktkostenüberwachung sind einbezogen

Plankalkulation

Betriebsleistungsrechnung

Herstellkosten Soll-Ist-Vergleich

Fabrikate-Bestandsrechnung

Nachkalkulation.

...

1. Plankalkulation

1.1 Aufgaben der Plankalkulation

Die Plankalkulation hat als Leistungs- und Erfolgsmaßstab in der Standardkostenrechnung eine zentrale Bedeutung. Die aus Arbeitsplänen und Stücklisten abgeleitete Kalkulation für die einzelnen Produkte bildet den Verrechnungspreis zwischen Technik und Vertrieb. Sie ist damit "Meßlatte" für die Wirtschaftlichkeit der Produktion und durch Vergleich mit dem erzielten Erlös Maßstab für den Verkaufserfolg.

Die Plankalkulation ist Basis für Preisüberlegungen im Vertrieb und Entscheidungsgrundlage bei der Verfahrenswahl in der Fertigung.

Innerhalb der Standardkostenrechnung wird die Plankalkulation vielfach genutzt. Dies gilt insbesondere für den Herstellkosten Soll-Ist-Vergleich und die Bestandsbewertung von Teilen und Fertigerzeugnissen, aber auch für die Bewertung der in der Produktion ausfallenden Teile.

Für Sonderbewertungen (Planungsrechnung, Jahresabschluß) werden die Plankalkulationen den Einsatzzwecken entsprechend abgewandelt.

Insgesamt benötigen wir für diese Zwecke in unserem Unternehmen jährlich rd. 60.000 Plankalkulationen.

1.2 Ausgangsdaten für die Plankalkulationen

Die Plankalkulation basiert auf den technisch analytisch ermittelten Zeit- und Mengengerüsten, die in Arbeitsplänen und Stücklisten dokumentiert sind. Hier greift die Kostenrechnung auf technische Daten zurück, die für die Produktionssteuerung erarbeitet worden sind.

Die Mengengerüste werden mit den aus der differenzierten Kostenplanung abgeleiteten und in der Kostensatzdatei gespeicherten Kosten für die einzelnen Arbeitsoperationen bewertet.

Die Planpreise für den Materialeinsatz sind in Preisdateien gespeichert.

...

Da in den Arbeitsplänen Vorgabezeiten verwendet werden, die nur im Idealfall erreicht werden können, sind für die Plankalkulation Standardabweichungen hinzuzurechnen, die die im normalen Fertigungsprozess anfallenden Ausschußkosten und Verfahrensabweichungen abdecken. Diese Standardabweichungen werden entweder artikelbezogen im Arbeitsplan gespeichert oder produktgruppenweise vorgegeben.

In der Vollkostenkalkulation werden auf die Standardherstellkosten Zuschläge für Verwaltungs- und Vertriebskosten verrechnet.

1.3 Erstellung der Plankalkulationen im Dialog-Programm

Das dialogfähige Plankalkulationsprogramm bietet den Benutzern einen sehr hohen Bedienungskomfort. Nur dadurch ist es möglich, die große Anzahl von Kalkulationen in einer angemessenen Zeit zu erstellen. Der Kalkulations-Prozess ist durch formelle und sachliche Fehlerprüfungen weitgehend automatisiert und läuft wie folgt ab:

Die von den Arbeitsvorbereitungen der Werke für die Produktionssteuerung neu erstellen oder geänderten Stücklisten und Arbeitspläne werden in einer Datenbank gespeichert. Von dort werden die für die Produktbewertung relevanten Daten in das Plankalkulationsprogramm überspielt und in die sogenannte "Arbeitsvorratsdatei" der Kostenrechnung eingestellt.

Der Arbeitsvorrat wird von den Mitarbeitern der Kostenrechnung im Regelfall täglich abgearbeitet. Dazu werden die einzelnen Artikel am Bildschirm aufgerufen. Wenn von der Arbeitsvorbereitung alle Daten richtig eingegeben sind wird automatisch eine gültige Plankalkulation erstellt. Fehlen Informationen oder werden bei der Bezugsgrößenerrechnung sachliche oder formale Fehler erkannt, werden entsprechende Fehlerhinweise gegeben. Resultieren die Fehler aus Daten, die nur für die Kostenrechnung relevant sind, können die Korrekturen direkt eingegeben werden; soweit technische Daten betroffen sind, wird die betreffende Arbeitsvorbereitung angesprochen und die Berichtigung veranlaßt.

...

Das nachfolgende Bild zeigt die Plankalkulation für einen Artikel. Auf dem Bildschirm werden zur besseren Übersicht wichtige Daten (z. B. Summenzeilen) farblich hervorgehoben.

```
                         PLANKALKULATION UEBERSICHT
                         **************************
IDENT-NR  AB ERZ.GR.  DISP ZEICHNUNGSNUMMER              BEZEICHNUNG        ST-AP
00500500  7  41230440  00  260/025.43031330.             STREBE

FERTIG-GEW     KE    ME      P-LOS     LETZTE AE.  KALK-DAT       AUSSCHUSS(%)
     0,00      00    21        200     07.02.86    27.05.86          8,0

                                   VOLLKOSTEN     GRENZKOSTEN
MATERIAL ................               4,59            4,59
ZUBEHOER                                0,00            0,00
MAT.GEM.KOSTEN         6,5 %            0.30            0,00
FERT.KOSTEN ............               10,78            7,32
SONDEREINZELK.                          0,16            0,15
PLANHERSTELLKOSTEN .....               15,83           12,06
STAND-VERF-ABW.        3,5 %            0,38            0.26     PF 2  -> ANFORDERUNG
STAND-VERBR-ABW.           %            0,00            0,00     PF 3  -> DIALOGENDE
STAND-AUSSCHUSS        8,0 %            1,26            0,96     PF 5  -> STUKTURNACHW
STAND-HERSTELLKOSTEN ...               17,47           13,28     PF 6  -> MATERIALEINS
ZUSCHLAEGE            17,0 %            2,97            0,00     PF 9  -> FERTIGUNGSK.
STAND-SELBSTKOSTEN .....               20,44           13,28     PF10  -> BG-ERMMITTL.
RUESTKOSTEN GES.                        9,98            5,45     _   G -> GRENZKOSTEN
IN ST SELBSTK.ENTH                      0,03            0,02
```

Sofern die Informationen dieser Übersichtskalkulationen nicht ausreichen, können am Bildschirm Hilfsfunktionen aufgerufen werden. Als Beispiel ist nachfolgend die detaillierte Übersicht der Fertigungskosten gezeigt.

```
                      PLANKALKULATION FERTIGUNGKOSTEN
                      *******************************
IDENT-NR   AB ERZ.GR.  DISP ZEICHNUNGSNUMMER              BEZEICHNUNG
00500500   7  41230440  00  260/025.43031330.             STREBE

ENTN-GEW     EINS-GEW     ROHL-GEW     FERT-GEW    P-LOS     KE    ME
   13,000      52,000        7,400        0,000    00200     00    21
                                                                            GRENZ-
 AG    ARBEITSGANG-TEXT           KST   BG   FOR      MENGE  KOST-SATZ      KOSTEN
008    MODELL                     0001       05                              0,15
010    FORMEN                     4306  1    89                 32,76        0,25
010    FORMEN                     4306  2    80        0,25      3,11        0,79
020    FORMSAND                   4303  1    84      118,75                  1,01
030    SCHMELZEN                  4312  1    61       13,00      0,11        1,55
030    SCHMELZEN                  4316  1    61       13,00      0,03        0,43
040    IMPFEN UND GIESSEN         4316  1    61                  0,03
050    ABSCHLAGEN KREISLAUF       4362  1    10        0,45      0,72        0,33
060    ABTRENNEN HAND             4363  2    21        0,80      0,64        0,51
070    STRAHLEN GRUPPE 2          4366  1    7[illegible]        6,6[illegible]      0,03        0,21
080    SCHLEIFEN                  4372  1    21        1,25      0,69        0,87
090    PUTZEN                     4372  1    21        0,50      0,69        0,35
100    ENDKONTROLLE               4393  1    1[illegible]        0,60      0,63        0,3[illegible]
110    GRUND .      KHD R.B.      4380  1    21        0,60      1,04        0,63
110    GRUND .      KHD R.B.      4380  2    20        0,07      0,32        0,02
900    VERSAND                    8924

                                                        G G -> GRENZKOSTEN
PF3 -> DIALOGENDE       PF1 -> BESCHREIBUNG PF-TASTEN
```

...

In gleicher Weise können Detailinformationen zu den Materialkosten, Sondereinzelkosten, zur Bezugsgrößenermittlung oder zur Teilestruktur, sofern es sich um eine mehrstufige Fertigung handelt, abgerufen werden.

Die gültigen Plankalkulationen werden in der Datenbank abgestellt. Dabei sind die Plankalkulationen (Standardarbeitsverfahren) und Sollkalkulationen (Verfahrensvarianten) zu unterscheiden.

1.4 Benutzung der Plankalkulations-Datenbank

Die in der Plankalkulations-Datenbank gespeicherten Kalkulationen können jederzeit einzeln oder gruppenweise abgerufen und bearbeitet werden. Zu unterscheiden ist dabei die Anzeige oder der Ausdruck gültiger Kalkulationen und die Erstellung von Varianten für dispositive Zwecke. Ansatzpunkte für Varianten-Kalkulationen sind veränderte Losgrößen, Einsatz alternativer Materialqualitäten oder Ergänzung/Austausch von Arbeitsgängen.

Je nach Aufgabestellung können die Kalkulations-Varianten im Dialog am Bildschirm oder in einem Batchlauf erstellt werden. Die Batchlösung bietet sich dann an, wenn grundsätzliche Änderungen an einer Vielzahl von Kalkulationen vorgenommen werden sollen.

Die Plankalkulationsdatei wird innerhalb der Standardkostenrechnung für folgende Zwecke eingesetzt:

- Ermittlung der Plan- und Sollkosten für den Herstellkosten Soll-Ist-Vergleich

- Bewertung der Teile und Fertigerzeugnisse

- Ausschußbewertung

- Ermittlung der Standardkosten für die Artikel-Ergebnis-Rechnung

...

- Inventurbewertung beim Jahresabschluß

  Für die Inventurbewertung werden die Plankalkulationen abgewandelt. Anstelle der Planmaterialpreise werden Durchschnittswerte herangezogen und die Standardabweichungen werden durch Ist-Kosten ersetzt. Die korrigierten Kalkulationen werden für den Jahresabschluß in einer gesonderten Datei bereitgestellt.

Die Plankalkulation wird auch von anderen Stellen des Hauses intensiv genutzt. Diese haben direkten Zugriff auf die Plankalkulationsdatei, können dort jedoch keine Änderungen vornehmen. Sofern Varianten gerechnet werden, können diese in einer Simulationsdatei abgestellt werden.

Der Vertrieb nutzt diese Möglichkeit zur allgemeinen Kosteninformation und für Preisüberlegungen bei laufenden Teilen. Varianten werden insbesondere für abweichende Losgrößen und bei veränderten Materialpreisen erstellt.

Die Technik nutzt das System für die Kalkulation von Verfahrensänderungen und zur Bewertung der Kostendifferenzen bei unterschiedlichen Fertigungsmöglichkeiten.

Die Betriebswirtschaft setzt z. B. simulierte Kalkulationen für die Planungsbewertung ein. Dazu wird der Plankalkulationsbestand in eine Simulationsdatei übernommen. Die Mengengerüste werden entsprechend der geplanten Maßnahmen gezielt oder pauchal korrigiert und danach mit den Kostensatz- und Preisdateien des Folgejahres bewertet.

2. Kostenträgerrechnung

2.1 Aufgaben der Kostenträgerrechnung

Die Kostenträgerrechnung erfüllt mit den vier Teilsystemen

Betriebsleistungsrechnung
Bestandsrechnung der Halb- und Fertigfabrikate
Herstellkosten Soll-Ist-Vergleich
Nachkalkulation

im wesentlichen folgende Aufgaben:

In der <u>Betriebsleistungsrechnung</u> werden die mit der Herstellung der Erzeugnisse anfallenden Kosten erfaßt und je Fertigungslos/Auftrag in nachfolgender Gliederung festgehalten:

- Materialkosten
  Position/Einsatzmenge/Plankosten/Preisabweichung

- Fertigungskosten
  Bezugsgröße/gefertigte Stückzahl/benötigte Zeit/Grenz-/Vollkosten

- Zusatzfertigungskosten und Ursachen

- Sondereinzelkosten der Fertigung

- Ausschußkosten mit Kennziffern

Die Betriebsleistungsrechnung wird monatlich erstellt und über die Laufzeit eines Loses/Auftrages mit allen Detailinformationen kumuliert.

In der <u>Bestandsrechnung der Halb- und Fertigfabrikate</u> werden die Bestandsbewegungen für die kurzfristige Erfolgsrechnung ermittelt. Die Bestände der unfertigen Erzeugnisse werden losweise in der Betriebsleistungsrechnung geführt. Es handelt sich dabei um die aufgelaufenen Istkosten. Fertiggestellte Teile und Fertigfabrikate werden zu Standardkosten bewertet.

...

Im Herstellkosten Soll-Ist-Vergleich werden den aufgelaufenen Istkosten die Planwerte gegenübergestellt und die auftretenden Abweichungen analysiert.

Für Sonderanalysen, insbesondere im Bereich der Einzelfertigung werden aus den aufgelaufenen Istkosten Nachkalkulationen erstellt.

Alle Kosteninformationen werden programmintern parallel zu Grenz- und Vollkosten bewertet.

2.2 Kostenträgerrechnung als Dialog-System

Die Kostenträgerrechnung mit den oben beschriebenen Einzelaufgaben ist als Dialog-System ausgelegt. Alle relevanten Informationen sind in Datenbanken gespeichert und stehen damit jederzeit in direktem Zugriff.

Die Kostenträger-Datenbank enthält alle Einzelinformationen der Betriebsleistungsrechnung. Sie ist gleichzeitig Bestandsrechnung der in Arbeit befindlichen Produkte und Einzelnachweis für die Kostenanalyse.

Im Herstellkosten Soll-Ist-Vergleich werden die je Fertigungslos angefallenen Ist-Kosten mit den Plan-Kosten gemäß Standardverfahren und den Soll-Kosten der für dieses Los gewählten Variante verglichen. Die Kostenabweichungen werden nach ihren Hauptursachen getrennt dargestellt.

Der Herstellkosten Soll-Ist-Vergleich baut auf den Einzelinformationen der Kalkulation und der Betriebsleistungsrechnung auf, wird jedoch zur besseren Übersicht in geraffter Form dargestellt. Die Gliederung nach Materialzeilen und Arbeitsganggruppen wird für jeden Produktbereich nach den dort geltenden Schwerpunkten festgelegt.

Das nachfolgende Bild zeigt die dem Herstellkosten Soll-Ist-Vergleich zugrundegelegte Systematik.

HERSTELLKOSTEN - SOLL - IST- VERGLEICH							
IDENT-NR. 500500	FERTIGUNGSLOS 01		ZEICHN.-NR: 260/025	ART.BEZ. STREBE	VARIANTE 03		
GESAMTKOSTEN			TEXT	ABWEICHUNGEN			
PLAN	SOLL	IST		AUSSCHUSS	VERFAHREN	ZUSATZFK.	SONSTIGE
1000	1000	1000	Stck.Zahl	100			
200	200	200	Losgröße				
4590	4590	5099	Material	459			50
2040	2400	2640	Formen	240	360		
1550	1550	1705	Schmieden	155			
430	480	528	Gießen	48	50		
840	840	967	Trennen	42		85	
210	210	210	Strahlen				
1220	1220	1342	Putzen			122	
380	380	430	Kontrolle				50
650	650	715	Grundieren			65	
150	150	165	Sondereinzelkost.	15			
12060	12470	13801	HERSTELLKOSTEN	959	410	272	100

Im linken Teil sind die für dieses Fertigungslos gültigen Gesamtkosten dargestellt.

- Die Plankosten werden entsprechend der fertiggemeldeten Stückzahl bewertet mit dem Plankalkulationsansatz (im Regelfall kostengünstigstes Fertigungsverfahren) vorgegeben.

- Die Sollkosten werden aus der für das jeweilige Los gewählten Fertigungsvariante abgeleitet.

- Die Istkosten werden aus der Betriebsleistungsrechnung übernommen und sind dort im Detail nachgewiesen.

...

Die Abweichungen zwischen den Plankosten und den angefallenen Istkosten werden nach ihren Ursachen aufgegliedert.

- Als Ausschuß werden die während des Produktionsprozesses gemeldeten fehlerhaften Teile gezeigt. Die Bewertung erfolgt mit der für das Los gültigen Kalkulationsvariante.

- Unter Verfahrensabweichungen wird die Kostendifferenz zwischen dem Standardverfahren und der für dieses Los gewählten Variante ausgewiesen.

- Die während der Produktion auftretenden Abweichungen werden als Zusatzfertigungskosten dargestellt.

- Alle übrigen Abweichungen werden zunächst unter der Rubrik "Sonstige" ausgewiesen.

Für die weitere Kostenanalyse können die hier gezeigten Abweichungen durch Zugriff auf die Einzelinformationen der Betriebsleistungsrechnung weiter differenziert werden. Bestimmte Analyseschritte sind dabei fest programmiert und können über Hilfsfunktionen am Bildschirm aufgerufen werden. Die wichtigsten Routine-Analysen sind

- Gliederung der Ausschußkosten nach den kontierten Ursachen

- Aufteilung der Zusatzfertigungskosten nach den kontierten Kennziffern

- Differenzierung der sonstigen Abweichungen nach Preis-, Losgrößen- und übrigen Abweichungen

Sofern diese Routine-Analysen keine ausreichenden Erkenntnisse liefern, kann schrittweise auf die Einzeldaten der Betriebsleistungsrechnung zurückgegriffen werden. Auch hierfür stehen Hilfsfunktionen zur Verfügung.

...

Alle beim Losabschluß für wichtig erkannten Kostenhinweise werden gekennzeichnet und in eine Archiv-Datenbank übertragen. Dort stehen diese Informationen für nachträgliche Analysen noch sechs Monate zur Verfügung.

Die nach Losabschluß nicht mehr benötigten Einzelinformationen der Betriebsleistungsrechnung werden entsprechend der gesetzlichen Aufbewahrungsvorschriften auf Mikrofilm dokumentiert.

Die beim Losabschluß fertiggemeldeten Stückzahlen werden bewertet zu Standard-Grenzkosten (Plankosten + Standardabweichungen) als Teile- bzw. Fertigfabrikatebestand aktiviert.

Die Differenzen zwischen den aktivierten Standardabweichungen und den beim Losabschluß festgestellten tatsächlichen Kostenüberschreitungen werden im Monat des Losabschlusses ergebniswirksam ausgebucht.

Eine Verrechnung der Istabweichungen über die Bestandsrechnung halten wir nicht für sinnvoll, da bei Teilfertigmeldungen die Abweichungen noch nicht vollständig bekannt sind und deshalb die Reststückzahlen beim Losabschluß mit hohen Kostenüber/-unterschreitungen behaftet sind.

Um dennoch die Istkosten der Artikel erfassen zu können, werden die Gesamtkosten der einzelnen Lose in eine Nachkalkulations-Datenbank übertragen. Dort werden durchschnittliche Stückkosten aus den abgeschlossenen Losen der jeweils letzten zwölf Monate ermittelt. Diese Ist-Stückkosten werden in einer gesonderten Datei der Plankalkulations-Datenbank gespeichert. Somit können analog zu den Plankalkulationen auch die Ist-Kosten der Erzeugnisse ermittelt werden.

...

2.3 Handhabung des Systems

Mit der Einführung der oben beschriebenen Kostenträgerrechnung haben sich die Arbeitsinhalte innerhalb der Kostenrechnung deutlich verschoben. Der Schwerpunkt der Arbeit liegt jetzt bei der Kostenanalyse mit Hilfe des Herstellkosten Soll-Ist-Vergleichs. Diese Verstärkung der analytischen Tätigkeiten war ohne Personalaufstockung möglich, weil

Loseröffnungen
Umbuchuchungen
Ausschußmeldungen
Einsatz selbstgefertigter Teile
Losabschlüsse

von dem Meldesystem der Technik abgeleitet und innerhalb der Kostenrechnung nur noch auf Plausibilität geprüft werden. Dies hat neben der Arbeitsvereinfachung auch noch den Vorteil, daß Kostenrechnung und Technik mit deckungsgleichen Daten arbeiten und im gegenseitigen Interesse die Betriebsdatenerfassung verbessern.

2.4 Zusatzauswertungen

Trotz der Verbesserung der Abweichungsanalyse und der Beschleunigung des Datenflusses kommen die Informationen aus der geschlossenen Kostenträgerrechnung für eine wirkungsvolle Steuerung im Betrieb zu spät.

Deshalb werden entscheidungsbegleitend statistische Kosteninformationen zur Verfügung gestellt.

Mit der Los-/Auftragseröffnung wird dem Mitarbeiter der Arbeitsvorbereitung die Kostendifferenz zwischen dem Standard- und dem gewählten Verfahren am Bildschirm gezeigt. Der Arbeitsplaner muß dann festlegen, ob er unter Berücksichtigung der Kostendifferenz bei dem gewählten Verfahren bleibt. Diese, durch dispositive Entscheidungen der Arbeitsplaner veranlaßten Verfahrensabweichungen, werden gesammelt und können vom Leiter der Arbeitsvorbereitung jederzeit am Bildschirm eingesehen werden.

...

Die Werksleitung erhält täglich eine Übersicht in der nachfolgend dargestellten Form:

VERFAHRENSABWEICHUNG

PRODUKTBEREICH SPHÄROGUSS
WERK WERDOHL

DATUM 08.07.86

PLAN IDENT.NR.	VARIANTE	ARTIKELBEZ.	STCK. ZAHL	PLAN KST.	SOLL KST.	VERF. ABW.	%
00055550	0555551	PLANETENTR.GEHÄUSE	200	9888	9500	388	3.8
00378600	00378601	NOCKENWELLE	6000	78480	80000	-1520	-1.8
00093390	00093397	LASCHE	1800	20430	20358	72	0.3
00113230	00113231	GEHÄUSE	3500	37975	35000	2975	7.8
00089030	00089031	DECKEL	2000	30880	32000	-1120	-3.6
SUMME TAG				177653	176858	795	0.4
SUMME KUMULIERT				83240	88360	-5120	-6.2

In gleicher Weise werden Losgrößenabweichungen, kontierte Zusatzfertigungskosten und bewertete Ausschußmeldungen erfaßt.

Der zeitnahe Hinweis auf veranlaßte oder aufgetretene Abweichungen erleichtert nicht nur die Überwachung des wirtschaftlichen Verhaltens im Betrieb, sondern ermöglicht in vielen Fällen korrigierende Eingriffe.

Eine weitere Möglichkeit für die aktuelle Kostenanalyse bietet der Herstellkosten Soll-Ist-Vergleich, der nicht nur bei Losabschluß, sondern auch während des Fertigungsprozesses für Analysezwecke genutzt wird.

...

II. Ergebnisrechnung der Produktbereiche

Die geschlossene Ergebnisrechnung für die einzelnen Produktbereiche wird nicht im Rahmen der Kostenträgerrechnung durchgeführt. Dies ergibt sich aus der Tatsache, daß die Ist-Abweichungen in den einzelnen Teilsystemen nach der Einzelanalyse ergebniswirksam ausgebucht und nur Standard-Abweichungen weiter verrechnet werden.

Das Ergebnis der Produktbereiche (Kostenträgergruppen) ergibt sich aus der nachfolgende dargestellten Zusammenführung der ergebnisrelevanten Informationen aus den einzelnen Systemen der Standardkostenrechnung.

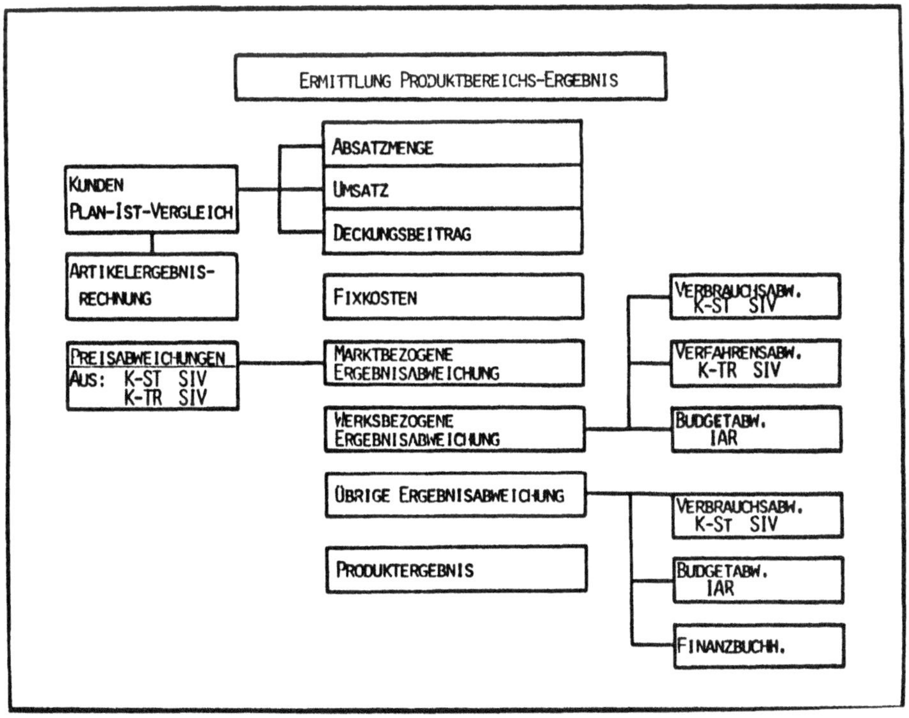

Ausgangsbasis für die Ergebnisrechung ist der Deckungsbeitrag der abgesetzten Erzeugnisse, der im Absatz Plan-Ist-Vergleich und in der Artikelergebnisrechnung im Detail nachgewiesen wird. Von diesem Deckungsbeitrag werden die dem Produktbereich in der Planung zugeordneten Fixkosten mit einem monatlich konstanten Betrag abgesetzt. Nach Einbeziehung der in den einzelnen Teilsegmenten der Standardkostenrechnung ermittelten und analysierten Kostenabweichungen ergibt sich das Produktergebnis.

...

Von großer Bedeutung ist jedoch, daß dieses Ergebnis nicht für sich allein steht, sondern, wie das nachfolgende Berichtsmuster zeigt, in eine Plan-Ist-Analyse eingebettet ist.

HOESCH ROTHE ERDE SCHMIEDAG AG - UNTERNEHMENSPLANUNG -			M O N A T S B E R I C H T M A I	Produktbereich: [redacted]		Blatt: I	
IST 1985	PLAN 1986	ERW. 1986		Berichtsmonat IST	Berichtsmonat ABW	Berichtszeit IST	Berichtszeit ABW.
9231	9300	9400	ERZEUGUNG T	609	9	4286	136
8791	9300	9400	VERSAND T	674	74	4561	361
20506	21600	21900	PRODUKTIONSLEISTUNG	2406	656	10295	362
1070			BESTANDSVERÄNDERUNG	526	526	-605	-605
			NETTO - UMSATZ				
17032	17970	17270	- INLAND	1364	-255	6562	-1397
2404	3630	4630	- EXPORT	514	383	4536	2584
19436	21600	21900	- GESAMT	1878	128	11100	1187
[redacted]	[redacted]	[redacted]	DECKUNGSBEITRAG %	571 30.4	67 1.6	[redacted]	[redacted]
			FIXKOSTEN				
5296	5970	6430	- DES UMSATZES	539		3096	
254	-510	-970	- NICHT VERRECHNET	-64		-823	
5550	5460	5460	- GESAMT	455	0	2275	0
			ERGEBNISABWEICHUNGEN				
			DB-ABW. VERSANDMENGE		200		513
			ERTRAGSKRAFT		-133		-297
206	20	120	PREISE:MATERIAL/ENERGIE	15	15	63	63
3			TARIFE:LOHN/GEHALT	-20	-15	16	-19
			GESENKKOSTEN/MODELLE	0	0	0	0
			SONSTIGE	0	0		0
209	20	120	SUMME MARKTBEZOGEN	-5	67	79	260
-233	-160	-160	KOSTENSTELLEN	19	9	-240	-150
-110	-30	-30	PLANPRODUKTKOSTEN	50	50	37	57
-14	-400	-400	INV.-FOLGEKOSTEN	0	0	-2	-2
-193			SONSTIGE	0	0	3	3
-550	-590	-590	SUMME WERKSBEZOGEN	69	59	-202	-92
-5			HV - KOSTEN	-6	-6	3	3
69			F + E - KOSTEN	21	21	17	17
94			AFA / ZINSEN	2	2	-10	-10
216	200	200	SONSTIGE	-7	-13	49	18
396	200	200	SUMME UEBRIGE	10	4	59	28
[redacted]	[redacted]	[redacted]	P R O D U K T E R G E B N I S	190	130	[redacted]	[redacted]

Erst im Zusammenhang mit den als Plangröße vereinbarten Zielsetzungen werden Ergebnisse, Kostenabweichungen und die Standardkostenrechnung zu Instrumenten der Unternehmensführung.

Kosten- und Erfolgskontrolle mit einer flexiblen Plankostenrechnung in einem Verlagsunternehmen

Dr. F. Hew, U. Eckstein, Tagesanzeiger, Zürich

1. Die Tages-Anzeiger-Gruppe - ein Verlagsunternehmen

1.1 Typisches eines Verlagsunternehmens

Als Verlagsunternehmen ist man zwar einerseits ebenfalls den allgemeinen Marktgesetzen und betriebswirtschaftlichen Anforderungen unterworfen, hat aber andererseits gerade im Rechnungswesen sehr verlagstypische Probleme zu lösen. In dieser Präsentation soll versucht werden, diese Themenkreise anzusprechen.

Verlagsunternehmungen, egal welcher Grösse, mit eigenen Druckkapazitäten weisen folgende typische Elemente aus:

1. Die Produktion der Produkte (Zeitungen, Zeitschriften, Herstellung von Drittaufträgen) kann als weitgehend mechanisiert und automatisiert bezeichnet werden (Industriebetrieb).

2. Gleichzeitig haben Verlagsunternehmen einen sehr grossen Apparat an "Denk"-Kostenstellen (Verlage, Redaktionen), die aus betriebswirtschaftlicher Sicht mehr den Charakter eines Handelsunternehmens aufweisen.

7. Saarbrücker Arbeitstagung 1986
Rechnungswesen und EDV
hrsg. v. W. Kilger/A.-W. Scheer

3. Als fast einmalig muss bezeichnet werden, dass die Produkte - Zeitungen, Zeitschriften - normalerweise zwei vollkommen verschiedene, sich sogar konkurrenzierende Absatzmärkte haben: den Inserentenmarkt und den Lesermarkt.

4. Obschon "serienmässig" produziert wird, liegt keine klassische Serienfertigung vor, da jede Zeitung (und auch Zeitschrift) jedesmal andere Umfänge, andere Farbigkeit usw. ausweisen. Jede Zeitung wird täglich neu hergestellt; muss täglich neu disponiert werden. Gleichzeitig fertigen wir natürlich auch Kundenaufträge, die Einzelauftragscharakter haben.

5. Als Verlagsunternehmen sind gerade wir - die Leute aus dem Rechnungswesen, dem Controlling - sehr stark mi Problemen wie z.B. Datenschutz (Personalkosten), Betriebsdatenerfassung (teilweise verboten durch Gesamtarbeitsverträge), Weigerung zum Aufschreiben der Leistu (Redaktionen) konfrontiert. In der Kostenplanung (Bezugsgrössenarten, Bezugsgrössenmengen, Kostenarten und Kostenstellenplan) muss diesen Umständen Rechnung getragen werden.

1.2 Einige Details zur Tages-Anzeiger-Gruppe (in Mio. Fr.)

Konsolidierter Gesamtumsatz	351
Brutto-Gewinn (Stammhaus und Konzern)	58
Personal	1466
(Durchschnittlicher Bestand, ohne Verträger, Teilzeitbeschäftigte auf Vollstellen umgerechnet)	

PRODUKTE (Auflage)

Tages-Anzeiger	256 767 *
Tagblatt der Stadt Zürich	192 000 **
zürcher city	75 000 **
Schweizer Familie	300 011 *
annabelle-femina	114 246 *
Magma	40 000 **
Spick	45 000 **
Handel Heute	38 000 **

* beglaubigte Auflage

** nicht beglaubigte Auflage

Organigramm

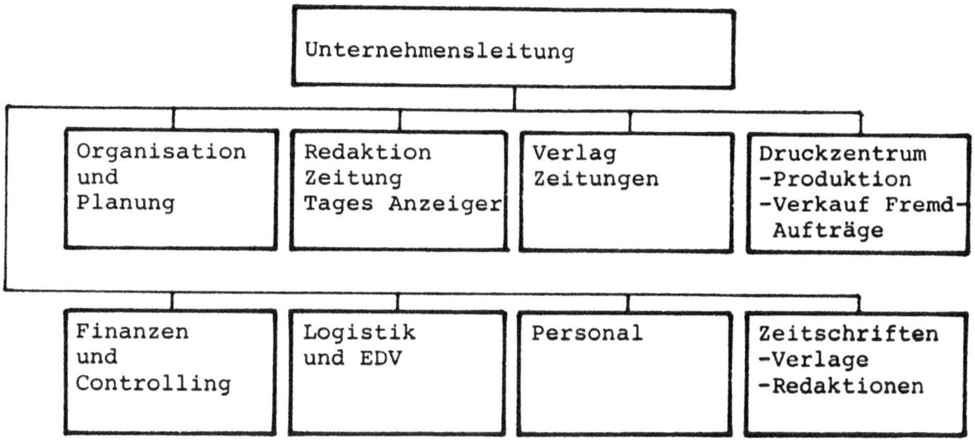

2. Das alte Rechnungswesen

Schon vor über zehn Jahren wurde verschiedenes am alten selbstkonzipierten und programmierten innerbetrieblichen Rechnungswesen bemängelt. Vor knapp fünf Jahren starteten wir mit einer umfassenden Vorstudien- und Konzeptphase ein Grossprojekt "Neues Rechnungswesen". Vor drei Jahren kam es zur Lieferantenwahl der Software und das Unternehmen entschloss sich, auch eine analytische Kostenplanung durchzuführen. Die Hauptgründe für diesen sehr prinzipiellen und teuren Schritt waren:

1. Der alte Kostenstellen-SIV konnte nur quartalsweise abgegeben werden. Dass Soll entsprach dem Viertel eines Jahresbudgets.

2. In der Nachkalkulation bestand keine Möglichkeit, mit Sollkosten (abgeleitet aus Vor- oder Plankostenkalkulation) Abweichungsanalysen durchzuführen.

3. Die Ergebnisrechnung war <u>produktionsbezogen</u> und nicht produktebezogen, was zu Scheingewinn/-verlusten von Unternehmensteilen führte.

4. Gleichzeitig war die Ergebnisrechnung nur als Vollkostenrechnung ausgelegt. Auch grössere Programmänderungen hätten keine aussagekräftige Deckungsbeitragsrechnung ermöglicht.

Neben diesen vier wichtigsten Kritiken seien zur Uebersicht noch stichwortartig weitere Probleme aufgezählt:

- kein Feststellen von Verbrauchs- und Preisabweichungen
- Stufenumlageverfahren
- Neben Quartalsrhythmen lange Verarbeitungszeiten
- viele manuelle Arbeiten
- sehr alte Programme, ohne Dialog nur Batch
- sehr wenig Planungsunterstützung in der jährlichen Planungsphase.

3. Ziel des neuen innerbetrieblichen Rechnungswesens

All die aufgelisteten Mängel (und noch viele mehr) führten zum Kauf eines Gesamtpakets der Familie M 110 bei der Firma Plaut. Welche Ziele wollten wir dabei erreichen? Weil der Zielkatalog zwölf Hauptziele aufführte, welche wiederum in Muss- und Sollziele unterteilt waren (insgesamt über 100 Teilziele), kann hier nur auf die allerwichtigsten Zielelemente eingegangen werden:

1. Das neue RW ist absatzorientiert aufgebaut; eine Betriebsorientierung (z.B. Profit-Center) soll aber damit nicht definitiv unmöglich gemacht werden.

2. Die Ergebnisentscheide sollen auf Produktebene aufgrund von Deckungsbeitragsgrössen gefällt werden, wobei dazu eine stufenweise Deckungsbeitrags-Rechnung eingesetzt werden soll.

3. Die Kosten sollen wo möglich und sinnvoll geplant werden; die Kostenstellenrechnung wird als flexible Plankostenrechnung ausgelegt.

4. Verantwortlichkeiten müssen pro Kostenstelle und pro Produkt klar zugewiesen werden können; es soll möglichst wenig überschneidende Verantwortlichkeit geben. Dazu sind flexible Verdichtungssysteme erforderlich.

5. Sämtliche Unterlagen sind monatlich im Folgemonat aufbereitet und verteilt.

In einem sehr langwierigen Prozess wurden diese Ziele in der oberen und obersten Führung besprochen. Dabei kam es zu langdauernden und oft heftigen Diskussionen, vor allem diskutiert wurde über Pro und Contra "Profit-Center" ("Befiehlt nachher der Verlag?") und über die flexible Plankostenrechnung ("bei uns sind die wichtigsten Kostenarten sowieso fix"). Diese Diskussionen waren zwar zeitaufwendig, jedoch auch sehr nötig, können wir jetzt doch diese Fragen, die ohne Zweifel strategischer Natur sind, als beantwortet und insbesondere auch von Direktionskader und Unternehmensleitung als verabschiedet betrachten. Die Ziele des neuen RW werden somit "getragen.

DEM KADER DER TA-GRUPPE SOLLEN FOLGENDE BETRIEBSWIRTSCHAFTLICHE FUEHRUNGSINFORMATIONEN ZUR VERFUEGUNG GESTELLT WERDEN:

Bereich / Kaderstufe	Informationen im Sinne von "need to know" (Betriebswirtschaftliche Führungsinformationen)	"nice to know" (Sozial-Informationen)	"Erfolgs"-Verantwortung	Empfängerkreis
UL	- absatzbezogene Ergebnisrechnung - Kostenstellenrechnung (Verdichtungsstufe UL)	- wichtige Ergebnisrechnungen je nach Bedüfnis - Kurzfassungen - ... (usw.)	"Erfolg" = Betriebswirtschaftlicher Unternehmensgewinn/ Unternehmensverlust	- UL
DIR Absatz	- Deckungsbeitragsrechnungen (DB I - DB II) - Kostenstellen-Soll-/Ist-vergleich (zum grossen Teil Fixkostenblöcke)	- Kurzfassungen - ... (usw.)	"Erfolg" = = Deckungsbeitrag der einzelnen Produkte bzw. Produktegruppen (je nach Absatzverantwortung DB I - DB IV)	- DIR Verlag TA - DIR Verlag VU - DIR Verkauf DZ
DIR Produktion	- Kostenstellen-Soll-/Ist-Vergleich basierend auf der flexiblen Plankostenrechnung - Nachkalkulationen Soll-/Ist-Vergleiche	- Ergebnisrechnungen - Deckungsbeitragsrechnungen - Kurzfassungen - ... (usw.)	"Erfolg" = Unter-/Ueberschreitung der Soll-Kosten	- DIR Druckzentrum - DIR Redaktion
DIR Uebrige	- Kostenstellen-Soll-Ist-Vergleich (v.a. Fixkostenblöcke; aber trotzdem - wo möglich - Trennung der Kosten in ihre fixen und variablen Bestandteile	- Kostenträgerrechnungen - Deckungsbeitragsrechnungen - Kurzfassungen - ... (usw.)	"Erfolg" = Unter-/Ueberschreitung der Soll-Kosten (ähnlich dem Ist-Zustand)	- DIR Finanzen & Controlling - Personaldirektion

Grundlage für Zieldiskussion in Unternehmensleitung und Direktionskader

4. Das Rechnungswesen von 1986

4.1 Die Verknüpfung von Planung und Abrechnung

Als Führungsinstrument findet das Rechnungswesen erst dann seinen Nährboden, wenn konsequent die Ist-Daten geplanten Werten gegenübergestellt werden. Dies gilt auch in einem Verlagsunternehmen. So werden in unserem Unternehmen im quantitativen Planungsbereich aufbauend auf einem Ziel-Cashflow, Absatz-/Umsatzpläne, Marketingpläne; Investitions-/Personal- und Materialpäne erarbeitet. Für eine klare Führung und Kontrolle wird vor allem auch der Kosten- und Ergebnisplanung die nötige Beachtung geschenkt.

4.2 Kosten- und Ergebnisplanung

Auf Basis einer zurzeit noch laufenden analytischen Kostenplanung soll zukünftig in der Jahresplanungsphase der Kostenplan den neuen Gegebenheiten des Folgejahres angepasst werden. Als Industriezweig, der sich rasch an neue Markt- und interne Strukturveränderungen adaptieren muss, ist es unumgänglich, den Kostenplan jährlich in grösserem Stil umzuarbeiten und zu ergänzen. Jedes Jahr werden mit dem verantwortlichen Kader aus allen Unternehmensbereichen (Produktionen, Redaktionen, Verlage, Verwaltung) die Kostenpläne durchgesprochen.

Da Verlagsunternehmen - insbesondere im Zeitungsmarkt - starken konjunkturellen Schwankungen unterworfen sind und ein Ausgleich durch "Arbeit auf Halde" nicht denkbar ist, passen wir unsere geplanten Bezugsgrössenmengen jährlich dem Absatzplan an. Deshalb wird diesem auch grosse Bedeutung beigemessen. So müssen Absatzpläne möglichst genau (keine euphorischen Vorstellungen aber auch keine Tiefstapelei des Verkaufs) und gleichzeitig genügend detailliert sein, damit für Kostenstellenplanung und Plankalkulation die nötigen Daten zur Verfügung stehen. Für unser Hauptprodukt beispielsweise werden nicht nur für Umfänge und Auflage Ziele gesetzt, wir verlangen auch Plandaten über Tätigkeit im Anzeigen- und Textteil, die regionale Auflagenverteilung, über die Anteile der Vertriebskanäle (Abos, Kiosk, Boxen) usw. Das Beispiel auf der folgenden Seite soll den Detaillierungsgrad verdeutlichen. Wenn viele dieser Daten auch nicht umsatzrelevant sind, so sind es doch wichtige Kerngrössen für die Kostenplanung und die Vertriebsüberwachung.

Im Bereich der Einzelkostenplanung kommen wir im Vergleich zu anderen Industriezweigen relativ rasch und leicht zu den nötigen Informationen. Grundsätzlich steht hier eine Kostenart im Vordergrund: Das Papier (rund 20% des Kostenvolumens). Da detaillierte Absatzpläne vorliegen und mit den Papierlieferanten Preisverhandlungen für

TAGES-ANZEIGER AG JAHRESPLANUNG 1986	ABSATZPLAN 1986 TA HAUPTBLATT	Seite 1 25.9.85

HAUPTBLATT (inkl. Züri-tip)	Mengen PLAN 85	PLAN 86	
AUFLAGE			
TA-Abonnemente (total)	235,000		
davon Stadt Zürich	80,000		
Agglomeration	60,500		
restl. Kt. ZH	45,500		
übrige CH, Ausl.	49,000		
davon Ferienunterbr.Abo	3,500		
ständige Gratisabo	8,200		
TA-Einzelverkauf (total)	23,000		
davon Stadt Zürich	7,000		
Agglomeration	2,200		
restl. Kt. ZH	3,000		
übrige CH, Ausl.	10,800		
davon Eigenverkauf (net.)	1,400		
Kiosk Expl. (net.)	21,600		
Ø Nutzauflage	258,000		
Prop./Res./Remit.	18,000		
Vertriebsauflage	276,000		
INSERATE & div. ERLOESE			
Annoncenseiten	12,320		
Reklamenseiten	190		
Annoncen- u. Reklamens.	12,510		1- farb. 2- farb. 4- farb.
nicht verrechenb. Raum	1,050		
Total Inseratseiten	13,560		
- disp. Eigeninserate	140		
- Tabloidseiten brutto	1,075		
- netto	825		
Anzahl Beilagen	130		
Sondererlös Verlag	500,000		
REDAKTION			1- farb. 2- farb. 4- farb.
Anzahl Nummern	303		
Textseiten	7,600		

davon:

Züri-tip (Tabloid)			
Fakturierter Raum			
nicht verrechenbarer Raum			
Total Inserateseiten			1- farb. 2- farb. 4- farb.
Textseiten			
Gesamtumfang			
Druckauflage			
Anzahl Nummern			

Bemerkungen:

Absatzplan mit Kerngrössen für Kostenplanung und Vertriebsüberwachung

das Folgejahr stattfinden, können diese Kosten recht genau ermittelt werden. Als Plankostenrechner meinen wir ist es selbstverständlich, dass für sämtliche Materialien Planpreise ermittelt werden.

Bei der Planung der Ergebnisse (Deckungsbeiträge und Vollkostenergebnisse) sind wir überzeugt, dass der Schritt zur stufenweisen Deckungsbeitragsrechnung (siehe Folgeseite) vollzogen werden muss! So haben wir Fixkostenblöcke (Teile der Redaktionen und Verlage), die klar einem Produkt respektive einer Produktegruppe zugeordnet werden können. Das Modell dieser Deckungsbeitragsrechnung konnte noch nicht realisiert werden, so dass die Ergebnisse zurzeit noch nach konventionellen Normen geplant werden. Da aber die Redaktions- und Verlagskosten gegen 30 % der Produktekosten ausmachen, sind einfachere Verteilschlüssel nicht sinnvoll. Benötigt werden differenzierte Kostenstellengliederungen und differenzierte Verrechnungssätze. Aus diesem Grund sind wir bemüht, auch in diesen Bereichen - wo möglich und praktikabel - direkte Bezugsgrössen zu ermitteln. Mögliche Bezugsgrössen sind:

- Verlage: Anzahl Inserate, mm, Seiten, Aufträge, Manuskripte, Anzahl Exemplare, Abos, Anzahl Verträger, Anzahl Verträgerrouten
- Redaktionen: mm, Zeilen, Seiten, Stunden, Indexseiten.

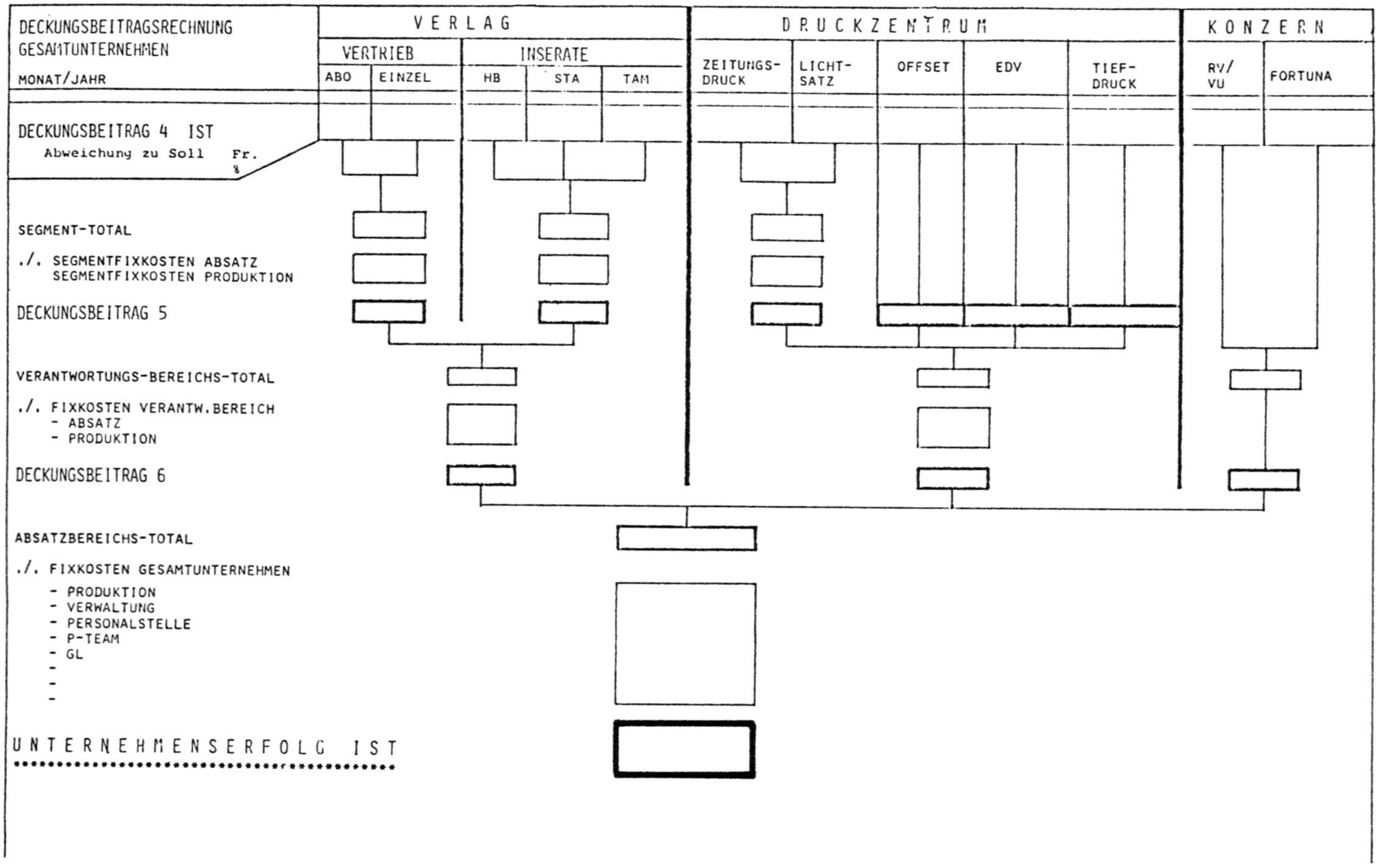

Modell der stufenweisen Deckungsbeitragsrechnung (wird 1987 realisiert)

Die Planergebnisrechnung weist für alle wichtigen Produkte und Produktegruppen und für das Gesamtunternehmen die Deckungsbeiträge und das Vollkostenergebnis aus. Diese Deckungsbeiträge sind dann für das Folgejahr auch der Erfolgsmasstab für die Absatzverantwortlichen, wobei das reine Umsatzdenken oft auch noch nicht eliminiert ist.

4.2 Das Abrechnungssystem

Die Grafik der folgenden Seite soll den Ueberblick über das gesamte Abrechnungs- und Planungssystem geben.
Wir führen grundsätzlich eine "normale" Kostenrechnung durch. Ausnahmen bilden die Plankalkulation (nicht mit Lager verbunden) und die Abrechnung (Nachkalkulation Ergebnisrechung) der Zeitungen und Zeitschriften mit ihrem periodischen (nicht Serien-) Charakter. Das Abrechnungssystem ist in den drei Hauptteilen (Kostenstellenrechnung, Nachkalkulation, Ergebnisrechnung) durchgehend als Soll-Ist-Vergleich aufgebaut. Alle anderen Vergleiche finden wir hier fragwürdig und nicht einsetzbar für ein gezieltes Controlling.

Die Kostenstellenrechnung wird monatlich dem Kader abgegeben. Ein sehr durchdachtes EDV-Informationssystem hilft uns, rasch "Hitlisten" und die grössten "Sünder" festzustellen. Gleichzeitig wird damit eine effiziente Abweichungsanalyse gewährleistet. Dieses Informationssystem

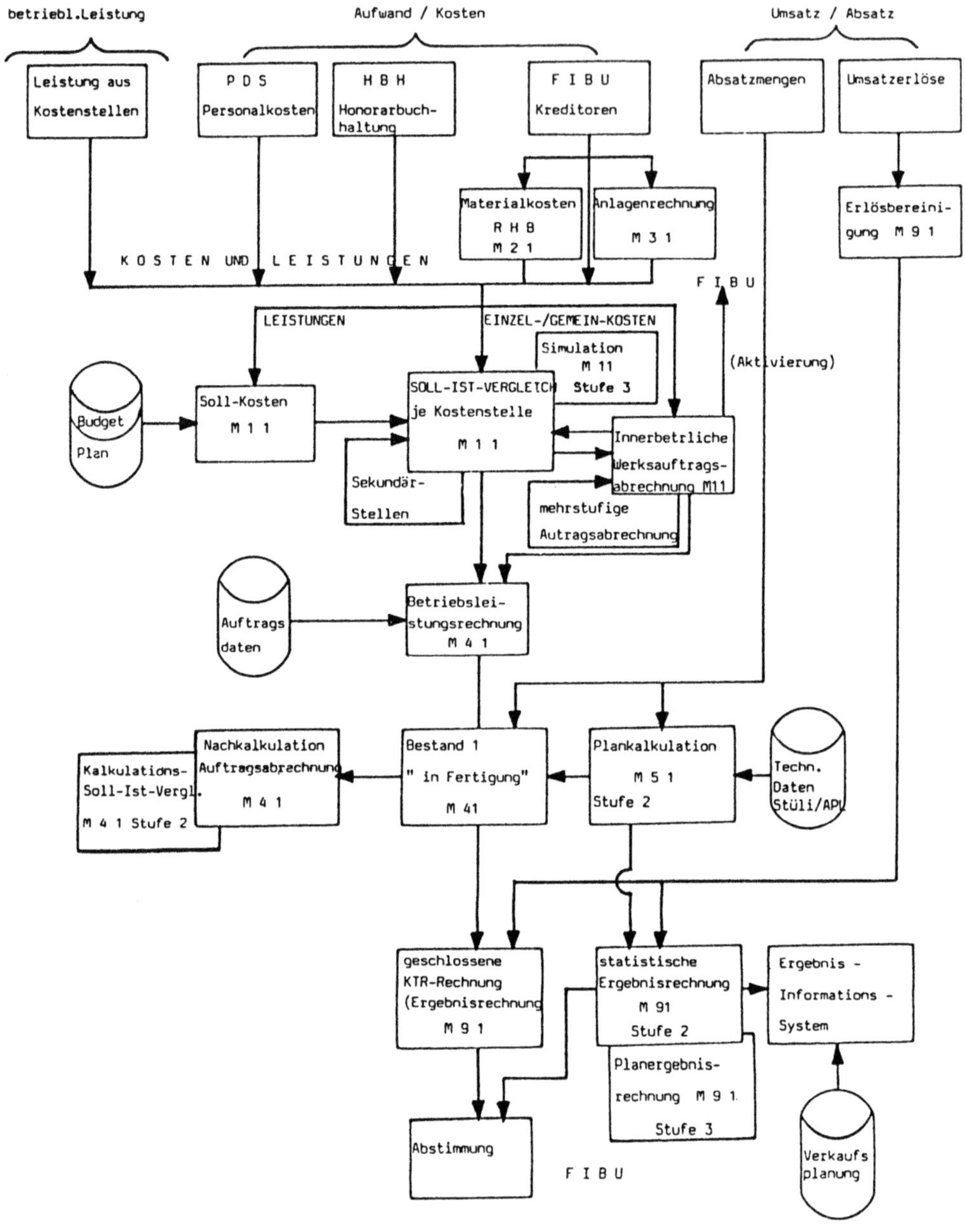

Abrechnungs- und Planungssystem des innerbetrieblichen Rechnungswesens der Tages-Anzeiger-Gruppe. Teile der Stufen 2 und 3 werden erst 1987 realisiert.

wird übrigens auch von den Mitarbeitern der Betriebswirtschaft sehr häufig in der Kostenplanung eingesetzt.

Die Abrechnung interner Aufträge entpuppte sich als schweizerisches Problem. Bei den intern erstellten Drucksachen (rund 0.5 Mio Fr. pro Jahr) will der Fiskus auch seinen Anteil; wir haben Warenumsatzsteuer zu zahlen. Dies musste natürlich unternehmensspezifisch angepasst werden. Uebrigens: weshalb konnten bei keinem der damals eruierten Software-Pakete bei internen Aufträgen ein Materialgemeinkostenzuschlag aufgegeben werden? Aus unserer Sicht ist dies unschön und falsch!

Die Nachkalkulation bereitete uns einige Mühe, da unsere Zeitungen und Zeitschriften nicht in die Schemata der Einzel- respektive Serienfertigung passten; Anpassungen diesbezüglich waren nötig. Heute können wir für Kundenaufträge Vorkalkulationen und für die Verlagsprodukte Plankalkulationen als Sollkosten einspeisen. Wir erhalten damit auch hier die geforderten Soll-Ist-Vergleiche. Selbstverständlich werden nur Aufträge ab bestimmten Grössenordnungen mit Sollkosten bestückt. Erste Erfolge haben sich auch schon eingestellt; wir können schneller Fehlaufschreibungen ermitteln, Unterbeschäftigungen (und auch Ueberbeschäftigungen) sind rasch aufgezeigt.

Das eigentliche Kernstück der Führungsinsformationen ist aus unserer Sicht die Ergebnisrechnung, denn alle anderen Teilsysteme haben letztendlich nur unterstützenden Charakter für die Ergebnisrechnung. Gemäss den Ueberlegungen im Abschnitt "Kosten- und Ergebnisplanung" möchten wir zukünftig der Unternehmensleitung eine stufenweise Deckungsbeitragsrechnung, aufgebaut als Plan-Ist-Vergleich, zur Verfügung stellen.

Beim Aufbau der Ergebnisrechnung gaben die Kundenprodukte keine Probleme auf, weil sie als normale Einzelfertigungen - wenn teilweise auch mit periodischem Charakter - abgerechnet werden können. Viel schwieriger gestalteten und gestalten sich unsere Zeitungen und Zeitschriften. Da die Verlags- und Redaktionskosten ähnlich den Vertriebskosten nicht über die Nachkalkulation dem Ergebnis verrechnet werden, müssten diese Kosten vom Standard-Modul her mit Quoten (z.B. Prozentzuschlag) verrechnet werden. Nur kann dies nicht verantwortet werden, da diese Kostenelemente produktspezifischen Charakter ausweisen und doch 30 % der Gesamtkosten ausmachen.

Die anvisierte Lösung hat sehr pragmatischen Charakter und wird bestimmt nicht jeden Betriebswirt befriedigen. Bei unseren Zeitungen rechnen wir nämlich die monatlichen Plankosten mit ihren entsprechenden Abweichungen ins Ergebnis; im Bewusstsein, dass damit keine absolut genaue Periodenabgrenzung gewährleistet ist.

Bei den Zeitschriften ist dies nicht mehr möglich, da diese oft weder monatlich noch wöchentlich erscheinen. Zudem wird gerade hier oft ein Redaktionsbeitrag erstellt, der irgendwann in einem der nächsten Nummern erscheint (bis zu drei Monaten Vorproduktionen). Die Plankosten mit ihren entsprechenden Abweichungen müssen hier der einzelnen Nummer zugewiesen werden. Damit ist gewährleistet, dass die Kosten der einzelnen Ausgaben mindestens annähernd stimmen und das Periodenergebnis - bis auf Vorproduktionen - genau stimmt.

Auf der Erlösseite sind die Inserat-Erlöse einfach zuzuordnen. Anders sieht es bei den Abonnenten und Kioskerlösen aus, da hier nur mit zeitlich abgegrenzten Beträgen gearbeitet werden kann. Zur Sicherheit wird der zeitlich abgegrenzte Betrag monatlich statistisch überprüft und wenn nötig auch angepasst.

4.3 Das Controlling mit Hilfe dieses Instruments

Gespräche über Kosten-, Erlös-, Deckungsbeitrags- und Ergebnisentwicklung haben wir schon immer geführt. In diesem Jahr versuchten wir, dieses Thema zu systematisieren. Als Hauptpfeiler dienen dazu alle zwei Monate durchgeführte Gespräche mit jedem Direktor. Dabei werden über die Entwicklungen von

- Kostenstellenkosten
- Projektkosten
- Personalbeständen
- Deckungsbeiträgen

- relevante Kennzahlen einzelner Direktionen

diskutiert, mögliche Massnahmen erörtert und der Unternehmensleitung einen Bericht darüber abgegeben. Relevante Kennzahlen sind dabei beispielsweise

- Anzahl Textseiten
- Inseratseiten
- nicht verrechenbarer Raum
- Auflagen.

Dieses Kontroll- und Steuerungsinstrument soll nun stufenweise verfeinert und ausgebaut werden, wobei die Periodizität für unser Unternehmen sicher richtig gewählt ist.

5. Vorteile aus heutiger Sicht

Wenn wir auch noch nicht ganz am Schluss unseres Projektes "Reorganisation internes Rechnungswesen" stehen, so zeichnen sich doch schon jetzt ganz wesentliche Vorteile ab:

- Die Ueberwachung von Produktegruppen und Produkten einerseits und Kostenverursachern andererseits wurde deutlich einfacher. Die Verantwortung ist normalerweise klar zuweisbar.
- Erstmals wurden bzw. werden durch Einführen von direkten Bezugsgrössen auch für Verlag und Redaktion Massstäbe eingeführt, diese Bereiche haben nicht mehr nur ein Budget.

- Wenn nötig, kann rascher und gezielter entschieden werden, da der Monatsrhythmus und eine differenziertere Ergebnisstruktur dies zulassen.
- Für Wirtschaftlichkeitsrechnungen steht ein deutlich fundierteres Zahlenmaterial zur Verfügung. Davon profitiert vor allem die Betriebswirtschaft selber.

Diese wichtigsten Vorteile widerspiegeln natürlich auch den Zielkatalog. An dieser Stelle soll ebenfalls kurz auf Probleme eingegangen werden, mit denen wir jetzt neu konfrontiert sind:

- Abhängigkeit von der Lieferfirma durch ihre Politik in der SW-Weiterentwicklung (Release-Wechsel)
- sehr komplexes und anforderungsvolles Planungs- und Abrechnungssystem
- deutlich gestiegener Erwartungsdruck im Unternehmen
- Mehrkosten in der Betriebswirtschaft (Kapitalkosten, interne Leistungsverrechnungen der BW), die auch einen Nutzen bringen müssen.

Zusammen mit den noch zu realisierenden Projektteilen sind wir aber überzeugt, dass die Vorteile deutlich überwiegen. Die alte Budget- und Abrechnungsmethode ist für uns schon fast nicht mehr vorstellbar. Und wenn das Kader schon jetzt heftig reagiert, wenn die Unterlagen nicht termingerecht abgegeben werden können, so betrachten wir dies als erfreuliche Tatsache.

6. Ausblick

Auf Ende dieses Jahres hätten die Projektarbeiten abgeschlossen werden sollen. Terminüberschreitungen des Lieferanten aber machen es nötig, dass wir erst im nächsten Jahr mit der Einführung des neuen Rechnungswesens fertig sind. Was wollen wir noch realisieren?

- Die Ergebnisrechnung muss noch ausgebaut werden, damit wir in der Umsatz- und Ergebnisplanung mit EDV-Unterstützung arbeiten können. Wir meinen, damit vor allem Vorteile für unsere Verlagsprodukte gewinnen zu können; weniger für die Kundenprodukte.

- Mit der Ergebnisrechnung müssen - ähnlich dem Informationssystem der Kostenstellenrechnung - schnell und einfach Ergebnisanalysen gemacht werden können.

- Die stufenweise Deckungsbeitragsrechnung soll eingeführt und der Unternehmensleitung als Führungsinstrument zur Verfügung gestellt werden.

- Die aufgebauten Systeme müssen noch mehr und gezielter für das Controlling eingesetzt werden.

Erfahrungen mit einem Prototyp des daten- und methodenbankgestützten Rechnungswesens

Prof. Dr. P. Mertens, Dipl.-Kfm. P. Haun, Universität Erlangen-Nürnberg, Erlangen

1. Einleitung

Vor drei Jahren veröffentlichten wir an gleicher Stelle unsere Ansichten über die Einflüsse der EDV auf die Weiterentwicklung des betrieblichen Rechnungswesens (2). Einige der Kernaussagen waren damals:

1. Der Einfluß der EDV auf das betriebliche Rechnungswesen ist bisher weit hinter den Möglichkeiten zurückgeblieben. Nur in Ansätzen ist das Bestreben erkennbar, den Computer für mehr als die Automation und zunehmende Differenzierung der klassischen Abrechnungsvorgänge einzusetzen.

2. Die Entwicklungen der Hard- und Software ermöglichen in immer stärkerem Maße, zu qualitativ besseren Auswertungen der Rechnungswesendaten zu kommen. Die Verbesserung kann entweder die Richtigkeit bzw. Zweckmäßigkeit der Ergebnisse betreffen (mit Hilfe des Computers wird beispielsweise eine kombinierte Entscheidung aufgedeckt, die zu einem besseren Ergebnis führt als die von Menschen allein überschaubaren Einzelentscheidungen) oder die Schnelligkeit. Letzeres hat vor allem bei der kurzfristigen Entscheidungsvorbereitung unter Zeitdruck auch Auswirkungen auf die Qualität der Entscheidungen, da mit dem Computer Empfindlichkeitsanalysen in Bezug auf die unsicheren Annahmen zukünftiger Entwicklungen durchgeführt werden können, die sonst aus Zeitgründen unterblieben (3).

Die Verkürzung der Zeitspanne zwischen dem Erkennen der Entscheidungsnotwendigkeit und dem Vorliegen der Entscheidungshilfe ist dabei nur zum kleineren Teil auf die hohe Rechengeschwindigkeit der Automaten zurückzuführen. Häufig liegt der größere Vorteil darin, daß man auf gespeicherte Rechnungswesendaten zurückgreifen und damit eine spezielle Datenerhebung vermeiden kann. Im Idealfall sind auch die Auswertungsprogramme schon als vorgefertigte Bausteine vorhanden oder können zumindest mit Hilfe einer Planungssprache rasch erstellt werden.

3. Ein aus unserer Sicht besonders reizvoller Ansatz liegt im Konzept der Aufteilung des Rechnungswesens in eine Grundrechnung (zur Bereitstellung von Rechnungswesendaten) und in Sonderrechnungen zu ihrer Auswertung (4), weil ihm auf der DV-Seite die Entwicklung der relationalen Datenbanken und der Methodenbanken entspricht. Ähnliche Überlegungen werden in den USA unter dem Stichwort "Events Accounting" diskutiert (5).

7. Saarbrücker Arbeitstagung 1986
Rechnungswesen und EDV
hrsg. v. W. Kilger/A.-W. Scheer

2. Das ursprüngliche Laborsystem

Weiterhin stellten wir ein Laborsystem vor, mit dem die Realisierbarkeit einer Sammlung von Rechnungswesenmethoden und -modellen in Form ablauffähiger Computerprogramme zur Auswertung von Rechnungswesendaten, die in einer Grundrechnungsdatenbank gespeichert sind, demonstriert wurde. Einige Ideen, die in diesem System verwirklicht waren, sind (6):

1. Das Rechnungswesen ist sehr stark mit den Daten der Fertigung integriert. Neben Stücklisten und Arbeitsplänen werden z.B. auch Kapazitätsauslastungs-Informationen verarbeitet.

2. Das System verwendet in dem Planungsmodul einen Tabellen- bzw. Matrizenansatz, wie er neuerdings verstärkt in MRP II-Modellen (7) aufgegriffen wird, um die Wechselwirkungen zwischen dem Vertriebs- bzw. Produktionsprogramm, dem Kapazitätsbedarf, den Kosten und dem Ergebnis abzubilden.

3. Der Rechner überwacht die "weichen" (unsicheren) Zusammenhänge, die nicht als Funktionen im Planungsmodell abgebildet sind (z.B. Preis-Absatz- oder Sortimentsbeziehungen). Wenn der Planer in diesen Beziehungen enthaltene Parameter ändert, bekommt er einen Hinweis auf den Bildschirm, daß dadurch Folgewirkungen bei anderen Planungsgrößen ausgelöst werden können. Er muß dann selbst entscheiden, wie stark er die abhängigen Variablen in seiner Planung anpaßt, und ggf. die entsprechenden neuen Werte eingeben.

4. Schließlich kontrolliert das System bestimmte Kennzahlen (z.B. Kapazitätsauslastungen oder Stufendeckungsbeiträge) während des Planungsprozesses, um den Benutzer auf die Möglichkeit kombinierter Entscheidungen hinzuweisen. Wenn z.B. die Konsequenzen der Elimination eines deckungsbeitragsschwachen Produkts aus dem Sortiment durchgerechnet werden, zeigt der Computer nicht nur das geänderte Betriebsergebnis, sondern zusätzlich die Meldung, daß eine bestimmte Maschine nur noch gering ausgelastet ist, so daß über einen Kapazitätsabbau nachgedacht werden sollte.

3. Grenzen des alten Laborsystems

Dieses erste Laborsystem war ausschließlich in der Programmiersprache COBOL geschrieben und (in Ermangelung einer besseren Alternative) auf einem technisch-wissenschaftlichen Computer vom Typ CYBER 173 implementiert.

Mit dem System ließ sich zwar grundsätzlich zeigen, in welcher Weise Führungskräfte in Zukunft bei der Vorbereitung von Entscheidungen durch computergestützte Methoden des Rechnungswesens unterstützt werden könnten; es blieb aber sehr stark eine Laborversion, über deren Übertragbarkeit in die Praxis kaum Aussagen möglich waren. Die Gründe dafür lagen auf mehreren Ebenen.

In technischer Sicht störte die Realisation auf einem Rechner und in einer Betriebssystem-Umgebung, die man wohl in keinem Unternehmen im kaufmännischen Bereich antreffen würde. Aus diesem Grund waren wir auch gezwungen, die Grundrechnung mit einem sehr einfachen Datenbanksystem zu verwirklichen, weshalb zunächst eine eigene Abfragesprache entwickelt werden mußte (8). Als Folge der schnellen Fortschritte in der Entwicklung relationaler Datenbanksysteme gab es jedoch schon bald käufliche Produkte mit den gleichen Funktionen, deren Vorteil zum einen in der überbetrieblichen Standardisierung liegt und zum anderen darin, daß sie auch für andere Anwendungen als nur für das Rechnungswesen eingesetzt werden können.

Schließlich wurden wir noch an einer weiteren Stelle von der Software-Entwicklung eingeholt: Da eine Rechnungswesen-Methodenbank zum Teil umfangreiche Planungsmodelle enthalten muß, wurde auch der Einsatz einer Planungssprache (9) immer dringlicher. Sie bringt nicht nur eine deutlich höhere Programmierproduktivität, sondern macht darüber hinaus die Implementierung bestimmter Methoden ganz überflüssig, die schon als Funktionen in der Planungssprache enthalten sind (z.B. die Berechnung des Kapitalwerts oder des Internen Zinsfußes).

4. Das REMBA-System als zweiter Prototyp

Ein Rechner-Wechsel im Hochschulrechenzentrum brachte uns Mitte 1984 in die Lage, das Konzept einer Rechnungswesen-Methodenbank und einer Grundrechnungsdatenbank auf einem für den kaufmännischen Bereich vieler Betriebe typischen Computer (IBM 4361 mit VM/CMS als Betriebssystem) noch einmal neu realisieren zu können. Dabei sollten von vorne herein die neuesten Hilfsmittel der DV in Form eines relationalen Datenbanksystems (SQL/DS der IBM) und einer Planungssprache (SYSTEM W der Firma Comshare) einbezogen werden.

Die Auswahl dieser beiden Produkte basiert auf folgenden Überlegungen: Von SQL/DS konnte man erwarten, daß die Abfragesprache SQL in betriebswirtschaftlichen Umgebungen weit verbreitet und dadurch eventuell zu einem Industriestandard werden würde (10), und SYSTEM W war unseres Wissens die erste Planungssprache, in der ein automatischer Zugriff auf Daten einer SQL/DS-Datenbank realisiert worden war. (Inzwischen ist diese Funktion auch für das neueste Release der Sprache FCS der EPS GmbH angekündigt.)

Der neue Prototyp REMBA (Rechnungswesen-Methodenbank), den wir in dieser Umgebung aufbauen, hat die in Abbildung 1 wiedergegebene Struktur (11): Die Grundrechnungsdatenbank bildet die Schnittstelle zwischen den datenliefernden Programmen der administrativen DV (z.B. Finanzbuchhaltung, Materialabrechnung, Betriebsdatenerfassung, Fakturierung) und den Methoden, mit denen diese Daten ausgewertet werden können. Die Methoden liegen als fertige Dialogprogramme (entweder in COBOL oder mit Hilfe der Planungssprache realisiert) vor, so daß nur noch die situationsspezifischen Parameter eingegeben werden müssen. Ein Ablauf- und Steuerungssystem führt den Dialog mit dem Benutzer und ruft die gewünschten Methoden auf.

Im folgenden wollen wir die Besonderheiten des REMBA-Systems anhand ausgewählter Module darstellen und anschließend über einige Erfahrungswerte bezüglich Aufwand und Systembelastung berichten.

5. Beispiele für Methoden in REMBA

5.1. Controlling-gerecht aufbereiteter Kostenstellenbericht

Beim Kostenstellenbericht handelt es sich um eine "klassische" Funktion der Betriebsabrechnung. Moderne Standardsoftware bietet dem Anwender inzwischen viele Freiheitsgrade bei der optischen Aufbereitung der Kostenstellenblätter (12). Die Methode "Kostenstellenbericht" in REMBA weist folgende Besonderheiten gegenüber den heute verbreiteten Programmen auf:

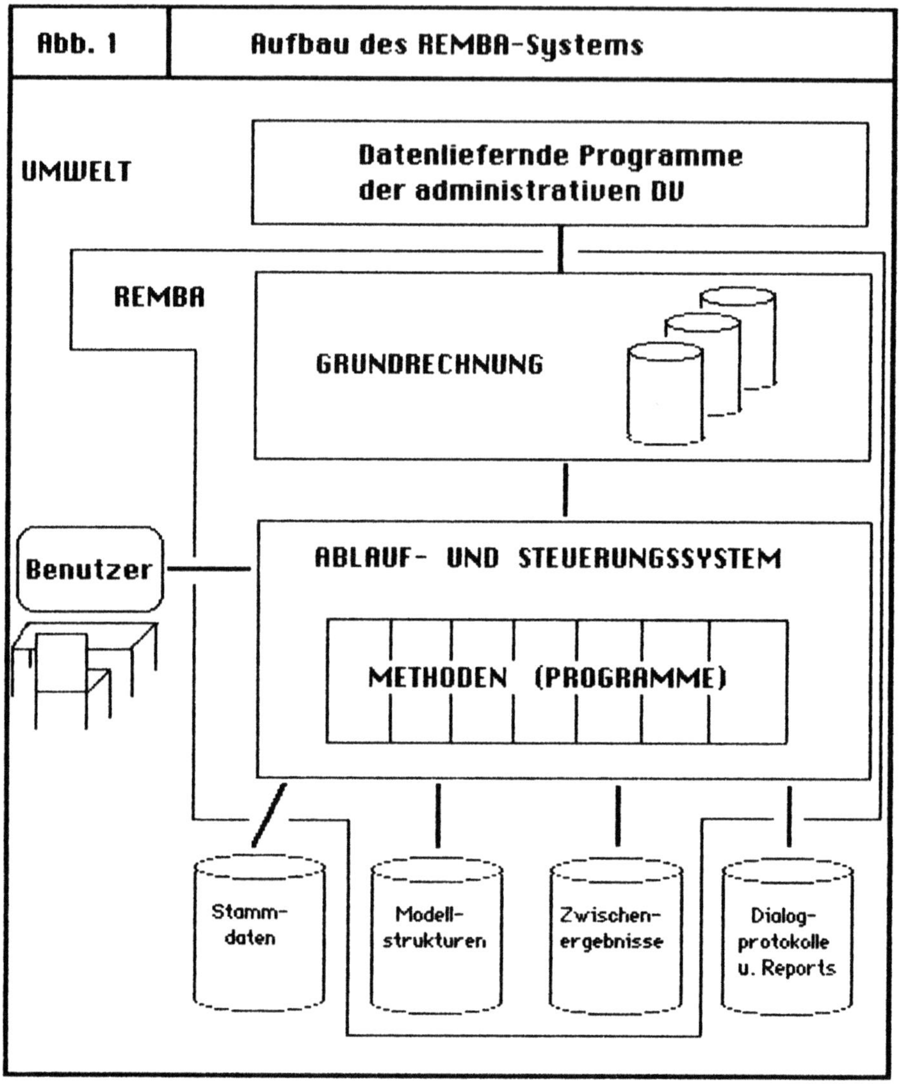

Da das ganze REMBA-System nach den Prinzipien der Einzelkostenrechnung organisiert ist, werden auf den Kostenstellenblättern zunächst nur diejenigen Kosten angezeigt, über deren Höhe oder Existenz dort tatsächlich disponiert werden kann. Zu verrechnende Kosten bleiben in diesem ersten Schritt auf den (Hilfs-) Kostenstellen, in denen sie entstehen. Gemeinsame Kosten mehrerer Kostenstellen werden bei Kostenbereichen oder auf weiteren Stufen der Hierarchie ausgewiesen, um zu zeigen, daß sie von Entscheidungen höherer Instanzen abhängig sind. Durch diese Regelung wird einem der Grundprinzipien des Controllings, nämlich der Übereinstimmung von Entscheidungsspielraum und Verantwortung, am besten gefolgt.

Erst in einer zweiten Stufe kann dann noch die innerbetriebliche Leistungsverrechnung erfolgen. Die Ergebnisse dieser zweiten Stufe sind jedoch für ein entscheidungsorientiertes Rechnungswesen von geringerem Aussagewert. Sie zeigen lediglich, in welchem Umfang innerbetriebliche Leistungen bei der Produktion ausgetauscht worden sind. Diese Aussage könnte man genauso gut aus den ursprünglichen Aufschreibungen der Hilfskostenstellen entnehmen. Wir beabsichtigen, die Kostenumlagen und die innerbetriebliche Leistungsverrechnung durch ein System von Verrechnungsvektoren anstelle der üblichen einfachen Kostensätze zu realisieren. Dadurch entsteht eine weitere Methode, die Primärkostenanalysen (13) im Dialog ermöglicht.

Die Grundrechnung und damit auch der Kostenstellenbericht sind gekennzeichnet durch die Einteilung der Kostenarten nach Kostenkategorien. Im REMBA-System werden zur Zeit folgende Kategorien unterschieden:

Absatzmengenabhängige, produktionsmengenabhänge, lagermengenabhängige, beschäftigungsgradabhängige, budgetierte, sprungfixe und streng fixe Kosten.

Diese Differenzierung erleichtert und verbessert die Kostenprognosen, da die wichtigsten Kosteneinflußgrößen einzeln ausgewiesen sind. Es handelt sich dabei um solche Größen, die im Kostenrechnungssystem entweder ohnehin erfaßt werden oder die zumindest leicht ermittelt werden können.

Wenn die Einteilung der Kosten nach Kostenkategorien (14) sorgfältig erfolgt, kann man für Planungszwecke aussagekräftige Kostensätze ermitteln, indem man den Kostenwert durch die Ausprägung der jeweiligen Einflußgröße dividiert. Da diese Kostensätze durch den Einfluß nicht explizit erfaßter Determinanten (beispielsweise Witterung oder Krankenstand) verzerrt werden, empfiehlt es sich, sie mit einem einfachen Verfahren, wie z. B. der Exponentiellen Glättung, im Zeitablauf fortzuschreiben.

Eine besondere Stellung nimmt die Kategorie der sprungfixen Kosten ein. Es ist festgelegt, daß nur solche Kostenarten als sprungfix gekennzeichnet werden, bei denen das System aus den Stammdaten auch die Grenzen, an denen ein Kostensprung auftritt, ermitteln kann. Dadurch wird es möglich, im Kostenstellen- bzw. Kostenbereichsbericht auf die Notwendigkeit einer Kapazitätserweiterung bzw. auf die Möglichkeit eines Kapazitätsabbaus hinzuweisen. Das System greift dazu auf die Kostenstellenstammsätze zurück und überprüft zunächst, ob es sich überhaupt um ein mehrfach vorhandenes Potential handelt. Wenn diese Prüfung positiv ausfällt, berechnet es die Kapazitätsgrenze, bei der der Fixkostensprung eintritt, und druckt eine entsprechende Meldung (vgl. Abbildung 2). In Abbildung 3 sind alle vorhandenen Meldungstexte aufgeführt. Aus der Grundrechnung können darüber hinaus Informationen über die Abbaubarkeit und somit auch über die Kostenremanenz entnommen werden.

5.2. Mehrdimensionale Stufendeckungsbeitragsrechnung und computergestützte Ergebnisanalyse

Das REMBA-System enthält eine Ergebnisrechnung nach dem Umsatzkostenverfahren in Form der Methode "Mehrdimensionale Stufendeckungsbeitragsrechnung". Mit dieser Methode kann man sich das Betriebsergebnis in folgenden Dimensionen aufschlüsseln lassen:

Abb. 2 Ausnahmemeldungen im Kostenstellenbericht

KSB-1121 KOSTENSTELLENBERICHT AUSLASTUNGSKONTROLLE

Kostenstelle: 320 Monat: JULI 85

Produktsorte	Auslastung in % Plan	Ist	NACH KPLATZABBAU
TOPLADER 'BAYERN'	5.3	6.4	19.2
TOPLADER 'HESSEN'	6.1	6.2	18.6
FRONTLADER 'BREMEN'	5.6	4.9	14.7
FRONTLADER 'HAMBURG'	5.7	4.6	13.8
WASCHBOY	8.5	4.9	14.7
SUMME	31.2	27.0	81.0

HINWEISE:

REDUZIERUNG DER KOSTENPLÄTZE VON 3 AUF 1 MÖGLICH
STARKE MINDERAUSLASTUNG DER KOSTENSTELLE

=>
PF17=PERIODE PF18=KSTELLE PF19=UNTEN PF20=OBEN PF24=PF-MENÜ
BITTE MIT FUNKTIONSTASTE WEITERMACHEN

Abb. 3 Meldungstexte des Auslastungsberichts

- Schwache Auslastung der Kostenstelle
- Starke Minderauslastung der Kostenstelle
- Istauslastung an der Grenze zur nächsten Kapazitätsstufe
- Reduzierung der Kostenplätze von ... auf ... möglich
- Trotz schlechter Auslastung kein Kapazitätsabbau möglich
- Wird die Planauslastung erreicht, kein Kapazitätsabbau mehr möglich
- Auch bei Kapazitätsabbau schlechte Auslastung

- nach Erzeugnissen, Produktgruppen und Unternehmensbereichen,
- nach Kunden und Kundengruppen sowie
- nach Regionen.

Im Gegensatz zu herkömmlichen Ergebnisrechnungen folgt auch diese Methode dem Einzelkostenprinzip. Das bedeutet, in jeder Dimension werden von den Erlösen nur die variablen Einzelkosten des Umsatzes und die bis zu der betrachteten Stufe zurechenbaren Fixkosten abgezogen.

Da eine komplette Stufendeckungsbeitragsrechnung nicht am Bildschirm und (bei einer realistischen Größenordnung) wohl auch nicht auf Papier darstellbar ist, ermittelt das Dialogprogramm jeweils für ein frei wählbares Objekt bzw. einen Bereich aus den angebotenen Dimensionen die Erlöse, die zurechenbaren Kosten und den Deckungsbeitrag. Zunächst wählt der Benutzer das Objekt bzw. den Bereich, für den er die Zahlen berechnet haben möchte.

Nach der Ausgabe des Ergebnisses hat er die Wahl zwischen den Optionen

- Wechsel des Zeitraums, für den der Deckungsbeitrag berechnet wurde,
- Differenzierung der Anzeige nach einzelnen Erlös- bzw. Kostenarten,
- Differenzierung nach sachlichen Gesichtspunkten (z.B. nach Kunden oder Kundengruppen, die bestimmte Produkte gekauft haben),
- Soll-Ist-Vergleich,
- Vergleich mit dem Vorjahreszeitraum,
- Vergleich innerhalb der Hierarchiestufe,
- Auflisten der Deckungsbeiträge der nächst niedrigeren Hierarchiestufe

und der Fortsetzung mit einem anderen Objekt.

Da auch der Zeitraum des Ergebnisses frei wählbar ist, stellt sich die Frage, ob das Einzelkostenprinzip auch auf die zeitliche Zurechenbarkeit der Kosten angewendet werden soll.

Hierüber gehen die Meinungen allerdings stark auseinander. Obwohl man bei streng rationaler Betrachtung zugeben muß, daß sich der Periodengewinn ebensowenig eindeutig bestimmen läßt wie beispielsweise die Höhe der vollen Stückkosten, wird doch in der Praxis kaum ein Unternehmensleiter auf diese Zahl verzichten wollen.

Wir haben deshalb die Methode Ergebnisrechnung so gestaltet, daß man sich das Betriebsergebnis wahlweise als Periodengewinn (d.h. unter Berücksichtigung der kalkulatorischen Kosten sowie kalkulatorisch verrechneter Anteile an Periodengemeinkosten) oder als Periodendeckungsbeitrag im Riebelschen Sinne (15) errechnen lassen kann. Um dies zu realisieren, sind die fraglichen Kostenbeträge doppelt in der Grundrechnung gespeichert: Zum einen als (kalkulatorisch zu verrechnende) Gemeinkosten mehrerer Perioden, zum anderen auch in Form der auf die einzelnen Perioden verrechneten Beträge. Bei letzteren handelt es sich jedoch um Ergebnisse einer Auswertung der Grundrechnung, auch wenn sie in der gleichen Tabelle gespeichert sind.

5.3. Modul zur Vorbereitung kombinierter Planungsentscheidungen über Kapazität und Produktionsprogramm

Diese Methode wurde für zwei Einsatzgebiete entwickelt. Zum einen dient sie zur Vorausplanung und Abstimmung von Kapazität und Produktionsprogramm, zum anderen kann man mit ihr die Kapazitäts-, Kosten- und Ergebniswirkungen von Anpassungsmaßnahmen (wie Sonderschichten, Kurzarbeit, Vorratsfertigung o.ä.) ermitteln. Sie steht damit zwischen der Jahresplanung und den entsprechenden Funktionen der PPS-Systeme.

Da bei der jährlichen Planung noch große Unsicherheit über die tatsächlich absetzbaren Mengen der einzelnen Erzeugnisse herrscht, werden im Laufe des Jahres dann entsprechend viele Planänderungen notwendig. Diese Planänderungen verursachen oft einen sehr hohen Rechenaufwand, weil die entsprechenden EDV-Programme unmittelbar auf Arbeitsplänen und Stücklisten aufbauen. Eine Methode zur Unterstützung solcher Neuplanungen muß deshalb auf stärker verdichtete Daten zugreifen.

Das REMBA-Modul basiert auf einer Kapazitätsbedarfsmatrix (16), die angibt, wie viele Minuten die Herstellung eines Fertigerzeugnisses die einzelnen Maschinen oder Maschinengruppen über alle Fertigungsstufen hinweg belegt. Dabei werden die späteren Losbildungsprozesse vernachlässigt. Rüstzeiten, - deren Dauer im voraus ohnehin nicht exakt bestimmbar ist, weil sie von der Umrüst-Reihenfolge abhängt, - gehen als pauschale Abschläge vom Kapazitätsangebot der einzelnen Maschinen in das Modell ein. Durch diese Vereinfachungen erhält man ein Werkzeug, mit dem Planungsalternativen im Dialog durchgerechnet werden können.

Die Matrix läßt sich in einer einmaligen Aktion aus den Stücklisten und Arbeitsplänen des Unternehmens gewinnen, wobei man später allerdings dafür sorgen muß, daß sie bei Änderungen der zugrunde liegenden Stammdaten regelmäßig aktualisiert wird. Je nach der Häufigkeit und Bedeutung solcher Änderungen kann man entweder vorsehen, daß die Update-Routine von den Programmen zur Stücklisten- / Arbeitsplanverwaltung automatisch angestoßen wird, oder man sammelt die Änderungen in einer Datei, die dann periodisch oder auf Veranlassung der für das Modell verantwortlichen Person abzuarbeiten ist.

Wenn die Durchlaufzeiten in der Fertigung die Dauer einer Planungsperiode überschreiten, muß die Kapazitätsbedarfsmatrix durch Hinzufügen der zeitlichen Dimension zu einem Würfel erweitert werden (vgl. Abbildung 4). Die Erweiterung berücksichtigt, daß die Produktion eines Enderzeugnisses in der Periode t schon in den davor liegenden Perioden Kapazitäten für die Herstellung der Einzelteile und Baugruppen in Anspruch nimmt. Ein besonderes Problem liegt dabei darin, die tatsächlichen Verweilzeiten der Aufträge in der Fertigung zu schätzen, da diese Zeiten in der Realität meistens ein Vielfaches der in den Arbeitsplänen angegebenen Übergangszeiten betragen.

Aus der Kapazitätsbedarfsmatrix wird durch Multiplikation mit den für die einzelnen Perioden geplanten Produktionsmengen der Kapazitätsbedarfswürfel. Er bildet das Grundmodell des Planungsmoduls, mit dem die Nutz-, Leer- und Fehlkapazitäten für beliebige Produktionsprogramme berechnet und die Auswirkungen von Maßnahmen zur Anpassung der Kapazität aufgezeigt werden können. Da er mehrere Perioden der Zukunft umfaßt, lassen sich auch die Auswirkungen von zeitlichen Verschiebungen (vorgezogene bzw. verspätete Produktion) ermitteln.

Häufig wird es mehrere Möglichkeiten geben, wie man Kapazitätsbedarf und Kapazitätsangebot in Übereinstimmung bringen kann. Wenn beispielsweise ein bestimmter Arbeitsplatz zum Engpaß wird, muß man entscheiden, ob

Abb. 4 Kapazitätsbedarfswürfel

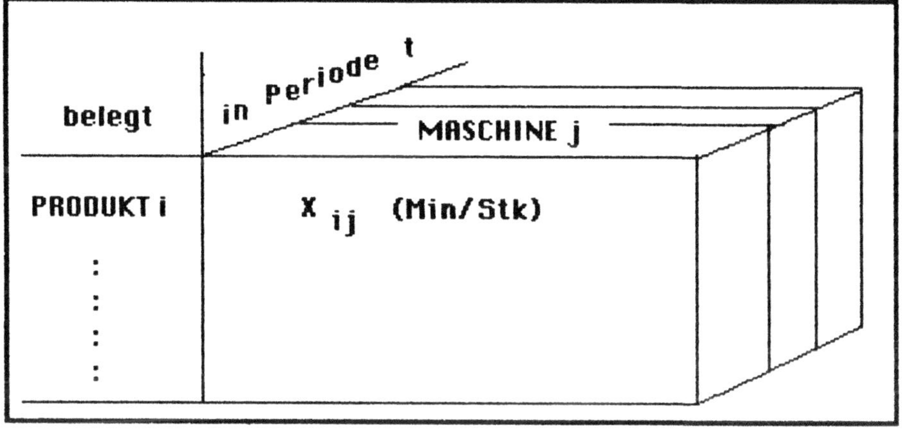

- an diesem Arbeitsplatz Überstunden gemacht,
- bestimmte Arbeiten dieses Arbeitsplatzes fremd vergeben,
- ein Teil des gewünschten Produktionsprogramms in früheren oder späteren Perioden gefertigt oder
- auf die Herstellung der Erzeugnisse mit dem geringsten Deckungsbeitrag je Engpaßminute ganz verzichtet werden soll.

Zur Bewertung dieser Alternativen enthält die Methode zusätzlich ein Ergebnismodell für die Ermittlung der monetären Konsequenzen möglicher Entscheidungen. Abbildung 5 zeigt den betriebswirtschaftlichen Aufbau des Ergebnismodells. Das Unternehmensergebnis ergibt sich in Abhängigkeit von den primären Einflußgrößen Absatzmenge, vorhandener Lagerbestand zu Beginn der Periode und geplanter Lagerbestand am Ende der Periode. Aus diesen drei Ausgangszahlen werden die sekundären Einflußgrößen Produktionsmenge, Beschäftigungsgrad, Lagerbestandsveränderung und mittlerer Lagerbestand abgeleitet. Alle diese Größen zusammen bestimmen die Höhe der Erlöse und Kosten und somit auch das Unternehmensergebnis (17).

Auch diese Methode steht in engem Zusammenhang mit der Grundrechnung: Jeder Einflußgröße im Modell entspricht eine Kostenkategorie (vgl. Abschnitt 5.1). Auf diese Weise lassen sich die benötigten Kostensätze ohne besondere Mühe aus den Zahlen der Grundrechnung ermitteln.

Bis hierhin kann man mit dem Modell das Unternehmensergebnis in Abhängigkeit von einem geplanten Absatz- und Produktionsprogramm ermitteln. Zur vollständigen Bewertung von Anpassungsmaßnahmen müssen vom Benutzer ggf. noch situationsabhängige Kostenbeträge eingegeben werden, z.B. die Veränderung des Lohnsatzes bei Überstunden oder die Einsparung durch Kurzarbeit. Soweit es sich um längerfristig gültige Werte handelt, kann man jedoch auch vorsehen, daß die entsprechenden Zahlen (z.B. der Überstunden-Zuschlag) in den Stammdaten gespeichert werden.

Das Modul zur Programm- und Kapazitätsplanung ist mit Hilfe der Planungssprache SYSTEM W realisiert. Es gibt je ein Modell zur Abbildung des Kapazitätsbedarfswürfels und der Ergebnisrechnung. Die Daten der Kapazitätsbe-

Abbildung 5	Aufbau des Ergebnismodells

UNTERNEHMENSERGEBNIS in Periode t =

Verwertungsuberschuß	-	Produktionskosten der Erzeugnisse	-	Produktionskosten der Kostenstellen	-	Lagerkosten	+/-	Wert der Lagerbestandsveränderung	-	Sonstige Kosten
Nettoerlös/Stück - var. Absatzkosten = Stuckuberschuß * Absatzmenge = Sortenüberschuß		Produktionsmenge * var. Herstellkosten = var. Produktionskosten + fixe Sortenkosten = ges. Produktionskosten		Beschäftigungsgrad * auslast.-abh. Kostensatz = auslast.-abh. Kosten + fixe Kostenstellenkosten = ges. Kostenstellenkosten		Mittlerer Lagerbestand * Lagerkostensatz = Lagerkosten		Lagerbestandsveränderung * var. Herstellkosten = Wert der Lagerbestandsveränderung		
je Sorte		je Sorte		je Kostenstelle		je Sorte		je Sorte		je Kostenstelle

darfsmatrix und die jeweiligen Ausgangswerte für die Absatzmengen und Lagerbestände sind als "Sets" in der Datenbasis DATMAN der Planungssprache gespeichert (vgl. Abbildung 6). Die Brückenprogramme B1 und B2 liefern die für die Modelle erforderlichen Daten aus den Fertigungsstammdateien sowie aus der Grundrechung.

5.4. Computergestützte Break-Even-Analyse mit unsicheren Daten

Mit diesem Modul wollen wir vor allem zeigen, welche Verbesserungen der Rechnungswesen-Methoden durch den Einsatz des Computers möglich sind.

Die traditionelle Break-Even-Analyse gilt wegen der Einfachheit ihres Ansatzes und der Berechnungen besonders als Hilfsmittel zur Entscheidungsfindung auf den obersten Management-Ebenen. Mit der Berechnung des Break-Even-Punkts soll vor allem das Risiko abgeschätzt werden, das mit bestimmten Entscheidungen oder zukünftigen Umweltzuständen verbunden ist.

Gegen den stark vereinfachten Ansatz der Break-Even-Analyse gibt es jedoch etliche Einwände (18). Die wichtigsten sind:

1. Die Ausgangsdaten der Berechnungen werden entweder als sicher angenommen, was offensichtlich nicht stimmt, oder es handelt sich um die Schätzungen der wahrscheinlichsten Werte. Wegen der Unsicherheit der zukünftigen Entwicklungen haben aber auch diese Zahlen meistens keine hohe Aussagekraft. Um eine größere Sicherheit zu erreichen, muß man die Break-Even-Rechnung mit der Risikoanalyse verbinden und für die wichtigsten Einflußgrößen Wahrscheinlichkeitsverteilungen vorgeben.

2. Üblicherweise geht die Break-Even-Analyse von einem linearen Verlauf der Erlöse und der variablen Kosten aus. Dagegen steht die Erkenntnis, daß größere Mengen in der Regel nur über Preiszugeständnisse oder mit überproportionalem Aufwand (z.B. für Werbung und Verkaufsförderung) absetzbar sind. Umgekehrt kann man erwarten, daß die variablen Stückkosten bei einer Erhöhung der Ausbringungsmenge häufig sinken, was teils auf Kostenersparnisse im Einkauf, teils auf Lerneffekte in der Produktion zurückzuführen ist. Daß sich diese beiden Effekte aber grade aufheben und so zu einem konstanten Stück-Deckungsbeitrag über der Menge führen, wäre reiner Zufall.

3. Auch im Bereich der fixen Kosten muß man stärker differenzieren. Zum einen gibt es einmalige Kosten (z.B. für Forschung und Entwicklung), die völlig fix gegenüber der Produktionsmenge sind. Als nächstes sind "sprungfixe" Kosten zu berücksichtigen, die nach einer bestimmten Gesamtproduktionsmenge wegen Ersatzinvestitionen zu einem Kostensprung führen. Schließlich gibt es auch noch fixe Kosten (wie z.B. Mieten oder zeitabhängige Lizenzen), die mit periodisch wiederkehrenden Zahlungen verbunden sind, so daß ihre exakte Höhe von der Zeitdauer abhängt, in der die Break-Even-Menge erreicht wird.

Zusammenfassend läßt sich sagen: Die traditionelle Break-Even-Analyse geht bewußt von sehr stark vereinfachenden Annahmen aus und erreicht damit ein leicht zu überschauendes Entscheidungsmodell, das What-If-Analysen auch für den Taschenrechner praktikabel macht.

Hier geht es nun darum, die Möglichkeiten heutiger EDV-Systeme einzusetzen, um diese Vereinfachungen ohne gravierende Einbußen des "Benutzerkomforts"

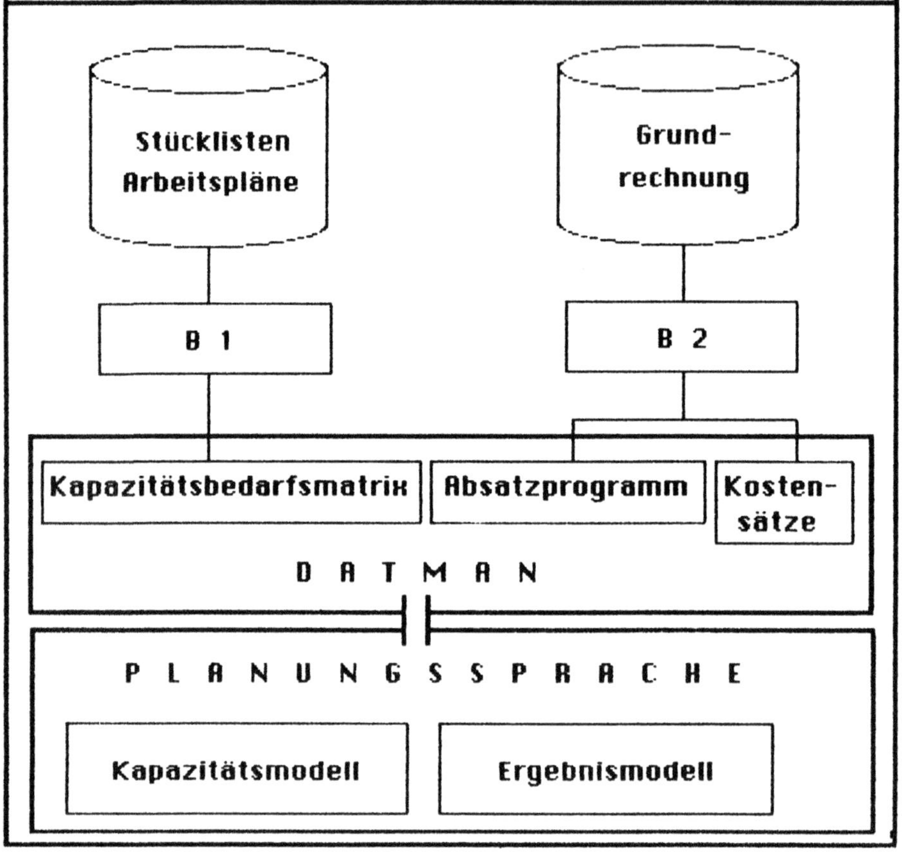

so weit wie möglich aufzuheben. Daraus ergeben sich drei Anforderungen an das REMBA-Modul:

1. Die Unsicherheit der Ausgangsdaten ist zu berücksichtigen und bis zu den Ergebnissen durchzurechnen. Das bringt eine gewisse Kombinatorik mit sich, die aber mit Hilfe des Computers durchaus beherrschbar ist.

2. Die Eingabe (auch nicht-linearer) Kurvenverläufe ist möglichst flexibel und trotzdem komfortabel zu gestalten. Außer der direkten Eingabe am Bildschirm soll es auch möglich sein, für eine "mitlaufende" Break-Even-Analyse bestimmte Größen (wie z.B. die Höhe der bisher aufgewendeten Vorlaufkosten) aus der Grundrechnungsdatenbank zu selektieren.

3. Eine Erklärungskomponente muß ausführliche Erläuterungen zu den verschiedenen Eingabemöglichkeiten und zur Aussagekraft der errechneten Wahrscheinlichkeitsverteilungen der Zielgrößen bieten.

Eine Dialogsitzung mit dem Break-Even-Analyse-Modul gliedert sich in drei Abschnitte:

Im ersten Schritt erwartet das System vom Benutzer die Eingabe der Erlös- und Kostenverläufe. Neben der Vorgabe von fixen und proportionalen Komponenten besteht auch die Möglichkeit, "freie" Kurven durch Angabe mehrerer Kurvenpunkte zu spezifizieren. Alle Eingaben sind mehrwertig (z.B. optimistischer, wahrscheinlicher und pessimistischer Wert) anzugeben.

Aus diesen Eingaben kann der Rechner im nächsten Schritt für jede vom Benutzer vorgegebene Planmenge die Wahrscheinlichkeitsverteilungen der Erlöse, der Kosten und des Gewinns errechnen und tabellarisch oder grafisch anzeigen (vgl. Abbildung 7). Das ermöglicht Aussagen des Typs: Die Wahrscheinlichkeit, den Break-Even-Punkt (oder einen anderen Ergebnisbetrag) bei einer Menge von XXX Stück zu erreichen oder zu übertreffen, beträgt Y Prozent.

Durch automatisiertes, mehrfaches Durchrechnen des Modells mit schrittweise wachsender Menge gelangt man schließlich noch zu der Aussage: Bei Produktion und Absatz von ZZZ Stück beträgt die Wahrscheinlichkeit, die Gewinnschwelle zu erreichen oder zu überschreiten 100 Prozent (vgl. Abbildung 8). Damit ist eine Art absoluter Break-Even-Punkt gefunden, der allerdings weit höher liegt als die auf traditionelle Weise errechnete Menge. Mit dieser Funktion kann man sich aber genauso gut auch diejenigen Mengen errechnen lassen, bei denen die Wahrscheinlichkeit, die Gewinnschwelle zu überschreiten, 80 oder 75 oder irgendeinen anderen vom Benutzer vorgegebenen Prozentwert erreicht.

6. Erfahrungen mit Aufwand, Systembelastung und Antwortzeiten

6.1. Systemvoraussetzungen und Programmieraufwand

Um die Rechnungswesen-Methodenbank so zu realisieren, wie wir sie hier vorgestellt haben, benötigt man vor allem ein relationales Datenbanksystem und eine Planungssprache als Hilfsmittel. Ohne das Datenbanksystem ist eine vielseitig auswertbare Grundrechnung nicht zu verwirklichen. Das haben die Erfahrungen mit dem ursprünglichen Laborsystem gezeigt. Die Planungssprache dient vor allem der schnelleren und einfacheren Programmierung der Methoden und Modelle.

Man könnte die entsprechenden Programme zwar z.B. auch vollständig in den klassischen Programmiersprachen COBOL und FORTRAN schreiben. Allerdings würde die Entwicklungszeit dann auf ein Vielfaches ansteigen. Wir haben die bisher vorhandenen Methoden in insgesamt 18 Mannmonaten programmiert. Dazu kamen noch ca. 12 Mannmonate für die Erarbeitung des Konzepts und den Entwurf der Datenbank. Nach unserer Erfahrung wird die Programmentwicklung nicht nur durch die Planungssprache, sondern auch durch die zu dem Datenbanksystem gehörende Abfragesprache deutlich beschleunigt.

Der Einsatz einer Datenbank und einer Planungssprache stellt natürlich erhöhte Anforderungen an den Computer, auf dem die Programme der Methodenbank laufen sollen. Beide Hilfsmittel verlangen jeweils mehr als 2 Megabyte (MB) Hauptspeicher, so daß mindestens 5 MB Hauptspeicher für den Betrieb der Rechnungswesen-Methodenbank veranschlagt werden müssen. Um zu verhindern, daß die Antwortzeiten für die anderen Benutzer des Computers durch Methodenbank-Anwendungen zu sehr beeinträchtigt werden, sollte die Größe des Rechners jedoch möglichst einige Megabyte über dieser Mindestanforderung liegen.

Abb. 7 Wahrscheinlichkeitsverteilung des Gewinns

BEA-90 BREAK-EVEN-ANALYSE ERGEBNISSE

GEWINN G*	W'SCH (IN %)	W'SCH G-REAL >= G*
- 24	1,8	100,0
- 17	4,8	98,2
- 14	5,4	93,4
- 10	6,8	88,0
- 7	14,4	81,2
- 4	1,8	66,8
- 3	4,8	65,0
0	20,4	60,2
3	4,8	39,8
4	1,8	35,0
7	14,4	33,2
10	6,8	18,8
14	5,4	12,0
17	4,8	6,6
24	1,8	1,8

VORGEGEBENE MENGE:

70000 STUECK

Abb. 8 Sensitivitätsanalyse der Break-Even-Menge

BEA-100 BREAK-EVEN-ANALYSE ERGEBNISSE

MENGE	W'SCH G-REAL >= 0
70.000	60,2
:	:
:	:
75.000	88,0
76.000	88,0
77.000	93,4
78.000	98,2
79.000	98,2
80.000	98,2
81.000	100,0

Schließlich ist noch zu berücksichtigen, daß man infolge des Konzepts der stark differenzierten Datenspeicherung relativ viel Speicherplatz für die Grundrechnungsdatenbank braucht. An dieser Stelle ist die Kluft zur heutigen Praxis jedoch nicht mehr so groß, wenn man bedenkt, daß bestimmte Standardsoftwareprodukte heute schon die Einzelpostendatei im Direktzugriff auf Magnetplatten halten.

6.2. Kosten

Eine Wirtschaftlichkeitsrechnung für die Rechnungswesen-Methodenbank bereitet nicht nur auf der Nutzenseite, sondern schon bei der Abgrenzung der Kosten Probleme. Bei der Beurteilung des Entwicklungs- und Programmieraufwandes ist zu berücksichtigen,daß in den gesamten 30 Monaten relativ viele Pionierleistungen stecken, die bei einer reinen Übertragung in die Praxis nicht anfallen würden.

Das Datenbanksystem und die Planungssprache kosten jeweils ca. 300.000 DM Kaufpreis bzw. 3.000 - 3.500 DM Miete pro Monat. Da es sich jedoch um Systemprodukte handelt, mit denen auch andere EDV-Projekte beschleunigt abgewickelt werden können, sind auch diese Beträge nicht eindeutig zurechenbar. Wenn man beispielsweise den Idealfall unterstellt, daß ein Unternehmen beide Softwareprodukte schon aus anderen Gründen gekauft hat, fallen hierfür gar keine zusätzlichen Ausgaben an.

Eindeutig zurechenbar ist allein der Kaufpreis für die Hauptspeichererweiterung von ca. 30.000 DM je Megabyte, die man wegen der intensiven Belastung des Rechners auf jeden Fall einkalkulieren sollte.

6.3. Antwortzeiten

Eine Rechnungswesen-Methodenbank, die vor allem ein entscheidungsorientiertes Rechnungswesen unterstützen soll, muß als Dialogsystem gestaltet sein, damit die Benutzer kurzfristig Auswertungen und Alternativrechnungen durchführen können. Das Konzept der Grundrechnung mit der sehr weitgehenden Untergliederung der Kosten führt nun zu dem Problem, daß die Auswertung dieser Daten teilweise mit für ein Dialogsystem ungewöhnlich langen Antwortzeiten (im Minutenbereich) verbunden ist. Es stellt sich die Frage, welche Antwortzeiten tolerierbar sind bzw. welche Möglichkeiten zur Verkürzung der Abfragedauern bestehen.

Eine Untersuchung der Einflußgrößen der Antwortzeit führte zu dem in Abbildung 9 wiedergegebenen Modell (19). Daran erkennt man zunächst, daß einige wichtige Determinanten außerhalb des Einflußbereichs der Anwender und auch der Systementwickler liegen. So mußten wir beispielsweise auf unserer Maschine mit zunächst 6 und später 8 MB Hauptspeicher von vorne herein mit relativ langen Antwortzeiten rechnen. Ebenso liegt die Parametrisierung des Datenbanksystems in einem realen Unternehmen fest. Man sollte allerdings annehmen, daß die EDV-Abteilung (anders als ein Universitätsrechenzentrum) von sich aus um eine Optimierung der Parameter bemüht ist. Weiterhin sind die Antwortzeiten deutlich von den Arbeiten der anderen Benutzer des Computers abhängig. Hierauf kann man sich schon etwas einstellen und lang laufende Auswertungen nach Möglichkeit zu den Zeiten durchführen, in denen der Rechner nicht so hoch belastet ist.

Es bleiben letztlich zwei Ebenen, auf denen die Antwortzeiten direkt beim Aufbau des Systems beeinflußt werden können: Zum einem durch die Gestaltung

Abb. 9 Einflüsse auf die Antwortzeit

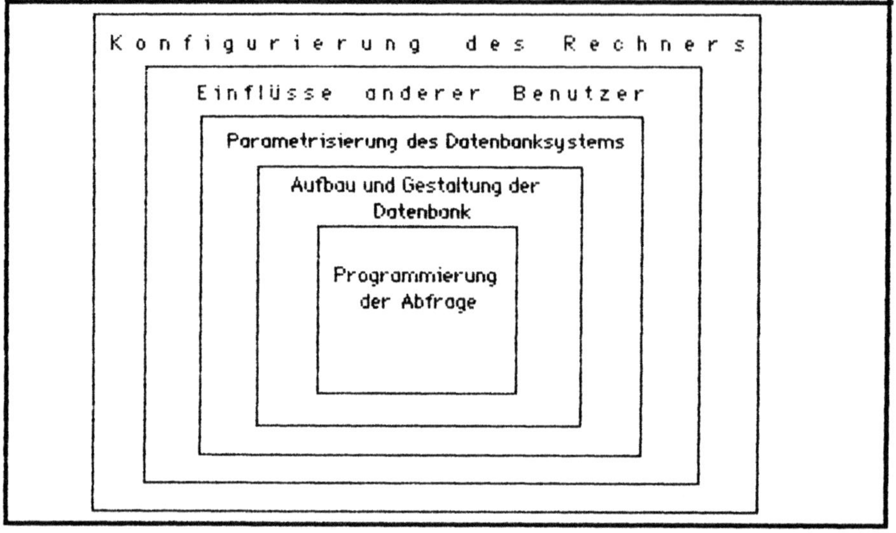

der Datenbasis, zum anderen durch die Art der Programmierung der Abfragen. Vor allem das Datenbanksystem SQL/DS bietet dem Programmierer mehrere Alternativen, wie er eine komplizierte Abfrage formulieren und in sein COBOL-Programm einbetten kann. Die Untersuchung dieser Möglichkeiten ergab, daß die Antwortzeiten von der günstigsten Formulierung der Abfrage bis zur ungünstigsten um den Faktor 4 steigen (20).

Eine letzte Möglichkeit, für kurze Antwortzeiten zu sorgen, liegt darin, bestimmte Standardauswertungen vorweg zu produzieren, so daß das Dialogprogramm sofort auf die gespeicherten Ergebnisse zugreifen kann. Wir sind bei der Stufendeckungsbeitragsrechnung (vgl. Abschnitt 5.2) so vorgegangen, weil es sich dabei um ein klassisches periodenbezogenes Programm handelt. In vielen Fällen ist dieser Trick aber auch undurchführbar, und zwar immer dann, wenn es sich entweder um eine nicht vorgeplante (fallweise) Abfrage handelt oder wenn der Benutzer mit seiner Methode die noch unvollständigen Daten des laufenden Monats (beispielsweise die bisher aufgelaufenen Kosten in einer Kostenstelle) auswerten will.

Die Antwortzeitproblematik gilt im übrigen genauso für Daten, die in der Datenbank-Komponente der Planungssprache gespeichert sind.

Es ist allerdings generell die Frage, ob man von einem Informations- und Planungssystem mit anspruchsvollen Methoden zur Entscheidungsvorbereitung ähnlich kurze Antwortzeiten verlangen sollte wie von einem administrativen Programm. Während z.B. in der Buchhaltung der Arbeitsrhythmus sofort gestört wird, wenn der Computer nicht in Sekundenbruchteilen reagiert, kann man u.E. in einer Planungsabteilung durchaus einige Minuten warten, bis die Maschine eine komplizierte Alternative durchgerechnet hat.

7. Ausblick

Nachdem wir dargestellt haben, in welch weitgehenden Weise die EDV zukünftig dazu beitragen kann, das Betriebsgeschehen für die Unternehmensführung durchsichtig zu machen und zu einer immer stärkeren quantitativen Untermauerung von Entscheidungen zu gelangen, stellt sich die Frage, was einer schnellen Verbreitung dieser Ideen in der Praxis entgegenstehen könnte. Ein Unternehmen, daß ein solches daten- und methodenbankgestützes Rechnungswesen betreiben möchte, hat u.E. vier Hürden zu überwinden.

1. Zur Konzeption und Einführung einer Rechnungswesen-Methodenbank benötigt man Mitarbeiter mit einer heutzutage noch relativ seltenen Wissenskombination. Er muß in der Breite und in der Tiefe gute Kenntnisse des Rechnungswesens mit genauso tiefgehendem EDV-Wissen verbinden. Es ist zu hoffen, daß die Anstrengungen einiger Universitäten auf dem Gebiet der Wirtschaftsinformatik in den nächsten Jahren vermehrt Absolventen mit der benötigten Qualifikation hervorbringen werden. Wir wollen mit dem REMBA-System auch einen Beitrag zur Vertiefung der Ausbildung in diesem Bereich leisten.

2. Ein in der Praxis besonders bedeutsames Problem liegt in der Integration bzw. Koexistenz der Methodenbank mit der Standardsoftware des Rechnungswesens. Es gibt derzeit kaum ein Standardsoftware-Paket, daß diese differenzierte Konzeption unterstützt. Die besten Voraussetzungen bringt hier noch das System RK von SAP mit, weil es vom Konzept her datenbankorientiert und voll dialogfähig ist und eine "Sprache" (ABAB) zur Gestaltung individueller Auswertungen oder Methoden umfaßt. Aber auch diese Sprache bietet kaum die Unterstützung, die in einer speziellen Planungssprache realisiert ist. Deshalb sind in der Regel kombinierte Lösungen erforderlich, die zum einen entsprechend viel Geld und Rechnerressourcen kosten und außerdem unter Umständen aufwendige Schnittstellen erforderlich machen.

3. Eine Rechnungswesen-Methodenbank mit den dargestellten Funktionen verlangt einen umfangreicheren und differenzierten Dateninput, der nicht mehr nur aus dem Bereich der traditionellen Rechnungswesen-Abteilung stammt. Auch in ausgereiften integrierten DV-Systemen (beispielsweise mit einer weit entwickelten PPS-Komponente) kann nur ein Teil des zusätzlichen Datenbedarfs maschinell bereitgestellt werden. Außerdem ist die notwendige Verschlüsselung der Kostenbeträge mit den Nummern der betrieblichen Zurechnungsobjekte auch inhaltlich anspruchsvoller. Es bleibt abzuwarten, inwieweit die Unternehmen - ähnlich wie man es gegenwärtig z.B. bei Markt- und Konkurrenzinformationssystemen beobachtet - bereit sind, im Interesse eines aussagekräftigen Rechnungswesens den Aufwand für die zusätzliche Datenbereitstellungen in Kauf zu nehmen.

4. Schließlich stellt auch der notwendige Systemaufwand eine nicht unerhebliche Barriere dar. Eine Investition von über 600.000,- DM läßt sich wohl in keinem Unternehmen nur mit der Verbesserung der Aussagekraft des Rechnungswesens rechtfertigen. Wie oben angedeutet, werden Planungssprachen und relationale Datenbanksysteme jedoch zunehmend auch für andere DV-Anwendungen benötigt, so daß sich diese Beträge für das ganze Anwendungsbündel ab einer gewissen Größenordnung des Unternehmens wieder amortisieren. Insofern hängt jedoch die Einführung einer Rechnungswesen-Methodenbank auch mit der allgemeinen DV-Entwicklungsplanung zusammen.

Wir werden das REMBA-System als Demonstrationsobjekt in Nürnberg pflegen und erweitern. Als nächstes stehen die computergestützte Ergebnisanalyse, ein Kalkulationsmodul und Methoden zur Unterstützung des lebenszyklusorientierten Produkt-Controllings auf dem Programm.

Fußnoten:

(1) Das Forschungsprojekt REMBA wird von der Hans Frisch Stiftung, Nürnberg, unterstützt. Wir danken für die Hilfen zum Aufbau des Demonstrationssystems. Weiterer Dank gebührt den Firmen COMSHARE AG und EPS GmbH (beide Köln) für die kostenlose Überlassung ihrer Software.

(2) Mertens, P., Beiträge der EDV zur Weiterentwicklung des betrieblichen Rechnungswesens, in: Kilger, W. und A.-W. Scheer, Rechnungswesen und EDV, 4. Saarbrücker Arbeitstagung, Würzburg - Wien 1983, S. 23 - 36.

(3) ebenda, S. 26.

(4) Vgl. dazu Mertens, P., Puhl, W., Computereinsatz im betrieblichen Rechnungswesen, Konzeption eines daten- und methodenbankorientierten Rechnungswesens, in: Journal für Betriebswirtschaft 31 (1981) , S. 53 ff. und 113 ff.

(5) Mc Carthy, W. E., Multidimensional and Disaggregate Accounting Systems: A Review of the "Events" Accounting Literature, in: MAS Communication, July 1981, S. 7 - 13, sowie Mc Carthy, W. E., The REA Accounting Model: A Generalized Framework for Accounting Systems in Shared Data Environment, in: The Accounting Review, July 1982, S. 554 - 578.

(6) Puhl, W., Entwurf und Realisierung eines Kosten- und Erlösinformationssystems auf der Basis einer Datenbank und einer Methodensammlung, Diss. Nürnberg 1983.

(7) Zum Begriff MRP (Manufacturing Resource Planning) vgl: Swann, D., Execution is Key to Success of any System for Manufacturing Material Flow Control, in: Industrial Engineering (IE), October 1984, S. 26 - 31, und: Fox, K. A., MRP-II Providing a Natural "Hub" for Computer-Integrated Manufacturing System, in: Industrial Engineering (IE), October 1984, S. 44 - 50.

(8) Mertens, P., Beiträge der EDV ..., a.a.O., S. 28 f.

(9) Zum Wesen von Planungssprachen vgl. z. B. Mertens, P., Griese, J., Industrielle Datenverarbeitung, Band 2, Dispositions- und Planungssysteme, 4. Aufl., Wiesbaden 1984, S. 50 - 53.

(10) Vergl. zu dieser Ansicht beispielsweise: Kratzer, K., Drei Wege führen durch den Datenberg, in: Online 1986, Heft 6, S. 22 - 24.

(11) Weitergehende Informationen über das REMBA-Sytem sind zu finden bei Mertens, P. und Haun, P., Die Nutzung von Daten- und Methodenbanken für das entscheidungsorientierte Rechnungswesen, in: Handbuch der modernen Datenverarbeitung (HMD), Heft Nr. 132 (in Vorbereitung) sowie bei Haun, P., Konzeption und Realisierung eines Prototyp-Systems für ein daten- und methodenbankgestütztes Rechnungswesen, Dissertation Nürnberg 1987 (in Vorbereitung).

(12) Vgl. Mertens, P., Industrielle Datenverarbeitung, Band 1, Administrations- und Dispositionssysteme, 6. Aufl., Wiesbaden 1986, S. 225.

(13) Vgl. Tempus, H., Optimale Produktionsplanung mit Hilfe der Grenzplankostenrechnung in einem Unternehmen der chemischen Industrie, in: Kilger, W. und A.-W. Scheer (Hrsg.), Plankosten- und Deckungsbeitragsrechnung in der Praxis, Würzburg-Wien 1980, S. 233 - 250; sowie Nudig, K., Die flexible Plankostenrechnung als Primärkostenrechnung, in: Kilger, W. und A.-W. Scheer (Hrsg.), a.a.O., S. 94 - 116.

(14) Anm: In der Grundrechnung können selbstverständlich verschiedene Beträge einer natürlichen Kostenart unterschiedlichen Kategorien zugeordnet sein; z.B. der Grundtarif des Stroms zu den fixen Kosten und der Arbeitstarif zu den produktionsmengenproportionalen Kosten.

(15) Vgl. Riebel, P., Einzelkosten- und Deckungsbeitragsrechnung, 4. Aufl., Wiesbaden 1982, S. 173 sowie S. 455 f.

(16) Vgl. Mertens, P., Griese, J., Industrielle Datenverarbeitung, Band 2, a.a.O., S. 195 ff.

(17) Anm: Die sonstigen Kosten (z.B. Verwaltungskosten) sind nicht entscheidungsrelevant; sie sind nur der Vollständigkeit halber in das Ergebnismodell aufgenommen worden.

(18) Chmielewicz, K., Gewinnschwellenanalyse (Break-Even-Analyse), in: WIST (Wirtschaftswissenschaftliches Studium) 1974, S. 49 - 54.

(19) Leicht geändert entnommen aus: Back-Hock, A., Untersuchungen zur Verbesserung der Laufzeiten von SQL/DS-Anwendungen, unveröffentl. Manuskript, Erlangen-Nürnberg 1986.

(20) Vgl. Luntz, H., Untersuchung der Auswirkungen von Maßnahmen zur Verbesserung des Laufzeitverhaltens eines Dialogprogramms zur mehrdimensionalen Stufendeckungsbeitragsrechnung auf der Basis des Datenbanksystems SQL/DS, Studienarbeit Informatik, Erlangen 1986.

Vertriebscontrolling mit stufenweisen Deckungsbeiträgen im Handel

Dipl.-Kfm. E. Herzog, Plaut AG, Figino/Lugano

1. Ausgangssituation

Konkurrierende Vertriebswege, immer weitergehende Produkt- und Leistungsdiversifikation speziell in Ladenketten, verbunden mit einer Kostenexplosion der Personal-, Logistik- un Postkosten bei sinkenden Rohertragsmargen, lassen Methoden d ergebnisoptimierenden Vertriebssteuerung im Handel zu einer zentralen betriebswirtschaftlichen Aufgabe des innerbetrieblichen Rechnungswesens werden.
Das Instrument für eine wirksame Vertriebssteuerung ist die als Deckungsbeitragsrechnung ausgelegte Ergebnisrechnung, wo bei speziell im Handel, wie im folgenden noch näher zu zeige sein wird, sich diese Deckungsbeitragsrechnung aus einem "absatzproportionalen" Teil und einer "stufenweisen" (Fix-) Kostendeckungsrechnung zusammensetzt.

2. Definition, Aufgaben, Zielsetzung

Wie aus der in Anlage 1 dargestellten Uebersicht hervorgeht, sollte die Vertriebssteuerungsfunktion zentral (produktgruppen-, marktorientiert) und dezentral (profitcenterorientiert wahrgenommen werden. Dabei sind als Einflussgrössen einerseits die Preis-/Absatzfunktion, ausgedrückt in Absatzmengen Umsatzerlösen (Brutto/Netto) und andererseits die Kosten-/Ve brauchsfunktionen, ausgedrückt in Kosten (prop./ fix) und Leistungsmengen zu berücksichtigen.
Die Aufgaben der Vertriebssteuerung sind Erfassung, Planung Kontrolle von Umsätzen, Kosten und Ergebnissen nach unterneh

7. Saarbrücker Arbeitstagung 1986
Rechnungswesen und EDV
hrsg. v. W. Kilger/A.-W. Scheer

mensspezifisch festgelegten Hierarchiestrukturen (Produkt, Kunde, Vertriebsweg, Markt) mit der Zielsetzung einer Ergebnisoptimierung.

Mit dem Instrument der Deckungsbeitragsrechnung werden als Hilfsmittel, um dieses Ziel zu erreichen, Plan/Ist-, Soll/Ist- und Plan/Plan-Vergleiche herangezogen. Abweichungen werden verursachungsgerecht dargestellt als Preis-, Mengen- und Mixabweichungen.

3. Voraussetzungen

Die Aufgaben einer Vertriebssteuerung im Handel mit dem Ziel de Ergebnisoptimierung, können nur wahrgenommen werden, wenn folgende Voraussetzungen gegeben sind:

- Absatz-/Umsatzplanung
- Kosten-/Leistungsplanung
- Istdatenerfassung (Absatz, Umsatz, Kosten, Leistung)

3.1 Absatz-/Umsatzplanung

Vertriebssteuerung setzt eine Absatz-/Umsatzplanung in einem der festgelegten Hierarchiestruktur (Produkt, Kunde, Vertriebsweg, Markt) entsprechenden Detaillierungsgrad voraus. Sind die Angaben der planenden Bereiche (Verkauf/Marketing) in diesem Detaillierungsgrad nicht planbar, so sollten für Planungszwecke "Prognoseeinheiten" gewählt werden, die über Basiszeiträume (Vorperioden) weiter detailliert als Planvorschlag dem dem Verkauf präsentiert werden. Dieser gibt dann seinerseits Korrekturen auf. Auf diese Weise kann ein mit dem Detaillierungsgrad der gewählten Hierarchiestruktur übereinstimmender Absatz-/Umsatzplan erstellt werden (vgl. auch Anlage 2).

Die im Handel übliche Absatz-/Umsatzplanung bezieht den Wareneinsatz in die Rechnung mit ein. Es wird im Rahmen der Absatz-/Umsatzplanung infolgedessen bereits bis zum Rohertrag geplant. Dabei ist speziell beim Einzelhandel dem Problem der "Remission" (Umtausch) Rechnung zu tragen.

3.2 Kosten-/Leistungsplanung

Wie auch in anderen Branchen üblich, werden beim Handel Einzel- und Gemeinkosten unterschieden.

Zu den Einzelkosten zählt als entscheidende Grösse der bei der Absatz-/Umsatzplanung bereits behandelte Wareneinstand. Darüber hinaus sind bei der Kostenplanung die Sondereinzelkosten des Vertriebes (Provisionen, Ausgangsfrachten, Postgebühren etc.) in dem bei der Absatz-/Umsatzplanung festgelegten Detaillierungsgrad als Einzelkosten absatzproportional zu planen.

Die Gemeinkosten sind im Handel traditionell als Fixkosten betrachtet worden. Eine direkte Beziehung zum Warenumschlag bzw. zum Umsatz wurde nicht hergestellt. Insbesondere die im Handel ausschlaggebenden Personal-, Raum- und Kapitalkosten sind einer verursachungsgerechten Zuordnung zu Warengruppen selten zugeführt worden. Dies hat sich insbesondere, bedingt durch die Personalkostenexplosion in den letzten 10 Jahren grundlegend geändert. Eine leistungsbezogene Vorgabe und Verrechnung von Personalkosten wird gefordert. Der Gemeinkostencontrollinggedanke im Handel tritt immer stärker in den Vordergrund.

Kostencontrolling und damit Gemeinkostensteuerung ist nur möglich, wenn eine Kostenplanung der Gemeinkosten vorliegt.

Die Planung der Gemeinkosten im Handel setzt aber voraus, die Beziehungen zwischen Leistung und Kosten zu analysieren und entsprechend ihrer Abhängigkeit (proportional) oder Unabhängigkeit voneinander (fix) vorzugeben. Eine analytische Kosten-/Leistungsplanung ist erforderlich. Dabei sind auch Grenznutzenüberlegungen (z.B. Warenpräsentationsflächen in Läden, Kaufhäusern etc.) mit einzubeziehen.

Im Rahmen einer analytischen Leistungsmengenplanung müssen zunächst Bezugsgrössen (Leistungsarten) festgelegt werden.

Es handelt sich dabei zum Beispiel um

- Personalstunden
- Stück Anlieferung
- Stück Absatz
- Anzahl Kassenbelege
- TDM Wareneinsatz etc.

Für die Zwecke der Personalkostenvorgabe und -verrechnung genügt die Bezugsgrösse Personalstunden nicht. Es müssen Zeitstandards je Tätigkeit, nach unseren Erfahrungen am besten durch Multimomentaufnahmen, erstellt werden. Das als Anlage 3, Blatt 1 bis 7 beigefügte Beispiel für eine Zeitstandardermittlung in einer Ladenkette zeigt die Vorgehensweise auf. Die Anwendung der Zeitstandards erfolgt für Dispositions- (Personaleinsatz, Personalplanung) und Abrechnungszwecke (Personalkostenvorgabe, Personalkostenverrechnung).

Die analytische Gemeinkostenplanung basiert auf der Planbeschäftigung der gewählten Bezugsgrössen (Leistungsarten). Das als Anlage 4, Blatt 1 bis 6 beigefügte Beispiel für die analytische Kostenplanung eines Ladens in einer Ladenkette zeigt die Vorgehensweise auf. Dabei wird unterschieden die Kostenplanung der Kostenstelle (untergliedert nach Bezugsgrössen) und die Kostenplanung der Leistung (Vorgangskalkulation je Warengruppe für Verkauf, Remission etc.).

3.3 Istdatenerfassung

Vertriebssteuerung setzt den Vergleich zwischen Ist und Plan bzw. Soll voraus. Das bedeutet, dass die Istdaten, wie die Plandaten, entsprechend dem durch die Festlegung der Hierarchiestruktur (Produkt, Kunde, Vertriebsweg, Markt) vorgegebenen Detaillierungsgrad erfasst werden können. Diese Istdatenerfassung bezieht sich auf

Absatzmengen
Leistungsmengen
Umsätze
Einzelkosten
Gemeinkosten.

Damit ist zwangsläufig auch die Möglichkeit gegeben, Ergebnisinformationen in entsprechender Untergliederung darzustellen.

Dort, wo eine detaillierte Istdatenerfassung auf direktem Wege nicht praktikabel ist, muss auf dem Wege der indirekten Erfassung (Zuschlagsrechnung, Quotenverrechnung) die Zurechnung erfolgen. Zu den kalkulatorisch verrechneten Positionen gehören insbesondere Teile der Erlösschmälerungen und Sondereinzelkosten des Vertriebes.

Die Umsatzkostenerfassung für Vertriebssteuerungszwecke erfolgt in drei Stufen:

Stufe 1 = Absatzproportional (Absatzaktbezogen)

- Bruttoumsatz
- direkt erfasste Erlösschmälerungen
- indirekt erfasste Erlösschmälerungen
- Wareneinstand
- direkt erfasste Sondereinzelkosten des Vertriebes
- indirekt erfasste Sondereinzelkosten des Vertriebes
- absatzabhängige (prop.) Gemeinkostenverrechnung

Stufe 2 = Stufenweise (Hierarchiestufenbezogen)

- ° periodenbezogene Einzelkosten (z.B. Verkaufsförderung)
- ° absatzunabhängige (fixe) Gemeinkostenverrechnung
- ° Verrechnungsabweichungen

Stufe 3 = Global (Unternehmensbezogen)

- ° Overhead
- ° Verrechnungsabweichungen

Die dieser Istdatenerfassung entsprechende Ergebnisdarstellung ist in Anlage 5 dargestellt. Deckungsbeiträge und Vollkostenergebnisse werden parallel dargestellt. Die absatzproportionale Rechnung geht bis zum Artikel DB und ist bezogen auf den Absatzakt (Rechnungsposition). Sie kann infolgedessen in jeder beliebigen Verdichtung gezeigt werden.

Die Darstellung der weiteren Kostenzurechnung ist hierarchiestufenbezogen und somit nur nach vorgegebenen Verdichtungskriterien, wie z.B.

- Artikel / Warengruppe
- Artikel / Warengruppe / Profit-Center
- Artikel / Warengruppe / Vertriebsweg
- Artikel / Warengruppe / Unternehmen

möglich. Als Profit-Center kann z.B. ein Laden, ein Verkäufer, aber auch ein Kunde oder ein Marketingsegment angesehen werden.

4. Instrumente

Die wichtigsten Anforderungen an ein Instrumentarium zur Vertriebssteuerung sind

- Ausweis von Deckungsbeiträgen
- Information im notwendigen Detaillierungsgrad

- Aktualität der Information.

Die Detaillierung erstreckt sich auf die Ergebnisinformationen, die einerseits nach Plan/Soll/Ist-Kriterien und andererseits artikel-, kunden- und vertriebswegespezifisch entsprechend der Profit-Center-Hierarchie aufbereitet werden können.

Detaillierungsgrad und Aktualität der Information verlangen eine maschinelle dialogorientierte Auslegung der Deckungsbeitragsrechnung, wie sie in den Standard-Programmsystemen M91, M92 der Plaut Software GmbH, München, realisiert wurde (vgl. auch Anlage 6).

Die Bedeutung einer Kontrolle und verursachungsgemässen Verrechnung der Gemeinkosten verlangt eine Kostenstellenrechnung in Form eines Soll-Istkosten-Vergleiches (Standard-Programmsysteme M11, M12, vgl. auch Anlage 7).

Bindeglied zwischen Kostenstellen-Soll-Ist-Vergleich und Warengruppen-Ergebnisrechnung in Form der stufenweisen Deckungsbeitragsrechnung ist die Verrechnungskontrolle im Arbeitsgebiet Kostenstellenrechnung.

5. Durchführung

Das als Anlage 8 dargestellte Ablaufdiagramm stellt die Vorgehensweise bei der Planung und Abrechnung eines Club-Centers im Rahmen einer Ladenkette dar. Es handelt sich dabei um ein von der Unternehmensberatung Plaut AG durchgeführtes Projekt, wobei die Zahlenangaben einem geschlossenen Konzeptionsbeispiel entnommen sind. Abrechnungszahlen sind bewusst nicht verwendet worden.

Anlage 9, Blatt 1 bis 3, beschreibt den Ablauf der Kostenstellenrechnung in Form des Soll-Istkosten-Vergleichs mit Verrechnungskontrolle.

Anlage 10, Blatt 1 bis 4, behandelt die Warengruppenergebnisrechnung in Form der stufenweisen Deckungsbeitragsrechnung.

Der Gesamtumsatz untergliedert sich in:

- Umsätze mit Mitgliedern (der Buchgemeinschaften)
- Umsätze mit Nicht-Mitgliedern (Belegschaftsverkauf)
- Mitgliederwerbung (Ladenwerbung).

Als Warengruppen werden im Rahmen des Umsatzes mit Mitgliedern unterschieden:

- Katalogangebot
  - Buch
  - Platte
  - Musik-Cassette
  - Unterhaltungs-Elektronik
  - Spiele
  - Sonstiges Sortiment
- Zusätzliches Angebot
  - Mail Order
  - Antiquariat
  - Vorspanngeräte
- Nebengeschäfte
  - Photo
  - Hermes

Als Ergebnis werden ausgewiesen:

- Rohertrag je Titel
- Deckungsbeitrag je Artikel und Warengruppe
- Warengruppenergebnis
- Profit-Center-Ergebnis
- Vertriebswege-Ergebnis
- Betriebsergebnis (Unternehmen).

Die Ergebnisdarstellung erfolgt parallel auf Grenz- und Vollkostenbasis als Plan/Ist-Vergleich, wobei die Abweichungen zwischen Plan und Ist auf Warengruppenebene in Preis- und Mengenabweichung auf Sortimentsebene (z.B. Katalogangebot) dagegen in Preis-, Mengen- und Mixabweichungen untergliedert werden.

Die Ergebnisdarstellung in Form von Deckungsbeiträgen dient der Beurteilung von

- Sortimenten
- Profit-Centern
- Vertriebswegen

Die sich anschliessende stufenweise (Fix-) Kostendeckung dien der Ergebnisermittlung und -kontrolle auf den Hierarchiestrukturebenen

- Warengruppe
- Profit-Center
- Vertriebsweg
- Unternehmen.

Beide gemeinsam dienen der Vertriebssteuerung in der Ladenkette unter Berücksichtigung und bei Kenntnis der entsprechenden Ergebnisinformationen des konkurrierenden Vertriebsweges Versand.

ANLAGE 1

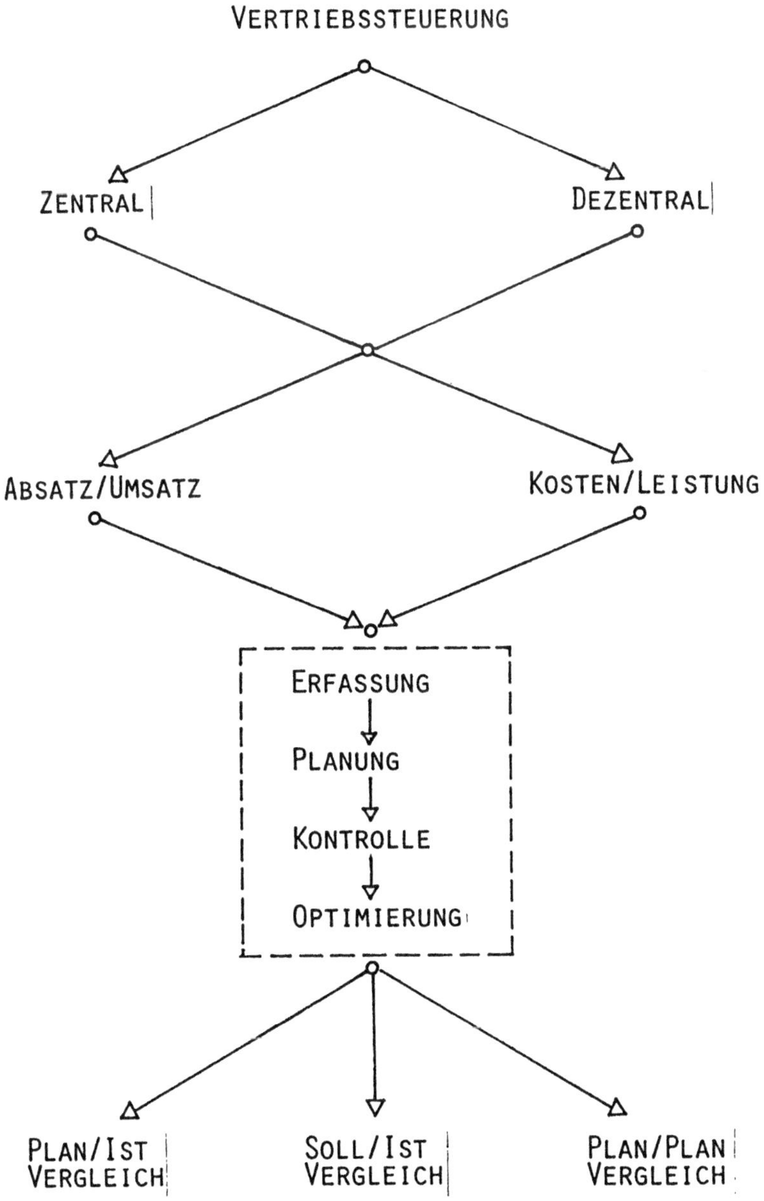
VERTRIEBSSTEUERUNG
ZENTRAL
DEZENTRAL
ABSATZ/UMSATZ
KOSTEN/LEISTUNG
ERFASSUNG
PLANUNG
KONTROLLE
OPTIMIERUNG
PLAN/IST VERGLEICH
SOLL/IST VERGLEICH
PLAN/PLAN VERGLEICH

ABSATZ-/UMSATZPLANUNG

1. PROGNOSEEINHEIT

Obergruppe

Gruppe

Untergruppe

Produkt

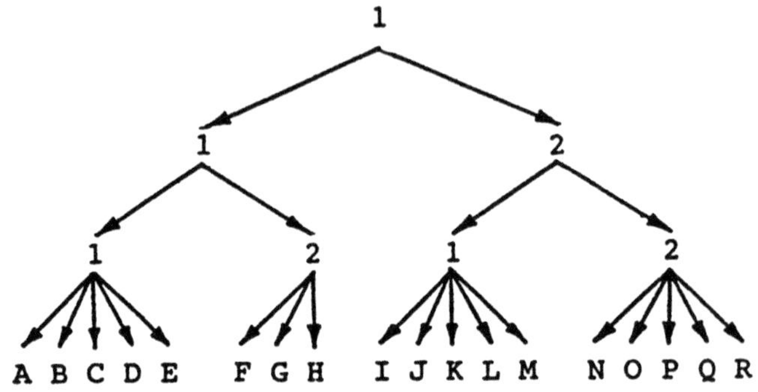

Absatzgebiete X

Vertriebswege X

Kunden X

2. ABSATZ-/UMSATZSTRUKTURIERUNG

Beispiel ohne Vorgabe von Produktmengen und Produktmengenaufteilungsfaktoren

	Progn. Nr.	Prod. Nr.	Januar Menge	Januar Wert	Februar Menge	Februar Wert		Gesamt Menge	Gesamt Wert
Prognose	40							1200	4800
Mengen/ Werte Alt	40	35428	100	500	300	1200		400	1700
	40	27048	80	240	-	--		80	240
	40	33643	120	460	400	1500		520	1960
	40		300	1200	700	2700		1000	3900
Struktu- turie- rung Neu	40	35428	120	523	360	1569		480	2092
	40	27048	96	295	-	--		96	295
	40	33643	144	557	480	1856		624	2413
	40		360	1375	840	3425		1200	4800

Rechenschritte:
1. Bilden Mengenfaktor
2. Umrechnen Monatsmengen
3. Bilden Wertfaktor
4. Umrechnen Gesamtwerte (Jahreswerte)
5. Ermitteln Preis je Produkt und Bewerten

ANLAGE 3

BLATT 01

E R M I T T L U N G D E R Z E I T S T A N D A R D S

DURCH MULTIMOMENTAUFNAHMEN

VORBEREITUNG	-	FESTLEGUNG DER TÄTIGKEITEN
	-	ABSCHÄTZUNG DER PROZENT-ANTEILE
	-	FESTLEGUNG DES GENAUIGKEITSGRADES UND DES AUFNAHMEZEITRAUMES
	-	ERMITTLUNG DER ERFORDERLICHEN GESAMTZAHL DER BEOBACHTUNGEN
	-	FESTLEGUNG DER AUFNAHMEZEITPUNKTE
DURCHFÜHRUNG	-	BEOBACHTUNGSRUNDGÄNGE
	-	ERFASSUNG DER ARBEITSZEITEN
	-	GRAPHISCHE DARSTELLUNG
AUSWERTUNG	-	ERRECHNUNG ISTARBEITSZEIT
	-	FUNKTIONSGRUPPENBILDUNG
	-	STANDARDBILDUNG
	-	ÜBERPRÜFUNG DER ZEITEN

ANLAGE 3
BLATT 02

T Ä T I G K E I T S K A T A L O G

TÄTIGKEITS-/FUNKTIONSGRUPPE		ANZAHL EINZELTÄTIGKEITEN
1.	VERKAUFSVORGÄNGE	20
2.	WARENVERKEHR	29
3.	WARENPRÄSENTATION	21
4.	KUNDENBETREUUNG	9
5.	ADMINISTRATION, KASSEN- WESEN, ALLGEMEINE VER- WALTUNG, PERSONALVER- WALTUNG	12 19 16
6.	FUNKTIONSFÄHIGKEIT, SICHERHEIT, SONSTIGES	3
	G E S A M T	129

ANLAGE 3

BLATT 03

BESTIMMUNG DES AUFNAHMEUMFANGES UND DES GENAUIGKEITSGRADES

- %-ANTEILE DER EINZELTÄTIGKEITEN AN GESAMT MIT LADEN- UND BEZIRKSLEITER GESCHÄTZT

- AUFNAHMEGENAUIGKEIT FESTGELEGT, TÄTIGKEIT MIT 5 %-ANTEIL AN GESAMTTÄTIGKEITEN SOLL AUF ± 10 % GENAU SEIN

- ANZAHL DER ERFORDERLICHEN AUFNAHMEN AUS TABELLE ABGELESEN (3.210)

ANLAGE 3

BLATT 04

ERFORDERLICHE ANZAHL VON BEOBACHTUNGEN

KRITISCHER %-SATZ	TOLERANZFAKTOR = ± 5 %	TOLERANZFAKTOR = ± 10 %
ANZAHL BEOBACHTUNGEN		
1 %	66.920	16.730
2 %	33.120	8.280
3 %	21.860	5.460
4 %	16.220	4.060
5 %	12.840	3.210

UM EINE GENAUIGKEIT VON ± 10 % ZU ERREICHEN, MUSS BEI EINEM KRITISCHEN PROZENTSATZ VON 5 % EINE BEOBACHTUNGSHÄUFIGKEIT VON 3,210 AUFNAHMEN DURCHGEFÜHRT WERDEN. WEITERE BEOBACHTUNGEN ERHÖHEN DIE AUSSAGEKRAFT.

ANLAGE 3

BLATT 05

FESTLEGUNG DER AUFNAHMEZEITPUNKTE

o DURCHSCHNITTLICHER BEOBACHTUNGSINTERVALL 12 MINUTEN, 4 WOCHEN, 2 MANN, 3.210 BEOBACHTUNGEN

o TÄGLICHE BESTIMMUNG DES BEOBACHTUNGSZEITPUNKTES MIT HILFE VON ZUFALLSZAHLEN

o DIE ZUFÄLLIGE BEOBACHTUNG SICHERT DIE QUALITÄT JEDER MULTI-MOMENT-AUFNAHME

ANLAGE 3
BLATT 06

ZEITANTEILE JE FUNKTIONSGRUPPE

1.	VERKAUFSVORGÄNGE	33,5 %
2.	WARENVERKEHR	17,0 %
3.	WARENPRÄSENTATION	7,0 %
4.	KUNDENBETREUUNG	3,0 %
5.	ADMINISTRATION	16,5 %
6.	VERTEIL- UND NEBENZEITEN	23,0 %
		100,0 %

ANLAGE 3

BLATT 07

STANDARD: PLATTEN VERKAUFEN	ME: 100 STCK
ANZAHL GESAMTBEOBACHTUNGEN 553 = 4,0 % =	53,2 STD.
GESAMTMENGE =	4.397
ISTZEIT PRO MENGENEINHEIT =	1,21 STD./100 STCK.
FESTSETZUNG DES STANDARDS:	1,21 STDD.-STD. 0,29 PAUSENZUSCHLAG 23,7 % ——— 1,50 0,05 GES.-ZUSCHLAG ——— 1,55 STDD.-STD./100 STCK.

ANLAGE 4

BLATT 01

K O S T E N S T R U K T U R
C C

KOSTENART	%
PERSONALKOSTEN	38,6
MIETE, AFA, INSTANDHALTUNG	28,3
ENERGIE, H. U. B-STOFFE	2,9
VERSCHIEDENE GEMEINKOSTEN	3,4
KALKULATORISCHE ZINSEN	3,2
ZWISCHENSUMME	76,4
KOSTENUMLAGEN VG, BZL	23,6
G E S A M T	100,0

ANLAGE 4

BLATT 02

BEZUGSGRÖSSEN	PLAN BESCH.

1	PERSONALSTUNDEN	1060,0
2	INDEX X 100 STCK. ANLIEFERUNG	3928,61
3	INDEX X 100 STCK. ABSATZ	3674,00
4	TAUSEND DM WARENEINSTAND	220,0
5	STCK. KASSENBELEGE	13500,0
6	ANZAHL LADENWERBUNG	50,0
7	DM - FIXKOSTEN	11739,0

ANLAGE 4
BLATT 03

PROPORTIONALE KOSTEN

PROPORTIONAL ZUR BEZUGSGRÖSSE

BEZUGSGRÖSSE	KOSTENART
STUNDEN	PERSONALKOSTEN
TDM WARENEINSTAND	KALKULATORISCHE ZINSEN AUF WARENBESTAND
STCK. KASSENBELEGE	PERSONALLEISTUNGEN, AUFWAND FÜR KASSENROLLEN, TRAGE-TASCHEN
ANZAHL LADENWERBUNG	PERSONALLEISTUNGEN AUFGRUND VON STANDARDS UND PRÄMIEN

ANLAGE 4

BLATT 04

F I X K O S T E N

o **ZURECHENBARE FIXKOSTEN**

ZURECHENBAR ZUR WARENGRUPPE

BEZUGSGRÖSSE	KOSTENARTEN
- STUNDEN	KOSTENUMLAGEN VG-ZENTRALE
- INDEX X 100 STCK. ANLIEFERUNG	RAUMKOSTEN, KOSTENUMLAGEN
- INDEX X 100 STCK. ABSATZ	RAUMKOSTEN, KOSTENUMLAGEN
- STCK. KASSENBELEGE	KASSENMIETE, RAUMKOSTEN

o **NICHT ZURECHENBARE FIXKOSTEN**

NICHT ZURECHENBAR ZUR WARENGRUPPE

BEZUGSGRÖSSE	KOSTENARTEN
- DM FIXE KOSTEN	PERSONALKOSTEN (PRÄMIEN), PERSONALLEISTUNGEN AUFGRUND VON STANDARDS, (ADMINISTRATION), RAUMKOSTEN, TELEFONKOSTEN, REISEKOSTEN, KOSTENUMLAGEN ETC.

ANLAGE 4

BLATT 05

K o s t e n p l a n u n g

Club Center

Bezugsgröße Nr.	Art	Planmenge	Plankosten (DM/Monat) prop.	fix	ges.	Kostensatz (DM) prop.	ges.
1	Stunden	1.060,0	12.356	1.350	13.706	11,66	12,93
2	Index x Stck. Anlieferung	392.861,0	-	2.200	2.200	-	0,56
3	Index x Stck. Absatz	367.400,0	-	7.790	7.790	-	21,21
4	TDM Wareneinsatz	220,0	1.134	-	1.134	5,16	-
5	Stck.Kassenbe-lege	13.500,0	2.958	2.150	5.108	0,22	0,38
6	Stck. Ladenwbg.	50,0	1.061	6	1.067	21,22	21,34
7	DM Fixkosten	11.739,0	-	11.739	11.739	-	-

ANLAGE 4

BLATT 06

Vorgangskalkulation Basis: 100,0 Stück Buch, Absatz									
Kosten-stellen-Nr.	Benennung	Bezugsgröße	Standard	Faktor	kalk. Stan-dard	Plankostensatz		Stand.-kosten	
						prop.	voll	prop.	voll
						DM/Bezgr.-Einh		DM/100 Stck.	
2150/1	Club Center	Stdd.-Stunden							
		1.01 Anlief.bear	0,650	1,000	0,650	11,657	12,931	7,58	8,41
		2.01 Verkaufen	0,730	1,000	0,730	"	"	8,51	9,44
		2.17 Preise änd.	0,690	0,067	0,05	"	"	0,58	0,65
2150/2	- " -	Ind. x 100 Stck. Anlieferung	20,118	1,000	20,118	-	0,560	-	11,27
2150/3	- " -	Ind. x 100 Stck. Absatz	1,000	1,000	1,000	-	21,206	-	21,21
2150/4	- " -	TDM Wareneinstand	0,831	1,000	0,831	5,155	5,155	4,28	4,28
2150/5	- " -	Stck. Kassenbelege	100,0	0,535	53,500	0,219	0,378	11,72	20,22
	Gesamt							32,67	75,48

ANLAGE 5

ERGEBNISDARSTELLUNG

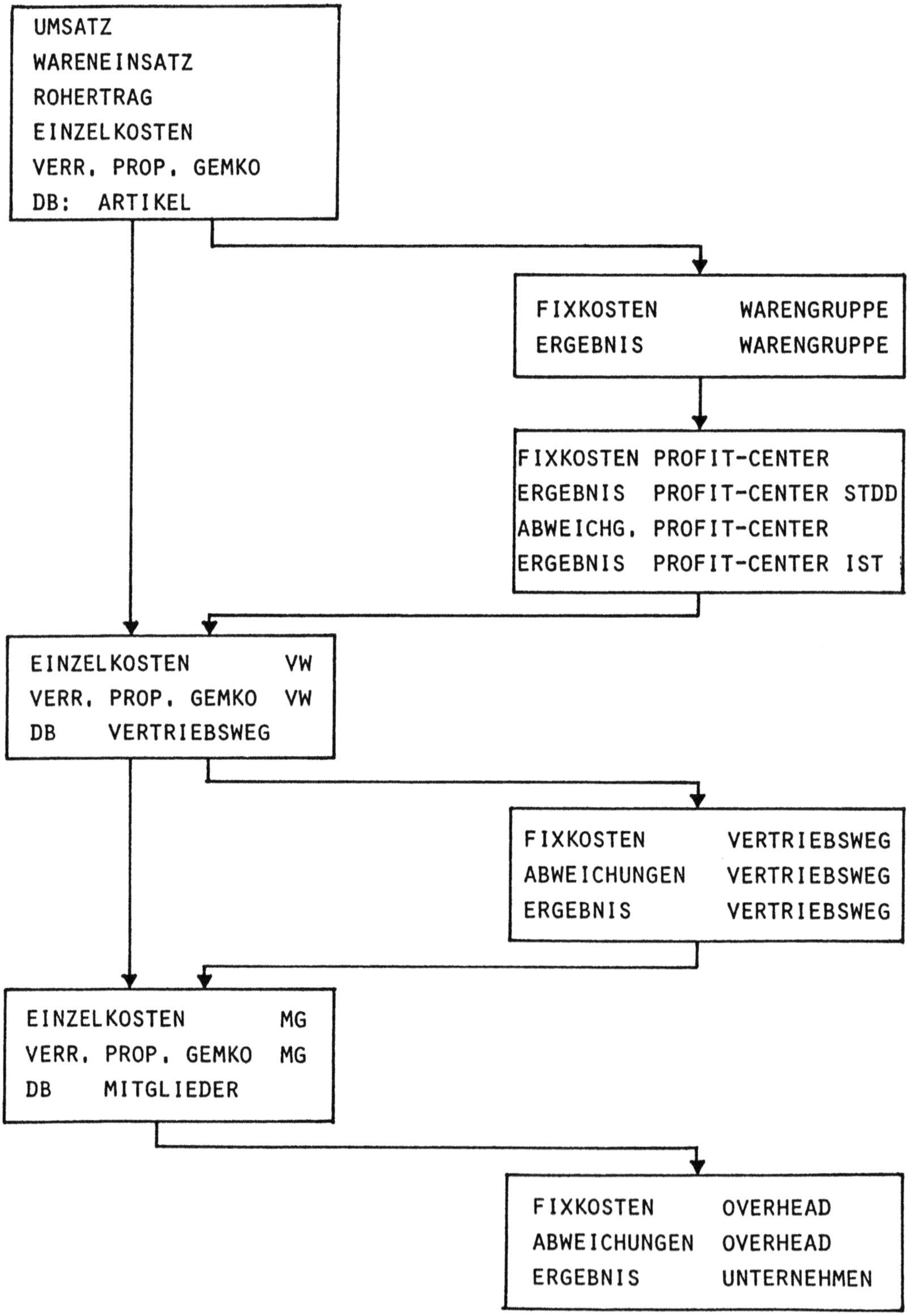

ANLAGE 6

Plaut-Software M91

PLAUT

Deckungsbeitrags-/ Ergebnisrechnung

Planabsatz, -preise, -zu- bzw. -abschläge, -erlösschmälerungen, -herstellkosten

Erlös, Zu- bzw. Abschläge, Herstellkosten, Verrechnungsdaten

operative Systeme

PLANUNG Planergebnisrechnung Stufenweise Fixkostendeckungsrechnung

ABRECHNUNG Deckungsbeitrags-, Geschl. Ergebnis-, Spartenergebnis-, Auftragserfolgsrechnung, Ergebnis Auftragseingang

AUSGABEN Erlöse, Herst. kosten Deckungsbeiträge

INFORMATION Plan-, Istdeckungsbeitrag, Plan-, Istergebnis, Mengen-, Wert-, Mixabweichung, Stufenweise Fixkostendeckung, Rechnungspositionen

Informationssystem

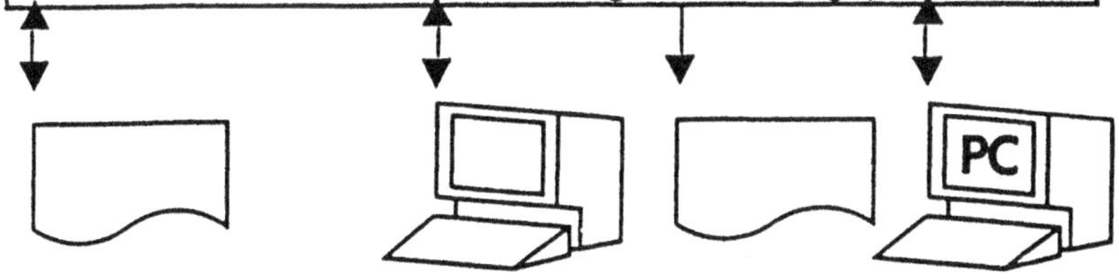

ANLAGE 7

Plaut-Software M11

PLAU

Kostenstellenrechnung

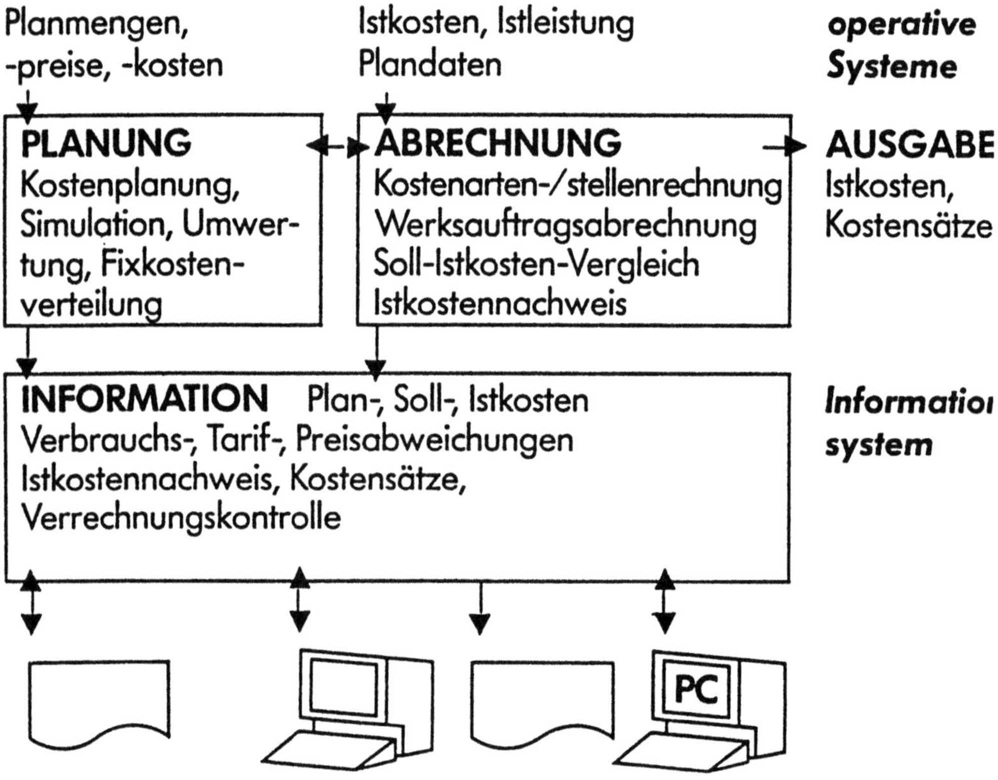

ANLAGE 8

A B L A U F D I A G R A M M

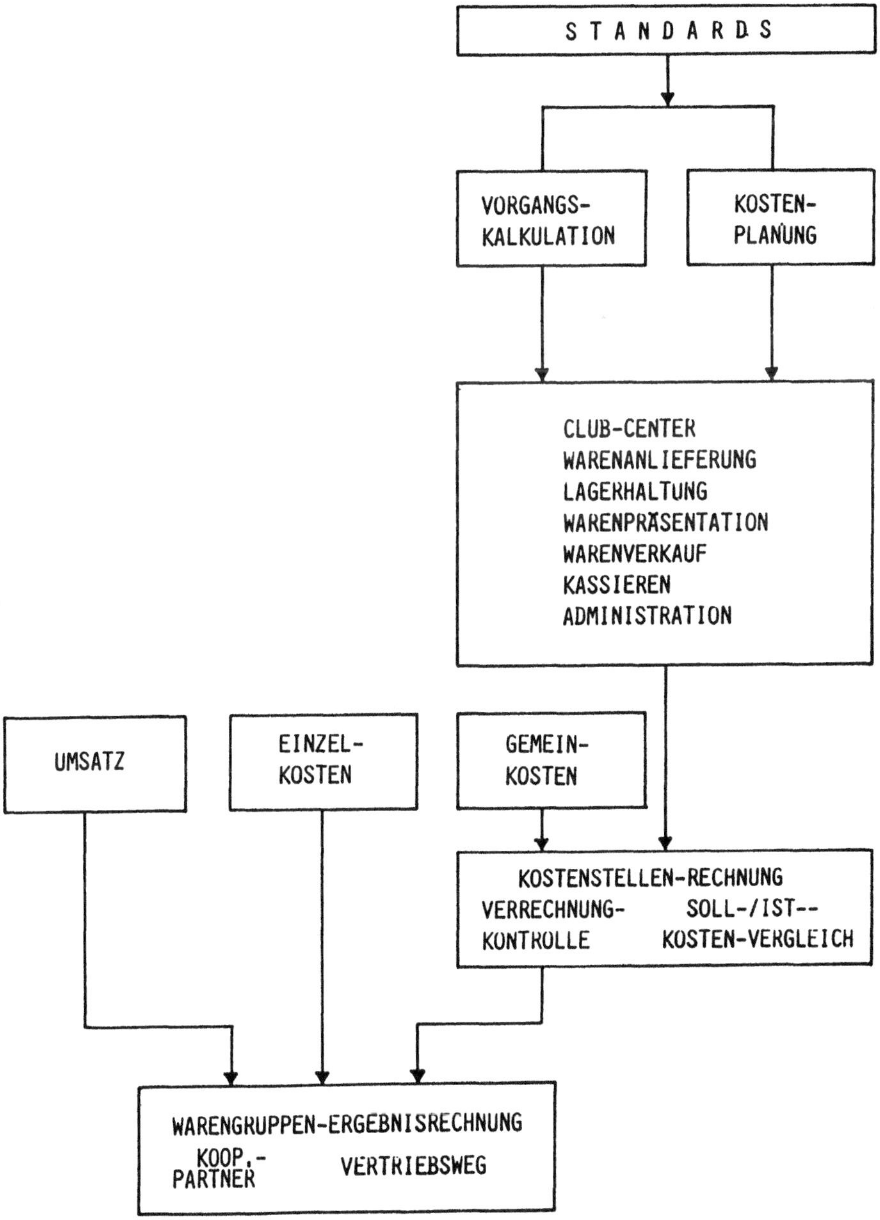

ANLAGE 9

BLATT 01

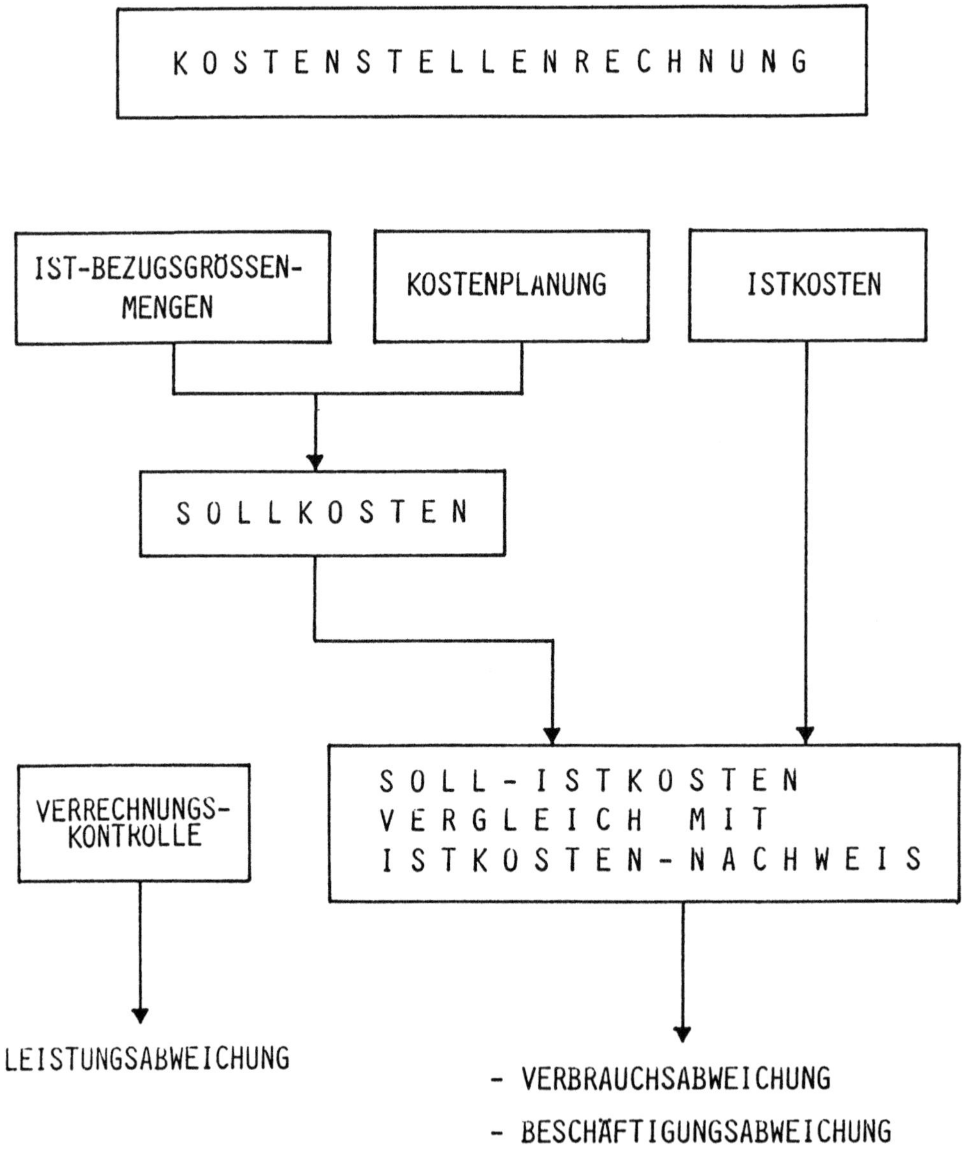

ANLAGE 9

BLATT 02

V E R R E C H N U N G S K O N T R O L L E

- VERTEILUNG DER VERBRAUCHS-ABWEICHUNG AUF DIE BEZUGS-GRÖSSENMENGEN ZUR ERMITTLUNG VON ISTKOSTENSÄTZEN.

- AUSWEIS DER
  - IST-BEZUGSGRÖSSE
  - PLAN-BEZUGSGRÖSSE
  - SOLL-BEZUGSGRÖSSE

  DADURCH

  - BESCHÄFTIGUNGSGRAD
  - LEISTUNGSGRAD

- ERRECHNUNG DER LEISTUNGSABWEICHUNG IN DM

- ABSTIMMUNG ZWISCHEN KOSTENSTELLEN- UND WARENGRUPPEN-ERGEBNIS-RECHNUNG:

ANLAGE 9
BLATT 03

ANWENDUNG DER DATEN AUS DER VERRECHNUNGSKONTROLLE

o LEISTUNGSABWEICHUNG BEI DEN BEZUGSGRÖSSEN

PERSONALSTUNDEN
KASSENBELEGE

DIFFERENZ ZWISCHEN STANDARDZEIT UND ISTZEIT BEWERTET MIT PLANKOSTENSÄTZEN

o AUSSAGEN: - LEISTUNGSGRAD DES PERSONALEINSATZES
- FLEXIBILITÄT DER PERSONALDISPOSITION
- LFD. KONTROLLE DER STANDARDS
- AUFZEIGEN ORGANISATORISCHER SCHWACHSTELLEN

o AUFBEREITUNG DER ISTKOSTEN FÜR DIE WARENGRUPPEN- ERGEBNISRECHNUNG NACH

BEZUGSGRÖSSEN
PROPORTIONALEN UND FIXEN KOSTENANTEILEN
STANDARDKOSTEN UND ABWEICHUNGEN

ANLAGE 10

BLATT 01

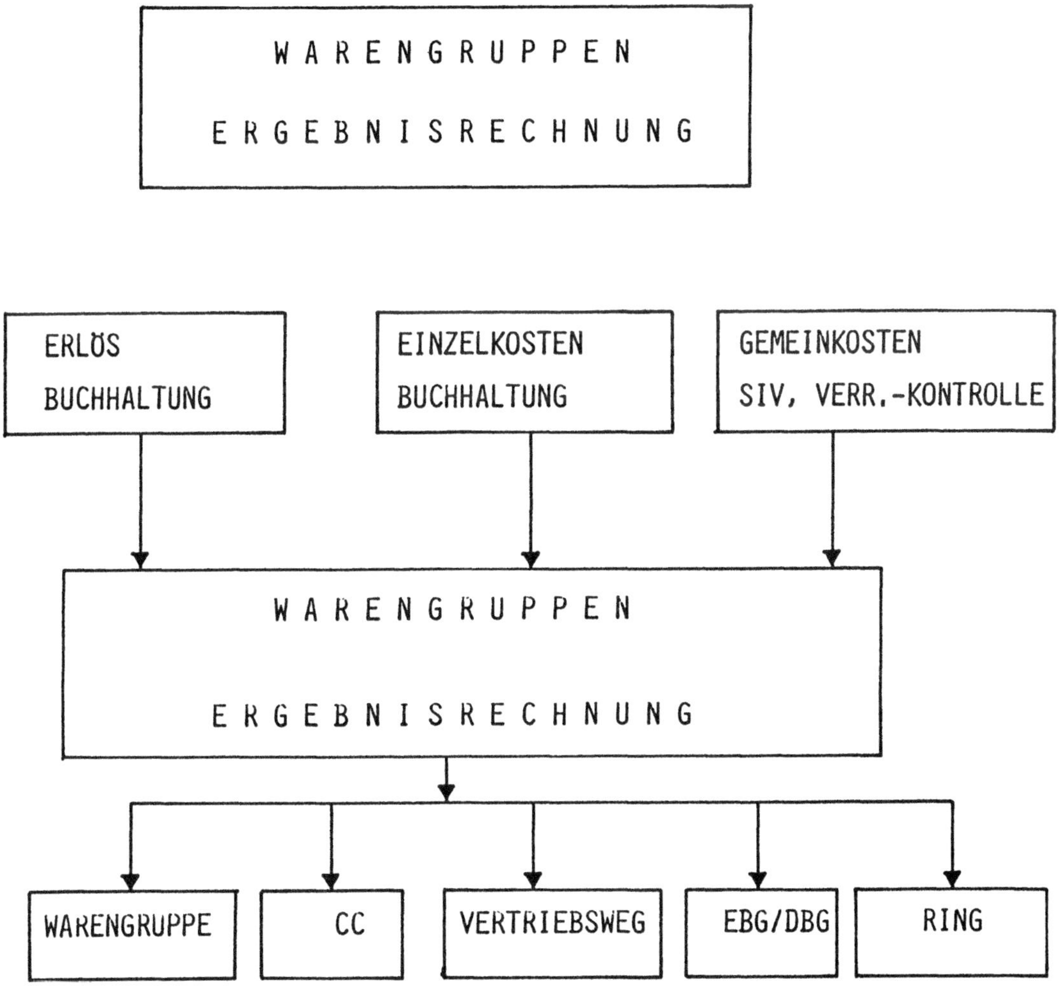

ANLAGE 10

BLATT 02

WARENGRUPPEN-ERGEBNISRECHNUNG

KOSTENTRÄGERGRUPPEN

V-CC: Club Center CC-Nr. 2150 Juni 1978	Katalog-angebot	Zusätzl. Angebot	Neben-geschäft	Nichtmit-glieder-geschäft	Mitgl. werbung	Gesamt
1 Umsatz Brutto incl.UST	220.270	14.970	1.906	545	2.550	240.241
2 Remissionen incl. UST	13.042	850	-	-	-	13.892
3 Umsatz Netto incl.UST	207.228	14.120	1.906	545	2.550	226.349
4 Umsatzsteuer	15.912	1.201	204	38	273	17.628
5 Umsatz Netto ohne UST	191.316	12.919	1.702	507	2.277	208.721
6 Wareneinsatz Brutto ohne UST	128.144	6.115	1.004	507	-	135.770
7 Wareneinsatz Remi ohne UST	7.451	657	-	-	-	8.108
8 Wareneinsatz Netto ohne UST	120.693	5.458	1.004	507	-	127.662
9 Rohertrag	70.623	7.461	698	-	2.277	81.059
10 Lieferantenskonti, Boni	– 2.415	– 109	– 20	– 10	-	– 2.554
11 Verkaufsprovision	-	-	-	-	-	-
12 Inventurdifferenz	724	32	6	3	-	765
13 Wertberichtigung Waren	-	-	-	-	-	-
14 Warenanlieferungskosten	1.068	85	-	4	-	1.157
15 Warenremissionskosten	91	-	-	-	-	91
16 Ergebnis vor CC-Kosten	71.155	7.453	712	3	-	81.600
17 VG-Leistungsverrechnung	-	-	-	-	-	-
18 CC-Personalkostenverrechn.	3.665	727	200	63	-	4.655
19 CC-Warenverkehrskosten	1.535	167	-	9	-	1.711
20 CC-Warenpräsentationskosten	4.849	65	-	-	-	4.914
21 CC-Warenbestandsverzinsung	660	32	-	3	-	695
22 CC-Kassenkosten	2.821	296	16	-	-	3.133
23 CC-Mitgliederwerbung	-	-	-	-	1.088	1.088
24 Ergebnis Warengruppe	57.625	6.166	496	- 72	1.189	65.404
25 Ergebnis in % von Zeile 5	30,1	47,7	29,1	- 14,2	52,2	31,3
26 Deckungsbeitrag Warengruppe	65.565	6.594	522	- 57	1.195	73.819
27 DB in % von Zeile 5	34,3	51,0	30,7	- 11,2	52,5	35,4
28 CC-Administrationskosten	-	-	-	-	-	11.739
29 CC-Verrechnungsabweichung	-	-	-	-	-	-
30 Ergebnis CC	-	-	-	-	-	53.665

ANLAGE 10
BLATT 03

WARENGRUPPEN ERGEBNISRECHNUNG

ABWEICHUNGSANALYSE

IV/ 78	KATALOGANGEBOT							
	Buch	Platte	MC	UE	Leercass.	Spiele	Sonst.	Σ
Umsatz								
Plan	72.790,7	12.197,5	9.216,8	8.366,0	2.322,8	4.697,3	2.458,9	112.050,0
Ist	62.892,9	12.093,8	8.239,3	7.635,1	2.119,0	3.929,8	1.901,7	98.811,6
Abw.	- 9.897,8	- 103,7	- 977,5	- 730,9	- 203,8	- 767,5	- 557,2	- 13.238,4
%	- 13,6	- 0,9	- 10,6	- 8,7	- 8,8	- 16,3	- 22,7	- 11,8
Umsatz pro Stück								
Plan	21,12	16,34	15,97	308,71	17,83	22,00	11,41	20,92
Ist	20,08	16,68	15,63	170,43	18,95	18,98	10,82	20,07
Abw.	- 1,04	+ 0,34	- 0,34	- 138,28	+ 1,12	- 3,02	- 0,59	- 0,85
%	- 4,9	+ 2,1	- 2,1	- 44,8	+ 6,3	- 13,7	- 5,2	- 4,1
DB								
Plan	30.611,9	2.857,5	2.289,4	1.613,5	146,6	361,6	- 697,9	37.182,6
Ist	23.287,0	3.314,8	2.300,1	749,8	239,5	757,5	243,2	30.891,9
Mengenabweichg.	- 2.797,1	- 82,5	- 198,4	+ 1.053,8	- 20,8	- 11,1	+ 128,9	- 3.009,7
Preisabweichg.	- 4.527,8	+ 539,8	+ 209,1	- 1.917,5	+ 113,7	+ 407,0	+ 812,2	- 4.364,0
Mixabweichung								+ 1.083,0
Abw. DB WG	- 7.324,9	+ 457,3	+ 10,7	- 863,7	+ 92,9	+ 395,9	+ 941,1	- 6.290,7
./. Abw.KTR-zur.-bare Fixkosten	- 534,0	+ 9,3	- 2,2	- 266,2	+ 14,9	- 134,6	- 100,3	- 1.013,1
Abweichung ERG WG	- 6.790,9	+ 448,0	+ 12,9	- 597,5	+ 78,0	+ 530,5	+ 1.041,4	- 5.277,6

ANLAGE 10
BLATT 04

ANWENDUNG WER

DECKUNGSBEITRAGSRECHNUNG

- o SORTIMENTSBEURTEILUNG
- o PROFIT-CENTER-RECHNUNG CLUB-CENTER / VERTRIEBSWEG
- o BESTIMMUNGE DES GRENZLADENS

VOLLKOSTENERGEBNISRECHNUNG

- o W E R UNTER BERÜCKSICHTIGUNG DER ZURECHENBAREN FIXKOSTEN
- o ERGEBNISKONTROLLE (STANDARD-/IST-ERGEBNIS)
- o VERURSACHUNGSGERECHTE ABRECHNUNG MIT KOOPERATIONSPARTNER
- o VERTRIEBSWEGABRECHNUNG

DIESE RECHNUNGEN WERDEN SOWOHL ALS STANDARD- WIE AUCH ALS ISTERGEBNIS ERMITTELT.

B Datenverwaltung, flexible Plankostenrechnung, Standardsoftware, Anwenderberichte

Anforderungen an die Datenverwaltung für die Kostenträgerrechnung

Prof. Dr. A.-W. Scheer, Dipl.-Kfm. J. Ahlers, Universität des Saarlandes, Saarbrücken

Gliederung

7. Saarbrücker Arbeitstagung 1986
Rechnungswesen und EDV
hrsg. v. W. Kilger/A.-W. Scheer

Einleitung

Als Verfahren der Kostenträgerrechnung werden im folgenden für die Kostenträgerstückrechnung die Vorkalkulation, die mitlaufende Kalkulation, die Nachkalkulation und die Plankalkulation verstanden. Zusätzlich zu der stückbezogenen Rechnung wird die periodenbezogene Rechnung in Form der Erfolgsplanung und Erfolgskontrolle berücksichtigt.

Der rechnerische Aufbau der Kostenträgerstückrechnung, wie beispielsweise Divisions-, Zuschlags- oder Bezugsgrößenkalkulation, wird nicht behandelt aber insoweit berücksichtigt, wie sich daraus zusätzliche Anforderungen an den Datenbedarf der Kostenträgerstückrechnung ergeben.

Im ersten Abschnitt wird der Datenbedarf der einzelnen Verfahren erhoben. Dabei wird nach Verfahren mit Stammdaten und Verfahren mit unterschiedlich aktualisierten Bewegungsdaten differenziert.

Anhand des Datenbedarfs werden im zweiten Abschnitt die Datenquellen und die Notwendigkeit einer Integration der Kostenträgerrechnung zu ihren vorgelagerten Systemen aufgezeigt. Für die umfangreichen Datenbeziehungen der Kostenträgerrechnung wird im dritten Abschnitt ein Datenbankkonzept entwickelt, das die Integration zu den vorgelagerten Systemen berücksichtigt.

A. Der Datenbedarf für die Verfahren der Kostenträgerrechnung

Die Aufgaben der Kostenträgerrechnung umreißen bereits in einem groben Umfang die erforderliche Datenversorgung.
In der Kostenträgerstückrechnung werden für ein Produkt oder einen Auftrag nach einem Grundschema folgende Kostenartengruppen ermittelt:

  Einzelmaterialkosten
\+ Materialgemeinkosten
= Materialkosten
  Fertigungslöhne
\+ Fertigungsgemeinkosten
\+ Sondereinzelkosten der Fertigung
= Fertigungskosten
= **Herstellkosten**
\+ Verwaltungsgemeinkosten
\+ Vertriebsgemeinkosten
\+ Sondereinzelkosten des Vertriebs
= **Selbstkosten**

Die Ermittlung der Herstellkosten dient der Bestandsbewertung der Halb- und Fertigfabrikate. Für die Bestandsbewertung in der Handels- und Steuerbilanz sind hierbei weitere Korrekturen der ermittelten Ergebnisse wie beispielsweise die Eliminierung kalkulatorischer Kostenarten erforderlich. Zur Vermeidung dieser zusätzlichen Korrekturen sollten von einer DV-gestützten Kostenträgerstückrechnung nur die jeweils relevanten Kostenarten aufaddiert werden.

Eine an internen Maßstäben orientierte Bestandsbewertung gibt die Herstellkosten für Planungszwecke an die Erfolgsplanung und zur Ermittlung des Periodenerfolges an die Erfolgskontrolle.

Die ermittelten Selbstkosten sind Grunddaten für die Erfolgsplanung und die Erfolgskontrolle. Selbstkosten dienen:

- der Gestaltung der Preispolitik,
- der Bestimmung von Preisuntergrenzen und
- der Verkaufsmengenplanung.

Bei einem freien Wettbewerb können aus den Selbstkosten zwar nicht direkt Verkaufspreise abgeleitet werden, aber die Preisuntergrenze eines Produkts kann als eine wichtige Grundinformation zur Entscheidungsfindung mitherangezogen werden (vgl. Kilger 1981).
Ausgehend von den genannten Aufgaben wird im folgenden untersucht, inwieweit für diese Aufgaben welche Stamm- und Bewegungsdaten einem DV-gestützten Kostenrechnungssystem zur Verfügung stehen müssen. Eine grobe Bewertung der Bedeutung von Stamm- und Bewegungsdaten für die einzelnen Verfahren der Kostenträgerrechnung gibt Tabelle 1.

I. Verfahren mit Stammdaten

Welche der in Tabelle 1 aufgeführten Verfahren in einem Unternehmen eingesetzt werden, hängt davon ab, ob ein standardisiertes Produkt hergestellt wird oder eine Einzel- bzw. Auftragsfertigung vorliegt. Vor- und mitlaufende Kalkulation sind typische Verfahren für Einzel- und Auftragsfertiger. Insbesondere bei der langfristigen Auftragsfertigung, wie beispielsweise der Erstellung eines gesamten Stahlwerkes, tritt die Bedeutung der Vorkalkulation in den Vordergrund. Nach Abschluß eines Vertrages mit seinen technischen Spezifikationen sind die Kosten bereits weitestgehend festgelegt. Ohne eine genaue Vorkalkulation sind Preisuntergrenzen nicht bestimmbar und somit für die Preisfindung keine Anhaltspunkte gegeben.

Für eine Vorkalkulation bei Auftragsfertigung ist der Zugriff auf vergangenheitsorientierte Stammdaten erforderlich. Ein in der Praxis oft anzutreffendes Argument ist der Hinweis, daß diese Stammdaten auftragsspezifisch und für die Kalkulation eines neuen Auftrags nicht verwendbar sind. Dies trifft in eingeschränktem Maße für Stammdaten wie Stückliste und Arbeitsplan zu. In der Regel sind diese Daten während der Vertragsverhandlungen und bei langfristiger Auftragsfertigung auch einen langen Zeitraum darüber hinaus nicht verfügbar.
Mit dem Fehlen dieser Informationen ist auch nicht festgelegt, auf welchen Betriebsmitteln, in welcher Kostenstelle, an welchem Arbeitsplatz und mit welchen Materialien ein Auftrag gefertigt wird. In der Praxis ist man daher zu Näherungsverfahren gezwungen, indem man mit Hilfe von Sachmerkmalen ähnliche Stücklisten und Arbeitspläne aus bereits gefertigten Aufträgen für eine Vorkalkulation verwendet. Im Zeitverlauf der Fertigung werden die "ähnlichen" Informationen durch auftragsspezifische Informationen ersetzt.
Der Übergang zur mitlaufenden Kalkulation ist fließend. Eine mitlaufende Kalkulation mit Stammdaten ohne Berücksichtigung der Bewegungsdaten

entspräche dem obigen Beispiel, indem noch nicht vorhandene Stammdaten wie auftragsspezifische Materialien, Stücklisten und Arbeitspläne im Zeitverlauf dem Kalkulationssystem zur Verfügung gestellt werden.
Ohne Berücksichtigung der während der Fertigung tatsächlich anfallenden Fertigungszeiten und Materialverbräuche kann eine derartig mitlaufende Kalkulation jedoch nur als eine Soll-Kalkulation angesehen werden. Abweichungen von den geplanten Fertigungszeiten laut Arbeitsplan oder den in der Stückliste beschriebenen Materialverbräuchen, sind hierbei nicht ersichtlich. Es kann lediglich die Genauigkeit der Vorkalkulation überprüft werden. Eine laufende Aktualisierung der Stammdaten mit Hilfe der erfaßten Bewegungsdaten würde den Umfang der Stammdaten erheblich vergrößern, da zum Zwecke der Vergleichbarkeit die unterschiedlichen Zustände, beispielsweise der Stückliste, abgespeichert werden müssen.

Eine Nachkalkulation ist sowohl bei Einzel-, Auftragsfertigern als auch bei Unternehmen mit Serien-, Sortenfertigung vorzufinden. Bei Unternehmen mit standardisierten Produkten können die Ergebnisse der Nachkalkulation zur Aktualisierung der Planungswerte verwendet werden. Darüber hinaus wird aber auf eine Nachkalkulation mit Istkosten verzichtet werden. Dies gilt insbesondere bei Einsatz der Plankalkulation, da mit Hilfe einer detaillierten Abweichungsverrechnung aus einer Plankalkulation produktspezifische Nachkalkulationen ebenfalls erstellt werden können.

Die Nachkalkulation ist insbesondere für die Auftragsfertigung von Bedeutung. Mit der Nachkalkulation werden die Istkosten den Werten der Vorkalkulation und mitlaufenden Kalkulation gegenübergestellt.
Auch für die Nachkalkulation ist anzuführen, daß diese ohne Berücksichtigung der Bewegungsdaten nicht möglich ist. Werden nur die Stammdaten verwendet, ist eine Aktualisierung der in der Vorkalkulation verwendeten Stammdaten erforderlich und führt somit zu einem umfangreicheren Stammdatenbestand in den Stücklisten und Arbeitsplänen.

Die Plankalkulation ist nur in Unternehmen mit standardisierten Produkten einsetzbar. Voraussetzung für ihre Durchführung ist eine Planung der Verbrauchsmengen, Preise, Fertigungszeiten und Gemeinkosten.
Ergebnisse dieser Planung sind Planwerte in den einzeln aufgeführten Stammdaten (vgl. Tab. 1).

	Stammdaten (Ist/Plan-Daten)							Bewegungsdaten (Ist-Daten)				
Verfahren	Artikel/ Auftrag	Stück- liste	Arbeits- plan	Betriebs- mittel	Material- stamm	Kosten- stelle	Arbeits- platz	Fert.- Zeiten	Mat.- verbrauch	Rechnungs- ausgang	Rechnungs- eingang	Verfah- rensdaten (BDE)
Vorkalkulation	H	M	M	G	G	M	G					
mitlfd. Kalkulation	M	M	M	M	M	M	M	H	H		M	H
Nachkalkulation	H	H	H	H	M	M	M	H	H		H	H
Plankalkulation	H	H	H	M	H	H	M	M	M			M
Erfolgsplanung	H			M		M		M	M			
Erfolgskontrolle	H							M	M	H	H	M

G = geringe Bedeutung
M = mittlere Bedeutung
H = hohe Bedeutung

Tab. 1: Bedeutung der Stamm- und Bewegungsdaten für einzelne Verfahren der Kostenträgerrechnung

Diese Planstammdaten sind Eingangswerte für die Plankalkulation. Betriebsmittel-, Material-, Kostenstellen- und Arbeitsplatzstammsätze werden um die Planwerte ergänzt. Problematischer ist die Handhabung der Stücklisten und Arbeitspläne. Hierbei ist vorstellbar, daß diese Daten als Plandaten gedoppelt werden oder die Stammsätze sowohl Ist- als auch Planwerte beinhalten. Im letzteren Fall kann dies bei grundlegenden Änderungen in den Stücklisten oder Arbeitsplänen innerhalb einer Planungsperiode zu vermehrtem Änderungsaufwand der Daten führen. Dies gilt insbesondere dann, wenn eine Änderung der Istwerte bzw. Iststrukturen erforderlich wird, aber die Planwerte und Planstrukturen dadurch nicht verändert werden sollten. Es ist daher im Einzelfall der Aufwand abzuschätzen, inwieweit eine doppelte Datenhaltung bei Stücklisten und Arbeitsplänen sinnvoll ist.
Die Erfolgsplanung erhält Grundinformationen aus der Plankalkulation. Ausgehend von den im Artikelstammsatz abgespeicherten Deckungsbeiträgen der Vergangenheit werden mittels Zu- oder Abschlägen Soll-Deckungsbeiträge ermittelt, welche die Grundlage für die Planung der Verkaufspreise bilden. Den geplanten Erträgen werden die im Rahmen der Plankalkulation ermittelten Kosten gegenübergestellt.
Für die bereits eingangs genannten Aufgaben der Erfolgsplanung wie beispielsweise die Planung optimaler Absatzmengen ist eine Abstimmung mit der Produktionsplanung erforderlich. Hierfür müssen Informationen in den Betriebsmittel- und Kostenstellenstammsätzen über ihre Kapazitätsbelastung verfügbar sein.

Die Erfolgskontrolle zur Analyse der Abweichungen auf der Kostenseite und der Ertragsseite ist auf eine detaillierte Aufbereitung der Bewegungsdaten angewiesen, worauf im folgenden Abschnitt der Verfahren mit Bewegungsdaten eingegangen wird.

II. Verfahren mit Bewegungsdaten

Wie bereits angeführt, ist ein Teil der Verfahren auf eine detaillierte Erfassung und Aufbereitung von Bewegungsdaten angewiesen.

Für die Vorkalkulation sind Bewegungsdaten aus den in der Vergangenheit abgewickelten Aufträgen nicht erforderlich.

Die mitlaufende Kalkulation bezieht die Bewegungsdaten mit ein. Hierbei sind zwei Vorgehensweisen realisierbar. Erstens können mit den Bewegungsdaten die Stammdaten aktualisiert werden, um damit diese Eingangswerte für die mitlaufende Kalkulation zur Verfügung zu stellen. Zweitens kann die mitlaufende Kalkulation auf die Stammdaten zugreifen und die hierbei ermittelten Ergebnisse um die Abweichungen zu den erfaßten Bewegungsdaten korrigieren.

Grundlegend vereinfacht wäre die Übergabe von Bewegungsdaten in Form reiner Abweichungswerte. Beispielsweise werden nicht die einzelnen Ist-Fertigungszeiten oder Ist-Materialeinsätze übergeben, sondern lediglich die Abweichungen zu einzelnen Arbeitsplänen oder Stücklisten.

Voraussetzung für diese Realisierungsform ist das Erkennen von Abweichungen bei der Datenerfassung in der Fertigung. Herkömmlicherweise werden in der Fertigung zwar Abweichungen erkannt, aber an die Kostenrechnung die einzelnen Ist-Bewegungsdaten weitergegeben. Die Abweichungen werden oftmals in der Kostenrechnung dann nochmals ermittelt.

Die Nachkalkulation ist im Gegensatz zur Vorkalkulation auf die Bewegungsdaten zwingend angewiesen. Entsprechend der mitlaufenden Kalkulation ist auch hier zuerst ein Update der Stammdaten möglich, um dann nur mit den Stammdaten eine Kalkulation durchzuführen. Neben dem bereits angeführten Argument eines größeren Datenumfangs wird zusätzlich auch die Möglichkeit tiefergehender Abweichungsanalysen dadurch eingeschränkt. Für eine detaillierte Analyse von Abweichungen müssen die Bewegungsdaten zur Verfügung stehen. Die Stammdateninformationen sind wegen ihrer Verdichtung in der Regel nicht ausreichend.
Weiterhin ist es bei Einbezug der Bewegungsdaten möglich, für die mitlaufende Kalkulation und die Nachkalkulation auf der untersten Datenhierarchie für ausgewählte Baugruppen oder Teile eine Kalkulation mit detailliertem Kostenausweis durchzuführen. Dabei wäre, wenn auch nur für Sonderfälle, eine fertigungskonforme Darstellung der entstehenden Kosten, unter Ausweis beispielsweise der einzelnen benötigten Fertigungszeiten, vorstellbar.

Für die Plankalkulation sind die Bewegungsdaten dann erforderlich, wenn diese zeitraumbezogene Rechnung innerhalb des Planungszeitraums in bestimmten Abständen aktualisiert werden soll. Die Notwendigkeit dafür kann sich zum einen aus nicht vorhersehbaren extremen Schwankungen der Beschäftigung oder der

Preisentwicklung ergeben. Zum anderen kann bei einem Verzicht auf produktindividuelle Nachkalkulation durch eine Zuordnung der Kostenabweichungen auf die Kostenträger eine individuelle Nachkalkulation durchgeführt werden (vgl. Kilger 1981).

Die Erfolgsplanung und Erfolgskontrolle sind ebenso wie die Plan- und Nachkalkulation in unterschiedlichem Maße auf Bewegungsdaten angewiesen.
Die Erfolgskontrolle benötigt zur Erlösanalyse Absatzmengen und Preise und für die Kostenanalyse eine der Erlösseite entsprechend aufbereitete detaillierte Darstellung der auf einzelne Kostenträger angefallenen Kosten. Während die Erlöse aus der Fakturierung innerhalb eines Vertriebs- oder Buchhaltungssystems zur Verfügung gestellt werden, sind die Kostenträgerkosten aus der Kalkulation verfügbar.

In welchen Zeiträumen Bewegungsdaten an die Kostenträgerrechnung übergeben werden sollten, ist von mehreren Faktoren abhängig. Eine ständige Aktualisierung der Kosteninformationen ist nur in Ausnahmefällen erforderlich. In Unternehmungen mit extrem standardisierten Produkten ist eine periodische Aktualisierung im Monatsrhythmus sicherlich ausreichend. Die Notwendigkeit einer ständigen Aktualisierung kann bei Pilotprodukten oder Auftragsfertigung bestehen, wenn für ein neues Produkt neue Fertigungsverfahren und Materialeinsätze verwendet werden und noch keine Erfahrungswerte oder ausreichende Planungswerte vorliegen.

B. Schnittstellen der Kostenträgerrechnung zu vorgelagerten Systemen

Der Datenbedarf der Kostenträgerrechnung erstreckt sich über eine Vielzahl vorgelagerter DV-Systeme (vgl. Horvath, Petsch, Weihe 1985):

- Kostenarten-, Kostenstellenrechnung
- Produktionsplanungs- und -steuerungssystem
- Betriebsdatenerfassungssystem
- Materialwirtschaftssystem
- Vertriebssystem
- Finanzbuchhaltung
- Anlagenbuchhaltung
- Lohn- und Gehaltsabrechnung.

Für die Realisierung dieser Schnittstellen besteht die Möglichkeit einer Erfassungs-, Programm- oder Dateischnittstelle (vgl. Krcmar 1983). Bei einer Erfassungsschnittstelle werden die Daten vorgelagerter Systeme für die Zwecke der Kostenträgerrechnung nochmals manuell erfaßt. DV-gestützte Realisierungen sind die Programm- und Dateischnittstellen.

Bei einer Programmschnittstelle greifen Programme vorgelagerter Bereiche und Programme der Kostenträgerrechnung auf die Daten der jeweils anderen Anwendung direkt zu. Eine derartige Realisierung setzt nicht zwingend eine identische Art der Datenverwaltung voraus, ist aber hinsichtlich des Pflegeaufwandes von Vorteil.

Bei einer Dateischnittstelle werden aus den vorgelagerten Systemen die Daten in Form sogenannter Schnittstellendateien an die Kostenträgerrechnung übergeben. Die hierfür erforderlichen Bridgeprogramme formatieren die Daten entsprechend den Anforderungen des Kostenträgersystems. Dieser Datentransport zwischen den Anwendungssystemen hat gegenüber einer Programmschnittstelle den Nachteil der Speicherung gleicher Daten in mehreren Anwendungssystemen. Einen Überblick zu diesen Schnittstellenrealisierungen gibt Tabelle 2.

Name	Beschreibung
Erfassungs-Schnittstelle	Erfassung der Ausgabedaten des bringenden Anwendungs-Systems in das aufnehmende Anwendungssystem
Daten-Schnittstelle	Datentransport zwischen Anwendungssystemen -- auf Datei-Ebene (File Transfer) -- auf Vorgangsebene (Message Transfer mit Inhaltsdaten)
Programm-Schnittstelle	Programm-Programm-Kommunikation zwischen Programmen von Anwendungssystemen auf gemeinsamer Datenbasis (Message Transfer <u>ohne</u> Inhaltsdaten, Triggerkonzepte)

Tabelle 2: Überblick über Realisierungen von Schnittstellen

I. Schnittstellen zur Kostenarten-, Kostenstellenrechnung

Die Kostenartenrechnung hat durch die zunehmende Verlagerung der Kontierung in den Vorsystemen wie beispielsweise Finanzbuchhaltung und Anlagenbuchhaltung eine Abstimm- und Umbewertungsfunktion. Hierbei ist die Abstimmfunktion besonders hervorzuheben, da die Überprüfung der Gesamtbeträge und der kontierten Einzelbelege eine wichtige Voraussetzung dafür ist, daß die Zuordnung der Kosten auf die Kostenträger richtig und vollständig erfolgt. Prüfungen der Kostenartenrechnung erfolgen auf gültige und plausible Kontierung der Kostenart, Kostenstellen und Kostenträger. Zunehmend wird die Funktion bei integrierten Systemen jedoch auch in vorgelagerten Systemen durchgeführt. Zusätzlich ist zu berücksichtigen, daß neben einer Prüfung gegebenfalls auch eine für die Kostenträgerrechnung gewünschte Attributierung der Daten in den Vorsystemen erfolgen muß, wenn für Auswertungszwecke zusätzliche sachliche und zeitliche Beschreibungsmerkmale erforderlich sind.

Die Kostenstellenrechnung stellt der Kalkulation die in einer Zuschlagskalkulation erforderlichen Gemeinkostenzuschlagssätze zur Verfügung bzw. die Verrechnungssätze der Bezugsgrößen für die Bezugsgrößenkalkulation.

II. Schnittstellen zum Produktionsplanungs- und -steuerungssystem

Die komplexeste Schnittstelle der Kostenträgerrechnung besteht zu den Stücklisten-, Arbeitsplan- und Betriebsmitteldaten des PPS-Systems.
Probleme, die hierbei in der Praxis oftmals auftreten, sind:

- Inaktualität der Stücklisten und Arbeitspläne zum Zeitpunkt der Kalkulation wegen kurzfristiger Anforderungen in der Fertigung und mangelnder Aktualisierung der Fertigungsstücklisten und Arbeitspläne
- Problematische Definition des Kostenträgers bei extremer Variantenfertigung und ungenügenden Variantenstücklisten
- Zuordnungsschwierigkeiten von Fertigungsauftrag zu Kundenauftrag
- Gegebenenfalls unterschiedliche Sichtweisen der Erzeugnisstruktur von Konstruktion, Fertigung, Vertrieb und Kostenträgerrechnung.

Zur Lösung dieser Probleme finden sich in der Praxis oftmals Ansätze, die Stammdaten der Produktion für die Zwecke der Kostenträgerrechnung doppelt zu speichern. Diese Lösung ist im Hinblick auf Verantwortlichkeiten bezüglich Richtigkeit und Vollständigkeit der Daten zwar einfach, bewirkt aber einen hohen Änderungsaufwand gleicher Daten in zwei Systemen (vgl. Abb. 1).

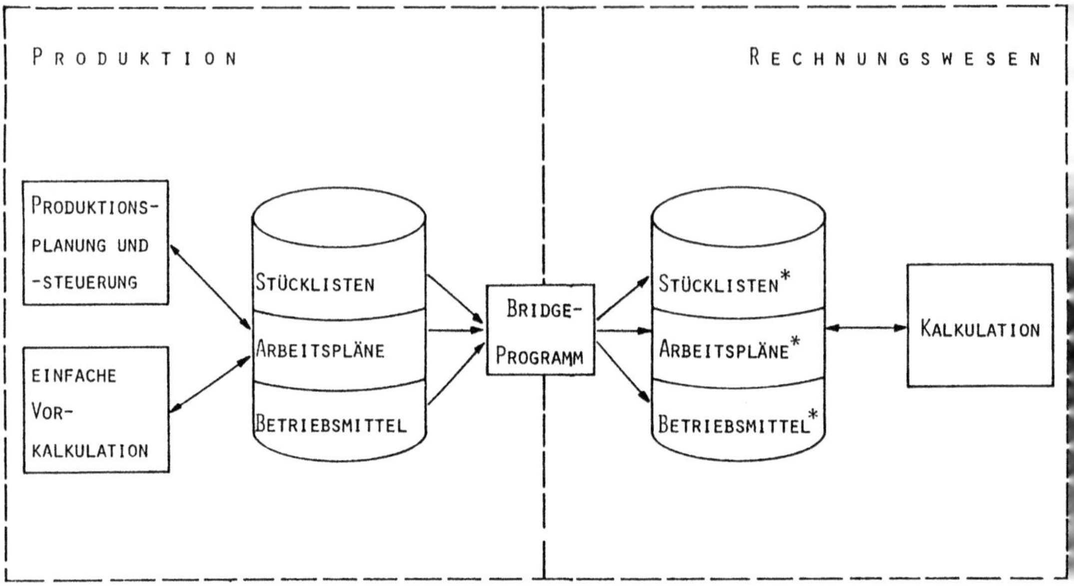

Abb. 1.: Bridge-Programm zur Verbindung von Produktionsplanung und Kostenrechnung

Hierfür sind die Entwickler von PPS-Systemen gefordert, die Aktualität ihrer Daten zu gewährleisten und den Zugriff der Kostenträgerrechnung auf PPS-Daten zu ermöglichen. Zielsetzung sollte eine integrierte Datenbank für Produktion und Kostenrechnung sein (vgl. Abb. 2).

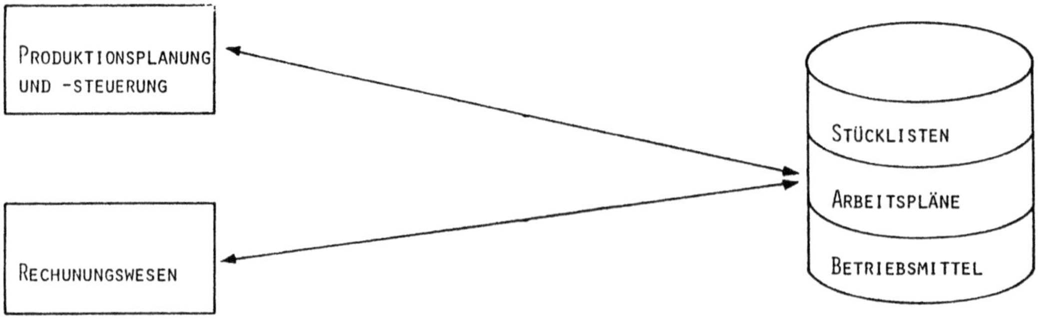

Abb. 2.: Integrierte Datenbank für Produktion und Kostenrechnung

Die Zuordnungsschwierigkeiten der auf einem Fertigungsauftrag angefallenen Kosten auf den einzelnen Kundenauftrag (Kostenträger), ist ein in vielen Standardsoftwaresystemen zur Produktionsplanung und -steuerung noch anzutreffender Mangel. Die Erfassung der Zeiten und Materialverbräuche erfolgt oftmals nur auf einen Fertigungsauftrag ohne die Möglichkeit, diese Daten auf die im Fertigungsauftrag zusammengefaßten Kundenaufträge verursachungsgerecht zu verteilen. Dieser Nachteil ist insbesondere für den Auftragsfertiger von Bedeutung.

III. Schnittstellen zum Betriebsdatenerfassungssystem

Betriebsdatenerfassungssysteme werden in zunehmendem Maße in der Praxis eingeführt. Obwohl hierbei die Schnittstelle zum PPS-System im Vordergrund steht, kann das BDE-System auch als Datenlieferant der Kostenträgerrechnung berücksichtigt werden. Maschinen-, Akkordzeiten, Mengendaten und Verfahrensdaten können aktuell als Bewegungsdaten aus einem Prozeßrechnersystem an die Kostenträgerrechnung über eine Dateischnittstelle übergeben werden.

Insbesondere für eine mitlaufende Kalkulation kann eine höhere Aktualität gewährleistet werden. Die zusätzliche Zeit bei einer manuellen Werkstattschreibung wird hinfällig. Fehler aufgrund verspätet abgegebener Akkordlohnscheine und ähnlicher Probleme werden dadurch umgangen.
Es ist jedoch im Einzelfall abzuwägen, ob eine Detaillierung, wie sie bei den Bewegungsdaten des BDE-Systems besteht, für die Kostenträgerrechnung erforderlich ist. Im Regelfall dürfte eine Verdichtung der Daten im PPS-System mit anschließender Weitergabe an die Kostenträgerrechnung ausreichend sein.

IV. Schnittstellen zum Materialwirtschaftssystem

Das Materialwirtschaftssystem ist sowohl ein der Kostenträgerrechnung vorgelagertes als auch ein datenempfangendes System.
Für die Bewertung des Materialeinsatzes müssen die Materialpreise der Kalkulation zur Verfügung gestellt werden. Hierbei ergeben sich insbesondere bei Einsatz der Plankalkulation zusätzliche Anforderungen der Kostenträgerrechnung an ein Materialwirtschaftssystem. Neben den Istpreisen müssen zusätzlich Planpreise zur Verfügung gestellt werden. Die Bildung dieser Planpreise ist bei einem hohen Umfang an Materialien nicht ohne DV-Unterstützung möglich. Zur Vereinfachung werden in der Praxis Materialpreisgruppen gebildet, um den Planungsaufwand und damit auch das Datenvolumen zu reduzieren.

Die Kostenträgerrechnung liefert, wie eingangs bereits erwähnt, auch Daten für die Bestandsbewertung der Halb- und Fertigerzeugnisse an das Materialwirtschaftssystem.

V. Schnittstellen zum Vertriebssystem

Die Ergebnisse der Vorkalkulation sind in der Auftragsfertigung wichtige Daten für Vertragsverhandlungen entsprechend den Deckungsbeiträgen in der Serienfertigung.

Für die Vorkalkulation werden die am frühesten verfügbaren Daten vom Vertrieb bereitgestellt. Grobe Auftragsspezifikationen geben dem Kalkulator die Möglichkeit, anhand der Auftrags- bzw. Angebotsmerkmale ähnliche, in der Vergangenheit gefertigte Aufträge, für eine erste Vorkalkulation zu verwenden. Dies erfordert eine über den Zeitraum gleichbleibende Charakterisierung von Aufträgen bzw. Angebote durch die Mitarbeiter des Vertriebs, die auch in den Historiedaten der anderen Bereiche wie der Produktion eingehalten werden muß.
Für die Plankalkulation und Erfolgsplanung werden vom Vertrieb die Planmengen und Planpreise der Kostenträgerrechnung übergeben.

Bei Serienfertigern mit hoher Variantenvielfalt der möglichen zu fertigenden Produkte besteht zwischen Vertrieb, Produktion und Kostenrechnung ein nicht unerhebliches Abstimmungsproblem. Eine detaillierte Planung der Kosten aller abzusetzenden Produktvarianten erfordert einen relativ großen Rechnungsaufwand für die Plankalkulation und Erfolgsplanung, der ohne den Einsatz der Datenverarbeitung nicht vertretbar wäre. Die Definition einer Produktvariante durch den Vertrieb muß hierbei mit der Definition seitens der Produktion übereinstimmen, da sonst die Kalkulation auf falsche Stücklisten und Baugruppen zugreift bzw. diese Informationen in den Kalkulationsstammdaten nicht verfügbar sind.
Da nicht alle Produktvarianten kalkuliert werden können, definiert man in der Praxis Standardprodukte oder kalkuliert auf der Ebene von Produktgruppen.
Neben Mengen und Preisen sind weitere Daten, die über diese Schnittstelle geliefert werden, Werte zu Erlösen und Erlösschmälerungen aufgrund von Gewährleistungsverpflichtungen, etc.

VI. Schnittstellen zur Buchhaltung

Die Finanz- und Anlagenbuchhaltung sind für die Kostenträgerstückrechnung nur indirekt vorgelagerte Systeme.
Für die Kalkulation sind diese insofern relevant, wie dort zunehmend in neueren Systemen bereits eine Kontierung für die Kostenrechnung durchgeführt wird. Die Anlagenbuchhaltung übergibt kalkulatorische und steuerliche Wertansätze für die Nutzung von Betriebsanlagen, die in der Kalkulation Eingang finden. Die Erfolgsrechnung (Kostenträgerzeitrechnung) erhält Istwerte der Aufwendungen und Erlöse aus der Finanzbuchhaltung.

Die Aktualität der Buchhaltung beeinflußt bei vorkontierten Systemen auch die Aktualität der Erfolgsrechnung. Die Richtigkeit der Vorkontierung sowie die Abstimmung zwischen Finanzbuchhaltung und Kostenrechnung sind hierbei von besonderer Bedeutung.

VII. Schnittstellen zur Lohn- und Gehaltsabrechnung

Die Lohn- und Gehaltsabrechnung gibt Istwerte der Lohn- und Gehaltskosten an die Kostenarten- und Kostenstellenrechnung. Indirekt wird dadurch auch die Kalkulation durch aktualisierte Lohnverrechnungssätze bzw. die Erfolgskontrolle durch die Istwerte mit Daten versorgt. Die Kostenplanung für die Erfolgsplanung und die Erstellung der Planzuschlagssätze für eine Plankalkulation ist auf eine Mengen- und Werteplanung des Lohn- und Gehaltsbereiches angewiesen. Dabei werden die für eine Planungsperiode zukünftig benötigten Personaleinsätze je Kostenstelle festgelegt. Diese Mengenplanung ist zusammen mit den Planlohn- und Gehaltstarifen Eingangsgröße in der Kostenstellenplanung und der Bildung der Fertigungslohnverrechnungssätze oder -zuschlagssätze, die für die Plankalkulation erforderlich sind.

C. Datenbankkonzept für eine integrierte Kostenträgerrechnung

Die Vielzahl der Schnittstellen die bei dem aufgezeigten Datenbedarf der Kostenträgerrechnung entstehen, erfordert eine möglichst weitgehende Datenintegration für die Kostenträgerrechnung (vgl. Abb. 3).

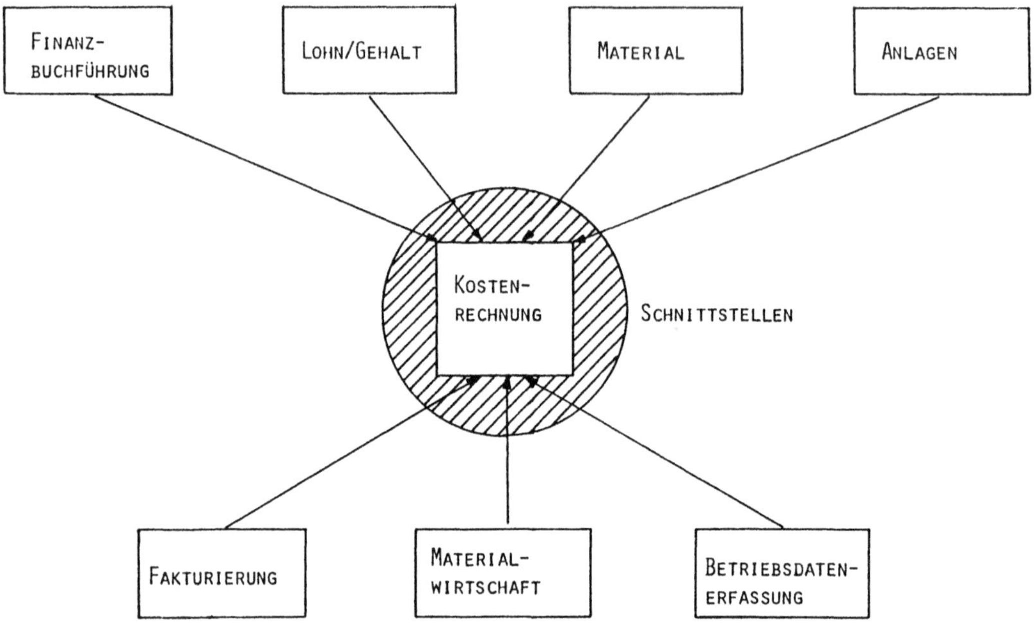

Abb. 3.: Datenversorgung der Kostenrechnung

Die möglichen Realisierungsformen der Schnittstellen wurden im vorigen Abschnitt bereits aufgezeigt. Für eine datenbankunterstützte Schnittstellenrealisierung können mehrere Argumente angeführt werden:

- Reduzierung der Datenredundanz
- Flexibilität in der Datenstrukturierung
- Unabhängigkeit der Datenorganisation von den Anwendungsprogrammen
- gute Auswertungsmöglichkeiten des relevanten Datenbestandes.

Für eine Datenbankrealisierung stehen mehrere Konzepte zur Verfügung. Die vergangene Entwicklung von hierarchischen zu Netzwerkdatenbanken wird zunehmend durch den Übergang zu relationalen Datenbanksystemen abgelöst.
Neben einer Reduzierung der Datenredundanz und damit geringerer Kosten bei der Datenpflege, sind die größere Flexibilität in der Datenstrukturierung und die datenunabhängige Programmierung die Vorteile eines datenbankgestützten Kostenrechnungssystems gegenüber der konventionellen Dateiverarbeitung. Relationale Datenbanksysteme bieten darüber hinaus gegenüber den anderen

Datenbankkonzepten den Vorteil der besseren Auswertungsmöglichkeiten der Kostendaten. Der Anwender relationaler Abfragesprachen muß keine Kenntnisse über die Art der physischen Datenorganisation haben. Mit Hilfe dieser Abfragesprachen sind auch komplexere Bearbeitungen eines ausgewählten Datenbestandes möglich. Dies ist insbesondere für die Analyse der Ergebnisse im Rahmen der Erfolgsrechnung von Vorteil, wenn die Daten über mehrere Hierarchien nach Kostenart, Kostenträger, Absatzgebieten etc. verdichtet, sortiert und ausgewertet werden sollen.

Einen groben Überblick über den gesamten relevanten Datenbedarf der Kostenträgerrechnung gibt Abbildung 4 in Form eines Entity-Relationship-Diagrammes.

Die in den vorherigen Abschnitten genannten Datenobjekte für die Kostenträgerrechnung sind hierbei mit den zwischen ihnen bestehenden Beziehungen nochmals dargestellt.

Für die Realisierung ist der Einsatz eines Datenbanksystems in allen betrieblichen Funktionalbereichen erforderlich, da sonst wieder gesonderte Schnittstellenlösungen implementiert werden müssen.

Die heutige Entwicklung gibt dabei die Möglichkeit, diese Daten auf unterschiedlicher Hardware zu ver- und bearbeiten.

Neuere relationale Datenbanksysteme sind sowohl auf Großrechnern als auch auf Mikrocomputern ablauffähig. Ausschnitte dieser Daten können zur weiteren Bearbeitung vom Großrechner auf den Mikrocomputer geholt werden, wobei die Formate der Daten und ihre Strukturierung nicht mehr geändert werden müssen (vgl. Abb. 5).

Vorkalkulationswerte bei einer Auftragsfertigung können somit bei Vertragsverhandlungen beispielsweise auf dem Mikrocomputer variiert und das Ergebnis als Vorgabe auf den Großrechner überspielt werden. Weiterhin können bei Großprojekten den Teilprojekten für die Kostenkontrolle im Rahmen der mitlaufenden Kalkulation aktuelle Werte auf dem Mikrocomputer zur Verfügung gestellt werden. Bei einer dezentralen Auftragsfertigung können Mikrocomputer als Erfassungsstation und für Vorab-Auswertungen genutzt werden.

Insbesondere für die Planung im Hinblick auf die Erfolgsplanung können bei einer dezentral durchgeführten Planung die Daten bereits entsprechend den Anforderungen der zentralen Planungsdatenbank auf Mikrocomputer erfaßt und strukturiert werden.

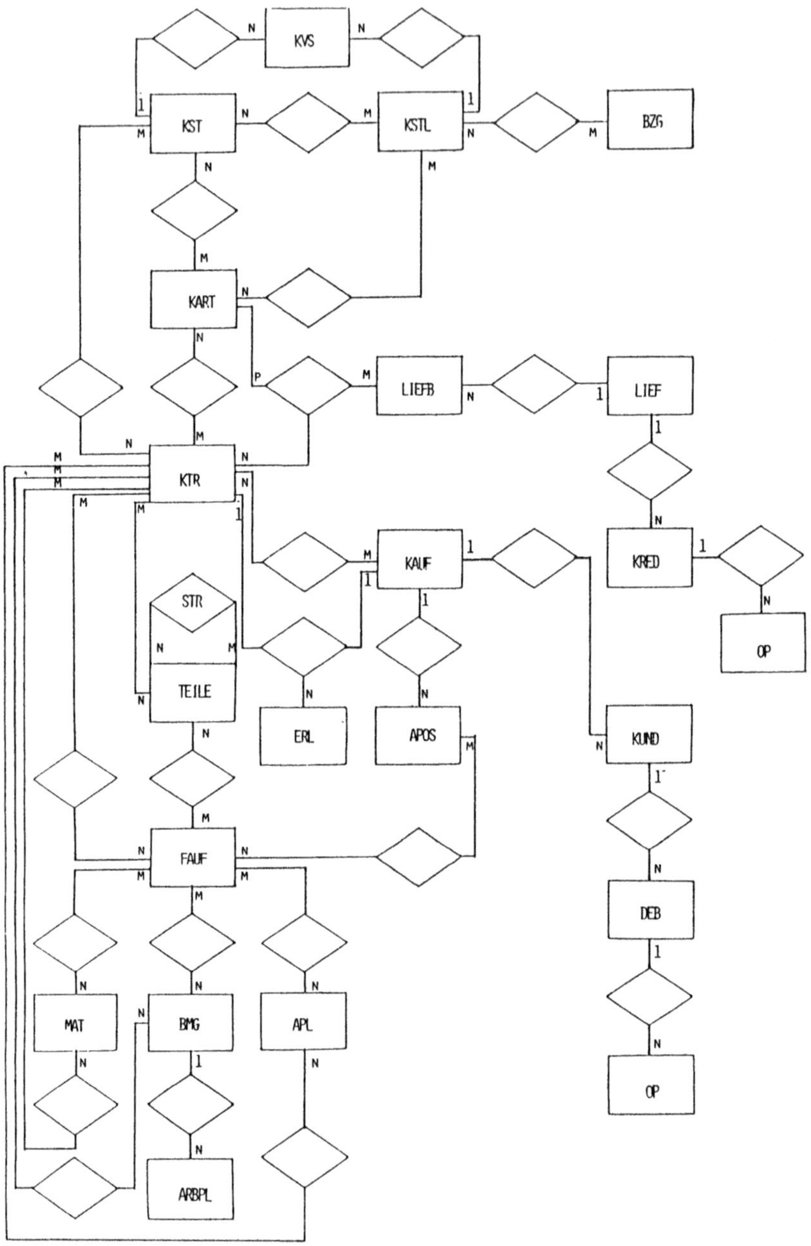

Abb. 4: Entity-Relationship-Diagramm für ein integriertes Datenbankschema zur Kostenträgerrechnung

Erläuterung der Abkürzungen:

APL	=	Arbeitsplan
APOS	=	Auftragsposition
ARBPL	=	Arbeitsplatz
BMG	=	Betriebsmittelgruppe
BZG	=	Bezugsgröße
DEB	=	Debitoren
ERL	=	Erlöse
FAUF	=	Fertigungsauftrag
KART	=	Kostenart
KAUF	=	Kundenauftrag
KRED	=	Kreditoren
KST	=	Kostenstelle
KSTL	=	Kostenstellenleistung
KTR	=	Kostenträger
KUND	=	Kunde
KVS	=	Kostenstellenverrechnungssatz
LIEF	=	Lieferant
LIEFB	=	Lieferantenbestellung
MAT	=	Material
OP	=	Offene Posten
STR	=	Struktur
TST	=	Teilestamm

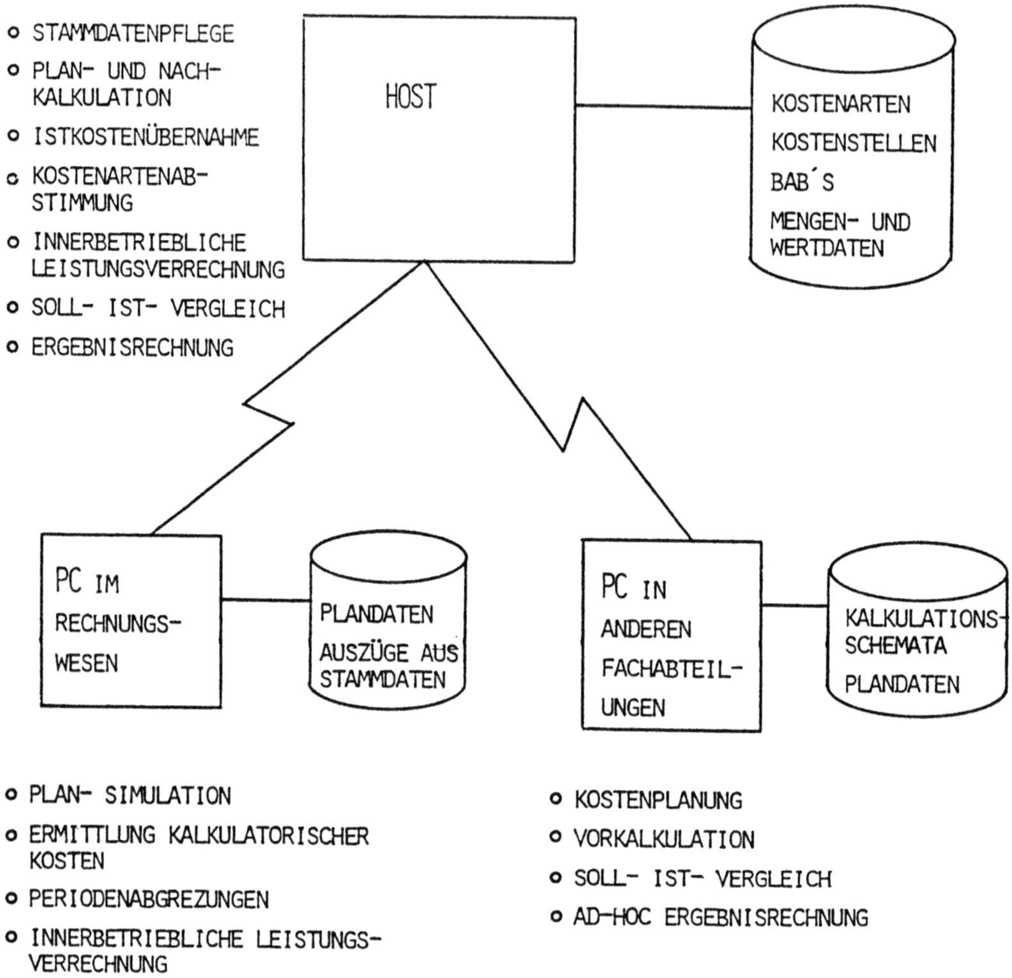

Abb. 5: Hardware- und Funktionsarchitektur eines Systems für das Rechnungswesen mit integrieten PC's

Eine Kalkulation wird aufgrund des hohen Datenbedarfs nur in eingeschränktem Maße auf Mikrocomputern sinnvoll durchzuführen sein. Überlegenswert wäre die Möglichkeit einer einstufigen Kalkulation, wobei aber der im Einzelfall erforderliche Datenbestand und die derzeitige Leistungsfähigkeit und Speicherkapazität der Mikrocomputer die Grenzen festlegt.

Literaturverzeichnis

(1) Kilger, W.: Flexible Plankostenrechnung und Deckungsbeitragsrechnung, 8. völlig neu bearbeitete Auflage, Wiesbaden 1981.

(2) Krcmar, H.: Schnittstellenprobleme EDV-gestützter Systeme des Rechnungswesens. Veröffentlichung des Instituts für Wirtschaftsinformatik, Nr. 41, 1983.

(3) Horvath, P; Petsch, M.; Weihe, M.: Standardanwendungssoftware für die Finanzbuchhaltung und die Kosten- und Leistungsrechnung, 2. Auflage, 1985.

(4) Scheer, A.-W.: Integration des Personal Computers in EDV-Systeme zur Kostenrechnung. Veröffentlichung des Instituts für Wirtschaftsinformatik, Nr. 47, 1984.

(5) Scheer, A.-W.: EDV-orientierte Betriebswirtschaftslehre, 2. Auflage, 1985.

Einführung einer flexiblen Plankostenrechnung für Mehrzweckbetriebe der chemischen Produktion in einem Unternehmen der chemisch-pharmazeutischen Industrie

Dr. M. Muff, Boehringer Ingelheim KG, Ingelheim/Rhein

G l i e d e r u n g

7. Saarbrücker Arbeitstagung 1986
Rechnungswesen und EDV
hrsg. v. W. Kilger/A.-W. Scheer

1. Das Unternehmen

Boehringer Ingelheim besteht aus der Zentrale in Ingelheim und zahlreichen - meistens als Tochtergesellschaften organisierten - operativen Einheiten in Deutschland und im Ausland. Die Zentrale gibt die Unternehmensziele vor, übt die weltweite Leitung des Firmenverbandes aus und sorgt dafür, daß die Ressourcen des Unternehmens zielgerecht eingesetzt werden. Die Unternehmenskonzeption sieht eine hohe Selbständigkeit der operativen Einheiten bei allen geschäftlichen Aktivitäten vor. Die in 1975 eingerichtete Matrix-Organisation soll bewirken, daß die annähernd gleichwertigen operativen, strategischen und fachlichen Faktoren, die das geschäftliche Geschehen im Unternehmen bestimmen, in ausgewogener Weise verwirklicht werden.
Im Jahre 1985 erzielte Boehringer Ingelheim einen Weltumsatz von DM 4,5 Mrd., davon 21 % im Inland und 79 % im Ausland. Das Pharma-Geschäft trug mit 85 % zum Weltumsatz bei; 15 % entfielen auf das Geschäft mit Industrie- und Verbraucherprodukten (Chemikalien, Backmittel und Markenartikel für Gesundheitspflege und Haushygiene). Bei den von Boehringer Ingelheim hergestellten bzw. vertriebenen Chemikalien handelt es sich in erster Linie um Purine, Alkaloide, pharmazeutische Wirksubstanzen und Derivate organischer Säuren. Am 31.12. 1985 waren in den konsolidierten Gesellschaften in nahezu 50 Ländern auf

allen Kontinenten 22.254 Mitarbeiter beschäftigt, davon waren rund 15 % in der Forschung und Entwicklung tätig.

Ab Anfang 1978 wurde in Ingelheim damit begonnen, die Organisation der Firma C.H. Boehringer Sohn (CHBS) schrittweise an die durch das Wachsen des Weltgeschäfts veränderten Bedingungen anzupassen. Es entstanden nach und nach zwei Firmen-Teile mit jeweils eigener Leitung und eigener Belegschaft: die "Zentrale", in der die Aktivitäten zur Betreuung der Beteiligungsgesellschaften zusammengefaßt wurden und die "Operative Einheit von CHBS", von der die standortbezogenen Tätigkeiten übernommen wurden. Diese innerhalb von CHBS entstandenen Firmen-Teile wurden zum 1. Januar 1981 auch in gesellschaftsrechtlicher Hinsicht verselbständigt. Für die "Operative Einheit von CHBS" wurde eine neue Gesellschaft gebildet mit der Bezeichnung Boehringer Ingelheim KG.

Die Boehringer Ingelheim KG hat folgende Betätigungsgebiete:

- Pharma-Geschäft Inland (Human-Pharma und Medizintechnik)

- Chemikalien-Geschäft Inland, Export und Spartenleitung

- Forschung

- Fertigung von Arzneimitteln für den Export

- Erbringung von Dienst- und Produktionsleistungen für andere Boehringer Ingelheim-Gesellschaften - überwiegend am Standort Ingelheim

In 1985 erzielte die Boehringer Ingelheim KG einen Umsatz von DM 709 Mio.. Am 31.12.1985 waren 4.082 Mitarbeiter bei ihr beschäftigt.

2. Ausgangssituation und Zielsetzung für eine stufenweise Reorganisation der Kosten- und Leistungsrechnung der Boehringer Ingelheim KG (BIKG)

2.1 Zur Ausgangssituation

Mit dem vorliegenden Beitrag wird ein Erfahrungsbericht über ein Teilgebiet eines bei der Boehringer Ingelheim KG in der Realisierung befindlichen Vorhabens zur stufenweisen Reorganisation der Kosten- und Leistungsrechnung gegeben.

Die gegenwärtig bei der Boehringer Ingelheim KG im Einsatz befindliche Kosten- und Leistungsrechnung ist entstanden auf der Basis einer Ist-Vollkostenrechnung, die ab Mitte der fünfziger Jahre zu einer Normal- bzw. Standardkostenrechnung mit paralleler Ausgestaltung als Deckungsbeitrags- und Vollkostenrechnung entwickelt wurde. In den siebziger Jahren erfolgten die Einfügung weiterer Verbesserungen sowie vor allem die schrittweise Eigenentwicklung einer alle Teilgebiete der Kosten- und Leistungsrechnung abdeckenden, benutzergesteuerten Software. Weitere Ergänzungen und Verbesserungen sowohl der Kosten- und Leistungsrechnung als auch der dafür eingesetzten DV-Systeme wurden vor allem auf den Gebieten der Planungsrechnung sowie vertriebsspezifischer Auswertungen vorgenommen. An Funktionsbreite, Integritätsgrad, Flexibilität und Verfügbarkeit der vorhandenen Verfahren und Systeme wurden Ende der siebziger/Anfang der achtziger Jahre im Zusammenhang mit umfassenden gesellschaftsrechtlichen Strukturänderungen am Standort Ingelheim mehrfach besondere Anforderungen gestellt. Hier ging es darum, parallel zu dem Rechenwerk der bestehenden Unternehmensstrukturen eine vollständige externe und interne Rechnungslegung/ Berichterstattung für die (juristisch noch nicht existenten) neuen Unternehmensstrukturen (vgl. dazu oben, Ziff. 1) - bei Einhaltung der normalen Abschlußtermine - zu erstellen. Auf der Basis der dabei aufgebauten Regeln zur programmgesteuerten Ableitung/Umsetzung aller Abrechnungsdaten auf die neuen Strukturen konnten die im Anschluß an den etwa zweijährigen "Parallelbetrieb" erfolgenden Übertragungsprozeduren (Datenbestände und Systemfunktionen) auf die - dann auch juristisch vollzogenen - neuen Strukturen verzögerungsfrei abgewickelt werden.

Nun bedeutet die auch in diesem Zusammenhang erwiesene Leistungsfähigkeit der Systeme aber keineswegs, daß die bei der Boehringer Ingelheim KG vorhandene Kosten- und Leistungsrechnung nicht in verschiedener Hinsicht noch verbesserungsfähig bzw. verbesserungsbedürftig wäre.

Dieser Verbesserungsbedarf ergibt sich aus der Differenz zwischen Ausgangssituation und den an die Kosten- und Leistungsrechnung gestellten - neuen/veränderten - Anforderungen. Die Verdeutlichung beider Eckpunkte steht - insbesondere bei der hier gebotenen Kürze - allerdings unter folgendem Vorbehalt. Zum einen läßt sich eine Grobeinordnung der vorhandenen Kosten- und Leistungsrechnung nur mit Hilfe von Sammelbegriffen wie Istkostenrechnung/Normalkostenrechnung/Standardkostenrechnung/Voll- bzw. Teilkostenrechnung/Plankostenrechnung/flexible Plankostenrechnung/Grenzplankostenrechnung/Deckungsbeitragsrechnung/Primärkostenrechnung/stufenweise Fixkostendeckungsrechnung u.ä. vornehmen. In der betrieblichen Praxis begegnen wir aber Systemen, die über viele Jahre hin gewachsen, ergänzt, angepaßt, modifiziert, modernisiert wurden und in verschiedenen Ausprägungen Elemente vieler der genannten Richtungen enthalten können. Die Entwicklung bzw. Einführung von Systemen der Kosten- und Leistungsrechnung "aus einem Guß" ist in der Praxis sicher die große Ausnahme.

Zum anderen wird die Definition der Anforderungen an die bzw. Schwachstellen der vorhandenen Kosten- und Leistungsrechnung immer in starkem Maße abhängig sein von der spezifischen Situation des Unternehmens,d.h. von seiner Unternehmenskonzeption, seinen Betätigungsgebieten, seiner Organisations- und Tätigkeitsstruktur, seiner Geschäftslage und -entwicklung sowie der sich vor diesem Hintergrund bildenden Einschätzung seiner Enscheidungsträger darüber, ob bzw. inwieweit sie Möglichkeiten zu einer besseren Lösung ihrer Probleme durch Modifikation der Kosten- und Leistungsrechnung sehen. In der Praxis erleben wir es ja oft, daß sich - auch in größeren und großen Unternehmen-die Entwicklungs-/Entscheidungsprozesse in Fragen der Kosten- und Leistungsrechnung geradezu konträr verhalten, so z.B. in bezug auf die Verrechnung von kalkulatorischen Zinsen, die Art der Verrechnung kalkulatorischer Abschreibungen, die Zurechnung von Unternehmens-Overheads, Abgrenzung und Zurechnung von Forschungskosten. Selbst wenn sich solche Entwicklungen/Entscheidungen gegenläufig zu einer dazu in der betriebswirtschaftlichen Lehre/gebildeten herrschenden Meinung bewegen, kann man ein Urteil über den Sinn dieses Vorgehens von außen in vielen Fällen kaum treffen. Realistische Einschätzungen lassen sich nur insgesamt und vor dem Hintergrund der in dem jeweiligen Unternehmen gelebten "Betriebswirtschaftskultur" sowie der aktuellen und für die Zukunft erwarteten Problemstellungen des Geschäfts gewinnen.

2.2 Zur Zielsetzung

Die in den letzten Jahren an die Kosten- und Leistungsrechnung der Boehringer Ingelheim KG gestellten Anforderungen lassen sich wie folgt umreißen:

- Erhöhung der Kostentransparenz (vor allem in bezug auf das umfangreiche Dienstleistungsgeschäft)

- weiterer Ausbau des vorhandenen Instrumentariums

  - in bezug auf den Ausweis entscheidungsrelevanter Kosten und Erlöse

  - in bezug auf eine weitere Differenzierung der Kosten- und Erlöskontrolle

- weitere Intensivierung der Controlling-orientierten Gestaltung/Anwendung/ Nutzung der Kosten- und Leistungsrechnung.

Diese Anforderungen ergeben sich zum einen aus den Planungs-, Informations- und Kontrollbedürfnissen des laufenden Geschäfts. Zum anderen ergeben sich fallweise besondere Anforderungen an die Kosten- und Leistungsrechnung im Zusammenhang mit bestimmten Projekten, wie beispielsweise der Systematisierung/Differenzierung der Ergebnisrechnung nach Berichtszwecken/ -ebenen, der Vereinheitlichung der Substanzkalkulation im Firmenverband, des Logistik-Controlling, der Optimierung der Vorratshaltung.

Zentrale Bedeutung kommt hier dem Mitte 1985 begonnenen Projekt "Generalüberholung der Rechnungs- und Berichtssysteme" zu, dessen Ziel es ist, "das Gesamtsystem unseres Rechnungs- und Berichtswesens einer gründlichen Prüfung zu unterziehen und es mit dem Ziel "straffere Betriebswirtschaft" zu modifizieren und zu modernisieren".

Aus der Verknüpfung bereits in Arbeit befindlicher Vorhaben mit den aus abrechnungssystem-bezogener Sicht wünschenswerten Änderungs- bzw. Ergänzungsmaßnahmen wurden für eine Reorganisation der BIKG-Kosten- und Leistungsrechnung folgende - vordringlich zu bearbeitende - Aufgabenstellungen definiert.

(1) Weiterentwicklung/Ausbau der Kostenplanung mit dem Ziel einer durchgängig alle Kostenstellen umfassenden Differenzierung nach beschäftigungsabhängigen (proportionalen) und beschäftigungsunabhängigen (fixen) Kosten als Grundlage für die Ermittlung entscheidungsrelevanter Kostendaten (u.a. auch als Voraussetzung für die Einführung einer flexiblen Plankostenrechnung).

(2) Überarbeitung der Substanzkalkulation mit dem Ziel, die Vergleichbarkeit der Herstellkosten im Firmenverband zu verbessern und Ausgestaltung dieser neuen Abrechnung in Form einer "flexiblen Plankostenrechnung für Mehrzweckbetriebe der chemischen Produktion".

(3) Einführung der flexiblen Plankostenrechnung in den übrigen Betrieben der chemischen Produktion sowie in der pharmazeutischen Fertigung.

3. Art der Projektbearbeitung

Diese als Stufen für eine Reorganisation der BIKG-Kosten- und Leistungsrechnung zu verstehenden Aufgabenstellungen (= Teilprojekte) können nur schrittweise, d.h. in überschaubaren, vom Inhalt bzw. Ergebnis des jeweiligen Schritts her sinnvoll abgrenzbaren Portionen realisiert werden. Bei der Bemessung der Teilprojekte und Projektschritte war bzw. ist auch zu berücksichtigen, daß diese Aufgaben von den Mitarbeitern der betreffenden Bereiche/Abteilungen nur neben deren laufender (normaler) Tätigkeit sowie anderen, nicht aufschiebbaren Projektaufgaben (vgl. oben, Ziff. 2.2.) bearbeitet werden können.

Diese Bearbeitungsform erfordert bei allen Beteiligten besonderen Einsatz und diszipliniertes Vorgehen. Da die Beiträge zum Projektfortschritt im wesentlichen von den Mitarbeitern erbracht werden, die aufgrund ihrer Zuständigkeiten/Erfahrungen/Fach- und Systemkenntnisse ohnehin stark beansprucht sind, ist sehr sorgfältig darauf zu achten, daß hier durch entsprechende Prioritätensetzung seitens des Managements ein Mindestmaß an Freiraum für die Projektarbeit geschaffen bzw. erhalten wird. Zur Entlastung der "nebenamtlichen"Projektmitarbeiter bzw. zu deren Verstärkung wurden folgende personelle Maßnahmen ergriffen:

- befristete Einstellung ehemaliger Mitarbeiter zur Übernahme von Routineaufgaben

- befristete Einstellung von Werkstudenten mit Spezialkenntnissen auf den Gebieten der Projektinhalte

- vorgezogene Wiederbesetzung von Planstellen, die innerhalb der nächsten 12 - 18 Monate durch Pensionierung freiwerden.

Nach den bisher gemachten Erfahrungen muß bei dieser Art der Projektbearbeitung zwar - durchaus auch öfter als geplant - auf die Erfüllung der laufenden Aufgaben bzw. die Bearbeitung von ad hoc-Anfragen Rücksicht genommen werden. Die Vorteile liegen dabei aber vor allem darin, daß die beteiligten Projektmitarbeiter ihre Kenntnisse der realen Abläufe und Problemstellungen sowie der damit verbundenen Leistungen der DV-Systeme "hautnah" einbringen können, und daß die im Projekt erarbeiteten (Teil-) Lösungen wiederum verzögerungsfrei Eingang in die Praxis finden. Die beim Einsatz von "full-time"-Projektmitarbeitern eher auftretenden "Übersetzungs-" bzw. "Umsetzungsfehler" können bei dieser Vorgehensweise weitgehend vermieden werden.

4. Reorganisationsstufe "Weiterentwicklung/Ausbau der Kostenplanung"

4.1 Planung/Verrechnung der Kostenstellen des Sekundärbereiches

Zu den Betätigungsgebieten der Boehringer Ingelheim KG (vgl. oben,Ziff.1) gehört auch die Erbringung von Dienstleistungen für andere Boehringer Ingelheim-Gesellschaften. Es handelt sich um ein Volumen von deutlich mehr als DM 100 Mio. pro Jahr. Der zwischen Leistungserbringern und Leistungsnehmern geführte Dialog über Planung und Istentwicklung der Leistungsinanspruchnahme sowie deren Verrechnung hat bisher in einigen Fällen zu einer Differenzierung in der Abrechnung geführt. (So werden z.B. für die Benutzung eines Firmen-PKW eine fixe Ausleihpauschale pro Tag sowie ein DM-Satz pro km berechnet). Das Konzept sieht für den gesamten Sekundärbereich eine nach proportionalen Plankosten und (fixen) Kosten der Betriebsbereitschaft (= Bereitstellungskosten) differenzierte Verrechnung vor.

4.2 Kostenauflösung in beschäftigungsabhängige (proportionale) und beschäftigungsunabhängige (fixe) Kosten

Die in der Praxis oft gegebenen Anpassungsschwierigkeiten führen dazu, daß der Anteil der proportionalen Kosten - und dies gilt insbesondere für die Personalkosten - zu gering angesetzt wird. Eine tendenziell zu geringe Einschätzung proportionaler Kosten hat aber zur Folge, daß die Möglichkeiten zur Anpassung der Kostenstellenkosten an Beschäftigungsschwankungen geringer dargestellt werden, als sie wirklich sind bzw. bei entsprechenden Anstrengungen realisierbar wären. Für die Wettbewerbsfähigkeit des Unternehmens ist eine möglichst hohe Anpassungsfähigkeit von entscheidender Bedeutung[1]. Außerdem hat eine zu niedrige Einschätzung proportionaler Kosten zur Folge, daß Preisuntergrenzen (auf allen Ebenen) tendenziell zu niedrig ausgewiesen werden. Die bei der Kostenauflösung/Kostenplanung "im ersten Ansatz" ermittelten Anteile an proportionalen Kosten werden vor dem Hintergrund dieser Zusammenhänge nochmals überdacht und ggf. korrigiert. Dieses Vorgehen führt natürlich zu einem höheren Ausweis proportionaler Kosten als bei Anwendung des mehr defensiven/resignativen Abgrenzungskriteriums "proportional ist nur der Kostenanteil, der sich einer veränderten Beschäftigung der jeweiligen Kostenstelle anpaßt, ohne daß dazu besondere Maßnahmen ergriffen werden".

Bei den fixen Kosten wird - ähnlich wie dies bei der Th. Goldschmidt AG/ Essen geschieht[2] - in drei Kategorien unterschieden. Die von den leistenden Kostenstellen den Abnehmern nach dem "Vorhalteprinzip" berechneten Kosten der Betriebsbereitschaft werden separat als "Bereitstellungskosten" ausgewiesen. Die von den Leistungserbringern den Abnehmern nach dem Verursachungsprinzip, d.h. durch Bewertung der tatsächlich abgenommenen Leistungseinheiten mit dem Proportionalsatz berechneten Kosten werden beim Leistungsempfänger, wenn sie sich aus dessen Sicht beschäftigungsunabhängig verhalten, als "sekundäre Fixkosten" ausgewiesen. Die direkt in der jeweiligen Kostenstelle anfallenden, d.h. nicht aus der Verrechnung vorgelagerter Stellen stammenden, beschäftigungsunabhängigen Kosten sind die "primären Fixkosten". Diese Differenzierung (vgl. dazu auch Anlage 1) wird im Bereich der Kostenstellenverrechnung konsequent beibehalten. Erst bei der Verrechnung auf Kostenträger werden die unterschiedlichen Fixkostenkategorien im fixen Anteil des Plan-Verrechnungssatzes zusammengefaßt.

Wie bereits angedeutet, kommt dem separaten Ausweis der "Bereitstellungskosten" bei der Boehringer Ingelheim KG, insbesondere wegen des umfangreichen Dienstleistungsgeschäfts, besondere Bedeutung zu. Damit wird die Transparenz der Leistungsbeziehungen bzw. der durch sie auf den unterschiedlichen Stufen des gesamten Leistungsprozesses bedingten Vorhaltekapazitäten erhöht bzw. erst möglich.

Es ist auch vorgesehen, durch entsprechende Nutzung von Programmen zur "Primärkostenrechnung" einen bereichsweisen Ausweis der um die sekundären Fixkosten aus vorgelagerten Stellen bereinigten "Bereitstellungskosten" zu ermöglichen. Diese "Netto-Bereitstellungskosten" enthalten dann nur noch "aus der Sicht des Unternehmens echte Fixkosten", die sich auch bei Veränderungen der Beschäftigung im gesamten Leistungsprozeß (dies gilt natürlich nur innerhalb bestimmter Bandbreiten von Beschäftigungsschwankungen) aus der Sicht des Unternehmens nicht mehr verringern lassen (Fixkostensockel).

4.3 Ermittlung der Grundlagen für die Zurechnung der Bereitstellungskosten

Die dem Sekundärbereich zuzuordnenden Kostenstellen werden bisher nach einem Schlüsselsystem zugerechnet, das in seinen Grundzügen zu einer Zeit entstanden ist, in der in bezug auf die Unternehmensorganisation, die Struktur der Betätigungsgebiete sowie in bezug auf Geschäftslage und Geschäftsentwicklung deutlich andere Bedingungen gegeben waren als heute. Die in den vergangenen Jahren laufend vorgenommenen Anpassungen/Neurechnungen der Schlüssel konnten- vom Schlüsselaufbau her - diese Veränderungen zum Teil nicht berücksichtigen/erfassen. Überdies sind die laufenden Schlüsselaktualisierungen abhängig von den Meldungen veränderter Leistungsbeziehungen durch die Kostenstellenverantwortlichen, die nicht immer vollständig und termingerecht (jeweils vor der Budget-/Planungsrunde) ankommen.

Aus den genannten Gründen ergab sich die Notwendigkeit einer grundlegenden Überprüfung/Reorganisation der Zurechnungsgrundlagen im Sekundärbereich. Die dazu bereits Ende 1984 eingeleiteten Maßnahmen werden dann in die Reorganisationsstufe "Weiterentwicklung/Ausbau der Kostenplanung" einbezogen.

Im Zusammenhang mit einer Erläuterung der Aufgabenstellung wurden den Kostenstellenverantwortlichen Fragebögen zur Erfassung der Leistungsstrukturen ihrer Kostenstellen übergeben. In vielen Fällen wurden die möglichen Zurechnungsgrundlagen zwischen den Kostenstellenverantwortlichen und dem Rechnungswesen intensiv diskutiert. Nach dem Rücklauf der ausgefüllten Fragebögen wurden noch bestehende Fragen bzw. Unklarheiten in weiteren Gesprächen erörtert.

Die damit vorliegenden Unterlagen werden nun in zweierlei Hinsicht verwendet. Zum einen dienen sie zur Modifikation der bisher verwendeten Schlüsselsysteme im Sinne einer verursachungsgerechteren, transparenteren Weiterverrechnung der Kosten des Sekundärbereiches. Zum anderen werden sie herangezogen zur Ermittlung der "Bereitstellungskosten" sowie - soweit relevant - als Mengenbasis für die Weiterverrechnung der proportionalen Kosten in der oben beschriebenen Weise.

5. Reorganisationsstufe "Einführung einer flexiblen Plankostenrechnung für die Mehrzweckbetriebe der chemischen Produktion"

5.1 Struktur und Funktion der BIKG-Mehrzweckbetriebe

Diese Reorganisationsstufe betrifft die Synthese-Betriebe der Boehringer Ingelheim KG, die zusammen mit dem Alkaloide-Betrieb, dem Purin-Betrieb sowie dem Zitronensäure/Milchsäure-Betrieb in der Abteilung Produktion Chemikalien organisatorisch zusammengefaßt sind.

In den Synthese-Betrieben werden

- pharmazeutische Wirksubstanzen
- Zwischenprodukte für die Wirkstoffherstellung sowie
- Feinchemikalien

in mehrstufigen Produktionsprozessen hergestellt. Diese Produkte werden zum Teil

- in der Boehringer Ingelheim KG weiterverarbeitet (Pharma-Substanzen zu pharmazeutischen Spezialitäten)
- an andere Boehringer Ingelheim-Gesellschaften verkauft (vor allem Versorgung mit pharmazeutischen Wirkstoffen und Zwischenprodukten) sowie

- im Rahmen des Chemikaliengeschäfts an Dritte/am Markt verkauft.

Der Grund für die Ausstattung der Synthese-Betriebe als "Mehrzweckanlagen" liegt darin, daß bei dem gegebenen bzw. zu erwartenden Produktspektrum "maßgeschneiderte" Monoanlagen nicht genügend ausgelastet wären bzw. bei neuen Produkten nicht in der erforderlichen Zeit errichtet werden könnten. Überdies ist bei neuen Produkten die geschätzte Mengenentwicklung in den meisten Fällen keine hinreichend sichere Grundlage zur Schaffung spezifischer Produktionskapazitäten (Monoanlagen).

Die Anlagen der Mehrzweckbetriebe bestehen aus Kombinationen von Reaktionsapparaten (Rührbehältern), Zentrifugen und Trocknern, die in Trakten (vgl. Anlage 2) angeordnet sind. Die Reaktionsapparate sind - dem Charakter des Mehrzweckbetriebs gemäß - durch entsprechende Installationen (Heizung, Kühlung), Destillationseinrichtungen (Aufbauten, Vorlagen) u.ä. auf die Erfordernisse unterschiedlicher Reaktionsführungen ausgerichtet. In den Mehrzweckbetrieben gibt es daneben noch andere, zur Universalausstattung gehörende Einrichtungen, wie Destillationskolonnen zur Aufarbeitung gebrauchter Lösungsmittel, Betriebstanklager, Kältemaschinen. Die Trakte der Mehrzweckbetriebe sind für die Herstellung sowohl fester als auch flüssiger Produkte ausgelegt. Bei der Produktion flüssiger Produkte werden Zentrifugen und Trockner nicht genutzt.

5.2 Bisheriges Verfahren der Produktionsabrechnung in den Synthese-Betrieben

Nach dem bisherigen Verfahren erfolgt die Erfassung und Zurechnung der Fertigungskosten traktweise. Für jeden Trakt gibt es eine eigene Kostenstelle (vgl. den Auszug aus dem bisherigen Kostenstellenplan in Anlage 3). Die Kosten der Gebäudeunterhaltung werden je Betrieb bzw. Betriebsgruppe erfaßt. Für Betriebsleitung und Betriebslabor bestehen gemeinsame Kostenstellen. Insgesamt sind für die Synthese-Betriebe nach dem bisherigen System 45 Kostenstellen eingerichtet.

Die Abrechnung erfolgt monatlich nach einem standardisierten Verfahren. Den Produkten werden die vollen Kosten der Herstellung zugerechnet. Großreparaturen werden zeitlich verteilt. Kosten der Unterbeschäftigung werden ausgegliedert und können bei Bedarf auf die Produktion eines zu bestimmenden Zeitraums (maschinell) nachverrechnet werden.

Nach dem bisherigen Verfahren erfolgt die Zurechnung der Fertigungskosten auf die in dem jeweiligen Abrechnungszeitraum (Monat) hergestellten Produkte/Zwischenstufen nach Prozentangaben. Diese werden von den Betriebsleitungen für die einzelnen Betriebskostenstellen ermittelt auf der Grundlage von Zeitfaktoren. Über diese Zeitfaktoren wird die verfahrensbedingte Inanspruchnahme der Produktionsanlagen - im Sinne einer möglichst verursachungsgerechten Zuordnung - erfaßt. Bei Verfahrensveränderungen werden diese Faktoren angepaßt. Betriebsleitung und Betriebslabor werden den Kostenträgern auf Basis der direkten Fertigungskosten zugerechnet.

Mit Hilfe der bestehenden DV-Systeme werden für die mehrstufigen Produktionsabläufe "durchgerechnete Kalkulationen" erstellt, die alle in der Kostenträgerzeitrechnung vorhandenen Einzelinformationen enthalten (Verdichtung nur in den Auswertungen, nicht in der Datenbasis). Für die Durchrechnungsläufe können beliebige Abrechnungszeiträume (auch Plandaten) zusammengefaßt werden. Auf den Datenbestand dieser "durchgerechneten Kalkulation" kann mit Hilfe von Simulationsprogrammen zugegriffen werden (Hochrechnungen, Alternativrechnungen).

Die Produktionsablieferungen werden zu Standardsätzen (Vollkosten) bewertet. Die auf den Kostenstellen auftretenden Abweichungen (Unter- bzw. Überdeckungen) können wahlweise ausgegliedert werden/bleiben (z.B. bei nachhaltiger Unterbeschäftigung) oder auf die Produktion nachverrechnet werden. Die je Kostenträger erfaßten Abweichungen zwischen Standard- und Ist-Herstellkosten (z.B. durch Ausbeuteschwankungen) werden anteilig den Kosten oder dem Bestand zugerechnet. Dabei werden Vorstufen gemäß ihren Anteilen einbezogen (Fabrikationsergebnis-Verrechnung).

5.3 Kostenstellenbildung

Die im Zusammenhang mit der Auswahl geeigneter Bezugsgrößen für die Kostenstellenplanung der Synthese-Betriebe durchgeführten Überlegungen hatten folgendes Ergebnis:

Bei der bisher nach Trakten (vgl. Anlage 2) vorgenommenen Gliederung der Betriebe in Produktionskostenstellen (vgl. Anlage 3) wurden mehrere Leistungskomponenten (Reaktionsapparate, Zentrifugen, Trockner) zusammengefaßt, die von den Produkten entweder in vollem Umfang oder aber nur zu Teilen benötigt werden (z.B. bei flüssigen Produkten keine Nutzung der Zentrifugen und Trockner). Die unterschiedlichen Verfahrensabläufe bzw. Nutzungsgrade der Aggregate werden im bisherigen Verfahren durch die "Zeitfaktoren" abgebildet, mit deren Hilfe die Betriebsleitungen prozentuale Angaben über die Nutzung der Produktionseinrichtungen (Trakte) durch die Produkte ermitteln.

Diese "mehrstufige" Art der Ermittlung von Kriterien (Prozentangaben) für die Zurechnung von Produktionskosten auf Kostenträger muß bei der flexiblen Plankostenrechnung ersetzt werden durch Bezugsgrößen, die für Kostenstellenplanung und Kostenzurechnung auf Kostenträger geeignet sind. Als für alle Fertigungsstellen der Synthese-Betriebe einheitliche Bezugsgröße wurde die Fertigungszeit gewählt. Eine direkte Zurechnung der traktweise erfaßten Kosten über zeitbezogene Verrechnungssätze wäre allerdings nicht sinnvoll, weil die Trakte von den Produkten nicht in homogener Weise genutzt werden. Die neue Kostenstellengliederung löst sich daher von dem Kriterium Produktionstrakt. Alle Produktionseinrichtungen (im folgenden als Maschinen bezeichnet) wurden vielmehr nach den Kriterien "Funktion" und "Leistung" geordnet und - gemäß dem in Anlage 4 dargestellten Schema - in neue Maschinen-Kostenstellen eingegliedert.

Die neue Kostenstellengliederung für die Synthese-Betriebe ist - auszugsweise - in Anlage 5 dargestellt. Die Zuordnung der Produktionseinrichtungen zu den neuen Kostenstellen wurde in folgenden Schritten vorgenommen. Mit der Bildung der neuen Kostenstellen wurde zugleich abgegrenzt, welche Maschinen darauf erfaßt werden. Für die Maschinen wurden Maschinennummern definiert, deren Struktur/Format an einem bei der Boehringer Ingelheim KG vorhandenen Produktions-Planungs- und Steuerungssystem ausgerichtet wurde (vgl. dazu unten, Ziff. 5.5). Die einzelnen Produktionseinrichtungen wurden anhand der für die Betriebe vorliegenden Bauzeichnungen, Konstruktionspläne und Inventarverzeichnisse den neu definierten Maschinen zugeordnet. Diese Neuzuordnungen der inventarisierten Gegenstände auf Maschinen und Kostenstellen wurden anschließend via Dialogfunktion in das System der Anlagenbuchhaltung eingegeben.

Da das Fertigungspersonal von den Produktionsabläufen her nicht in einer festen Beziehung zu den Produktionseinrichtungen steht und - je nach Art der Produktionsprozesse - auch eine parallele Betreuung der Maschinen erfolgen kann, wird das gesamte Fertigungspersonal je Betrieb auf einer Kostenstelle "Personal Betrieb X...." zusammengefaßt. Die Bezugsgröße ist hier die Lohnstunde. Für Betriebsleitung und Betriebslabor wurde die Hilfsbezugsgröße direkte Fertigungskosten gewählt. Die auf den Gebäudeunterhaltungskostenstellen betriebsweise erfaßten Kosten werden den Produktionskostenstellen anteilig nach deren effektiver m^2-Beanspruchung belastet. Die anteiligen Flächen nicht genutzter Gebäudeteile werden als Leerkosten ausgegliedert.

5.4 Planbezugsgrößen-Festlegung/Kostenstellenplanung

Im Anschluß an die Auswahl der geeigneten Bezugsgrößen sind die als Grundlage für die Kostenstellenplanung dienenden Planbezugsgrößen festzulegen. Die Verfahren der Bezugsgrößenplanung (vgl. Anlage 6) lassen sich grob einteilen in:

- kapazitätsorientierte Bezugsgrößenplanung und

- engpaßorientierte Bezugsgrößenplanung.

Die kapazitätsorientierte Bezugsgrößenplanung (auch langfristige Bezugsgrößenplanung genannt) orientiert sich an den vorhandenen Kapazitäten der Kostenstellen. Bei der engpaßorientierten Bezugsgrößenplanung werden die Planbezugsgrößen mit der operativen Jahresplanung abgestimmt. In Abhängigkeit davon, welcher der betrieblichen Teilpläne für den Engpaß bestimmend ist, unterscheidet man die Engpaßplanung in

- absatzorientierte
- kapazitätsorientierte bzw.
- beschaffungsorientierte

Bezugsgrößenplanung.

Als Voraussetzung für die Erstellung der Produktionsvorschriften (vgl. unten, Ziff. 5.5) wurden von den Betrieben die Strukturen der Maschinen- und Personaleinsätze (Mengenstandards) für alle Produkte/Zwischenstufen aufgebaut (vgl. Anlage 7). Bei alternativen Produktionsmöglichkeiten wurden zunächst die Standardversionen definiert. Durch Multiplikation der Mengenstandards-Maschinenstunden mit den jeweils in 1985 erzeugten Produktmengen wurden für die einzelnen Kostenstellen die Bezugsgrößenmengen im Sinne einer absatzorientierten Engpaßplanung ermittelt. Auf der Basis dieser Erfahrungswerte sowie der für das künftige Produktionsprogramm zu erwartenden Mengen wurden schließlich Planbezugsgrößen festgelegt, die zwischen einer jahresplanbezogenen und einer mittelfristigen Engpaßplanung liegen. Von der Belastung der Kostenträger mit Kapazitätskosten her entspricht diese Art der Planbezugsgrößenfestlegung in etwa der Zurechnungspraxis beim bisherigen Verfahren.

Zur Beurteilung/Steuerung des Geschäfts mit den in den Synthese-Betrieben erzeugten Produkten/Zwischenstufen ist auch die Kenntnis der Plan-Herstellkosten bei "optimaler Kapazitätsauslastung" erforderlich (z.B. im Zusammenhang mit der Beurteilung der Konkurrenzfähigkeit am Markt). Für die Einführungsphase wurde daher festgelegt, parallel zur absatzorientierten Engpaßplanung eine kapazitätsorientierte Bezugsgrößenplanung durchzuführen. Nach dem Vorliegen ausreichender Erfahrungen mit beiden Ansätzen wird über das weitere Vorgehen in dieser Frage entschieden. Je besser es gelingt, eine differenzierte Verrechnung der Abweichungen über alle Stufen hinweg mit Hilfe entsprechend steuerbarer DV-Systeme zu realisieren (vgl. unten, Ziff. 5.6), umso mehr spricht - aus der Sicht des geschäftlichen Umfelds der Synthese-Betriebe bzw. der in ihnen produzierten Produkte - für die Wahl des kapazitätsorientierten Ansatzes der Planbezugsgrößen.

Die Kostenstellenplanung erfolgt mit Hilfe des in Anlage 8 abgebildeten Formulars je Kostenstelle, Kostenart und Monat. Dabei wird die Kostenauflösung nach den dafür vorgesehenen Kategorien (vgl. oben, Ziff. 4.2) vorgenommen in:

- fix - Bereitstellung
- fix - sekundär
- fix - primär
- proportional.

Für den überschaubaren Bereich der Synthese-Betriebe erscheint es - zunächst in der Anfangsphase - angebracht, sich planerisch mit jeder einzelnen Kostenart zu befassen. Über eine für Planungszwecke ggf. mögliche/sinnvolle Zusammenfassung von Kostenarten wird erst nach Vorliegen entsprechender Erfahrung entschieden. Belastungen aus dem Sekundärbereich, die noch nicht in der Differenzierung fix/proportional erfolgen (stufenweiser Ausbau der Kostenplanung, vgl. oben, Ziff. 4.3) werden - in der Übergangsphase noch - in voller Höhe unter "fix-Bereitstellung" ausgewiesen. Der damit vorübergehend zu niedrige Ausweis proportionaler Kosten wird im Interesse des stufenweisen Ausbaus der Kostenplanung hingenommen.

5.5 Aufbau der Produktionsvorschriften, Erstellung und Abrechnung der Produktionsaufträge

In bezug auf Aufbau und Verwaltung der Produktionsvorschriften sowie Erstellung und Abrechnung der Produktionsauträge ergab sich bei der Boehringer Ingelheim KG die vorteilhafte Situation, daß parallel zur Reorganisationsstufe "Einführung der flexiblen Plankostenrechnung....." ein bereits früher gestartetes Projekt "Einführung der Fertigungs- und Materialplanung (= FMP-System) in der chemischen Produktion" in Arbeit war. Hier handelt es sich um ein umfangreiches, eigenentwickeltes DV-System zur Produktions-Planung und -Steuerung, das bisher primär in der pharmazeutischen Fertigung eingesetzt wurde. Die erforderlichen Anpassungen an die spezifischen Bedingungen der chemischen Produktion konnten relativ rasch realisiert werden. Damit waren die DV-mäßigen Voraussetzungen für Aufbau und Verwaltung der Produktionsvorschriften gegeben. Diese Produktionsvorschriften bestehen aus Kopfteil, Materialteil und Kapazitätsteil (vgl. Anlage 9). Der Kopfteil enthält die planungs- und abrechnungsspezifischen Basisdaten der Vorschrift. Im Materialteil werden die Planmengenverbräuche der erforderlichen Materialien (Rohstoffe, Vorstufen) erfaßt. Der Kapazitätsteil nimmt die Planmengenverbräuche an Maschinen- und Personalstunden auf.

Die Erstellung der Produktionsvorschriften wurde in folgenden Schritten vollzogen. Kopf- und Materialteil wurden per Programmfunktion maschinell aus den Daten der Nachkalkulation abgeleitet und den Betrieben als "Vorschriften-Vorschläge" in Papierform zur Verfügung gestellt. Die aus den Abrechnungsdaten (letzte 24 Monate) in die Vorschriften-Vorschläge übernommenen Materialeinsatz-Mengen wurden auf Vollständigkeit, Aktualität und ihre Eignung als Planverbrauchsmengen hin überarbeitet, die Korrekturen via Dialogfunktion in das FMP-System eingegeben. Die Mengenstandards des Kapazitätsteils (= Maschinen- und Personaleinsatz) wurden zunächst per Erfassungsbogen manuell von den Betrieben erstellt. Die in der Aufbauphase für Abstimm- und Kontrollzwecke erforderlichen Hilfs- und Modellrechnungen wurden anhand dieser Strukturdaten mit Hilfe des Personal Computers (IBM AT, Lotus) durchgeführt. Die Mengenstandards-Maschinen und -Personal wurden danach überarbeitet, soweit erforderlich korrigiert und dann via Dialogfunktion in das FMP-System eingegeben.

Auf Basis der in den Produktionsvorschriften festgelegten Mengenstandards für Material-, Maschinen- und Personaleinsatz werden die Produktionsaufträge (incl. der zugehörigen Arbeitspapiere, wie Materialentnahmescheine, Analysenaufträge usw.) via Dialogabruf vom FMP-System erstellt. Die Abrechnung der Produktionsaufträge kann auftragsweise oder in Teilmengen der Aufträge - ebenfalls via Dialogfunktion- vorgenommen werden. Von den Sollmengen abweichende Istmengenverbräuche werden bei der Auftragsabrechnung eingegeben, die übrigen Mengen werden vom FMP-System Soll für Ist abgerechnet.

5.6 Erfassung und Verrechnung der Kostenabweichungen

Wie bereits erwähnt (vgl. oben, Ziff. 5.1) gehören die Synthese-Betriebe organisatorisch zur Abteilung Produktion Chemikalien, die ihrerseits in das Geschäftsgebiet Chemikalien eingegliedert ist. Die in den Synthese-Betrieben hergestellten Produkte/Zwischenstufen werden

- direkt vom Geschäftsgebiet Chemikalien
  - am Markt bzw.
  - an Boehringer Ingelheim-Gesellschaften verkauft oder
- in Folgestufen eingesetzt, die
  - entweder vom "erzeugenden profit center" (GG Chemikalien) weiterverarbeitet/verkauft
  - oder von anderen profit centers der Boehringer Ingelheim KG bzw. von anderen Boehringer Ingelheim-Gesellschaften weiterverarbeitet/verkauft

werden.

Die sich hier aus Sicht einer entscheidungs- und kontrollorientierten Kosten- und Leistungsrechnung ergebenden Fragestellungen erfordern den abgestuften Ausweis folgender Kategorien der Kostenträgerbelastung:

- Belastung nur zu proportionalen Kosten (je Stufe und durchgerechnet)

- Belastung zum vollen Plan-Verrechnungssatz (d.h. incl. der anteiligen Fixkosten)

- Belastung einschließlich der verrechneten Abweichungen, bei einer je Kostenträger/Kostenträgergruppe möglichen Differenzierung der Verrechnung in Abhängigkeit von
  - der Abweichungsart
  - dem bei der Kostenplanung/Kostenzurechnung gewählten Ansatz der Planbezugsgrößen-Festlegung (engpaßorientiert oder kapazitätsorientiert)
  - der Weiterverwendung der Produkte/Zwischenstufen (z.B. Einsatz in Folgestufen, Verkauf am Markt oder Abgabe/Verkauf an andere profit center der Boehringer Ingelheim KG/andere Boehringer Ingelheim-Gesellschaften).

Eine nach diesem Schema differenzierbare Verrechnung der Abweichungen kann mit Hilfe der vorhandenen, dafür nur geringfügig zu modifizierenden DV-Systeme (vgl. auch oben, Ziff. 5.2) realisiert werden. Die auf den Kostenstellen entstehenden Abweichungen können wahlweise auf die einzelnen Kostenträger, auf Kostenträgergruppen oder direkt auf die profit center verrechnet werden. Mit Hilfe des DV-Systems "Durchgerechnete Kalkulation" können die Auswirkungen der kostenträgerweisen Abweichungsverrechnung durchgängig über alle Produktionsstufen aufgezeigt werden.

5.7 Kurzfristige Ergebnisrechnung

Die kurzfristige Ergebnisrechnung erfolgt bereits bisher in Form einer abgestuften Deckungsbeitragsrechnung, in der die "normalisierten" Herstellkosten der verkauften Produkte in variablen und fixen Anteilen (allerdings noch nach starrer Differenzierung und unter Einschluß proportionalisierter Fixkosten aus vorgelagerten Leistungsbereichen) ausgewiesen werden. In bezug auf die Verrechnung der Kostenabweichungen auf Kostenträger ist die kurzfristige Ergebnisrechnung bisher im Sinne einer "geschlossenen Ergebniskontrolle"[3)] gestaltet, d.h. es erfolgen eine monatliche Abstimmung der ergebniswirksam verrechneten Kosten mit der Kostenarten- und Kostenstellenrechnung und ein Ausweis der Bestände nach verrechneten Standardkosten (= abgelieferte Menge x Verrechnungspreis auf Vollkostenbasis) und den anteiligen Abweichungen (im bisherigen System über die "Fabrikationsergebnis-Verrechnung" den Produkten/Zwischenstufen zugerechnet). Diese Form der kurzfristigen Ergebnisrechnung soll auch mit Einführung der flexiblen Plankostenrechnung beibehalten werden. Die Darstellung der kurzfristigen Ergebnisrechnung wird gegenwärtig im Rahmen des Projekts "Generalüberholung der Rechnungs- und Berichtssysteme" in bezug auf Differenzierungsgrad und Abstufung der Positionen sowie in bezug auf die Abgrenzung zum betriebsneutralen Ergebnis überarbeitet.

5.8 Bereitstellung der erforderlichen Software

Das Gelingen eines Vorhabens zur Reorganisation der Kosten- und Leistungsrechnung hängt in starkem Maße davon ab, ob die erforderliche Software-Unterstützung funktions- und fristgerecht bereitgestellt werden kann. Dazu bieten sich grundsätzlich die Alternativen

- Eigenentwicklung oder
- Kauf von Standardsoftware

mit vielen denkbaren Kombinationen/Zwischenformen an.

Sowohl die heute in den meisten Unternehmen bestehende Überlastung der DV-Entwicklungskapazitäten als auch das zunehmend breiter und besser werdende Angebot an Standardsoftware sind die wesentlichen Gründe dafür, daß in den Unternehmen verstärkt für die Alternative Softwarekauf plädiert wird. Eine Wahl zwischen den genannten Alternativen besteht allerdings nur dort, wo ein für die gegebene Aufgabenstellung hinreichend qualifizierter Mitarbeiterstab (in Datenverarbeitung und Fachabteilungen) verfügbar ist bzw. verfügbar gemacht werden kann (z.B. durch temporäre Beschäftigung von Spezialisten). Bei der Entscheidungsvorbereitung muß sehr darauf geachtet werden, daß alle Argumente pro und contra jeder der Alternativen auf den Tisch kommen. Der Kauf von Standardsoftware ist in aller Regel nicht etwa ein "Patentrezept" in dem Sinne, daß man "steckerfertige" Lösungen erwirbt, die per Knopfdruck einführbar sind und bei denen man allezeit frei ist von den leidigen Problemen der laufenden Wartung/Pflege. Genausowenig dürfen die möglichen Nachteile einer Eigenentwicklung übersehen werden (relativ lange Entwicklungszeiten, Gefahr der Realisierung überzogener Anwenderforderungen, Abhängigkeit von dem im eigenen Unternehmen verfügbaren bzw. verfügbar zu machenden Know how, relativ hohe Entwicklungskosten).

Wie die dem Verfasser durch langjährigen Erfahrungsaustausch bekannten Entwicklungen in vielen Unternehmen zeigen, kommt es nicht selten vor, daß die Gesprächspartner bei der Erörterung der Problematik Standardsoftware/Eigenentwicklung leicht emotional reagieren. Dabei ist gerade in dieser Frage Nüchternheit und differenzierte Betrachtungsweise angebracht. Dies vor allem deshalb, weil es sich hier um für die Unternehmen sehr wichtige Entscheidungen mit starker Folgewirkung handelt, deren Gesamtkosten oft die Millionengrenze überschreiten. Überdies sind einmal eingeschlagene Fehlwege mit jedem weiter darauf zurückgelegten Schritt immer schwieriger zu korrigieren. Der "point of no return" ist meist bald erreicht. Darin liegt auch der wesentliche Grund dafür, daß einmal eingeschlagene Fehlwege von den Beteiligten- oft auch gegen deren eigene Überzeugung - entweder "totgeschwiegen" oder im nachhinein "gesundgeredet" werden.

Die für alle Beteiligten, vor allem aber für das Management zu fordernde Transparenz auf dem Gebiet der Versorgung des Unternehmens mit geeigneten Hard- und Softwareleistungen wird durch derartige Verhaltensweisen erschwert/gestört. Eine solche Transparenz ist angesichts der Komplexität der zwischen den einzelnen Hard- und Softwarekomponenten bestehenden Beziehungen und Abhängigkeiten sowie der vielfach bei speziellen DV-Fachfragen gegebenen Angewiesenheit auf das Expertentum ohnehin nur sehr mühsam herzustellen.

Diese Hinweise mögen verdeutlichen, wie schwierig es ist, eine für den Außenstehenden verständliche, nachvollziehbare Beschreibung der Problemsituation "Software-Versorgung" sowie der dazu passenden Lösungswege zu geben. Die sich bereits für die systematische Einordnung der in einem Unternehmen vorhandenen Kosten- und Leistungsrechnung ergebende Problematik (vgl. oben, Ziff. 2.1) stellt sich in bezug auf die DV-Umwelt in verstärktem Maße.

Bei der Boehringer Ingelheim KG wurden für die Bearbeitung der Aufgabe "Bereitstellung der erforderlichen Software" folgende Schritte festgelegt:

(1) Ableitung des DV-Anforderungsprofils aus dem Fachkonzept für die Einführung der flexiblen Plankostenrechnung

(2) Überprüfung der vorhandenen DV-Systeme im Bereich der Kosten- und Leistungsrechnung auf Notwendigkeiten/Möglichkeiten der Änderung/ Anpassung für die neue/erweiterte Aufgabenstellung

(3) Suche nach einer geeigneten Standardsoftware, wenn sich bei (2) keine Möglichkeiten ergeben

(4) Abstimmung der nach (2) oder (3) gefundenen/vorgeschlagenen Lösung mit den für die Boehringer Ingelheim KG geltenden konzeptionellen Festlegungen
a) in fachlicher Hinsicht
b) in DV-technischer Hinsicht.

Diese Überlegungen/Überprüfungen hatten zum Ergebnis, daß die vorhandene Software für die Kosten- und Leistungsrechnung erweiterbar ist für die Zwecke der flexiblen Plankostenrechnung bzw. - damit verbunden - auch für die Zwecke des Ausbaus der Kostenplanung im oben (vgl. Ziff. 4) beschriebenen Sinne. Dieses Ergebnis ist im Zusammenhang damit zu sehen, daß im Unternehmen noch alle maßgeblich an der Planung und Entwicklung der vorhandenen Kosten- und Leistungsrechnungs-Software beteiligten Mitarbeiter (in Datenverarbeitung wie im Rechnungswesen) verfügbar sind. Aufgrund der damit gegebenen "intimen Systemkenntnis" war die Beurteilung der vorhandenen DV-Systeme in bezug auf die Möglichkeiten der Erweiterung sehr erleichtert; gleiches gilt für die Realisierung der definierten Modifikationen. Dieser Lösungsweg beinhaltet zugleich den Vorteil, daß dabei der Umstellungs- und Einführungsaufwand auf das Gebiet der vom Unternehmen definierten Reorganisationsmaßnahmen begrenzt bleiben kann (keine weiteren, durch Standardsoftware möglicherweise bedingten Anpassungszwänge) und daß darüber hinaus das EDV-Budget nicht durch erhebliche zusätzliche Ausgaben belastet wird.

Eine besondere Suche nach geeigneter Standardsoftware war somit nicht erforderlich (das Angebot am Softwaremarkt wird vom Rechnungswesen ohnehin routinemäßig beobachtet).

In fachlicher Hinsicht steht der Lösungsvorschlag sowohl in Übereinstimmung mit den dazu definierten Anforderungen der Boehringer Ingelheim KG als auch in Übereinstimmung mit den für das Gesamtunternehmen Boehringer Ingelheim auf diesem Gebiet getroffenen Festlegungen (vgl. dazu auch oben, Ziff. 2.2). In DV-technischer Hinsicht ist festzustellen, daß die bei der Boehringer Ingelheim KG vorhandene Anwendungssoftware weitestgehend aus Eigenentwicklung stammt. Mit dem Einsatz von Standardsoftware wurde im Bereich Personal begonnen. Im übrigen wird eine mögliche Nutzung von Standardsoftware bei allen Reorganisationsvorhaben routinemäßig in die Überlegungen einbezogen.

Insgesamt gesehen wird davon ausgegangen, daß die bei der Boehringer Ingelheim KG gegenwärtig gegebenen DV-Umweltbedingungen sowie deren erkennbare Entwicklungslinien keine harten Anhaltspunkte dafür geben, daß der Kauf von Standardsoftware aus übergeordneten Gesichtspunkten für den Bereich der Kosten- und Leistungsrechnung geboten erscheint.

Das Software-Modifikationskonzept beinhaltet folgende Komponenten:

(1) Aufbau einer flexiblen Kostenstellenplanung nach dem oben (vgl. Ziff.4) beschriebenen Schema

- zunächst für die ca. 50 Kostenstellen der Synthese-Betriebe (bei insgesamt ca. 1.200 Kostenstellen der Boehringer Ingelheim KG) auf dem Personal Computer (IBM AT, Lotus)

- im Anschluß daran Konzeption und Realisierung der entsprechenden Systemergänzungen auf dem Großrechner.

(2) Übernahme der Plan-Verrechnungssätze aus (1) - zunächst noch manuell - in die Stammdatenverwaltung Material (Großrechner-System).

(3) Ergänzung der Kostenstellenabrechnung (Großrechner) um die Abweichungsanalysen

(4) Anpassung der auf dem Großrechner betriebenen Systeme Fabrikationsabrechnung, Fabrikationsergebnis-Verrechnung, Vertriebsabrechnung und "Durchgerechnete Kalkulation" im Sinne einer vom Anwender steuerbaren, differenzierten Verrechnung der Abweichungen (vgl. oben, Ziff 5.6,5.7)

---

[1] vgl. Kilger,W.: Systematische Schwachstellenanalyse und Reorganisation der Kosten- und Leistungsrechnung in: Rechnungswesen und EDV, Saarbrücker Arbeitstagung/85, Herausg. W. Kilger und A.W. Scheer, Würzburg-Wien 1985, S. 138

[2] vgl. dazu Biehl,W.: Verkaufssteuerung mit Deckungsbeiträgen in einem Unternehmen der chemischen Industrie in: Rechnungswesen und EDV, Saarbrücker Arbeitstagung 84, Herausg. W. Kilger und A.W. Scheer, Würzburg-Wien 1984, S. 212 f.

[3] vgl. Kilger,W.: Systematische Schwachstellenanalyse und Reorganisation der Kosten- und Leistungsrechnung, a.a.O., S. 146

Anlage I

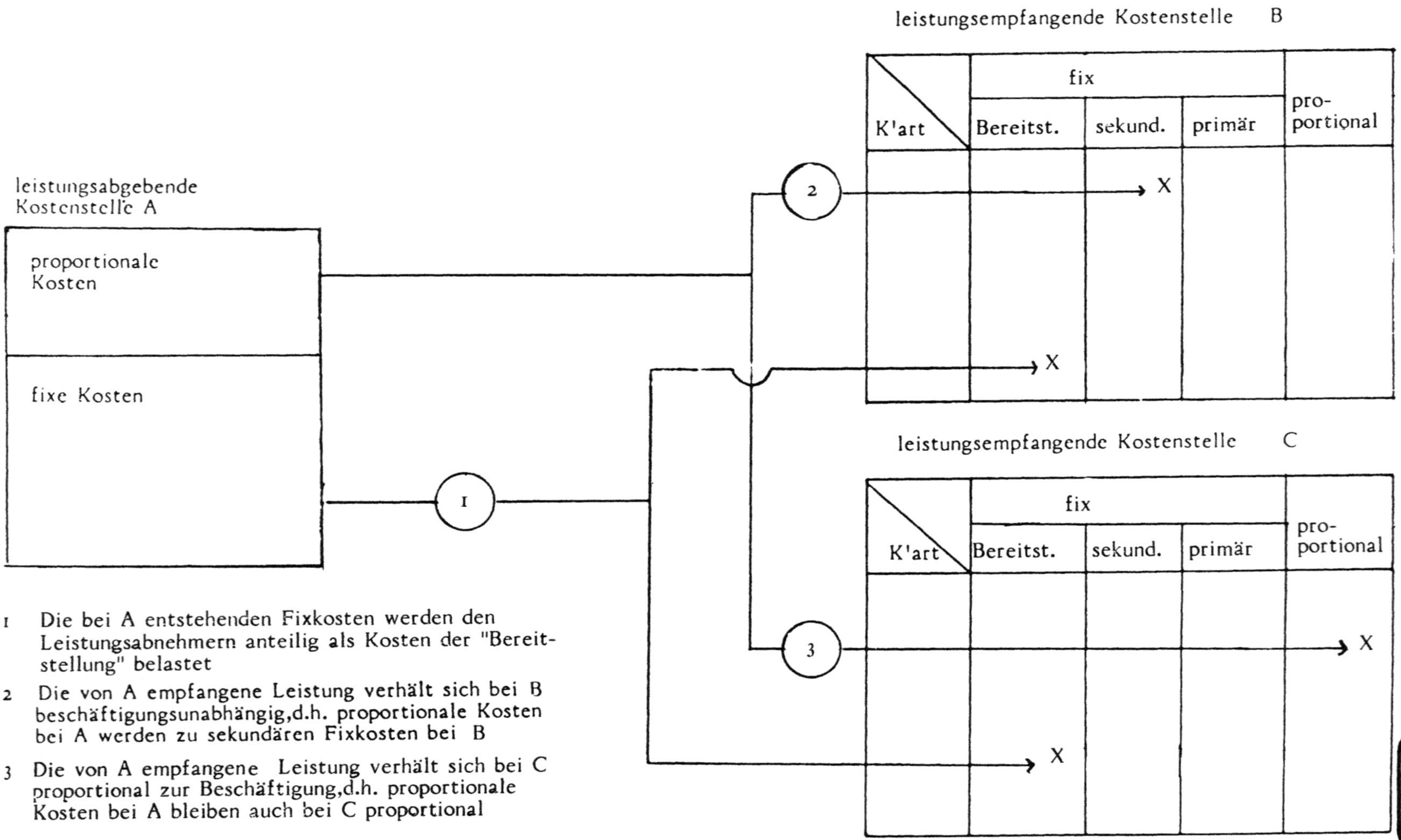

1 Die bei A entstehenden Fixkosten werden den Leistungsabnehmern anteilig als Kosten der "Bereitstellung" belastet

2 Die von A empfangene Leistung verhält sich bei B beschäftigungsunabhängig,d.h. proportionale Kosten bei A werden zu sekundären Fixkosten bei B

3 Die von A empfangene Leistung verhält sich bei C proportional zur Beschäftigung,d.h. proportionale Kosten bei A bleiben auch bei C proportional

Anlage 2

Skizze einer Mehrzweckanlage

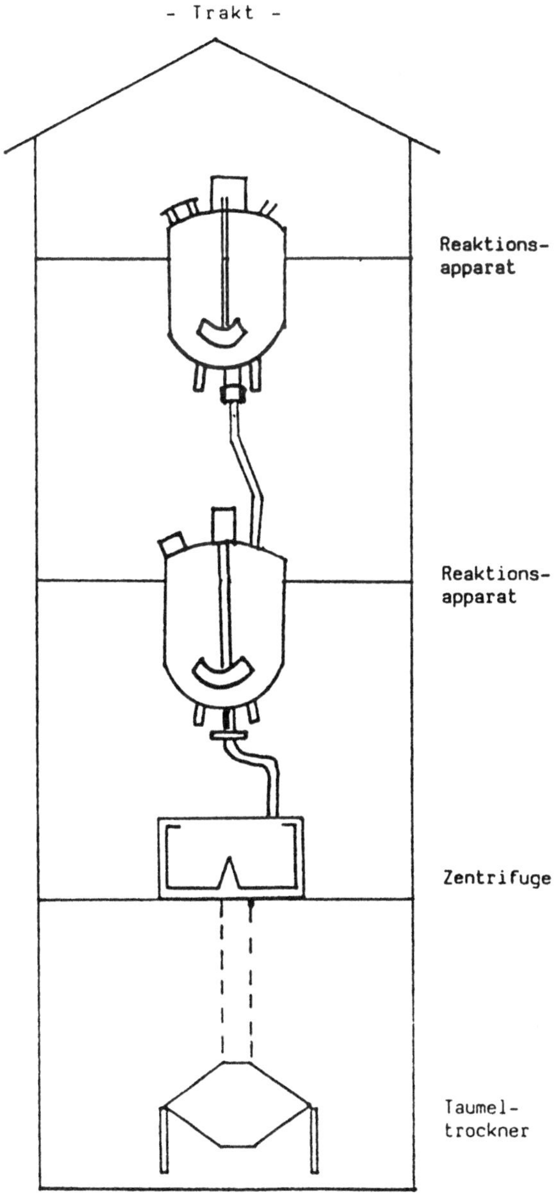

Anlage 3

Synthese-Betriebe	30 .. bis 33 ..
Betriebsleitung und Labor I	30 00
Betriebsleitung und Labor II	30 01
Gebaeudeunterhaltung Synthese I	30 90
Gebaeudeunterhaltung Synthese II,III,IV	30 91
Tanklager Synthese I	30 95
Synthese-Betrieb I	**31 ..**
Bromierungs-Station I	31 01
Lund-Station	31 02
Bromierungs-Station II	31 03
Triforine-Station	31 04
Bromierungs-Station III	31 05
Bromierungs-Station IV	31 06
Amin-Station	31 07
Aminobase-Station	31 08
DMPA-Station	31 09
Kontinuierliche Anlage	31 10
Bromwasserstoff-Station	31 11
Mahl- und Misch-Station	31 12
Kaelteanlage	31 13
Isopropanolkolonne	31 14
Synthese-Betrieb II	**31 ..**
Opiate-Station	31 50
Sympatol-Rein-Station	31 51
Mexiletin-Roh-Station	31 52
Adrianol-Spaltungs-Station	31 53
Adrianol-Station	31 54
Ester-Station	31 55
Kolonnen-Station	31 56
Mexiletin-Rein-Station	31 57

Anlage 4

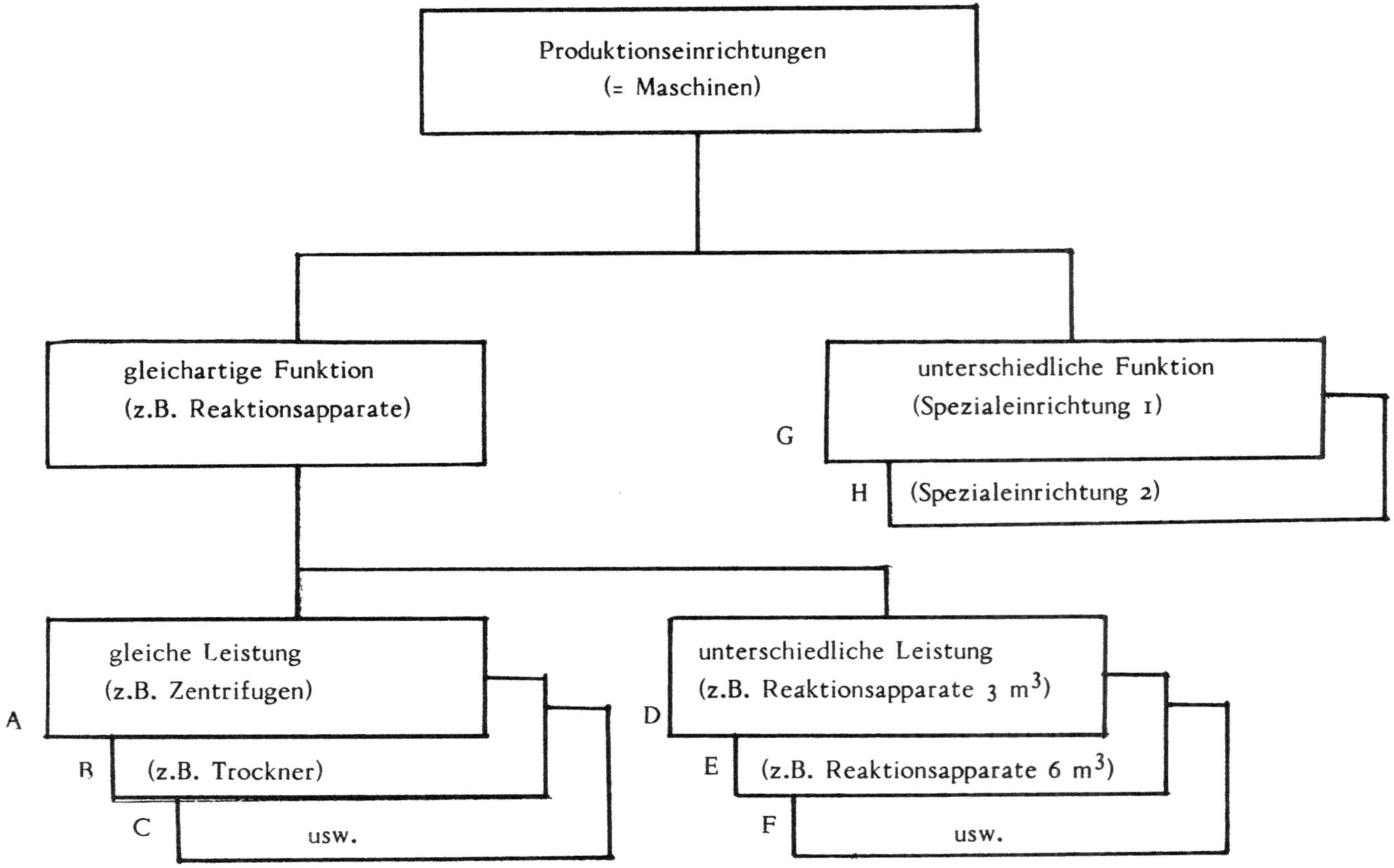

Maschinenbezogene Kostenstellen A,B,C (= gleichartige Funktion und gleiche Leistung)
Maschinenbezogene Kostenstellen D,E,F (= gleichartige Funktion, aber unterschiedliche Leistung)
Maschinenbezogene Kostenstellen G,H (= unterschiedliche Funktion)

Anlage 5

Kostenstellen

Betriebsbereich Synthese I. :

3000	Betriebsleitung Synthese I.
3002	Syntheselabor I.
3090	Gebäudeunterhaltung Synthese I.
3095	Tanklager Synthesebetriebe.
3110	Kontinuierliche Anlage (Dibah)
3111	HBr-Konfektionieranlage
3112	Mahl- und Mischstation
3113	Kälteanlage
3120	Fertigungslohn Synthese I.+ V.
3121	Rührbehälter 3 cbm
3122	Rührbehälter 6 cbm
3123	Zentrifuge
3124	Trockner
3125	Vacuumpumpen
3126	Destillationskolonne
3127	Pumpen und Motoren
3128	Behälter und Tanks
3129	HCl - Wäscher
3130	HBr - Rückgewinnungsanlage
3131	Reibschnitzler

Betriebsbereich Synthese II.- VII. :

3001	Betriebsleitung II.
3003	Syntheselabor II.
3091	Gebäudeunterhaltung Synthese II.- VII.
3095	Tanklager Synthese
3161	Fertigungslohn Synthese II.- VII.
3161	Rührbehälter 500 ltr. (Stem/V4A)
3162	Rührbehälter 1000 ... 1500 ltr. (Stem/V4A)
3163	Rührbehälter 2000 ... 3000 ltr. (Stem)
3164	Zentrifugen
3165	Trockner (Taumel-,Vakuum-,Umlufttrockner)
3166	Kälteanlage (Sole)
3167	Vacuumpumpen (Wasserring-,Busch-,Dampfstrahl)

Anlage 6

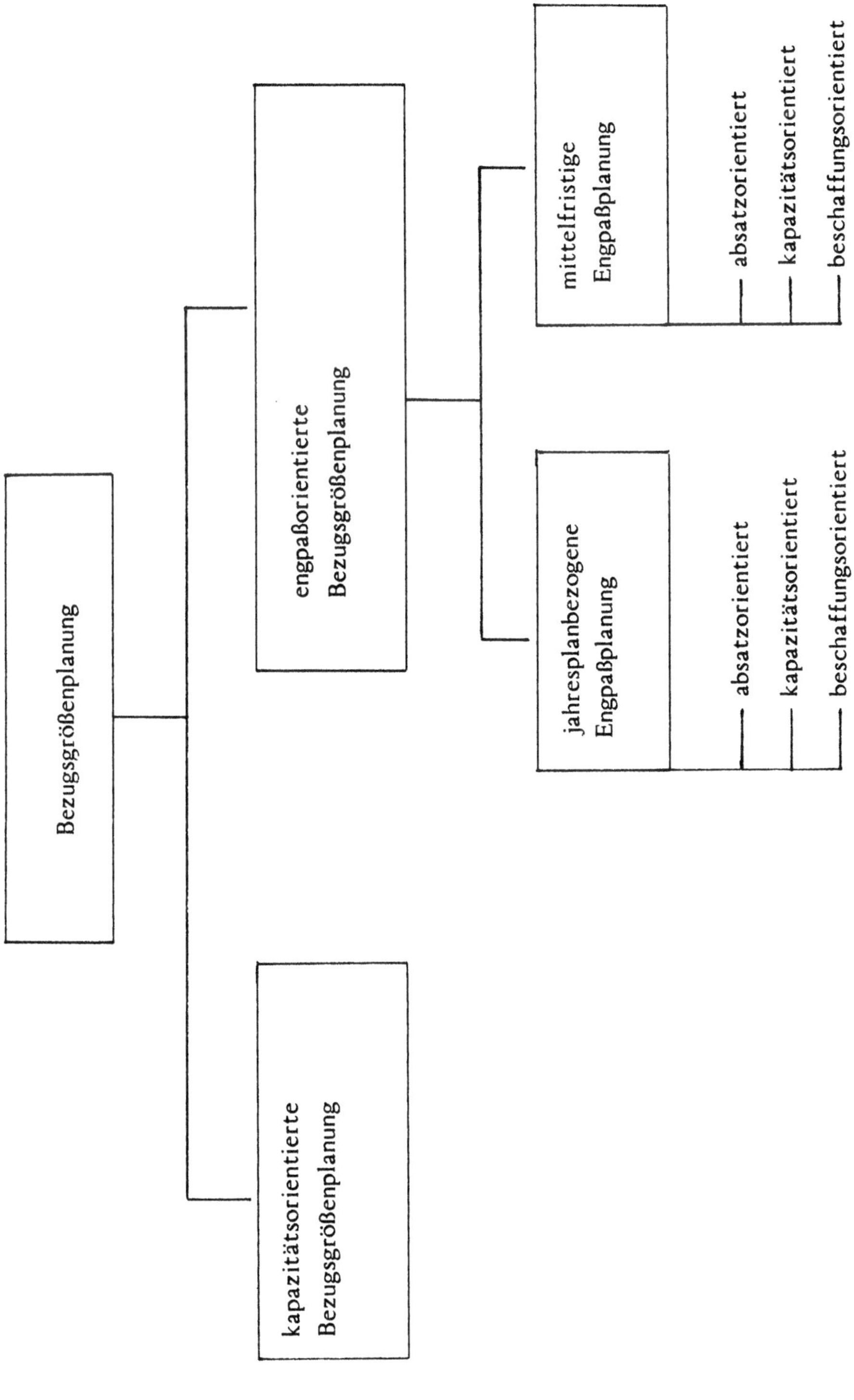
Bezugsgrößenplanung
engpaßorientierte Bezugsgrößenplanung
kapazitätsorientierte Bezugsgrößenplanung
mittelfristige Engpaßplanung
jahresplanbezogene Engpaßplanung
absatzorientiert
kapazitätsorientiert
beschaffungsorientiert
absatzorientiert
kapazitätsorientiert
beschaffungsorientiert

Anlage 7

Erfassung d. Belegungszeiten p. Apparat

zur Ermittlung der Maschinenstunden

Produkt : ____________________

Prodnr.: ____________ mögl. Ansätze p.Mon.: ____________

ΦAusbringmenge/Ans.[kg]:________ ΦAnsatzlaufzeit [h] : ____________

produzierte Ansätze im Zeitraum [3/4 J 85] : ____________

Kostenstelle und Nr.	Bezeichnung Apparate	Zahl ben. Einheiten [Stk.]	Maschinenbezeichnung	Masch. Nr.	Takt-Zeit [h]	Leer-kapaz. I.[h]	Leer-kapaz. II.[h]	Reinig. zeiten [h]	Technik zeiten [h]	Still-stand [h]	Summe [h]
3113	Kälteanlage										
3121	Rührbehälter 3 cbm										
3122	Rührbehälter 6 cbm										
3123	Zentrifugen										
3124	Trockner										
3125	Vacuumpumpen										
3126	Destillationskolonne										
3127	Pumpen und Motoren										
3128	Behälter und Tanks										
3129	HCL-Wäscher										
3130	HBr-Rückgewinnungsa.										
3131	Reibschnitzler										
Summe Stunden Gesamt											

A Betriebsabrechnung 1985 -MSR-

Anlage 8

BOEHRINGER INGELHEIM KG

K O S T E N P L A N U N G

Zeitraum:

Kostenstellen-Bezeichnung:

Kst-Nr.:

Kostenstellen-Leiter:

Blatt-Nr.:

Planbezugsgroesse:

Bemerkungen:

Schichtzahl:

Anzahl Mitarbeiter: Maschinen:

Kostenarten					Plankosten in DM / Monat				
						Fixe Kosten			
Nr.	Bezeichnung	ME	Menge	DM / ME	GESAMT	Bereitst.	sekundaer	primaer	proport.
	Summe Plankosten								
	Verrechnungssatz in DM je								

Geplant:		Geprueft:		Genehmigt:		Erfasst/Eingegeben:	
Name	Datum	Name	Datum	Name	Datum	Name	Datum

CHBS-ACP	HERSTELLUNGSVORSCHRIFT	8.REP.DEUTSCHLAND

S.-Bearb.	Betriebsbezeichnung	ausgestellt am	Planmonat	Bereitst.-Termin	Pharmazeutische Vorschrift	Anal. Pkt.	A.
000	SYNTHESE I U. V	23.06.86			Anlage 9	0	0

Firma	VB	SB	Artikel-Nr.	Vers.	gültig ab	Vers. alt		Artikelbezeichnung	Land	E
01	40	760	3 01	15	04.86	13		Produkt I	000	

P1

Form. Nr.	Firma	VB	BA	Auftrags-Nr.	erledigt am	SB	Artikel-Nr.	Auftragsmenge	ME	E/S	E-Lager	KST	AKST	S
								13480.000	GR		0471	3120	3120	

Abgelieferte Menge / Abweichungen → **P2**

P3

Pos.	Materialteil / Artikelbezeichnung	SB	Artikel-Nr.	Land	Sollmenge	ME	VERLUST	A-Lager
	RECHENEINHEIT MATERIAL : 1.000							
S	Rohstoff A	300	3......5	000	25	GR		0471
N	Rohstoff B	300	3.....8	000	1.062	GR		0472
M	Rohstoff C	300	3.....9	000	303	GR		0472
C	Rohstoff D	300	3.....7	000	835	GR		0471
V	Rohstoff E	300	3.....8	000	502	GR		0472
F	Rohstoff F	300	3.....8	000	245	GR		0471
O	Rohstoff G	300	3.....0	000	1	GR		0471
P	Rohstoff H	300	3.....1	000	271	GR		0471
P	Rohstoff I	300	3.....6	000	344	GR		0471

ORIGINAL

P5

Pos.	Kapazitätsteil / Maschinenbezeichnung	SB	Masch.-Nr.	Maschinen-Std. Soll	Maschinen-Std. Ist	Personal-Std. Soll	Personal-Std. Ist	Pers.-Anz.
	RECHENEINHEIT KAPAZITAET: 674.000							
	RWA-DESTILLATION 3000 LTR.	021	001211	48,0		0,0		
	ZENTRIFUGEN	021	001231	16,0		0,0		
	DOPPELKONUS-MISCHTROCKNER	021	001241	16,0		0,0		
	VACUUMPUMPEN, WRP.DSTRP.BUSCHPPE	021	001251	16,0		0,0		
	HCL-W*SCHER	021	001291	16,0		0,0		
	REIBSCHNITZLER	021	001311	16,0		0,0		
	BEH*LTER-U. TANKS	021	001281	48,0		0,0		
	LOHNSTUNDEN PRODUKTION	010	931201	0,0		40,0		

P7

Gesamtauftrags-Menge	Aufträge	M	K	Auslie.			
		1	1		27.06.86	(Unterschrift Fertigung)	(Empfangsbestätigung)

0593 8/85

Die technische Konzeption eines Integrationsmodells am Beispiel des Systems RK

Dipl.-Ing. H. Plattner, SAP GmbH, Walldorf

Vor vier Jahren hatte ich an gleicher Stelle die Gelegenheit, das Konzept einer Dialogkostenrechnung vorzustellen. Viele der damaligen Zuhörer waren skeptisch, wenn nicht gar ablehnend und bezweifelten die Notwendigkeit einer solchen Entwicklung.

Inzwischen sind eine Vielzahl der auf den damaligen Konzepten aufbauenden Systeme im produktiven Betrieb und die Anforderungen der Anwender entwickeln sich sogar über unsere Erwartungen hinaus eindeutig in Richtung erhöhter Integration und Erweiterung des Dialogbetriebes.

3 Komplexe sollen im folgenden behandelt werden:

1. Anforderungen an die Integration und die Dialogverarbeitung
2. Datenbankkonzeption
3. Neue Wege in Reportings

7. Saarbrücker Arbeitstagung 1986
Rechnungswesen und EDV
hrsg. v. W. Kilger/A.-W. Scheer

1. Anforderungen an die Integration und die Dialogverarbeitung

Es gibt verschiedene Gründe, warum Integration notwendig oder zumindestens vorteilhaft ist. Im folgenden sollen einige spezielle Aspekte, die im Zusammenhang mit der Entwicklung und Einführung des Kostenrechnungs-Systems RK von Bedeutung waren, näher erläutert werden:

- Formale Integration
- Prozeßkonforme Integration
- Integration von Batch- und Dialogverarbeitung
- Verfahrensauswahl im Integrationsmodell
- Einfluß der Integration auf die Abstimmbarkeit und Sicherheit

Formale Integration

Unter formaler Integration verstehen wir die Verwendung gleichartiger Servicefunktionen in verschiedenen Anwendungen. Jeder Anwendungsbereich hat Anforderungen an eine Tabellenverwaltung, eine Textverarbeitung, eine Online-Drucksteuerung, eine Online-Dokumention etc. (Siehe Tafel 1)

Um die Bedienung des Systems an der Benutzeroberfläche möglichst einheitlich zu gestalten und um den Umfang der speziellen Anwendungsprogramme möglichst klein zu halten, müssen diese allgemeinen Anwendungsfunktionen zentral als Servicefunktionen zur Verfügung gestellt werden. Die technische Perfektion dieser Funktionen bestimmt in hohem Maße die Effektivität der Anwendung. Die Gleichartigkeit des äußeren Erscheinungsbildes verschiedener Anwendungen erleichtert die arbeitsgebietübergreifende und damit oftmals qualitativ hochwertige Problemlösung.

Die Einführung neuer Komponenten trifft auf eine höhere Akzeptanz der Anwender und wird damit ebenso vereinfacht wie die betriebsinterne Rotation von Personal.

Prozeßkonforme Integration

Unter einem Prozeß verstehen wir im Betrieb eine Reihe von Produktionsschritten. Viele der bei diesen Produktionsschritten anfallenden Daten über Materialverbräuche, Arbeitsleistungen, Gutstückzahl und Ausschuß, stellen das Istdatengerüst der Kostenträgerrechnung dar.

Wenn die Kostenrechnung aus der vergangenheitsorientierten Betrachtung zu einer gegenwartsbezogenen "Was können wir beeinflussen?" kommen soll, müssen alle Informationen, die in den Bereichen Produktion und Verwaltung anfallen, unmittelbar erfaßt, bewertet und aufgezeichnet werden, um eine mitlaufende Kalkulation zu ermöglichen. Der Prozeßbegriff läßt sich von der Produktion auch auf die Verwaltung übertragen. Ein Vorgang betrifft meist auch andere Abteilungen. Die bei der Bearbeitung entstehenden Aufzeichnungen werden von einer Abteilung an die nächste weitergereicht. Es ist naheliegend, die einzelnen Verarbeitungsschritte analog der Produktionssteuerung datentechnisch in einem Prozeß miteinander zu verbinden. Um zu einer prozeßkonformen Integration zu kommen genügt es nun nicht, daß die Einzelsysteme in sich als Echtzeitsysteme aufgebaut sind, sondern die unmittelbare Kommunikation zwischen diesen Systemen ist gefordert. Das hat zur Konsequenz, daß alle Grunddatenstrukturen gemeinsam entworfen und in gemeinsamen Datenbanken abgelegt sein müssen.

Eine scharfe Trennung in die klassischen Anwendungsgebiete ist somit gar nicht mehr möglich. Die Softwareerstellung orientierte sich in der Vergangenheit und vielleicht sogar noch heute stark an der Lösung von abteilungsbezogenen Fragestellungen. Dieser Ansatz ist durchaus verständlich, wenn man Software als Element Servicefunktion in der Fachabteilung sieht. Leider läßt diese Konzentration auf die spezifischen Probleme einer Fachabteilung später selten eine prozeßkonforme Integration der verschiedenen Anwendungssysteme zu. An zwei Beispielen aus Verwaltung und Produktion soll die prozeßkonforme Integration noch etwas näher diskutiert werden.

Beispiel 1

Integrationskreis Fremdbezug
- Bestellwesen
- Rechnungsprüfung
- Kreditorenbuchhaltung
- Sachkontenbuchhaltung
- Kostenstellenrechnung
- Auftragsabrechnung
- Projektüberwachung
- Mittelüberwachung

Um alle Geschäftsvorfälle, die diese Arbeitsgebiete betreffen, im Zusammenhang bearbeiten zu können, müssen die Begriffe Konto, Kostenstelle, Auftrag, Projekt und Buchungsbeleg durchgängig verwendet werden, d. h. gemeinsame Datenbanken darstellen.

Die Kontierung muß zum frühestmöglichen Zeitpunkt erfolgen. Alle Informationen können dann sofort für die im Prozeß folgenden Arbeitsschritte zur Verfügung gestellt werden. Der auf diese Weise beschleunigte Informationsfluß bringt direkte Vorteile in den Controllingbereichen (Projekt- und Mittelüberwachung). Die durchgängige Behandlung aller zum Prozeß gehörenden Vorgänge erleichtert aber auch den Informationsaustausch, die Abstimmung, eventuelle Rückkopplungen und stellt damit ein Rationalisierungspotential dar. (Siehe Abbildung 1)

Beispiel 2

Integrationskreis Betriebsleistung
- Stückliste
- Arbeitsplan
- Kostenplanung
- Kalkulation
- Fertigungsauftrag
- Bewertung
- Auftragsabrechnung
- Bestandsführung

In diesem Integrationskreis stellen Material bzw. Teil, Leistung und Auftrag die gemeinsamen Grundlagen dar.

Um die eingangs aufgestellte Forderung zu erfüllen, müssen Produktion und Kostenrechnung als Echtzeitsystem realisiert sein. Nur unter dieser Voraussetzung kann die wertmäßige Betrachtung von Produktionsprozessen und der dabei anfallenden Abweichungen prozeßbegleitend erfolgen. Beschränkt sich dagegen die Integration auf die periodische Weitergabe der Ist-Werte von einem Arbeitsgebiet zum nächsten, tritt zwangsläufig eine Zeitverschiebung zwischen dem Vorliegen der Daten in dem Produktionssystem und dem Kostenrechnungssystem auf und das Controlling wird sich mehr und mehr von der wertmäßigen zur mengenmäßigen Betrachtung hin verschieben. Nur in einem wertmäßig geführten System werden aber die Ergebnisse verschiedener Prozesse addierbar und damit vergleichbar bzw. können die zwangsläufig entstehenden Abweichungen weiterverrechnet werden. Auf diese Möglichkeit kann das Controlling nicht verzichten. Mengen- und wertmäßige Betrachtungen müssen parallel und gleichzeitig zur Verfügung stehen.

Im Zeitalter der automatischen Prozeßsteuerung und Echtzeit-Betriebsdatenerfassung müssen die administrativen Systeme Buchhaltung und Kostenrechnung an die technischen Möglichkeiten angepaßt werden, d. h. Buchhaltung, Produktion und Kostenrechnung teilen sich gemeinsame Datenbanken und schreiben sie prozeßkonform fort. Allerdings bedeutet dies auch die gemeinsame Entwicklung der Anwendungskomponenten als Teil eines Gesamtsystems.

Integration von Batch- und Dialogverarbeitung

Die Umstellung von der Stapelverarbeitung auf die Dialogverarbeitung wird nach wie vor nur schrittweise und wenn, dann teilweise nur halbherzig vollzogen. Die Vorteile der interaktiven Arbeitsweise liegen einfach in der menschlichen Physiologie begründet und sind deshalb nicht argumentativ zu bekämpfen.

In mehreren Vorträgen habe ich auf den prinzipiellen Fehler hingewiesen, Tätigkeiten in typisch dialoggeeignet und in typisch stapelgeeignet aufzuteilen. Sehr wohl gibt es bedienungsintensive und bedienungsfreie Phasen in der Verarbeitung. Diese Einteilung ist nicht a priori funktionsbezogen sondern vielmehr abhängig von der Situation in der die Funktion ausgeführt werden soll bzw. von den zur Verarbeitung anstehenden Daten. Der Zyklus der Kostenstellenplanung ist ein gutes Beispiel dafür, wie dialogartige und stapelartige Verarbeitung miteinander vermischt werden.

Die Plandaten, d. h. Mengen und Werte pro Periode, Kostenart und Objekt, können sowohl durch manuelle Eingabe im Dialog als auch durch automatische Manipulationen verändert werden. Aus Gründen der Arbeitserleichterung wird versucht, von einer reinen Budgetierung zu einem Aufbau von Strukturdaten zu kommen, über die die Planwerte automatisch ermittelt werden können. Als vorteilhaft erweist sich dabei eine mengenmäßige Definition der Kostenstruktur, die über externe Preisdefinitionen bewertet wird (Standardpreise für Verbrauchsmaterial, Ressourcendefinition für die Inanspruchnahme externer Leistungen).

Mehrere komplette Planungen können parallel aufgebaut und verwaltet werden. Einerseits kann damit eine schrittweise Entwicklung der Planung dokumentiert und gesichert werden, andererseits besteht die Möglichkeit, mehrere alternative Planungen (Konzernbudget, flexible Kostenplanung, Fünfjahresplan etc.) nebeneinander zu führen. Die Planungen können untereinander mit Hilfe des Berichtswesens verglichen werden, da grundsätzlich Plan- und Istwerte den gleichen Datensatzaufbau besitzen.

Die Planungsaktivitäten bestehen nun neben der manuellen Eingabe oder maschinellen Übernahme von Planwerten in der Durchführung und Beurteilung der automatischen Planungsschritte. Die folgende Übersicht zeigt einen typischen Planungsablauf:

1. Veränderung der Kosten- und Leistungsstrukturdaten
2. Ermitteln leistungsabhängiger Verbrauchsmengen
3. Bewerten der externen Bezüge über Ressourcenstamm
4. Bewerten der internen Verbräuche über Materialstamm
5. Ermittlung kalkulatorischer Primärkosten
6. Iterative Verteilung von Primärkosten
7. Iterative Umlage von Primär- und Sekundärkosten
8. Iterative Bewertung des internen Leistungsaustausches
9. Iterative Ermittlung von Verrechnungssätzen pro Leistungsart für die Kalkulation
10. Erstellen Plan-BAB

Die Schritte 2 - 10 können automatisch ablaufen. Die Reihenfolge kann vom Benutzer festgelegt werden.

Für einen schnellen Planungsfortschritt ist es notwendig, die Auswirkungen einer Planungsänderung im Budget und in den Verrechnungssätzen sichtbar zu machen. Die Praxis hat gezeigt, daß mehrere Planungsdurchläufe an einem Tag durchaus möglich und gewünscht sind. Da die Planung prinzipiell einen iterativen Prozeß darstellt, kann über die mögliche Erhöhung der Zahl der Iterationsschritte auch die Qualität der Planung beeinflußt werden.

Die einzelnen Schritte eines Planungsdurchlaufs entsprechen denen einer Istabrechnung. Es kommen deshalb auch die identischen Transaktionen zum Einsatz. Die zu einem Planungsdurchlauf benötigten Transaktionen werden in einer Mappe zusammengefaßt. Die Mappe enthält alle für das Aufsetzen der Transaktionen notwendigen Informationen. Die Mappe kann mit einem Aufruf im Dialog gestartet werden, ein sequentieller Aufruf der einzelnen Transaktionen bleibt dem Benutzer damit erspart.

Wird auf den Abschluß des Planungsdurchlaufs nicht unmittelbar gewartet, kann die ganze Mappe auch auf einen bestimmten Zeitpunkt terminiert und dann bedienerfrei prozessiert werden.

Grundsätzlich werden heute bei uns alle Programmfunktionen, mit denen Daten manipuliert werden können, als Dialogtransaktionen entwickelt. Programmfunktionen, die eindeutig stapelartigen Charakter haben, können somit zu einem beliebigen Zeitpunkt vom Anwender aufgerufen bzw. in einen sequentiellen Ablauf eingefügt werden. Damit kann das Handling gegenüber einer echten Batchverarbeitung erheblich vereinfacht werden. Ausgenommen davon sind natürlich alle Reorganisationsprogramme und sortierintensive Anwendungen.

Verfahrensauswahl mit Hilfe des Integrationsmodells

Integrierte Anwendungssysteme bieten für ein betriebswirtschaftliches Problem oftmals verschiedene Verfahren an.

Auch unsere Standardsoftware bietet heute eine Übermenge an Funktionen an, aus der betriebsindividuelle Verfahren zusammengestellt werden können. Funktionen, die in der bisherigen Organisation des Betriebes unüblich oder unbekannt waren, sollten aber nicht ohne nähere Prüfung sofort übergangen werden. Damit wird eine Einarbeitung in alternative betriebswirtschaftliche Lösungsansätze mehr und mehr gefordert.

Die Entscheidung, welches Verfahren für den Betrieb das besser geeignete ist, sollte nicht nur in der Diskussion sondern anhand eines Modellversuchs getroffen werden. Die Dialogsysteme werden heute in ihrer Bedienung immer komfortabler, so daß eine schnelle Erarbeitung des für den Modellversuch notwendigen Wissens der Fachabteilung ermöglicht wird. Gerade die Kostenrechnung verlangt aufgrund ihrer hohen Komplexität im Bereich der betriebswirtschaftlichen Funktionen nach einem EDV-gestützten Modell. Die Beurteilung der Frage, welches Verrechnungsverfahren für die innerbetriebliche Leistungsverrechnung das passendste ist, kann oft nur basierend auf quantitativen Beispielen ermittelt werden. Die Beispiele sollten die betrieblichen Gegebenheiten repräsentativ wiederspiegeln. Aufwand und Nutzen der verschiedenen Verfahren können dann miteinander verglichen werden. Die folgenden Problemkreise der betriebswirtschaftlichen Konzeption können im Modellversuch analysiert werden.

. Innerbetriebliche Leistungsverrechnung
. Hierarchiedefinition
. Festlegung des Kalkulationsschemas
. Abweichungsverrechnung über Bestände
. Reportingkonzept
. Laufzeitverhalten

Mehr noch als bei der Planung wird deutlich, daß ein System, das für die Modellierung der betriebswirtschaftlichen Konzeption als Hilfsmittel dienen soll, in allen Phasen der Systemdefinition, Stammdatenanlage, Hierarchieaufbau, mengen- und wertmäßigen Planung, gegenseitige Leistungsverrechnung, Kalkulation, Auftragsabrechnung, Bestandsführung und Ergebnisrechnung als arbeitsplatzorientiertes System arbeiten muß. Selbst typische Monatsabschlußarbeiten, wie periodische Umlage von Kosten, müssen im Modell zu beliebigen Zeiten aufgerufen und bei Bedarf wieder storniert werden können. Je höher der Integrationsgrad der Kostenrechnung und den Systemen für die Produktion und des externen Rechnungswesens ist, umso breiter wird die Akzeptanz der beim Modellversuch gewonnenen Erkenntnisse.

Einfluß der Integration auf die Abstimmbarkeit und Sicherheit

Die Integration von Anwendungen bedeutet, daß gemeinsame Daten verwaltet und die Programme miteinander kommunizierend ablaufen. Ein häufiges Argument gegen die Integration ist der Hinweis auf das steigende Risiko der Beeinflussung vieler Arbeitsgebiete durch ein fehlerbehaftetes Arbeitsgebiet. Unsere praktische Erfahrung ist gegenteilig.

In einem nicht integrierten System übernimmt eine periodische Datenüberleitung die Kopplung der einzelnen Anwendungen. Häufig muß bei der Datenüberleitung auch noch eine Datentransformation stattfinden, da getrennt entwickelte Systeme sich in der Definition der Datenstruktur erheblich unterscheiden können. Um alle Datenbestände im Gesamtsystem synchron, d. h. abgestimmt, zu halten, müssen die einzelnen Programmkomponenten fehlerfrei arbeiten und es darf bei den diversen Datenüberleitungen kein Handlingsfehler passieren. Selbst unter der Voraussetzung, daß alle Programmkomponenten vom gleichen Entwickler stammen und die Datendefinition so abgestimmt ist, daß keine Datentransformationen stattfinden müssen, stellen die Handlingsfehler ein programmtechnisch nicht ausschaltbares Risiko dar.

In einem integrierten System wird die Datenüberleitung durch direkte Kopplung von Programmen ersetzt. Ähnlich wie bei der Erfassung, bringt die funktionale Integration auch bei der Abstimmung Vorteile, denn Handlingsfehler bei der Überleitung sind gänzlich ausgeschlossen. Was bleibt ist der Einfluß von Programmfehlern. Im Dialogsystem werden Fehler durch die unmittelbare Kontrollmöglichkeit in der Fachabteilung in der Regel sehr schnell erkannt. Der höhere Integrationsgrad bietet darüber hinaus auch arbeitsgebietübergreifende Kontrollmöglichkeiten. So kann z. B. in einer Transaktion vom Betriebsergebnis über sämtliche Zwischensummen bis auf die Einzelbewegung und ihre buchhalterische Definition im Grundbuch auf Anforderung zugegriffen werden. Oder eine Abweichung auf einem Auftrag kann bis auf die Bestellanforderung und die Bestellentwicklung zurückverfolgt werden. Dieses Sichtbarmachen von Zusammenhängen wird von vielen Dialoganwendern quasi als permanente Stichprobenrevision durchgeführt und schützt vor dem Nichterkennen von Programmfehlern, zumindest vor solchen, die die Datenintegrität beeinflussen.

Sind die Schnittstellen zwischen Arbeitsgebieten erst einmal transparent, d. h. vom Anwender einfach kontrollierbar, und durch die Online-Verarbeitung im permantenten Betrieb, so wird sich ihre Stabilität bald ähnlich wie bei den Kerngebieten einer Anwendung entwickeln.

2. Datenbankkonzeption

Aus dem ersten Kapitel ergeben sich klare Anforderungen für den Aufbau der Datenbanken. So müssen unserer Meinung nach die Datenbanken für die operativen Anwendungen (Buchhaltung, Fertigungssteuerung), Planung (Budgetierung, Verrechnungssatzermittlung, Kalkulation) und Berichtswesen einheitlich gestaltet und mit einem Datenbankkonzept realisiert werden. Bevor wir auf die technischen Lösungen näher eingehen, sollen die zwei Grundsäulen der integrierten Datenbank noch einmal kurz erwähnt werden.

- Das Konto

Der Kontenbegriff der Buchhaltung und der Kostenrechnung muß vereinheitlicht und durchgängig in allen Anwendungen verwendet werden. Selbstverständlich kann in Konten des externen und des internen Rechnungswesens, in aktuelle Konten und Konten, die nur für Planungszwecke verwendet werden, unterschieden werden. Alle wertmäßigen Vorgänge in der Buchhaltung, Kostenstellenrechnung, Auftragsabrechnung und Projekt-Abrechnung, werden auf Konten kontiert und auch in nach Konten getrennten Summensätzen fortgeschrieben. Nur so ist es möglich, zwischen dem internen und dem externen Rechnungswesen jederzeit abstimmbar zu bleiben und die wertmäßigen Ergebnisse des Produktionsprozesses wieder in das externe Rechnungswesen zurückfließen zu lassen.

- Der Auftrag

In einem Auftrag werden sowohl das technische Mengen- und Zeitgerüst als auch die buchhalterische Bewertung verwaltet. Unabhängig davon, ob es sich um innerbetriebliche, projektbezogene oder Produktionsaufträge handelt, wird stets die gleiche Datenbankstruktur verwendet.

Die Führung der produktionsbezogenen und der kostenrechnerischen Daten in einer gemeinsamen Struktur erleichtert die prozeßkonforme Führung der Datenbestände. Alle beteiligten Anwendungen wie Vorkalkulation, Auftragsverwaltung in der Produktion, mitlaufende Kalkulation und Nachkalkulation werden gezwungen, in derselben Datenstruktur zu denken und auch die Bedürfnisse der anderen Anwendungen zu berücksichtigen.

Bei der Strukturierung der Daten für das betriebliche Rechnungswesen unterscheiden wir in Stammdaten, Bewegungsdaten, Summendaten und Steuerungsdaten. Auf Grund der großen Mengen an Bewegungsdaten, muß sich im Rechnungswesen die Verarbeitung und insbesondere die Auswertung möglichst ganz auf die Summendaten konzentrieren. Bei der Verdichtung der Bewegungsdaten zu Summendaten wird der Monat als kleinste Einheit zugrunde gelegt. Die Kontierungsmerkmale Objekt (Kostenstelle, Auftrag), Konto, leistende Kostenstelle, Leistungsart, bleiben als Elemente des Summensatzschlüssels erhalten. Die Summensätze für Kostenstellen, Aufträge, aber auch Ergebnisrechnungspositionen, haben einen prinzipiell ähnlichen Aufbau.

Automatisch ermittelte Werte, wie Kosten aus Umlage, Verteilung, Wertdeckungsrechnung und Fixkostenverrechnung müssen in separaten Summensätzen fortgeschrieben werden, um eine Stornierung jederzeit zu erlauben. In einem integrierten System verbietet sich das partielle Rückladen von Daten aus einer Datensicherung von selbst.

Grundsätzlich arbeitet das System auch im internen Kreis nach dem Prinzip der doppelten Buchführung. Verrechnet eine Kostenstelle an einen Auftrag, wird auf der Kostenstelle ein Entlastungssatz und auf dem Auftrag ein Belastungssatz fortgeschrieben. Das gleiche gilt für die Verrechnung vom Auftrag an den Bestand. Die doppelte Aufzeichnung von internen Bewegungen, insbesondere im Realtime-Betrieb, ist zwar etwas aufwendiger, macht aber die Einzelkomponenten Kostenstellenrechnung, Auftragsabrechnung und Bestandsführung jederzeit in sich abstimmbar und trägt damit zur Betriebssicherheit bei.

Durch die Aufzeichnung der Herkunft einer internen Leistung im Schlüssel der Summensätze kann jede einzelne Leistung zurückverfolgt werden.

Obwohl die Stammdaten, die Summendaten und die Bewegungsdaten in einer klaren hierarchischen Beziehung stehen, haben wir auf die Verwendung eines hierarchischen Datenbankmodells weitgehend verzichtet. Nur die Aufträge werden, ähnlich wie die Buchhaltungsbelege, im physischen Zusammenhang gespeichert. Der Grund dafür liegt ausschließlich in der besseren Performance begründet.

Die Unterstützung von Mengenoperationen in relationalen Datenbanksystemen erlaubt uns, in Zukunft auf eine Dokumentation der hierarchischen Beziehung über die Primärschlüsselstruktur hinaus zu verzichten. Wir arbeiten zur Zeit an der Transformation des Systems RK in eine DB2-Umgebung, um praktische Erfahrung mit einer relationalen Datenbank im operativen Bereich zu sammeln.

3. Neue Wege in Reportings

Die Notwendigkeit zur Dialogisierung von Stammdatenverwaltungen, Data-Entry Anwendungen und von dispositiven Entscheidungsprozessen wurde frühzeitig erkannt. Dagegen wurde der Bereich der Auswertungen bis heute noch vorwiegend von gedruckten Listen beherrscht. Die im Vergleich zum Bildschirm großformatige Druckausgabe, die Möglichkeit, Notizen in der Liste festzuhalten und die kostengünstigere Erstellung im Nachtbetrieb waren u. a. schlagkräftige Argumente gegen eine Dialogisierung.

Die Situation hat sich gewandelt. Wir versuchen heute nicht mehr die klassischen Listen als getrennte Dialoganzeigen zu produzieren, in denen dann vorwärts und rückwärts geblättert werden kann, sondern fassen die verschiedenen Summenberichte, Analysen, Einzelpostendarstellungen, Stammdatenanzeigen zusammen in einer maximalen Transaktion pro Objekt (z. B. Kunde, Projekt, Kostenstelle etc.).

Der Anwender kann diese maximale Transaktion durch die Angabe von Selektionkommandos selber steuern. Die Auswertung (Erstellung und Betrachtung) wird damit zu einem interaktiven Prozeß. Erst im Verlauf der Transaktion bestimmt der Anwender, welche Daten er sehen möchte, welcher Detailierungsgrad notwendig und welche Darstellungsform gewünscht ist. Diese Verarbeitungsform ist grundsätzlich verschieden von der klassichen Auswertungstechnik und bedarf eines Umdenkungsprozesses. Informationen werden nicht präventiv, sondern nur auf Abruf erstellt und dieses Prinzip wird auch innerhalb einer Auswertung beibehalten. Der Anwender sagt dem System <u>was</u> er <u>wie</u> betrachten möchte.

Bevor wir auf die Technik dieser komplexen Auswertungen näher eingehen, seien einige grundsätzliche Bemerkungen gestattet:

- Die Art der Vernetzung der verschiedenen Auswertungen, die sich auf ein Objekt beziehen, hat entscheidenden Einfluß auf die Effizienz, mit der ein Benutzer mit dem System arbeiten kann.

- Eine reine Menuesteuerung über eine Vielzahl von Einzelberichten reicht bei weitem nicht aus.
- Obwohl es sich um ein prinzipiell offenes System handelt, d. h. eine beliebige Erweiterung vorgesehen ist, müssen die Verknüpfungen vorgeplant und für eine einfache Handhabung optimiert werden.
- Die Komplexität dieser Auswertungen übersteigt die herkömmliche Realtime-Erfassungssysteme um ein vielfaches.
- Endbenutzersprachen können in diesem Zusammenhang keine zufriedenstellende Problemlösung bieten, sondern allenfalls den Benutzer bei der Formulierung eines Prototypen unterstützen.

Im folgenden wird auf einige wesentliche Elemente der neuen Reportingtechnik eingegangen:

1. Kommunikationshilfsmittel
2. Reportcluster
3. Strategische Indices
4. Behandlung von Hierarchien
5. Spreadsheet
6. "Hit"-Listen
7. Split-Screen.

Zu 1. Kommunikationshilfsmittel

Für die Kommunikation mit dem System stehen als Hilfsmittel zur Verfügung:

- Funktionscodes, PF-Tasten, Cursorposition

Die Verwendung von Funktionscodes ist zwar unbeschränkt, hat aber den Nachteil der mangelnden Merkfähigkeit auch bei komfortablen Helpfunktionen. Deshalb sollten die wichtigsten Funktionen über

PF-Tasten abrufbar und die jeweilige PF-Tasten-Verwendung im Klartext erläutert sein. Die Erläuterung von PF-Tasten kostet Platz auf dem Bildschirm, deshalb darf von dieser Funktion nur sehr sparsam Gebrauch gemacht werden. Stehen mehrere Funktionscodes zur Auswahl, wird auf ein separates Funktionscode-Menue verzweigt, in dem dann die Auswahl des gewünschten Funktionscodes über PF-Tasten erfolgt.

Viele Auswahlfunktionen können durch die Cursor-Positionierung ersetzt werden. Zeigt man auf ein Summenfeld, so wird eine detaillierte Darstellung der Summe durch Einzelposten gewünscht; positioniert man den Cursor auf ein Schlüsselfeld, so wird der entsprechende Stammsatz (Kostenstelle Projekt, Artikel) gelesen und aufbereitet. Für alle denkbaren Positionierungen des Cursors wird eine sinnvolle Aktion des Systems definiert. Über eine Helpfunktion erläutert das System die angebotenen Möglichkeiten. Gelernt wird durch Versuch und Interesse unter Ausnutzung der natürlichen Neugier und des Spieltriebs. Die PC-Welle hat hier einiges an Hilfestellung geleistet. Je bequemer und einfacher die Bedienung einer solchen komplexen Auswertungstransaktion ist, desto eher werden Non-Professionals sich des Mediums Bildschirm bedienen.

Zu 2. Reportcluster

Mit Hilfe einer Menuetechnik werden verschiedene Anzeige-Transaktionen und Online-Berichte zusammengefaßt, die sich entweder auf das gleiche Objekt beziehen oder in einem bestimmten Sachzusammenhang mit dem Objekt stehen. Bei der Betrachtung eines Objektes (z. B. Auftrag, Kostenstelle, Kunde) kann der Benutzer, ohne neue Transaktionen oder Onlinereports explizit aufrufen zu müssen, von einer bestimmten Betrachtungsweise in eine andere verzweigen.

Oftmals erstrecken sich Darstellungen über mehrere Bildschirmseiten und die Wiederbeschaffung der Daten ist relativ teuer. In diesem Fall hält die Ablaufsteuerung die bereits zusammengestellten Daten in einem Benutzerarbeitsbereich vor, so daß beim erneuten Aufrufen der ursprünglichen Anzeige keine Neubeschaffung der Daten erforderlich ist. Das Hin- und Herspringen zwischen verschiedenen mehrseitigen Darstellungen ist eine sehr hilfreiche Funktion im Bereich von Controlling-Anwendungen. Beim Aufrufen einer alternativen Darstellung werden in der Regel keine Dateneingaben erforderlich, da der Ablaufsteuerung die Objektidentifikation bekannt ist und diese Daten automatisch von einem Report zum nächsten weitergereicht werden. Zwischen den einzelnen Darstellungen (Report, Transaktion) gibt es keine programmtechnische Verknüpfung. Diese wird ausschließlich über die Objektidentifikation und das Menue hergestellt. In vielen Fällen braucht man dabei nicht über das Hauptmenue zu gehen. In jedem Menue gibt es eine Basisdarstellung (Kontoanzeige, Kostenstellenmatrix, Auftragsmatrix etc.), die von jeder anderen Darstellung aus aufrufbar ist.

Die Reportclustermenues können mehrere Stufen haben. Wichtig ist es dabei, das Menue asymmetrisch aufzubauen, d. h. wichtige Formate müssen schon im Hauptmenue erscheinen, während man auf unwichtigere erst über mehrere Menue-Stufen gelangt. Die Menues können auf einfache Weise erweitert werden. Damit ist eine beliebige Erweiterung bzw. Umstrukturierung von Reportclustern möglich.

Zu 3. Strategische Indices

Ein Grundproblem des Reportings stellt das identifizieren von betrachtungswürdigen Objekten dar. Die einfachste Lösung, nämlich alle Objekte gleichrangig zu behandeln, bedeutet das Erstellen eines sequentiellen Berichtes und damit die Beschränkung auf eine Darstellungsform. Der Benutzer kann dann beim Betrachten der Daten selbst entscheiden, welche Objekte interessant sind. Wollen wir von der Möglichkeit Gebrauch machen, schnell zwischen verschiedenen Darstellungsformen wechseln zu können, muß die Identifizierung von Objekten anders erfolgen.

Dem System stehen in der Regel alle Daten zur Verfügung, um einen Vorschlag, welche Objekte betrachtungswürdig sind, zu erstellen. Diese Vorschlagslisten werden mit Hilfe von anwendungsorientierten Reports erstellt. Dabei werden in der Regel alle Objekte betrachtet, Entscheidungskriterien in Form von Kennzahlen gebildet und durch Gewichtung der Kennzahlen eine Reihenfolge (ABC-Analyse, Hitliste, Top-Ten, kritische Elite, etc.) getroffen. (Siehe Abb. 2)

Für ein Objekt können beliebig viele gewichtete Objektlisten definiert und zu beliebigen Perioden erstellt werden. Die Objektlisten werden in Form von Indextafeln in einer speziellen Datenbank abgelegt. Je nach Bedeutung einer Objektliste und der Wahrscheinlichkeit mit der sich die Positionen innerhalb einer Objektliste verschieben, kann die Periode für die Erstellung der Tag, die Woche, der Monat sein oder die Erstellung unmittelbar im Dialog angefordert werden.

Über die strategischen Indices kann der Anwender schnell relevante Objekte auswählen und über das Menue eines Reportclusters die gewünschte Darstellung aufrufen. Die Position in der Objektliste bleibt erhalten, um eine sequentielle Bearbeitung zu ermöglichen.

Zu 4. Behandlung von Hierarchien

Die im Rechnungswesen anfallende Datenmenge ist in der Regel so groß, daß eine Betrachtung der einzelnen Geschäftsvorfälle nur in Ausnahmefällen erfolgen kann. Die Daten werden in einer ersten Summationsstufe auf die Periode 'Monat' verdichtet. Diese erste Summationsstufe wird für alle Objekte (Konto, Kostenstelle, Auftrag, Ergebnisposition) bei der Erfassung der Geschäftsvorfälle fortgeschrieben. In vielen Berichten des Rechnungswesens müssen über diese erste Stufe hinausgehende Verdichtungen vorgenommen werden. Häufig werden mehrere alternative Verdichtungen gefordert. Die Vorschrift für die Verdichtung kann auf verschiedene Weise abgelegt werden.

- Sprechender Strukturschlüssel
  Jedem Objekt wird ein sprechender Schlüssel zugewiesen, der aus mehreren Elementen bestehen kann. Durch das Vertauschen der Elemente können verschiedene alternative Hierarchien aufgebaut werden. Diese Technik ist dann vorteilhaft, wenn die Varianten der Hierarchien relativ gut im voraus definiert werden können und über einen längeren Zeitraum Gültigkeit behalten. Wir verwenden diese Technik für die gesetzlich vorgeschriebene Bilanz und G+V sowie für die betriebswirtschaftliche Ergebnisrechnung, d. h. die Analyse der Artikel-Kundenbestimmung.

- Set-Technik
  Anstelle eines Strukturschlüssels werden alle zu einer Verdichtungsstufe beitragenden Objekte in einer Liste aufgezählt. Die Aufzählung der Objekte kann durch die Verwendung von Schlüsselfeldern vereinfacht werden. Jede Verdichtungsstufe wird durch die Angabe von Grenzwerten (von/bis) für die einzelnen Schlüsselwerte definiert. Auf diese Weise definierte Sets können dann selbst wieder miteinander auf höherer Ebene verknüpft werden.

  Schwierigkeiten bei der Set-Technik bereitet eine EDV-technisch kostengünstige Zuordnung der untersten Setstufe zu den Objekten (Konto, Kostenstelle, Auftrag). Prinzipiell kann diese Zuordnung durch die invertierten Listen oder Primärschlüsselindices erfolgen. Trotz der für den Fachbereich relativ aufwendigen Pflege, bei jedem neu hinzukommenden Objekt müssen die betreffenden Sets überprüft werden, ist diese Technik sehr flexibel und in amerikanischen General-Ledger-Systemen äußerst beliebt.

Verwendet wird die Set-Technik im System R insbesondere dann, wenn nur Teilmengen eines Objekttyps betrachtet werden sollen. Ein gutes Beispiel dafür sind die Definitionen von betriebswirtschaftlichen Kennzahlen auf Basis der Kontensummensätze in der Finanzbuchhaltung.

- Aufwärtspointer
  Eine andere Möglichkeit Hierarchien zu definieren besteht darin, alle für das Reporting interessanten Knotenpunkte in der Hierarchie mit einem Objektschlüssel (z. B. Quasikostenstelle) zu versehen und von jedem Objekt mit Hilfe des symbolischen Aufwärtspointers auf den nächsthöheren Knotenpunkt in der Hierarchie zu zeigen. Zum Beispiel in der Stellenrechnung, wo diese Technik verwendet wird, verweist jede Kostenstelle auf die verantwortliche übergeordnete Stelle, jeder Bereich auf seinen Hauptbereich, jeder Hauptbereich auf das übergeordnete Werk etc. Die Hierarchiestruktur wird automatisch als Organigramm erstellt und abgespeichert. Der große Vorteil liegt in der einfachen Änderbarkeit bei Verschiebungen ganzer Zweige innerhalb der Hierarchie, da in diesem Fall nur ein einziger Aufwärtspointer geändert werden muß. Die Breite und Tiefe der Hierarchie ist unbeschränkt.

Die Problematik hierarchischer Verdichtungen erschöpft sich aber nicht in der Art und Weise ihrer Definition, sondern setzt sich bei der Aufaddition der Objekte gemäß der Hierarchie-Definition fort. Schon bei nur wenig komplexen Hierarchien und einer größeren Zahl von Objekten kann diese Aufaddition Computerressourcen im erheblichen Maß verbrauchen. Dies ist auch der Grund, warum jede ad hoc-Abfragesprache, die auf den Grunddatenbestand der Objekte zugreift, im produktiven Betrieb auf prinzipielle Grenzen stößt. Ist die Hierarchie vordefinierbar und über einen längeren Zeitraum stabil, was für die meisten Hierarchien im Rechnungswesen zutrifft, können weitere Summationsstufen über die im Realtime fortgeschriebene erste Summationsstufe hinaus in einer Reportingdatenbank vorgehalten werden.

Wieviel Hierarchiestufen vorgehalten und zu welchem Zeitpunkt sie fortgeschrieben werden, ist eine Frage der Anforderung an die Aktualität der Daten. Es ist in jedem Fall vorteilhaft, die Summation entlang der Hierarchie von der eigentlichen Report-Erstellung zu trennen. Die Auswertungen können sich dann auf die betriebswirtschaftliche Darstellung der Daten konzentrieren und müssen nicht typische Datenverarbeitungsprobleme (Selektion, Summation und Gruppenwechsellogik) berücksichtigen. Dies gilt umso mehr, wenn der Benutzer bei der Betrachtung eines Objekts zwischen verschiedenen betriebswirtschaftlichen Darstellungen auswählen bzw. wechseln möchte.

Alle Techniken haben Vor- und Nachteile. Grundsätzlich muß zwischen Pflegeaufwand, Performance und Flexibilität abgewogen werden. Wir verwenden deshalb je nach Anwendung verschiedene Techniken.

Zu 5. Spreadsheet

Die Daten der Kostenstellen, Auftrag und Ergebnisrechnung, haben alle gemeinsam einen matrixartigen Aufbau. In der Vertikalen können wir uns die Kostenarten vorstellen, die horizontalen Spalten sind besetzt durch Plan- und Istmengen, Plan- und Istwerte, jeweils aufgeteilt nach fix und variabel und die 3. Dimension stellt die Zeitachse dar. Es ist leicht einzusehen, daß immer nur eine Teilmenge der Daten eines Objektes, z. B. einer Kostenstelle auf einem Bild, angezeigt werden können. Es ist deshalb notwendig, unter Beibehaltung der jeweiligen vertikalen Gliederung, die horizontalen Spalten austauschen zu können. So kann der Benutzer vom monatlichen Soll/Ist-Vergleich auf den kumulierten Soll/Ist-Vergleich, auf die Jahreshochrechnung oder auf die mengenmäßige Betrachtung durch Tastendruck umschalten.

Die Definition der Spaltenbeschickung erfolgt über eine Tabelle. Zur Verknüpfung von Werten stehen alle Grundrechenarten und die

Prozentrechnung zur Verfügung. Die Tabellen können vom Endbenutzer im Dialog erweitert und die damit definierten Darstellungen sofort aufgerufen werden. In der Vertikalen werden die Kostenarten über eine weitere Tabelle zu Summenzeilen zusammengefaßt. Auch hier sind alle Grundrechenarten erlaubt und der Endbenutzer kann sich beliebige Strukturen und Kennzahlen zur Beurteilung eines Objektes definieren. Es erscheint uns wesentlich, daß die gesamte Ablaufsteuerung (Spaltenaustausch, Zeilenaufriß, gruppenweises Blättern, Objektwechsel etc.) einerseits genau vorgegeben wird, andererseits der Benutzer alle Freiheiten zur Gestaltung der verschiedenen Bildinhalte hat. (Siehe Abbildung 3)

Durch diese tabellengesteuerte Matrixaufbereitung können zahlreiche unterschiedliche Sichten zum gleichen Objekt hintereinander aufgerufen werden oder mit einer bestimmten Sicht können mehrere Objekte bzw. deren Agregationen betrachtet werden.

Zu 6. Hitlisten

Trotz aller Raffinesse in der Benutzerführung bieten EDV-Systeme dem Betrachter in der Regel viel zu viel Daten an. Der Betrachter muß dann selbst sequentiell die Daten beurteilen und versuchen, das Wichtige vom Unwichtigen zu trennen. Einen Ansatz zur Reduzierung der zu betrachtenden Daten haben wir bereits mit den strategischen Indices kennengelernt. Die gleiche Technik, nämlich Hitlisten über bestimmte Kennzahlen zu bilden und die Objekte in der Reihenfolge der Hitlisten anzubieten, können wir auch bei der Betrachtung der Daten zu einem einzelnen Objekt verwenden.

Beim Aufriß einer beliebigen Summenzeile können wir die Elemente entweder in ihrer natürlichen Reihenfolge, d. h. Schlüsselfolge, oder in einer relevanten Sortierfolge darstellen. Fast immer sind die Kriterien, durch die die Wichtigkeit der einzelnen Elemente bestimmt wird, einfach zu definieren. Bringt man nun die Elemente nach Wichtigkeit sortiert, kann oft auf eine vollständige Aufzählung verzichtet werden, da die in der Rangfolge weiter hinten liegenden Elemente von geringerem Interesse sind. Ein guter Kompromiß ist z. B., bei einem beliebigem Aufriß zunächst nur die zehn wichtigsten Elemente anzuzeigen. Auf Wunsch kann natürlich sofort die vollständige Darstellung aufgerufen werden. (Siehe Abbildung 4)

Das Arbeiten mit dieser Hitlisten-Technik ist auf Anhieb etwas ungewohnt, insbesondere wenn man jahrelang gewohnt war, mit festen Formaten zu arbeiten. Sie gibt aber dem Betrachter die Möglichkeit, sich schnell einen Überblick zu verschaffen und nur bei Bedarf weitere Detailinformationen anzufordern.

Zu 7. Split-Screen

Beim Aufriß von Summendaten auf die nächste Summationsstufe, beim Erläutern einer Einzelzeile durch weitere Detailinformation besteht die Gefahr, daß der Benutzer die Orientierung verliert. Eine mögliche Verbesserung bringt die Split-Screen-Technik. Der Bildschirm wird in zwei Hälften geteilt; z. B. in der oberen Hälfte wird eine Übersichtsliste und in der unteren Hälfte jeweils eine Zeile dieser Übersicht im Detail dargestellt. Der Bezug wird durch die Farbe hergestellt. Auf diese Weise lassen sich zwei Darstellungen miteinander verknüpfen und dem Betrachter wird die Orientierung erleichtert. Verknüpft man diese Technik mit der zuvor erwähnten Hitlistentechnik, d. h. bei einem Aufriß werden die Elemente der nächst niederen Stufe in eine Rangfolge gebracht und die 10 wichtigsten zuerst angeboten, kann der Komfort einer Dialogabfrage weiter erhöht werden. (Siehe Abbildungen 5a und 5b)

Schlußbemerkung

Die konsequente Fortentwicklung der Integration fordert erhebliche Investitionen in die EDV-Technik, um all ihre Möglichkeiten wirklich ausschöpfen zu können. Sie bedeutet aber auch, daß wir in den Arbeitsmethoden umdenken müssen.

Tafel 1	Allgemeine Anwendungsfunktionen (Auswahl)
Tabellensystem	Pflege im Dialog, Format- und Logikprüfung, tabellenspezifische Erfassungsmasken
Textverarbeitung	übliche Editierfunktionen, Umbruch, mit Silbentrennung und Randausgleich, Wertzuweisung über variable Symbole
Matchcode	mehrstufige, symbolische Begriffe alternativ zum Schlüssel, Anzahl und Aufbau frei vom Anwender zu definieren, Eingabe stets im Schlüsselfeld selbst, Verwendung als Index im Berichtswesen.
Helpfunktion	über die Cursorposition oder PF-Tasten erfolgt Dokumentationsaufruf
Menue	dynamisch an- und abschaltbares Menue für Transaktionen und Berichte, Steuerung über Cursor oder PF-Tasten
PC-Link	Datentransfer aus Transaktionen und Berichten direkt auf PC, Abholen von Daten für Datenaufnahme
Datenaufnahme	direkt oder über Datei können Nicht-Terminal-Nachrichten in das SAP-System eingegeben werden. Nachrichtenkorrektur in den Originalbildern, Statusverwaltung, Terminüberwachung
Zugriffs-berechtigung	Schutz auf Schlüssel-und Segmentebene, Transaktionen, Funktionen
Dialogablauf-steuerung	Verwaltung vom Arbeitsbereich, Dialogstatus, Anwenderpaging; Sprachübersetzung von Masken, Parallelverarbeitung von Transaktionen, Datenabhängige Prioritätssteuerung
Wertspeicherung	Schlüsselwerte werden automatisch gespeichert und in Folgetransaktionen vorgeschlagen.
ENQ/DEQ	Logisches Sperren von Objekten beliebiger Art

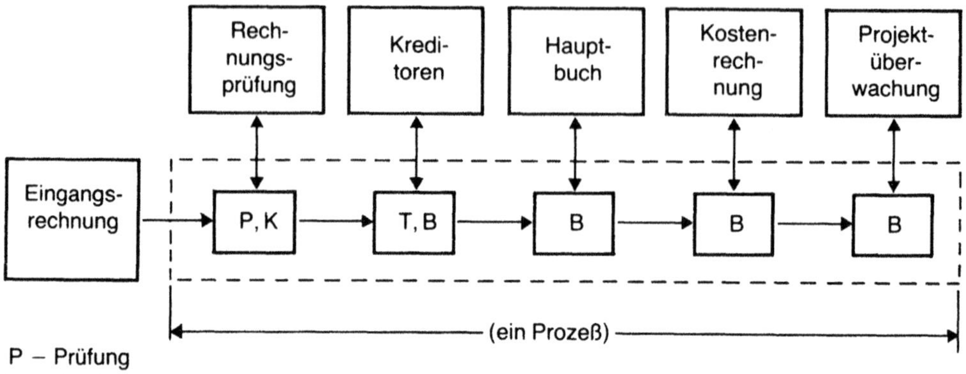

P – Prüfung
K – Kontierung
T – Terminierung
B – Buchen

Abb. 1 Integration der Anwendungsfunktionen in einem Prozeß

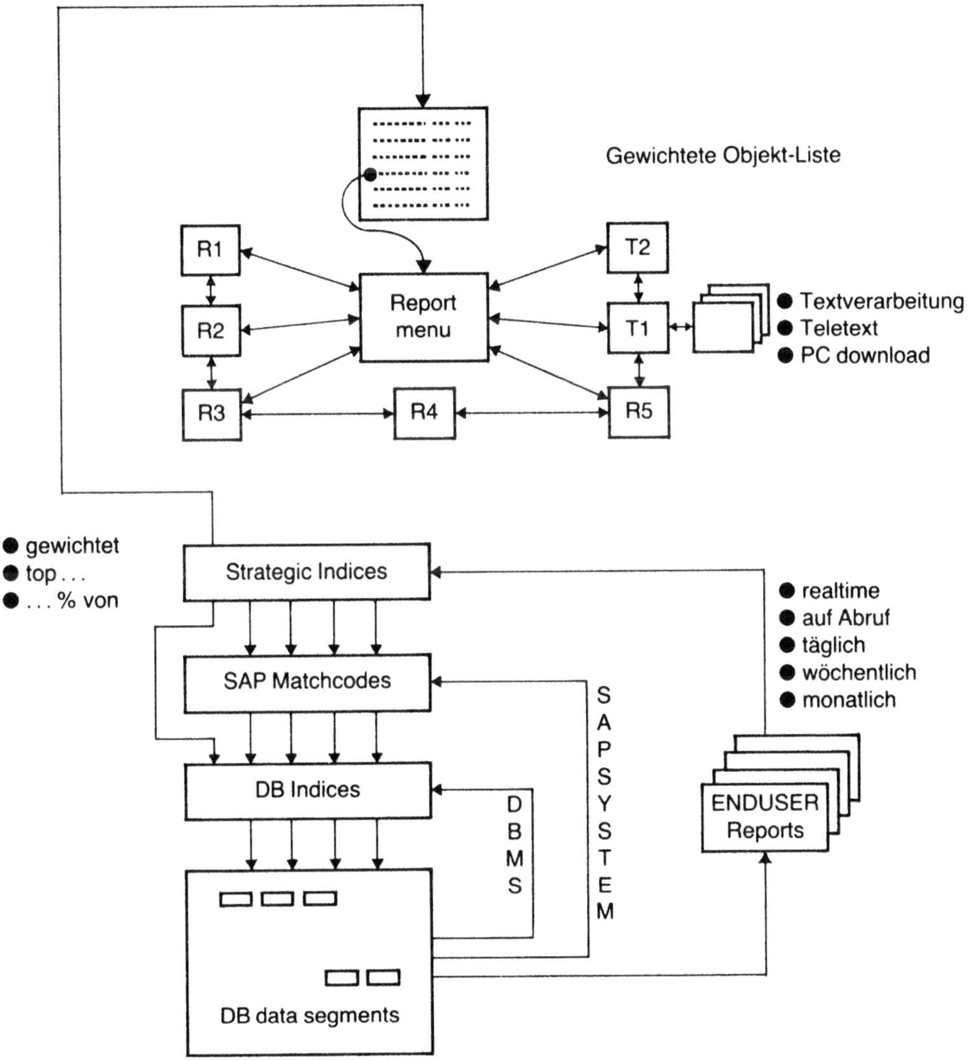

Abb. 2 Konzept der strategischen Indices

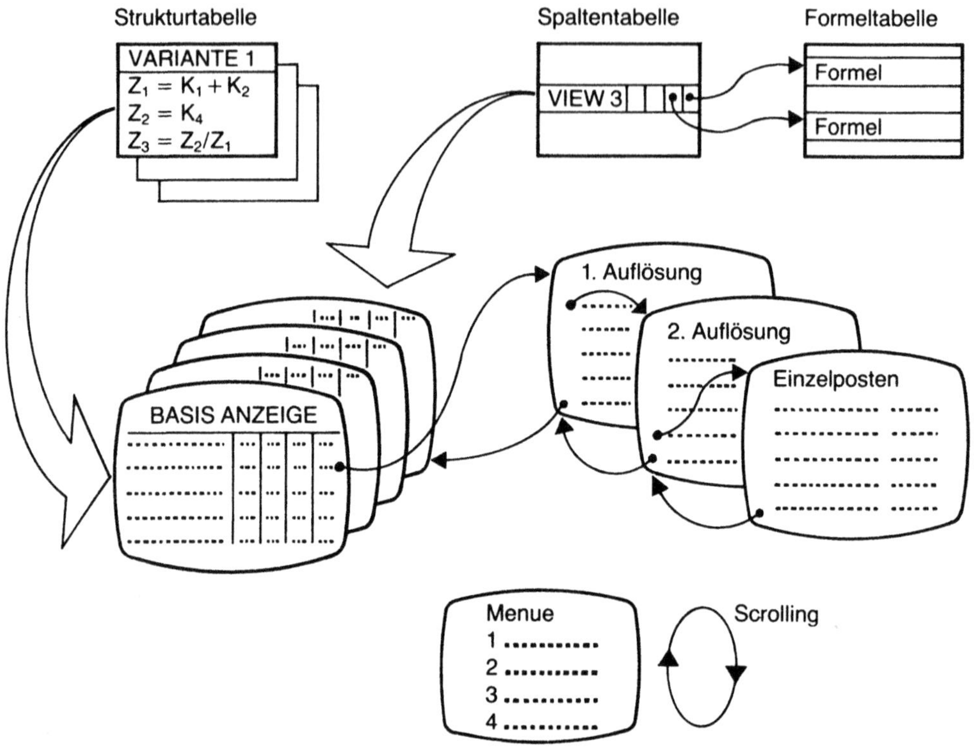

Abb. 3 Betrachtung einer Matrix (Kostenstelle, Auftrag, Ergebnisposition) mit Scrolling und Auflösung der Verdichtungsstufen

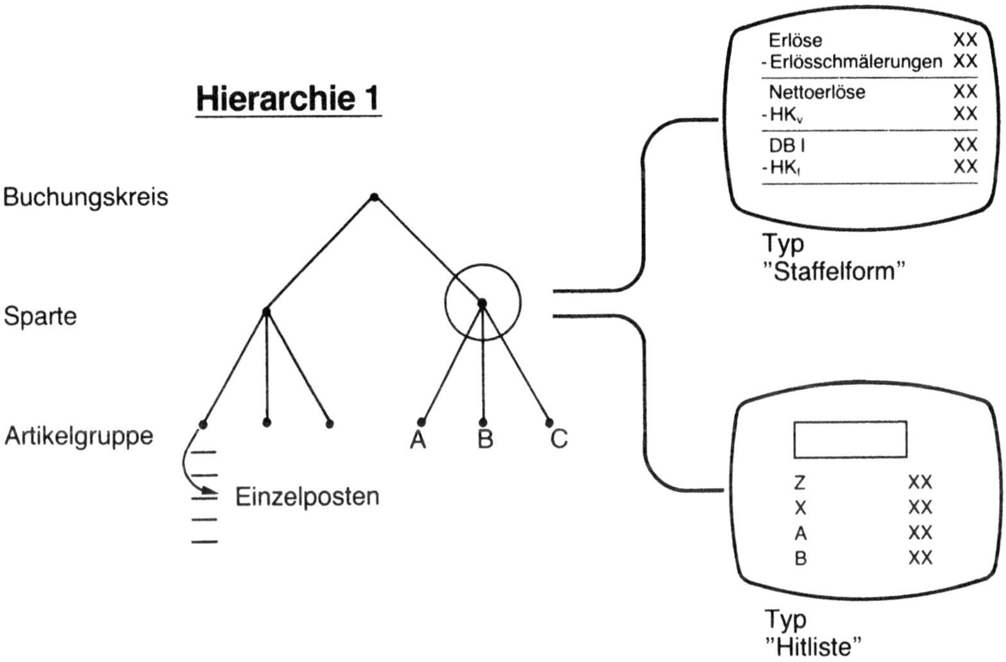

Abb. 4 Betrachtung eines Knotenpunkts in einer Hierarchie der Ergebnisrechnung

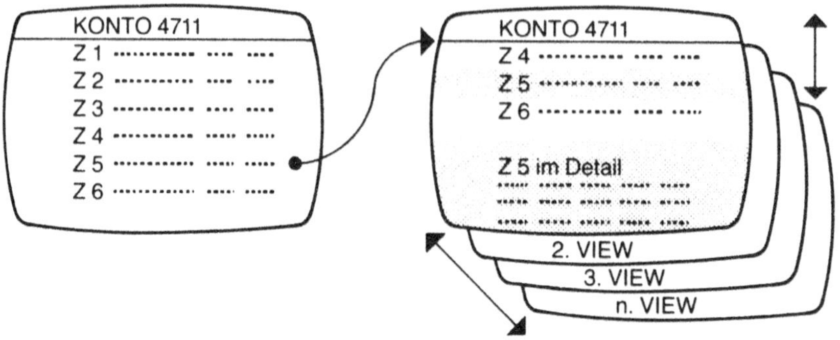

Abb. 5a Auflösung einer Zeile ins Detail

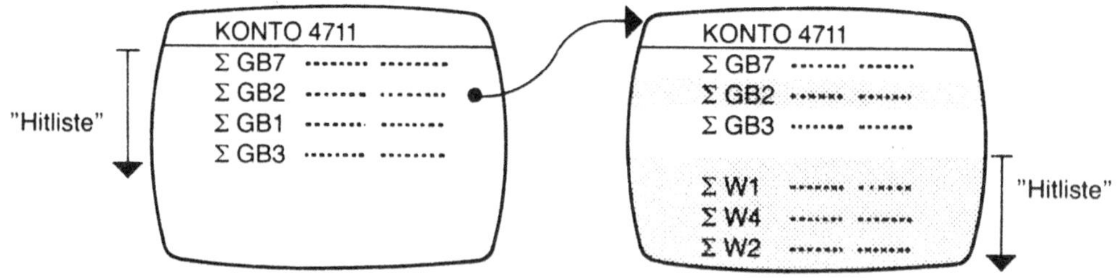

Abb. 5b Auflösung einer Summe (GBi = Geschäftsbereich) in Untersummen (Wi = Währung) gemäß Hitliste

BIKON - Eine softwaretechnische Lösung für die Bilanzkonsolidierung und das Berichtswesen

Dipl.-Kfm. P. Winkel, Dipl.-Kfm. H. Kösters, Krupp Atlas Datensysteme GmbH, Essen

INHALT | Seite

7. Saarbrücker Arbeitstagung 1986
Rechnungswesen und EDV
hrsg. v. W. Kilger/A.-W. Scheer

1. Kurzübersicht

Neue gesetzliche Regelungen, wie z.B. das Bilanzrichtlinien-Gesetz, gestalten die Erstellung und Konsolidierung der Jahresabschlüsse komplexer und aufwendiger. Parallel dazu zeigt sich in der Praxis ein steigender Bedarf der Unternehmensführungen an kurzfristig verfügbaren Auswertungen der Abschlüsse.

Vor diesem Hintergrund wurde von Krupp Atlas Datensysteme in enger Zusammenarbeit mit dem für Bilanzierung zuständigen Fachbereich das voll dialogisierte Standardsystem BIKON (Krupp Standardsystem Bilanzkonsolidierung) für Konzernbilanzierung und -berichtswesen entwickelt. Das System basiert auf den praktischen Erfahrungen des Krupp-Konzerns mit seinen über hundert in- und ausländischen Konzernunternehmen. Es ist in allen Branchen einsetzbar und zeichnet sich durch besondere Flexibilität aus. So kann der Fachbereich beispielsweise gesetzlich vorgeschriebene Ausweisänderungen, Änderungen der Konzernstruktur und des Aufbaus der Auswertungen ohne Programmeingriffe selbständig durchführen.

Ausgehend von den Monats-, Quartals- und Jahresabschlüssen der einzelnen Konzernunternehmen konsolidiert das Dialogsystem BIKON weitestgehend automatisch die Abschlüsse auch mehrstufig strukturierter Konzerne.

Zu diesem Zwecke sind die in die Konsolidierung einbezogenen Konzernunternehmen nach Konsolidierungskreisen zusammenzufassen. Alle Konsolidierungsbuchungen dieser Konsolidierungskreise werden gesondert gespeichert, so daß die Einzelabschlüsse ständig unverändert verfügbar bleiben.

Gruppenabschlüsse (z.B. Teilkonzernabschlüsse) lassen sich errechnen, indem die unveränderten Werte der Einzelabschlüsse der in die Teilkonsolidierung einbezogenen Unternehmen mit den auf diesen Konsolidierungskreis entfallenden Konsolidierungsbuchungen zusammengefaßt werden (siehe Abb. 1).

Die Weitergabe von Konsolidierungsbuchungen erfolgt von der niedrigsten Verdichtungsebene des Jahresabschlusses und der Konzernhierarchie automatisch auf die nächsthöhere Konsolidierungsebene.

Der Benutzer kann am Bildschirm auf alle Daten der Einzelabschlüsse und der Teilkonzern- und Konzernabschlüsse zugreifen und Mehrjahresvergleiche auf allen Ebenen durchführen.

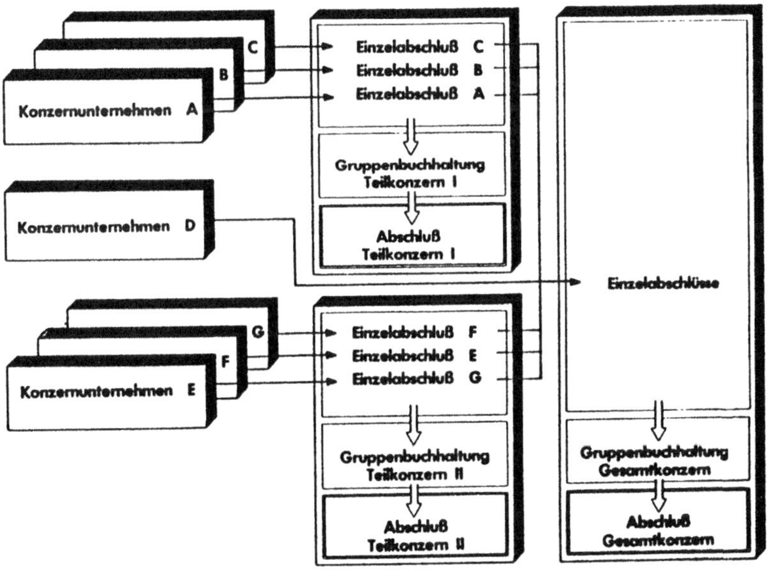

Abbildung 1: Teilkonzernverdichtung

Der anwenderorientierte Dialog ermöglicht zusätzlich die Integration von Plandaten in das System. Auf der Basis dieser Planwerte sind über das flexible Berichtssystem alternative Planauswertungen, wie beispielsweise Plan-Bilanzen und Soll-Ist-Vergleiche, durchführbar.

BIKON besteht im wesentlichen aus vier Funktionsblöcken, die in den nachfolgenden Kapiteln detailliert beschrieben sind.

Vorprüfungen

Die Abschlußdaten der Konzernunternehmen werden auf Vollständigkeit und nach Kriterien, die vom Fachbereich per Dialog steuerbar sind, auf logische Konsistenz geprüft. Als fehlerhaft erkannte Daten sind im Dialog zu bereinigen.

Währungsumrechnung

Die Abschlüsse der Einzelunternehmen können mit positionsindividuellen Kursen umgerechnet werden. Alle zur Zeit gängigen Umrechnungsverfahren stehen zur Verfügung.

Konsolidierung

BIKON generiert automatisch für sämtliche Konsolidierungskreise die Konsolidierungsbuchungen. Es lassen sich u.a. folgende Konsolidierungen maschinell durchführen:

- Kapitalkonsolidierung
- Forderungs- und Schuldenkonsolidierung
- Konsolidierung der Anzahlungen
- Konsolidierung des Innenumsatzes
- Konsolidierung der Beteiligungserträge
- Konsolidierung der Zinsaufwendungen und -erträge

Darüber hinaus bietet BIKON Standardformate für frei wählbare Konsolidierungen. Die Konsolidierungsstelle ermittelt die wenigen verbleibenden nicht schematisierbaren Konsolidierungsvorgänge aus den Abschlußunterlagen und stellt sie im Dialog in das System ein.

Berichtswesen

BIKON erstellt die vollständige Dokumentation der Konsolidierung und ihrer Arbeitsschritte, wobei der Benutzer den Aufbau in einfacher Weise durch Steuerparameter individuell festlegt. Darüber hinaus enthält BIKON ein umfangreiches Berichtssystem für interne Zwecke, das z.B. Wertentwicklungen im Berichtsjahr oder Abweichungsrechnungen liefert, jeweils sortiert nach Abschlußpositionen oder nach Unternehmensbereichen.
Für diese vorformatierten Auswertungen steht ein Dialogauswertungssystem zur Verfügung.

In seiner DV-Technik entspricht BIKON dem neuesten Stand. Es ist unter unterschiedlichen Dialog-Monitoren einsetzbar und kann sowohl mit Datenbanken als auch mit konventionellen Speicherformen genutzt werden. Abb. 2 gibt einen Überblick über die möglichen Systemumgebungen.

Hersteller	Betriebssystem	TP-Monitor	Datei-Org.
IBM oder kompatibler Hersteller	OS/VS1 DOS/VSE MVS/SP	CICS IMS/DC	ADABAS IMS/DB VSAM
Siemens	BS2000	UTM	ADABAS ISAM UDS

Abbildung 2: BIKON-Systemumgebungen

2. Datenbasis

Als Bestandteil des betriebswirtschaftlichen Gesamtsystems KIBIS (Krupp Integriertes Betriebswirtschaftliches Informations-System) kann BIKON direkt die Daten vom KIBIS-Teilsystem GEBU-S (Geschäftsbuchhaltung) übernehmen. Für Anwender, die ein anderes Geschäftsbuchhaltungssystem einsetzen, ist die Datenübernahme durch vorbereitete Schnittstellen leicht realisierbar. In beiden Fällen hat der Anwender die Möglichkeit, die übernommenen Daten im Dialog - z.B. um statistische Daten - zu ergänzen.

Als Alternative zur maschinellen Datenübernahme wurde eine variable Schnittstelle für Formulare geschaffen. BIKON bietet bei den variablen Formularen folgende Möglichkeiten:

- 999 Formulare
- je Formular max. 999 Zeilen
- je Zeile max. 12 Spalten
- je Wert max. 16 Stellen
- variabler Identifikationsteil (z.B. für Meldebetrieb, Abschlußdatum, Sachgebiet ...)

o frei definierbare Zusatzangaben, z.B. für

- Bankkennzeichen
- Länderkennzeichen
- Währungskennzeichen
- diverse sonstige Schlüssel

Die Erfassung dieser Formulare erfolgt über Datenerfassungssysteme.

Des weiteren bietet der BIKON-Systembaustein "Korrektur und Ergänzung der Einzelabschlüsse" die Möglichkeit, Daten im Dialog in den Datenbestand zu übernehmen. Diese Sonderfunktion gewährleistet die Sicherung des terminlichen Rahmens für die Abschlußerstellung, da z.B. verspätetet eingetroffene Abschlüsse kurzfristig eingegeben bzw. unvollständige oder fehlerhafte Abschlüsse korrigiert werden können.

3. Systemfunktionen

BIKON ist ein modular aufgebautes Dialogsystem, das durch leistungsfähige Stapelfunktionen ergänzt ist.

Die Modularisierung erlaubt dem Anwender, eine Auswahl der individuell gewünschten Funktionen (Moduln) zu treffen.

Die in der nachfolgenden Abbildung (Abb. 3) dargestellten Funktionen betreffen sowohl die Einzelabschlüsse als auch die hiervon getrennten Konsolidierungsbuchungen für die einzelnen Bereiche oder Gruppen.

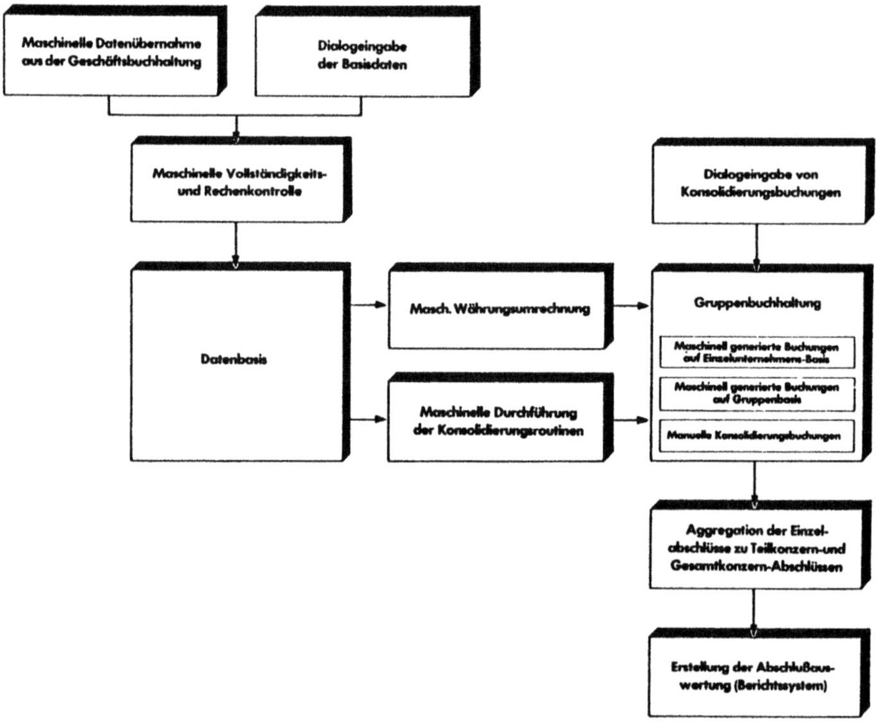

Abbildung 3: Funktions- und Ablaufübersicht

3.1 Pflege der Stamm- und Steuerdaten

Um eine größtmögliche Flexibilität des Programmsystems gegenüber Änderungen der Rechnungslegungsvorschriften (Bilanzrichtlinien-Gesetz) einerseits und Anpassungsmöglichkeiten an konzernindividuelle Gegebenheiten andererseits zu erzielen, sind sämtliche Steuerdaten über ein komfortables Dialogsystem parametrierbar.

Diese Steuerungsdaten sind vor der Anwendung von der Konsolidierungsstelle zu initialisieren bzw. zu aktualisieren.

Es handelt sich hierbei um:

- o <u>Währungskurse</u> als Grundlage für die Umrechnung der Fremdwährungsabschlüsse in DM

- o <u>Betriebskennziffern</u> zur Identifizierung von Konzernunternehmen und Festlegungen zur Definition von Konzernhierarchien

- o <u>Länderkennzeichen</u>

- o <u>Abschlußpositionen</u>
  Um Rechnungslegungsmodifikationen zu berücksichtigen, können Abschlußpositionen
  - gültig/ungültig gemacht,
  - zu Mußeingaben erklärt,
  - einer bestimmten Summenposition zugeordnet werden

- o <u>Zeilen- und Spaltentexte</u> zu entsprechenden Abschluß-positionen

- o <u>Konsolidierungsstrukturen</u> zur Definition von Beziehungen zwischen zu konsolidierenden Posten. Hiermit werden die zu konsolidierenden Positionen dem System mitgeteilt. Zusätzlich ist die Angabe einer Position zur automatischen Verbuchung von Differenzen parametrierbar.

- o <u>Überleitungsstrukturen</u> zu den Monatsbilanzen
  Die umfangreichen Daten des Jahresabschlusses sind auf das Niveau des Monatsabschlusses transformierbar.

- o <u>Kennworte</u> für die Datenzugriffsautorisierung

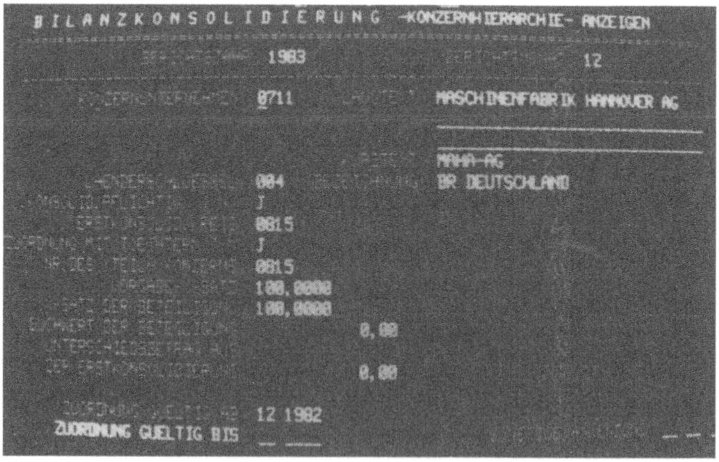

Abbildung 4: Bildschirmmaske Anzeige Konzernhierarchie

3.2 Verifizierung der Einzelabschlüsse

3.2.1 Vorprüfungen

BIKON unterzieht vor Durchführung der Konsolidierungsroutinen die Einzelabschlüsse der Konzernunternehmen einer allgemeinen und einer belegindividuellen Prüfung.

Die Prüfkriterien der allgemeinen Prüfung sind im wesentlichen:

- Satzidentifikation
- Belegdatum
- Betriebskennziffer
- Länderkennzeichen
- Prüfung der Werteingaben auf numerische Eintragung

Der Umfang der belegindividuellen Prüfung ist vom Anwender über Dialog steuerbar.
Es sind abrufbar:

- Kontrolle der Zeilensummierungen
- Kontrolle der Spaltensummierungen
- Kontrolle der Addition bzw. Übertragung von Bilanzanlagen und weiteren Unteranlagen in die Bilanz und/oder GuV
- Prüfung von Vorträgen auf Übereinstimmung mit den Endbeständen des Vorjahres
- Prüfung auf Vollständigkeit der Abschlußunterlagen
- Ermittlung von Abweichungen gegenüber dem Vorjahr
- diverse, vom Anwender steuerbare Plausibilitätsprüfungen

3.2.2 <u>Korrektur und Ergänzung der Einzelabschlüsse</u>

Einzelabschlüsse sind im Dialog zu korrigieren bzw. zu ergänzen.

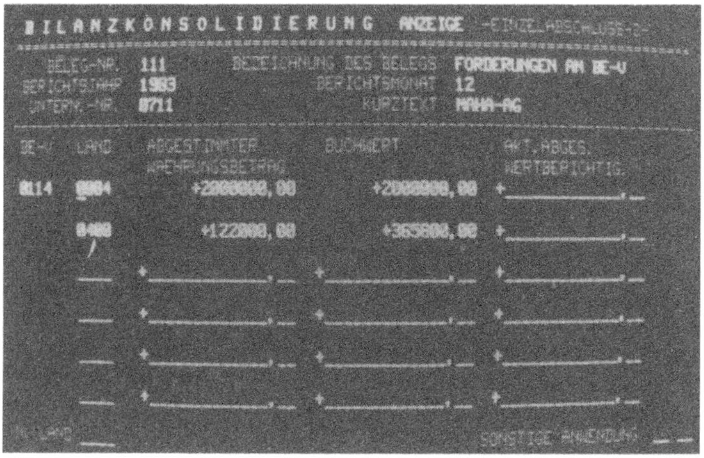

Abbildung 5: Bildschirmmaske zur Korrektur der Einzelabschlüsse - spaltenbezogen -

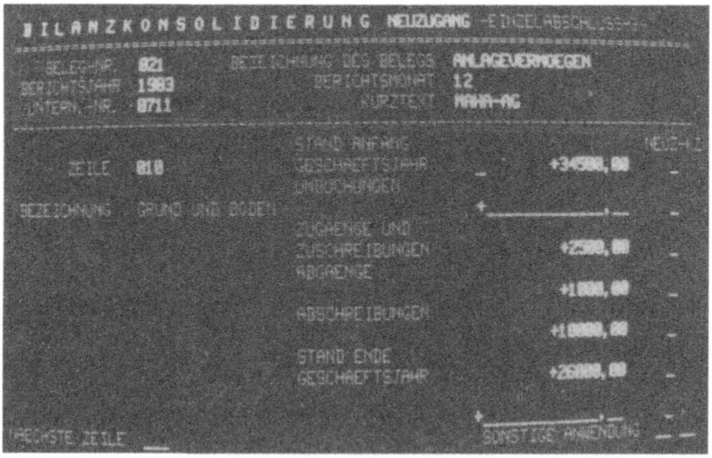

Abbildung 6: Bildschirmmaske zur Korrektur der Einzelabschlüsse - zeilenbezogen -

Die im Korrekturstadium befindlichen Bestände der Einzelabschlüsse sind zunächst für eine Weiterverarbeitung gesperrt. Nach der Ergänzungs-/Korrekturphase kann der Bearbeiter die Sperre eine Datenfreigabe aufheben.

3.3 Währungsumrechnung

BIKON rechnet Fremdwährungen in die Konzernwährung auf Basis der vom Anwender zu pflegenden Währungskurse maschinell um.

Zur Währungsumrechnung stehen zur Verfügung:

- o Umrechnung zu historischen Kursen
- o Umrechnung zum Stichtagskurs
- o Umrechnung zum Durchschnittskurs des Geschäftsjahres
- o Umrechnung zum Stichtagskurs des vorhergehenden Geschäftsjahres

Durch entsprechende Parametrierung der Steuerdaten lassen sich die Abschlüsse der Einzelunternehmen mit positionsindividuellen Kursen umrechnen.

Nach erfolgter Umrechnung kann der Bearbeiter sowohl auf Daten in Fremdwährung als auch in Konzernwährung im Dialog zugreifen.

3.4 Konsolidierungsroutinen

BIKON generiert automatisch für sämtliche Konsolidierungskreise die Konsolidierungsbuchungen. Neben der automatischen Konsolidierung sind zusätzliche Konsolidierungsbuchungen eingegebbar.

Nach der maschinellen Generierung können für alle vordefinierten Konsolidierungskreise Gruppenabschlüsse erstellt werden. Folgende Konsolidierungen lassen sich in vollem Umfang maschinell durchführen:

Kapitalkonsolidierung

Die Kapitalkonsolidierung erfolgt nach der im HGB (neue Fassung) vorgeschriebenen Methode der Erstkonsolidierung, aber auch nach anderen vom Benutzer gewünschten Verfahren.

Basis für die Durchführung der Kapitalkonsolidierung sind die Meldungen der Konzernunternehmen über die Entwicklung des Reinvermögens sowie die Meldungen über die Beteiligungsverhältnisse.

Die Kapitalkonsolidierung erfolgt nach der im Bilanzrichtliniengesetz vorgeschriebenen Methode in der Weise, daß der Beteiligungsbuchwert mit dem bei Erwerb oder bei Erstkonsolidierung des Konzernunternehmens vorhandenen Eigenkapital verrechnet wird.

BIKON bildet für jeden Konsolidierungskreis aus den Beteiligungsbuchwerten und dem anteiligen Eigenkapital die Konsolidierung einbezogenen Konzernunternehmen aktive oder passive Unterschiedsbeträge.

Abschreibungen auf die aktiven Unterschiedbeträge kann der Anwender als Konsolidierungsbuchungen im Dialog in das System einstellen. BIKON errechnet automatisch auf Basis der vordefinierten Beteiligungsverhältnisse auch Anteile im indirekten Fremdbesitz und setzt sie um.
In der Folgekonsolidierung sind die nach dem Erwerb erwirtschafteten Eigenkapitalanteile nach dem jeweiligen Beteiligungsverhältnis automatisch auf die Gewinnrücklagen des Konzerns und auf die Anteile im Fremdbesitz zu verteilen.

Zwischenerfolgseliminierung

Die maschinelle Eliminierung der konzerninternen Zwischengewinne und Zwischenverluste kann bei Bedarf zur Verfügung gestellt werden.

Forderungen- und Schuldenkonsolidierung

Für die Abstimmung und Eliminierung von konzerninternen Forderungen und Verbindlichkeiten stellen wir folgende besondere Routine zur Verfügung:

```
PROGRAMM : P26532      VERSION 01/00       KONZERNBILANZIERUNG UND -BERICHTERSTATTUNG           ERSTELLDATUM · 10.06.1985

LISTEN-NR: 20401       PROTOKOLL DER FORDERUNGEN- UND VERBINDLICHKEITENKONSOLIDIERUNG                SEITE:   1
                                   (1) BERICHTSZEITRAUM: 01.01.1983 - 31.12.1983
                                    (2) KONSOLIDIERUNGSBEREICH: 0815

(3) MELDEBETRIEB  0114

    BKZ                FW-BETRAG (4) LKZ/WAEHRUNG:  4 BR DEUTSCHLAND              DAVON                  BEMERKUNGEN
(5) 0315           (6)  7.600,00     FORDERUNG:  (7)  3.800,00  UMRECHDIFF :  (8)      0,00
                        7.600,00     VERBINDL  :      7.600,00  EINZELWBER :       3.800,00
                                     DIFFERENZ:       3.800,00- DIVIDENDE  :           0,00
                                                                SONSTIGE   :           0,00  DIFFERENZ WURDE AUSGEBUCHT

    BKZ                FW-BETRAG     LKZ/WAEHRUNG:  4 BR DEUTSCHLAND              DAVON                  BEMERKUNGEN
    0711               72.600,00     FORDERUNG:      72.600,00  UMRECHDIFF :           0,00
                       72.600,00     VERBINDL  :     72.600,00  EINZELWBER :           0,00
                                     DIFFERENZ:           0,00  DIVIDENDE  :           0,00
                                                                SONSTIGE   :           0,00
```

Abbildung 7: Protokoll der Forderungen- und Verbindlichkeitenkonsolidierung

Erläuterungen zu Abbildung 7:

① Alle Konsolidierungsroutinen sind sowohl für die innerjährlichen als auch für die jahresabschließenden Konsolidierungen einsetzbar.

② Für den Konzernabschluß oder für jeden beliebigen Konsolidierungsbereich stellt BIKON die zu konsolidierenden Forderungen und Verbindlichkeiten im Protokoll der Forderungen- und Verbindlichkeitenkonsolidierung gegenüber.

③ ④ ⑤ Die Arbeitsliste ist innerhalb des Konsolidierungskreises aufsteigend nach meldenden Konzernunternehmen sortiert. Weitere Sortierung: Währung, schuldendes Konzernunternehmen.

④ ⑥ Über das Länderkennzeichen (= Währungskennzeichen) erfolgt die Gegenüberstellung der abgestimmten Währungsbeträge bei Forderungen und Verbindlichkeiten in Fremdwährung. Das Länderkennzeichen kann vom Länderkennzeichen der Konzernunternehmen abweichen.

Beispiel:

o	Betrieb -1	Deutschland
o	Betrieb -2	Japan
o	vereinbarte Währung	US-$

Bei Übereinstimmung der Fremdwährungsbeträge ist die Ausbuchung der Umrechnungsdifferenzen gegen einen frei definierbaren Abschlußposten vorgesehen.

⑦ Danach prüft das Programm, inwieweit Abweichungen
⑧ zwischen den jeweiligen Forderungen und Verbindlichkeiten auf Einzelwertberichtigungen und zeitgleich vereinnahmte Dividendenansprüche zurückzuführen sind. Sofern die danach verbleibenden Differenzen sich innerhalb der vorgegebenen Bagatellgrenze bewegen, werden diese gegen eine vom Benutzer definierte Zielposition ausgebucht.

Nach Bereinigung aller Differenzen konsolidiert BIKON die Forderungen und Verbindlichkeiten automatisch.

Forderungen- und Schuldensaldierung

In einem zweiten Schritt werden von BIKON alle Forderungen und Verbindlichkeiten des Konsolidierungsbereichs gegenüber jedem nicht konsolidierten Konzernunternehmen durch Aufrechnung zusammengefaßt und saldiert.

PROGRAMM : P26549 VERSION 01/00 KONZERNBILANZIERUNG UND -BERICHTERSTATTUNG

LISTEN-NR: 20404 PROTOKOLL DER FORDERUNGEN- UND VERBINDLICHKEITENSALDIERUNG
BERICHTSZEITRAUM: 01.01.1983 - 31.12.1983

KONSOLIDIERUNGSBEREICH: 0315

MELDEBETRIEB: 0711

BKZ	LKZ	FORDERUNGEN	VERBINDLICHKEITEN	KOPO-FORDERUNGEN	KOPO-VERBINDLICHK.
0290	006	0,00	2.320.500,00		
0290	***	0,00	2.320.500,00		
0315	004	480.000,00	783.000,00		
0315	***	480.000,00	783.000,00		
****	***	480.000,00	3.103.500,00	480.000,00	480.000,00

Abbildung 8: Protokoll der Forderungen- und Verbindlichkeitensaldierung

Konsolidierung der Anzahlungen

Die Konsolidierung der Anzahlungen erfolgt grundsätzlich nach der gleichen Methode wie die Konsolidierung der Forderungen und Verbindlichkeiten.

Konsolidierung des Innenumsatzes

BIKON eleminiert Innenumsätze zwischen den Unternehmen des Konsolidierungsbereichs automatisch durch Kürzung der entsprechenden Aufwandkonten.

Konsolidierung der Zinsaufwendungen und -erträge

Die Zinsaufwendungen und -erträge der Unternehmen des Konsolidierungsbereichs werden nach Bereinigung von Differenzen auf jeder Konsolidierungsstufe gegeneinander aufgerechnet.

Weitere Konsolidierungen

Darüber hinaus legt der Anwender weitere Konsolidierungsroutinen im System fest, wie z.B.:

- Konsolidierung von Abschreibungen auf Beteiligungen an verbundenen Unternehmen

- Konsolidierung der Beteiligungserträge

- Eliminierung von Pauschalwertberichtigungen zu Forderungen an verbundene Unternehmen

- Konsolidierung von konzerninternen sonstigen Aufwendungen und Erträgen (z.B. Konzernumlagen)

Manuelle Konsolidierungen
Die wenigen verbleibenden, nicht formatierbaren Konsolidierungsvorgänge sind von der Konsolidierungsstelle aus den Abschlußunterlagen zu ermitteln und im Dialog zu bearbeiten (s. Abb. 3).

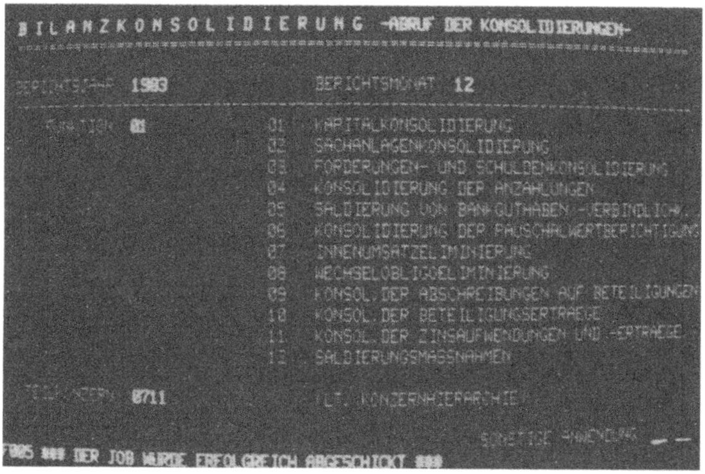

Abbildung 9: Bildschirmmaske zum Abruf der Konsolidierungsroutinen

3.5 Aggregierung der Einzelabschlüsse

Nach der Generierung und Freigabe der Konsolidierungsbuchungen erfolgt die Zusammenfassung der Einzelabschlüsse und der Konsolidierungsbuchungen zu konsolidierten Abschlüssen.

Neben vordefinierten Konsolidierungskreisen faßt BIKON im Dialog kurzfristig beliebige Konzernkreise zu Auswertungszwecken zusammen.

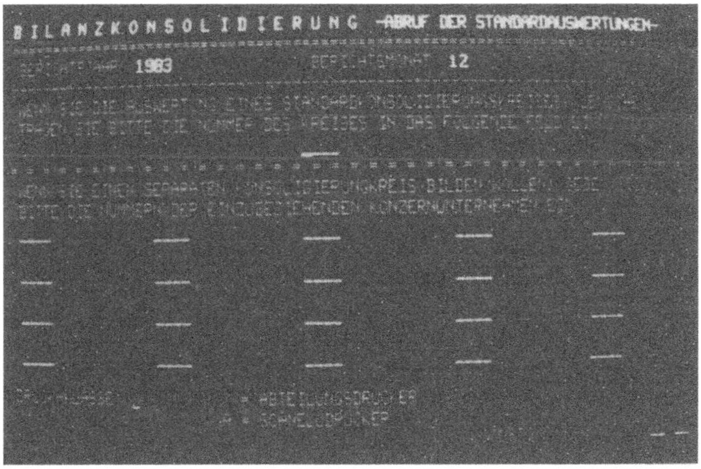

Abbildung 10: Bildschirmmaske zur Aggregierung der Einzelabschlüsse

3.6 Berichtssystem

BIKON bietet neben einem flexiblen Berichtssystem die Möglichkeit, die vollständige Dokumentation der Konsolidierung und ihrer Arbeitsschritte im Dialog abzurufen. Hierzu gehören neben den reinen Konsolidierungsunterlagen

- die Protokolle sämtlicher Bestandskorrekturen
- die Anlistung der gespeichter Stammdaten
- der Ausdruck der Bilanz und GuV für beliebige Konsolidierungskreise
- die Ausgabe sämtlicher Einzelabschlüsse in Fremdwährung und in Konzernwährung.

Das flexible Berichtssystem ist darüber hinaus für Auswertungen mit unterschiedlichstem Aufbau für das Konzernberichtswesen nutzbar. In einem umfangreichen Dialogbaustein erfolgt die Parametrierung für

- Zeitraumvergleiche
- Plan-Istvergleiche
- Bereichsvergleiche
- Abweichungsrechnungen
- Planungsrechnungen
- etc.

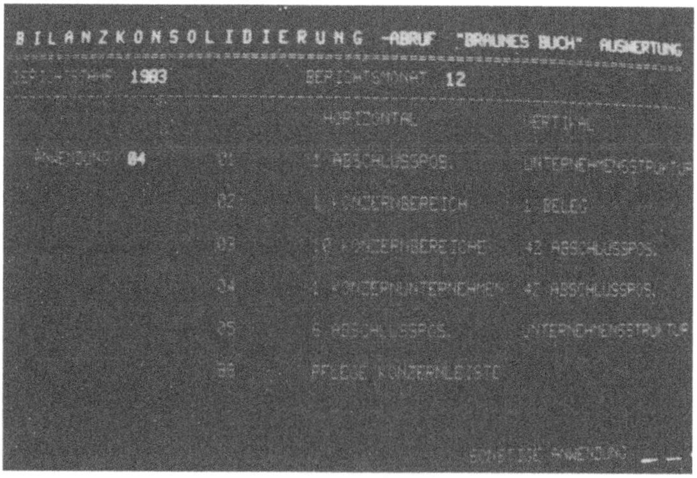

Abbildung 11: Auswahlmaske des Berichtssystems

4. Datenschutz

Zum Schutz gegen einen unberechtigen Zugriff zu den Datenbeständen ist bei den Daten der Monats- und Jahresabschlüsse für alle möglichen Eingaben und Korrekturen, wie z.B. die Korrektur der Einzelabschlüsse und die Verbuchung innerhalb der Gruppenbuchhaltung, ein detailliertes Datenschutzkonzept eingesetzt.

Dieses Datenschutzkonzept beinhaltet:

- Zugriffsschutz durch ein persönliches Kennwort
  - jedem Sachbearbeiter ist durch ein persönliches Kennwort ein Ausschnitt der vorhandenen Funktionen und ein bestimmter Teil der Datenbestände zugeordnet
- Zugriffsschutz auf Funktionsebene
  - das Kennwort autorisiert nur für bestimmte Dialogfunktionen (z.B. Anzeige)
  - das Kennwort autorisiert den Anwender nur für bestimmte Systemfunktionen (z.B. Korrektur und Ergänzung der Einzelabschlüsse)
- Zugriffsschutz auf Datensatzebene
  - auf Datensatzebene erlaubt das Kennwort den Zugriff auf Daten innerhalb eines bestimmten Satzidentifikations-Intervalls

5. Dokumentation

Das Krupp-Dialog-System BIKON enthält in den Bildschirmmasken eindeutige, verständliche Bearbeitungs- und Fehlertexte.

Es besteht die Möglichkeit, zur Erläuterung der Feldbedeutungen und der Eingaben sogenannte Help-Funktionen zu installieren.

Darüber hinaus umfaßt die Dokumentation von BIKON eine ausführliche Darstellung aller Funktionen, gegliedert nach

- o Benutzerhandbuch für die Handhabung des Systems in der Konsolidierungsstelle

- o Rechenzentrums-Handbuch für den Einsatz des Systems im Rechenzentrum

Integrierte Unternehmensplanung auf dem PC in einer Unternehmung der chemischen und kunststoffverarbeitenden Industrie

Dipl.-Kfm. P. Stubbe, Wolff Walsrode AG, Walsrode

7. Saarbrücker Arbeitstagung 1986
Rechnungswesen und EDV
hrsg. v. W. Kilger/A.-W. Scheer

INTEGRIERTE UNTERNEHMENSPLANUNG AUF DEM PC IN EINEM UNTERNEHMEN DER CHEMISCHEN UND KUNSTSTOFFVERARBEITENDEN INDUSTRIE

EINFÜHRUNG: Das Unternehmen Wolff Walsrode AG

Die Wolff Walsrode AG ist ein Unternehmen der chemischen und kunststoffverarbeitenden Industrie.
Inmitten der Lüneburger Heide sind rund 3000 Mitarbeiter beschäftigt, derzeit etwas über 600 Mio., im Rahmen des Planungshorizontes über 800 Mio. DM Umsatz zu erwirtschaften.

Wolff Walsrode ist einer der größten Folienhersteller und -verarbeiter Deutschlands mit einem breit gefächerten Produktionsprogramm aus verschiedenen Materialien (Zellstoff, verschiedene Kunststoffe, Aluminium), in verschiedenen Aufmachungsformen (Rollen, Beutel, Bogenware, Aufreißstreifen), unbedruckt und bedruckt in bis zu 8 Farben. Es handelt sich im wesentlichen um Verpackungsfolien, die für die verschiedenen Anwendungszwecke in Zusammenarbeit mit den Kunden maßgeschneidert werden.

Die Fertigung erfolgt auftragsweise, d.h. jeder einzelne Kundenauftrag wird individuell eingeplant, gefertigt und abgerechnet. Bis zu 15 Fertigungsstufen sind an der Herstellung einer hochwertigen bedruckten Mehrschichtfolie beteiligt. Die Fertigung, nach dem Werkstattprinzip organisiert, muß mit dem Problem laufend wechselnder Engpässe fertig werden.

In den chemischen Betrieben werden Produkte auf Cellulosebasis hergestellt, die in vielen Industriezweigen, insbesondere in der Erdöl-, der Bau- und der Lackindustrie eingesetzt werden.

In einem dritten Geschäftsbereich befaßt sich das Unternehmen mit der Herstellung von Kunstdarm für die Wurstverpackung.

A. UNTERNEHMENSPLANUNG BEI DER WOLFF WALSRODE AG

Vor etwa 20 Jahren wurde im Unternehmen mit der Unternehmensplanung begonnen, zunächst beschränkt auf die Absatz- und Umsatzplanung, die vom Vertrieb durchgeführt wurde und als Grundlage für Investitionsentscheidungen und für Ergebnisvorschaurechnungen diente. Später kamen weitere Planungsbereiche hinzu, so die Personalplanung, als das Personal Ende der 60er Jahre immer stärker zum Engpaßfaktor wurde - und später die Finanzplanung.
Ein weiterer sehr komplexer Planungsbereich war und ist die Abstimmung des Absatzplans mit den Folienverarbeitungskapazitäten. Zur rechnerischen Durchdringung dieser Problematik wurde vor 15 Jahren mit viel Optimismus ein LP-Modell entwickelt und zur Optimierung von Absatz- und Investionsplanung eingesetzt.

1. Absatz- und Umsatzplanung

Der Vertrieb bezieht den Außendienst in die Planung mit ein und verdichtet die Einzelplanungen unter Einsatz von PCs. Die Absatz-/ Umsatzplanung der vielen Folienprodukte wird vom Vertrieb heute auf Disketten in einer Form erstellt, die nahtlos in das Planungssystem paßt.

2. Betriebswirtschaftliche Unterstützung des Vertriebs

Der Vertrieb erhält für die Absatz- und Umsatzplanung vielfältige Hilfen von der volkswirtschaftlichen Abteilung (Marktuntersuchungen, Verbraucherverhalten, Konjunkturprognosen etc.). An dieser Stelle soll auf die Hilfen eingegangen werden, die von der Betriebswirtschaft/vom Rechnungswesen kommen.

a. Artikelerfolgsrechnungen

Artikel- oder Fabrikateerfolgsrechnungen auf Basis einer Grenzplankostenrechnung dienen als Planungsbasis ebenso wie entsprechende Auswertungen, die nach Kunden, Branchen, Verkaufsbezirken und Ländern gegliedert sind.

b. Sonderrechnungen

Für Sonderfälle werden zur Unterstützung der Vertriebsplanung auch Berechnungen zu alternativen Strategien angestellt, beispielsweise: wie verändert sich der Gesamtdeckungsbeitrag, wenn bei einer bestimmten Produktgruppe Preis und Menge variiert werden. Oder für bestimmte Marktstrategien wird die Erfahrungskurve für ein bestimmtes Produkt des Hauses erstellt und ihre weitere Entwicklung prognostiziert. Auch die Anwendung des LP-Modells für die Folienprodukte stellt ein solches Hilfsmittel dar, um den Absatzplan zu optimieren:

c. LP-Modell im Geschäftsbereich Folien

Die vielen eingangs erwähnten Folien-Einzelaufträge werden zu Artikeln bzw. Artikelgruppen zusammengefaßt, die den folgenden Kriterien genügen:
- Die Gliederung muß so grob sein, daß der Vertrieb noch in der Lage ist zu planen
- sie muß andererseits so fein sein, daß die wesentlichen Unterschiede in der Fertigung erfaßt werden.

Das LP-Modell berücksichtigte in seiner Entstehungszeit neben den Kapazitätsbeschränkungen auch Absatz- und Finanzierungsgrenzen und ermittelte zum gewinnoptimalen Produktionsprogramm auch Investitionen und Desinvestitionen.

In der später folgenden Phase der LP-Ernüchterung wurde der Anspruch eines LP-Planungs-Gesamtmodells aufgegeben, weil einfach zu viele Alternativrechnungen erforderlich waren, um z.B. Aussagen wie: es sind 0,358 Druckmaschinen in der zweiten Planperiode zu investieren, brauchbar zu machen. Es gab auch Fälle, in denen die zweitbeste Lösung mit einem geringfügig niedrigeren Deckungsbeitrag dem Unternehmen wesentlich besser lag als die optimale Lösung...

Heute wird das LP-Modell als Hilfsrechnung eingesetzt, mit und ohne Absatzgrenzen, um die relative Ertragsstärke der Produkte im Hinblick auf die vorhandenen Kapazitäten beurteilen und Engpässe besser erkennen zu können.

3. Ermittlung der Plan-Betriebsergebnisse

a. Vorläufige Deckungsbeiträge

Die Absatz-/Umsatzplanung wird in der Abteilung Betriebswirtschaft auf den PC übernommen. Aus dem Zentralrechner werden die Grenzkosten per "file transfer" dazugespielt.
Schließlich werden die Fixkosten (produktgruppen-, sparten- und unternehmensfixe Kosten) der Betriebsabrechnung entnommen und die zu erwartenden Betriebsergebnisse errechnet.
Die Ergebnisse dienen der Beurteilung der vorgelegten Planung und ihrer Genehmigung durch den Vorstand.

b. Endgültige Deckungsbeiträge

Zum Jahresende werden die Kosten für das kommende Jahr neu geplant. Ergeben sich dabei erhebliche Abweichungen in den Grenzkostensätzen und in den zu erwartenden Vollkosten, wird die Planungsrechnung noch einmal angepaßt.
Im allgemeinen ist eine derartige Anpassung erforderlich, wenn eine neue Anlage in Betrieb genommen wird, Produktionsverfahren geändert werden, neue Vertriebswege kostenmäßige Auswirkungen haben oder wenn die Fixkostenbasis, z.B. nach einer Gemeinkostenuntersuchung, sich nachhaltig verändert.

Schwierigkeiten treten auf, wenn Neuanlagen in Betrieb gehen oder wenn neue Produkte ins Programm aufgenommen werden. In solchen Fällen werden die Investitionsrechnungen herangezogen oder es muß - in Zusammenarbeit mit den Betrieben - geschätzt werden.

c. Entwicklung der Fixkosten

Auch die Abschätzung der mittelfristigen Fixkostenentwicklung ist nicht unproblematisch. Ein gewisser Teil ergibt sich aus weiteren Einzelplanungen, z.B. die Abschreibungen aus dem Investitionsplan, die Zinsen aus dem Finanzplan und Personalkosten aus dem Personalplan. Es wird außerdem versucht, bei Neuanlagen Anlaufkosten abzuschätzen. Separate Planungen für Ergebnisse aus know-how-Geschäften, Forschungskosten für neue Produkte etc. runden die Ergebnisrechnung ab.

B. INTEGRATION ZUM GESAMTMODELL

Die Integration der verschiedenen Einzelplanungen war lange Zeit ein Ziel, das mit der "großen" EDV nicht erreichbar war, weil es nicht einfach ist, ein solches Modell zu so zu formulieren, daß ein Programmierer es richtig umsetzt und weil, wie in vielen Unternehmen, auch bei Wolff die Kapazität der Programmierung ein Engpaß war (und ist), der durch ein Unternehmensplanungsmodell überfordert worden wäre. Denn das einzig Beständige in der Planung sind die Änderungen, nicht nur des Zahlenwerks, sondern auch der Methodik und des Umfangs. Der Einsatz von PCs kann demgegnüber wesentlich flexibler erfolgen, Änderungen und Ergänzungen sind so kurzfristig möglich wie erforderlich und die Erstellung des Modells erfolgt durch den Fachbereich selbst. Auch gab es, jedenfalls bei Wolff, in der EDV nicht die Grafikfunktionen, die die PC-Programme bieten.

1. Erster Schritt: Aufbau des Gesamtmodells

Für die insgesamt 7 Produktgruppen wurden Absatz, Umsatz und Betriebsergebnis manuell errechnet und eingegeben. Damit standen ohne besonderen Aufwand auch Zwischensummen und Endsummen zur Verfügung, sowie Veränderungsprozentsätze und Indices und Grafiken, die nur definiert werden mußten.

Die Einbeziehung des Investitionsplanes und die daraus mögliche Abschreibungsberechnung ließen spätere Änderungen am Investitionsplan, die naturgegeben zu sein scheinen, insbesondere bei Tochtergesellschaften von Großbürokratien, ohne Schwierigkeiten verarbeiten. Bei allen Veränderungen ändern sich die den Geschäftsbereichen zuzurechnenden Vermögenswerte und die Abschreibungen automatisch. Ein Eingriff ist lediglich dann erfrorderlich, wenn die Ergebnisse von Investitionsrechnungen Auswirkungen auf die Grenzkosten haben.

Mit Investitionen, Abschreibungen, Betriebsergebnissen sind bereits wichtige Bausteine der Finanzplanung und der Planbilanzen im System. Es müssen noch die folgenden Größen prognostiziert werden:

- F+E Kostenentwicklung
- Ergebnis aus Lizenzvergaben
- Nebengeschäftsergebnis
- Neutrales Ergebnis
- Entwicklung der Pensionsrückstellungen
- Entwicklung der Kursdifferenzen
- Zinssätze
- Entwicklung der Vorräte
- Entwicklung der Forderungen und Lieferantenverbindlichkeiten
- Entwicklung der langfristigen Kredite
- Dividendenziele

Mit diesen Daten, die auch schon bisher ermittelt werden mußten, um einen Finanzplan aufzustellen, können Finanzplan und Planbilanzen ins System integriert werden. Auch hier bestehen wieder alle Möglichkeiten von Änderungen unter simultaner Berücksichtigung aller Auswirkungen im System.

Mit der Eingabe von Saisonkomponenten werden Quartalsplanungen erzeugt. Die Planung der Tochtergesellschaften sind in ihren wesentlichen Größen integriert.

Als Beispiel für die Geschlossenheit des Systems mag die Zinsrechnug dienen: Von der Höhe der Rücklagen hängt die Kreditaufnahme ab. Vom Kreditvolumen die Zinsen. Von den Zinsen das Ergebnis und vom Ergebnis - bei gegebener Dividende - Steuern und Rücklagen. Dieser Zusammenhang kann zwar nicht explizit im "worksheet" dargestellt werden, ein eigenes "Makro" (ein Programm) stellt jedoch nach jeder Veränderung die richtigen Verhältnisse wieder her.

Ein wichtiges Element des Planungssystems auf dem PC sind die Grafiken. Standardmäßig in der Unternehmensplanung Wolff:

- Umsatzentwicklung nach Geschäftsbereichen
- Umsatzanteile der Geschäftsbereiche
- Umsatzindices
- Betriebsergebnisse
- Ergebnisse vor Steuern und Ausschüttung
- Investitionen und Abschreibungen
- Kapitalverzinsung
- Eigenkapitalentwicklung

Grafiken entstehen bei der verwendeten Software durch einfache Definition. So sind auch andere als die genannten Relationen sofort darstellbar.

2. Zweiter Schritt: Einbeziehung der Vertriebsplanung

Im Folgejahr wurde die Unternehmensplanung auf dem PC um ein wesentliches Element erweitert: Die gesamte Absatz- und Umsatzplanung des Vertriebs wurde einbezogen und ebenfalls die sich daraus ergebende Errechnung der Deckungsbeiträge. Der Umfang des Materials erforderte zusätzliche worksheets.

Für die Bereiche mit sehr vielen Produktgruppen - Folien und Kunstdarm - werden Disketten aus den Vertriebsbereichen übernommen. Die anderen Vertriebspläne werden am PC eingegeben. Die Deckungsbeiträge der Produktgruppen werden per "file transfer" dem Zentralrechner entnommen. Die Übernahme von Absatz, Umsatz und Deckungsbeitrag in das Gesamtmodell erfolgt automatisch mit einem "Makro".

C. HARD- UND SOFTWARE, ERFAHRUNGEN MIT DEM PC

Als Hardware wird ein IBM-kompatibler PC eingesetzt. Die Speicher-Kapazität beträgt 640K. Das worksheet mit dem Gesamtmodell ist so groß, daß nur ein Rest von 8% der Kapazität verbleibt. Ein schnelles Modell, ein sog. "AT", mit einer Festplatte ausgerüstet, bringt merkbare Zeiteinsparung.

Als Software wurde zunächst LOTUS 1-2-3, später SYMPHONY eingesetzt. Für das beschriebene integrierte Unternehmensplanungsmodell sind beide Programme hervorragend geeignet. Die Grafikfunktionen sind bestechend. Im SYMPHONY ist es möglich, worksheet- und Textverarbeitungsfunktionen zu verbinden, d.h. Daten aus dem worksheet in Berichte zu übernehmen. Das Erlernen dieser Sprachen erscheint zunächst sehr einfach; der Aufbau einer integrierten Unternehmensplanung setzt jedoch viel Erfahrung voraus.

Es gibt auch fertige Planungspakete auf der Basis von 1-2-3 oder SYMPHONY, sicher auch auf anderer Basis, aber man sollte den Aufwand nicht unterschätzen, der mit der Einarbeitung in solche Standardpakete und mit ihrer Modifikation auf die Belange des eigenen Unternehmens verbunden sind.

ZUSAMMENFASSUNG

Die Umstellung der Unternehmensplanung auf den PC hat bei Wolff Walsrode mit relativ geringem Aufwand eine weitgehende Integration der Teilgebiete der Planung ermöglicht. Damit ist es möglich geworden, dem Planungsprozeß in jeder Phase rechnerisch zu folgen: Änderungen sind unproblematisch, sämtliche Unterlagen sind zu jeder Zeit aktuell. Planungsalternativen können relativ einfach in ihren Auswirkungen dargestellt werden - es besteht deshalb auch ein stärkerer Anreiz, sie zu formulieren. Die Zusammenhänge werden transparenter, anschaulicher und die Planung wird insgesamt glaubwürdiger.

Der Arbeitsaufwand ist nicht zurückgegangen, aber mit konventionellen Mitteln wäre eine derartige Integration der Unternehmensplanung nicht möglich gewesen. Dasselbe gilt - zumindest bei Wolff Walsrode - für eine Lösung auf dem Zentralrechner.

Erfahrungen beim Einsatz der Inventur mit Stichproben - Lösungsmöglichkeiten und Weiterentwicklungen -

Dr. W. Herbold, Brown, Boveri & Cie AG, Mannheim

GLIEDERUNG:

7. Saarbrücker Arbeitstagung 1986
Rechnungswesen und EDV
hrsg. v. W. Kilger/A.-W. Scheer

1. Kennzeichnung der Stichprobeninventur bei BBC

1.1 Anwendungsbereiche

Die Brown, Boveri & Cie AG, Mannheim, ist ein Unternehmen der Elektroindustrie, das sowohl im Großanlagenbau als auch im Seriengeschäft tätig ist. Sie ist zusammen mit ihren Tochtergesellschaften nach marktorientierten Geschäftsbereichen gegliedert, die als Profit-Center agieren. Jeder Geschäftsbereich hat sein eigenes Marketing, seinen Forschungs- und Entwicklungsbereich, seine Produktion und seine kaufmännische Verwaltung. Zu einem Geschäftsbereich gehören in der Regel ein oder mehrere Läger für Roh-, Hilfs- und Betriebsstoffe, für unfertige Erzeugnisse und für fertige Erzeugnisse. Jeder Geschäftsbereich ist für seine Materialwirtschaft und damit auch für die Inventur selbst verantwortlich.
Die Inventur wird teils als Stichtagsinventur, teils auch als permanente Inventur durchgeführt. Bei verschiedenen Hochregallägern wird ein besonderes Inventurverfahren, die sogenannte Einlagerungsinventur, angewendet und bei einigen Lägern wird auch das nach § 240, Abs. 3, HGB, zulässige Festwertverfahren eingesetzt. Bei Anlagen in Arbeit wird die Buchinventur herangezogen.

Stichprobenverfahren bei der Inventur werden von BBC nach umfangreichen Tests seit 1977 angewendet, also ab dem Zeitpunkt, zu dem die Verwendung dieser Verfahren nach dem HGB zulässig wurde.

1.2 Anforderungen

Nach § 241, Abs. 1, HGB, müssen bei der Stichprobeninventur anerkannte mathematisch-statistische Verfahren eingesetzt werden, und der Aussagewert dieser Inventuren muß dem Aussagewert der herkömmlichen Verfahren gleichwertig sein. Diese vom Gesetzgeber bewußt allgemein gehaltenen Anforderungen wurden in zahlreichen Veröffentlichungen erörtert und präzisiert. Hier sind insbesondere die Schriften der Arbeitsgemeinschaft für wirtschaftliche Verwaltung (AWV) und des Instituts der Wirtschaftsprüfer (IDW) zu nennen (vgl. Literaturverzeichnis).

Es dürfte inzwischen unbestritten sein, daß bei der Stichprobeninventur der Einzelnachweis durch eine hinreichend genaue Lagerbuchführung erbracht werden muß.

Für die Durchführung der Stichprobeninventur ist es vorteilhaft, wenn die Lagerbuchführung per EDV geführt wird. Wir haben dies für die Anwendung der Stichprobeninventur zur Voraussetzung gemacht. Die Lagerbuchführung gilt nach unserer internen Festlegung dann als hinreichend genau, wenn die Inventurdifferenz unter 1,5 % des Buchwertes der untersuchten Positionswerte liegt.

Um Qualitätsmängel der Lagerbuchführung nicht durch zufällige Saldierungen zu verdecken, ziehen wir neben der saldierten Inventurdifferenz auch die unsaldierte Inventurabweichung als Beurteilungskriterium heran. Sie darf nicht größer als 5 % sein.

Unter Berücksichtigung der Tatsache, daß 20 % der Lagerpositionen oft 80 % und mehr des gesamten Lagerwertes ausmachen, bleibt der Rationalisierungseffekt der Stichprobeninventur auch dann erhalten, wenn die werthohen Positionen vollständig aufgenommen werden. In der Regel werden deshalb ca. 60 % des gesamten Lagerwertes vollständig aufgenommen,und der Rest, der aber aufgrund des sog. Lagerphänomens i.a. mehr als 80 % der Lagerpositionen umfaßt, bildet den Teilaufnahmebereich, aus dem die Stichproben gezogen werden.

Der Schätzfehler, der durch die Anwendung eines Stichprobenverfahrens in Kauf genommen werden kann, darf bei einem Zuverlässigkeitsgrad von mindestens 95 % nicht größer als 1 % des gesamten Lagerwertes sein, das heißt, daß bei häufiger Anwendung der Stichprobeninventur in mindestens 95 % aller Fälle der mit Hilfe von Stichproben geschätzte Lagergesamtwert nicht mehr als 1 % vom tatsächlichen Lagerwert abweicht.

Der Mindeststichprobenumfang hängt vom Inventurverfahren ab. Bei der Stichtagsinventur gehen wir von einem Mindeststichprobenumfang von 200 und bei permanenter Inventur von 300 Positionen aus.

Für die Schichten, die wir innerhalb des Teilaufnahmebereichs bilden, gilt ein Mindeststichprobenumfang von 30 Positionen pro Schicht.

Auch bei hoher Qualität der Lagerbuchführung können Fehler nicht ausgeschlossen werden. Wenn im Rahmen der Stichprobeninventur vom Teilaufnahmebereich nur ca. 5 - 10 % der Positionen körperlich aufgenommen werden, ist nicht auszuschließen, daß sich die Qualität der Lagerbuchführung im Laufe der Jahre verschlechtert.

Dies wäre aber nicht nur unter Inventurgesichtspunkten sehr nachteilig, sondern auch für die Zuverlässigkeit der Materialdisposition. Produktionsausfälle oder Lieferverzögerungen durch Fehler in der Materialbestandsführung sollen möglichst vermieden werden.
Deshalb werden außerhalb der Stichprobeninventur die für die Materialdisposition kritischen Positionen mindestens einmal jährlich körperlich aufgenommen und darüber hinaus auch Positionen überprüft, die im Buch- oder Ist-Bestand den Bestand Null erreichen (Nullbestandskontrolle).

1.3 Eingesetzte Verfahren

In den Jahren 1977 bis 1981 wurden in unserem Hause Stichprobenverfahren ausschließlich nur bei der Stichtagsinventur eingesetzt. Der Mindeststichprobenumfang pro Schicht wurde zunächst auf 5 Positionen festgesetzt und mit Hilfe eines heuristischen Verfahrens die annähernd optimale Schichteinteilung durchgeführt.

Inventurstichtag war bei einigen wenigen Lägern der Bilanzstichtag am 31. Dezember, bei den übrigen Lägern der 31. Oktober.

Die Buchbestandsdaten wurden von den verantwortlichen Geschäftsbereichen ca. 8 Tage vor dem Inventurstichtag einer zentralen Stabstelle für die Stichprobenauswahl zur Verfügung gestellt und der Stichprobenumfang aufgrund der in Abbildung 1 genannten Parameter ermittelt.
Die pro Schicht aufzunehmenden Positionen wurden mit einem Zufallszahlenverfahren ausgewählt und den Anwendern mitgeteilt.

Abb. 1

Stichprobenauswahl

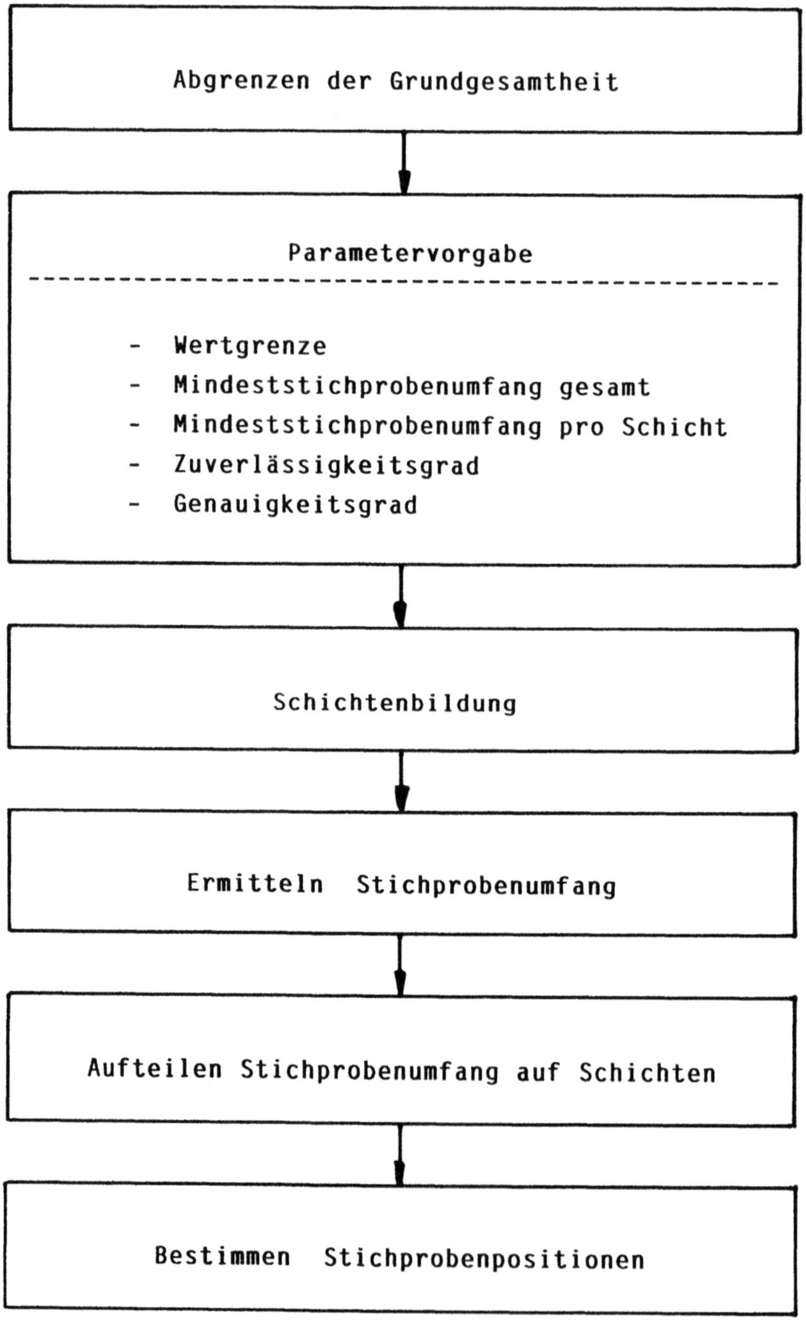

Nach der körperlichen Aufnahme wurden die Istbestandsdaten zusammen mit dem gesamten Buchbestand zum Inventurstichtag für die Hochrechnung bereitgestellt.

Die Hochrechnung führten wir in diesen ersten Jahren nach dem Verhältnisschätzverfahren durch, d.h. pro Schicht wurde das Verhältnis vom Istbestand zum entsprechenden Buchbestand gebildet und der sich daraus ergebende Faktor multipliziert mit dem Buchwert der nicht aufgenommenen Positionen der jeweiligen Schicht. Die Summe aus Istwert der aufgenommenen Positionen und dem modifizierten Buchwert ergab den Inventurbruttowert je Schicht und die Summe der Inventurbruttowerte je Schicht den Inventurbruttowert gesamt.

Durch die Verringerung der Anzahl aufzunehmender Positionen auf etwa 10 - 20 %, die Positionen des Vollaufnahmebereichs eingeschlossen, konnten beträchtliche Personalkosteneinsparungen erzielt werden. In einigen Lägern lagen diese Einsparungen bei 200 - 300 TDM, abgesehen davon, daß im Durchschnitt besser qualifiziertes Personal eingesetzt werden konnte und dadurch die Aufnahmefehler wesentlich reduziert werden konnten. Nach wie vor mußte aber der Lagerbetrieb wegen der Inventur für 1 bis 2 Tage eingestellt werden, so daß Produktionsausfälle und Lieferverzögerungen weiterhin bestehen blieben. Allein der durch den Produktionsausfall bedingte Verlust bei einem Roh-, Hilfs- und Betriebsstofflager und einem Teilelager betrug noch rd. 500 TDM.

Erst durch die Anwendung von Stichprobenverfahren bei der permanenten Inventur ab 1982 konnten auch diese Verluste vermieden werden. Im Gegensatz zur Stichtagsinventur werden hier die aufzunehmenden Positionen schon am Jahresanfang ermittelt und die körperliche Aufnahme auf das Jahr verteilt. Die Versorgung der Produktion mit den wenigen, an den einzelnen Tagen aufzunehmenden Materialpositionen kann so gesteuert werden, daß keine Produktionsausfälle entstehen. Voraussetzung für die Anwendbarkeit der permanenten Inventur mit Stichproben ist aber die Aktualität der Materialbestandsführung. Es muß möglich sein, unmittelbar nach der Aufnahme den Istbestand mit dem entsprechenden Buchbestand abzugleichen und bei evtl. Abweichungen die körperliche Aufnahme zu wiederholen, um Aufnahmefehler auszuschließen.

Vor dem Ende des Inventurzeitraums muß festgestellt werden, welche Positionen nach dem Zeitpunkt der Stichprobenauswahl neu in den Bestand aufgenommen wurden, da diese neuen Positionen bisher keine Chance hatten, in die Stichprobe aufgenommen zu werden. Außerdem muß überprüft werden, ob der am Jahresanfang ermittelte Stichprobenumfang unter Berücksichtigung der neuen Positionen, die eine eigene Schicht bilden, groß genug ist.

Bei Schichten, bei denen der bisherige Aufnahmeumfang nicht ausreicht, und bei der Schicht für neue Positionen werden zusätzliche Aufnahmepositionen ausgewählt.

Am Ende des Inventurzeitraums wird, nachdem alle Inventurdifferenzen bekannt sind, nochmals überprüft, ob die Anzahl der aufgenommenen Positionen ausreicht, um den geforderten Genauigkeitsgrad und Zuverlässigkeitsgrad zu erfüllen. Danach wird dann die schichtweise Hochrechnung nach dem Differenzenschätzverfahren vorgenommen.

Dabei wird die durchschnittliche Differenz der aufgenommenen Positionen einer Schicht ermittelt und dieser Durchschnitt multipliziert mit der Anzahl der nicht aufgenommenen Positionen der gleichen Schicht. Das Produkt, die geschätzte Differenz der nicht aufgenommenen Positionen einer Schicht, wird zum jeweiligen Buchwert dieser Schicht je nach Vorzeichen addiert und subtrahiert und ergibt den Inventurbruttowert einer Schicht. Die Summe aller Inventurbruttowerte der einzelnen Schichten führt zum Inventurbruttowert gesamt.

Das Differenzenschätzverfahren wurde bei der permanenten Inventur statt dem Verhältnisschätzverfahren deshalb gewählt, weil es im Hinblick auf Lagerstrukturveränderungen, die sich im Laufe eines Jahres ergeben, unempfindlicher und außerdem erwartungstreu ist.

Um die Verfahren möglichst einheitlich zu gestalten, wurde 1984 dann auch die Stichtagsinventur mit Stichproben auf das Differenzenschätzverfahren umgestellt.

Im Jahre 1985 wurden Stichprobenverfahren angewendet im Rahmen der

- permanenten Inventur bei 6 Lägern mit rd. 74.000 Positionen und ca. 140 Mio DM Lagerwert
- Stichtagsinventur bei 7 Lägern mit rd. 35.000 Positionen und ca. 61 Mio DM Lagerwert.

2. Probleme und Lösungen bei der Anwendung der Stichprobeninventur

2.1 Verfahrenstechnische Probleme

2.1.1 Definition und Abgrenzung der Grundgesamtheit

Bei der Durchführung der Stichprobeninventur muß zunächst festgelegt werden, was Gegenstand einer Stichprobeninventur sein kann, die Grundgesamtheit muß definiert und abgegrenzt werden.

Können sämtliche Gegenstände des Vorratsvermögens in die Stichprobeninventur einbezogen werden? Die erste Einschränkung ergibt sich, wie bereits erwähnt, daraus, daß für die Inventur mit Stichproben nur solche (Lager-)Positionen geeignet sind, für die eine zuverlässige maschinelle Bestandsführung existiert. Der Einzelnachweis muß durch die Bestandsführung erbracht werden, dieser kann durch die Stichprobeninventur nicht geliefert werden. Wenn die Qualität der Bestandsführung unterschiedlich ist, sollten die Grundgesamtheiten dementsprechend voneinander abgegrenzt werden. Außerdem sollen zu einer Grundgesamtheit nur solche Positionen zusammengefaßt werden, die zur gleichen Bilanzposition gehören. Die Bilanz muß richtig sein und diese Forderung bezieht sich auf jede <u>einzelne</u> Bilanzposition. Die Aussage, daß der Schätzwert, der Inventurbruttowert, bei einem Zuverlässigkeitsgrad von 95 % maximal nur 1 % vom tatsächlichen Wert abweicht, kann nur für die Grundgesamtheit insgesamt, aber nicht für Teile davon gemacht werden. Obwohl diese Anforderung plausibel ist, läßt sie sich bei der praktischen Durchführung nicht immer uneingeschränkt

erfüllen. Es kommt vor, daß sich in einem Lagerfach sowohl fremdbezogene als auch eigengefertigte Teile befinden, die zu den Roh-, Hilfs- und Betriebsstoffen bzw. zu den unfertigen Erzeugnissen gehören. In der Materialbestandsführung sind zwar die fremdbezogenen Teile von den eigengefertigten Teilen schon wegen der unterschiedlichen Preise getrennt, sie müssen aber für die Inventur zu einer Position mit einem entsprechenden Durchschnittspreis zusammengefaßt werden, wenn bei der körperlichen Aufnahme die fremdbezogenen von den eigengefertigten Teilen nicht unterschieden werden können. Mögliche Inventurdifferenzen werden dann wertanteilig zugeordnet. Dieses Vorgehen erscheint uns vertretbar zu sein, weil die Problematik nicht durch die Stichprobeninventur hervorgerufen wurde, sondern ein ähnliches Vorgehen auch bei einer Vollaufnahme notwendig ist.
Die Bewertungsunterschiede, die sich aus den Verbrauchsfolgeannahmen ergeben, z.B. zuerst werden die fremdbezogenen Teile entnommen, und auch die daraus resultierenden Verschiebungen zwischen Bilanzpositionen, sind wesentlich gravierender als die möglichen Ungenauigkeiten bei der Zuordnung der Inventurdifferenzen.
Dennoch sind wir bemüht, sofern dies technisch möglich und aufwandsmäßig vertretbar ist, fremdbezogene und eigengefertigte Teile organisatorisch zu trennen.

Ohne Einschränkung gilt dagegen die Bedingung, daß zu einer Grundgesamtheit nur solche Positionen zusammengefaßt werden dürfen, die zur gleichen Gesellschaft gehören. Eine Zusammenfassung von Lägern mehrerer Konzerngesellschaften zu einer Grundgesamtheit ist bei einer Inventur mit Stichproben nicht zulässig.

2.1.2 Schätzung der Varianz und Schichtenbildung

Der Stichprobenumfang hängt ab von der Varianz der Differenzen. Da aber die Abweichungen vom Buchwert erst nach der körperlichen Aufnahme festgestellt werden, muß die Varianz der Differenzen zu Beginn der Inventur geschätzt werden. Anhaltspunkte dafür liefern die Varianz der Buchwerte und die Korrelationskoeffizienten zwischen Ist- und Buchwerten des Vorjahres bzw. aus Voruntersuchungen. Das Schätzrisiko wird allerdings dann eingeschränkt, wenn der errechnete Stichprobenumfang niedriger ist als der Mindeststichprobenumfang. Wenn eine Schicht für die Nullbestände gebildet wurde, so kann die Varianz der Buchwerte, die definitionsgemäß immer null ist, nicht zu Hilfe genommen werden. Für diese Schicht muß dann die Varianz der Differenzen unmittelbar als Schätzgröße vorgegeben werden.

Der Stichprobenumfang hängt, wie bereits festgestellt, von der Varianz der Differenzen ab. Die Varianz der Differenzen ihrerseits hängt aber auch von der Anzahl der Schichten und den Schichtgrenzen ab. Zur Ermittlung der annähernd optimalen Schichteinteilung wenden wir deshalb ein heuristisches Verfahren an, gehen dabei von 5 Schichten aus, ermitteln pro Schicht die Varianz der Buchwerte und aufgrund der vorgegebenen Korrelationskoeffizienten die Varianz der Differenzen sowie den Stichprobenumfang insgesamt. Diejenige Schicht mit der größten Varianz der Differenzen wird in zwei Schichten aufgeteilt und dafür der Stichprobenumfang neu ermittelt. Dieser Prozeß wird so lange fortgesetzt, bis eine weitere Unterteilung keine Verringerung des Stichprobenumfangs bringt. Da aber der sich so ergebende Stichprobenumfang sehr stark abhängt von den anfangs gewählten Schichtgrenzen, ermitteln wir die optimale Schichtanzahl auch ausgehend von 6 und 7 Schichten. Diejenigen Schichtgrenzen, die unter Berücksichtigung der Mindestgrößen den niedrigsten Stichprobenumfang erfordern und dabei eine möglichst hohe Sicherheitsreserve bieten, werden dann bei der Inventur zugrunde gelegt (vgl.Abb.2).

2.1.3 Aufteilung des Stichprobenumfangs auf Schichten

Bei der optimalen Methode wird die Anzahl der aufzunehmenden Positionen nach der Höhe der Varianzen pro Schicht auf die einzelnen Schichten verteilt. Eine Aufteilung des gesamten

Abb. 2

Alternativrechnungen zur Schichtenbildung

Schichtanzahl beim Start	Schichtanzahl ermittelt	Schicht-Nr.	Anzahl Positionen	Gesamtwert in TDM	Schichtobergrenze in DM	Stichprobenumfang errechnet	Stichprobenumfang eingesetzt
5	6	1	4 017	0	0	27	30
		2	6 468	1 421,4	828	43	50
		3	1 138	1 421,7	1 895	8	30
		4	572	1 422,4	3 332	4	30
		5	165	619,1	4 260	2	30
		6	164	799,0	5 492	2	30
	Summe		12 524	5 683,6	-	86	200
6	9	1	4 017	0	0	17	30
		2	6 080	1 137,0	652	25	30
		3	589	462,6	941	3	30
		4	294	304,0	1 130	2	30
		5	294	370,9	1 403	2	30
		6	309	494,2	1 829	2	30
		7	309	642,6	2 376	2	30
		8	384	1 139,2	3 734	2	30
		9	248	1 133,1	5 492	2	30
	Summe		12 524	5 683,6	-	57	270
7	7	1	4 017	0	0	15	30
		2	5 766	947,6	553	21	30
		3	1 190	948,2	1 125	5	30
		4	650	947,4	1 895	3	30
		5	417	947,9	2 791	2	30
		6	285	948,7	4 001	2	30
		7	199	943,8	5 492	1	30
	Summe		12 524	5 683,6	-	49	210

Stichprobenumfangs nach der optimalen Methode erfordert infolgedessen im allgemeinen einen geringeren Stichprobenumfang als die proportionale Methode. Da aber die Varianzen der Differenzen geschätzt werden müssen, soll eine Verschärfung des Schätzrisikos vermieden werden. Wir wenden deshalb die proportionale Aufteilungsmethode an, bei der der gesamte Stichprobenumfang dem Umfang der einzelnen Schichten entsprechend, der eindeutig bekannt ist, aufgeteilt wird.

2.1.4 Ermittlung der Stichprobenpositionen

Die Auswahl der einzelnen Stichprobenpositionen muß zufällig erfolgen. Wenn aber jede einzelne Stichprobenposition per Zufallszahl gezogen wird, so läßt sich die Stichprobenziehung für Prüfungszwecke selbstverständlich nicht reproduzieren. Deshalb teilen wir die einzelnen Schichten in so viele Intervalle ein, wie davon Stichprobenpositionen benötigt werden. Durch nur eine Zufallszahl wird dann bestimmt, welche Positionen innerhalb der einzelnen Intervalle in die Stichprobe fallen.

Oft steht die Anzahl der Positionen einer Schicht nicht in einem ganzzahligen Verhältnis zur Anzahl der von dieser Schicht aufzunehmenden Positionen. Dies führt dazu, daß von einer Schicht u.U. geringfügig mehr Positionen aufgenommen werden müssen als zuvor errechnet wurden. Der tatsächliche Stichprobenumfang ist deshalb in der Regel etwas höher als der rechnerische. Wir nehmen diesen Nachteil in Kauf für den Vorteil, daß bei Abspeicherung nur einer Zufallszahl pro Schicht der Auswahlprozeß reproduziert werden kann und die zusätzlich aufzunehmenden Positionen eine weitere Sicherheitsreserve bilden.

2.1.5 Fehlerbearbeitung und notwendiges Know-how

Abweichungen zwischen Buch- und Istmenge können entweder aus Fehlern bei der körperlichen Aufnahme oder aus Fehlern bei der Materialbestandsführung resultieren. Fehler bei der körperlichen Aufnahme lassen sich weitgehend durch eine Wiederholung der Aufnahme durch anderes Personal eliminieren.

Die Fehler in der Materialbestandsführung müssen als Inventurdifferenz berücksichtigt werden. Bei den für die Materialbestandsführung Verantwortlichen wird manchmal der Eindruck erweckt, daß die wenigen festgestellten Abweichungen die einzigen Fehler in der Bestandsführung seien und sie vertreten dann die Meinung, daß diese Fehler ganz oder teilweise nur durch einzigartige Besonderheiten zustande kamen. Die Versuchung, solche Fehler nicht als Abweichungen bei der Inventur zu deklarieren, ist groß. Dadurch wird aber die gesamte Stichprobeninventur in Frage gestellt.

Abhilfe kann hier durch gezielte Vorschriften und Information geschaffen werden. Außerdem sollen knapp bemessene Termine für die Meldung der Buch- und Istdaten zur Inventurauswertung sowie auch eine Überwachung durch die interne Revision solche Manipulationen erschweren.

Die Notwendigkeit einer Anpassung der Buchmengen an die Istmengen bleibt davon unberührt. Diese Korrekturen dürfen sich aber nicht auf die Inventurergebnisse auswirken.

Aus den bisherigen Ausführungen geht bereits hervor, daß die Anwendung der Stichprobeninventur ein Know-how erfordert, das nicht unbedingt bei allen Inventurverantwortlichen vorausgesetzt werden kann. Hier empfiehlt sich eine Trennung von Funktionen, die auch mit einer Vollaufnahme verbunden sind, wie Ermittlung der Buchbestände, Durchführung der körperlichen Aufnahme, Bereitstellen der Istbestände, und den für die Stichprobeninventur spezifischen Aufgaben, wie Aufstellen des Stichprobenplanes, Kontrolle des Stichprobenumfangs oder Durchführung der Hochrechnung. Diese stichprobenspezifischen Aufgaben werden deshalb zentral, d. h. von einer Stelle, durchgeführt. Außerdem können dann die Erfahrungen aus der Anwendung der Stichprobeninventur in dieser Stelle konzentriert werden (vgl. Abb. 3).

Abb. 3

Ablaufübersicht zur permanenten Inventur mit Stichproben

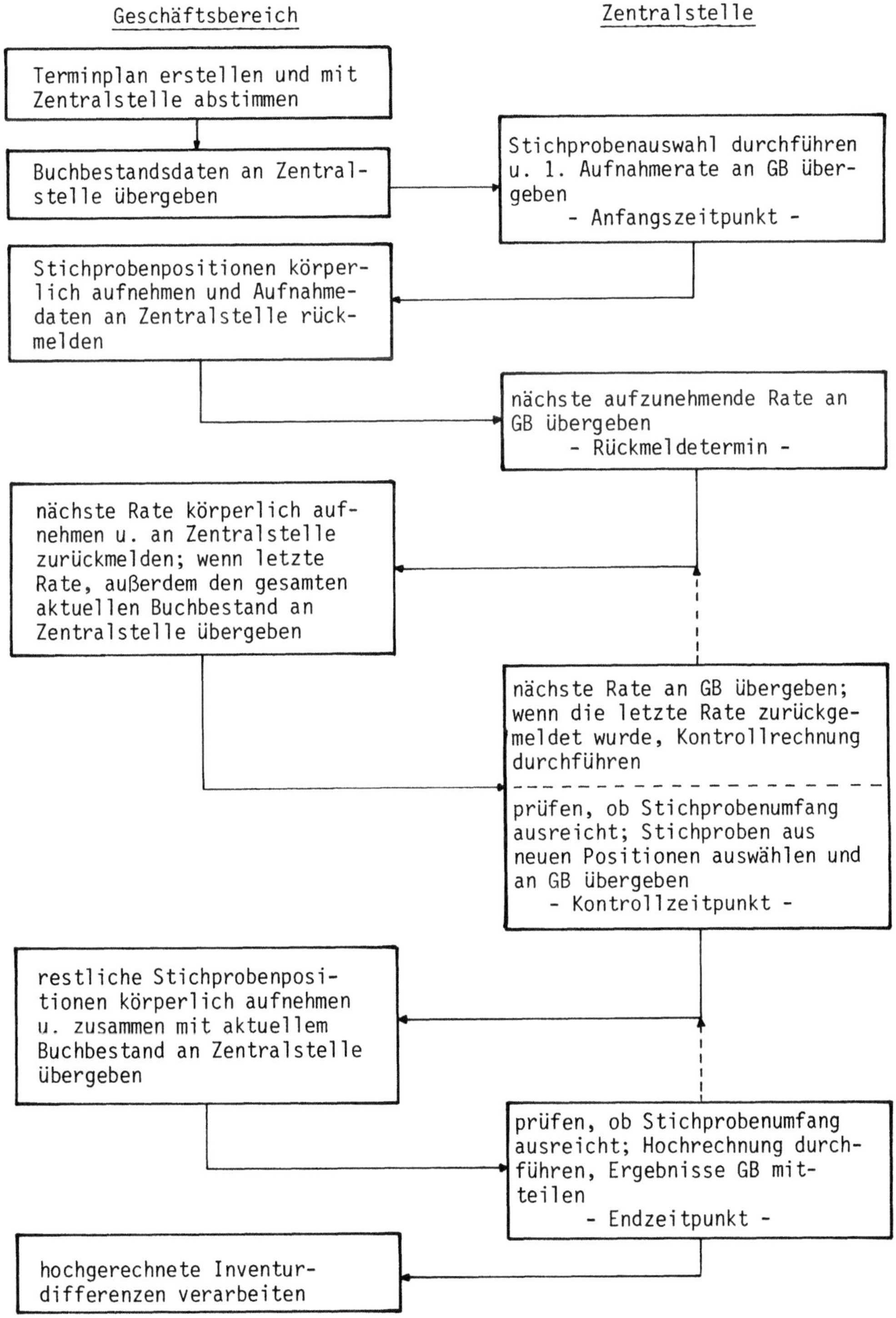

2.2 Lagerorganisatorische und lagerstrukturelle Probleme

2.2.1 Abweichungen durch Verwechslung

Bei Materialien, die sich äußerlich nur sehr geringfügig voneinander unterscheiden, wie z.B. Schichtstoffplatten mit unterschiedlichen Farbschattierungen, kann es beim Lagerzugang bzw. beim Lagerabgang zu Verwechslungen dadurch kommen, daß z.B. bei der Materialentnahme lt. Materialentnahmeschein die Entnahme bei der Lagerposition Nr. 4711 erfolgen soll, tatsächlich aber die Position Nr. 4712 entnommen wird, weil die Farbunterschiede vom Lagerpersonal nicht erkannt wurden. Auf eine einzelne Position bezogen, wie dies bei der Inventur mit Stichproben der Fall ist, ergeben sich teilweise gravierende Unterschiede zwischen Buch- und Istbestand, die sich dagegen bei einer Vollaufnahme saldieren.

Abgesehen davon, daß wir bemüht sind, durch organisatorische Maßnahmen wegen der Dispositionssicherheit solche Verwechslungen zu vermeiden, fassen wir für Zwecke der Stichprobeninventur art- und preisgleiche Positionen, bei denen Verwechslungen nur bedingt zu vermeiden sind, zu einer Inventurposition zusammen. Dieses Vorgehen hat zwar den Nachteil, daß der Aufnahmeaufwand etwas größer wird, bewirkt aber, daß solche verwechslungsbedingte Abweichungen sich nicht im Inventurergebnis niederschlagen.

2.2.2 Problem der Vollständigkeit einer Position

Bei einer Vollaufnahme können die einzelnen Lagerfächer systematisch von Anfang bis Ende aufgenommen werden. Die Gefahr, daß Lagerfächer vergessen werden, ist relativ gering. Anders ist es dagegen bei der Stichprobeninventur. Hier wurde per Zufallsverfahren ein Teil der Lagerpositionen ausgewählt, die gezielt aufzunehmen sind. Wenn die einzelnen Lagerpositionen auf mehrere Lagerfächer verteilt sind und die Lagerfachnummern nicht aus der Materialbestandsrechnung hervorgehen, entsteht u.U. ein beträchtlicher Aufwand, die einzelnen Lagerfächer zu finden. Außerdem ist die Gefahr groß, daß nicht sämtliche Lagerfächer, die zu einer Position gehören, aufgenommen werden und dadurch Abweichungen zwischen Buchwert und Istwert festgestellt werden, die tatsächlich gar nicht bestehen.

Abhilfe kann hier geschaffen werden hauptsächlich durch eine geordnete Lagerhaltung, d.h. Lagerfächer mit gleichen Materialinhalten sollen grundsätzlich nur nebeneinander liegen, und die Aufnahme der Lagerfachnummer in die Materialbestandsführung. Die zuletzt genannte Maßnahme ist unabhängig von der Lagerkapazitätsausnutzung anwendbar und hat den zusätzlichen Vorteil, daß dann die einzelnen Lagerfächer als (Lager-)Positionen betrachtet werden können und der Anteil aufzunehmender Positionen dadurch noch spürbar reduziert werden kann.

2.2.3 Manipulationsgefahr bei der Dispositionssicherung

Neben der körperlichen Aufnahme im Rahmen der Stichprobeninventur werden im Lager auch die Materialpositionen ein- oder mehrmals kontrolliert, die für einen reibungslosen Produktionsprozeß besondere Bedeutung haben. Wenn aber in die Dispositionssicherung gezielt die Stichprobenpositionen einbezogen werden, so würden mögliche Abweichungen vorweg eliminiert werden und die Stichprobenergebnisse wären dann nicht mehr repräsentativ für den gesamten Teilaufnahmebereich.
Diese Möglichkeiten werden dadurch eingeschränkt, daß die Stichprobenpositionen den Anwendern nicht auf einmal, sondern nur ratenweise mitgeteilt werden. Außerdem lassen wir uns den oder die Zeitpunkte melden, an denen die Aufnahmen im Rahmen der Dispositionssicherung durchgeführt wurden, und prüfen, ob der Anteil dispositionsgesicherter Stichprobenpositionen höher ist als der Anteil dispositionsgesicherter Nichtstichprobenpositionen und ob die Dispositionssicherung zeitlich etwa gleichmäßig verteilt ist oder ob sich Dispositionssicherungen unmittelbar vor dem Aufnahmezeitpunkt für die Stichprobeninventur häufen (vgl. Anlage 1, oben).

2.2.4 Schichtenspringer

Die Zuordnung der Positionen zu einzelnen Schichten wird zu Beginn der Stichprobeninventur vorgenommen, - bei der Stichtagsinventur nur wenige Tage vor dem Inventurstichtag, bei der permanenten Inventur ca. 7 bis 9 Monate vorher. Die Positionen werden den einzelnen Schichten nach ihrem Wert zugeordnet. Dieser kann sich aber bis zum Ende der Stichprobeninventur durch Mengen- und Preisbewegungen verändern. Positionen, die am Anfang zu einer Schicht gehörten, können am Ende in eine ganz andere Schicht fallen. Die Anzahl der Schichtenspringer steigt im allgemeinen mit zunehmender Inventurdauer.

Bei permanenter Inventur schränken wir deshalb die Anzahl der Schichten am Anfang auf zwei ein, später zum Kontrollzeitpunkt kommt dann noch die Schicht mit den neuen Positionen hinzu. Dadurch wird das Problem, daß durch Lagerstrukturveränderungen in einer Schicht zu wenig Aufnahmepositionen bleiben, wesentlich reduziert.

Allerdings wird auch der Effekt, durch Schichtenbildung den notwendigen Stichprobenumfang zu reduzieren, stark eingeschränkt.

Änderungen bei der Zuordnung können aber nicht nur innerhalb des Teilaufnahmebereichs vorkommen, sondern auch zwischen Teilaufnahme- und Vollaufnahmebereich. Positionen, die am Anfang im Teilaufnahmebereich waren und zum Kontrollzeitpunkt zum Vollaufnahmebereich gehören, sind zusätzlich aufzunehmen.

In dem betrachteten Lager ergab sich 1985 folgende Veränderung:

Schichtenspringer			
von \ nach	Schicht 1	Schicht 2	Vollaufnahmebereich
Schicht 1	-	1166	50
Schicht 2	1923	-	92

Positionen des Vollaufnahmebereichs bleiben, unabhängig von wertmäßigen Änderungen, im Vollaufnahmebereich.

2.2.5 Gelöschte und neue Positionen

Durch Positionen, die während des Inventurzeitraums gelöscht wurden, kann es vorkommen, daß der Stichprobenumfang nicht ausreicht, weil eine Reihe von Stichprobenpositionen solche gelöschte Positionen sind. Bei der Bemessung des Stichprobenumfangs muß deshalb von Anfang an ein Sicherheitszuschlag gemacht werden, der sich auch an Erfahrungswerten über den bisherigen Anteil gelöschter Positionen orientiert.

Neue Positionen sind solche Positionen, die zu Beginn der Stichprobeninventur noch nicht im Bestand waren und damit auch noch keine Chance hatten, in die Stichprobe zu kommen. Sie müssen noch im einzelnen untersucht werden. Etwa 4 Wochen vor Inventurende, dem Kontrollzeitpunkt, stellen wir die Anzahl der neuen Positionen fest.

Wenn die Anzahl der neuen Positionen niedrig ist, werden sie vollständig dem Vollaufnahmebereich zugerechnet. Bei mehr als ca. 100 neuen Positionen werden auch neue Positionen in den Teilaufnahmebereich mit einbezogen. Sie bilden eine eigene, dritte Schicht.

Die Einbeziehung der neuen wertniedrigen Positionen in den Teilaufnahmebereich für das gesamte Lager bewirkt, daß dadurch weniger neue Positionen körperlich aufzunehmen sind als bei einer Behandlung der neuen Positionen als eigene Grundgesamtheit.

Im zweiten Fall käme der Einsatz von Stichprobenverfahren überhaupt erst in Frage, wenn der Mindeststichprobenumfang von 200 bzw. 300 Positionen überschritten wird. Aber auch dann wäre die Aufnahme noch wesentlich aufwendiger, weil erfahrungsgemäß bei neuen Positionen kaum Abweichungen festzustellen sind, so daß dafür nur relativ wenige Aufnahmepositionen erforderlich sind (vgl. Anlage 1, unten).

2.3 Probleme aus der Materialrechnung

2.3.1 Scheinpositionen

Scheinpositionen sind Positionen, die in der Materialrechnung mit einer Positionsnummer eröffnet wurden, aber im Laufe des Geschäftsjahres nie im Lager körperlich vorkamen.

Für die Existenz dieser Scheinpositionen in der Materialrechnung gibt es hauptsächlich folgende Ursachen: Es werden bereits zu Beginn der Entwicklung neuer Produkte oder Produktvarianten für die zu entwickelnden Gegenstände und auch für die dazu notwendigen neuen Materialien die entsprechenden Materialidentnummern vergeben. Ob die Entwicklung zum Erfolg führt oder ob es jemals zu lagermäßig geführten neuen Vorratspositionen kommt, bleibt damit aber noch offen. Die zweite wesentliche Ursache für die Existenz von Scheinpositionen ist, daß Erzeugnisse vorläufig aus dem Sortiment herausgenommen werden u.die endgültige Entscheidung über die Bereinigung noch nicht erfolgt ist, so daß die entsprechenden Positionsnummern in der Materialrechnung noch nicht gelöscht werden konnten.

Es gibt Materialrechnungen, bei denen mehr als die Hälfte der Positionen mit Nullbestand Scheinpositionen sind. Wenn aber diese Scheinpositionen vollständig bei der Berechnung des Stichprobenumfangs in die Grundgesamtheit einbezogen werden, ist die Wahrscheinlichkeit groß, daß sich auc ein beachtlicher Teil der Stichprobenpositionen auf Scheinpositionen bezieht.

Bei der Stichtagsinventur zum Jahresende können die Scheinpositionen aufgrund der Tatsache festgestellt werden, daß sowohl Anfangsbestand als auch Abgang im Geschäftsjahr und Endbestand Null sind. Die Grundgesamtheit für die Stichprobeninventur kann dann entsprechend verändert werden.

Schwieriger ist es dagegen bei der permanenten Inventur. Zum Zeitpunkt der Stichprobenauswahl am Jahresanfang sind die Scheinpositionen im einzelnen nocht nicht bekannt. Es ist aber damit zu rechnen, daß ein Teil der Positionen, die zum Auswahlzeitpunkt keinen Bestand aufweisen, Scheinpositionen sind. Aufgrund von Erfahrungswerten reduzieren wir deshalb die Anzahl der Positionen in Schicht 1 (Positionen, die zum Auswahlzeitpunkt keinen Bestand aufweisen) für die Berechnung des notwendigen Stichprobenumfangs und bei der proportionalen Aufteilung auf Schichten. Dadurch verhindern wir, daß möglicherweise der überwiegende Teil der Stichprobenpositionen auf Scheinpositionen entfällt und von der Schicht 2, den Positionen des Teilaufnahmebereichs mit Bestand größer als Null, relativ wenige Positionen körperlich aufgenommen werden.

2.3.2 Verrechnungspreisänderungen

Die Vorratsmenge wird in der Regel mit an Marktpreisen bzw. Herstellungskosten orientierten Verrechnungspreisen bewertet. Diese werden im Laufe eines Jahres möglichst konstant gehalten. Es läßt sich aber nicht vermeiden, daß eine Reihe von Verrechnungspreisen auch innerhalb eines Jahres aufgrund von Marktpreis- oder Herstellungskostenänderungen angepaßt werden müssen. Bei der permanenten Inventur können sich hierbei Verschiebungen zwischen Teilaufnahme- und Vollaufnahmebereich ergeben.

Bei der Stichtagsinventur können solche Änderungen innerhalb des kurzen Zeitraums zwischen Stichprobenauswahlzeitpunkt und dem Inventurstichtag (Inventurende) organisatorisch ausgeschlossen werden. Dies ist auch ein weiterer Grund dafür, daß wir die Grundgesamtheit bei Stichtagsinventur in wesentlich mehr Schichten unterteilen als bei permanenter Inventur.

2.3.3 Nachträgliche Aufnahme bei zu geringem Stichprobenumfang

Zum Inventurende, bei permanenter Inventur auch schon zum Kontrollzeitpunkt etwa 4 Wochen vor dem Inventurende, kann sich herausstellen, daß der Stichprobenumfang insgesamt oder auch nur für einzelne Schichten trotz Sicherheitszuschlag nicht ausreicht, um die geforderte Aussagesicherheit zu erreichen. Die hauptsächlichen Gründe dafür sind: in der Stichprobe waren mehr Scheinpositionen und/oder gelöschte Positionen als erwartet, die Varianz der Differenzen zwischen Ist- und Buchwerten ist größer als angenommen, Lagerbewegungen oder Preisänderungen führten zu erheblichen Verschiebungen zwischen den Schichten bzw. zwischen Vollaufnahme- und Teilaufnahmebereich. In diesen Fällen muß die Anzahl der Positionen, die sich aus der positiven Differenz zwischen dem aus der Kontrollrechnung als notwendig ermittelten Stichprobenumfang und den gültigen, bereits aufgenommenen Positionen ergibt, wieder zufällig ausgewählt und körperlich aufgenommen werden.

2.3.4 Vollaufnahme bei Überschreiten von Vorgabewerten

Wie bereits ausgeführt, soll die saldierte Inventurdifferenz 1,5 % und die unsaldierte 5 % des Teilaufnahmebereichs nicht überschreiten. Wenn diese Grenzen nicht eingehalten werden, kann nach unseren Festlegungen die betreffende Materialrechnung nicht Grundlage für die Stichprobeninventur sein. Gegebenenfalls ist eine herkömmliche Vollaufnahme erforderlich, die dann allerdings auch mit erheblichem Zusatzaufwand verbunden ist.

Stichprobenverfahren werden deshalb auch nur bei solchen Lägern eingesetzt, bei denen die Qualität der Lagerbuchführung mit großer Wahrscheinlichkeit erwarten läßt, daß die Vorgabewerte eingehalten werden können (vgl. Anlagen 2 und 3). Dennoch legen wir den Inventurstichtag bei Stichprobeninventuren ein bis zwei Monate vor das Geschäftsjahresende, um im Risikofall noch genügend Zeit für eine Vollaufnahme zu haben.

Außerdem versuchen wir, durch eine Analyse der bei den einzelnen Positionen festgestellten Abweichungen möglichst frühzeitig irgendwelche Fehlentwicklungen, die sich bei der Materialrechnung im Laufe der Jahre anbahnen können, zu erkennen (vgl. Anlage 4).

2.3.5 Behandlung von Inventurdifferenzen

Die Stichprobeninventur liefert den Inventurbruttowert, der sich aus dem Buchwert und der hochgerechneten Inventurdifferenz zusammensetzt. Die bei der körperlichen Aufnahme festgestellten Abweichungen zwischen Ist- und Buchwerten können den einzelnen Materialpositionen zugeordnet werden, während die durch Hochrechnung ermittelte Inventurdifferenz nur als globaler Korrekturbetrag betrachtet werden kann. Sie wirkt sich nur in der Bilanz und nicht in der Materialrechnung aus. Dieser globale, im einzelnen nicht faßbare Korrekturposten ist insofern eine systemimmanente "Schwäche" aller Schätzverfahren.

3. Weiterentwicklungen

Die Anwendung von Stichprobenverfahren bei der Inventur hat erhebliche Zeit- und Kosteneinsparungen ermöglicht und insbesondere in Verbindung mit der permanenten Inventur auch Störungen im Produktionsablauf behoben und Lieferverzögerungen beseitigt. Die Aussagegenauigkeit der Stichprobeninventur ist u.E. noch größer als bei einer herkömmlichen Inventur und auch die Zuverlässigkeit der Bestandsführung i.a. größer geworden, weil mehr Zeit für gezielte Dispositionssicherungsmaßnahmen zur Verfügung steht. Insofern haben sich die geschichteten Stichprobenschätzverfahren bei der Inventur bewährt.

Dennoch gibt es Anwendungsgebiete, bei denen wir durch den Einsatz anderer, ebenfalls anerkannter mathematisch-statistischer Methoden weitere Vorteile erwarten. Es sind dies das Klumpenstichprobenverfahren und der Sequentialtest.

3.1 Klumpenstichprobenverfahren

Bei Gesellschaften mit einer weitverzweigten Vertriebsorganisation und räumlich breit gestreuten Lagerorten entfällt ein beachtlicher Teil des Inventuraufwandes auf Reisezeiten für das Aufnahmepersonal. Diese Reisezeiten lassen sich auch dann kaum reduzieren, wenn die Materialrechnung zentral geführt wird, Unterschiede in der Qualität der Bestandsführung in den einzelnen Lägern nicht zu erkennen sind und sämtliche Lagerorte zu einer Grundgesamtheit zusammengefaßt werden können. Erfahrungsgemäß verteilen sich die durch ein einfaches Zufallsverfahren ausgewählten Stichprobenpositionen auf nahezu alle Lagerorte.

Eine Lösung könnte hier die Verwendung von Klumpenstichprobenverfahren sein. Da in fast allen Lagerorten die gleichen Materialpositionen geführt werden, wäre der einzelne Lagerort als jeweils ein Klumpen zu betrachten. Der notwendige Stichprobenumfang bezieht sich hierbei auf die Anzahl der aufzunehmenden Lagerorte, die wieder zufällig auszuwählen sind. Die bei den untersuchten Lagerorten festgestellten Abweichungen wären dann repräsentativ für die Lagergesamtheit.

3.2 Sequentialtest

Die Anwendung des Sequentialtests ist seit vielen Jahren im Rahmen der Qualitätskontrolle bekannt und verbreitet. Im Jahre 1980 wurde der Sequentialtest von der Arbeitsgemeinschaft für wirtschaftliche Verwaltung (AWV) auch für die Inventur von nicht bewegten Lagereinheiten in automatisch gesteuerten Lagersystemen vorgeschlagen. Weiterentwicklungen führten inzwischen auch zu einer Anwendung des Sequentialtests bei normalen, buchmäßig geführten Lagerbeständen.

Zunächst müssen auch hier, wie bei den Stichprobenschätzverfahren, die Stichprobenparameter festgelegt werden. Beim Sequentialtest sind dies:

- die Annahmengrenze
- die Rückweisungsgrenze
- der Fehler 1. Art
- der Fehler 2. Art
- der Mindeststichprobenumfang.

Die Annahmegrenze gibt den maximalen Anteil fehlerhafter Positionen an, bei dem die Lagerbuchführung noch als richtig betrachtet werden kann. Die Rückweisungsgrenze bringt den Fehleranteil zum Ausdruck, ab dem die Buchwerte nicht mehr als Inventurwerte betrachtet werden können und die Qualität der Lagerbuchführung abgelehnt werden muß. Der Fehler erster Art bezieht sich auf die

Wahrscheinlichkeit für eine Ablehnung der Materialbuchführung, obwohl diese ordnungsgemäß ist, und der Fehler zweiter Art drückt die Wahrscheinlichkeit aus, mit der eine nicht ordnungsgemäße Lagerbuchführung aufgrund des Testverfahrens als richtig anerkannt wird.

Im Gegensatz zu den Stichprobenschätzverfahren wird beim Sequentialtest nicht der notwendige Stichprobenumfang errechnet, sondern der Stichprobenumfang hängt unmittelbar von der Qualität der Lagerbuchführung ab. Die zufällig ausgewählten Stichprobenpositionen werden in der Reihenfolge ihrer Ziehung aufgenommen. Der Sequentialtest ist beendet, wenn unter Beachtung des Mindeststichprobenumfangs die Annahmegrenze unterschritten oder unabhängig vom Mindeststichprobenumfang die Rückweisungsgrenze überschritten wurde.

Die wesentlichen Vorteile des Sequentialtests gegenüber dem oben beschriebenen geschichteten Stichprobenschätzverfahren sind:

- keine Schätzung von Varianzen
- geringer Stichprobenumfang (in der Regel)
- keine Schichtenspringer
- keine Hochrechnungen
- keine globalen Wertkorrekturen

Der Sequentialtest nimmt keine Rücksicht auf die Höhe der Inventurdifferenzen. Es wird nur zwischen Positionen ohne Abweichungen und Positionen mit Abweichungen unterschieden. Bei einer Reihe von Positionen lassen sich aber kleinere Abweichungen, die durch Wiegefehler oder Verschnittoleranzen zustande kommen, nicht vermeiden. Um zu verhindern, daß solche geringfügigen Abweichungen zur Ablehnung der Materialbestandsrechnung führen, muß eine besondere Fehlerdefinition eingeführt werden. In Anlehnung an die AWV werden beim Sequentialtest nur Positionen mit Abweichungen, die größer als ca. 5 % des Buchwertes oder größer als 50 DM sind, als fehlerhaft betrachtet.

Aber auch bei den dann noch fehlerhaften Positionen liegt die durchschnittliche Abweichung weit unter 100 %, nach unseren bisherigen Erfahrungen, was selbstverständlich von der Qualität der Lagerbuchführung abhängt, deutlich unter 1 %. Selbst wenn aus Gründen der Vorsicht die durchschnittliche Abweichung mit 5 % angenommen wird, kann dann die Annahme- bzw. Rückweisungsgrenze um das 20fache (= 100 : 5), z.B. von 0,25 % auf 5 % bzw. von 0,5 % auf 10 %, erhöht werden. Diese Erhöhung der Annahme- und Rückweisungsgrenzen führt zu einer erheblichen Entschärfung des Sequentialtests und somit des Risikos einer Ablehnung der Materialbuchführung.

Diskutiert wird zur Zeit noch die Frage, ob auch bei Anwendung des Sequentialtests ein Vollaufnahmebereich nach der Höhe der Positionswerte zu bilden ist oder ob auch andere Kriterien für die Zuordnung zum Vollaufnahmebereich herangezogen werden können. Die AWV schlägt z.B. vor: die Nullbestandskontrolle, die besondere Überwachung von Materialien mit hohem Verschnitt, von dispositionskritischen Positionen, von Edelmetallen und sonstigen wertvollen Materialien.

Wenn aus Vorerhebungen bzw. aus Erhebungen zur laufenden Bestandssicherung, wie von der AWV vorgeschlagen, bekannt ist, daß die durchschnittliche Abweichung zwischen Buch- und Istwert deutlich unter 1 % liegt, ist es u.E. nicht notwendig, einen ausschließlich nach Positionswerten orientierten Vollaufnahmebereich einzurichten, der mindestens 60 % des Lagerwertes umfaßt.

Der Squentialtest erscheint uns insbesondere geeignet für Lagerpositionen mit kurzer Lebensdauer. Wenn z.B. in einem Lager oder Lagerbereich nur kundenspezifische Produkte mit einer durchschnittlichen Lagerdauer von weniger als 4 Wochen geführt werden, würde sich eine vorverlegte Inventur hauptsächlich auf Lagerpositionen beziehen, die zum Bilanzstichtag nicht mehr vorhanden sind. Geeigneter erscheint uns hier der Sequentialtest, der die Qualität der Lagerbuchführung testet und somit unabhängig von der Lebensdauer der Lagerpositionen ist. Außerdem führen die häufigen Nullbestandskontrollen dazu, daß nur sehr selten Inventurabweichungen auftreten. Die Aufnahme kann somit meist schon nach Erreichen des Mindeststichprobenumfangs beendet und der Lagerbuchwert zum Bilanzstichtag als Inventurbruttowert übernommen werden.

Literaturverzeichnis:

AWV - Fachinformation: Stichprobenverfahren zur Inventur buchmäßig geführter Vorräte im Lagerbereich. Überarbeitete Fassung. Eschborn 1979.

AWV - Fachinformation: Sequentialtest für die Inventur von nicht bewegten Lagereinheiten in automatisch gesteuerten Lagersystemen. Eschborn 1980.

AWV - Fachinformation: Permanente Inventur mit Stichproben. Eschborn 1982.

AWV - Fachinformation: Sequentialtest für die Inventur mit Stichproben bei ordnungsmäßiger Lagerbuchführung. Eschborn 1985.

Bruse, H.: Erfahrungen beim Einsatz von Stichprobeninventuren. In: Die Wirtschaftsprüfung, 38. Jg. (1985), S. 481 - 489 und 518 - 524.

Drexl, A.: Erhebungskosten versus Schätzgenauigkeit bei der Stichprobeninventur - Ein integrierender Ansatz. In: Zeitschrift für Betriebswirtschaft, 56. Jg. (1986), S. 509 - 524.

Institut der Wirtschaftsprüfer: Stichprobenverfahren für die Vorratsinventur zum Jahresabschluß. In: Die Wirtschaftsprüfung, 33. Jg. (1980), S. 44 - 52.

Institut der Wirtschaftsprüfer: Stellungnahme HFA 1/1981. Stichprobenverfahren für die Vorratsinventur zum Jahresabschluß. In: Die Wirtschaftsprüfung, 34 Jg. (1981), S. 479 - 491.

Kunz, K.-H.: Zu Fragen der Stichprobeninventur. In: Die Wirtschaftsprüfung, 34 Jg. (1981),S. 309 - 317.

Poetsch, Ch.; Tiemeier, U.: Aus der Praxis der Stichproben-Inventur in einem Industrieunternehmen. In: OR Spektrum, 3. Jg. (1981), S. 101 - 115.

Tiemeier, U.: Einführung des geschichteten Stichprobenverfahrens für die Inventur. In: Operations Research-Verfahren, 35. Jg. (1978), S. 531 - 543.

Uhlig, B.: Zu "Stichprobenverfahren für die Vorratsinventur im Jahresabschluß". In: Die Wirtschaftsprüfung, 33. Jg. (1980), S. 25 - 27.

Weiss, H.-J.; Zaich, R.: Anmerkungen zur Zulässigkeit des Sequentialtests als Stichprobenverfahren für die Vorratsinventur. In: Der Betrieb, 39. Jg. (1986), S. 1029 - 1032.

Anlage 1

B B C			STICHPROBENINVENTUR			ZEITPUNKTE DER DISPOSITIONSSICHERUNGEN FUER POSITIONEN IM TEILAUFNAHMEBEREICH						TAGESDATUM			BERICHTSZEITPUNKT		LISTEN-NR.:
GB : HL LAGER : RSL			PERMANENTE INVENTUR			SUMMENBLATT						12.11.85			31.10.85		6G48
SEIT INVENTURBEGINN			IM ZEITPUNKT 1			IM ZEITPUNKT 2			IM ZEITPUNKT 3			IM ZEITPUNKT 4			IM ZEITPUNKT 5		
ANZAHL AUFGEN. POS.	DISPOSITIONSGES. POSITIONEN		ANZAHL AUFGEN. POS.	DISPOSITIONSGES. POSITIONEN		ANZAHL AUFGEN. POS.	DISPOSITIONSGES. POSITIONEN		ANZAHL AUFGEN. POS.	DISPOSITIONSGES. POSITIONEN		ANZAHL AUFGEN. POS.	DISPOSITIONSGES. POSITIONEN		ANZAHL AUFGEN. POSITION	DISPOSITIONSGES. POSITIONEN	
	ANZAHL	PROZ.ANTL.		ANZAHL	PROZ.ANTL.		ANZAHL	PROZ.ANTL.		ANZAHL	PROZ.ANTL.		ANZAHL	PROZ.ANTL.		ANZAHL	PROZ.ANTL.
57	2	3,50	5		0,00	10	2	20,00	7		0,00	15		0,00	20		0,00
352	13	3,69	91	9	9,89	88	1	1,13	89	1	1,12	82	2	2,43	2		0,00
59	1	1,69			0,00			0,00			0,00			0,00	59	1	1,69

B B C					STICHPROBENINVENTUR			S C H I C H T E N U E B E R S I C H T					BERICHTSZEITPUNKT		TAGESDATUM		LISTE NR.:
GB : HL LAGER : RSL					PERMANENTE INVENTUR 1985			ZEITPUNKT: ENDBESTAND					31.10.85		12.11.85		6G46
SCH.-NR.	SCH.-GRENZE IN DM	ANZAHL POS./SCH.	ANZAHL POS.M. PRUEF-KENNZ.	ANZAHL STP.-POS.	NR. STPRT.-POS.	GEW. BEI AUSW.	ISTWERT STICHPROBE IN DM	BUCHWERT STICHPROBE IN DM	SALDIERTE ABWEICHUNG IN DM	SALD. ABW. V. ISTWERT IN %	UNSALD. ABW. V. ISTWERT IN %	DURCHSCHN. ISTWERT DER STICHPROBEN-POS. IN DM	DURCHSCHN. BUCHWERT DER STICHPROBEN-POS. IN DM	DURCHSCHN. SALDIERTE ABWEICHUNG IN DM	BUCHWERT DER SCHICHT IN DM	HOCHGERECHNETER WERT DER SCHICHT IN DM	HOCHGERECHNETE GESAMT-ABWEICHUNG IN DM
01	[illegible]	[illegible]	[illegible]	57	55	[illegible]	0,00	0,00	0,00	0,00	0,00	0,0000	0,0000	0,0000	7 722,66	7 722,66	0,00
02	44527	8097	1906	352	15	22,38	290484,61	289544,77	939,84	0,32	0,69	825,2403	822,5703	2,6700	6 862 652,35	6 883 331,52	20 679,17
03	[illegible]	[illegible]	55	59	59	80,25	8430,33	8430,33	0,00	0,00	0,00	142,8869	142,8869	0,0000	375 663,89	375 663,89	0,00
[illegible]		[illegible]	[illegible]	[illegible]			298914,94	297975,10	939,84						7 246 033,90	7 266 718,07	20 679,17
17	291101	670	667	670	1	1,00	12938179,51	12941600,09	-3420,58	-0,02	0,04	19 310,7156	19 315,8210	-5,1053	11 899 274,42	11 899 274,42	0,00
[illegible]		[illegible]	3597	[illegible]			13237094,45	13239575,19	-2480,74						19 145 313,32	19 165 992,49	20 679,17

Anlage 2

BBC	STICHPROBENINVENTUR	BERICHTSZEITPUNKT	TAGESDATUM	LISTE NR.:
	PERMANENTE INVENTUR	31.10.85	12.11.85	6G66
GB : HL LAGER: RSL	ERGEBNISUEBERSICHT ZU MENGEN UND WERTEN ZEITPUNKT: ENDBESTAND			

1. INVENTURERGEBNIS

INVENTURWERTE	LAGER GESAMT	STICHPROBE
HOCHGERECHN. WERT BZW ISTWERT(DM):	19 165 992,49	298 914,94
BUCHWERT (DM) :	19 145 313,32	297 975,10
INVENTURDIFFERENZEN		
IN DM :	20 679,17	939,84
IN % :	0,10	0,31
ABS. FEHLER IN % :		0,67

2. MENGENUEBERSICHT

	GESAMT	AUFGENOMMEN	IN %
ANZAHL POSITIONEN :			
VOLLAUFNAHMEBEREICH :	670	670	100.00
DAVON MIT PRUEF-KZ :	667	667	100.00
TEILAUFNAHMEBEREICH :	15 293	468	3.06
DAVON POS. MIT WERT NULL :	2 212	57	2.57
WERTNIEDRIGE POS. :	13 081	411	3,14
SUMME LAGER :	15 963	1 138	7,12
GELOESCHTE POSITIONEN :			
VOLLAUFNAHMEBEREICH :			
TEILAUFNAHMEBEREICH :	3		
SUMME LAGER :	3		
NICHT ZURUECKGEMELDET :			
VOLLAUFNAHMEBEREICH :			
TEILAUFNAHMEBEREICH :			
SUMME LAGER :			
NEUE POSITIONEN GEGENUEBER ANFANGSBESTAND :	4 984	59	1,18

Anlage 3

B B C	STICHPROBENINVENTUR	PARAMETERUEBERSICHT	BERICHTSDATUM	TAGESDATUM	LISTE-NR.:
GB : HL LAGER : RSL	PERMANENTE INVENTUR 1985		31.10.85	12.11.85	6G07

ZEITPKT	MINDEST-STICHPROBENUMFANG GESAMT	SCHEINPOSITIONEN IN SCHICHT 1: ANZAHL	SCHEINPOSITIONEN IN SCHICHT 1: %	ZUVERLAESSIGKEITSGRAD	GENAUIGKEITSGRAD IN %: VORGEGEBEN	GENAUIGKEITSGRAD IN %: EFFEKTIV	WERTGRENZE IN %: VORGEGEBEN	WERTGRENZE IN %: EFFEKTIV
ANFANG	400		90,00	2,000	0,900		32,00	31,99
KONTR.	350	38363	94,63	2,000	0,900	0,325	35,00	35,01
ENDE	350	38297	94,53	2,000	0,900	0,197	35,00	37,85

SCHICHT NR.	MINDESTSTICHPROBEN-UMFANG		KORRELATIONSKOEFFIZIENT					VARIANZEN DER DIFFERENZEN					STICHPROBENUMFANG				
			ANFANG		KONTROLLZEITPKT.		ENDE	ANFANG		KONTROLLZEITPUNKT		ENDE	ANFANG		KONTROLLZPKT.		ENDE
	ANFANG	KONTROLL.	ERRECH. LT.VORJ	EINGES.	ERRECH.	EINGES.	ERRECH.	ERRECHNET	EINGESETZT	ERRECHNET	EINGESETZT	ERRECHNET	ERRECH	EINGE	ERRECH	EINGE.	ERRECH.
01	100	50		0,980	1,000	1,000	1,000		100,00	0,00	0,00	0,00	180	180	12	59	3
02	200	200		0,960	0,999	0,999	0,999	80557,58	35000,00	1043,01	1043,01	1037,10	380	380	41	234	10
03		50			0,000	0,980	1,000			5905,44	5905,44	0,00			25	59	6
SUMME	300	300											560	560	78	352	19

Anlage 4

B B C GB : HL LAGER : RSL LAGERORT:	STICHPROBENINVENTUR PERMANENTE INVENTUR	A B W E I C H U N G S U E B E R S I C H T					BERICHTSZEITPUNKT 31.10.85 TAGES-DATUM 04.12.85		LISTEN-NR. 6G27 BLATT-NR. 1
ABWEICHUNGEN DER POSITIONEN	POSITIONEN MIT ABWEICHUNGEN INSGESAMT			POSITIONEN MIT ABWEICHUNGEN AUS DEM VOLLAUFNAHMEBEREICH			POSITIONEN MIT ABWEICHUNGEN AUS DEM TEILAUFNAHMEBEREICH		
	ANZAHL	PROZENT VON		ANZAHL	PROZENT VON		ANZAHL	PROZENT VON	
		ANZ.POS. MIT ABW.	POSITIONEN GESAMT		ANZ.POS. MIT ABW.	POSITIONEN GESAMT		ANZ.POS. MIT ABW.	POSITIONEN GESAMT
ABWEICHUNG KLEINER = 02 DM	3	6,00	0,22	0	0,00	0,00	3	9,37	0,64
ABWEICHUNG KLEINER = 10 DM	6	12,00	0,45	0	0,00	0,00	6	18,75	1,28
ABWEICHUNG GROESSER 10 DM	41	82,00	3,12	18	100,00	2,68	23	71,88	4,91
S U M M E	50	100,00		18	100,00		32	100,00	
ABWEICHUNG KL.= 02 DM ODER KL.= 05 % DES POSITIONSWERTES	25	50,00	1,90	15	83,33	2,23	10	31,25	2,13
ABWEICHUNG GR.02 DM UND KL.= 10 DM ODER KL.= 20 % DES POSITIONSWERTES	18	36,00	1,37	3	16,67	0,44	15	46,87	3,20
ABWEICHUNG GR. 10 DM ODER GR. 20 % DES POSITIONSWERTES	7	14,00	0,53	0	0,00	0,00	7	21,88	1,49
S U M M E	50	100,00		18	100,00		32	100,00	

Produktionsplanung, Produktionssteuerung, Vorkalkulation und Abrechnung mit Hilfe eines integrierten EDV-Systems

Dr. H. Brill, Dipl.-Kfm. B. Müller, Krupp Stahl AG, Bochum

I. Fachkonzept

1. Ausgangssituation

Eine Vielzahl von Unternehmen hat in der Vergangenheit gute isolierte Lösungsansätze für die Probleme der Produktionsplanung, Produktionssteuerung, Kalkulation und monatliche Ergebnisrechnung erarbeitet. Man findet aber relativ selten Systeme, die die unterschiedlichen Aufgabenstellungen aus einem integrierten Informationssystem versorgen und damit sicherstellen, daß die jeweils aktuellsten Daten für die oben genannten Zwecke zur Verfügung gestellt werden.

Seit dem Jahr 1972 wurde in unserem Unternehmen ein System entwickelt, das die bis zu diesem Zeitpunkt separat gepflegten Systeme über ein gemeinsames EDV-gestütztes Arbeitsplan-System integrierte.

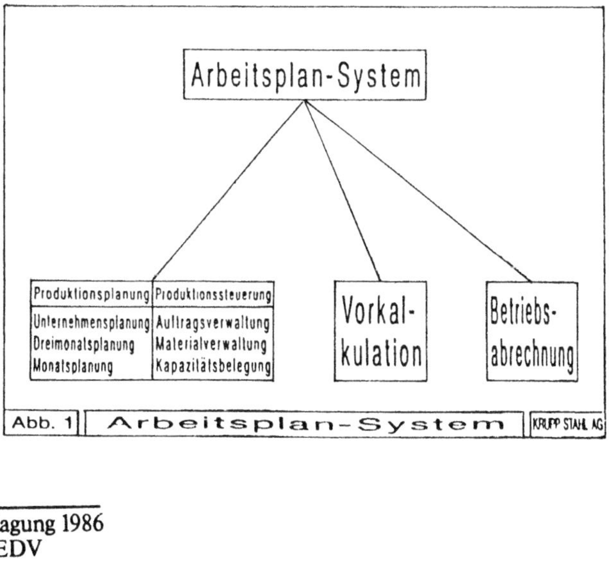

Abb. 1 Arbeitsplan-System KRUPP STAHL AG

7. Saarbrücker Arbeitstagung 1986
Rechnungswesen und EDV
hrsg. v. W. Kilger/A.-W. Scheer

2. Isolierte Lösungsansätze für kaufmännische und technische Zielsetzungen

Wie bei den meisten Unternehmen der Stahlindustrie wurde auch bei der Krupp Stahl AG in den 60er Jahren ein System zur Definition des betrieblichen Fertigungsverfahrens entwickelt, das lediglich den Zwecken der Abrechnung und der Vorkalkulation, also nur kaufmännischen Zwecken, diente, nicht aber für Zwecke der Produktionsplanung und Produktionssteuerung eingesetzt werden konnte. Diese Vorgehensweise implizierte den Nachteil, daß die Daten der Kostenrechnung unzulänglich an der betrieblichen Praxis gemessen werden konnten.

3. Integrierte Lösung durch einheitliches Arbeitsplansystem

Wegen dieser Nachteile wurde ein System zur Bestimmung des Fertigungsverfahrens (Arbeitsplansystem genannt) entwickelt, das gleichzeitig folgende Zwecke erfüllen sollte:

Produktionsplanung	mit Vorgabe von Soll-Arbeitsvorgängen für den Betrieb in Form von Einzelbelegen je Arbeitsvorgang.
Produktionssteuerung	mit der Möglichkeit der Optimierung von betrieblichen Abläufen.
Vorkalkulation	für die richtige Disposition im Verkauf und
Abrechnung	als Grundlage für die monatliche Ergebnisfindung bei gleichzeitiger Dokumentation und Kontrolle.

Im Mittelpunkt des Systems steht ein Produktionsplanungs- und -steuerungssystem, das über eine kaufmännische und technische Auftragsbearbeitung mit allen für die Abwicklung eines Auftrags notwendigen Daten versorgt wird. Für die Zwecke der Vorkalkulation und Abrechnung werden dabei aus dem System nur die kostenrelevanten Daten übernommen. Diese Daten werden in Form eines "Kaufmännischen Arbeitsplanes" aus dem Gesamtarbeitsplansystem mit Hilfe der Datenverarbeitung separiert.

3.1 Modulare Struktur der Arbeitspläne

Aus Gründen der Verarbeitung in der EDV sowie der Pflege des Systems werden die Arbeitspläne in folgende Module untergliedert:

- Kunden-Stammdatei
- betriebsbezogene Arbeitspläne
- spezifische Auftragsdaten
- Zuteilungsdaten des Vormaterials.

Die einzelnen Datenbestände werden in Form selbständiger organisatorischer Einheiten geführt, die bei der Auftragsbearbeitung über die Schlüssel Konserven-Nummer, Arbeitsplan-Nummer und Auftrags-Nummer zu einem Betriebsauftrag zusammengestellt werden.

Die Verknüpfungslogik soll durch das folgende Schaubild vedeutlicht werden:

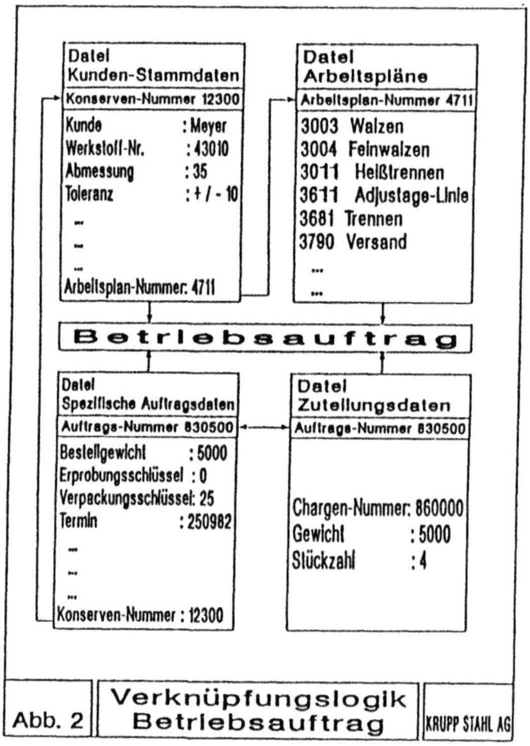

Abb. 2 Verknüpfungslogik Betriebsauftrag

3.2 Arbeitspläne für Produktionsplanung und Produktionssteuerung

In der Fertigung dienen die Arbeitspläne als eindeutige und vollständige Produktbeschreibung der Betriebsaufträge. Darüber hinaus bilden sie die Grundlage für die Produktionsplanung mit ihren Elementen Unternehmensplanung, Dreimonatsplanung und Monatsplanung sowie für die Steuerung mit Auftragsverwaltung, Materialverwaltung und Kapazitätsverwaltung.

Bei Auftragsannahme wird das System zunächst über die kaufmännische Auftragserfassung mit allen kostenspezifischen Daten versorgt. Anschließend werden die Daten um spezifische technische Daten in der technischen Auftragserfassung ergänzt. Die Daten werden oneline erfaßt und stehen den kaufmännischen und technischen Benutzern in folgender Logik zur Verfügung:

In der Kunden-Stammdatei werden sämtliche kundenbezogenen und auch produktbeschreibenden Daten, die bei Wiederholaufträgen konstant bleiben, unter einer Konserven-Nummer gespeichert. Dies sind u. a.:

- Kunden-Nummer
- zuständige Verkaufsabteilung
- Qualitätsbezeichnung
- Bestellabmessungen
- Walzabmessungen
- Toleranzen
- Ausführungsdaten
- Arbeitsplan-Nummer (als Verknüpfungsvariable)

Konserven-Nummern bleiben so lange gespeichert, bis von außen der Anstoß zum Löschen gegeben wird, z. B. wenn Stammdaten länger als 2 Jahre nicht benutzt werden. Jeder Kundenkonserve ist über die Arbeitsplan-Nummer ein betriebliches Arbeitsverfahren zugeordnet.

Die betriebsbezogenen Arbeitspläne ergeben sich aus der Zusammenfassung von Einzelarbeitsvorgängen und Fertigungshinweisen in chronologischer Reihenfolge unter einer Zählnummer.

Grund-Arbeitsplan 523	Zusatzarbeitsplan 1	Arbeitsplan-Schlüssel 113122
Arbeitsvorgang	Zusatztext	Bezeichnung
3003		Walzen mit Sondertoleranzen
3004		Feinwalzen
3001		Heißtrennen
3256		Härten 1000 Grad Öl
	3491	Vorlauf zum Anlassen
	3327	Erwärmen auf 540-700 Grad C
3306		Anlassen
	3327	Erwärmen auf 540-700 Grad C
3611		Adjustage-Linie D5
3631		Sortieren
3681		Trennen
3790		Versand an Schälerei

Abb. 3 Betriebsbezogener Arbeitsplan KRUPP STAHL AG

Dabei läßt sich der Arbeitsplan in einen sogenannten Grund-Arbeitsplan und einen Zusatz-Arbeitsplan aufteilen. Der Grund-Arbeitsplan enthält den zu bewertenden Teil - also alle kostenrelevanten Bestandteile -, der anhängende Zusatz-Arbeitsplan den Teil der nichtkostenrelevanten Angaben, der aber für exakte Fertigungsanweisungen von Bedeutung ist. Betriebsbezogene Arbeitspläne werden losgelöst von allen kunden- bzw. produktspezifischen Merkmalen wie z. B. Qualität, Abmessung und Kunde erstellt und verwaltet. Erst bei der Bearbeitung eines konkreten Auftrags erfolgt die Verknüpfung mit diesen Daten.

Bei jeder Neubuchung eines betriebsbezogenen Arbeitsplanes wird im Rechnerbestand abgefragt, ob diese Kombination von Arbeitsgängen bereits vorhanden ist. Auf diese Weise gibt es nur soviele Arbeitspläne, wie es echte unterschiedliche Fertigungsverfahren im Betrieb gibt. Doppelbelegungen von inhaltlich gleichen betriebsbezogenen Arbeitsplänen nach Speicherung von theoretisch möglichen Kombinationen sind ausgeschlossen.

Die spezifischen Auftragsdaten werden in einer weiteren gesonderten Datei verwaltet. Sie beinhalten z. B.

- Auftragsnummer
- Positionsnummer
- Bestellgewicht
- Erprobungsvorschrift
- Verpackungsvorschrift
- Termine
- Konservennummer (als Verknüpfungsvariable)

Die Anbindung der spezifischen Auftragsdaten an die entsprechende Kundenkonserve geschieht über die Konservennummer.

Schließlich wird die Anbindung des Auftrags an das zugeteilte Vormaterial über die Auftragsnummer in den Zuteilungsdaten vollzogen.

Durch die beschriebene Organisation der Datenbestände werden bei der Auftragsbearbeitung zwei Varianten ermöglicht.

Bei Wiederholaufträgen sind sowohl Stammdaten als auch das zugehörige Verfahren in Form des betriebsbezogenen Arbeitsplans bereits gespeichert. In diesem Fall wird lediglich der auftragsspezifische Teil eingegeben und die Verbindung zur Stammdatei über die Konservennummer hergestellt.

Lediglich bei Neuaufträgen müssen Kunden-Stammdaten und Auftragsdaten neu eingegeben werden. Ist ein passendes betriebliches Verfahren bereits gespeichert, wird dies über die Arbeitsplan-Nummer an die neu entstandene

Konserve angebunden.

Vormaterialzuordnungen sind sowohl für den Fall des Wiederholauftrags als auch des Neuauftrags vorzunehmen.

3.3 Arbeitspläne als Grundlage für Vorkalkulationen

Für die Zwecke der Vorkalkulation wird lediglich ein Teil des Datenbestandes aus der Fertigungsplanung und -steuerung, nämlich der Teil der kostenrelevanten Arbeitsvorgänge zur Bewertung in eine Datei "Kaufmännische Arbeitspläne" übernommen. In Verbindung mit der Leistungsrechnung, Ausbringensrechnung und Kostenstellenrechnung und unter Berücksichtigung losgrößenabhängiger Einflußgrößen entsteht eine Vorkalkulation auf Voll- und Teilkostenbasis, wie sie in der folgenden Darstellung wiedergegeben wird.

[illegible] KALKULATIONEN BLANKSTAHL AM: 10.03.86

SCHR.DM/T	[illegible]	[illegible]	[illegible]	[illegible]	[illegible]	[illegible]	VA-LEU	CO-LEU
247	2,20	10,47	9,50	20,65	12,00	20,00	29,25	50,97

KUNDE: 1-XXX

WERKSTOFF-NR.	AA NR.	FORM-SCHL.	VERF.	AUSF.	BEHAND.	SCH-GEW.	QUART.	ESU
72250	01	6/3	EL	6	SP	B3	1	0

DIN B U	[illegible] DI	LAENG	EINSATZABM. DI	LAENG	ANL	ANL VOT	[illegible] SCHL	STEM SCHL	STGH SCHL	VERP SCHL	LOSGR. KG	[illegible] MAXKG
668	35,00	5000	36,10	5000	19	126		F09	000	000	5000	6500

DI-TOL.	DI-TOLERANZ	LAE TOL.	K E U L	[illegible] MM	RAU MY	UEKAN MM/M	GAU A	OBV D	[illegible] C	ENDE D E	ABN F	ZEV U	FEST N/MM	[illegible]
111	,160-	150		,000	15	,5	0	0	0	0 0	0	0	850	V

BEZEICHNUNG			VOLLK. DM/T	TEILK4 DM/T	FIXKOSTEN DM/T
VORMATERIAL			1.554,00	1.179,00	
[illegible]	DM/T	249			
[illegible]	DM/T	102			
[illegible]	DM/T				
[illegible]	KG/T	1103	1.714,06	1.300,44	
-[illegible]	KG/T	37	9,00	7,00	
-[illegible]	KG/T	66	12,00	12,00	
-[illegible]	KG/T				
SU.WERKSTOFFKOSTEN			1.693,06	1.279,44	
VERARB.-KOSTEN					
63790001 VORMATERIALBEREITSTELLUNG			48,41	30,90	
63790111 SCHAELEN [illegible] 1			95,06	53,73	
AUFTRAGSFIXE-KOSTEN			9,12	5,04	
63790211 RICHTEN [illegible] 4			63,05	27,64	
AUFTRAGSFIXE-KOSTEN			12,63	5,29	
63790303 [illegible]			11,09	9,54	
AUFTRAGSFIXE-KOSTEN			5,29	1,99	
63790702 [illegible]			1,03	1,03	
63791701 STEMPELN			0,00	0,00	
63791206 [illegible]			0,00	0,00	
63791901 VERPACKEN			1,13	4,62	
63791207 FREIGABE			0,00	0,00	
63792001 VERSAND AN KUNDEN			65,49	46,35	
63790408 ANT. AD.I.-TRENNEN (RIBSID)			12,36	7,27	
63799990 [illegible]			30,90	20,60	
63799991 [illegible]			15,76	12,67	
SU.AUFTR.FIXE-KOSTEN			24,04	12,32	
SU.VERARB.-KOSTEN			393,32	230,77	
WERKSSELBSTKOSTEN			2.085,38	1.510,21	
VERKAUFSNEBENKOSTEN			58,39		
UMSATZBELEGSKOSTEN AB WERK			2.143,77	1.510,21	633,56
AUFTRAGSFIXE KOSTEN PRO AUFTRAGSLOS			231,59	124,95	
TK4 DER LETZTEN STUFE				1.923,83	

ABB. 4	Vorkalkulation Einzelausdruck	KRUPP STAHL AG

Ein repräsentativer Bestand an Vorkalkulationen wird nach Verkaufsabteilungen gegliedert über die Kaufmännische Arbeitsplannummer definiert im Rechner gespeichert und jeweils bei Veränderung bestimmter Parameter (z. B. Preise für Legierungen und Schrott, Leistungen Ausbringen) auf den tagesaktuellen Wert umgerechnet und in Form von Kostenlisten (nur Endwerte) an den Verkauf verteilt.

WSTNR/AA A A STD A B	EINABM. BR./ST.	APL- NR	LOS GR.		1.QUARTAL DM/T	2.QUARTAL DM/T	3.QUARTAL DM/T	4.QUARTAL DM/T	JE LOS DM/T	BL/STR	BEMERKUNGEN
04010 01 4 6 100	72,0	2244	10	TK4	799	790	789	799		34	I-DB
				FIXK	200	206	207	200			
				USK	967	966	966	967			
11400 01 4 6 100	130,0	2244	10	TK4	735	735	739	735		34	I-3 14 MA
				FIXK	194	193	194	194			
				USK	930	929	930	930			
11370 01 4 6 100	80,0	1660	10	TK4	864	864	864	864		34	I-3 97 01 SCHMIED.
				FIXK	262	261	262	262			
				USK	1126	1125	1126	1126			
11600 30 4 6 100	60,0	1667	10	TK4	823	823	823	823		34	I-3 41 05 SCHMIED.
				FIXK	237	236	237	237			
				USK	1060	1059	1060	1060			
11700 01 4 6 100	70,0	1667	10	TK4	774	773	774	774		34	I-3 03 02 SCHM
				FIXK	209	209	208	209			
				USK	984	982	982	984			
11700 01 4 6 100	60,0	1667	10	TK4	766	768	766	766		34	I-3 03 02 SCHM
				FIXK	204	204	203	204			
				USK	971	970	970	971			
11000 01 4 6 100	80,0	1667	10	TK4	835	834	834	835		34	I-3 16 OPEL
				FIXK	247	249	249	249			
				USK	1083	1083	1083	1083			
11000 01 4 6 100	80,0	2244	10	TK4	835	834	834	835		34	I-3 17 DB
				FIXK	247	249	249	249			
				USK	1083	1083	1083	1083			
11000 01 4 6 100	80,0	2244	10	TK4	817	816	816	817		34	I-3 17 DB
				FIXK	237	238	238	238			
				USK	1055	1055	1055	1056			
11000 01 4 6 100	60,0	2244	10	TK4	771	770	770	771		34	I-3 17 DB
				FIXK	210	211	211	211			
				USK	981	981	981	983			
11000 01 4 6 100	70,0	1667	10	TK4	763	762	762	763		34	I-3 09 04 FORD
				FIXK	208	209	209	209			
				USK	972	972	972	973			
11000 01 4 6 100	70,0	1667	10	TK4	763	762	762	763		34	I-3 02 10 MAN
				FIXK	208	209	209	209			
				USK	972	972	972	973			
11000 01 4 6 100	72,0	2244	10	TK4	762	761	761	762		34	I-3 17 DB
				FIXK	207	208	208	208			
				USK	970	970	970	971			
11000 03 4 6 100	80,0	2244	10	TK4	838	838	838	839		34	I-3 02 OSTEUEND
				FIXK	249	249	249	248			
				USK	1087	1087	1087	1087			

ABB. 5	Kostenlisten Ausdruck von Endwerten	KRUPP STAHL AG

3.4 Arbeitspläne als Grundlage für die monatliche Ergebnisrechnung

In der monatlichen Ergebnisrechnung, die bei der Krupp Stahl AG in Form eines Richtkosten-Abrechnungssystems durchgeführt wird, wird der Arbeitsplan in der Kostenträgerrechnung wirksam. Sowohl die Ermittlung der Kostenträger als auch der Bestände erfolgt auf der Basis von Richtkosten (Standardkosten), die in einer monatlichen Abweichungsanalyse dem Ist gegenübergestellt werden. Der Unterschied zwischen den tatsächlich durchgeführten Arbeitsvorgängen wird auftragsweise in Form eines Verfahrensvergleichs dargestellt.

AUSFÜHRLICHER AUSBRINGENS- UND VERFAHRENSVERGLEICH
STABSTAHLWALZWERK

Auftrag-Nr. 552 788/001
Werkstoff-Nr. 35050, Dicke 50,00 Arbeitsplan Nr. 1094

Arbeitsvorgang			Menge in kg		Kosten in DM		
Ist	Soll	Text	Ist	Soll	Ist	Soll	Abw.
		Einsatz	100.051	100.273	90.346	90.546	200
		Schrott	- 7.425	- 7.621	- 2.087	- 2.139	- 52
		Abbrand	- 801	- 827			
		Werkstoffkosten	91.825	91.825	88.259	88.407	148
3019	3019	Walzen Feinstraße			19.743	19.743	
3021	3021	Erprobung			1.836	1.836	
3121		Glühen Plan 5			7.346		-7.346
	3131	Glühen Plan 7				8.264	8.264
3611	3611	Adjustagelinie			5.299	5.299	
3631	3631	Sortieren			686	686	
3990	3990	Lager und Versand			5.234	5.234	
3992	3992	Wrackrate			2.775	2.775	
		Verarbeitungskosten			42.919	43.837	918
		Herstellkosten			131.178	132.244	1.066

ABB.: 6 Verfahrensvergleich KRUPP STAHL AG

Außer der genannten Verfahrensabweichung werden in einem monatlichen Soll-Ist-Vergleich eine Beschäftigungsabweichung, eine Leistungsabweichung und eine Verbrauchsabweichung (nach Kostenarten) ausgewiesen. Im Rahmen einer Standard-Kostenrechnung lassen sich alle Kosten auch primär darstellen und auf den Kostenträger zuordnen.

4. Rechnergestützte Bildung von Arbeitsplänen

Bis Anfang der 80er Jahre wurden die Arbeitspläne von den Fachabteilungen der Werke (z. B. Arbeitsvorbereitungen, Technische Auftragsbearbeitungsstellen) aus der Kenntnis der betrieblichen Abläufe heraus gebildet bzw. bei Wiederholaufträgen zugeordnet. Eine Überprüfung der Richtigkeit der Arbeitspläne ergab jedoch, daß bei komplizierten Fertigungsverfahren Fehler auftraten, da die komplexen betrieblichen und qualitativen Zusammenhänge nicht von einer Person alleine beherrscht werden konnten. Dies führte zu der Überlegung, eine Entscheidungslogik zur Bildung von Arbeitsplänen auf den Rechner zu legen, die die Kenntnisse aller Abteilungen wie Metallurgie, Produktion, Arbeitsvorbereitung und Betriebswirtschaft enthält. Das Verfahren hat darüber hinaus den Vorteil, daß die Fachabteilungen erheblich entlastet werden konnten.

Diese Neukonzeption der Arbeitsplanbildung basiert auf dem Prinzip der vollständigen und eindeutigen Beschreibung des fertigen Produktes (Erzeugnisdefinition) unter Zuhilfenahme fest vereinbarter Begriffe, der sogenannten Merkmalsfelder. Je genauer dabei mit Hilfe dieser Merkmalsfelder (z. B. Bestelldicke, Toleranz, Ausführungsvorschrift) das Produkt beschrieben wird, desto präziser kann diese Beschreibung vom Rechner in eine Fertigungs-Soll-Vorschrift umgesetzt werden.

Alle relevanten Merkmalsfelder eines Produktes werden über die kaufmännische und technische Datenerfassung zur Verfügung gestellt. Sie stellen bei nahezu allen denkbaren Kundenanforderungen eine rechnergestützte Arbeitsplanbildung und damit eine exakte Kostenträgerrechnung ohne manuelle Eingriffe sicher.

Das System läßt darüber hinaus zu, daß in den restlichen Fällen, in denen Sonderanforderungen eine automatische Arbeitsplanbildung unmöglich machen, die passende Fertigungsfolge manuell eingestellt werden kann.

Am Beispiel des Warmblechwalzwerkes soll für den Arbeitsvorgang "Vorwalzen" das Prinzip der Erzeugnisdefinition erläutert werden:

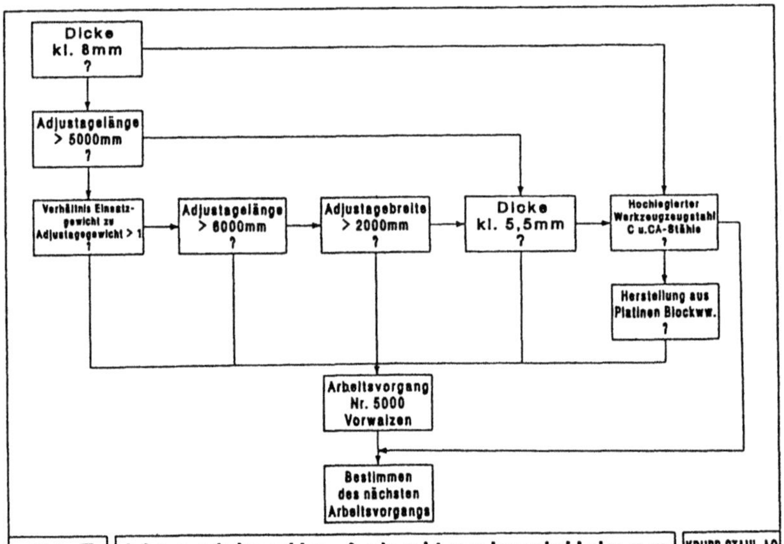

Abb. 7 Maschinelle Arbeitsplanbildung KRUPP STAHL AG

ABB. 7 zeigt das Ablaufdiagramm für die Erstellung eines Arbeitsplanes.

Die Abfragen können beispielsweise wie folgt verlaufen:

1. Abfrage: Dicke > 8 mm? JA!
2. Abfrage: Adjustagelänge > 5000 mm? JA!
3. Abfrage: Verhältnis Einsatzgewicht zu Adjustagegewicht > 1? JA!

Wenn diese Bedingungen erfüllt sind, setzt der Rechner den Arbeitsvorgang "Vorwalzen" ein.

In einem anderen Fall läuft die Abfrage z. B. so:

1. Abfrage: Dicke < 8 mm? Nein!
2. Abfrage: Hochlegierter Werkzeugstahl C und CA-Stähle? Nein!

Wenn diese Bedingungen erfüllt sind, wird vom Rechner der Arbeitsvorgang "Vorwalzen" nicht vergeben.

Über die gespeicherte Entscheidungslogik wird jeder mögliche Arbeitsvorgang für den speziellen Auftrag auf seine Notwendigkeit hin überprüft. Es wird ein Entscheidungsbaum durchlaufen, der alle denkbaren Arbeitsvorgänge einbezieht. Das Ergebnis der Prüfung wird durch die Arbeitsvorgänge gekennzeichnet, nicht aber durch die Reihenfolge der Arbeitsvorgänge.

Die Reihenfolge der Arbeitsvorgänge wird in einem weiteren Rechnerdurchgang dadurch ermittelt, daß Reihenfolgebedingungen abgefragt werden, die als Ergebnis zu einer chronologischen Reihenfolge der Arbeitsvorgänge führen.

Die notwendigen Entscheidungsmerkmale zur Bildung des rechnergestützten Arbeitsplanes werden der Datenverarbeitung entweder über ein gesondertes Ansatzblatt mitgeteilt oder im Regelfall über die kaufmännische und technische Auftragsbearbeitung zugeordnet.

II. DV-Konzept

1. Krupp Stahl Rechnernetz

Die Krupp Stahl AG erzeugt und verarbeitet Stahl an mehreren Standorten, von denen sich die wichtigsten in Bochum, Rheinhausen, Siegen, Hagen, Düsseldorf, Dillenburg befinden. Der Vertrieb ist in der Bundesrepublik Deutschland an 13 Standorten vertreten.

Die geographische Verteilung von Produktions- und Vertriebsstandorten sowie der Materialfluß zwischen allen Standorten erfordern einen Informationsaustausch über die gesamte Bundesrepublik. Daher hat Krupp Stahl in den letzten Jahren ein Rechnernetz aufgebaut, in dem Rechenzentren verschiedener Standorte über ein Siemens-Transdata-BS2000-Netz miteinander verknüpft sind. In den Rechenzentren sind 9 Siemens-Rechner der Serie 7.500 installiert, die über eine Gesamtleistung von mehr als 40 MOPS (Mega Operationen pro Sekunde) und mehr als 200 Megabyte Speicher verfügen.

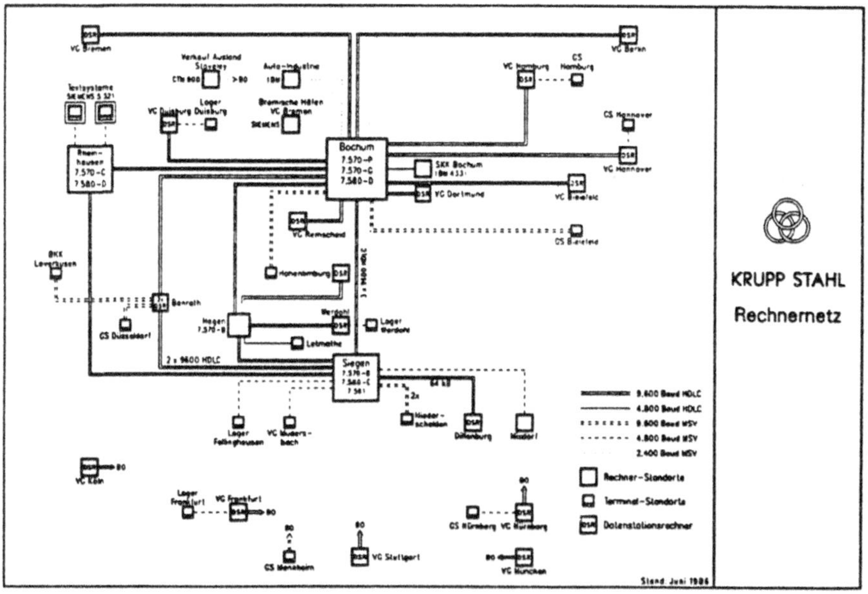

An die Rechner sind z. Z. insgesamt etwa 1.700 Bildschirme und Terminaldrucker angeschlossen; sie werden für kommerzielle Anwendungen und die Unterstützung betrieblicher Abläufe genutzt. Außerdem treiben sie einen Datenaustausch mit Betriebsrechnern und nachgeordneten Prozeßrechnern. Auf diesem Gebiet sind als wichtigste Hersteller HP, AEG, DEC und Krupp Atlas vertreten. Der Dialogverkehr wird quer durch das Rechnernetz praktiziert.

2. DV-Unterstützung der Krupp Stahl Produktionslinien

Die Erzeugnisse, die Produktionsbetriebe und der Stofffluß von Krupp Stahl lassen eine Gliederung nach drei voneinander unabhängigen Produktionslinien zu:

- o Flacherzeugnisse in Qualitätsstahl
- o Flacherzeugnisse in Edelstahl
- o Profilerzeugnisse in Qualitäts- und Edelstahl.

Jede dieser Produktionslinien berührt mehrere Standorte; jedes Fertigprodukt entsteht auf einem, i. d. R. eindeutigen Produktionsweg innerhalb einer Produktionslinie.

Die DV-Unterstützung der einzelnen Linien stellt sich heute wie folgt dar:

- Zur Produktionsplanung und -steuerung stehen jeder Produktionslinie realisierte Systeme für Teilaufgaben wie Technische Auftragsbearbeitung, Arbeitsplanorganisation, Durchlaufterminierung, Belegungsrechnung, Materialdisposition, Betriebsdatenerfassung, Versandabwicklung, Werkszeugnisschreibung, Materialverfolgung, Terminüberwachung u. a. zur Verfügung. Diese Systeme werden im Rahmen laufender und geplanter Projekte ständig an neue Bedingungen angepaßt und ergänzt.

- Jede Produktionslinie verfügt über wenige eigenständige betriebswirtschaftliche DV-Systeme, so z. B. der Profilbereich über Systeme zur Kalkulation und Betriebsabrechnung. Ansonsten sind die Produktionslinien in vielen übergeordneten Systemen, z. B. Personalabrechnung und Verkaufsabrechnung, als Teilbereiche enthalten.

- Nahezu alle Betriebe jeder Produktionslinie sind mit Prozeßrechnersystemen ausgestattet, die in das Krupp Stahl Rechnernetz integriert sind und ständig weiterentwickelt werden.

- Individuelle Datenverarbeitung wird sowohl auf PC's wie auf den Siemens Großrechnern in jeder Produktionslinie für unterschiedlichste Aufgabenstellungen betrieben.

3. DV-System zur Vorkalkulation im Profilbereich

3.1 Kurzbeschreibung

Die Vorkalkulation im Profilbereich erfolgt mit einem System, das sich aus Teilsystemen zur

- o Kostenstellenrechnung (Kostenstellenmodell)
- o Rohstahlkalkulation
- o Kalkulation Fertigprodukte

zusammensetzt.

Die verfügbaren Programme sind im Dialog für Einzelkalkulationen und im Batch zur Erstellung von Kostenlisten und zur Abrechnung ablauffähig.

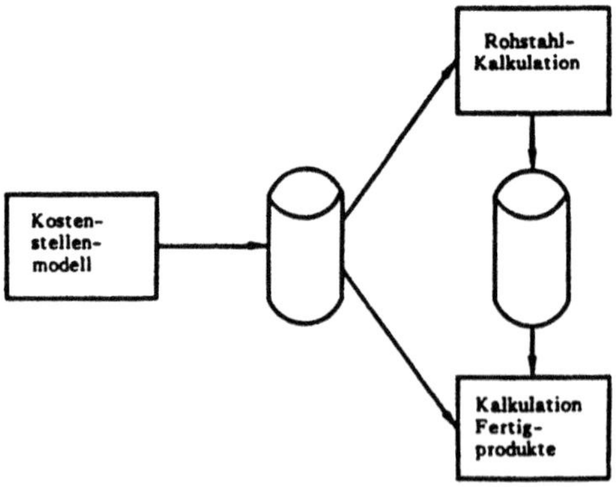

Im folgenden wird der Einfachheit halber nur die Einzelkalkulation im Dialog beschrieben.

3.2 Datenbestände

Die Einzelkalkulation im Dialog benötigt als Stammdaten Ausbringens- und Leistungsdaten, die die Betriebswirtschaftsabteilung im Dialog eingibt, ferner die kaufmännischen Arbeitspläne, die aus produktionswirtschaftlichen Systemen übernommen werden, sowie die Rohstahlwerte, die das System der Rohstahlkalkulation ermittelt und schließlich die Richtkosten (Voll und Teil) je Kostenstelle und Zeiteinheit, die sich in der Kostenstellenrechnung ergeben.

In einer laufenden Abwicklung werden Einzelkalkulationsanforderungen im Dialog eingegeben. Ausgegeben werden die Einzelkalkulationen über Terminaldrucker in der Betriebswirtschaftsabteilung.

3.3 Hardware und Software

Zusammen mit vielen anderen Anwendungen läuft das Kalkulationssystem des Profilbereiches auf dem Rechner 7.580-E des Siegener Rechenzentrums, der über 4,5 MOPS und 24 MB verfügt. Für den Nachrichtenverkehr wird ein Vorrechner 9688 eingesetzt. Als Leitungen werden interne bzw. Standleitungen der Deutschen Bundespost genutzt.

Datensichtgeräte vom Typ 9755 und Terminaldrucker vom Typ 9013 sind in den Betriebswirtschaftsabteilungen von Siegen und Hagen installiert.

Die Anwendungsprogramme sind in COBOL geschrieben, laufen unter dem Betriebssystem BS2000, nutzen den Krupp Stahl-eigenen TP-Monitor, das Krupp Stahl-eigene Tabellenverwaltungssystem und ISAM als Dateiverwaltungssystem.

3.4 Abläufe einer Einzelkalkulation im Dialog

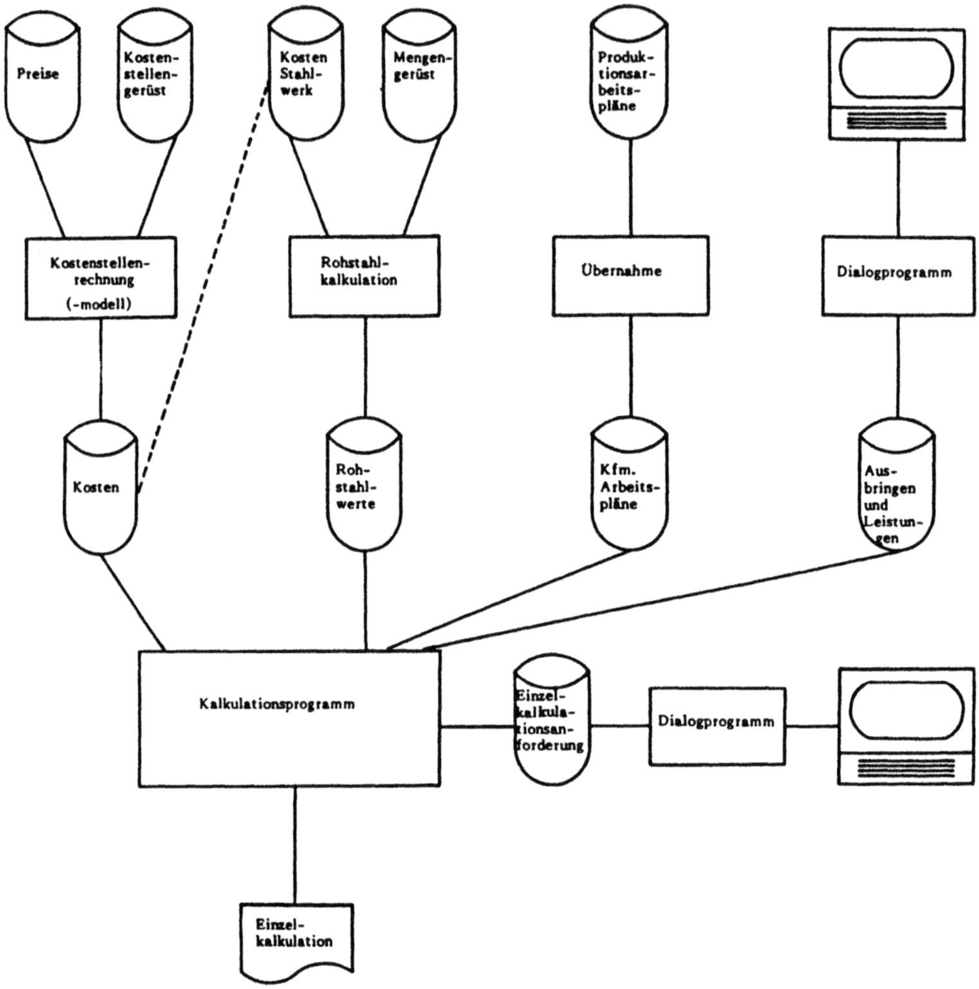

3.5 Laufzeiten und Datenvolumen

Die Antwortzeit für eine mehrstufige Einzelkalkulation im Dialog liegt bei 1 - 2 Minuten einschl. Druck.

Das Volumen der Stammdaten liegt bei rund 10.000 Arbeitsplänen und rund 8.000 Sätzen mit Ausbringens-, Leistungs- und Kostendaten.

Es werden rund 300 Dialog-Kalkulationen pro Tag angefordert.

3.6 Realisierungs- und Wartungsaufwand

Die Realisierung des Systems erfolgte in enger Zusammenarbeit zwischen der Betriebswirtschafts- und der DV-Abteilung. Der geleistete Aufwand in der Fachabteilung betrug rund 40 Mannmonate, in der DV-Abteilung wurden 20 Mannmonate geleistet.

Auf die Wartung des Systems entfallen in der Betriebswirtschaftsabteilung rund 5 Mannmonate/Jahr für die Tabellenpflege und die Anpassung an betriebliche Änderungen und in der DV-Abteilung etwa der gleiche Aufwand für die Programmpflege.

3.7 Beispiel einer Eingabemaske

```
@@P2880000 M288020      VORKALKULATION
****************************************************************
DRUCKERNAME
////////////// (1)
KUNDE (ENDE-KZ = ENDE):
///////////////////////(2)
WSTNR.   AA   FORM   VERF   AGGR.   BEH.   QUARTAL   ESU-KZ
#####    ##   ///    //     /       //     #         #
 (3)     (4)  (5)    (6)    (7)     (8)    (9)       (10)
ERK    STG   AA
 #     ###    #
(11)  (12)  (13)
BESTELLABM.  EINSATZABM.  LAENGENTOLERANZ  FESTIGKEIT
BR DI LAEN   DI
## ## ####   ##           #####            #####
14 15 (16)   (17)         (18)             (19)
APL-NR.  APL-VORST.  SCHLEIF  ERPR.  VERP.
 ####     ####        ##       ##     ##
 (20)     (21)        (22)     (23)   (24)
LOSGR.   KOSTEN-KZ.
 ####      #
 (25)     (26)
FEHLERMELDUNG: @@@@@@@@@@@@@@@@@@@@@@@@@@@@@@@@@@@@@@@@@
```

Feldbeschreibung			muß	kann
Feld	1	Druckername	x	
Feld	2	Kunde		x
Feld	3	Werkstoff-Nr.	x	
Feld	4	Abruf-Analysen-Nr.	x	
Feld	5	Blockformat	x	
Feld	6	Verfahren	x	
Feld	7	Aggregat	x	
Feld	8	Behandlungsart	x	
Feld	9	Quartal		x
Feld	10	ESU-Kennzeichen		x
Feld	11	Werk	x	
Feld	12	Stoffgruppe	x	
Feld	13	Abmessungs-Art	x	
Feld	14	Bestell-Breite	x	
Feld	15	Bestell-Dicke	x	

Feldbeschreibung		muß	kann
Feld 16	Bestell-Länge	x	
Feld 17	Einsatz-Dicke	x	
Feld 18	Längentoleranz	x	
Feld 19	Festigkeit	x	
Feld 20	Arbeitsplan-Nr.	x	
Feld 21	APL-Vorstufe		x
Feld 22	Schleifen	x	
Feld 23	Erprobung	x	
Feld 24	Verpackung	x	
Feld 25	Losgröße	x	
Feld 26	Kosten-Kennzeichen	x	x

3.8 Beispiel einer Ausgabe

s. Abb. 4 in I. Fachkonzept

4. DV-Systeme zur Vorkalkulation und Abrechnung in den Bereichen Edelstahl Flach und Qualitätsstahl Flach

Für die Kalkulation und Abrechnung der Flacherzeugnisse in Edelstahl werden im wesentlichen die gleichen Programme und Systeme eingesetzt wie für die Profilerzeugnisse. Änderungen bzw. Anpassungen wurden lediglich aufgrund einiger Besonderheiten bei der Warmflach- und der Kaltbandfertigung vorgenommen.

Zur Kalkulation und Abrechnung der Flacherzeugnisse in Qualitätsstahl steht - historisch bedingt - ein anderes System zur Verfügung, das nicht mit der Fertigungssteuerung gekoppelt ist und das anstelle von Arbeitsplänen Fertigungsleitwege verwendet.

Allen diesen Systemen ist einheitlich das gleiche System der Rohstahlkalkulation vorgeschaltet.

5. Geplante Weiterentwicklung

5.1 Krupp Stahl Rechnernetz

Das Krupp Stahl Rechnernetz ist in der gezeigten Ausprägung seit einigen Jahren erfolgreich in Betrieb. Die Entwicklung in den letzten Monaten und in der nahen Zukunft vollzieht sich mit folgenden Schwerpunkten:

- Konzentration der BS2000-Rechner auf die Hauptstandorte des Unternehmens

- Verwendung der neuesten Hardware- und Software-Komponenten der Siemens-BS2000-Landschaft

- Vereinheitlichung der Organisation und Abläufe in allen Rechenzentren unter besonderer Berücksichtigung der neuesten Möglichkeiten zur Rechenzentrumsorganisation

- Weitere Erhöhung der Ausfallsicherheit

- Weitere Integration von Prozeß- und kommerzieller Datenverarbeitung (CIM-Konzept)

5.2 DV-Systeme zur Vorkalkulation

Die DV-Systeme zur Vorkalkulation werden weiterentwickelt und an neue Anforderungen angepaßt. Erwähnenswert sind die folgenden Schwerpunkte:

- Einbeziehung der wenigen, heute noch nicht im System berücksichtigten Betriebe bzw. Produkte

- Stärkere Nutzung der Systeme zu Planungszwecken

- Automatische Erstellung eines Auftragserfolgsberichtes bei Auftragseingang

- Ausbau der maschinellen Arbeitsplanfindung

- Durchführung von Dialog-Kalkulationen im Verkauf

III. Anforderungen an ein integriertes DV-System

Die Erfahrungen bei Krupp Stahl zeigen, daß folgende Kriterien bei dem Aufbau eines integrierten Kalkulations- und Abrechnungssystems zu beachten sind:

- Grundfunktionen

  Online-Verwaltung der Datenbestände, Dialogterminals bei den Kalkulatoren, schneller Informationsfluß zwischen den beteiligten Systemen, automatische Bereitstellung von Informationen aus anderen Systemen, getrennte Steuerung einzelner Systemfunktionen.

- Einfachheit

  Ein System ist einfach, wenn die zugrunde liegende Logik, die verwandten Methoden, der Ablauf, die produzierten Ergebnisse und der Aufbau des Dialogs zu verstehen sind. Alle Ergebnisse müssen vom Kalkulator nachvollzogen und geprüft werden können.

- Sicherheit

  Ein System kann als sicher gelten, wenn alle Eingaben auf Plausibilität geprüft werden und der Benutzer auf Fehler hingewiesen wird. Auch muß garantiert sein, daß die Datenbestände der Betriebswirtschaft gegen fremden Zugriff geschützt sind.

- Flexibilität

  Ein flexibles System kann sich leicht an veränderte Rahmenbedingungen anpassen, es ist änderungsfreundlich und ausbaufähig. Diese Forderung verursacht hohen Programmieraufwand, verlangt die Trennung von Programmen und Datenbeständen und einen modularen Programmaufbau.

- Geschwindigkeit

  Eine Kalkulation kann nur dann schnell erstellt werden, wenn lediglich Steuerinformationen, Parameter und nur einige Daten vom Kalkulator selbst vorzugeben sind. Die Geschwindigkeit ist auch abhängig von der Antwortzeit des Rechners.

- Eingriffsmöglichkeiten

  Dieses Merkmal erlaubt dem Anwender, die Kalkulation selbst zu steuern, in den Ablauf einzugreifen und sich mit den Ergebnissen zu identifizieren. Die Grenzen eines Systems sind erreicht, wenn nicht mehr erkennbar wird, daß der Kalkulator tätig wird.

- Systementwicklung

  Der Benutzer ist an der Entwicklung des Systems zu beteiligen, die Entwicklung ist klar zu gliedern, die Dokumentation mit Benutzerhandbuch allgemeinverständlich aufzubauen.

- Anwender

  Ein Kalkulations- und Abrechnungssystem kann nur dann erfolgreich sein, wenn auch die Kalkulatoren bestimmte Voraussetzungen mitbringen. Sie müssen über gute Kenntnisse in der Betriebswirtschaft und DV-Grundwissen verfügen und eine positive Einstellung gegenüber der DV haben.

C Kostenträgerrechnung, Standardsoftware, Controlling, Anwenderberichte

Integrierte Plankalkulation als Grundlage der Verkaufssteuerung in einem dreistufigen Textilunternehmen

W. Sohm, F. M. Hämmerle Textilwerke AG, Dornbirn/Österreich

Inhalt:

7. Saarbrücker Arbeitstagung 1986
Rechnungswesen und EDV
hrsg. v. W. Kilger/A.-W. Scheer

1. Darstellung des Unternehmens:

Die F.M.Hämmerle Textilwerke AG (F.M.H.) hat ihren Hauptfirmenstandort in Dornbirn/Österreich. Sie ist ein Textilerzeugungsbetrieb, dessen Produktpalette in den drei Fertigungsstufen

Spinnerei
Weberei
Veredlung

von Garnen, über Zwischen- und Rohprodukte bis zu den fertig ausgerüsteten Geweben reicht.
Der Schwerpunkt der Produktion liegt in der Erzeugung hochmodischer Buntgewebe, die sowohl in der Konfektion von Hemden und Blusen ihre Verwendung finden, als auch für Damen- und Herrenoberbekleidung, hier vor allem im Legerbereich, eingesetzt werden.

Die dabei verwendeten Rohstoffe sind zum überwiegenden Teil natürliche Fasern (z.B. Baumwolle und Leinen), die entweder allein oder in Mischungen mit Chemiefasern verarbeitet werden.

Das Erzeugungsvolumen beträgt ca. 36 Millionen Quadratmeter pro Jahr. Davon werden 86 % im Export abgesetzt.

Der Umsatz der F.M.Hämmerle Textilwerke AG belief sich im Wirtschaftsjahr 1984/85 auf 1.540 Millionen ö.S. bei einem Mitarbeiterstand von rund 2.100 Personen.

2. Umfeld der Kalkulation.

Das Erzeugungsprogramm des Buntwebers wird durch die Entwicklung der Mode beeinflußt und geprägt. Das Umsetzen von Modeströmungen durch die Kreativität der betriebsinternen Produktentwicklung, verbunden mit dem Ideenreichtum der Dessinatur, ist ein wesentlicher Teil für eine erfolgreiche Kollektion. Das betriebliche Fertigungs-know-how und ein hohes Qualitätsniveau sind die Garantie für ein technisch ausgereiftes und den Verbraucherwünschen entsprechendes Produkt. Wenn dies mit Kosten erzeugt werden kann, die unter Berücksichtigung des Unternehmenszieles zu einem marktgerechten Angebot führen, ist dies die Sicherung des Unternehmenserfolges.

Die textile Mode ist von einem stetigen Kommen und Gehen geprägt. Die zeitliche Abfolge von Moderichtungen und Modeströmungen wird immer schneller, das Leben von Mode- und Farbtrends immer kürzer.

Die Produktprogramme des Buntwebers, auch Kollektionen genannt, werden nach Saisonen angeboten. Pro Jahr mustern wir zwei Hauptkollektionen, und zwar eine Sommer- und eine Wintersaison. Je nach Modeentwicklung bzw. durch das Entstehen neuer Trends können noch Sondermusterungen erforderlich sein.

Die Kollektionen und auch die Preise dafür sind zu einem Zeitpunkt zu erstellen, der ein recht hohes Risiko mit sich bringt, wie dies am Beispiel der Sommersaison 1987 sichtbar wird. Zur Sommersaison 1987 sind jene Buntgewebe zu zählen, die im Frühjahr und Sommer 1987 als konfektionierte Kleidungsstücke vom Handel angeboten werden.

Artikelauswahl	- Zeit: November und Dezember 1985
Preisbildung	- Zeit: Ende Februar 1986
Musterangebot	- Zeit: März und Mai 1986
Verkaufszeit an Konfektionäre	- Zeit: März bis Juni 1986
Produktion der Aufträge	- Zeit: August 1986 - Jänner 1987
Lieferzeit FMH an Konfektionäre	- Zeit: September 1986 - Februar 1987
Lieferzeit der Konfektionäre an den Handel	- Zeit: Jänner 1987 - April 1987
Einkauf durch Letztverbraucher	- Zeit: März 1987 - Juni 1987

Nachdem zum Zeitpunkt der Kalkulationserstellung im Februar 1986 weder die Kosten der Fertigung im 2. Halbjahr 1986 exakt erkennbar, noch die endgültigen Rohstoffkosten bekannt sind - die Baumwollernten liegen je nach Lieferland über das Jahr verteilt - müssen in die Kalkulation diverse Annahmen verarbeitet werden.

3. Art der Kalkulation:

Aus dem terminlichen Ablauf des Buntgewebeangebotes und der auftragsbezogenen Erzeugung geht hervor, daß die Kalkulation zeitlich vor der Leistungserstellung zu erfolgen hat. Wir bedienen uns daher in der Textilindustrie der Vorkalkulation zur Ermittlung der Herstellkosten bzw. Selbstkosten.

Nachdem wir bei FMH seit dem Jahre 1964 die Kostenplanung und Kostenüberwachung mittels der "Grenzplankostenrechnung nach dem System Plaut" praktizieren und auf den Kostensätzen der Kostenplanung auch unsere Vorkalkulation aufbaut, können wir diese als Plangrenzkostenkalkulation bezeichnen.

4. Aufgaben der Kalkulation:

Die Erstellung der Vorkalkulationen obliegt in unserem Hause der Abteilung "Innerbetriebliches Rechnungswesen", die wiederum ein Teil des Vorstandsbereiches Finanzen ist.
Die Aufgaben der Kalkulation sind u.a.:

die Unterstützung der Produktentwicklung bei der wertmäßigen Beurteilung von Wertanalyseaktivitäten;

Ermittlung der Selbstkosten für die in Haupt- und Nebenkollektion angebotenen Produkte;

Beantwortung von kurzfristigen Kalkulationsfragen;

Bereitstellung der Daten für die Deckungsbeitrags- bzw. Artikelergebnisrechnung;

Ermittlung der Bewertungsdaten für Halb- und Fertigerzeugnisse im Zuge handelsrechtlicher, steuerrechtlicher und versicherungstechnischer Bewertungskriterien;

Bereitstellung der Daten für Zwecke des Herstellkostencontrollings und weitere betriebswirtschaftliche Untersuchungen.

5. Systeme der Kalkulation:

Die unter dem Punkt "Aufgaben der Kalkulation" angeführten Anforderungen lassen sich in zwei Gruppen teilen:

Verarbeitung von großen Datenmengen im Zuge von Saisonskalkulationen, die zeitlich über mehrere Tage erfolgen können. Diese Arbeiten laufen auf der Großrechenanlage Marke ICL, Type 2966. Als Programm wird die Plaut-Software "M51-Plankalkulation" eingesetzt.

Für die Beantwortung kurzfristiger Kalkulationsanfragen seitens des Vertriebes bzw. bei der Produktentwicklung. In diesem Falle wurde in Zusammenarbeit mit der Plaut-Software GmbH, München, ein Kalkulationsprogramm für eine PC-Lösung entwickelt und auf einem IBM-PC, Type XT, installiert.

Auf dem Schaubild Abb.1 ist die Einbindung der beiden Kalkulationssysteme in das Gesamtgefüge des innerbetrieblichen Rechnungswesens ersichtlich. Dargestellt sind auch alle Schnittstellen, die versorgt werden müssen, um die Kalkulation durchführen zu können.

5.1. Plankalkulation mit M51:

Mit dem M51 Plankalkulationsprogramm verarbeiten wir als Basis für die Vorkalkulation

Plankosten (Grenzkosten).

Daneben bietet dieses Programm auch die Möglichkeiten je nach Bedarf und Anforderungen mit

Ist-Kosten,
Budgetkosten oder
Standardkosten

alle benötigten Kalkulationsformen wie

Vorschaukalkulation
Plankalkulation
Standardkalkulation und
Inventurkalkulation

voll abzudecken.

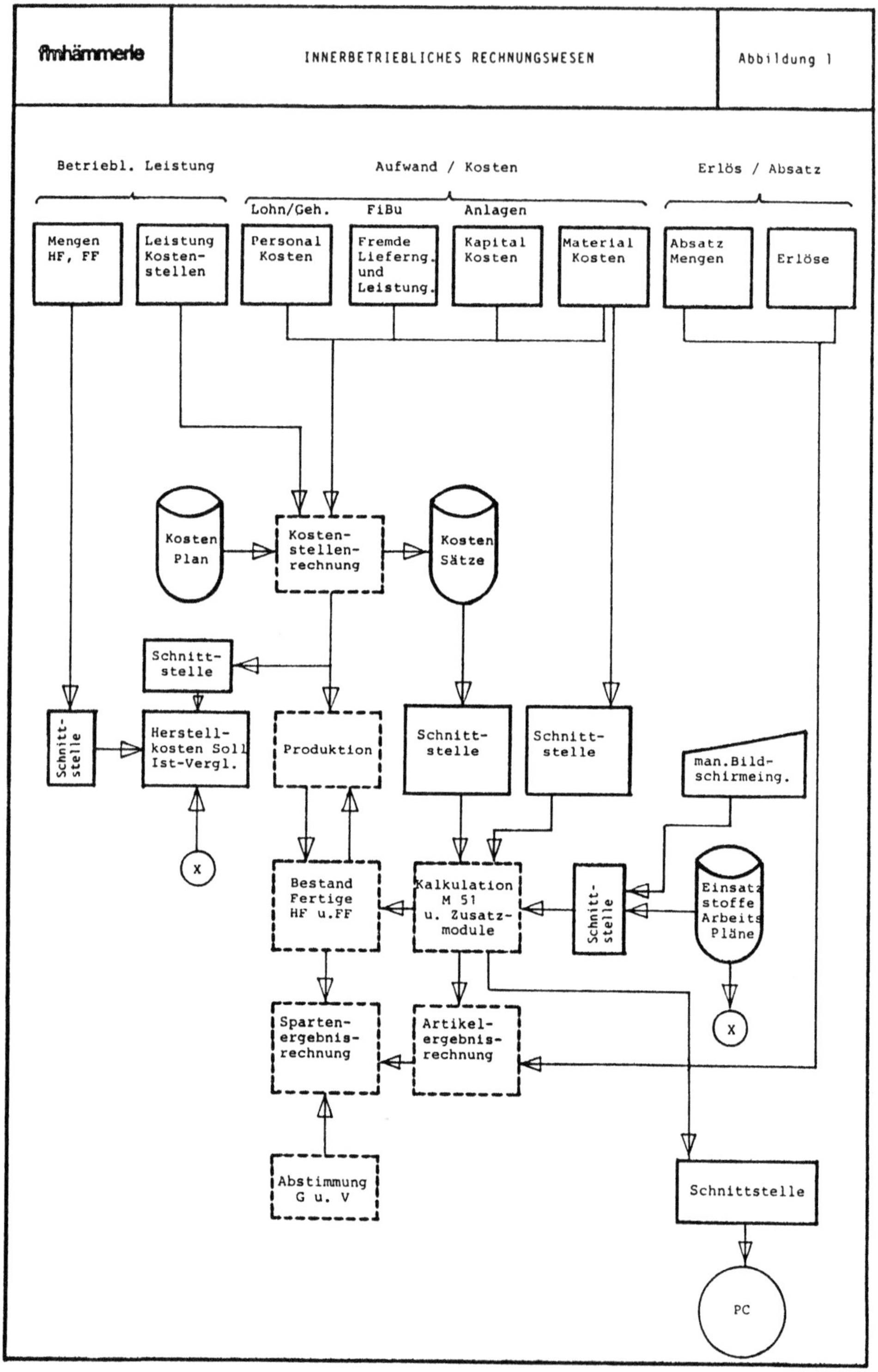

fmhämmerle
INNERBETRIEBLICHES RECHNUNGSWESEN
Abbildung 1
Betriebl. Leistung
Aufwand / Kosten
Erlös / Absatz
Lohn/Geh.
FiBu
Anlagen
Mengen HF, FF
Leistung Kosten-stellen
Personal Kosten
Fremde Lieferng. und Leistung.
Kapital Kosten
Material Kosten
Absatz Mengen
Erlöse
Kosten Plan
Kosten-stellen-rechnung
Kosten Sätze
Schnitt-stelle
Schnitt-stelle
Herstell-kosten Soll Ist-Vergl.
Produktion
Schnitt-stelle
Schnitt-stelle
man.Bild-schirmeing.
X
Bestand Fertige HF u.FF
Kalkulation M 51 u. Zusatz-module
Schnitt-stelle
Einsatz stoffe Arbeits Pläne
X
Sparten-ergebnis-rechnung
Artikel-ergebnis-rechnung
Abstimmung G u. V
Schnittstelle
PC

Die Kalkulation ist nach dem Baukastenprinzip aufgebaut. Die Bewertung der einzelnen Fertigungsstufen erfolgt prozeßkonform, dies auch aus der Notwendigkeit heraus, daß Ergebnisse für die Bewertung von Halbfertigprodukten bereitgestellt werden müssen.

Das Baukastenprinzip hilft Massenspeicherplatz sparen und bringt überdies Vorteile in der Belastung der EDV-Anlage. Die Zusammensetzung der einzelnen Bauelemente und deren Definition kann beliebig vorgenommen werden.

Was die Mengengerüstdaten anbelangt, so kann der Großteil aus gespeicherten Daten abgeleitet werden, während der Rest wegen fehlender maschineller Kalkulationsdaten manuell dem System eingegeben werden muß.

Für die Übernahme der gespeicherten Daten sorgen Schnittstellenprogramme, die zum Teil wegen der Vielfalt der für den Kalkulationsablauf erforderlichen Verbrauchsdaten (z.B. im Falle des "Schärbriefes", eine Art Arbeitsplan für die Produktionsstufen Weberei Vorwerk, Schlichterei und Weberei) sehr umfangreiche und komplizierte Einzelsysteme darstellen.

Die Vorkalkulation wird für jedes einzelne Dessin bei Buntgeweben bzw. für jede einzelne Farbe bei stückgefärbten Geweben erstellt, d.h. jedes Dessin und jede Farbe wird mit den spezifischen Kosten bis zu den Herstellkosten bzw. Selbstkosten durchgerechnet. Siehe dazu die Abb.2 "Mengengerüst der Kalkulation".

Das Wertgerüst der Kalkulation setzt sich zusammen aus

Kostensätzen je Kostenstelle und Bezugsgröße;

Festpreisen je Materialnummer (Rohstoffe, Farbstoffe, Chemikalien etc.) und aus

Verrechnungssätzen für Materialgemeinkosten, Sondereinzelkosten der Fertigung, Verwaltungs- und Vertriebskosten, Werbungs-, Entwicklungs- und Musterungskosten etc.

fmhämmerle	Mengengerüst der Kalkulation	Abbildung 2

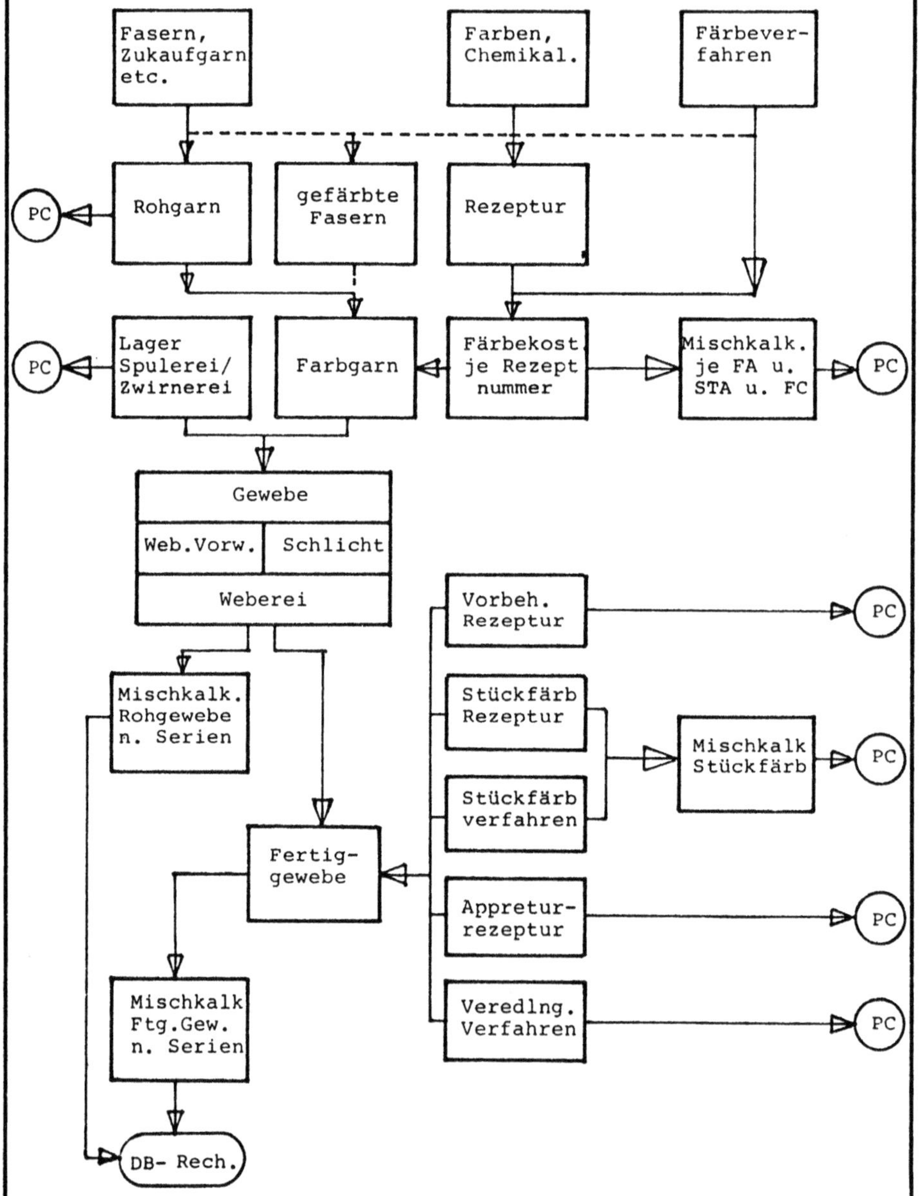

Die Kostensätze je Kostenstelle und Bezugsgröße werden aus der bestehenden Grenz-Plankostenrechnung übergeleitet.

Vorkalkulationen werden grundsätzlich mit proportionalen Kostensätzen erstellt und auf eine Parallelverrechnung von Fixkosten je Kostenstelle und Bezugsgröße wird verzichtet. Die fixen Kosten werden zum Zwecke von Vollkostenüberlegungen "en bloc" verrechnet.

Das Plankalkulationsprogramm M51 bietet aber die Möglichkeit, mit Plan- und Abweichungskostensätzen zu arbeiten, wobei die Alternativen von Istabweichungen, gleitenden Durchschnittsabweichungen bzw. vorgegebenen dispositiven Abweichungen den Erfordernissen entsprechend genutzt werden können.

Das Plankalkulationsprogramm M51 weist in seiner Standardversion die Herstellkosten aus. Für die Berechnung der Selbstkosten bietet das Programm weitgehende Lösungsmodalitäten an, die den Erfordernissen entsprechend verwendet und durch eigene Programmentwicklungen dem Bedarf angepaßt wurden. Dazu gehören u.a. die selbst erstellten Zusatzprogramme für

- Verkaufspreisvorschlag,
- Deckungsbeitrag je Webstuhlstunde (definierte Engpaßeinheit),
- Ergebnisdarstellungen,
- Schnittstellenprogramme für Artikelergebnisrechnung,
- Schnittstellenprogramme für Inventurbewertung,
- Statistische Auswertungen.

Auf diese Programme wird in der Folge noch näher eingegangen.

5.2. Plankalkulation mit PC:

Wie bereits erwähnt, steht für die Unterstützung bei der Produktentwicklung, bei der ja parallel zu den kreativen, textilspezifischen Aspekten immer auch die Frage nach den Kosten und dem daraus resultierenden notwendigen Verkaufspreis gestellt wird, ein Kalkulationsprogramm mit einer PC-Lösung im Einsatz.

Gleichzeitig hilft dieses Programm vor allem bei der kurzfristigen Beantwortung von Fragen, die in Verkaufsgesprächen mit im Hause weilenden Kunden auftreten. Sie betreffen Angebotspreise bzw. Kalkulationsdetails von speziell auf Kundenwunsch abgewandelter Artikelvarianten.

Die folgende Aufgabenstellung bildete den Rahmen für die PC-Lösung:

Möglichkeit zur Erstellung von Vorkalkulationen für Roh- und Fertiggewebe unter Berücksichtigungen von Gewebezukäufen und Sondereinzelkosten der Fertigung;

die errechneten Herstellkosten müssen möglichst genau mit den Herstellkosten einer Kalkulation auf dem Großrechner übereinstimmen;

auf den Herstellkosten aufbauend, ist über die Kalkulation der Selbstkosten ein Verkaufspreisvorschlag auf Basis von Soll-Deckungsbeiträgen zu berechnen;

die Kalkulationen müssen in allen Details manuell beeinflußbar sein;

Durchführung der Kalkulationen mit möglichst geringem zeitlichen Aufwand durch den Benutzer.

Diese Anforderung bedingt, daß der PC mit der Großrechenanlage verbunden ist, damit er Zugriff auf die dort vorhandenen Daten hat und diese maschinell übernehmen kann.
Da der die Aufgabenstellung bedingte Zugriff auf Einzelsätze im Großrechner technisch mit vertretbarem Aufwand nicht lösbar ist, müssen auf dem Großrechner Basisdaten verdichtet und in Dateien übertragen werden. Die gesamten Dateien werden vom HOST in den PC übernommen. (Siehe Abb. 3)

Dies hat als Nachteil zur Folge, daß das Ergebnis einer Vorkalkulation auf dem PC mit dem Ergebnis einer Kalkulation für das gleiche Produkt auf dem Großrechner nicht genau übereinstimmt.

Abbildung 3

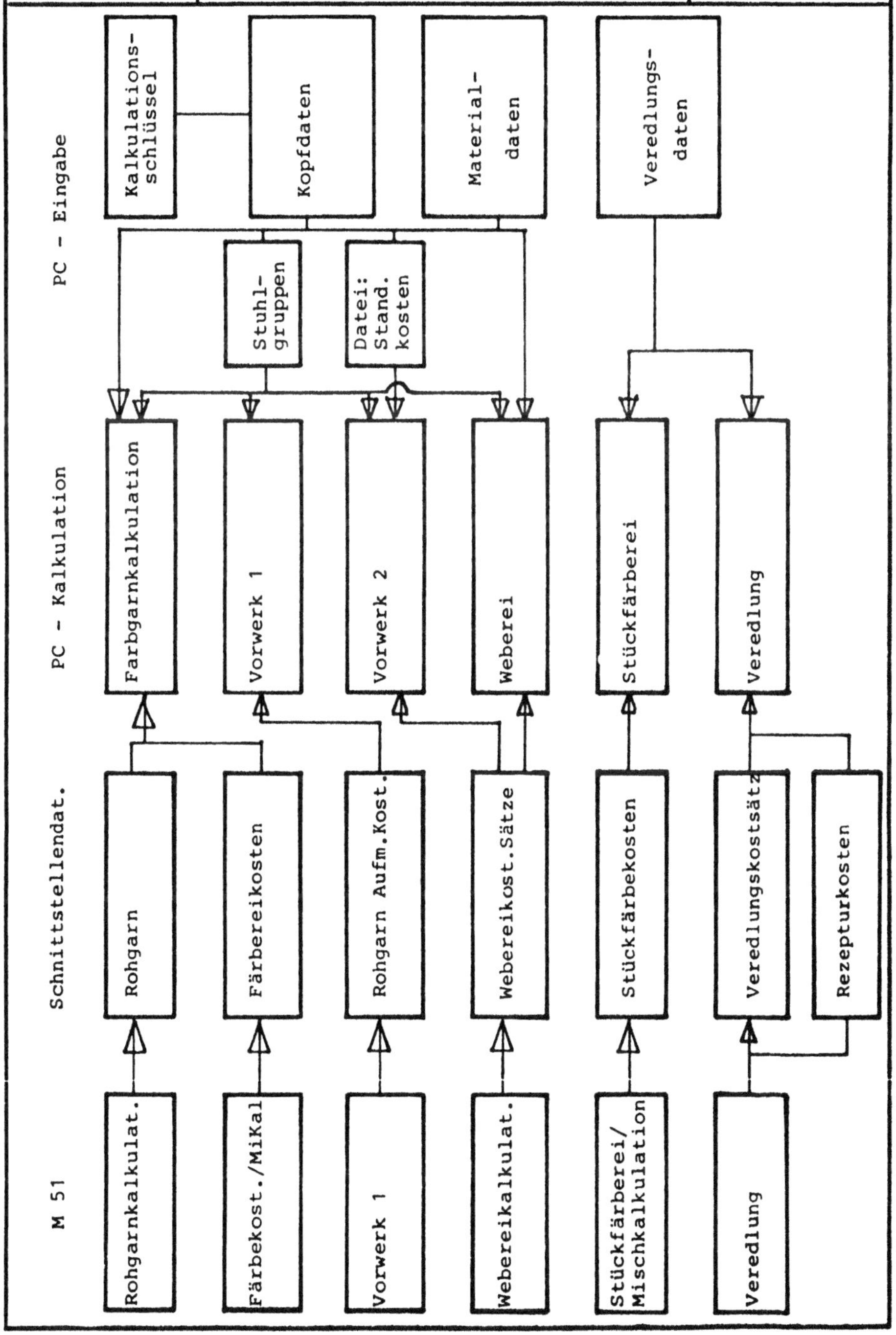
PC - Eingabe
Kalkulations-schlüssel
Kopfdaten
Material-daten
Veredlungs-daten
Stuhl-gruppen
Datei: Stand. kosten
PC - Kalkulation
Farbgarnkalkulation
Vorwerk 1
Vorwerk 2
Weberei
Stückfärberei
Veredlung
Schnittstellendat.
Rohgarn
Färbereikosten
Rohgarn Aufm.Kost.
Webereikost.Sätze
Stückfärbekosten
Veredlungskostsätz
Rezepturkosten
M 51
Rohgarnkalkulat.
Färbekost./MiKal
Vorwerk 1
Webereikalkulat.
Stückfärberei/ Mischkalkulation
Veredlung

Deshalb werden von einer Vorkalkulation am PC, die zu einem Auftrag führt, nur die Basisdaten auf den Großrechner übernommen (siehe Abb. 4), dort neuerlich kalkuliert und die errechneten Daten für die Deckungsbeitragsrechnung vom HOST maschinell in die Dessinstammdatei überstellt.

Vom Vorkalkulationsprogramm auf dem Großrechner (M51) werden folgende Daten in Dateiform in die Datenbank des PC (dBase III) übernommen:

Rohgarnherstellkostensätze je Mat.Nr.

Färbereikostensätze
Für das PC-Programm werden die Daten der Färbereikostensätze nach Farbcode, Stoffart etc. verdichtet und in Gruppen in die Datei aufgenommen.

Aufmachungskostensätze je Mat.Nr. für das Spulen Zwirnen und die Schlichtereibearbeitung,

Stückfärbekostensätze
werden im M51 verdichtet und als Farbgruppen übergeleitet,

Veredlungskostensätze,

Rezepturkosten
werden pro Rezeptur in Summe zur Verfügung gestellt.

Die Fertigungskostensätze kommen aus der Kostenstellenrechnung. Für die Kalkulation der Kosten für das Zetteln bzw. Schären sind standardisierte Kostensätze in den Datenstamm eingegeben.

Der Kalkulationsablauf (siehe Abb. 5) stellt sich wie folgt dar:

Dateneingabe:
Es hat sich als vorteilhaft erwiesen, alle einen Artikel betreffenden technischen Daten auf einem Arbeitsblatt zu sam-

hämmerle	PC - HOST - Verbindung	Abbildung 4

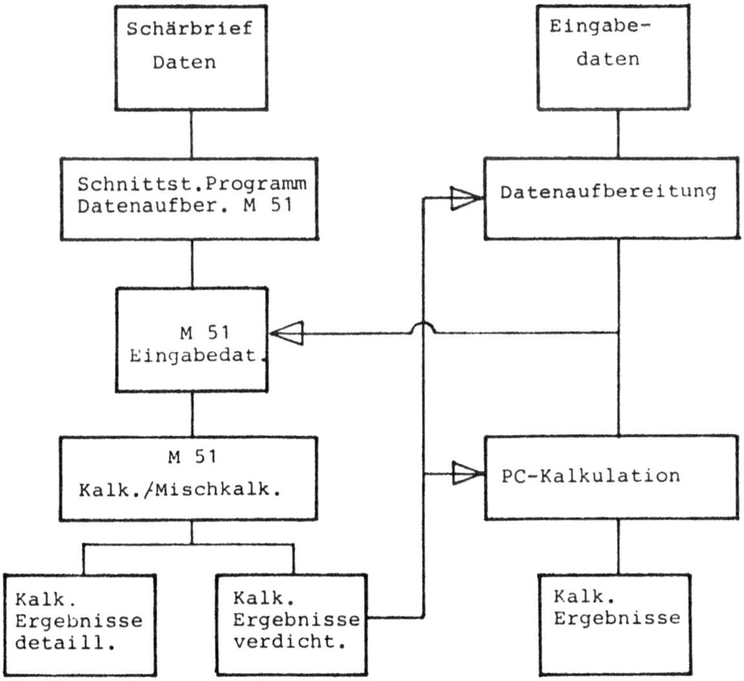

fmhämmerle

ABLAUF ANGEBOTSKALKULATION AUF PC

Abbildung 5

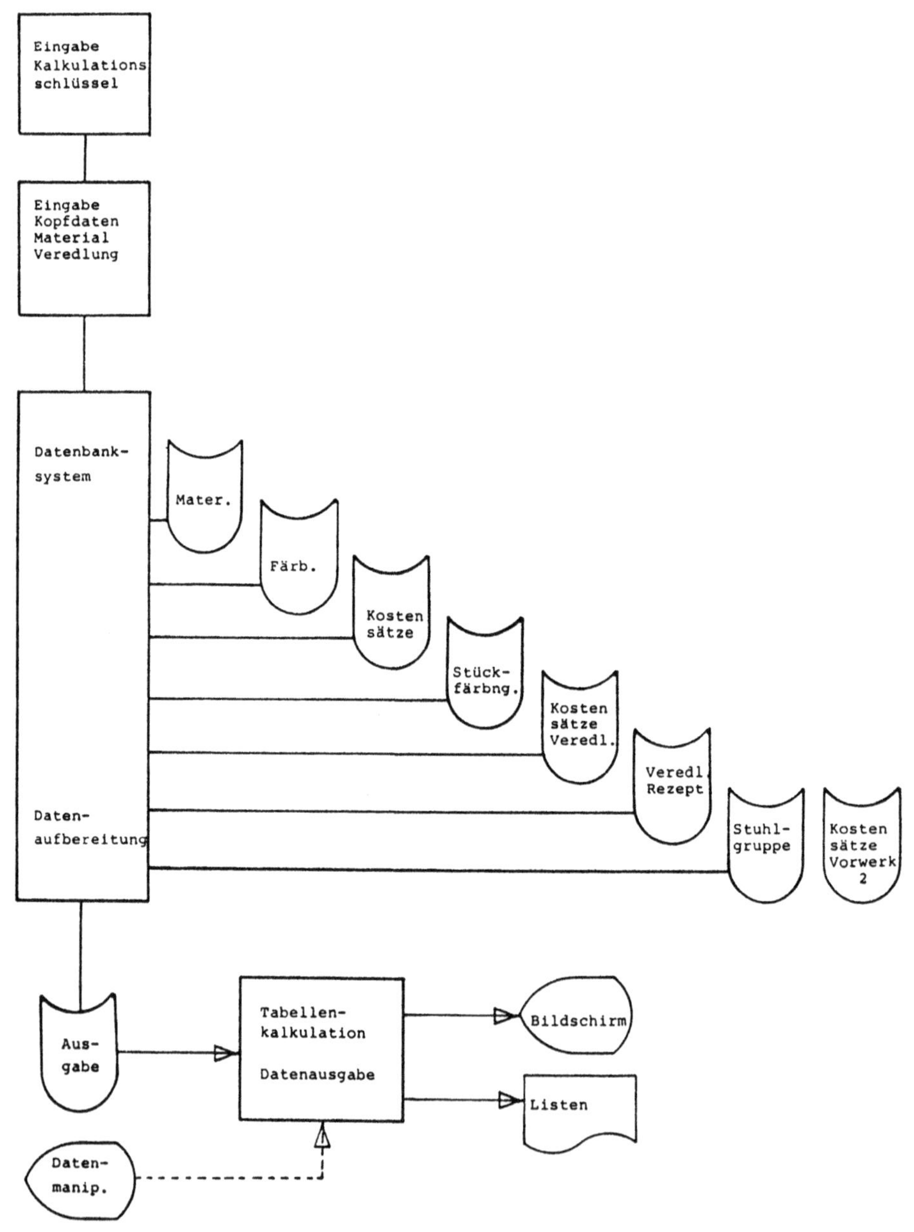

meln und in der Reihenfolge des Kalkulationsablaufes am PC zu gliedern. Über Eingabemasken werden diese Artikeldaten eingegeben und pro Kalkulationsnummer gespeichert und können jederzeit abgerufen werden. Es kann folglich entweder eine neue Kalkulationsnummer eingegeben werden oder es wird eine bereits auf dem PC durchgeführte Kalkulation aufgerufen. Im ersten Falle erscheinen leere Eingabemasken, während bei der zweiten Variante die bereits gefüllten Masken am Bildschirm erscheinen, deren Daten nun manuell den Erfordernissen entsprechend verändert werden können.

Datenaufbereitung:
Durch Zugriff auf die Stammdateien werden die notwenigen Mengendaten, technischen Daten und Kostensätze zusammengestellt. Diese Transaktionen werden mit Hilfe des Datenbanksystems dBase III durchgeführt.

Datenausgabe:
Mit dem Tabellenkalkulationsprogramm "Symphonie" können alle Details der Kalkulation durch die "Fenstertechnik" auf dem Bildschirm sichtbar gemacht werden. Dadurch ist es möglich, alle Auswirkungen von manuellen Veränderungen der zuvor aufbereiteten Daten sofort ablesen zu können.

Hier liegt einer der großen Vorteile dieser Kalkulationslösung mit dem PC. Die Artikelentwicklung erfolgt sozusagen am PC. Durch die Möglichkeit, alle technischen Artikeldaten manuell zu verändern, können in kürzester Zeit die verschiedensten Varianten durchgerechnet werden, da jede Änderung sofort mit ihren Auswirkungen auf die Herstellkosten sichtbar wird und gleichzeitig ein daraus berechneter neuer Verkaufspreisvorschlag am Bildschirm erscheint.

Als Varianten-Beispiele hiefür seien erwähnt:

Verwendung anderer Garne,

Veränderung der Gewebedichte in der Kett- bzw. Schußeinstellung,

Variationen in der Colorierung des Dessins,

Modifikation der Ausmusterung durch Veränderung der Arbeitspläne und Austausch von Rezepturen.

Durch diese Möglichkeit des kurzfristigen Erkennens des Kostenverhaltens bei der Veränderung von Artikeldaten gelingt es, das Ausmaß von Versuchserzeugungen wesentlich einzuschränken. Dadurch erreichen wir nicht nur Kostensenkungen durch geringere Versuchsmetragen, sondern schaffen die Kapazität für zusätzliche Großproduktionen.

6. Verkaufssteuerung:

Der Titel dieses Beitrags lautet: "Integrierte Plankalkulation als Grundlage der Verkaufssteuerung". Nachdem durch die Vorkalkulation die Herstellkosten bzw. die Selbstkosten der Produkte ermittelt sind, gilt es nun jene Entscheidungshilfen zu schaffen, die dem Marketing und dem Vertrieb die Gestaltung, das Planen und die Realisierung von Verkaufsprogrammen in einer Art und Weise ermöglichen, die zu einer ausgeglichenen Auslastung der Produktionskapazitäten und über die Gestaltung der Verkaufspreise zum geplanten Unternehmensergebnis führen.

Wie bereits erwähnt, wird jedes einzelne Buntgewebedessin bzw. jede einzelne Farbe bei stückgefärbten Geweben kalkuliert. Dadurch ergibt sich eine Vielzahl von Kalkulationsergebnissen, die jedoch für eine Preisfindung zu detailliert und daher nicht sinnvoll ist. Eine Verdichtung der verschiedenen Ergebnisse ist daher erforderlich. Sie erfolgt auf der höchsten Ebene des Produktes, nämlich des Fertiggewebes.

Zu diesem Zwecke werden Produkte mit ähnlichen Merkmalen nach bestimmten Kriterien zu sogenannten Serien zusammengefaßt. Im M51 Programm erfolgt dies über eine Mischkalkulation mit dem Ergebnis von durchschnittlichen Grenzselbstkosten je Serie. Für die Deckungsbeitragsrechnung werden jedoch die spezifischen Dessin-Grenz-Selbstkosten im Dessinstamm abgestellt.

Vom Ergebnis der Mischkalkulation - Grenzselbstkosten je Kostenserie - ausgehend wird nun ein Verkaufspreisvorschlag erstellt. Er basiert auf einem Soll-Deckungsbeitrag je Webstuhlstunde.

Alle Überlegungen und Aktivitäten der Planung basieren auf der Engpaßproduktion, nämlich der Fertigungsstufe Weberei. Engpaßprobleme in der vorgelagerten Stufe der Spinnerei können durch Garnzukäufe überbrückt werden. Die nachgelagerte Stufe der Veredlung ist in ihrer Kapazität so ausgelegt, daß Engpaßprobleme nur sehr selten auftreten, die dann durch Vergabe in Form passiver Lohnveredlung ausgeglichen werden können. Sowohl der Garnzukauf als auch die Lohnveredlung verändern den Deckungsbeitrag und sind daher speziell zu behandeln.

Die Kapazität der Webereien ist auf verschiedene Webstuhlgruppen mit differenzierten Erzeugungsmöglichkeiten aufgeteilt. Beispiele: Webmaschinen mit der Möglichkeit nur eine Farbe im Schußsystem einzutragen, andere können vier oder sechs Farben verarbeiten, Webmaschinen mit Schaft- oder Jacquardeinrichtung etc.
Für jede dieser Webmaschinengruppen wird für eine Planungsperiode ein Soll-DB fixiert. Die Findung und Festlegung des Soll-DB wird beeinflußt durch die Auflösung des in der Unternehmensplanung festgesetzten Unternehmenszieles auf die Kapazitäten der einzelnen Webstuhlgruppen. Ein weiterer, gewichtiger Faktor für die Höhe des DB/Webstuhlstunde sind die effektiv laufend erwirtschafteten IST-Deckungsbeiträge pro Webstuhlstunde, deren Entwicklung von einer Vielzahl individueller Kriterien beeinflußt wird. Weiters fließen alle Erkenntnisse der Abteilung "Marktforschung" als den Soll-DB beeinflußbare Größen in die Überlegungen mit ein.

Aus den Grenzherstellkosten plus Zurechnung des Soll/Deckungsbeitrages und der Verrechnung von Sonderkosten des Vertriebes mit markt- und kundenorientierten Komponenten erhalten wir einen Verkaufspreisvorschlag.

Der Verkaufspreisvorschlag bildet die Basis für das Preisbildungsgespräch zwischen den Ressorts Marketing, Vertrieb und Finanzen.
Aus der Bewertung des geplanten Produktionsprogrammes mit den Ergebnissen der Vorkalkulation erhält man ein hochgerechnetes Deckungsbeitragsergebnis. Weitere Nebenprodukte dieser Hochrechnung sind eine Rohstoff- bzw. Materialbedarfsrechnung, ein Kapazitätsauslastungsplan etc.

Die Beschlüsse des Preisbildungsgesprächs sind erneut Ausgangspunkt für Modellrechnungen um die Auswirkungen von Veränderungen in den Planverkaufsmengen infolge geänderter Verkaufspreise sichtbar zu machen.

Als eine wesentliche Erkenntnis aus den Ergebnissen dieser Modellrechnung geht hervor, daß ein besonderes Augenmerk auf einen ausgewogenen Produktmix zu legen ist, denn eine sich gravierend verändernde Produktpalette kann, je nach Gewichtung des Mengenanteils am Kapazitätsvolumen, zu sprunghaften Veränderungen der Fertigungskosten führen und damit unerwartete Abweichungen vom Unternehmensplanziel auslösen.

Es sei auch erwähnt, daß ein Teil des den Vertretern zustehenden Provisionsentgeltes sich an den erwirtschafteten Deckungsbeiträgen orientiert, damit auch im Außendienst die intern geplanten Optimierungsmaßnahmen mit entsprechendem Nachdruck verfolgt werden.

Neben den bereits geschilderten Systemen bilden eine Reihe von statistischen Auswertungen in Form von Soll-Ist-Vergleichen, DB-Verdichtungen auf allen Verkaufsebenen, getrennt nach Aufträgen und Fakturen, die notwendigen Entscheidungsunterlagen.

Es liegt auf der Hand, daß das Schwergewicht auf das Gebiet der Aufträge gelegt ist, denn die Fakturen sind nur noch der administrative Abschluß eines durch den Auftrag fixierten Vertrages.

Bevor die Auftragsbestätigungen das Haus verlassen, wird jede einzelne Auftragszeile nochmals geprüft, alle Abweichungen zu den Listenpreisen bzw. Standardkonditionen ausgewiesen und deren Auswirkungen auf den Deckungsbeitrag aufgezeigt.

Abschließend sei bemerkt, daß eine erfolgreiche Verkaufssteuerung auf Basis von Deckungsbeiträgen nur dann zum geplanten und erwarteten Ergebnis führen wird, wenn es gelingt, alle betroffenen Mitarbeiter mit den Kriterien des Deckungsbeitrages vertraut zu machen und die mitunter schwierig zu verstehenden Abhängigkeiten des Deckungsbeitrages von den Produktions- und Marktgegebenheiten transparent zu gestalten. Die Gefahr des Umsatzdenkens mit ihren prekären Folgeerscheinungen ist latent vorhanden und es bedarf stetiger Arbeit und Information, damit die Mitarbeiter zu überzeugten Vertretern einer gewinnorientierten Unternehmenssteuerung werden.

Gedanken zur Kostenträgerrechnung in einem mittelständischen Unternehmen mit Serienfertigung unter besonderer Berücksichtigung der Innenauftragsfertigung

Dipl.-Betriebsw. H. Steeb, Steeb Unternehmensberatung GmbH, Abstatt

1. Aufgaben und Gliederung der Kosten- und Leistungsrechnung

Zur Sicherung und Erhaltung der Wettbewerbsfähigkeit ist eine ständige Kontrolle der Kosten und Leistungen notwendig. Mit Hilfe der Buchführung ist durch jährliche Gegenüberstellung der Aufwendungen und Erträge die Wirtschaftlichkeitskontrolle des Unternehmens möglich. Doch sagt dieser Vergleich von Aufwendungen und Erträgen nichts aus über die Wirtschaftlichkeit des Betriebes und seiner Teilbereiche (Produktionsstufen) und über die Wirtschaftlichkeit seiner Teilleistungen. Diese Aufgabe übernimmt die Kostenrechnung. Zu diesem Zweck muß sie den auf die Leistungserstellung zurückzuführenden Verzehr mengen- und wertmäßig erfassen, artenmäßig gliedern, vergleichend analysieren bzw. die Kostenabhängigkeit feststellen und für Prognosen auswerten. Damit ist die Kostenrechnung ein wichtiges Instrument der Unternehmensführung, indem sie die Kosten überwacht und durch Verrechnungen Grundlagen für künftige Dispositionen im Bereich der Gestaltung des Produktionsprogramms, der Organisation und Steuerung des Produktionsprozesses, die Preisstellung der Produkte, der Produktionsmittelbeschaffung und Verwendung schafft. In diesem Zusammenhang hilft sie, Mindestpreise im

7. Saarbrücker Arbeitstagung 1986
Rechnungswesen und EDV
hrsg. v. W. Kilger/A.-W. Scheer

Absatzbereich zur Kostendeckung, Höchstpreise im Beschaffungsbereich, Herstellungskosten zum Zwecke des Wertansatzes in der Bilanz und zahlreiche andere Werte (z.B. Tax- und Versicherungswerte) zu ermitteln. Nach der Art der zu lösenden Aufgaben gliedert sich die Kosten- und Leistungsrechnung wie folgt:

Kosten- und Leistungsrechnung		
Kostenartenrechnung	Kostenstellenrechnung	Kostenträgerrechnung
Erfassung, Abgrenzung und Gliederung der Kosten	Erfassung der Kosten nach Verursachungsbereichen	Erfassung der Kosten na Leistungseinheiten

2. Aufgaben und Gliederung der Kostenträgerrechnung

Kostenträger sind die Leistungen des Betriebes, deren Erstellung di Kosten verursacht haben.

Sie sind zu unterteilen in Absatzleistungen und innerbetriebliche Leistungen. Bei Absatzleistungen - auch Außenaufträge genannt - sin die Kosten entstanden, um einen Kundenauftrag zu erledigen oder um die Verkaufsbereitschaft zu erhalten (Lagerauftrag). Innerbetriebliche Leistungen (Innenaufträge) sind in zu aktivierende (Anlagen, Großreparaturen) und nicht zu aktivierende Leistungen (Reparaturen, Werkzeuge) zu unterteilen.

SKR-Kosten- und Leistungsrechnung

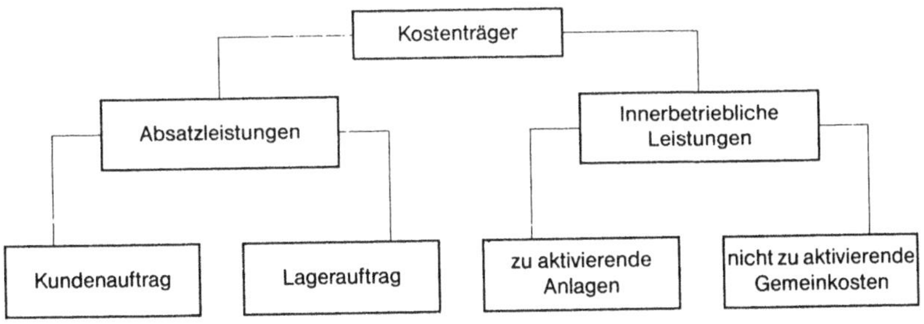

Während die Kostenträgerzeitrechnung alle Kostenarten eines besti ten Zeitraumes den entsprechenden Leistungen gegenüberstellt und mit die Wirtschaftlichkeit des Gesamtbetriebes ermittelt, errechr die Kostenträgerstückrechnung den Kostenanteil jeder Teilleistunc den Gesamtkosten.

3. Die Kostenträgerstückrechnung (Kalkulation)

Besondere Ziele der Kostenträgerstückrechnung

Die Kostenträgerstückrechnung, auch Kalkulation genannt, hat folc de besonderen Ziele:

- Ermittlung der Herstellungskosten der erbrachten Leistungen in Inventar bzw. in der Bilanz.
- Kalkulation der Selbstkosten und damit Schaffung von Unterlage für die richtige Preispolitik.
- Überprüfung der Wirtschaftlichkeit von Teilleistungen.
- Schaffung von Unterlagen für die Kostenträgerzeitrechnung.

Zeitpunkte der Kostenträgerstückrechnung

Vorkalkulation: Es werden die Kosten von zukünftig zu erstellende Leistungen ermittelt. Die Notwendigkeit hierzu besteht vor allem der Angebotspreisermittlung in Fällen von Einzelaufträgen. Die Ha schwierigkeit der Vorkalkulation besteht im Abschätzen der Lohn- Preisentwicklung zur Zeit der Fertigung.

Zwischenkalkulation: Sie ist notwendig bei Erzeugnissen mit lange Produktionsdauer. Zwischenzeitlich wird durch Kontrolle der angef lenen Kosten (Ist-Kosten) überprüft, ob die vorkalkulierten Preis eingehalten werden können. Die Zwischenkalkulation ist also weser lich sicherer als die Vorkalkulation, da sie bereits auf belegter Angaben der begonnenen Produktion aufbauen kann. Sie ist bedeuter für die Bewertung von unfertigen Erzeugnissen und für die Ermittlung von Entschädigungsforderungen bei Widerruf eines Auftrages. Außerdem können mit Hilfe der Zwischenkalkulation Verlustquellen noch rechtzeitig ausgeschlossen werden.

Nachkalkulation: Sie stützt sich auf die tatsächlich entstandenen Kosten und wird nach Fertigstellung der Kostenträger durchgeführt. Ihre Aufgabe ist es also, den Anteil der Stückkosten an den Gesamtkosten zu ermitteln und diesen den Erlösen der einzelnen Leistungseinheiten gegenüberzustellen. Zugleich werden durch die Nachkalkulation die Werte der Vorkalkulation überprüft und Unterlagen für künftige Vorkalkulationen bereitgestellt.

Fertigungsstruktur und Kostenträgerstückrechnung

Die Verfahren der Kostenträgerstückrechnung bauen ausnahmslos auf der Kostenstellenrechnung auf. Sie unterscheiden sich jedoch wesentlich hinsichtlich der Bedingungen, die sie an die Kostengliederung stellen, hinsichtlich der Abrechnungsschritte und nicht zuletzt hinsichtlich ihrer Anpassung an Fertigungsprogramm und Fertigungsververfahren.

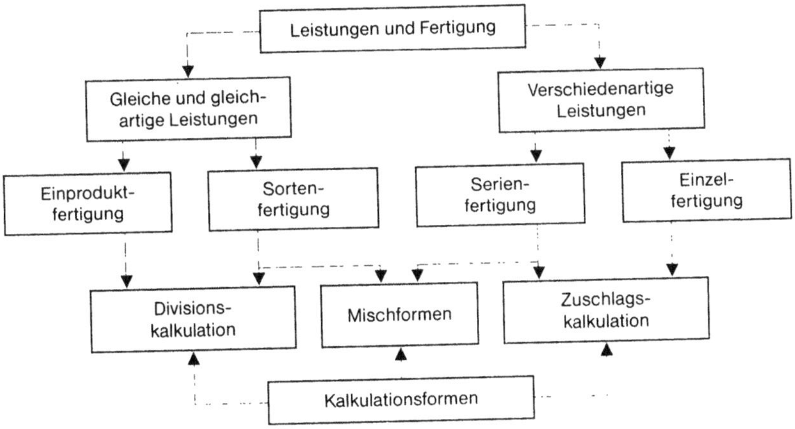

Treten Bestandsveränderungen auf, so ist zum Zwecke der Bewertung der gelagerten Erzeugnisse eine Aufteilung der Gesamtkosten in Herstellungskosten und nicht mit der Herstellung zusammenhängende Verwaltungs- und Vertriebskosten notwendig, da ja nicht verkaufte Erzeugnisse zu Herstellungskosten zu bewerten sind. Der Kostenträgerrechnung muß dann eine einfache Kostenstellenrechnung vorangehen mit den Kostenstellen Herstellung einerseits, Verwaltung/Vertrieb andererseits.

Die Zuschlagskalkulation

In Betrieben mit Einzel- und Serienfertigung ist wegen der Verschiedenheit der Leistungen eine Zurechnung der Kosten auf dem Wege der Divisionskalkulation nicht möglich. Für diese Fälle wird ein Kalkulationsverfahren benötigt, das der Kostenerfassung für die einzelnen Kostenträger mit unterschiedlichem Fertigungsablauf Rechnung trägt. Es ist die Zuschlagskalkulation.

Sie basiert

- auf der Trennung der Gesamtkosten in "Einzel- und Gemeinkosten" und
- auf einer Kostenstellenrechnung.

Anhand von genauen Aufzeichnungen werden die Einzelkosten wie

- Materialeinzelkosten (Stücklisten)
- Fertigungslöhne (Lohnlisten) und
- Sondereinzelkosten

dem einzelnen Kostenträger direkt zugerechnet.

Mit Hilfe der Kostenstellenrechnung wird ermittelt, an welchen Stellen die Gemeinkosten angefallen sind. Da die einzelnen Kostenstellen in unterschiedlichem Maße von den Kostenträgern beansprucht werden, muß eine Zuschlags- oder Vergleichsgrundlage für die Gemeinkosten gefunden werden, die das Verhältnis der Beanspruchung durch die Kostenträger wiedergibt. Es muß eine Größe sein, von der die Gemeinkosten des einzelnen Kostenträgers abhängig sind. Solche Bezugsgrößen können sein:

- Materialeinzelkosten für die Materialgemeinkosten,
- Fertigungslöhne (in arbeitsintensiven Betrieben) bzw.
- Maschinenstunden (in mechanisierten und automatisierten Betrieben) für die Fertigungsgemeinkosten,
- Herstellkosten des Umsatzes für die Verwaltungs- und Vertriebsgemeinkosten,
- Einzelkosten insgesamt für die Gemeinkosten insgesamt.

Zwischen der Zuschlagsgrundlage und den Gemeinkosten muß also eine Proportionalität bestehen. Aus dem Verhältnis der Zuschlagsgrundlage zu den Gemeinkosten kann dann ein für alle Kostenträger mit gleicher Bezugsbasis gemeinsamer Zuschlagssatz ermittelt werden:

$$\text{Zuschlagssatz} = \frac{\text{Stellengemeinkosten} \cdot 100}{\text{Zuschlagsgrundlage}}$$

4. Die Kostenträgerzeitrechnung

Die Kostenträgerzeitrechnung erfaßt alle Kostenarten eines bestimmten Zeitraumes (Monat, Vierteljahr usw.) und stellt sie den entsprechenden Leistungen im gleichen Zeitraum gegenüber.

Die gesamten Kosten werden also auf die gesamten Leistungen des gleichen Zeitraumes abgerechnet. Die Kostenträgerzeitrechnung stellt somit eine zeitraumbezogene Erfolgsrechnung dar, die durch die Gegenüberstellung von Kosten und Erträgen einen Überblick über die Wirtschaftlichkeit des Gesamtbetriebes gibt. Das Betriebsergebnis kann buchhalterisch oder statistisch nach

o dem Gesamtkostenverfahren oder

o Umsatzkostenverfahren

ermittelt werden.

In der Kostenträgerzeitrechnung werden den Erlösen sämtliche Kost des Betriebes summarisch gegenübergestellt. Der Vergleich der Erl mit den Kosten erläutert die Wirtschaftlichkeit des Gesamtbetrieb Für den Unternehmer ist es darüber hinaus wichtig zu wissen, wie sich der Erfolg zusammensetzt, d. h. welchen Anteil die einzelnen Erzeugnisse am Erfolg haben und welche Produkte unwirtschaftlich sind. Hierüber informiert ihn die Gegenüberstellung der Kosten un Erlöse einzelner Produkte oder Produktgruppen.

Der Aufbau ist der gleiche wie der des Kalkulationsschemas. Allerdings werden den Kostenträgern nicht die tatsächlich angefallenen Ist-Gemeinkosten zugerechnet, sondern Normalkosten bzw. Standardkosten.

5. Die Deckungsbeitragsrechnung

Nach der Deckungsbeitragsrechnung ist ein Produkt noch wirtschaft lich, wenn der Verkaufspreis neben den variablen Stückkosten noch einen Teil der fixen Kosten des Betriebes deckt. Um dies festzust len, geht sie vom erzielbaren Verkaufspreis aus. Von diesem sind die stückbezogenen, leistungsabhängigen variablen Kosten (= direk Kosten) zu subtrahieren. Die Differenz bildet den Deckungsbeitrag der sich aus Fixkosten- und Gewinnanteilen zusammensetzt.

Deckungsbeitragsrechnung	
Stückrechnung	Zeitrechnung
Verkaufspreis - variable Stückkosten (kv)	Verkaufserlöse - variable Kosten
= Deckungsbeitrag - fixe Kosten je St. (kf)	= Deckungsbeitrag - fixe Kosten
= Erfolg je Stück	= Erfolg eines Abrechnungszeitraumes

Deckungsbeitrag = Fixe Kosten + Gewinn

Deckungsbeitragsrechnung	
Stückrechnung	Zeitrechnung
Verkaufspreis – variable Stückkosten (kv)	Verkaufserlöse – variable Kosten
= Deckungsbeitrag – fixe Kosten je St. (kf)	= Deckungsbeitrag – fixe Kosten
= Erfolg je Stück	= Erfolg eines Abrechnungszeitraumes

Deckungsbeitrag = Fixe Kosten + Gewinn

6. Anforderungen an die Organisation für die Kosten- und Leistungsrechnung

Allgemeine Anforderungen

Aus diesen verschiedenen Aufgaben ergeben sich auch verschieden hoh Anforderungen, die an die Organisation zu stellen sind im Hinblick auf:

- o Unterteilung der Unternehmung in Kostenstellen
- o Aufgliederung der Kosten in Kostenarten
- o Untersuchung der Kostenarten im Hinblick auf ihre Abhängigkeit nach Gruppen gleicher Abhängigkeit
- o Aufteilung der Gesamtleistung einer Unternehmung zunächst in Leistungsarten, Typen und Erzeugnisse und weiterhin in Einzelleistungen und Aufträge
- o Unterscheidung der verschiedenen Verfahren und Wege zur Erstellung der gleichen Leistung
- o Gruppierung der Kosten nach Kostenstellen als Kostenerzeuger, Leistungssorten, Typen, Einzelleistungen und Aufträge als Kostenträger, Verfahren oder Wege der Leistungserstellung.

Anforderungen an die Deckungsbeitragsrechnung

Während der betriebliche Teil einer Deckungsbeitragsrechnung durchaus manuell aufgebaut und bearbeitet werden könnte, ist eine Dekkungsbeitragsrechnung bezogen auf die Grundinformation

- Artikel
- Kunden

ohne moderne Datenverarbeitung nicht mehr zu bewerkstelligen.

Erst die Möglichkeit einer schnellen, mit Hilfe der elektronische Datenverarbeitung aufbereiteten Auswertung der Deckungsbeiträge f die Ebenen von Artikel und Kunden lassen eine gezielte Unternehmenssteuerung mit größter Reagibilität zu.

Daß in derartige Auswertungskomplexe

- Planwerte
- Soll-/Ist-Vergleiche
- Abweichungsanalysen

mit einbezogen werden, ist selbstverständlich.

Damit wird die Deckungsbeitragsrechnung zur betriebswirtschaftlic Führungsunterlage, als Entscheidungshilfe schlechthin, benötigt.

Die Aufgabenstellung einer marktbezogenen Unternehmensstrategie f dert die Beantwortung folgender Fragen:

- Wie hoch ist der Deckungsbeitrag pro Artikel?
- Wie hoch ist der Deckungsbeitrag pro Kunde?
- Mit welchen Artikeln meines Sortimens wurde dieser erzielt?
- Wie hoch sind die Deckungsbeiträge der Verkäufer oder Verkaufsgebiete?
- Wie ist die regionale oder internationale Streuung des Sortimen
- Wer ist Favorit bei den Kunden?
- Mit welchen Kunden erreicht die Firma den Hauptanteil des Deckungsbeitrags?
- Wer ist Favorit bei den Artikeln?

- Mit welchen Artikeln erzielt das Unternehmen den Hauptanteil des Deckungsbeitrags?

Alle diese Daten sind Grundlage für eine erfolgreiche Steuerung des Vertretereinsatzes, der Verkaufsförderung, der Werbung, der Marktstrategie und dergleichen mehr.

Erst mit einer nach den Strukturen des Unternehmens aufgebauten Deckungsbeitragsrechnung lassen sich vernünftige Planwerte erarbeiten und fundierte Entscheidungshilfen schaffen.

Erst durch die Kombination der drei Teilsysteme für die Kostenrechnung, und hier besonders durch die dritte Komponente, die

Deckungsbeitragsrechnung,

wird ein Instrumentarium geschaffen, das ein

operatives Controlling

verwirklicht.

Soll die Kostenrechnung aber die vorgenannten Aufgaben erfüllen, dann müssen notwendig bei ihr eine Reihe weiterer Voraussetzungen gegeben sein. In erster Linie:

Das Rechnungswesen darf nicht zersplittert sein, sondern es muß in sich eine Einheit bilden. Grundlage ist dabei die Buchhaltung mit ihren exakten Aufzeichnungen, wie sie insbesondere durch die einheitlichen Kontenpläne festgelegt sind. Alle anderen Zweige des Rechnungswesens müssen damit organisch verbunden sein, ihre zahlenmäßigen Darstellungen müssen sich mit der Buchhaltung decken bzw. damit abgestimmt sein. Das setzt wiederum eine bestimmte Mindestorganisation des Rechnungswesens voraus, die aber von Betrieb zu Betrieb verschieden und abhängig ist von dem Wirtschaftszweig, der Größe des Betriebes, der technischen Ausstattung und auch von ihrem Produktionsprogramm.

Bestimmend für die jeweilige Organisation muß aber der Grundsatz sein:

Das Rechnungswesen darf nicht Selbstzweck werden, sondern lediglich Mittel, um zu höchster Wirtschaftlichkeit, Rentabilität und höchster Produktivität zu gelangen. Das bedeutet dann auch, daß es seinerseits wirtschaftlich durchgeführt wird und nicht überorganisiert ist. Leider ist eine solche Überorganisation aber heute schon vielfach vorhanden. Daneben läßt sich außerdem in vielen Fällen die Erscheinung feststellen, daß Betriebe in den Jahre nach dem Zusammenbruch aus mehrfachen Gründen von einer exakten Kostenrechnung abgerückt und in das andere Extrem verfallen sind. Und schließlich muß weiter vorausgesetzt werden, daß alle Zahlen der Kostenrechnung belegt werden können, und daß diese Belege in ähnlicher Weise, wie dies durch das Handels- und Steuerrecht für die Buchhaltung vorgeschrieben ist, auch hier im Bereich der Kostrechnung aufbewahrt werden. Erst wenn alle diese Voraussetzungen erfüllt sind, wird die Kostenrechnung zu einem wertvollen Instrument der Unternehmensleitung.

Erforderliche Voraussetzungen für die Kostenstellen- und -trägerrechnung

Die Beschäftigung mit dem Thema Kostenrechnung hat gezeigt, daß das Organisationssystem SKR - Kostenrechnung folgende Voraussetzungen erfüllen muß:

- **Frei wählbares Kalkulationsschema**

  Für die unterschiedlichen Zwecke der Kostenträgerrechnung müssen mehrere Kalkulationsschemen zur Verfügung stehen, um so nach Bedarf (Vollkostenrechnung, Teilkostenrechnung, steuerliche Bewertung etc.) das Kalkulationsschema zu wählen,

das für die entsprechende Funktion geeignet ist.
Mit SKR-KT-Kostenträgerrechnung stehen neun verschiedene Kalkulationsschemen zur Auswahl.

o **Frei wählbare Kalkulationszeilen**
Kostenarten müssen wahlweise zu Kalkulationszeilen zusammengefaßt werden können. Ebenso müssen Kalkulationszeilen als Ergebnisse aus Rechenoperationen gebildet werden können.
Bei SKR-KT-Kostenträgerrechnung werden vom Anwender die Kalkulationszeilen definiert und die Rechenoperationen festgelegt. Grundlage der freien Zuordnung von Kostenarten zu Kalkulationszeilen ist dabei der Kontenplan. Maximal 999 Kalkulationszeilen sind möglich.

o **Trennung der Kosten in fixe und variable Bestandteile**
Grundsätzlich sind alle Kosten nach fixen und variablen Teilen aufgeteilt, so daß entweder eine Vollkosten- und/oder eine Teilkostenrechnung durchgeführt werden kann.

Voraussetzungen für die Deckungsbeitragsrechnung

Das Organisationssystem SKR-DB-Deckungsbeitragsrechnung hat folgende Voraussetzungen als betriebswirtschaftliches Controllinginstrument realisert:

- ONLINE-Funktionen auf allen Ebenen
- Tagesaktualität für ONLINE-DB-Reporting
- Freie Definition von DB-Schemata in Verbindung mit SKR-KT-Kostenträgerrechnung
- Direkte Verbindung zu Artikelstamm-Segmenten mit Preisdaten etc.
- Integration mit SVA-Vertriebsabwicklung und den Fakturadaten daraus

- Freie Definition von bis zu 99 DB-Reports in Verbindung mit Verkaufs-Controlling-Reports
- Einfache Verwaltung von Plandaten mit verschiedenen Varianten des Herunterbrechens von Gesamtzahlen auf Einzelwerte
- Freie Auswahl von Soll-/Ist-Vergleichen mit Abweichungsanalysen

Darstellung von Veränderungen zu Vorjahren.

Verdichtung der Artikel-DB nach jedem Kriterium aus Artikelstamm in bis zu 9 Hierarchiestufen.

Verdichtung der Kunden-DB nach jedem Kriterium aus Kundenstamm in bis zu 9 Hierarchiestufen.

Wahlfreie Definition von kombinierten DB-Reports wie z. B. Vertreter/Artikel oder Gebiete/Artikelgruppe oder Länder/Artikel u.a.

7. Merkmale einer ONLINE-Lösung für die Kostenträgerrechnung

o ONLINE-Verarbeitung für Stammdatenpflege

o ONLINE-Auskunftssystem, um aktuelle Informationen am Arbeitsplatz verfügbar zu machen

o Organisationsbaustein für eine gesamtheitliche Lösung des Rechnungswesens

o Gliederung in Einzelfunktionen, um eine individuelle Software-Zusammenstellung zu ermöglichen

o Anpassungsmöglichkeit an Wünsche der Anwender durch externe Steuerung der Programmfunktionen

o Problemlose Einführung durch ausführliche ONLINE-Dokumentation

o Übersichtliche Bildschirmformate

o Kontrollanzeige zur Überprüfung der ONLINE-Eingaben vor der effektiven Fortschreibung

o Ausschaltung von Bedienungsfehlern durch Help-Funktionen

- Einsatz eines Maskengenerators
- Anzeige aller ONLINE-Tabelleneintragungen bei fehlendem Schlüsselverzeichnis
- Umfangreiche logische Querprüfung bei der Verwaltung von Grunddaten
- Freie Gestaltung der Listbilder durch eine variable Definition der Überschriften
- Freie Auswahl der in den Berichten zu zeigenden Inhalte wie z. B.
  - Zeilen mit kumulierten Werten
  - Zeilen mit Detailanzeigen (Konten)
  - Zeilen mit Einzelbelegen
- Variable Verwendung für
  - Vollkostenrechnung
  - Teilkostenrechnung
- Durch freie Zuordnung von Kostenstellen zu Hierarchien und Kostenstellengruppen sind die unternehmensspezifischen Strukturierungen auf das Berichtswesen voll übertragbar
- Eine ONLINE-gesteuerte, freie Gestaltung der Berichtsanzeigen für mehrere Berichtsvarianten läßt eine individuelle Informationsstrukturierung zu
- Die externe Steuerung der Programmfunktionen garantiert vielfältige Anpassungsmöglichkeiten an die Wünsche der Anwender ohne Programmieraufwand
- Ausführliche "Hilfe-Funktionen" bei fehlender Kenntnis weiterer Möglichkeiten am Bildschirm und übersichtliche Bildschirmformate ermöglichen eine problemlose Einführung des Systems
- Basierend auf einer Ist-Kosten- bzw. Standardkostenrechnung

erlaubt das System die schrittweise Erweiterung über eine starre Plankostenrechnung in eine flexible Plankostenrechnung

- o Durch die wahlfreie Gestaltung der Berichte und Zuordnung der Werte variabel einsetzbar für die
  - Gemeinkostenrechnung
  - Herstellungskostenermittlung
  - Profitcenterrechnung
- o Freie Zuordnung von Konten zu Kalkulationsschemen und Kalkulationszeilen
- o Mehrere Kalkulationsschemen stehen zur Verfügung
- o Steuerung der Kalkulationsabrufe nach
  - Auftragsarten
  - Limitüberschreitungen
- o Nachweis der Bestandsveränderung fertiger und unfertiger Erzeugnisse in einer Berichtsperiode

8. ONLINE-Beispiele

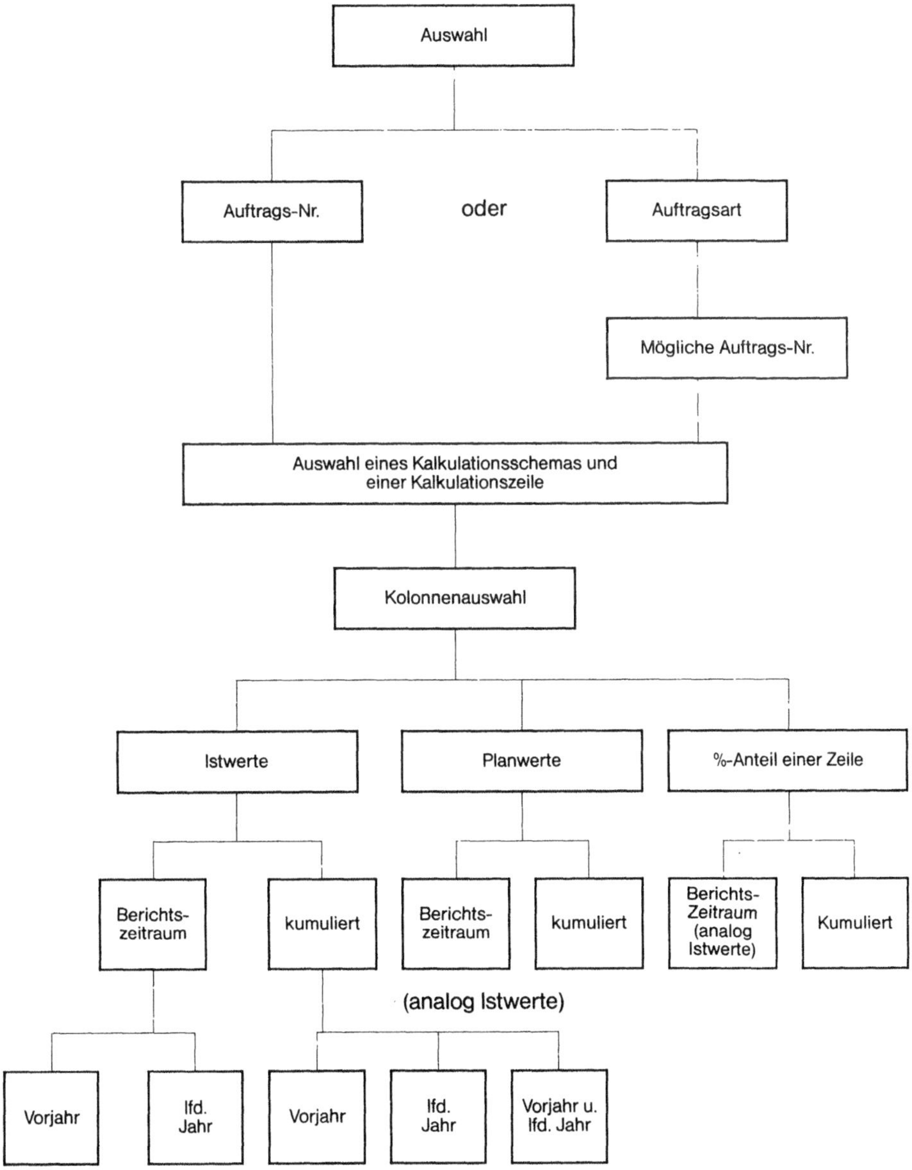

ONLINE-Kostenträgerberichte

Auswahl der Kalkulationsanzeige mit Auftrags-Nr. oder Auftragsart

```
01 STEEB MUSTERFIRMA        S K R / KOSTEN- U. LEISTUNGSRECHNUNG    SKRD4402 G500
                    K A L K U L A T I O N S A N Z E I G E

                       FIRMA                            01

                       WERTEINHEIT                      1

                                  A U S W A H L

                 GESAMTANZEIGE MIT GRUNDZUORDNUNG   =   KAL

                               MIT WAHL-ZUORDNUNG   =   KAL....

                 DETAILANZEIGE                      =   KAL,DET




ASW= KAL              AUFTRAGS-ART= 04   AUFTRAGS-NR=                 SCHEMA=
P  = PROGRAMM BEENDEN    ! = HILFE                                    .ZEILE
```

Auswahl Aufträge mit Auftragsart 04

Auswahl aller Aufträge mit der Auftragsart 04

```
01 STEEB MUSTERFIRMA        S K R / KOSTEN- U. LEISTUNGSRECHNUNG    SKRD4416 G502
                 K A L K U L A T I O N S A N Z E I G E                SEITE   1
                 ******KOSTENTRAEGER-GRUNDDATEN*******
=================================================================================
PO  AUFTRAGS- A AA KOSTENTRAEGER-  UEBERG.    AUFTR. AUFTRAGS-   M  K-S  N  L
    NUMMER    K    BEZEICHNUNG     AUFTRAG    DATUM  MENGE       E  A B  K  K
=================================================================================
 1 7000000000   04 MESSGERATE                 231283 000000001  010 1    1  1





000 H DEL/PAR ZU ENDE

ASW = END             KALKULATIONSSCHEMA =
... = POSITIONS-NR.     P = PROGRAMM BEENDEN      ! = HILFE
```

Mögliche Aufträge der Auftragsart 04

Anzeige aller Werte eines Auftrages nach Kalkulationszeilen

```
01 STEEB MUSTERFIRMA        S K R / KOSTEN- U. LEISTUNGSRECHNUNG    SKRD4410 G504
                  K A L K U L A T I O N S A N Z E I G E               SEITE   1
AUFTRAGS-NR  BEZEICHNUNG                AA   KS      WERTEINH.
7000000000   MESSGERATE                 04   1       3=    100

                             PER. IST  KUM. IST  KUM. IST  KUM. IST  % ANTEIL
PO     BERICHTSSTUFEN-BEZ.  LFD. JAHR LFD. JAHR  VORJAHRE VJ UND LJ LJ AN GES
 1 010 MAT.EINZELK.  1      4.555.734
 2 020 MAT.EINZELK.  2             77
 3 040 MAT.EIGENTEIL 1             51
 4 050 MAT.EIGENTEIL.2             51
 5 060 MAT.PREISDIFF.              87
 6 070 SUMME MAT.E.KOS      4.556.000
 7 080 MAT-GEMEINKOST.          2.051
 8 090 MATERIALKOSTEN       4.558.051
 9 100 AKKORDLOHN                 840
10 110 ZEITLOHN                 1.667
11 120 PRAMIENLOHN          7.557.666
12 130 SUMME FERT-LOHN      7.560.173
13 140 FERT.GEHALT   `            589

ASW= 01               AUFTRAGS-NR= 7000000000  SCHEMA,ZEILE= 1
...= DET.ANZ.POS  S...= SEITE  U..= U-STUFE ,WERTZUORDNUNG
```

ONLINE-Kostenträgerberichte

Anzeige der Planwerte
- Vorjahr
- lfd. Jahr
und gesamt

```
01 STEEB MUSTERFIRMA       S K R / KOSTEN- U. LEISTUNGSRECHNUNG    SKRD4410 G504
                  K A L K U L A T I O N S A N Z E I G E                SEITE    1
AUFTRAGS-NR  BEZEICHNUNG               AA   KS      WERTEINH.
7000000000   MESSGERATE                04   1       1=      1

                              PER.IST F    PER.IST V    KUM.IST F    KUM.IST V
PO      BERICHTSSTUFEN-BEZ.   LFD. JAHR    LFD. JAHR    LFD. JAHR    LFD. JAHR
 1 010 MAT.EINZELK.  1              102    4.555.632
 2 020 MAT.EINZELK.  2                            77
 3 040 MAT.EIGENTEIL 1                            51
 4 050 MAT.EIGENTEIL.2                            51
 5 060 MAT.PREISDIFF.                             87
 6 070 SUMME MAT.E.KOS              102    4.555.898
 7 080 MAT-GEMEINKOST.                         2.051
 8 090 MATERIALKOSTEN               102    4.557.949
 9 100 AKKORDLOHN                    63          778
10 110 ZEITLOHN                                1.667
11 120 PRAMIENLOHN                2.111    7.555.555
12 130 SUMME FERT-LOHN            2.174    7.557.999
13 140 FERT.GEHALT                  589

ASW= V              AUFTRAGS-NR= 7000000000  SCHEMA,ZEILE= 1
...= DET.ANZ.POS    S...= SEITE   U..= U-STUFE ,WERTZUORDNUNG
```

Trennung der Kosten nach fix und variabel

Trennung der Kosten nach fixen und variablen Teilen

```
01 STEEB MUSTERFIRMA       S K R / KOSTEN- U. LEISTUNGSRECHNUNG    SKRD4410 G504
                  K A L K U L A T I O N S A N Z E I G E                SEITE    1
AUFTRAGS-NR  BEZEICHNUNG               AA   KS      WERTEINH.
7000000000   MESSGERATE                04   1       1=      1

                              PER. IST  KUM. IST  KUM. IST  KUM. IST  % ANTEIL
PO      BERICHTSSTUFEN-BEZ.   LFD. JAHR LFD. JAHR VORJAHRE VJ UND LJ LJ AN GES
 1 010 MAT.EINZELK.  1        4.555.734
 2 020 MAT.EINZELK.  2               77
 3 040 MAT.EIGENTEIL 1               51
 4 050 MAT.EIGENTEIL.2               51
 5 060 MAT.PREISDIFF.                87
 6 070 SUMME MAT.E.KOS        4.556.000
 7 080 MAT-GEMEINKOST.            2.051
 8 090 MATERIALKOSTEN         4.558.051
 9 100 AKKORDLOHN                   840
10 110 ZEITLOHN                   1.667
11 120 PRAMIENLOHN            7.557.666
12 130 SUMME FERT-LOHN        7.560.173
13 140 FERT.GEHALT                  589

ASW= U1             AUFTRAGS-NR= 7000000000  SCHEMA,ZEILE= 1
n..= DET.ANZ.POS    S...= SEITE   U..= U-STUFE ,WERTZUORDNUNG
```

Auswahl der Detailanzeige für Pos. 1

Detailanzeige der Kalkulationszeile 010

```
01 STEEB MUSTERFIRMA       S K R / KOSTEN- U. LEISTUNGSRECHNUNG    SKRD4408 G506
                  K A L K U L A T I O N S A N Z E I G E                SEITE    1

      AUFTRAGS-NUMMER              7000000000  KALKULATIONSART             2

      KALKULATIONSSCHEMA           1           KALKULATIONSZEILE         010


      KONTO-NUMMER                 603900

      KENNZ. MONATL HF-ZUGANG                  KENNZ. KUMULIERT HF-BESTAND

      ZEILENART                    2

      KOSTEN HF-LFD MONAT -FIX-             102,220   -VAR-      4.555.632,220

      KOSTEN HF-KUMULATIV -FIX-               0,000   -VAR-              0,000

      MENGE  HF-LFD MONAT                     0,000   -KUM-              0,000

ASW= V              AUFTRAGS-NR= 7000000000  SCHEMA,ZEILE= 1
V= V.BL.   R= R.BL.    ! = HILFE             BEL.DAT,BELNR.
```

Detailanzeige der Pos. 1

Kalkulationsanzeige

(Beispiel einer projektbezogenen Deckungsbeitragsrechnung)

Anzeige der Umsatzerlöse und der variablen sowie fixen Prod. Kosten

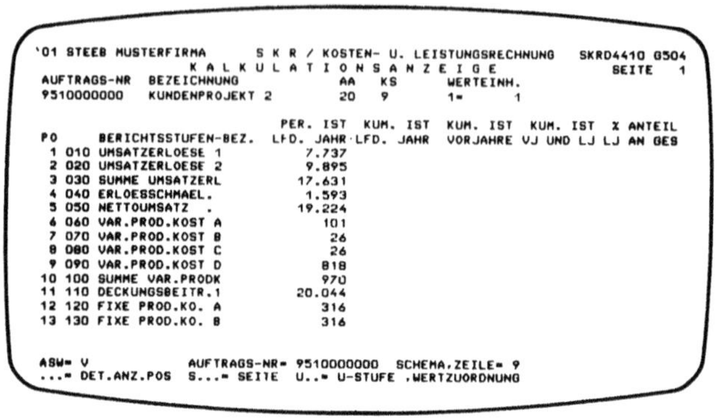

```
'01 STEEB MUSTERFIRMA      S K R / KOSTEN- U. LEISTUNGSRECHNUNG   SKRD4410 G504
                K A L K U L A T I O N S A N Z E I G E                  SEITE   1
AUFTRAGS-NR  BEZEICHNUNG                AA   KS       WERTEINH.
9510000000   KUNDENPROJEKT 2            20   9        1=      1

                                 PER. IST  KUM. IST  KUM. IST  KUM. IST  % ANTEIL
PO     BERICHTSSTUFEN-BEZ.  LFD. JAHR LFD. JAHR  VORJAHRE VJ UND LJ LJ AN GES
 1 010 UMSATZERLOESE 1          7.737
 2 020 UMSATZERLOESE 2          9.895
 3 030 SUMME UMSATZERL         17.631
 4 040 ERLOESSCHMAEL.           1.593
 5 050 NETTOUMSATZ  .          19.224
 6 060 VAR.PROD.KOST A            101
 7 070 VAR.PROD.KOST B             26
 8 080 VAR.PROD.KOST C             26
 9 090 VAR.PROD.KOST D            818
10 100 SUMME VAR.PRODK            970
11 110 DECKUNGSBEITR.1         20.044
12 120 FIXE PROD.KO. A            316
13 130 FIXE PROD.KO. B            316

ASW= V           AUFTRAGS-NR= 9510000000  SCHEMA.ZEILE= 9
...= DET.ANZ.POS  S...= SEITE  U..= U-STUFE .WERTZUORDNUNG
```

Projektanzeige Teil 1

Anzeige der fixen Prod. Kosten sowie der fixen und variablen Gemeinkosten

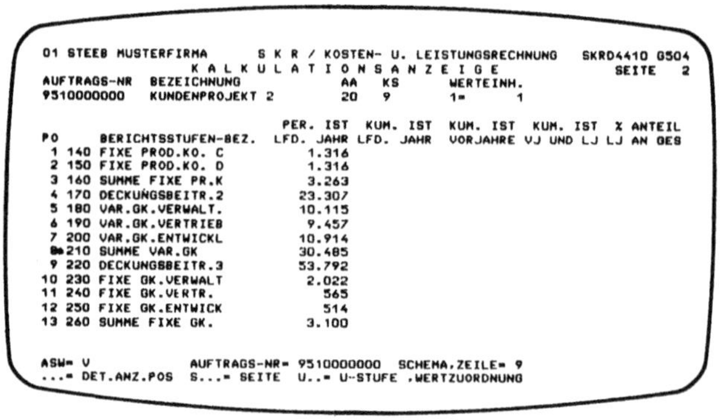

```
01 STEEB MUSTERFIRMA       S K R / KOSTEN- U. LEISTUNGSRECHNUNG   SKRD4410 G504
                K A L K U L A T I O N S A N Z E I G E                  SEITE   2
AUFTRAGS-NR  BEZEICHNUNG                AA   KS       WERTEINH.
9510000000   KUNDENPROJEKT 2            20   9        1=      1

                                 PER. IST  KUM. IST  KUM. IST  KUM. IST  % ANTEIL
PO     BERICHTSSTUFEN-BEZ.  LFD. JAHR LFD. JAHR  VORJAHRE VJ UND LJ LJ AN GES
 1 140 FIXE PROD.KO. C          1.316
 2 150 FIXE PROD.KO. D          1.316
 3 160 SUMME FIXE PR.K          3.263
 4 170 DECKUNGSBEITR.2         23.307
 5 180 VAR.GK.VERWALT.         10.115
 6 190 VAR.GK.VERTRIEB          9.457
 7 200 VAR.GK.ENTWICKL         10.914
 8 210 SUMME VAR.GK            30.485
 9 220 DECKUNGSBEITR.3         53.792
10 230 FIXE GK.VERWALT          2.022
11 240 FIXE GK.VERTR.             565
12 250 FIXE GK.ENTWICK            514
13 260 SUMME FIXE GK.           3.100

ASW= V           AUFTRAGS-NR= 9510000000  SCHEMA.ZEILE= 9
...= DET.ANZ.POS  S...= SEITE  U..= U-STUFE .WERTZUORDNUNG
```

Projektanzeige Teil 2

Ermittlung des DB IV sowie des Betriebsergebnisses

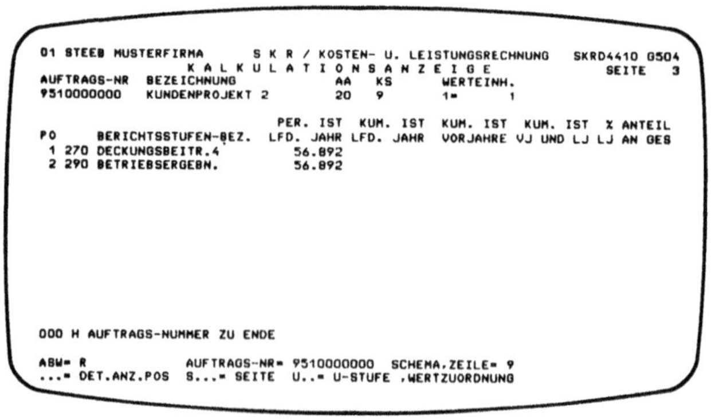

```
01 STEEB MUSTERFIRMA       S K R / KOSTEN- U. LEISTUNGSRECHNUNG   SKRD4410 G504
                K A L K U L A T I O N S A N Z E I G E                  SEITE   3
AUFTRAGS-NR  BEZEICHNUNG                AA   KS       WERTEINH.
9510000000   KUNDENPROJEKT 2            20   9        1=      1

                                 PER. IST  KUM. IST  KUM. IST  KUM. IST  % ANTEIL
PO     BERICHTSSTUFEN-BEZ.  LFD. JAHR LFD. JAHR  VORJAHRE VJ UND LJ LJ AN GES
 1 270 DECKUNGSBEITR.4         56.892
 2 290 BETRIEBSERGEBN.         56.892

000 H AUFTRAGS-NUMMER ZU ENDE

ABW= R           AUFTRAGS-NR= 9510000000  SCHEMA.ZEILE= 9
...= DET.ANZ.POS  S...= SEITE  U..= U-STUFE .WERTZUORDNUNG
```

Projektanzeige Teil 3

Einsatz eines integrierten innerbetrieblichen Abrechnungssystems für die Kostenträgerrechnung eines Dienstleistungsunternehmens am Beispiel PRAKLA-SEISMOS AG

Dipl.-Kfm. O. Tylkowski, mpc-methoden-programme-controlling, Hamburg

Die PRAKLA-SEISMOS AG mit Sitz in Hannover ist die älteste Gesellschaft, die Angewandte Geophysik weltweit betreibt. Sie ist auch, international gesehen, eine der größten Gesellschaften dieses speziellen Dienstleistungsmarktes und führt seit über 65 Jahren auf allen Kontinenten und Weltmeeren geophysikalische Messungen zur Exploration von Erz-, Kohle-, Salz-, Uran- und anderen Lagerstätten, besonders jedoch von Erdöl- und Erdgasvorkommen durch.

Die Hauptsäulen des Unternehmens sind:

- Geophysikalische Messungen zu Land, zu Wasser, aus der Luft und Untertage
- Computeraufbereitung der Meßdaten im eigenen Großrechenzentrum
- Auswertung der Meßergebnisse durch hochqualifizierte Experten
- Herstellung und Verkauf von technischen Spezialgeräten und EDV-Programmen, Ausrüstung von Forschungsschiffen und -flugzeugen
- Wassersuche und Brunnenbohrungen

KENNZAHLEN 1985:

-	Mitarbeiter	1.850
-	Umsatz	409 Millionen DM
-	Überschuß	8 Millionen DM
-	Eigenkapital	95 Millionen DM
-	Anlagevermögen	158 Millionen DM
-	Abschreibungen	50 Millionen DM
-	Investitionen	78 Millionen DM

7. Saarbrücker Arbeitstagung 1986
Rechnungswesen und EDV
hrsg. v. W. Kilger/A.-W. Scheer

Dienstleistung der Prakla-Seismos AG bedeutet:

- Aufspüren von Rohstofflagerstätten, deren Nutzungsrechte in aller Regel der Kunde besitzt.

- Das wirtschaftliche Risiko einer Untersuchung muß ohne Einschränkung vom Kunden getragen werden.

- Die Honorierung der Dienstleistung hängt nicht vom Erfolg eines Projektes ab - dem Fund einer Lagerstätte - , sondern erfolgt einzig und allein auf Zeit- und/oder Leistungsbasis.

- Leistung sind z.B. die Anzahl der Arbeitsmonate eines Trupps mit einer festgelegten Ausstattung, die Anzahl von Meßstationen, die gemessenen Kilometer oder Quadratkilometer.

Diesen Aufgaben trägt die Struktur des Unternehmens Rechnung:

- Die Verwaltungs- und Operationszentrale in Hannover (ca. 900 Mitarbeiter, Verwaltungsgebäude, Großrechenzentrum, Labors, Werkstätten, Ingenieurgeophysik, Streamerbau sowie Service- und Versandabteilung).

- PRAKLA-SEISMOS GEOMECHANIK GMBH in Uetze bei Celle (ca. 165 Mitarbeiter, Bau von Vibratoren und Bohrgeräten in Serie).

- Tochter- und Beteiligungsgesellschaften sowie Niederlassungen in aller Welt als regionale Operationszentralen.

- Die Meßtrupps als autonom operierende Arbeitseinheiten.

DIE BEDEUTUNG DER MESSTRUPPS:

- Meßtrupps sind weitgehend autonom operierende Einheiten, die in der Lage sein müssen, die mit dem Auftraggeber vertraglich vereinbarten Aufgaben in einer angemessenen Zeit und nach den modernsten Erkenntnissen zu bewältigen.

- Der Auftraggeber bestimmt bei der Vertragsgestaltung die anzuwendenden Verfahren und Geräte mit. Die Qualität der Ergebnisse unter diesen vereinbarten Bedingungen wird durch die Meßtruppmitarbeiter sichergestellt.

- Personelle Besetzung sowie Ausstattung mit Fahrzeugen, Schiffen, Hubschraubern, Geräten, Meßapparaturen, Camp-Einrichtungen schwanken je nach Meßmethode, Erdregion, logistischen Besonderheiten und Prospektionszielen.

- Ein Meßtrupp im Küstengebiet kann z.B. aus 5 Schiffen, zahlreichen Booten, 50 Fahrzeugen, 5 Vibratoren, 7 Bohrtrupps, einer Fülle seismischer Geräte und ca. 200 Mann bestehen und ein Anlagevermögen von 15 Millionen DM repräsentieren.

- Der Einsatz kann sich über Wochen, Monate oder Jahre erstrecken und muß ggf. einen tariflich bedingten Personalwechsel und den Ersatz der Anlagegüter vorsehen.

- Die Versorgung des Trupps mit Spezialersatzteilen muß sichergestellt werden, da der Ausfall eines Teilgerätes unter speziellen Bedingungen die gesamte Tätigkeit des Trupps blockieren kann.

- 1985 waren ca. 30 Trupps weltweit im Einsatz.

ADMINISTRATIVE ABRECHNUNGEN:

- Bis Mitte 1986 wurden die administrativen Abrechnungen auf einem Peripherierechner des Großrechenzentrums unter Verwendung selbsterstellter Programme (keine Materialwirtschaftsprogramme, aufwendige Programmierungs- und Wartungsarbeiten mit Fremdunterstützung, mangelhafte Dokumentation), u.a. für eine Kostenstellen- und Auftragsabrechnung, abgewickelt.

- Eine notwendige Änderung der Peripherierechner hätte eine Neuprogrammierung der vorhandenen Programme notwendig gemacht.

- Der Kauf eines eigenständigen administrativen Rechners und die Verwendung von Standardsoftware war die logische Reaktion zur Aufhebung der Abhängigkeit vom wissenschaftlichen Großrechenzentrum.

- Seit Mitte 1985 ist eine Siemens 7536 unter BS 2000 mit angemessener Peripherie installiert. Sie soll die jetzt noch von einem Control-Data-Rechner durchgeführten Aufgaben bis Ende 1986 voll übernehmen.

- Auf dem Siemens-Rechner wird ausschließlich Standard-Software genutzt.
  - PAISY für Personalabrechnung,
  - SAFIR (entspricht RF 2 von SAP) für Finanzbuchhaltung
  - ANBU (entspricht RA von SAP) für Anlagenbuchhaltung
  - EINKAUF (entspricht RM von SAP) für Materialwirtschaft
  - RK von SAP für die Kostenstellen- und Auftragsabrechnung
  - Die Fakturierung erfolgt auf einem PC-System
  - Die Verwaltung der ca. 25.000 verschiedenen Anlagegüter für die Truppausstattung erfolgt unter Nutzung eines RA-Downloads in selbsterstellten Dateien.

ABLÖSUNG DER BETRIEBSWIRTSCHAFTLICHEN PROGRAMMSYSTEME:

- Die technisch bedingte Ablösung des vorhandenen Rechners machte die Suche nach einem neuen Programmsystem notwendig.

- Die grundsätzliche Entscheidung für die Verwendung von Standard-Software galt auch für die betriebswirtschaftlichen Systeme.

- Die von SIEMENS gelieferten Abrechnungssysteme für die Finanz- und Anlagenbuchhaltung sowie die Materialwirtschaft sind identisch mit den von SAP vertriebenen Paketen RF, RA und RM.

- Das direkt von SAP zu beziehende Kostenrechnungssystem RK wurde bei dem Dienstleistungsunternehmen HAMBURGER HAFEN- UND LAGERHAUS- AG als einem der längsten und intensivsten Nutzer des SAP-RK-Paketes einer gründlichen Überprüfung auf die Verwendbarkeit für PRAKLA-SEISMOS AG unterzogen.

- Die Sicherstellung der bisherigen Informationsqualität für die betriebswirtschaftlichen Abrechnungen der PRAKLA-SEISMOS AG sowie das noch nicht in allen Belangen vollständig fertiggestellte Paket der Auftragsabrechnung von SAP machte zwar keine Kompromisse, aber einige ungewöhnliche Strukturen und das Hinwegsetzen über klassische Kostenrechnungsterminologie notwendig.

NUTZUNG DER VORHANDENEN SYSTEMELEMENTE FÜR EINE KOSTENTRÄGER-RECHNUNG:

- Die Kostenstellenrechnung bietet insbesondere die Möglichkeit einer monatsgenauen und kontenbezogenen Planung, wie es für die Analyse der Großprojekte vom Informationsbedarf her für notwendig erachtet wird.

- Die buchungsaktuellen Online- oder Batch-Berichte erfüllen die Forderung nach einer möglichst schnellen und abgestimmten Information über den Erfolg oder kritische Zustände der Projekte.

- Die sofortige Möglichkeit der Analyse am Bildschirm bis in den einzelnen Buchungsbeleg oder die einzelne innerbetriebliche Verrechnung durch den Projektverantwortlichen selbst entlastet die Betriebswirtschaft.

- Die freien Kapazitäten der Betriebswirtschaft können mehr als bisher in der Planungs- und Kalkulationsphase der Projekte eingesetzt werden, wobei durch den Dialogbetrieb schnellere und abgestimmtere Ergebnisse erzielbar sind.

- Neue Erkenntnisse können im Dialogbetrieb besser für spätere Planungs- und Kalkulationsarbeiten berücksichtigt werden.

- Die Nutzung der innerbetrieblichen Leistungsverrechnung bringt in Zusammenwirken mit dem Dialogverfahren bessere Voraussetzungen für eine zukünftig verbesserte Kapazitätsplanung.

- Die Umbuchung auf Truppkostenstellen kann je nach Bedarf unterschiedlich vorgenommen werden.

- Für kleinere und terminlich nicht exakt definierte Aufträge bietet die Auftragsabrechnung ausreichende Planungsunterstützung.

- Fertigungs- und Entwicklungsaufträge können jahresbezogen budgetiert werden und sind buchungsaktuell - auch bezogen auf die innerbetriebliche Leistungsverrechnung - kontrollierbar.

- Mit der Nutzung des Bestellwesens von RM kann die Controllingtätigkeit bereits in die Phase des Einkaufs oder des Abrufs innerbetrieblicher Kapazitäten verlagert werden.

- Die Integration der Anlagenbuchhaltung (und deren pfenniggenaue Abstimmung über die Buchhaltung mit der Kostenrechnung) bietet die Möglichkeit der genauen Analyse dieses bedeutenden Kostenblocks bezogen auf die einzelnen Aufträge.

- Eine geschlossene innerbetriebliche Leistungsverrechnung zu Planpreisen bietet mit der Darstellung von Über- oder Unterdeckungen auf der abgebenden Kostenstelle die Grundlage für Kapazitäts- oder wertanalytische Überprüfungen.

- Die exakte Abstimmung mit den durch die Finanzbuchhaltung erfassten Istkosten und Erlösen bietet gerade bei räumlich weitverzweigten und strukturell so unterschiedlich gestalteten Aufträgen die Grundlage für Vertrauen in die Abrechnung bei Verantwortlichen und Vorgesetzten.

- Die Vermeidung der Diskussion über mögliche Fehlerquellen der Abrechnung konzentriert die Arbeit der Verantwortlichen auf die eigentliche Abweichungsanalyse.

PRAKLA-SEISMOS AG HANNOVER
VORKALKULATION LANDSEISMIK

AUFTR.-NR.: 00010007
PERIODE: 12/86

SEITE: 1
DATUM: 17.07.86

Landseismik Frankreich

BAB	KOSTENART	PLAN-GES. (1)	IST-GES. (2)	ABW(ABS) (1-2)	ABW(%) (3:2)
020 **	SU LOHN UND GEHALT	5	2	3	50,00
035 **	SU AUSLANDSZULAGE	3		3	
045 **	SU AUSLOESUNG	3	3		
080 **	SU AUSG.TRUPPKASSE	10	4	6	50,00
095 **	SU KALK.AFA	6	2	4	100,00
110 **	SU KOSTEN BOHRGER.				
120 **	SU KOSTEN H-PERS.	1		1	
130 **	SU KRAFTSTOFF	1	1		
140 **	SU TRANSPORTE	1		1	
143 **	SU MOB./DEMOB.				
147 **	SU PROVISIONEN		1	1-	200,00-
155 **	SU KALK.ZINSEN	2		2	
160 **	SU VERSICHERUNGEN				
165 ****	SU DIREKTE KOSTEN	32	13	19	46,15
170 *****	SU SELBSTKOSTEN	32	13	19	46,15
185 ******	SU GESAMTKOSTEN	32	13	19	46,15

P R A K L A - S E I S M O S A G   H A N N O V E R
V O R K A L K U L A T I O N   L A N D S E I S M I K

AUFTR.-NR.: 00010007
PERIODE: 12/86

SEITE: 1
DATUM: 17.07.86

Landseismik Frankreich

BAB	K O S T E N A R T	PLAN-GES. (1)	IST-GES. (2)	ABW(ABS) (1-2)	ABW(%) (3-2)
001 *	GEHALT T7/V ^	2	1	1	
002 *	GEHALT T6	1		1	
003 *	GEHALT T5	1		1	
004 *	GEHALT T4	1	1		
005 *	GEHALT T3				
006 *	GEHALT T2				
007 *	GEHALT T1				
008 *	LOHN				
015 *	AAV				
016 *	SOZ.-ABGABEN AG-ANT				
020 **	SU LOHN UND GEHALT	5	2	3	50,00
025 *	AUSLANDSZUL.L..T7/V	1		1	
026 *	AUSLANDSZUL.L..T6	1		1	
027 *	AUSLANDSZUL.L..T5	1		1	
028 *	AUSLANDSZUL.L..T4				
035 **	SU AUSLANDSZULAGE	3		3	
038 *	AUSLOESUNG T7/V	1	1		
039 *	AUSLOESUNG T6	1	1		
040 *	AUSLOESUNG T5	1	1		
041 *	AUSLOESUNG T4				
045 **	SU AUSLOESUNG	3	3		
060 *	REISEKOSTEN	1		1	
061 *	MIETEN	1		1	
062 *	HEIZ,STROM,WASSER				
063 *	BUEROMAT.,POST	1	1		
064 *	FRACHTEN				
065 *	REPRAESENTATION	1	1		
066 *	UNTERKUNFT,CAMP				
067 *	HILFS-U.BETR.-ST.	1		1	
068 *	MAGNETB.,FOTOPAP.				
069 *	KFZ-REPARATUREN	3		3	
070 *	SPRENGKOSTEN	1		1	
071 *	SONST.GEMEINKOSTEN	1	2	1-	150,00-
080 **	SU AUSG.TRUPPKASSE	10	4	6	50,00
085 *	KALK.AFA INSTRUMENT	1		1	
086 *	KALK.AFA KFZ	1		1	
087 *	KALK.AFA ANHAENGER	1		1	
088 *	KALK.AFA TECHN.AUSR	1	1		
089 *	KALK.AFA UNTERKUNFT	1	1		
090 *	KALK.AFA BUEROAUSST	1		1	
095 **	SU KALK.AFA	6	2	4	100,00
100 *	SU KOSTEN SUPERVIS.				
105 *	MIETE BOHRGERAETE				
106 *	REP. BOHRGERAETE				
107 *	PERS.K.BOHRGERAETE				
110 **	SU KOSTEN BOHRGER.				
115 *	LOEHNE HILFSPERS.	1		1	
116 *	NEBENKOST.H-PERS.				
117 *	SOZ-ABG.H-PERS.				
120 **	SU KOSTEN H-PERS.	1		1	
125 *	KRAFTSTOFF	1	1		
126 *	VERW.KRAFTSTOFFE				

PRAKLA-SEISMOS AG HANNOVER
VORKALKULATION LANDSEISMIK

Landseismik Frankreich

AUFTR.-NR.: 00010007
PERIODE: 12/86

SEITE: 2
DATUM: 17.07.86

BAB	K O S T E N A R T	PLAN-GES. (1)	IST-GES. (2)	ABW(ABS) (1-2)	ABW(%) (3-2)
130 **	SU KRAFTSTOFF	1	1		
135 *	SEE/BAHN/LUFTFR.	1		1	
136 *	FLUGTICKETS				
140 **	SU TRANSPORTE	1		1	
142 *	MOB./DEMOB.				
143 **	SU MOB./DEMOB.				
145 *	PROVISIONEN		1	1-	200,00-
147 **	SU PROVISIONEN		1	1-	200,00-
150 *	KALK.VERZUGSZINSEN	1		1	
151 *	KALK.KAP-VERZINSUNG	1		1	
155 **	SU KALK.ZINSEN	2		2	
159 *	VERSICHERUNGEN				
160 **	SU VERSICHERUNGEN				
165 ****	SU DIREKTE KOSTEN	32	13	19	46,15
168 *	GENERALIA				
170 *****	SU SELBSTKOSTEN	32	13	19	46,15
180 *	ZUSCHLAG RISIKO				
181 *	ZUSCHLAG GEWINN				
185 ******	SU GESAMTKOSTEN	32	13	19	46,15
186 *	===============				
190 *	ERLOESE	1		1	

PRAKLA-SEISMOS AG HANNOVER
VORKALKULATION LANDSEISMIK

AUFTR.-NR.: 00010007 PERIODE: 12/86

SEITE: 1 DATUM: 17.07.86

Landseismik Frankreich

BAB	KOSTENART		PLAN-GES. (1)	IST-GES. (2)	ABW(ABS) (1-2)	ABW(%) (3-2)
	00921170	GRUNDGEHALT T7/V	2	1	1	
001 *		GEHALT T7/V	2	1	1	
	00921160	GRUNDGEHALT T 6	1		1	
002 *		GEHALT T6	1		1	
	00921150	GRUNDGEHALT T 5	1		1	
003 *		GEHALT T5	1		1	
	00921140	GRUNDGEHALT T 4	1	1		
004 *		GEHALT T4	1	1		
005 *		GEHALT T3				
006 *		GEHALT T2				
007 *		GEHALT T1				
008 *		LOHN				
015 *		AAV				
016 *		SOZ.-ABGABEN AG-ANT				
020 **		SU LOHN UND GEHALT	5	2	3	50,00
	00921217	AUSLANDSZULAGE T7/V	1		1	
025 *		AUSLANDSZUL.L..T7/V	1		1	
	00921216	AUSLANDSZULAGE T6	1		1	
026 *		AUSLANDSZUL.L..T6	1		1	
	00921215	AUSLANDSZULAGE T5	1		1	
027 *		AUSLANDSZUL.L..T5	1		1	
028 *		AUSLANDSZUL.L..T4				
035 **		SU AUSLANDSZULAGE	3		3	
	00921307	AUSLOESUNG T7/V	1	1		
038 *		AUSLOESUNG T7/V	1	1		
	00921306	AUSLOESUNG T6	1	1		
039 *		AUSLOESUNG T6	1	1		
	00921305	AUSLOESUNG T5	1	1		
040 *		AUSLOESUNG T5	1	1		
041 *		AUSLOESUNG T4				
045 **		SU AUSLOESUNG	3	3		
	00765000	REISEAUFW. U.SPESEN	1		1	
060 *		REISEKOSTEN	1		1	
	00750000	RAUMMIETEN	1		1	
061 *		MIETEN	1		1	
062 *		HEIZ,STROM,WASSER				
	00762000	BUERO U. ZEICHENMAT.	1	1		
063 *		BUEROMAT.,POST	1	1		
064 *		FRACHTEN				
	00766000	WERBEKOSTEN	1	1		
065 *		REPRAESENTATION	1	1		
066 *		UNTERKUNFT,CAMP				
	00603400	SONSTIGE HILFSSTOFFE	1		1	
067 *		HILFS-U.BETR.-ST.	1		1	
068 *		MAGNETB.,FOTOAP.				
	00603000	KFZ ERSATZTEILE	1		1	
	00753210	REP. KFZ	1		1	
	00753211	REP. KFZ RE. GEO	1		1	
069 *		KFZ-REPARATUREN	3		3	
	00606020	SPRENGKOSTEN	1		1	
070 *		SPRENGKOSTEN	1		1	
	00600000	ROHSTOFFE	1	2	1-	150,00-
071 *		SONST.GEMEINKOSTEN	1	2	1-	150.00-
080 **		SU AUSG.TRUPPKASSE	10	4	6	50,00
	00921410	KALK.AFA INSTRUMENTE	1		1	
085 *		KALK.AFA INSTRUMENT	1		1	

F R A K L A - S E I S M O S   A G   H A N N O V E R
V O R K A L K U L A T I O N   L A N D S E I S M I K

AUFTR.-NR.: 00010007
PERIODE: 12/86

SEITE: 2
DATUM: 17.07.86

Landseismik Frankreich

BAB	K O S T E N A R T		PLAN-GES. (1)	IST-GES. (2)	ABW(ABS) (1-2)	ABW(%) (3-2)
	00921420	KALK. AFA KFZ	1		1	
086	*	KALK.AFA KFZ	1		1	
	00921430	KALK. AFA ANHAENGER	1		1	
087	*	KALK.AFA ANHAENGER	1		1	
	00664000	AFA MASCHINEN		1	1-	200,00-
	00921440	KALK.AFA TECHN.AUSR.	1		1	
088	*	KALK.AFA TECHN.AUSR	1	1		
	00921450	KALK.AFA UNTERKUNFT	1	1		
089	*	KALK.AFA UNTERKUNFT	1	1		
	00921460	KALK.AFA BUEROAUSST.	1		1	
090	*	KALK.AFA BUEROAUSST	1		1	
095	**	SU KALK.AFA	6	2	4	100,00
100	*	SU KOSTEN SUPERVIS.				
105	*	MIETE BOHRGERAETE				
106	*	REP. BOHRGERAETE				
107	*	PERS.K.BOHRGERAETE				
110	**	SU KOSTEN BOHRGER.				
	00609000	LOHNKOST.AUSL.PERS.	1		1	
115	*	LOEHNE HILFSPERS.	1		1	
116	*	NEBENKOST.H-PERS.				
117	*	SOZ-ABG.H-PERS.				
120	**	SU KOSTEN H-PERS.	1		1	
	00604050	TREIBSTOFFE SONSTIGE	1	1		
125	*	KRAFTSTOFF	1	1		
126	*	VERW.KRAFTSTOFFE				
130	**	SU KRAFTSTOFF	1	1		
	00755000	FRACHT UND TRANSPORT	1		1	
135	*	SEE/BAHN/LUFTFR.	1		1	
136	*	FLUGTICKETS				
140	**	SU TRANSPORTE	1		1	
142	*	MOB./DEMOB.				
143	**	SU MOB./DEMOB.				
	00757000	PROVISIONEN		1	1-	200,00-
145	*	PROVISIONEN		1	1-	200,00-
147	**	SU PROVISIONEN		1	1-	200,00-
	00921510	KALK.VERZUGSZINSEN	1		1	
150	*	KALK.VERZUGSZINSEN	1		1	
	00921520	KALK.KAP-VERZINSUNG	1		1	
151	*	KALK.KAP-VERZINSUNG	1		1	
155	**	SU KALK.ZINSEN	2		2	
159	*	VERSICHERUNGEN				
160	**	SU VERSICHERUNGEN				
165	****	SU DIREKTE KOSTEN	32	13	19	46,15
168	*	GENERALIA				
170	*****	SU SELBSTKOSTEN	32	13	19	46,15
180	*	ZUSCHLAG RISIKO				

P R A K L A - S E I S M O S A G   H A N N O V E R
V O R K A L K U L A T I O N   L A N D S E I S M I K

AUFTR.-NR.: 00010007
PERIODE: 12/86

SEITE: 3
DATUM: 17.07.86

Landseismik Frankreich

BAB	K O S T E N A R T	PLAN-GES. (1)	IST-GES. (2)	ABW(ABS) (1-2)	ABW(%) (3-2)
186 *	===============				
00800500	Erloese Seismik Ausl	1		1	
190 *	ERLOESE	1		1	

P R A K L A - S E I S M O S   A G   H A N N O V E R

K O S T E N S T E L L E N - B E R I C H T   VORSTANDSBEREICHE

KOSTENSTELLE 01 00040
SEITE 1
DRUCK AM 10.07.86   MONAT 06/86

BAB	K O S T E N A R T	PLM 1- 6 (1)	IM 1- 6 (2)	ABW(ABS) (2-1)	ABW(%) (2-1)
001 *	GEHALT T7/V	252	2	250-	99,20-
002 *	GEHALT T6				
003 *	GEHALT T5				
004 *	GEHALT T4		100	100	
005 *	GEHALT T3				
006 *	GEHALT T2				
007 *	GEHALT T1				
008 *	LOHN				
009 *	FAKT. STUNDEN				
010 *	GEL. STUNDEN				
011 *	KALK. STUNDEN				
012 **	SU STUNDEN				
013 **	SU GRUNDGEHAELTER	252	102	150-	59,44-
015 *	AAV				
016 *	SOZ.-ABGABEN AG-ANT				
020 ***	SU SOZIALLEISTUNGEN	252	102	150-	59,44-
025 *	AUSLANDSZUL.L..T7/V				
026 *	AUSLANDSZUL.L..T6				
027 *	AUSLANDSZUL.L..T5		6-	6-	
028 *	AUSLANDSZUL.L..T4				
035 **	SU AUSLANDSZULAGE		6-	6-	
038 *	AUSLOESUNG T7/V				
039 *	AUSLOESUNG T6				
040 *	AUSLOESUNG T5				
041 *	AUSLOESUNG T4				
045 **	SU AUSLOESUNG				
050 ****	SU PERSONALKOST	252	96	156-	61,83-
060 *	REISEKOSTEN				
061 *	MIETEN				
062 *	HEIZ,STROM,WASSER				
063 *	BUEROMAT.,POST				
064 *	FRACHTEN				
065 *	REPRAESENTATION				
066 *	UNTERKUNFT,CAMP				
067 *	HILFS-U.BETR.-ST.				
068 *	MAGNETB.,FOTOPAP.				
069 *	KFZ-REPARATUREN				
070 *	SPRENGKOSTEN				
071 *	SONST.GEMEINKOSTEN	3.477-	205-	3.272	94,10-
080 **	SU AUSG.TRUPPKASSE	3.477-	205-	3.272	94,10
085 *	KALK.AFA INSTRUMENT				
086 *	KALK.AFA KFZ				
087 *	KALK.AFA ANHAENGER				
088 *	KALK.AFA TECHN.AUSR				
089 *	KALK.AFA UNTERKUNFT				
090 *	KALK.AFA BUEROAUSST				
095 **	SU KALK.AFA				
100 *	SU KOSTEN SUPERVIS.				
105 *	MIETE BOHRGERAETE				
106 *	REP. BOHRGERAETE				

P R A K L A - S E I S M O S   A G   H A N N O V E R

K O S T E N S T E L L E N - B E R I C H T   VORSTANDSBEREICHE

KOSTENSTELLE 01 00040
SEITE 2
DRUCK AM 10.07.86 MONAT 06/86

BAB	K O S T E N A R T	PLM 1- 6 (1)	IM 1- 6 (2)	ABW(ABS) (2-1)	ABW(%) (2-1)
115 *	LOEHNE HILFSPERS.				
116 *	NEBENKOST.H-PERS.				
117 *	SOZ-ABG.H-PERS.				
120 **	SU KOSTEN H-PERS.				
125 *	KRAFTSTOFF				
126 *	VERW.KRAFTSTOFFE				
130 **	SU KRAFTSTOFF				
135 *	SEE/BAHN/LUFTFR.				
136 *	FLUGTICKETS				
140 **	SU TRANSPORTE				
142 *	MOB./DEMOB.				
143 **	SU MOB./DEMOB.				
145 *	PROVISIONEN				
147 **	SU PROVISIONEN				
150 *	KALK.VERZUGSZINSEN				
151 *	KALK.KAP-VERZINSUNG				
155 **	SU KALK.ZINSEN				
159 *	VERSICHERUNGEN				
160 **	SU VERSICHERUNGEN				
165 ******	SU DIREKTE KOSTEN	3.226-	109-	3.117	96,62-
168 *	GENERALIA				
170 *******	SU SELBSTKOSTEN	3.226-	109-	3.117	96,62-
180 *	ZUSCHLAG RISIKO				
181 *	ZUSCHLAG GEWINN				
185 ********	SU GESAMTKOSTEN	3.226-	109-	3.117	96,62-
186 *	===============				
190 *	ERLOESE				

FRAKLA-SEISMOS AG HANNOVER

KOSTENSTELLEN-BERICHT — VORSTANDSBEREICHE

KOSTENSTELLE 01 00040
SEITE 1
DRUCK AM 10.07.86 MONAT 06/86

DAB	KOSTENART	PLM 1- 6 (1)	IM 1- 6 (2)	ABW(ABS) (2-1)	ABW(%) (2-1)
	A35 L AUSLANDSZUL.T5				
	REP L AAV				
	00400000 P ROHSTOFFE	250		250-	
	00403000 P hilfsstoffe				
	00415000 P Fremdbezug				
	00416100 P Strom-kosten (fix)				
	00416200 P Stromkosten (var.)				
	00420000 P Fertigungsloehne				
	00470000 P Raumkosten				
	00471000 P Maschinen-Mieten				
	00472000 P Versandkosten				
	00476000 P Bueromaterial				
	00476100 P EDV-Material				
	00550000 U UMLAGE SEISMIK				
	00800000 E erloese spielzeug/in				
	00993002 V kor test 3	2	2	1	33,33
001 *	GEHALT T7/V	252	2	250-	99,20-
002 *	GEHALT T6				
003 *	GEHALT T5				
	00921140 V GRUNDGEHALT T 4		100	100	
004 *	GEHALT T4		100	100	
005 *	GEHALT T3				
006 *	GEHALT T2				
007 *	GEHALT T1				
008 *	LOHN				
009 *	FAKT. STUNDEN				
010 *	GEL. STUNDEN				
011 *	KALK. STUNDEN				
012 **	SU STUNDEN				
013 **	SU GRUNDGEHAELTER	252	102	150-	59,44-
015 *	AAV				
016 *	SOZ. ABGABEN AG-ANT				
020 ***	SU SOZIALLEISTUNGEN	252	102	150-	59,44-
025 *	AUSLANDSZUL.L..T7/V				
026 *	AUSLANDSZUL.L..T6				
	00921215 V AUSLANDSZULAGE T5		6-	6-	
027 *	AUSLANDSZUL.L..T5		6-	6-	
028 *	AUSLANDSZUL.L..T4				
035 **	SU AUSLANDSZULAGE		6-	6-	
038 *	AUSLOESUNG T7/V				
039 *	AUSLOESUNG T6				
040 *	AUSLOESUNG T5				
041 *	AUSLOESUNG T4				
045 **	SU AUSLOESUNG				
050 ****	SU PERSONALKOST	252	96	156-	61,83-
060 *	REISEKOSTEN				
061 *	MIETEN				
062 *	HEIZ,STROM,WASSER				
063 *	BUEROMAT.,POST				
064 *	FRACHTEN				
065 *	REPRAESENTATION				
066 *	UNTERKUNFT,CAMP				
067 *	HILFS-U BETR -ST				

PRAKLA-SEISMOS AG HANNOVER — KOSTENSTELLE 01 00040, SEITE 2

KOSTENSTELLEN-BERICHT — VORSTANDSBEREICHE — DRUCK AM 10.07.86, MONAT 06/86

BAB	KOSTENART	PLM 1-6 (1)	IM 1-6 (2)	ABW(ABS) (2-1)	ABW(%) (2-1)
070 *	SPRENGKOSTEN				
00600001 V	ILV DM DRUCKEN	23	20	3-	11,11-
00611000 V	ILV-Wartung/Instandh	3.500-	225-	3.275	93,57-
00652000 A	Auftrag/ILV-Wartung				
071 *	SONST.GEMEINKOSTEN	3.477-	205-	3.272	94,10-
080 **	SU AUSG.TRUPPKASSE	3.477-	205-	3.272	94,10-
085 *	KALK.AFA INSTRUMENT				
086 *	KALK.AFA KFZ				
087 *	KALK.AFA ANHAENGER				
088 *	KALK.AFA TECHN.AUSR				
089 *	KALK.AFA UNTERKUNFT				
090 *	KALK.AFA BUEROAUSST				
095 **	SU KALK.AFA				
100 *	SU KOSTEN SUPERVIS.				
105 *	MIETE BOHRGERAETE				
106 *	REP. BOHRGERAETE				
107 *	PERS.K.BOHRGERAETE				
110 **	SU KOSTEN BOHRGER.				
115 *	LOEHNE HILFSPERS.				
116 *	NEBENKOST.H-PERS.				
117 *	SOZ-ABG.H-PERS.				
120 **	SU KOSTEN H-PERS.				
125 *	KRAFTSTOFF				
126 *	VERW.KRAFTSTOFFE				
130 **	SU KRAFTSTOFF				
00755000 P	FRACHT UND TRANSPORT				
135 *	SEE/BAHN/LUFTFR.				
136 *	FLUGTICKETS				
140 **	SU TRANSPORTE				
142 *	MOB./DEMOB.				
143 **	SU MOB./DEMOB.				
145 *	PROVISIONEN				
147 **	SU PROVISIONEN				
150 *	KALK.VERZUGSZINSEN				
151 *	KALK.KAP-VERZINSUNG				
155 **	SU KALK.ZINSEN				
159 *	VERSICHERUNGEN				
160 **	SU VERSICHERUNGEN				
165 ******	SU DIREKTE KOSTEN	3.226-	109-	3.117	96,62-
168 *	GENERALIA				
170 *******	SU SELBSTKOSTEN	3.226-	109-	3.117	96,62
180 *	ZUSCHLAG RISIKO				
181 *	ZUSCHLAG GEWINN				
185 ********	SU GESAMTKOSTEN	3.226-	109-	3.117	96,62
186 *	==============				

P R A K L A - S E I S M O S   A G   H A N N O V E R

KOSTENSTELLE 01 00040
SEITE 3

K O S T E N S T E L L E N - B E R I C H T

VORSTANDSBEREICHE

DRUCK AM 10.07.86 MONAT 06/86

DAB	K O S T E N A R T	PLM 1- 6 (1)	IM 1- 6 (2)	ABW(ABS) (2-1)	ABW(%) (2-1)
190 *	ERLOESE				

P R A K L A - S E I S M O S   A G   H A N N O V E R

KOSTENSTELLE 01 00040
SEITE 1

K O S T E N S T E L L E N - B E R I C H T

VORSTANDSBEREICHE

DRUCK AM 10.07.86 MONAT 06/86

BAB K O S T E N A R T	PLM 1- 6 (1)	IM 1- 6 (2)	ABW(ABS) (2-1)	ABW(%) (2-1)
A35 L AUSLANDSZUL.T5				
REP L AAV				
11000053 - netto test				
11000067 - 002 25/04/86				
11000070 - 002 13/05/86				
11000070 - 002 13/05/86				
00200000 - 2				
00200001 - 41.40				
11000075 - 002 03/06/86				
14000006 - 002 06/06/86				
14000007 - 002 11/06/86				
00400000 P ROHSTOFFE	250		250-	
00403000 P hilfsstoffe				
11000054 - skonto test				
11000055 - skonto test				
11000056 - skontotest				
00415000 P Fremdbezug				
07000015 - 002 13/05/86				
00416100 P Strom-kosten (fix)				
00416200 P Stromkosten (var.)				
00420000 P Fertigungsloehne				
11000028 - 002 06/02/86				
11000038 - 002 17/02/86				
11000035 - 003 12/03/86				
11000036 - 003 12/03/86				
11000037 - 002 17/03/86				
11000039 - 002 19/03/86				
11000043 - 002 01/04/86				
11000044 - 002 01/04/86				
11000045 - 002 02/04/86				
11000046 - 002 04/04/86				
11000047 - f1				
11000048 - 002 07/04/86				
11000049 - 002 07/04/86				
11000050 - 002 08/04/86				
11000051 - 002 09/04/86				
11000052 - 002 09/04/86				
03000036 - 002 14/05/86				
14000006 - 003 06/06/86				
00470000 P Raumkosten				
07000009 - manta				
07000010 - 002 13/05/86				
00471000 P Maschinen-Mieten				
07000010 - 003 13/05/86				
00472000 P Versandkosten				
50000034 - Reifen 175 HR 14 CH6		4	4	
30000000 - 002 06/02/86				
11000035 - 002 12/03/86				
11000036 - 002 12/03/86				
11000040 - 002 19/03/86				
11000041 - 002 20/03/86				
11000042 - 002 20/03/86				
05000000 - 002 13/05/86				
07000004 - hoelting				
07000005 - hk trenzinger				
07000006 - hk schmidt				
07000007 - hk Fecht				
07000006 - hk rueckzah.				
00476000 P Bueromaterial				
07000014 - 002 13/05/86				

F R A N L A - S E I S M U S   A G   H A N N O V E R — KOSTENSTELLE 01 00040, SEITE 2

K O S T E N S T E L L E N - B E R I C H T — VORSTANDSBERICHT — DRUCK AM 10.07.86, MONAT 06/86

DAB	K O S T E N A R T	PLM 1- 6 (1)	IM 1- 6 (2)	ABW(ABS) (2-1)	ABW(%) (2-1)
	00476100 F EDV-Material				
	- 01 00040				
	- 01 00040 -SFK-				
	- 01 00041				
	- 01 00041 -SFK-				
	00550000 U UMLAGE SEISMIK				
	07000001 - 002 28/02/86				
	20000000 - 004 18/04/86				
	20000007 - 002 18/04/86				
	20000008 - 002 18/04/86				
	20000093 - 002 02/05/86				
	23000021 - 002 06/05/86				
	00800000 E erloese spielzeug/in				
	- 01 00041 KOR		2	2	
	- 01 00041 KOR -SFK-				
	00993002 V kor test 3	2	2	1	33,33
001 *	GEHALT T7/V	252	2	250-	99,20-
002 *	GEHALT T6				
003 *	GEHALT T5				
	- 01 09211 GT4		100	100	
	- 01 09211 GT4 -SFK-				
	00921140 V GRUNDGEHALT T 4		100	100	
004 *	GEHALT T4		100	100	
005 *	GEHALT T3				
006 *	GEHALT T2				
007 *	GEHALT T1				
008 *	LOHN				
009 *	FAKT. STUNDEN				
010 *	GEL. STUNDEN				
011 *	KALK. STUNDEN				
012 **	SU STUNDEN				
013 **	SU GRUNDGEHAELTER	252	102	150-	59,44-
015 *	AAV				
016 *	SOZ.-ABGABEN AG-ANT				
020 ***	SU SOZIALLEISTUNGEN	252	102	150-	59,44-
025 *	AUSLANDSZUL.L..T7/V				
026 *	AUSLANDSZUL.L..T6				
	A35 - 01 00040		6-	6-	
	A35 - 01 00040 -SFK-				
	00921215 V AUSLANDSZULAGE T5		6-	6-	
027 *	AUSLANDSZUL.L..T5		6-	6-	
028 *	AUSLANDSZUL.L..T4				
035 **	SU AUSLANDSZULAGE		6-	6-	
038 *	AUSLOESUNG T7/V				
039 *	AUSLOESUNG T6				
040 *	AUSLOESUNG T5				
041 *	AUSLOESUNG T4				
045 **	SU AUSLOESUNG				
050 ****	SU PERSONALKOST	252	96	156-	61,83-
060 *	REISEKOSTEN				
061 *	MIETEN				
062 *	HEIZ,STROM,WASSER				
063 *	BUEROMAT.,POST				

P R A K L A - S E I S M O S   A G   H A N N O V E R

KOSTENSTELLE 01 00040
SEITE 3

K O S T E N S T E L L E N - B E R I C H T VORSTANDSBEREICHE DRUCK AM 10.07.86 MONAT 06/86

BAB K O S T E N A R T	PLM 1- 6 (1)	IM 1- 6 (2)	ABW(ABS) (2-1)	ABW(%) (2-1)
066 * UNTERKUNFT,CAMP				
067 * HILFS-U.BETR.-ST.				
068 * MAGNETB.,FOTOPAP.				
069 * KFZ-REPARATUREN				
070 * SPRENGKOSTEN				
- 01 00049 DRU		20	20	
- 01 00049 DRU -SFK-				
00600001 V ILV DM DRUCKEN	23	20	3-	11,11-
REP - 01 00040		225-	225-	
REP - 01 00040 -SFK-				
00611000 V ILV-Wartung/Instandh	3.500-	225-	3.275	93,57-
- -SFK-				
00652000 A Auftrag/ILV-Wartung				
071 * SONST.GEMEINKOSTEN	3.477-	205-	3.272	94,10-
080 ** SU AUSG.TRUPPKASSE	3.477-	205-	3.272	94,10-
085 * KALK.AFA INSTRUMENT				
086 * KALK.AFA KFZ				
087 * KALK.AFA ANHAENGER				
088 * KALK.AFA TECHN.AUSR				
089 * KALK.AFA UNTERKUNFT				
090 * KALK.AFA BUEROAUSST				
095 ** SU KALK.AFA				
100 * SU KOSTEN SUPERVIS.				
105 * MIETE BOHRGERAETE				
106 * REP. BOHRGERAETE				
107 * PERS.K.BOHRGERAETE				
110 ** SU KOSTEN BOHRGER.				
115 * LOEHNE HILFSPERS.				
116 * NEBENKOST.H-PERS.				
117 * SOZ-ABG.H-PERS.				
120 ** SU KOSTEN H-PERS.				
125 * KRAFTSTOFF				
126 * VERW.KRAFTSTOFFE				
130 ** SU KRAFTSTOFF				
07000006 - hk vollert				
07000008 - 001 12/05/86				
07000007 - hk rueckz.				
07000016 - 002 14/05/86				
07000017 - 002 15/05/86				
07000019 - 002 16/05/86				
00755000 P FRACHT UND TRANSPORT				
135 * SEE/BAHN/LUFTFR.				
136 * FLUGTICKETS				
140 ** SU TRANSPORTE				
142 * MOB./DEMOB.				
143 ** SU MOB./DEMOB.				
145 * PROVISIONEN				
147 ** SU PROVISIONEN				
150 * KALK.VERZUGSZINSEN				
151 * KALK.KAP-VERZINSUNG				
155 ** SU KALK.ZINSEN				

PRAKLA-SEISMOS AG HANNOVER — KOSTENSTELLE 01 00040

SEITE 4

KOSTENSTELLEN-BERICHT — VORSTANDSBEREICHE — DRUCK AM 10.07.86 — MONAT 06/86

BAB	KOSTENART	PLM 1- 6 (1)	IM 1- 6 (2)	ABW(ABS) (2-1)	ABW(%) (2-1)
159 *	VERSICHERUNGEN				
160 **	SU VERSICHERUNGEN				
165 ******	SU DIREKTE KOSTEN	3.226-	109-	3.117	96,62-
168 *	GENERALIA				
170 *******	SU SELBSTKOSTEN	3.226-	109-	3.117	96,62-
180 *	ZUSCHLAG RISIKO				
181 *	ZUSCHLAG GEWINN				
185 ********	SU GESAMTKOSTEN	3.226-	109-	3.117	96,62-
186 *	===============				
190 *	ERLOESE				

```
Auftragsbericht                            DM              86        DATUM 17.07.86
AUFTRAG     00010007            Landseismik Frankreich
-----------------------------------------------------------------------------------
Z AUF KA/LA     BEZEICHNUNG              PLAN LFD.J  IST LFD.J   ABW(ABS)     ABW(%)
-----------------------------------------------------------------------------------
A 001 00921170 GRUNDGEHALT T7/V              2          1           1             K
B 001 *          GEHALT T7/V                 .          1           1
```

```
-----------------------------------------------------------------------------------
OK J                                                                    2-21-111-1
EINZELPOSTEN LISTFORM                                        DATUM 17.07.86 SEITE  1
-----------------------------------------------------------------------------------
Z AUFTRAG/PROJEKT   BUPE T BELEG-NR BZ  BA BS LA ULA SW SKOST                DM
-----------------------------------------------------------------------------------
A 00010007 01        0786 K 00000041 001 CL LB GTV    01 09211                1,00
                                                                               1,00
```

```
-----------------------------------------------------------------------------------
EP-SAETZE 1               SUMME AUS KA           1,00  SUMME AUS EP            1,00
-----------------------------------------------------------------------------------
OK J                                                                    2-21-114-1
ANZEIGEN EINZELPOSTEN                                               DATUM 17.07.86
-----------------------------------------------------------------------------------
BUCHUNGSDATUM 17.07.86      BELEG-NR..... 41          EMPFAENGER... 00010007 01
BELEGDATUM... 17.07.86      HAUSWAEHRUNG.             SENDER....... 01 09211
BUCHUNGSPER.. 7.86          AUFTR.-WAEHR.
EINGABETAG... 17.07.86      TEXT.........
-----------------------------------------------------------------------------------
KOSTENART.... 00921170      LEISTUNGSART. GIV
BU-SCHLUESSEL LB            GS-BEREICH... 00          SOLL/HABEN-KZ
-----------------------------------------------------------------------------------
BETRAG-FIX.... 0,00                      ABW-BETRAG-FIX 0,00
BETRAG-VAR.... 1,00                      ABW-BETRAG-VAR 0,00
MENGE......... 1,000                     ALTERN. MENGE. 0,000
-----------------------------------------------------------------------------------
```

```
Auftragsbericht                                DM            86       DATUM 17.07.86
AUFTRAG     00010007             Landseismik Frankreich
-------------------------------------------------------------------------------------
Z AUF KA/LA     BEZEICHNUNG            PLAN LFD.J  IST LFD.J   ABW(ABS)      ABW(%)
-------------------------------------------------------------------------------------
A 071 00600000 ROHSTOFFE                    1          2           1-      150,00-K
B 071 *          SONST.GEMEINKOSTE          1          2           1-      150,00-

-------------------------------------------------------------------------------------
OK  J                                                                     2-21-111-1
```

```
EINZELPOSTEN LISTFORM                                      DATUM 17.07.86 SEITE  1
-------------------------------------------------------------------------------------
Z AUFTRAG/PROJEKT    BUPE T BELEG-NR BZ  BA BS LA ULA SW SKOST                  DM
-------------------------------------------------------------------------------------
A 00010007 01        0786 B 11000084 002 KR 40                                1,00
B 00010007 01        0786 B 11000087 003 KR 40                                1,00
                                                                              2.00

-------------------------------------------------------------------------------------
EP-SAETZE 2               SUMME AUS KA           2,00   SUMME AUS EP          2,00
-------------------------------------------------------------------------------------
OK  J                                                                     2-21-114-1
```

```
ANZEIGEN EINZELPOSTEN                                             DATUM 17.07.86
-------------------------------------------------------------------------------------

BUCHUNGSDATUM 17.07.86     BELEG-NR..... 11000084     EMPFAENGER... 00010007 01
BELEGDATUM... 17.07.86     HAUSWAEHRUNG. DM           SENDER.......    00000
BUCHUNGSPER.. 7.86         AUFTR.-WAEHR.
EINGABETAG... 17.07.86     TEXT.........
-------------------------------------------------------------------------------------

KOSTENART.... 00600000     LEISTUNGSART.
BU-SCHLUESSEL 40           GS-BEREICH... 00           SOLL/HABEN-KZ
-------------------------------------------------------------------------------------

BETRAG-FIX.... 0,00                       ABW-BETRAG-FIX 0,00
BETRAG-VAR.... 1,00                       ABW-BETRAG-VAR 0,00
MENGE......... 0,000                      ALTERN. MENGE. 0,000
```

Planungs- und Informationssysteme für das Rechnungswesen im Hause Hewlett-Packard

Dipl.-Betriebsw. H. Reiss, Hewlett Packard GmbH, Böblingen

INHALT

7. Saarbrücker Arbeitstagung 1986
Rechnungswesen und EDV
hrsg. v. W. Kilger/A.-W. Scheer

1. E I N F Ü H R U N G

Ziel des Referates ist es, Planungs- und Informationssysteme zu beschreiben, wie sie bei Hewlett-Packard (HP) eingesetzt werden. Weiterhin soll aufgezeigt werden, mit welchen Resourcen HP versucht, den heutigen Anforderungen an ein aussagefähiges, innerbetriebliches Rechnungswesen gerecht zu werden.

Dies macht einen kurzen Überblick über die Firma Hewlett-Packard notwendig; desgleichen eine kurze Beschreibung über die organisatorische Eingliederung der Controlling-Funktion sowie deren Aufgabenstellung.

2. ÜBERBLICK HEWLETT-PACKARD CORPORATION

Hewlett-Packard ist eine amerikanische Firma, die elektronische Messgeräte und Computer sowie analytische und medizinische Messinstrumente herstellt.

Im Geschäftsjahr 1985 verzeichnete HP einen weltweiten Umsatz von 6,7 Mrd. $. Die Gesamtbeschäftigung liegt gegenwärtig bei 85.000 Mitarbeitern. Die über 7.000 Produkte werden in 57 Werken in 12 Ländern gefertigt; innerhalb von Europa in Großbritanien, Deutschland, Frankreich und Spanien. In Deutschland lag der Umsatz im vergangenen Jahr bei 2,6 Mrd. DM, 4.500 Mitarbeiter sind derzeit beschäftigt. Der Gewinn nach Steuern in 1985 betrug etwas mehr als 5%. HP ist im letzten Jahrzehnt durchschnittlich 24% pro Jahr gewachsen.

Diese gesunde Entwicklung von HP hat ihren Ursprung nicht nur im traditionell starken Forschungs- und Entwicklungsbereich. Sie ist auch das Ergebnis einer starken Gewichtung der strategischen und taktischen Planung und Kontrolle durch die Geschäftsleitung, kombiniert mit klar definierten und akzeptierten Firmen- und Geschäftsbereichsstrategien.

3. ORGANISATORISCHE EINGLIEDERUNG DER CONTROLLING FUNKTION

Jedes der 57 Werke - im folgenden auch Divisions genannt - hat eine Controlling Funktion. Jedes Werk gehört zu einer bestimmten Produktgruppe. Die internationalen Werke sind außerdem einer Tochtergesellschaft angegliedert. Im Beispiel der deutschen Werke ist es die Hewlett-Packard GmbH mit ihrem Sitz in Böblingen.

Alle Werke haben die gleiche funktionale Organisationsstruktur, bestehend aus den Funktionen Forschung & Entwicklung, Fertigung, Marketing, Qualitätssicherung, Controlling und Personal.

Werke oder Divisions sind kleine, überschaubare Einheiten mit weniger als 1000 Mitarbeitern. Jedes Werk hat weltweite Verantwortung für die Entwicklung, Fertigung und Vermarktung einer bestimmten Produktlinie. Das Werk ist voll verantwortlich für sein wirtschaftliches Ergebnis, es operiert als Profit Center.

4. AUFGABEN EINES CONTROLLERS

Zu dem Aufgabenbereich eines Controllers bei HP gehören

* Buchhaltung
* Kostenrechnung
* Planung & Berichtswesen
* EDV / Statistiken
* Auftragsabwicklung & Versand

Die Buchhaltung beinhaltet das Führen von Haupt- und Nebenbüchern, die Anlagenbuchhaltung, die Konzernverrechnung sowie die Inventurverantwortung. Zur Kostenrechnung zählen die klassische Kostenstellen-, Kostenträgerrechnung, die Analyse von Kostenvarianzen, die Preisgestaltung und die Investitionsrechnung. Jedes Werk besitzt ein eigenes Rechenzentrum, das in einem weltweiten Netzwerk verbunden ist. Die Besonderheit dieses Netzwerkes wird zu einem späteren Zeitpunkt näher erklärt. Die Systementwicklung geschieht sowohl für die speziellen Notwendigkeiten des Werkes als auch für gemeinsame Projekte mehrerer Werke. Die Auftragsabwicklung widerspiegelt die Verantwortung vom Zeitpunkt des Auftragseingangs bis zum Versand des Produkts.

Je nach Größe des Werkes arbeiten im Bereich Controlling 20-45 Mitarbeiter. Auf den Bereich Planung & Berichtswesen soll nun näher eingegangen werden.

5. PLANUNGSSYSTEME

Planung ist im Hause Hewlett-Packard ein sehr komplexer Informationsverarbeitungs- bzw. Kommunikationsprozeß. Er läuft als permanenter Prozeß in folgendem Regelkreis ab:

Ziele setzen > Planen > Entscheiden > Realisieren > Kontrollieren > Ziele setzen ...

3 Parteien sind die Hauptbeteiligten an diesem Kommunikationsprozeß, das Top Management, die Produktgruppen mit ihren Werken und die Verkaufsorganisationen. Ihre Verhandlungen und planerische Aktivitäten münden ein in einen entsprechenden Plan eines bestimmten Planungszyklus. Es gibt 4 Planungszyklen, die in der **Anlage 1** tabellarisch dargestellt werden. Grundsätzlich unterscheidet man zwischen 2 strategischen und 2 taktischen bzw. operationalen Planungszyklen.

Die langfristige Planung
ist ein permanenter Überarbeitungsprozeß. Er verläuft "top down" und hat als Ziel, die langfristigen Firmenzielsetzungen zu überprüfen und die technische Marschrichtung (Grundlagenforschung etc.) für die Zukunft zu bestimmen. Die Herausforderungen liegen bei den branchenimanenten Imponderabilien wie z.B. die Einschätzung des langfristigen Markt- und Konkurrenzverhaltens.

Die mittelfristige Planung
hat zum Ziel, angelegt an einen 5-Jahres-Produkt-Entwicklungsplan, die Geschäftsbereichsstrategien der anderen Funktionen zu erstellen und abzustimmen. So werden "top down" Resourcenpläne (Mitarbeiter, Gebäude, EDV etc.) und ein Gewinnplan erstellt. Letzteres muß vor dem

Hintergrund des Zieles einer 100%igen Eigenfinanzierung gesehen werden, d.h. ein ausreichender Gewinnhorizont steht in direkter Abhängigkeit mit den Resourcenplänen.

Die Jahresplanung
ist das operationale Koordinationsinstrument für alle kurzfristigen Aktivitäten schlechthin. Die Herausforderung liegt in der Detailerarbeitung und Abstimmung aller Einzelpläne sowie in der Währungsproblematik.

Die kurzfristige Planung
ist eine quartalmäßige Überprüfung des Jahresplans und eine entsprechende Adaption falls eine Abweichung von >5% vorherzusehen ist.

Strategischer Plan und Operationaler Plan stehen nicht isoliert nebeneinander, sondern sie sind an einem bestimmten Punkt miteinander verzahnt. Der strategische Plan geht fließend in den taktischen Plan über. Die jährliche Durchführung und Überprüfung der 5-Jahresplanung wird gewöhnlich Mitte des Geschäftsjahres vorgenommen. Dies erlaubt HP im dritten Quartal eine quartalsweise Vorschaurechnung (Forecast) für das kommende Geschäftsjahr und für alle organisatorischen Ebenen zu entwickeln, die auf dem neuesten 5-Jahresplan beruht. Aus dieser Vorschaurechnung, die weitestgehend eine "bottom-up" Vorgehensweise darstellt, wird nach weiteren Überprüfungen und Verhandlungen das monatliche operationale Budget bzw. die Jahresplanung erstellt, die eine feste Vereinbarung zwischen den verschiedenen Managementebenen beinhaltet. Gegen diese Sollzahlen wird die Leistung der einzelnen Manager während des Jahres gemessen.

6. KONTROLL- UND INFORMATIONSSYSTEME

Die Planung darf nicht für sich allein im Raum stehen, sie muß durch Kontrollen ergänzt werden. Die funktionale Interdependenz von Planung und Kontrolle benötigt entsprechende Steuerungssysteme. **Anlage 2** zeigt die bei HP eingesetzten Werks-Steuerungs-Systeme.

Das Buchhaltungssystem ist dabei das Elementarsystem für finanzielle Kontrolldaten. Da HP-Deutschland sowohl Tochter eines US-Konzerns als auch publitätspflichtige Kapitalgesellschaft in der Rechtsform der GmbH ist, besitzt das Buchhaltungssystem neben dem deutschen Hauptbuch ein Hauptbuch nach US Handels- und Steuerrecht. Diese zweite Buchführung nach US-Recht geschieht simultan. Bei allen Geschäftsvorfällen wird unterschieden, ob Kontierung und/ oder Wertansatz in beiden Büchern gleich oder unterschiedlich ist. Klassische Beispiele für eine unterschiedliche Behandlung sind

* unterschiedliche Wertgrenzen bei Geringwertigen Wirtschaftsgütern
* unterschiedliche Abschreibungsmethoden
* unterschiedliche Bewertung des Vorratsvermögens

Innerhalb der HP Corporation gibt es einheitliche Vorschriften der Rechnungslegung nach US Steuer- und Handelsrecht, die ein einheitliches Kontrollsystem im Konzern sicherstellen.

Bausteine dieses Kontrollsystems sind

* Standardrichtlinien für ein weltweites Berichtswesen
* ein einheitlicher Kontenrahmen
* eine Standardkodierungsstruktur

Die Standardkodierungsstruktur regelt die einheitliche Kodierung aller Geschäftsvorfälle nach Kostenart, Kostenstelle und Kostenträger, was Voraussetzung für eine weltweite Konsolidierung und Vergleichbarkeit der finanziellen Ergebnisse ist.

Die finanziellen Ergebnisse nach US Steuer- und Handelsrecht werden monatlich verdichtet zu einer konventionellen Bilanz und Gewinn- und Verlustrechnung, konsolidiert nach geographischen Niederlassungen und an die Muttergesellschaft übermittelt. (sogen. "Legal Reporting")

Daneben gibt es noch ein von HP entwickeltes Berichtswesen, das sogen. "Management Reporting". Ein wesentliches Unterscheidungsmerkmal zum "Legal Reporting" liegt im unterschiedlichen Wertansatz von konzerninternen Transaktionen, die im "Management Reporting" so behandelt werden, als fallen sie alle in USA an, d.h. steuerliche Notwendigkeiten bezüglich Konzernverrechnungspreise werden ignoriert.
Das "Management Reporting" dient in erster Linie

* der Leistungs- und Ergebnismessung
* der kurz- und langfristigen Planung
* der Preisgestaltung

Es ist an die Organisations- und Managementstruktur von HP angepasst. Die Kontrolldaten unterscheiden insbesondere zwischen Profit Center (= Werke) und Cost Center (= Vertriebsorganisationen). Siehe **Anlage** 3

Die Konsolidierung aller finanziellen Ergebnisse erfolgt nach einem sehr straffen Zeitplan, der vorsieht, daß am 9. Arbeitstag nach Ende eines Monats die gesamten weltweiten Ergebnisse des Vormonats vorliegen.

Die schnelle Verfügbarkeit der Finanz- und Kontrolldaten erfordert ein möglichst schneller und reibungsloser Kommunikationsaustausch mit allen vor- und nachgelagerten Organisationseinheiten und dies bedingt wiederum ein entsprechendes Kommunikationsnetzwerk. **Anlage** 4 zeigt ein solches Netzwerk am Beispiel eines Werkes in Böblingen.

7. ANFORDERUNGEN AN EIN AUSSAGEFÄHIGES, INNERBETRIEBLICHES RECHNUNGSWESEN

Zur Definition der Anforderungen an ein modernes, dynamisches und aussagefähiges Rechnungswesen ist es notwendig eine Situationsbeschreibung vorzunehmen. Die Herausforderung an den Controller ist die Beschaffung von entscheidungrelevanten Daten und zwar mit einer größtmöglichen Genauigkeit und Schnelligkeit. Verglichen mit früheren Zeiten sind heute korrektive Managemententscheidungen häufiger denn je erforderlich. Als eine unmittelbare Folge davon wurden und werden die Berichtszyklen immer kürzer. Genügten vor wenigen Jahren noch Quartals- oder gar Jahresberichte, so sind heute Monatsberichte die Regel und Wochen- oder gar Tagesberichte notwendig.

Die Verdichtung des internationalen Wettbewerbs macht den Druck auf Preise und damit auf Kosten immer stärker. Präzise Ursachen-Wirkungs-Analysen sind notwendig, um interne Prozesse zu optimieren und damit kostengünstiger zu machen. Welche Anforderungen - oder besser: Herausforderungen - leiten sich davon an das Rechnungswesen ab?

Ein modernes Rechnungswesen sollte ein Frühwarnsystem beinhalten, das den Entscheidungsträger schnell und präzise in Form von sogen. "Rote-Flagge-Berichte" über Probleme informiert, damit dieser im Sinne eines "Real-time Management" unmittelbar, aber selektiv korrektive Entscheidungen treffen kann.

Ein aussagefähiges Rechnungswesen ist nicht nur Vergangenheitsbewältigung, vielmehr besitzt es ein Instrumentarium von Planungsmodellen ("What if-Simulationen").

Die Simulation von Planungsalternativen, so z.B. mit alternativen Währungsraten, Lohnraten, Preisen, dient dem Aufbau eines Präventivinstrumentariums und ist damit ein wichtiger Schritt zur aktiven Gestaltung der Zukunft eines Unternehmens.

Reicht nun das traditionelle Handwerkszeug des Controllers aus, um diesen Anforderungen gerecht zu werden?

Die wichtigste Informationsquelle des Controllers in der Vergangenheit und in vielen Unternehmen noch heute sind Standard-EDV-Berichte und -Statistiken, die im sogen. Batchmode konzipiert sind. Diese Berichte sind typischerweise sehr inflexibel bezüglich einer raschen Anpassung an sich plötzlich ändernde Rahmenbedingungen. Anpassungen geschehen in der Regel mittels einer Änderungsanforderung des Benutzers an die EDV-Abteilung, die sich sehr oft in die allseits bekannte Warteschlange eines Programmierstaus einreihen muß. Hinzu kommt eine gewisse Abhängigkeit des Benutzers von Experten in der EDV-Abteilung, was unter Umständen in ein Kompetenzgerangel ausarten kann.

Nicht selten haben die Benutzer aus dem Rechnungswesen in den vergangenen Jahren ihr Heil im Kauf eines Personal Computers gesehen, um aus der genannten Abhängigkeit herauszukommen. Jedoch ist bei vielen nach einer kurzen Phase der Euphorie die Ernüchterung eingetreten, als sie feststellen mußten, daß der Personal Computer ohne Verbindung zum Großrechner eine Insellösung mit einem begrenzten Produktivitätsgewinn darstellt. Der Frust läßt grüßen.

Dies sind erlebte Erfahrungen, auch im Hause Hewlett-Packard. Allerdings liegen sie schon einige Jahre zurück. Heute gehört der PC zum Standardwerkzeug eines jeden Mitarbeiters im Bereich Planung & Berichtswesen, genauso wie

Schreibtisch und Telefon. Allerdings nicht als Insellösung; vielmehr ist jeder PC auch gleichzeitig Bildschirm mit Großrechnerapplikationen. Zu den letzteren zählen insbesonders

* Standardsoftware, um Daten aus der Großrechner-Datenbank direkt in den PC zu transferieren und umgekehrt

* ein Electronic Mail System, das es erlaubt, Informationen aller Art - seien es Texte oder auf dem PC erarbeitete/verdichtete Finanzdaten - mit allen HP-Niederlassungen auszutauschen

Die meistgenützte PC-Applikation sind Tabellenkalkulationsprogramme (z.B. LOTUS 1-2-3), die ein ideales Hilfsmittel sind, sowohl für das aktuelle Berichtswesen, als auch für Planungssimulationen oder Sensitivitätsanalysen.

ZUSAMMENFASSUNG

Dr. Georg Baus schreibt in seinem Artikel "Verändert der Personalcomputer die Rolle des Managers?" (Blick durch die Wirtschaft, 7.3.86):

"Es wird nur noch wenige Jahre dauern bis dieses Kommunikationsmittel (PC) unsere Umwelt so dramatisch verändert haben wird wie das Auto dies getan hat."

Das gilt insbesondere für den Bereich Controlling. Der PC ist das optimale Werkzeug, um den Herausforderungen eines modernen Rechnungswesens gerecht zu werden.

"Neue Techniken schaffen neue Bedürfnisse, die letztlich wieder zu besseren Ergebnissen führen - schneller, bequemer, mehr. Mit jeder Idee, die dann realisiert wird, wächst die Motivation des Endbenutzers", schreibt der o.g. Autor im gleichen Artikel. Dem ist lediglich hinzuzufügen, daß auch dies eine bereits erlebte Erfahrung im Hause HP ist, obwohl es auch da noch Raum für Verbesserungen gibt.

ANLAGE 1

HEWLETT PACKARD

	STRATEGISCHE PLANUNG		DETAIL- UND KONTROLLPLANUNG	
	Lang-fristiger Plan	Mittel-fristiger Plan	Jahres-planung	Kurz-fristiger Kontrollplan
Zeitraum	10-15 Jahre	5 Jahre	1 Jahr	1 Jahr per Quartal oder 1 1/4 Jahre
Verantwortung	Corporate	Corp./Group	Corp./Group	Corp./Group
Detailerarbeitung	Corp./Group	Group/Div./ Sales	Divisions/ Sales	Divisions/ Sales
Kommunikations-wege	Top Down (Bottom Up)	Top Down (Bottom Up)	Bottom Up (Top Down)	Bottom Up (Top Down)

ANLAGE 2

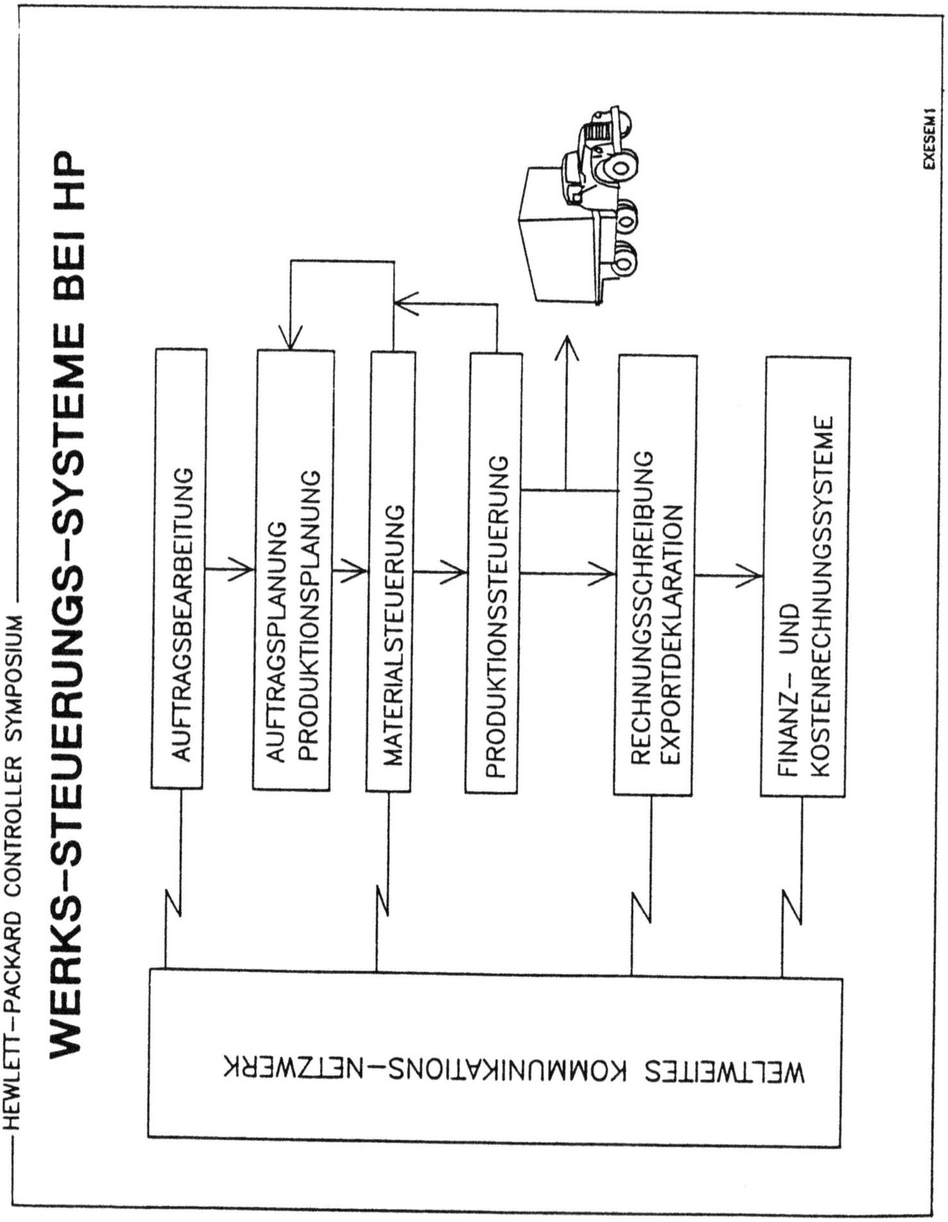
HEWLETT-PACKARD CONTROLLER SYMPOSIUM
WERKS-STEUERUNGS-SYSTEME BEI HP
AUFTRAGSBEARBEITUNG
AUFTRAGSPLANUNG
PRODUKTIONSPLANUNG
MATERIALSTEUERUNG
PRODUKTIONSSTEUERUNG
RECHNUNGSSCHREIBUNG
EXPORTDEKLARATION
FINANZ- UND
KOSTENRECHNUNGSSYSTEME
WELTWEITES KOMMUNIKATIONS-NETZWERK
EXESEM1

ANLAGE 3

MANAGEMENT REPORTING

WERKE
- PROFIT CENTER

* GEWINN-& VERLUSTRECHNUNG (P&L)
  → pro Werk
  → pro Produktlinie
  → pro Produktgruppe
  (auf Vollkostenbasis)
* AUFTRAGSSTATISTIK
* KONZERNINTERNE UMSAETZE
* WARENBESTAENDE
* ANLAGEVERMOEGEN
* INVESTITIONSBUDGET
* PRODUKTIONSKOSTENDETAILS
* MITARBEITERZAHL

VERTRIEBSORGANISATION
- COST CENTER

* VERTRIEBS-
  MARKETING-
  VERWALTUNGSKOSTEN
  DISCOUNTS
  → - pro Verkaufsorganisation (SF)
* ANLAGEVERMOEGEN (ASSETS)
* INVESTITIONSBUDGET (CAP.BUDG.)
* WARENBESTAENDE (INVENTORIES)
* FORDERUNGSSTATISTIKEN
* MITARBEITERZAHL

ANLAGE 4

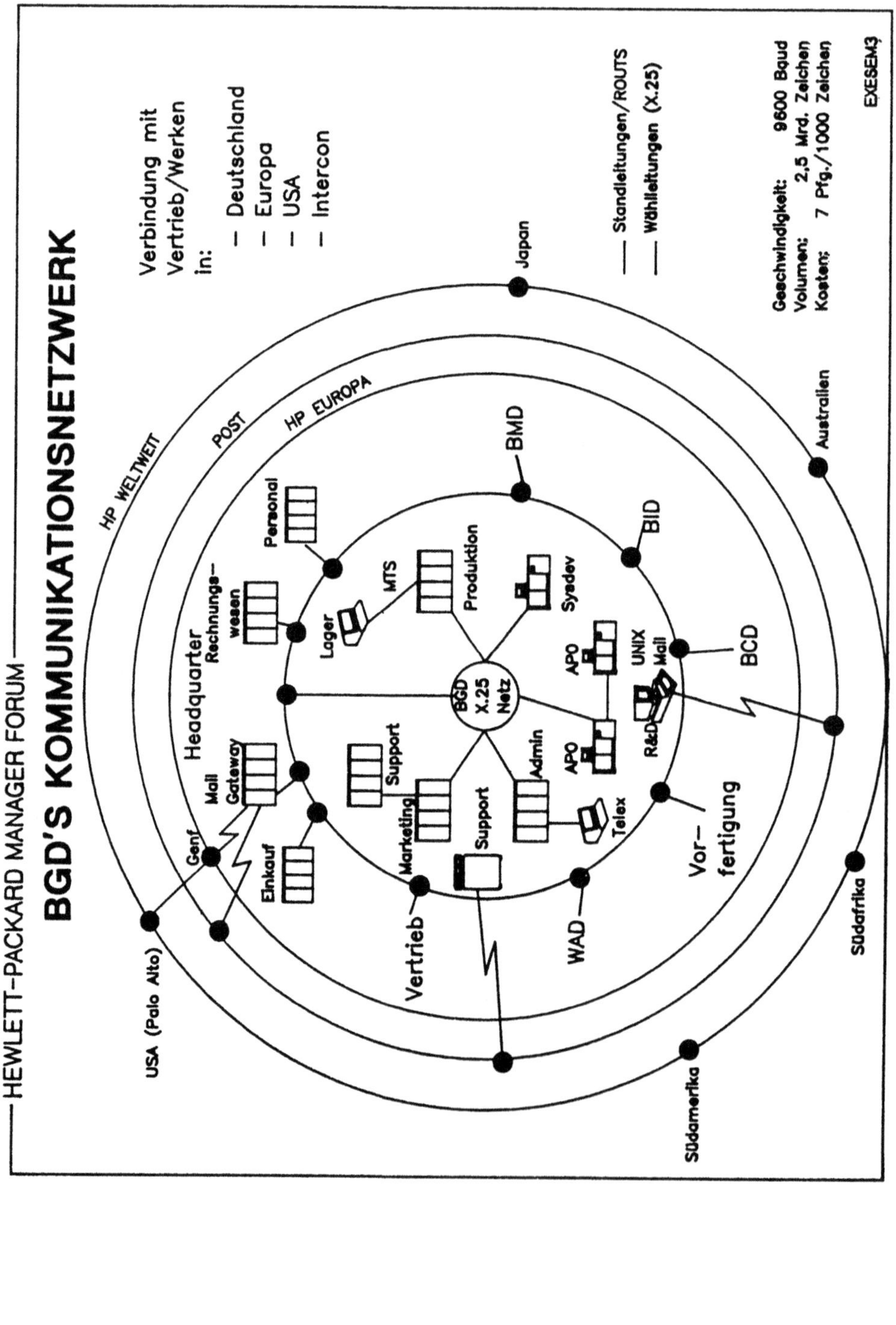
HEWLETT-PACKARD MANAGER FORUM
BGD'S KOMMUNIKATIONSNETZWERK
Verbindung mit Vertrieb/Werken in:
– Deutschland
– Europa
– USA
– Intercon
Standleitungen/ROUTS
Wählleitungen (X.25)
Geschwindigkeit: 9600 Baud
Volumen: 2,5 Mrd. Zeichen
Kosten: 7 Pfg./1000 Zeichen
EXESEM3
HP WELTWEIT
POST
HP EUROPA
USA (Palo Alto)
Südamerika
Südafrika
Australien
Japan
Genf
Headquarter
Mail Gateway
Rechnungs-wesen
Personal
Einkauf
Lager
MTS
Produktion
Sysdev
BGD X.25 Netz
Support
Marketing
Admin
APO
UNIX Mail
R&D
Telex
BMD
BID
BCD
WAD
Vertrieb
Vor-fertigung

Controlling im Kostenträgerbereich durch den Einsatz der mitlaufenden Nachkalkulation bei Einzel- und Serienfertigung

Dipl.-Ing. J. Pohl, Organisationspartner GmbH, Bad Oldesloe

Gliederung

7. Saarbrücker Arbeitstagung 1986
Rechnungswesen und EDV
hrsg. v. W. Kilger/A.-W. Scheer

1. Einleitung

Im Rahmen der Entwicklung moderner Rechnungswesen-Systeme haben wir ein geschlossenes Konzept für das innerbetriebliche Rechnungswesen, die Gewinnplanungsrechnung, realisiert. Das Gesamtsystem der Gewinnplanungsrechnung besteht aus den Bausteinen einer Standard-Kostenrechnung für das Controlling des Produktionsbereiches, einer Deckungsbeitragsrechnung für das Controlling des Vertriebsbereiches und einer Betriebsergebnisrechnung zur Zusammenfassung des Unternehmensergebnisses. Das Teilsystem Standardkostenrechnung ist wiederum untergliedert in eine Kostenstellenrechnung und eine Kostenträgerrechnung.

Abb. 1: Überblick über die Bausteine der Gewinnplanungsrechnung

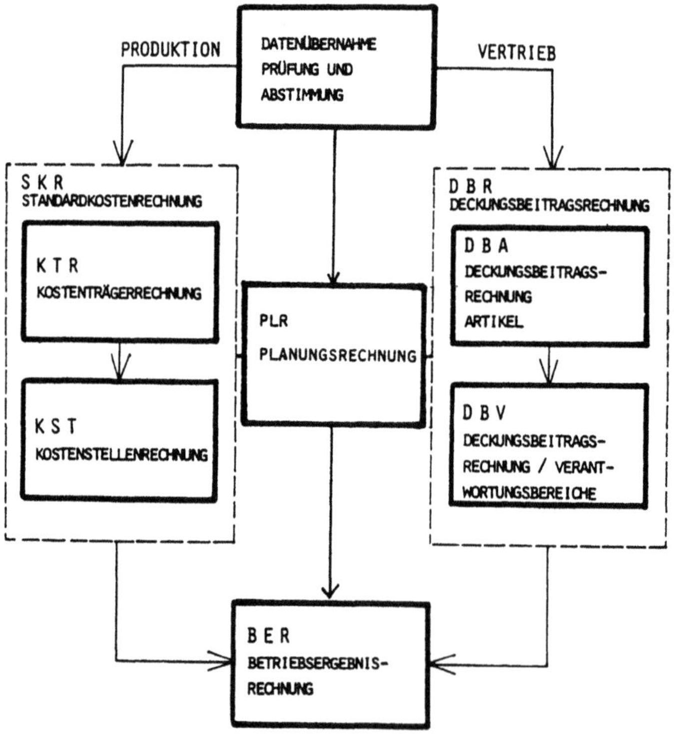

Abb. 1: Überblick über die Bausteine der Gewinnplanungsrechnung

Die betriebswirtschaftliche Zielsetzung der Kostenträgerrechnung umfaßt die Sammlung aller Istkosten und die Gegenüberstellung zu Sollkosten für die vom Unternehmen definierten Kostenträger. Die Abweichungen zwischen Soll- und Istwerten sind nach wesentlichen Verursachungsgründen so zu unterteilen, daß klare Entscheidungsgrundlagen für die Beurteilung geeigneter Maßnahmen zur Erzielung und Verbesserung des angestrebten Unternehmensgewinnes gegeben sind. Um ein sinnvolles Controlling durchführen zu können, muß die Kostenträgerrechnung (KTR) nachfolgende Funktionen erfüllen:

* Verrechnung von trägergebundenen Fertigungsleistungen (Ist-Bezugsgrößenverbrauch), Ist-Materialkosten und sonstigen Kosten mit alternativen Bewertungsmöglichen (z.B. Grenz- und Vollkosten).

* Automatische Verrechnung von Aufträgen für innerbetriebliche Leistungen

  - individuell oder periodisch.

* Bereitstellung von Buchungssätzen für eine Weiterverrechnung von Kostenträgern zur wertmäßigen Bestandsführung.

* Wahlfreie Übernahme von Kalkulationswerten (Standardkosten) oder Plankosten des Trägers.

* Bildung und Verrechnung von Istkosten kalkulatorischer Kostenarten und Gemeinkostenzuschlägen (z.B. Materialgemeinkosten).

* Verdichtung von Unteraufträgen zu Hauptaufträgen.

* Automatische Gutschriftsverrechnung für an Kostenstellen, an andere Kostenträger oder in das Betriebsergebnis abgegebene Leistungen.

* Wahlfreie Zusammenfassung der Kostenträger über Auftragshierarchien.

* Ermittlung der Kostenträgerabweichungen wie Mengenabweichungen, Preisabweichungen, Verfahrensabweichung

* Ermittlung von Stückkosten, Soll- und Istwerte

* Selektive Informationen über

  - Höhe und Zusammensetzung der in Arbeit befindlichen Träger (Fertigungsaufträge) und deren Bestandsveränderungen zu Grenz- und Vollkosten aufgegliedert nach Vortrag, Zugang, Abgang, Veränderung, Bestand neu

  - Soll-Ist-Kostenvergleich fertiggemeldeter und in Arbeit befindlicher Träger (Nachkalkulation) wahlfreie zu Grenz- bzw Vollkosten mit monatlichen oder kumulierten Kosten und Mengen

  - Istkostenherkunft (Einzelpostennachweis)

  - Kostenträgerstatistik (Soll-Istkostenvergleich abgerechneter Träger nach Perioden)

  - Kritische Abweichungen für Kostenträger/zeile nach frei definierbaren Grenzwerten und Kostenträgergruppen.

2. Auftragstypen in einer Kostenträgerrechnung

In der praktischen Arbeit kann man folgende Auftragstypen global unterscheiden.

Produktions-Einzelaufträge =

Aufträge für absatzbestimmte Leistungen, die nach Fertigstellung entweder an Hauptaufträge oder an Bestandskonten verrechnet werden oder mit den ihnen zugeordneten Erlösen (Auftragsfertigung) in die Betriebsergebnisrechnung einfließen.

Produktions-Daueraufträge =

Aufträge für absatzbestimmte Leistungen, die durch einen kontinuierlichen Fertigungsprozess nicht zeitlich begrenzt sind und deren Abrechnung nur über die ausgebrachten Mengen erfolgen kann (z.B. Serienfertiger, Getränkeindustrie).

Innenaufträge =

Aufträge für innerbetriebliche Leistungen, die analog den Produktionsaufträgen "werteschaffend" sind.

Die Abrechnung erfolgt nach unterschiedlichen Kriterien:

* Führung im Bestand der halbfertigen Aufträge und Verrechnung nach Fertigstellung an Kostenstellen oder an das Betriebsergebnis:

* keine Führung im Bestand der halbfertigen Aufträge, sondern periodische (monatliche) Verrechnung der angefallenen Kosten. Dabei wird in der Regel eine Verrechnung an die zu belastenden Kostenstellen vorgesehen, da diese Methode bei den sogenannten "Gemeinkostenaufträgen" üblich ist (z.B. Reparaturaufträge).

Diese Aufträge weisen ständig einen Bestand "0" aus, da die Gutschriften aus den automatischen Weiterverrechnungen den angefallenen Kosten in gleicher Höhe gegenüberstehen.

Statistische Aufträge =

Aufträge, die lediglich als zusätzliche Kostenstatistik für bestimmte Vorgänge und Aktionen dienen, an denen eine oder mehrere Kostenstellen beteiligt sind. Anwendung:

z. B. Statistischer Kostenausweis für Messe-, Entwicklungs- und Werbeaktivitäten. Leistungen für diese Aufträge führen daher nicht zu Gutschriften für die beteiligten Kostenstellen. Bei der Ermittlung der Bestandsveränderung der "unfertigen Aufträge" bleiben die statistischen Aufträge unberücksichtigt.

3. Übernahme von Vorkalkulationswerten und Ermittlung von Sollkosten

Die Übernahme von Vorkalkulationswerten kann alternativ nach Auftragstypen erfolgen:

* Als Planwerte (Menge und Wert) bezogen auf die Auftragsmenge (Losgröße) je Kostenart (Kalkulationsposition) im Auftragsstamm, die bei Fertigmeldung den Istkosten gegenübergestellt werden.

* Als Planwerte (Menge und Wert) für die infließenden Leistungsdaten bzw. den Materialverbrauch als Bewegungsdaten.

Bei der ersten Methode werden die Planwerte des Auftrages auf die tatsächlich gefertigten Mengen umgerechnet, sofern sie von den Planungauftragsmengen abweichen.

Der Vorteil der zweiten Methode liegt darin, daß bereits während der Laufzeit des Auftrages die in den abgerechneten Positionen (Leistungen und Materialeinsatz) enthaltenen Abweichungen erkannt werden können.

Abb. 2: Sollwertermittlung im Rahmen der Auftragsabrechnung.

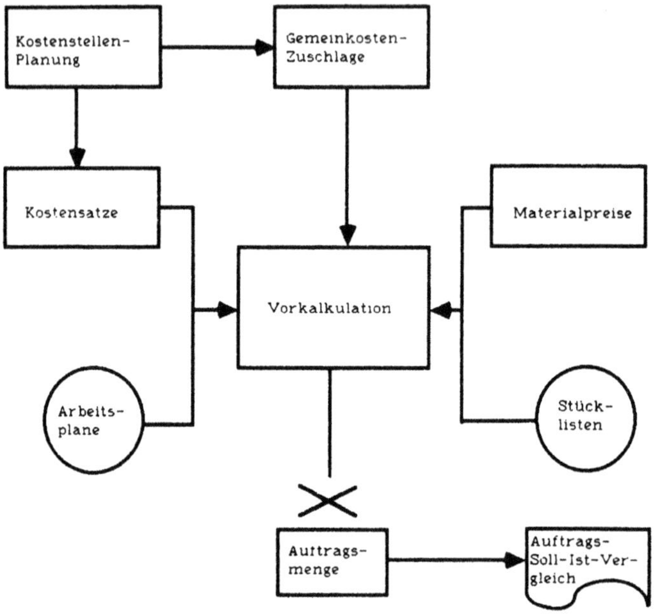

Abb. 2: Sollwertermittlung im Rahmen der Auftragsabrechnung

Stehen vorkalkulierte Werte nicht für Einzelaufträge zur Verfügung, sondern erst auf Baugruppenebene, so können Planwerte auf dieser Ebene eingestellt werden. Für Einzelaufträge erfolgt dann eine Ist-Abrechnung.

4. Verrechnungsfunktionen in der Kostenträgerrechnung

* Summenbildungen

  Eine beliebige Zusammenfassung der Kostenpositionen zu Zwischen- und Hauptsummen muß möglich sein.

* Wertbildungsfunktionen

  Errechnung kalkulatorischer Kostenarten z.B. Gemeinkostenzuschläge

* Verrechnungsfunktionen einzelner Kalkulationszeilen zur Verrechnung der Gemeinkostenzuschläge an die Kostenstellenrechnung oder typengebundener Entwicklungskosten.

* Periodengerechte Verrechnung von Aufträgen an übergeordnete Aufträge.

Abb. 3: Verrechnung von Aufträgen

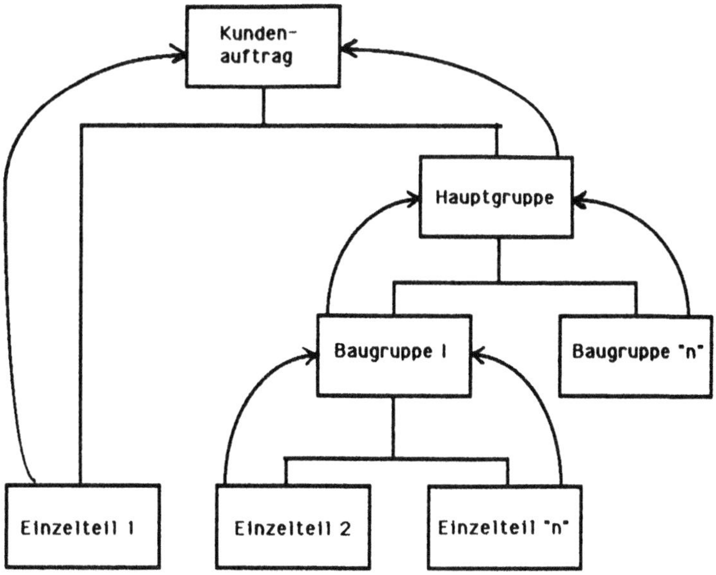

Abb. 3: Verrechnung von Aufträgen

- Wahlfreie Verdichtung von Auftragsbeständen (unfertige und fertiggemeldete Aufträge) nach beliebigen Zuordnungshierarchien.

- Hierarchieverdichtungen

Der Bestand eines Auftrages kann hierarchisch verdichtet werden. Die Hierarchiebegriffe können als parallele Schlüssel, als Verbundschlüssel oder als Kombinationsschlüssel die Strukturen des Unternehmens darstellen.

- <u>Parallelschlüssel</u>

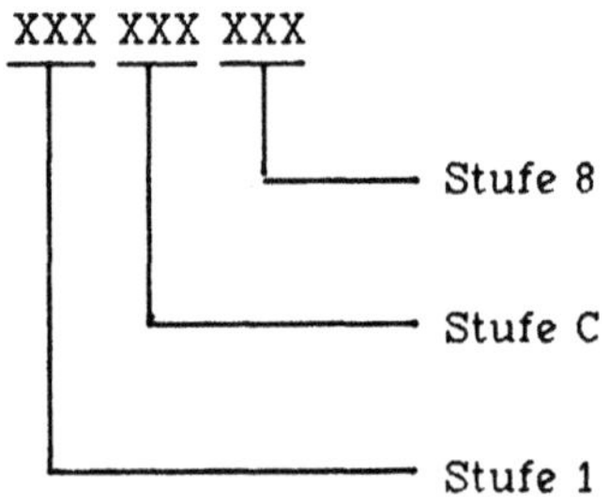

- <u>Verbundschlüssel</u>

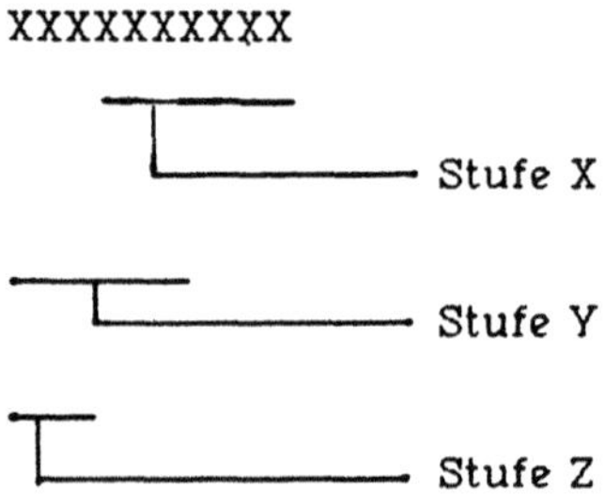

- Kombinationsschlüssel

XXXXXXXXXX

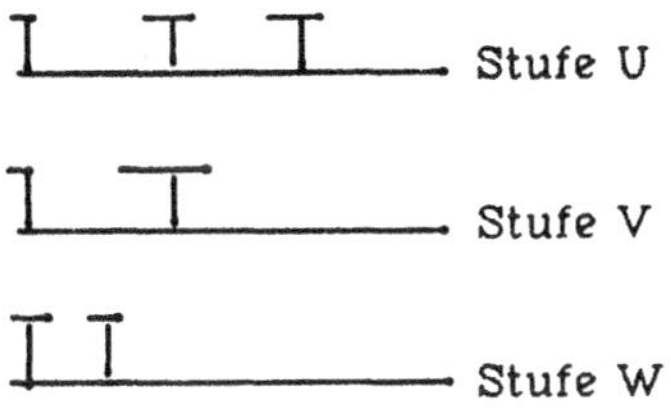

5. **Abrechnungsperioden in der Kostenträgerrechnung**

In einem geschlossenen Kostenrechnungssystem ist eine monatliche Abrechnung der Regelfall. Die Abrechnungszeitspanne kann jedoch für ein Aktualtitätscontrolling zu lang sein. Daher ist es erforderlich, eine mitlaufende Nachkalkulation sowohl als Periodenabrechnung als auch als Wochen- oder Tagesabrechnung zu aktualisieren.

6. Auswertungen in der Kostenträgerrechnung

Die Auswertungen der Kostenträgerrechnung müssen dem Controller direkt per Bildschirm dialog aber auch in Listform zur Verfügung stehen Sie beinhalten im Regelfall nachfolgende Informationen je Kalkulationszeile und Auftrag

Menge	Soll
Menge	Ist
Wert	Soll Grenzkosten
Wert	Ist Grenzkosten
Wert	Soll Vollkosten
Wert	Ist Vollkosten

Auf Basis dieser Daten können folgende Abweichungen ermittelt werden:

Mengenabweichungen (stückbezogene Einsatzmengen)

Verbrauchsabweichungen (stückbezogener Leistungsverbrauch)

Preisabweichungen

6.1 Dialog-Auswertungen zur Kostenträgerrechnung

Hervorzuheben ist hier die "mitlaufende Nachkalkulation" im Sinne eines produktionsbegleitenden, kalkulationszeilenweisen Soll-Ist-Vergleichs.

Besondere Bedeutung kommt dieser permanenten Abfragemöglichkeit in Unternehmungen mit Einzelfertigung, Auftragsproduktion oder Projektabwicklungen zu, da hierauf das auftrags- oder projektbegleitende Controlling basiert.

Mitlaufende Nachkalkulation

Neben spezifischen Auftragsstamminformationen werden **als Übersicht,** getrennt nach kumulierten Werten und den Werten der laufenden Abrechnungsperiode Soll- und Istkosten als Auftragssumme, sowie deren Abweichungen in DM und % angezeigt. Die Anzeige kann mit oder ohne Wert der Gutschriftszeilen erfolgen.

Die Bewertung der Istleistungen erfolgt in der innerbetrieblichen Leistungsverrechnung parallel zu Grenz- und Vollkostensätzen.

Abb. 4: SKR Mitlaufende Nachkalkulation

Abb. 4: SKR Mitlaufende Nachkalkulation

Organisations Partner

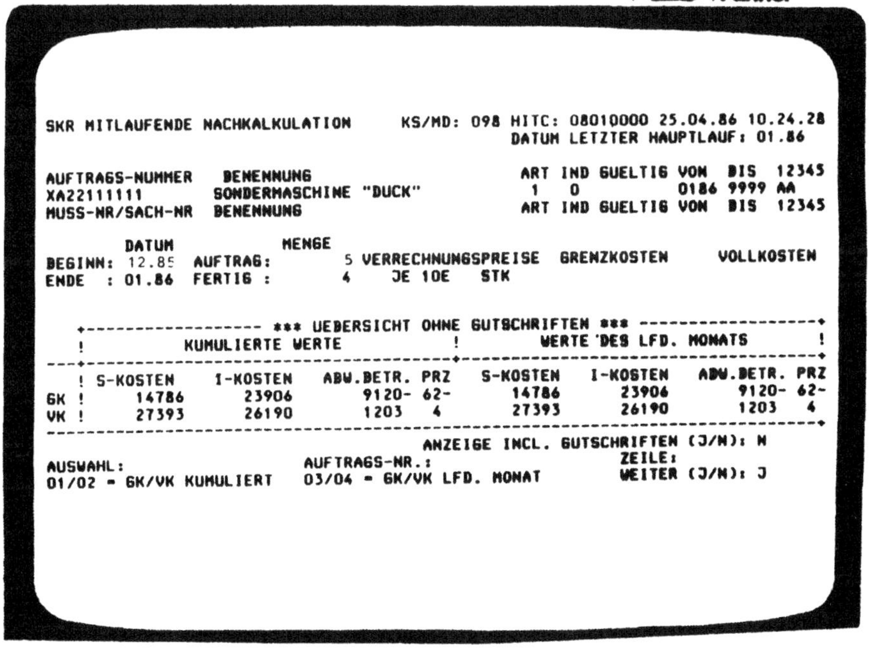

Nachkalkulation

Diese Bildschirmanzeige informiert **je Auftragszeile** (Kalkulationszeile) über Istwerte und Abweichungen. Es besteht die Möglichkeit, Grenz- bzw. Vollkosten anzeigen zu lassen. Detaillierte Einzelposten-Angaben können dann in Verbindung mit der an die Zeile gebundenen Positionsnummer abgefragt werden.

Abb. 5.: SKR Nachkalkulation Vollkosten kumuliert

Abb. 5: SKR Nachkalkulation Vollkosten kumuliert

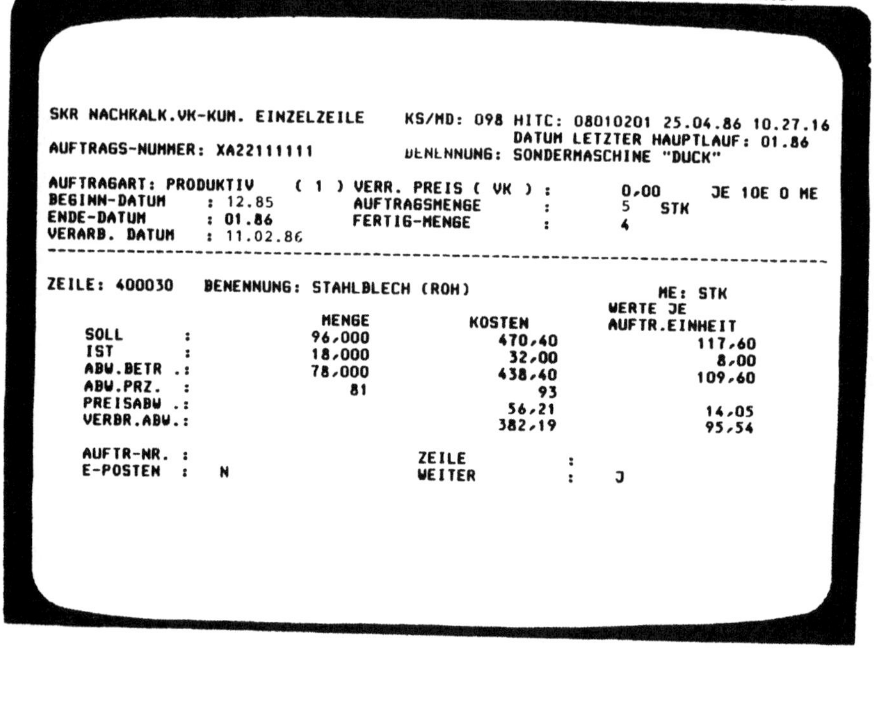
```
SKR NACHKALK.VK-KUM. EINZELZEILE     KS/MD: 098 HITC: 08010201 25.04.86 10.27.16
                                                DATUM LETZTER HAUPTLAUF: 01.86
AUFTRAGS-NUMMER: XA22111111          BENENNUNG: SONDERMASCHINE "DUCK"

AUFTRAGART: PRODUKTIV     ( 1 ) VERR. PREIS ( VK ) :     0,00     JE 10E 0 ME
BEGINN-DATUM     : 12.85        AUFTRAGSMENGE      :     5   STK
ENDE-DATUM       : 01.86        FERTIG-MENGE       :     4
VERARB. DATUM    : 11.02.86
------------------------------------------------------------------------------

ZEILE: 400030   BENENNUNG: STAHLBLECH (ROH)                    ME: STK
                                                             WERTE JE
                        MENGE             KOSTEN            AUFTR.EINHEIT
   SOLL       :        96,000             470,40                 117,60
   IST        :        18,000              32,00                   8,00
   ABW.BETR  .:        78,000             438,40                 109,60
   ABW.PRZ.   :            81                 93
   PREISABW  .:                            56,21                  14,05
   VERBR.ABW.:                            382,19                  95,54

   AUFTR-NR.  :                      ZEILE          :
   E-POSTEN   :   N                  WEITER         :   J
```

Nachkalkulation - Einzelzeile

In dieser Bildschirmanzeige werden detaillierte Zeileninformationen präsentiert.

Soll-, Ist- und Abweichungswerte werden jeweils für Mengen und Kosten je Auftragseinheit ausgewiesen.

Der Gesamtabweichungsbetrag kann gesplittet werden in

- Verbrauchsabweichung (nur Mengenkomponente) und
- Preisabweichung.

Außerdem werden die Stückkosten ausgewiesen.

Abb. 6: SKR Nachkalkulation Vollkosten kumuliert Einzelzeile

Abb. 6: SKR Nachkalkulation Vollkosten kumulierter Einzelteile

Organisations Partner

SKR NACHKALKULATION VOLLK.KUMUL. KS/MD: 098 HITC: 08010200 25.04.86 10.26.13
DATUM LETZTER HAUPTLAUF: 01.86

AUFTRAGS-NUMMER: XA22111111 BENENNUNG: SONDERMASCHINE "DUCK"

AUFTRAGART: PRODUKTIV (1) VERR. PREIS (VK) : 0,00 JE 10E 0 ME
BEGINN-DATUM : 12.85 AUFTRAGSMENGE : 5 STK
ENDE-DATUM : 01.86 FERTIG-MENGE : 4
VERARB. DATUM : 00.00.00

ZEILE	ME	ISTMENGE	ABW.-MENGE	PRZ	ISTKOSTEN	ABW.-BETRAG	PRZ	
400010	000	6,000	18,000	75	643,00	1927,40	75	A
400020	STK	6,000	18,000	75	3520,00	10561,60	75	B
400030	STK	18,000	78,000	81	32,00	438,40	93	C
400040	STK	2,000	6,000	75	31,00	94,60	75	D
400050	STK	8,000	24,000	75	678,00	2032,40	75	E
400060	000	0,000	4,000	..	0,00	2394,80	..	F
400090	000	1,000	1,000-	--	599,00	599,00-	--	G
400110	000	13,000	39,000	75	128,00	385,20	75	H
400120	STK	8,000	8,000-	--	544,00	1824,80	77	I

AUFTRAG : ZEILE :
POSITION: AUSWAHL: 01=E-ZEILE 09=E-POSTEN WEITER: J

Einzelpostennachweis

* Dieser Bildschirminhalt zeigt die Datenherkunft nach

  - Kontonummer /Sachnummer /Materialgruppe und

  - leistender Kostenstelle/Arbeitsplatz/Maschinengruppe

  zur weiteren Information.

Abb. 7.: SKR KTR-Einzelposten-Nachweis Vollkosten

Abb. 7: SKR KTR-Einzelposten-Nachweis Vollkosten

Organisations Partner

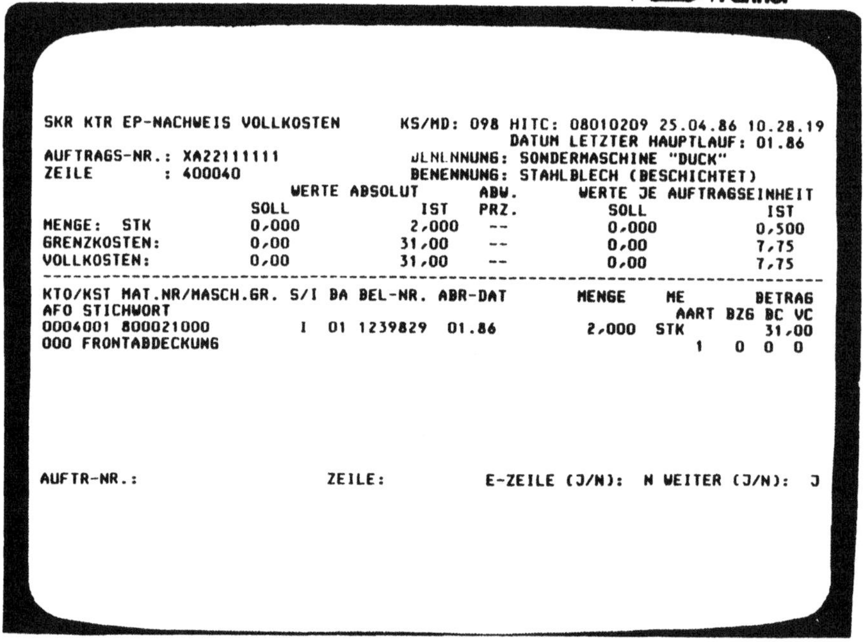

```
SKR KTR EP-NACHWEIS VOLLKOSTEN      KS/MD: 098 HITC: 08010209 25.04.86 10.28.19
                                             DATUM LETZTER HAUPTLAUF: 01.86
AUFTRAGS-NR.: XA22111111            BENENNUNG: SONDERMASCHINE "DUCK"
ZEILE       : 400040                BENENNUNG: STAHLBLECH (BESCHICHTET)
                      WERTE ABSOLUT        ABW.     WERTE JE AUFTRAGSEINHEIT
                  SOLL              IST    PRZ.         SOLL              IST
MENGE:  STK       0,000           2,000    --           0,000           0,500
GRENZKOSTEN:      0,00            31,00    --           0,00             7,75
VOLLKOSTEN:       0,00            31,00    --           0,00             7,75
-------------------------------------------------------------------------------
KTO/KST MAT.NR/MASCH.GR. S/I BA BEL-NR. ABR-DAT       MENGE   ME        BETRAG
AFO STICHWORT                                                 AART BZG BC VC
0004001 800021000         I  01 1239829  01.86        2,000  STK          31,00
000 FRONTABDECKUNG                                               1   0  0  0

AUFTR-NR.:              ZEILE:          E-ZEILE (J/N):  N WEITER (J/N):  J
```

* Über das oben beschriebene Anzeigen von KTR-Einzelposten hinaus besteht die weitere Möglichkeit, aus dem Bestand von Einzelposten mit Hilfe von Selektionsbegriffen, wie z.B.

- Kostenträger-Nummer
- Zeile
- Kostenart bzw. Kostenstelle
- Auftragsart
- Perioden (monatlich, seit Auftragsbeginn, Geschäftsjahr oder einem gezielt angegebenen Monat)
- Status (fertig, halbfertig)
- Wertart (= Satzart)
- aber auch alle anderen Datenfelder eines Beweguangssatzes und
- sekundären Schlüsselbegriffen

über einen frei zu definierenden Bildschirm-Maskenaufbau Einzelposten anzuzeigen.

Abb. 8: SKR Menue Erweiterter KTR-Einzelposten-Dialog

Abb. 8: SKR Menue Erweiterter KTR-Einzelposten-Dialog

Organisations Partner

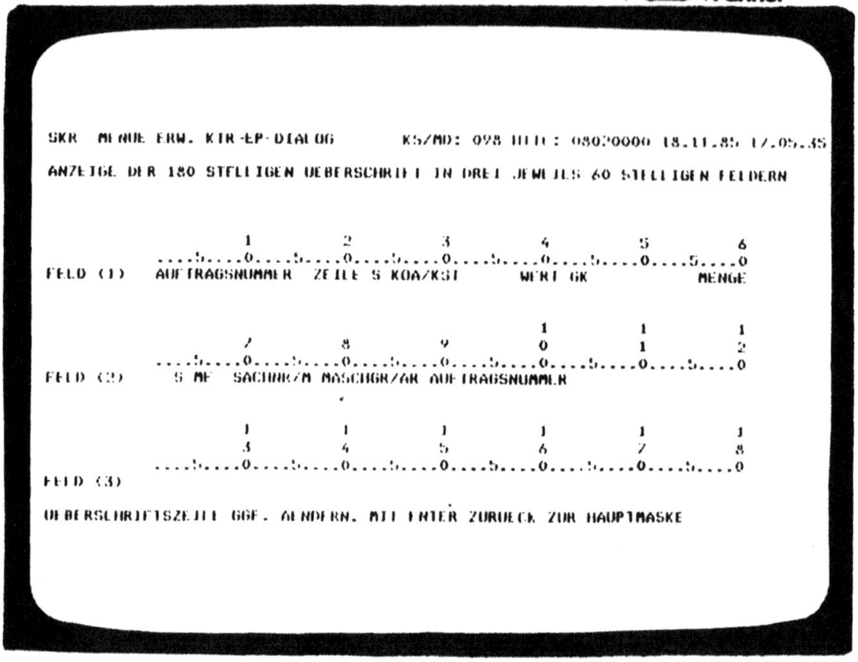

6.2 Listauswertungen der Kostenträgerrechnung

In einer Kostenträgerrechnung werden im Regelfall große Datenbestände geführt. Monatliche Nachkalkulationen für fertiggemeldete Aufträge in der Größenordnung von 2000 bis 5000 Aufträgen sind praxisüblich, weit größere Auftragsmengen nicht selten. Zur leichteren Bearbeitung des umfangreichen Datenvolumens werden "Schwellenwertlisten" erstellt, die nur diejenigen Kalkulationen enthalten, die außerhalb vorgegebener Toleranzgrenzen liegen. Die Toleranzgrenzen können als Betrag und/oder Prozentsatz für einzelne Auftragsnummern oder Auftragsnummern-Von-Bis-Bereichen vorgegeben werden. Als wesentliche Erstauswertungen der KTR seien genannt:

Kostenträger-Nachkalkulation

Eine Nachkalkulation wird in Form eines Soll-Ist-Vergleiches durchgeführt. Es werden auf Kalkulations-Zeilenebene die

Soll-Mengen

Soll-Kosten

Ist-Mengen

Ist-Kosten und die

Abweichungen

ermittelt.

Kostenträger-Statistik

Darüber hinaus kann die Information über das Abweichungsverhalten eines Kostenträgers nach Perioden interessant sein, sofern die Fertigung mit einzelnen Aufträgen (Losen) für gleiche Kostenträger durchgeführt wird.

Für diese Statistik wird eine getrennte Dateiführung vorgehalten, mit der die Soll-Ist-Werte aller abgerechneten Einzelaufträge für die folgenden Perioden geführt werden:

- Monate des laufenden Geschäftsjahres
- entsprechend des Berichtsmonats der gleiche Monat des Vorjahrs
- Teilkumuliertes Vorjahr
- Vorjahr -2 bis -5

Die Auftrags-Nr. kann dabei durch eine Sach-Nr. ersetzt werden, da häufig das Nummernsystem für Fertigungsaufträge eine Nummerung der einzelnen Fertigungslose beinhaltet.

Kostenträger-Einzelpostennachweis

Für eine Überprüfung der verrechneten Kosten werden Einzelpostennachweise erstellt, die die Einzelbuchungen mit Stichwort und Belegnummer erläutern. Der Aufbau ist frei definierbar über Parameter wie z.B:

- Kostenträger von-bis
- Auftragsart
- Wertart (GK oder VK)
- Status (fertig, halbfertig)
- Perioden (monatlich, seit Auftragsbeginn, Geschäftsjahr, Kalenderjahr)

und außerdem

- jedes Datenfeld einschließlich Werte und Mengen der KTR-Einzelposten in der Liste an gewünschter Stelle zu positionieren
- Summenbildungen und Soll-Ist-Vergleiche für jedes Datenfeld anzufordern.

Kostenträgerbestandsveränderungen

Eine Übersicht über den Bestand der in Arbeit befindlichen Aufträge und die Bestandsveränderung zum Vormonat wird erstellt.

Diese Information ist für Untersuchungen der Struktur der Bestände an Halbfertigfabrikaten und für Bewertungsfragen im Rahmen des Jahresabschlusses interessant. Diese Liste kann alternativ auch ohne den Ausweis der einzelnen Aufträge ausgegeben werden.

Die beiden unterschiedlichen Listen der Bestandsveränderungen weisen getrennt nach Grenz- bzw. Vollkosten den

- Bestandsvortrag
- Zugang
- Abgang
- Bestandsveränderungen und den
- Bestand neu

aus.

Kostenträgerzeilenbericht

Für selektive Analysen einzelner Kostenträgerzeilen kann ein Kostenträger-Zeilenbericht erstellt werden, der einen Soll-Ist-Vergleich derjenigen Kostenträger enthält, die am Verbrauch der jeweiligen Kostenart (Zeile) beteiligt waren. Der Abruf dieser Information kann selektiv auf Zeilen bestimmter Kostenträger beschränkt werden.

IKOS-KTR1: Plankalkulation für die Aufgaben des Produktcontrolling

K.-P. Kastirr, DeTeWe AG, Berlin

1. Rahmenbedingungen für den Einsatz

2. Ziele und Aufgaben des Produktcontrolling

3. Spezielle Anforderungen an eine Kalkulations-Software

4. IKOS-KTR1 als integrierter Bestandteil eines Gesamtsystems

5. KTR1 Systemübersicht

   . Übernahme der Kalkulations-Basisdaten

   . Plankalkulation

   . Anzeigen/Auswertungen

6. Besonderheiten

   . Plankalkulation teilfertiger Sach-Nr.

   . Bewertung Produktionsprogramm

   . Bewertung von Kostenänderungen

7. PC-Integration

7. Saarbrücker Arbeitstagung 1986
Rechnungswesen und EDV
hrsg. v. W. Kilger/A.-W. Scheer

1. Rahmenbedingungen für den Einsatz

Die DeTeWe AG, Deutsche Telephonwerke und Kabelindustrie Aktiengesellschaft, ist ein Unternehmen der Kommunikationstechnik mit Sitz in Berlin. Der Umsatz betrug 1985 bei 4.700 Mitarbeitern 564 Mio. DM.

Im Bereich der Fertigung sind ca. 1.700 Mitarbeiter an den Standorten Berlin und Rendsburg beschäftigt. Die hergestellten Produkte sind der Elektromechanik und in zunehmendem Maße der Elektronik zuzuordnen. Der Herstellprozeß läuft überwiegend in kleinen und mittleren Serien, wobei die Produktpalette in drei Hauptgruppen zusammengefaßt werden kann

. Vermittlungsanlagen
. Nebenstellenanlagen
. Endgeräte

Bis 1984, vor dem Einsatz von IKOS-KTR1 (Interaktives Kostenrechnungs- und Erfolgssystem - Kostenträgerrechnung 1), wurde die Kalkulation in Form einer Standardkalkulation manuell durchgeführt. Bei dem durch die Kalkulation zu bearbeitendem Mengengerüst von:

. 30.000 aktive Sach-Nr. (Ident-Nr.)

. 8 Kalkulationsstufen (Dispositionsstufen)

. 160 Kostenstellen/Kostenplätze

konnten nur noch schwerpunktmäßig aktuelle Kalkulationen erstellt werden (neue Produkte, wesentliche Produktänderungen o.ä.). Die Kalkulationen wurden in Form einer Zuschlagskalkulation (Lohn + Fertigungsgemeinkosten in %) durchgeführt mit nur einer kleinen Anzahl differenzierter Fertigungsgemeinkostenzuschläge. Als Basis für ein effektives Produktcontrolling waren die Kalkulationsergebnisse nicht verwendbar.

Neben der Anzahl der zu kalkulierenden aktiven Sach-Nr. brachte die Technologieänderung von der Elektromechanik zur Elektronik eine wesentliche Zunahme der Änderungshäufigkeit mit sich, die sich in bis zu

250 Neukalkulationen/Monat

ausdrückt.

2. Ziele/Aufgaben des Produktcontrolling

Als wichtigste Ziele des Produktcontrolling, die durch die Kalkulation zu unterstützen sind, sieht DeTeWe:

. die Preisfindung bzw. die Preisbeurteilung

. die Ermittlung der Bewertungsgrundlagen

. die Bereitstellung von Basiswerten für Wirtschaftlichkeitsbetrachtungen

Wird ein neues Produkt auf den Markt gebracht, für das noch kein Marktpreis vorliegt, so muß die Kalkulation die Basis für die Preisfestsetzung liefern. Liegen dagegen für ein Produkt Marktpreise vor, so ermöglicht die Kalkulation der Herstell- bzw. Selbstkosten eine Beurteilung dieses Preises im Hinblick auf die zu erzielenden Deckungsbeiträge.

Mit diesem sicher wichtigsten Ziel sind aber keineswegs alle Aufgaben des Produktcontrolling vollständig erfaßt und ausreichend beschrieben:

. die Kostenentwicklung der Produkte sind laufend zu überwachen

. für die Bestandswertrechnung sind die Wertansätze zur Verfügung zu stellen

. die Inventurbewertung, besonders der Werkstattbestände benötigt Wertansätze

. wertanalytische Betrachtungen setzen auf der Produkt-Kostenstruktur und -Kostenentwicklung auf
. das Produktionsprogramm ist zu bewerten
. Produktänderungen und Änderungen von Fertigungsverfahren sind bezüglich der Auswirkung auf die Produktkosten zu beurteilen

Die Vielfalt der Aufgaben mit zunehmender Bedeutung vor dem Hintergrund von:
. immer kürzeren Innovationszeiten der Produkte
. dem härteren Markt (Wettbewerb)
. der notwendigen Rationalisierung von Verwaltungstätigkeiten
zwingen zum Einsatz eines dv-unterstützten Systems der Kalkulation.

3. Spezielle Anforderungen an eine Kalkulations-Software

1980 hat DeTeWe begonnen die bis dahin auf viele Linienfunktionen verteilten Controllingaufgaben zusammenzufassen und entsprechende Software einzuführen. Diese Software sollte möglichst unabhängig von dem vorhandenen PPS-System eingesetzt werden können, um bei eventuellen Änderungen nicht zwangsläufig anpassen zu müssen.

Die Anforderungen an die Kalkulationssoftware als Bestandteil eines solchen Gesamt-Kostenrechnungssystem lassen sich wie folgt zusammenfassen:

. zu vorhandenen DV-Systemen integrierbare Software

. Datenbankfähige Software

. aktuelle Plankalkulation für alle Sach-Nr. (Teile, Baugruppen, Geräte)

. Möglichkeiten zum Aufbau von Kalkulations-Basisdaten unabhängig vom PPS-System

. Frei wählbare Kalkulations-Formeln und -Verfahren

. Möglichkeit von alternativen Kalkulationen (z.B. betriebswirtschaftlich, steuerrechtlich)

. Möglichkeit frei wählbarer Auswertungen in Form und Inhalt

. Wirtschaftlichkeit des Kalkulationssystems

Diese Anforderungen wurden durch IKOS-KTR1 weitestgehend erfüllt. Da für die Kostenrechnung IKOS-KER bereits im Einsatz war, ergaben sich zusätzlich noch Vorteile bezüglich der Systempflege (Wartung) und der einheitlichen Benutzeroberfläche (Systemsteuerung, Dialog usw.).

DeTeWe hat auf die direkte Anbindung an die Fertigungsdatenbank (PPS-System) verzichtet und führt eine selbständige IKOS-Kalkulationsdatenbank mit Stücklisten und Arbeitsplänen. Diese Vorgehensweise war erforderlich, da ca. 15 % der Kalkulations-Basisdaten nicht aus dem PPS-System übernommen werden können und darüber hinaus eine Unabhängigkeit von Mengen- und Wertrechnung angestrebt wurde.

Der scheinbar höhere Aufwand dieser Vorgehensweise und die erforderliche Redundanz der Daten wird durch die Systemunabhängigkeit weitgehend aufgewogen.

4. IKOS-KTR1 als integrierter Bestandteil eines Gesamtsystems

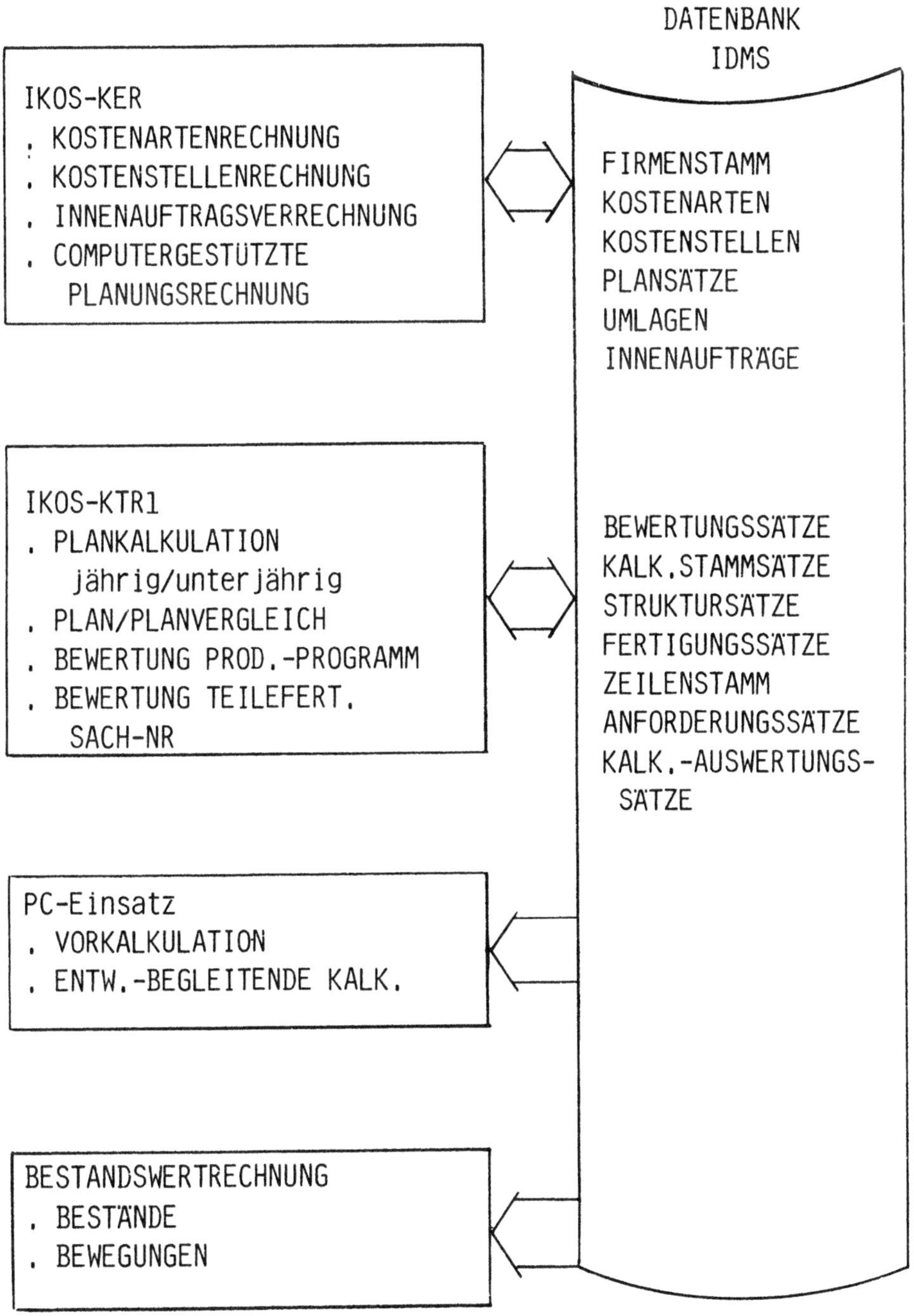

5. KTR1-Systemübersicht

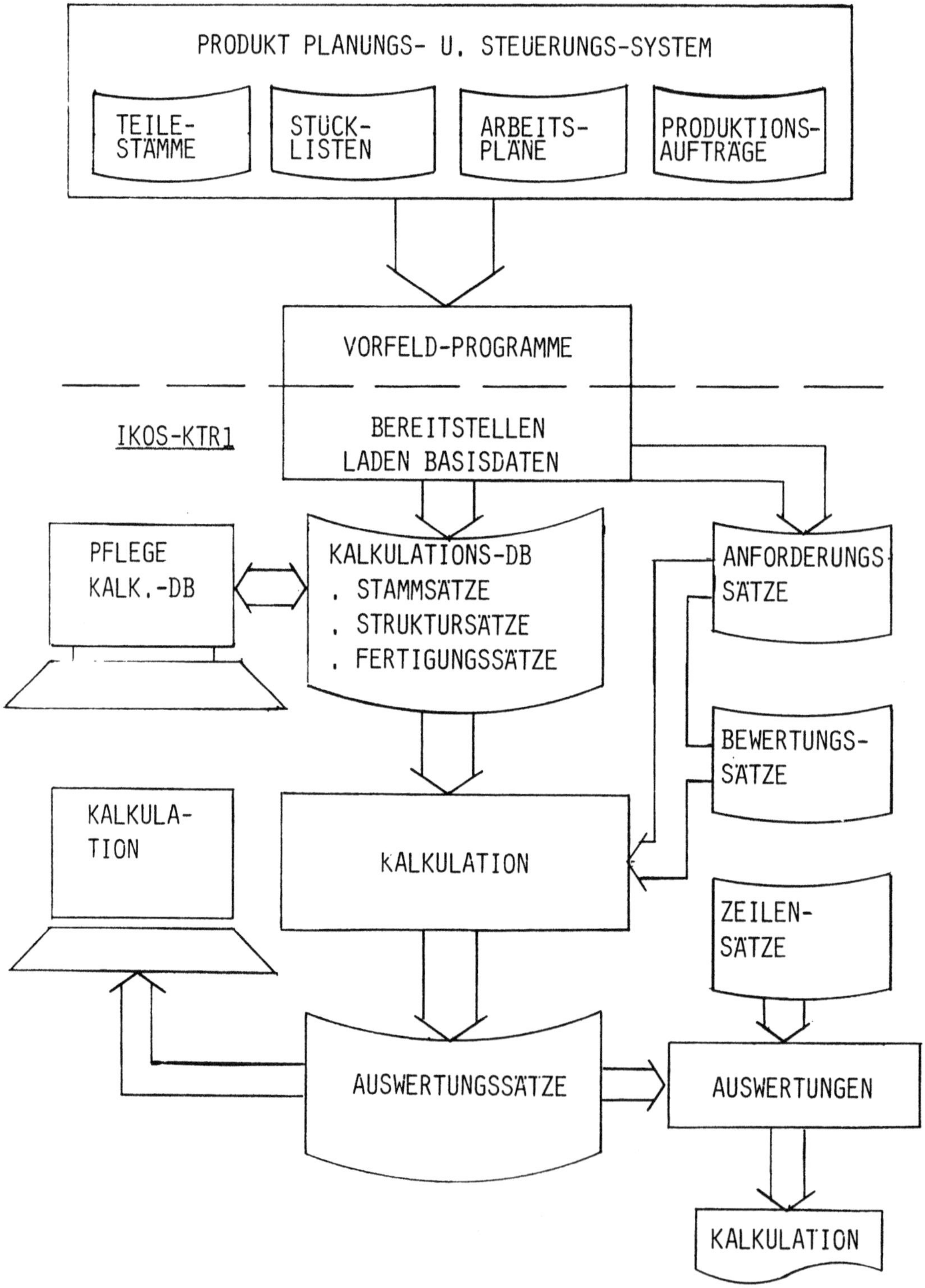

Übernahme der Kalkulations-Basisdaten

Grundlage für die jährlich nach Abschluß der Kostenstellenplanung (November) durchgeführten Plankalkulation sind die Kalkulations-Basisdaten:

- Stammsätze (Sach-/Ident-Nr.)
- Struktursätze (Stücklisten)
- Fertigungssätze (Arbeitspläne)

die in erster Linie aus dem PPS-System übernommen werden. Das Bereitstellen und Laden dieser Daten wird mit Individual-Programmen und dem Standard-Formatierungsprogramm von IKOS-KTR1 durchgeführt.

Neben der Basisdatenübernahme aller für das Planjahr aktiven Sach-Nr. werden durch die Individual-Programme

- Sach-Nr. ohne Stückliste und/oder Arbeitsplan
- Kalkulationslosgrößen
- das Produktionsprogramm für das Planjahr in Menge je Sach-Nr.

ermittelt und in entsprechenden Listen ausgewiesen bzw. zur weiteren Verarbeitung zur Verfügung gestellt.

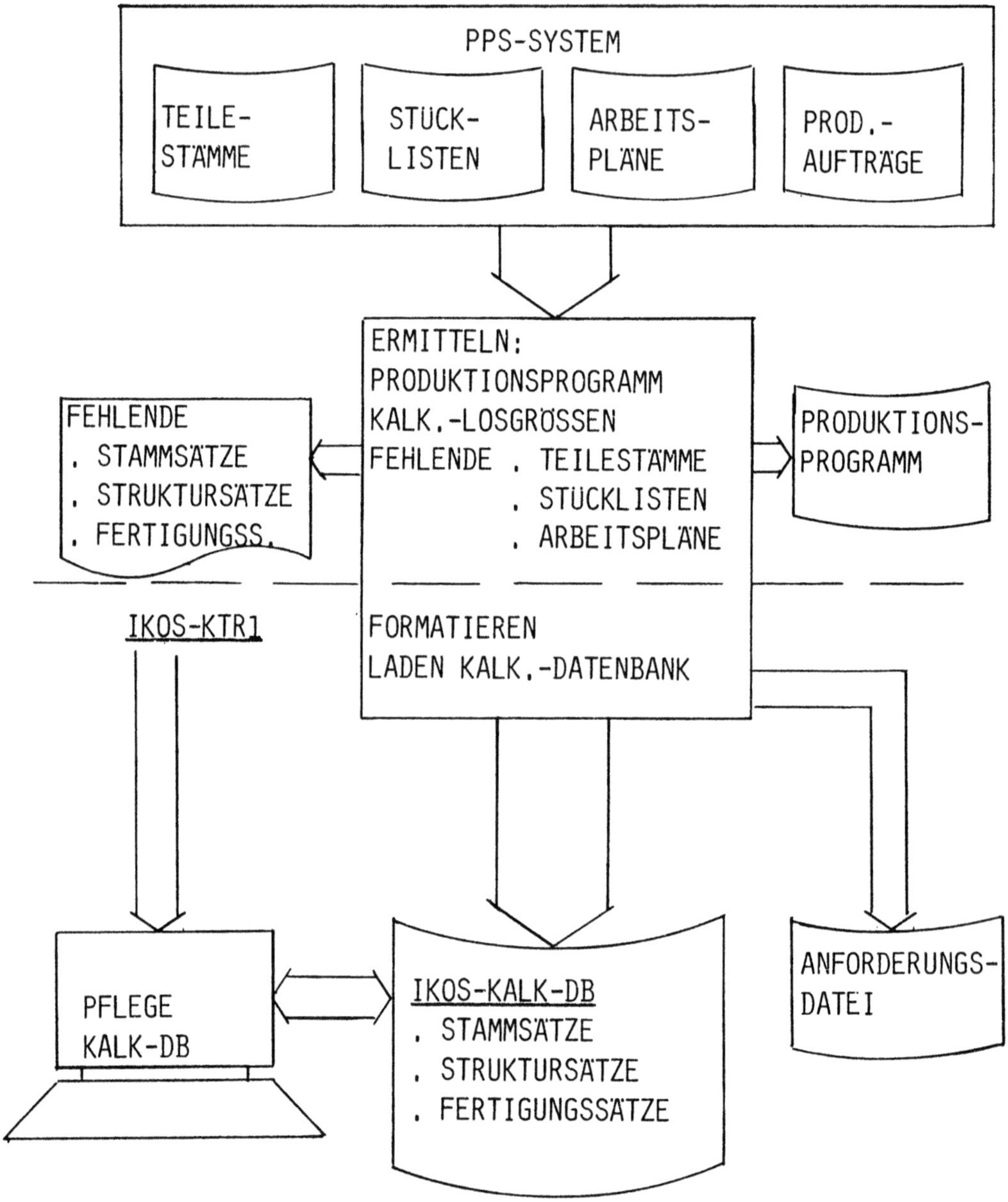
PPS-SYSTEM
TEILE-STÄMME
STÜCK-LISTEN
ARBEITS-PLÄNE
PROD.-AUFTRÄGE
ERMITTELN:
PRODUKTIONSPROGRAMM
KALK.-LOSGRÖSSEN
FEHLENDE . TEILESTÄMME
. STÜCKLISTEN
. ARBEITSPLÄNE
FEHLENDE
. STAMMSÄTZE
. STRUKTURSÄTZE
. FERTIGUNGSS.
PRODUKTIONS-PROGRAMM
IKOS-KTR1
FORMATIEREN
LADEN KALK.-DATENBANK
PFLEGE
KALK-DB
IKOS-KALK-DB
. STAMMSÄTZE
. STRUKTURSÄTZE
. FERTIGUNGSSÄTZE
ANFORDERUNGS-DATEI

Die Ermittlung der für das Planjahr aktiven Sach-Nr. erfolgt aufgrund

. vorhandener Fertigungsaufträge in der Auftragsdatei des PPS-Systems

. vorhandener Lagerbestände

. Bewegungen der letzten 100 Tage

Mit der Basisdatenübernahme werden nur ca. 85 % der erforderlichen Basisdaten geladen, da aufgrund

. neuer Produkte/neuer Ausgaben

. Kleinserien, die über eine Sonderfertigung laufen

. kurzfristige Entwicklungsänderungen

Stamm-, Struktur- und/oder Fertigungssätze zum Planungszeitpunkt nicht im PPS-System zur Verfügung stehen. Die fehlenden, für die Vollständigkeit der Plankalkulation jedoch erforderlichen Daten, werden durch die Kalkulationsabteilung nach Entwicklungs-, Vorkalkulation- oder sonstigen Unterlagen im IKOS-KTR1-Dialog aufgebaut.

Beim Laden der Kalkulations-Datenbank wird eine sogenannte Anforderungsdatei erstellt, in der die Neufestlegung der Kalkulations- (Dispositions-) Stufen-Hierarchie erfolgt.

Im Rahmen der unterjährigen Aktualisierung/Erweiterung der Kalkulations-DB (monatlich) werden nur die neuen Sach-Nr. inklusiv der Fertigungs- und Strukturdaten übernommen. Ansonsten entspricht der Ablauf dem grundsätzlich dargestelltem Verfahren.

Die Ermittlung der neuen Sach-Nr. bzw. Ausgaben erfolgt durch eine Prüfung der Produktionsaufträge der nächsten 25 Tage gegen die Kalkulations-Datenbank. Alle Sach-Nr., die im Produktionsprogramm enthalten sind und für die noch kein Kalkulationsstammsatz vorhanden ist, werden übernommen.

Plankalkulation

Nach Vervollständigung der Kalkulations-Basisdaten erfolgt die Plankalkulation entsprechend der Kalkulations- (Dispositions-) Stufen-Hierarchie, die in der Anforderungsdatei in Form von 'Kalkulationsanstößen' festgehalten ist.

Erzeugnisstruktur

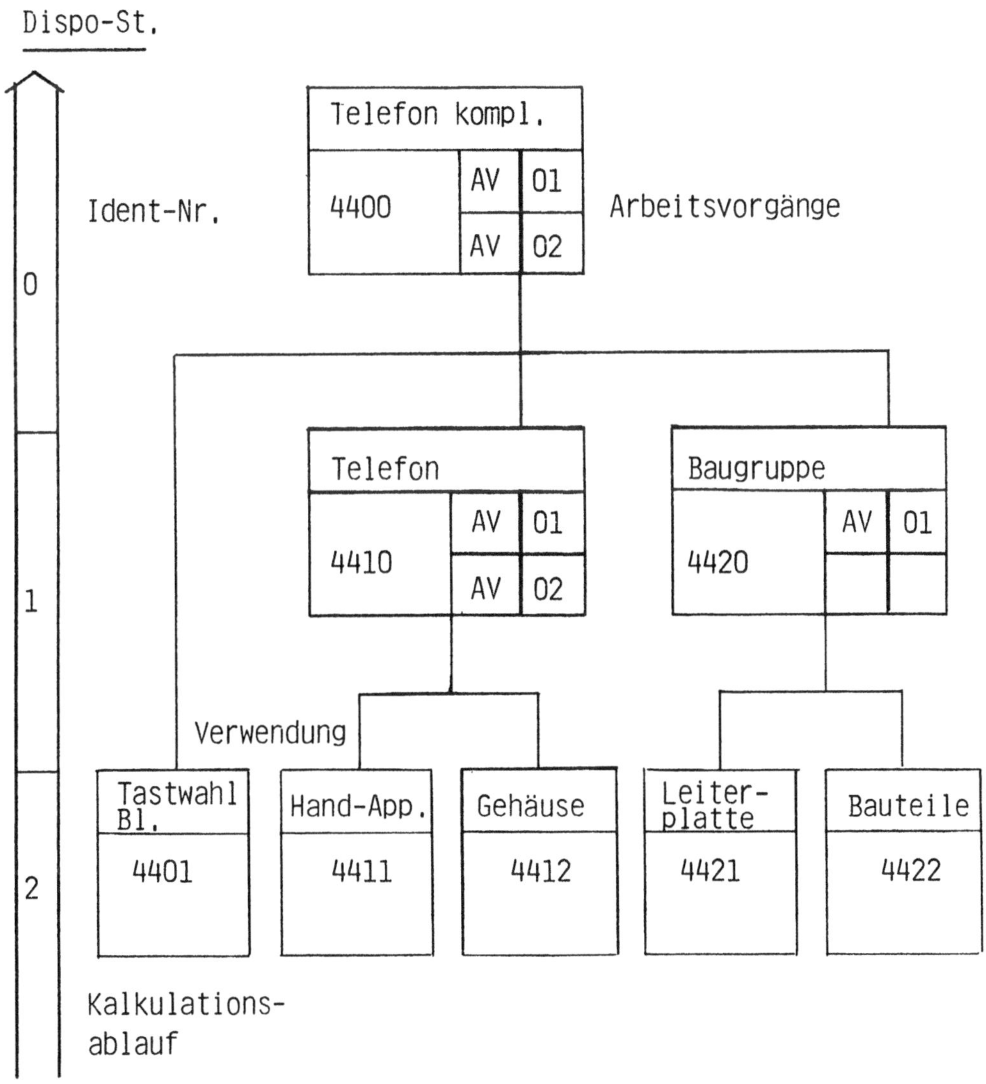

Die Kalkulation läßt folgende Anwender individuelle Möglichkeiten zu:

. Frei wählbares Kalkulationsverfahren, Kalkulationsschema

. Individuelle Rechenformeln je Kalkulationsposition

. Führen von 70 Kostenanteilpositionen

. Primärkostenhochrechnung über alle Fertigungsstufen

. Grenz- und Vollkostenkalkulation

  . Für jede Ident-Nr. entsprechend der Struktur

  . Für jede Materialposition

  . Für jede Arbeitsfolge

Diese Möglichkeiten werden in unserem Hause weitgehend ausgenutzt. Dazu einige Beispiele:

. Führung von 21 Material-Gruppen, um bei Preisänderungen die Auswirkungen auf die Produktkosten möglichst einfach zu erkennen.

. Primärkostenhochrechnung über alle Fertigungsstufen in einer zusätzlichen Kalkulations-Auswertung dargestellt.

. Materialzuschläge werden in den Rechenformeln für die Fertigungskosten entsprechend berücksichtigt.

. Ermittlung von Grenzkosten/Vollkosten sowie Einzelkosten/Gemeinkosten in einem Kalkulationslauf.

Kalkulationsformel

TE-MIN.	BKZ	FKZ	F-KOST
15	1	1	7,50

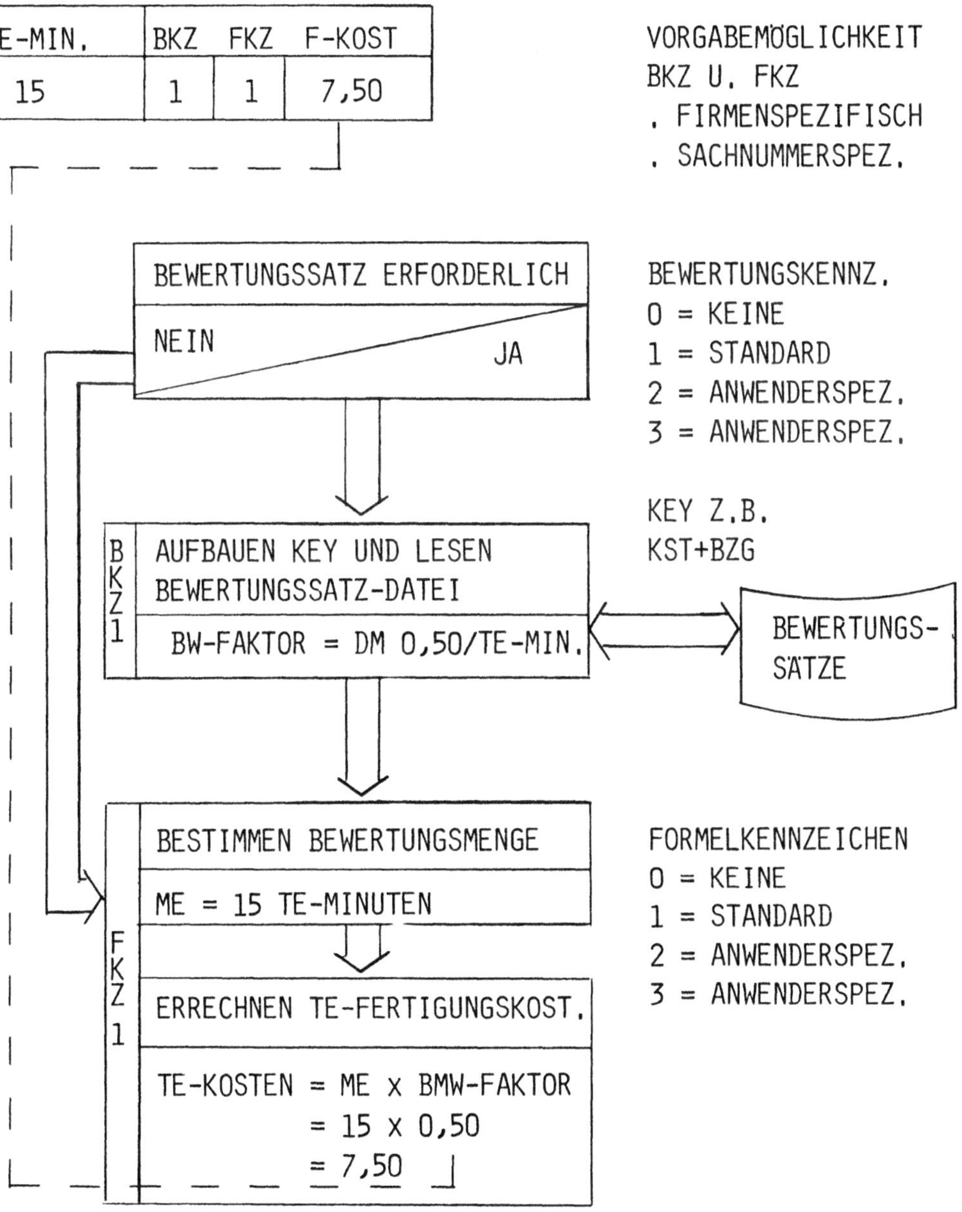

Plankalkulation - unterjährig -

Für die im laufenden Geschäftsjahr neu zu kalkulierenden Produkte/Baugruppen sowie für neue Ausgaben aufgrund von Entwicklungsänderungen wird monatlich eine Aktualisierung/ Erweiterung der Kalkulations-Datenbank durchgeführt.

Der Ablauf entspricht weitgehend der jährlichen Plankalkulation, wobei die Basisdaten jedoch nur für die in der Kalkulations-Datenbak fehlenden Sach-Nr. übernommen werden.

In der Anforderungsdatei werden grundsätzlich auch nur 'Kalkulationsanstoßsätze' für eine einstufige Kalkulation festgehalten, d.h. es werden durch eine Baugruppenänderung keine neuen Produktkosten ermittelt. Diese Vorgehensweise wurde gewählt, um eine Vielzahl von Grundwertänderungen im Rahmen der Bestands-Bewegungsrechnung zu vermeiden.

Plankosten einer Sach-Nr. werden im laufenden Geschäftsjahr nur bei groben Fehlern geändert, um die Bewertungskontinuität zu erhalten.

```
K200   IKP202             ANZEIGE                20.07.86  14:17:49
*****************************************JAEGER    PROD.******
                                         SACH-NR.: 4400
FIRMA 00100 KALK-PER: 06.86 ME: STUECK
DETEWE AG   LOSGR:    100   PE:   100      TELEFON-KOMPL.
---------------------------------------------------------------------
GRENZKOSTEN VOLLKOSTEN ZEILE BEZEICHNUNG  EINSTUFIGE DAVON-POSITIONEN
---------------------------------------------------------------------
15.000,00   20.000,00  020   * SUMME MATERIAL-EINZELKOSTEN

12.000,00   17.000,00  022     DAVON EIGEN-MATERIAL
 3.000,00    3.000,00  023     DAVON FREMD-MATERIAL
   150,00      300,00  040     MATERIAL-GEMEINKOSTEN

15.150,00   20.300,00  050   * SUMME MATERIALKOSTEN

   500,00    2.000,00  130   * SUMME KOSTENSTELLEN-GK

     0,00      400,00  150     SUMME FERTIGUNGSEINZELKOSTEN

   900,00    2.400,00  175   * SUMME FERTIGUNGSKOSTEN 1

     0,00      200,00  190     ALLGEMEINE FERTIGUNGS-GK

   900,00    2.600,00  200   * SUMME FERTIGUNGSKOSTEN 2

16.050,00   22.900,00  210   * HERSTELLKOSTEN *

 4.050,00    5.900,00  215     WERTZUWACHS DER STUFE
*********************************************************************
OK AC
```

```
K200   IKP202              ANZEIGE            20.07.86  14:17:49
*****************************************JAEGER    PROD.******
FIRMA 00100 KALK-PER: 06.86 ME: STUECK        SACH-NR.: 4400
DETEWE AG   LOSGR:    100   PE:   100     TELEFON-KOMPL.
----------------------------------------------------------------------
GRENZKOSTEN VOLLKOSTEN ZEILE BEZEICHNUNG MEHRSTUFIGE ANTEIL-POSITIONEN
----------------------------------------------------------------------
                       300    HK-ANTEILE AUFGELOEST
10.000,00   10.000,00  310  * SUMME MAT.-EINZELKOST. FREMD
                       311    ANTEIL MATERIALGRUPPE:
 1.000,00              324    DIOD./GLEICHR./MOS/TRANS.
 2.000,00              326    KONDENSATOREN/TRAFOS
 2.000,00              327    WIDERSTAENDE/W-MODULE
 5.000,00              340    SONSTIGES
   500,00    1.000,00  360  * MATERIAL-GEMEINKOSTEN VOLL
10.500,00   11.000,00  370  * SUMME MATERIALKOSTEN VOLL
               200,00  410    ANTEIL VORFERTIGUNG 1        EK
               100,00  420    "      "            2        EK
             1.000,00  430    "      ZUSAMMENBAU           EK
               500,00  440    "      QUALITAETSSICHERUNG   EK
 3.750,00    8.800,00  460  * SUMME KOSTENSTELLEN-GK
 5.550,00   10.600,00  465  * SUMME FERTIGUNGSKOSTEN 1
     0,00    1.300,00  480    ALLGEMEINE FERTIGUNGS-GK
 5.550,00   11.900,00  490  * SUMME FERTIGUNGSKOSTEN 2
16.050,00   22.900,00  500  * HERSTELLKOSTEN
**********************************************************************
OK AC
```

```
K210 IKP212  KURZANZEIGE-STRUKTURSTUFE ANZEIGE 20.07.86  14:17:49
******************************************JAEGER    PROD.*******
FIRMA 00100 KALK-PER: 06.86 ME: STUECK        SACH-NR.: 4400
DETEWE AG   LOSGR:    100   PE:   100     TELEFON-KOMPL.
-----------------------------------------------------------------
GRENZKOSTEN VOLLKOSTEN BEZEICHNUNG             NETTO-MENGE   ME
-----------------------------------------------------------------
                       4401
  3.000,00    3.000,00 TASTWAHL-BLOCK          100,0000     STUECK
                       BEGINNZEILE STRUKTUR-POS

                       4410
  7.000,00   10.000,00 TELEFON                 100,0000     STUECK
                       BEGINNZEILE STRUKTUR-POS

                       4420
  5.000,00    7.000,00 BAUGRUPPE
                       BEGINNZEILE STRUKTUR-POS 100,0000    STUECK

15.000,00   22.000,00  ** SUMME DER SACHNUMMER **
*****************************************************************
OK AC                 * KEINE WEITEREN STRUKTURSAETZE VORHANDEN
```

```
K220 IKP222 KURZANZEIGE-FERTIGUNGSSTUFE ANZEIGE 20.07.86   14:17:49
***********************************************JAEGER     PROD.******
FIRMA 00100 KALK-PER: 06.86 ME: STUECK         SACH-NR.: 4400
DETEWE AG   LOSGR:     100   PE:   100      TELEFON-KOMPL.
----------------------------------------------------------------------
GRENZKOSTEN VOLLKOSTEN BEZEICHNUNG                 AVG/BZG KST/MENGE
----------------------------------------------------------------------
                       MONTAGE TELEFON             01      205000000
 20,00         100,00  TRMIN BEGINNZEILE FERTIGUNG          50,0000
330,00       1.400,00  TEMIN F-KOSTEN TE                   750,0000
  0,00          20,00        TR NACH TG BEWERT
  0,00         280,00        TE NACH TG BEWERT


                       QUALITAETSPRÜFUNG TELEFON   02      460000000
  0,00           0,00  TR-MIN BEGINNZEILE FERTIG.            0,0000
150,00         500,00  TE-MIN F-KOSTEN TE                  200,0000
  0,00         100,00        TE NACH TG BEWERT.

500,00       2.400,00  *** SUMME DER SACHNUMMER ***
**********************************************************************

OK AC                 * KEINE WEITEREN FERTIGUNGSSÄTZE VORHANDEN
```

DETEWE PLANKALKULATION vom: 03.07.86 EMPF.: KALK

KALK.-PERIODE BENENNUNG : TELEFON-KOMPLETT

STAND APLAN/STUELI KLASS.-NR : G00012-345-X007-89 SACHNUMMER: 4400 BLATT 1

MENGEN-EINHEIT	MENGE	KALK. ZEILE	BENENNUNG	SACHNR. KST	POS-NR AVG-NR	PLANKOSTEN JE KALK-EINHEIT EINZELKOST.	VOLLKOST./ KST-GK	GRENZKOST. KST-GK
STUECK	100	010	TASTWAHL-BLOCK	4401	00010		3.000,00	3.000,00
STUECK	100	010	TELEFON	4410	00020		10.000,00	7.000,00
STUECK	100	010	BAUGRUPPE	4420	00030		7.000,00	5.000,00
		020	* SUMME MATERIALKOST. OHNE MGK				20.000,00	15.000,00
		022	DAVON EIGEN-MATERIAL				17.000,00	12.000,00
		023	DAVON FREMD-MATERIAL				3.000,00	3.000,00
		040	MATERIAL-GEMEINKOSTEN				300,00	150,00
		050	* SUMME MATERIALKOSTEN				20.300,00	15.150,00
TR-MIN	50	100	MONTAGE	2060	0100	20,00	100,00	20,00
TE-MIN	750	101		2060	0100	280,00	1.400,00	330,00
		100		4600				
TE-MIN	200	101	PRUEFEN	4600	0300	100,00	500,00	150,00
		130	* SUMME F-KOSTEN-ANTEILE			400,00	2.000,00	500,00
		160	DAVON EINZELKOSTEN FERTIGUNG			400,00		
		175	* SUMME FERTIGUNGSKOSTEN 1				2.400,00	900,00
		190	ALLGEMEINE FERTIGUNGS-GK				200,00	0,00
		195	* SUMME FERTIGUNGS-GEMEINKOSTEN				2.200,00	500,00
		200	* SUMME FERTIGUNGSKOSTEN 2				2.600,00	900,00
		210	* HERSTELLKOSTEN *				22.900,00	16.050,00
		215	* WERTZUWACHS DER STUFE				5.900,00	4.050,00

DETEWE PLANKALKULATION vom: 03.07.86 EMPF.: KALK

KALK.-PERIODE BENENNUNG : TELEFON-KOMPLETT
STAND APLAN/STUELI KLASS.-NR : G00012-345-X007-89 SACHNUMMER: 4400 BLATT 2

MENGEN- EINHEIT	MENGE	KALK. ZEILE	BENENNUNG	SACHNR. KST	POS-NR AVG-NR	PLANKOSTEN JE KALK-EINHEIT EINZELKOST.	VOLLKOST./ KST-G	GRENZKOST. KST-GK
		300	HK-ANTEIL AUFGELÖST					
		310	* SUMME MAT.-EINZELKOST. FREMD			10.000,00		
		319	ANTEIL MATERIALGRUPPE:					
		324	DIOD./GLEICHR./MOS/TRANS.			1.000,00		
		326	KONDENSATOREN/TRAFOS			2.000,00		
		327	WIDERSTAENDE/W-MODULE			2.000,00		
		340	SONSTIGES			5.000,00		
		360	MATERIALGEMEINKOSTEN				1.000,00	500,00
		370	* SUMME MATERIALKOSTEN				11.000,00	10.500,00
		400	* SUMME F-KOSTEN-ANTEILE			1.800,00	8.800,00	3.750,00
		410	ANTEIL VORFERTIGUNG 1			200,00		
		420	ANTEIL VORFERTIGUNG 2			100,00		
		430	ANTEIL ZUSAMMENBAU			1.000,00		
		440	ANTEIL QUALITAETSSICHERUNG			500,00		
		465	* SUMME FERTIGUNGSKOSTEN 1				10.600,00	5.550,00
		480	ALLGEMEINE FERTIGUNGS-GK				1.300,00	
		490	* SUMME FERTIGUNGSKOSTEN 2				11.900,00	5.550,00
		500	* HERSTELLKOSTEN				22.900,00	16.050,00

6. Besonderheiten
Plankalkulation teilfertiger Sach-Nr.

Für die Bewertung von teilfertigen Sach-Nummern, die für die Werkstattinventur oder bei Verschrottung angearbeiteter Sach-Nr. erforderlich ist, steht in IKOS-KTR1 ein besonderes Dialogprogramm zur Verfügung.

In einer Kopie der Kalkulations-DB werden im Dialog die bereits montierten/eingebauten Einzelteile/Baugruppen laut Stückliste gekennzeichnet und die bereits ausgeführten Arbeitsgänge ausgewählt.

Eine Plankalkulation mit dieser duplizierten Kalkulations-DB stellt im Dialog bzw. in entsprechenden Kalkulationsauswertungen die Bewertung der teilfertigen Sach-Nr. zur Verfügung.

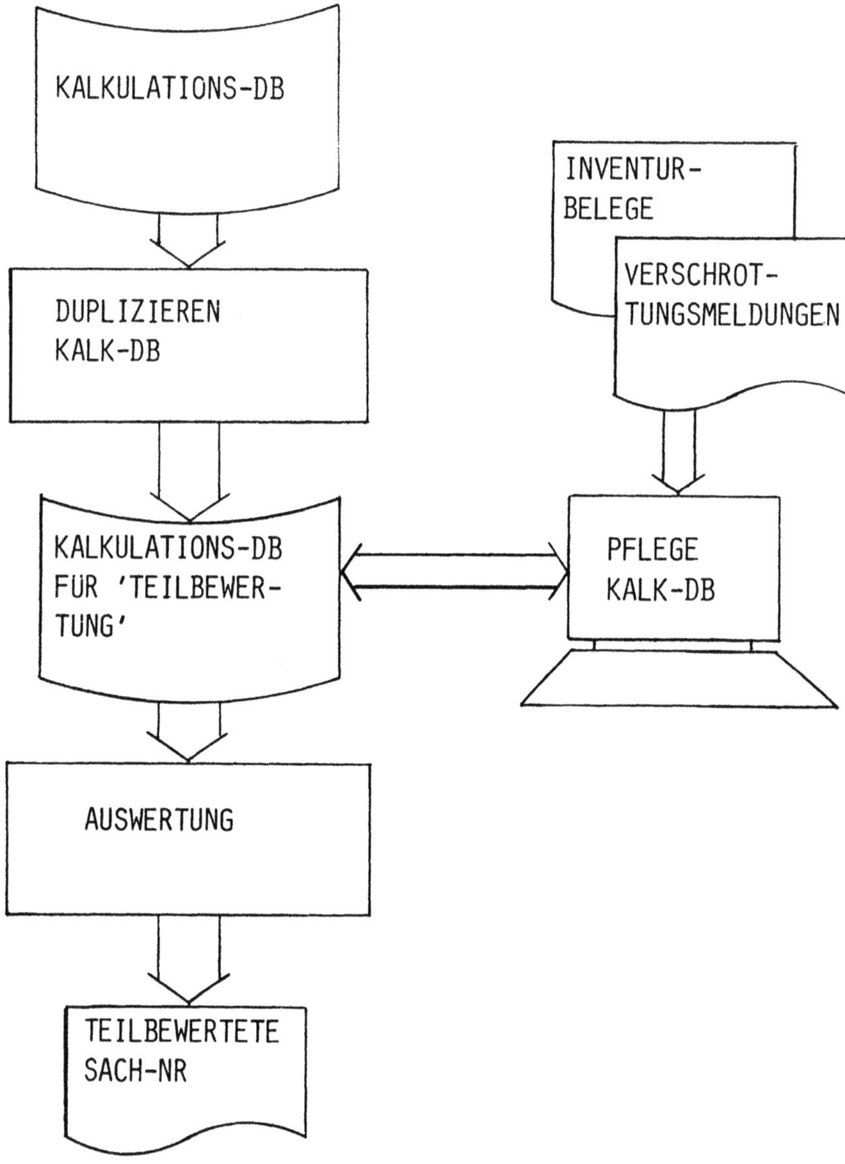
KALKULATIONS-DB
INVENTUR-
BELEGE
VERSCHROT-
TUNGSMELDUNGEN
DUPLIZIEREN
KALK-DB
KALKULATIONS-DB
FÜR 'TEILBEWER-
TUNG'
PFLEGE
KALK-DB
AUSWERTUNG
TEILBEWERTETE
SACH-NR

Bewerten Produktionsprogramm

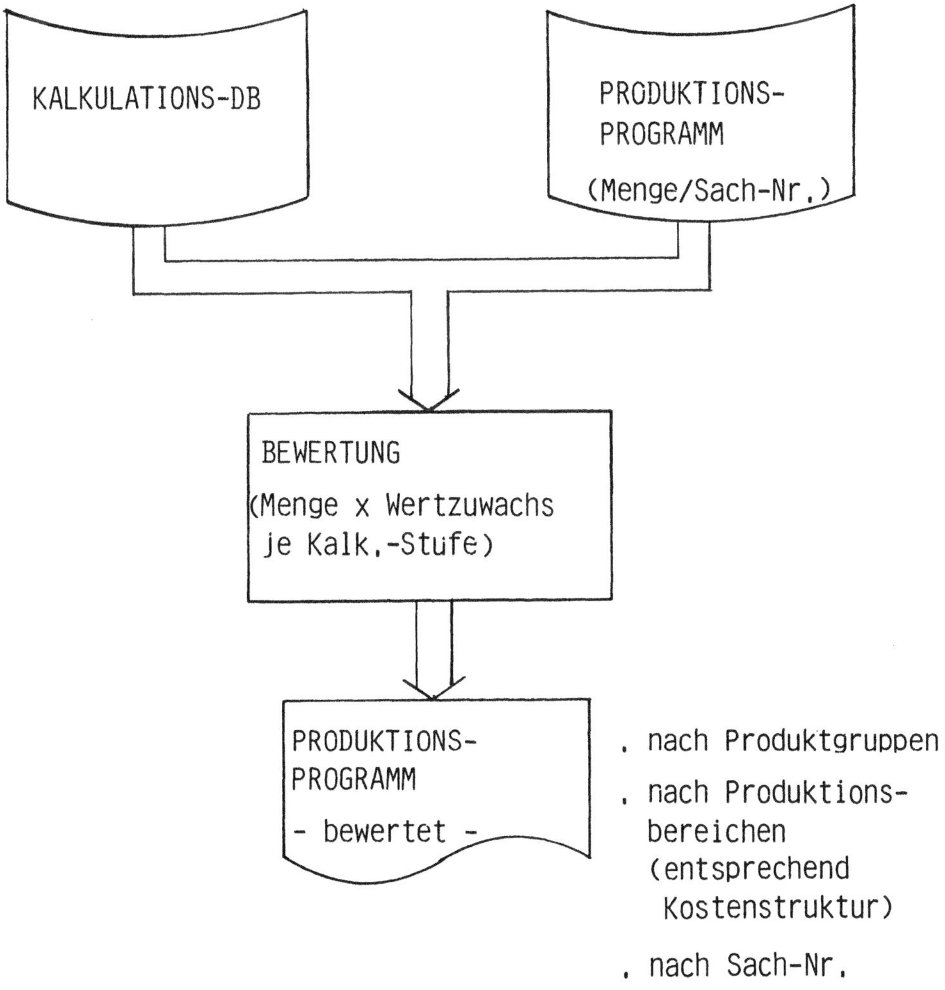

Bewertung Kostenänderung

Kostenänderungen durch:

. Neue Plan- oder Ist-Bewertungssätze

. Gesonderte Stücklisten

. Geänderte Arbeitspläne (Fertigungsverfahren)

. Neue Materialpreise

werden durch die Gegenüberstellung der Plan-Kalkulations-DB und einer aktualisierten Kalkulations-DB ermittelt. Der Ausweis der Kostenänderungen kann

. je Sach-Nr.

. je Sach-Nr. bezogen auf das Produktionsprogramm

. je Produktgruppe bezogen auf das Produktionsprogramm

. bzw. für das Gesamtproduktionsprogramm

erfolgen.

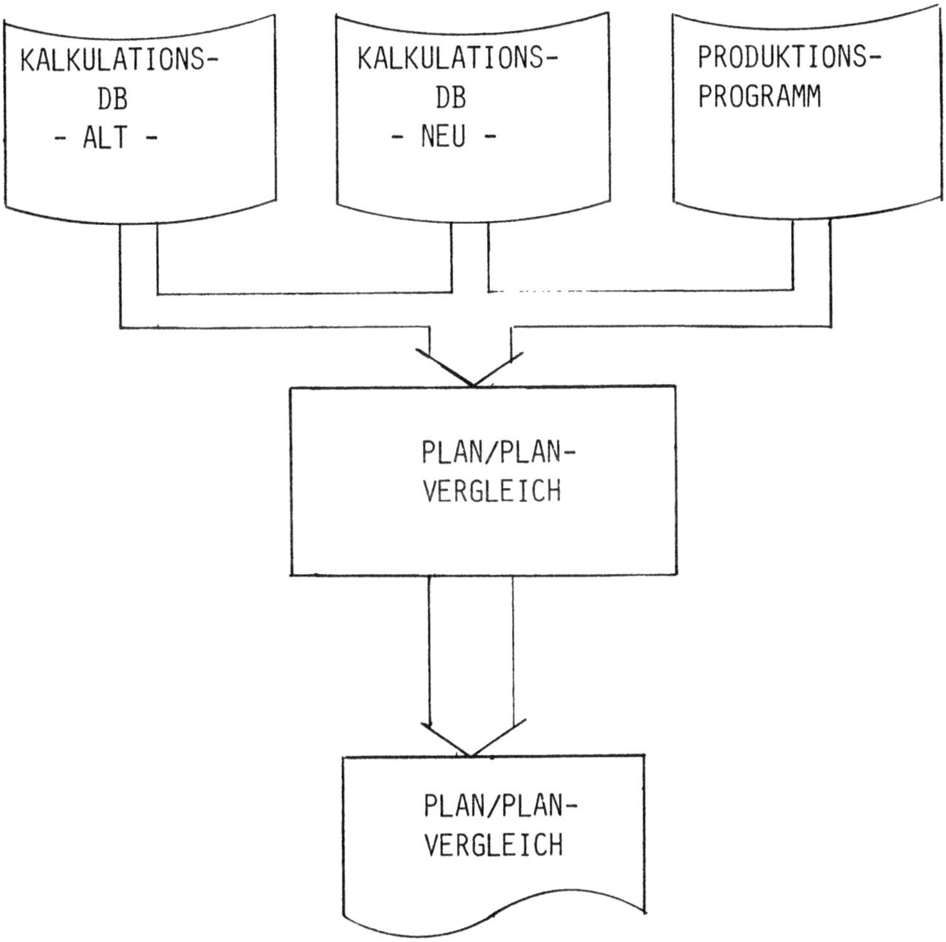

. je Sach-Nr.

. je Sach-Nr. bezogen auf das Produktionsprogramm

. je Produktgruppe bezogen auf das Produktionsprogramm

. bzw. für das Gesamtproduktionsprogramm

7. PC-Integration

Für Sonderaufgaben ist auf Basis der IDMS-Datenbank mit Hilfe des PC-DB-Links die PC-Host-Verbindung bezüglich IKOS-KTR1 hergestellt.

Im Rahmen der Kalkulation werden mit den PC-DB-Link und der PC-Standardsoftware Aufgaben der:

. Vorkalkulationen

. Kalkulationen von Ausbauvarianten

. Deckungsbeitragsbetrachtungen

. Graphische Darstellungen von Kalk-Ergebnissen

ausgeführt. Die Anwendung des PC-DB-Links erfolgt seit Anfang 1986 und ist zur Zeit noch in der Phase des Ausschöpfens der Möglichkeiten, so daß die oben aufgeführten Anwendungen als erste Erfahrungen zu verstehen sind.

Als Beispiel soll hier die graphische Darstellung von Deckungsbeiträgen und der Herstellkostenvergleich eines Produktes dienen.

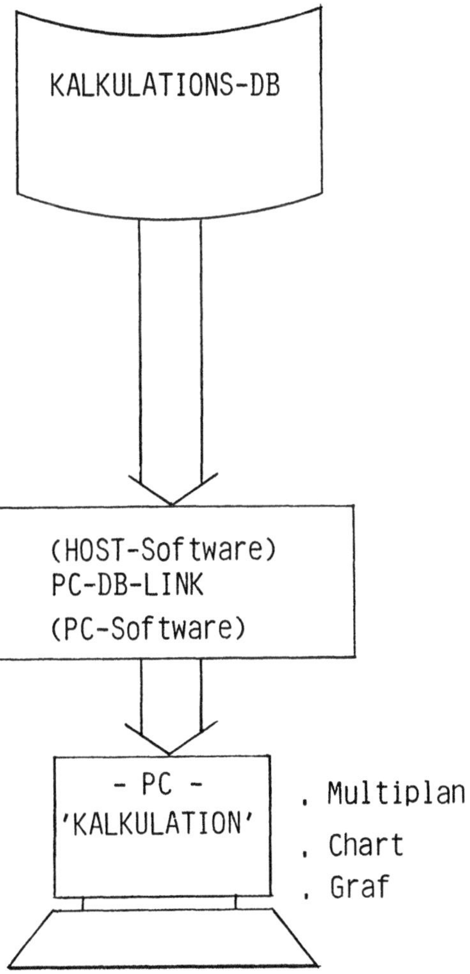
KALKULATIONS-DB
(HOST-Software)
PC-DB-LINK
(PC-Software)
- PC -
'KALKULATION'
. Multiplan
. Chart
. Graf

T E L E F O N A N L A G E

SACHNUMMER	BEZEICHNG	ANZ	MEK	MGK	FEK	FGK	AFGK	HK
4551114578	Apparate	8	10.845	1.847	526	2.368	368	15.954
			75.915	8.569	3.682	16.576	2.547	107.289
7415896325	Zentrale	1	20.368	3.514	12.854	40.867	3.998	81.601
8792574196	Baugruppe	4	4.869	326	3.298	12.397	2.356	23.246
			14.607	978	9.894	37.191	4.578	67.248
7823658947	Baugruppe	2	6.897	725	1.368	5.533	1.529	16.052
			6.897	725	1.368	5.533	1.529	16.052
WERT 1985			145.587	17.854	33.663	141.021	18.745	356.870
GESAMTSUMME1986			140.398	16.684	32.990	120.465	16.905	327.442
STVP			0	0	0	0	0	502.368
LISTENPREIS			0	0	0	0	0	879.456

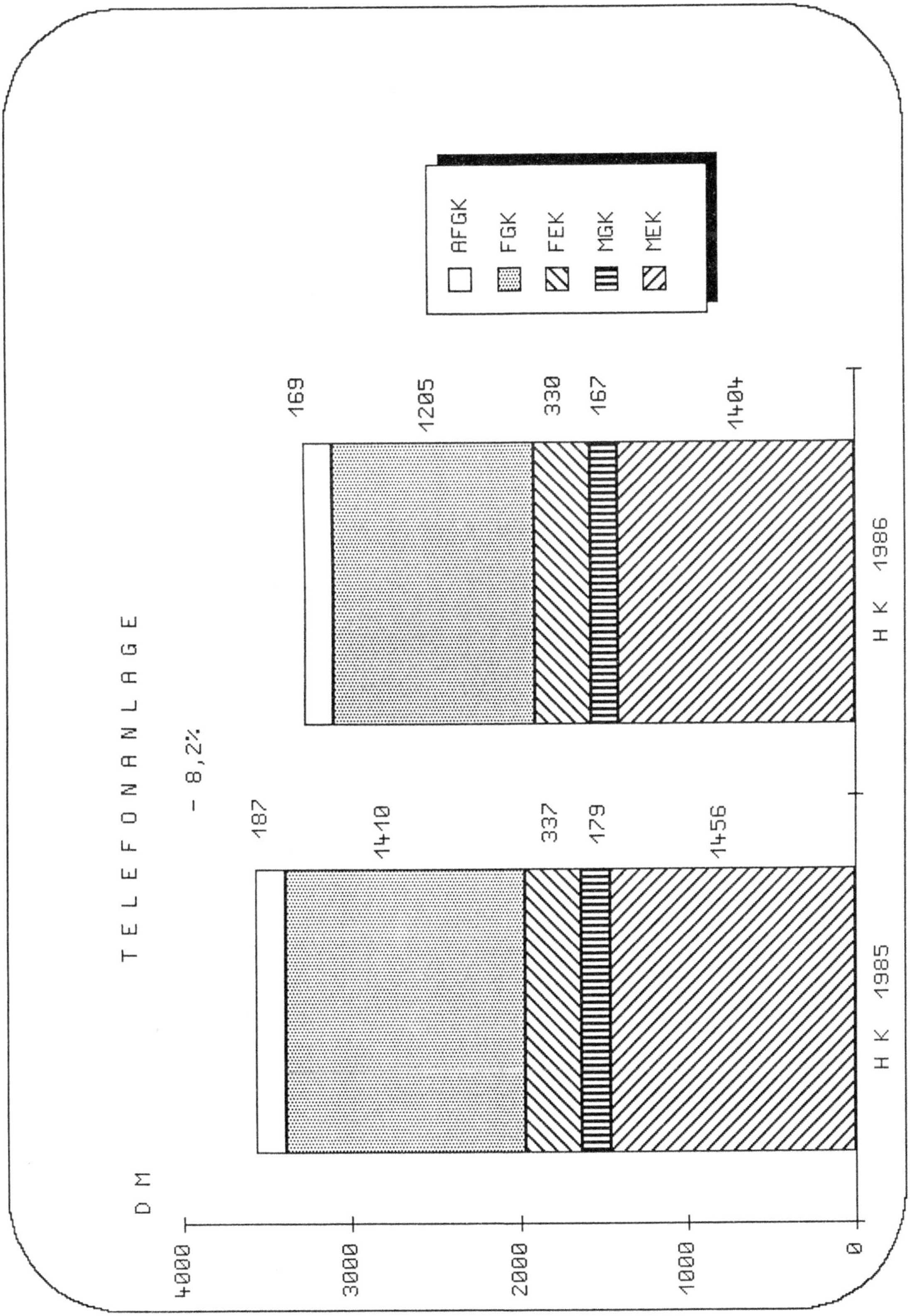
TELEFONANLAGE
- 8,2%
DM
4000
3000
2000
1000
0
187
1410
337
179
1456
169
1205
330
167
1404
HK 1985
HK 1986
AFGK
FGK
FEK
MGK
MEK

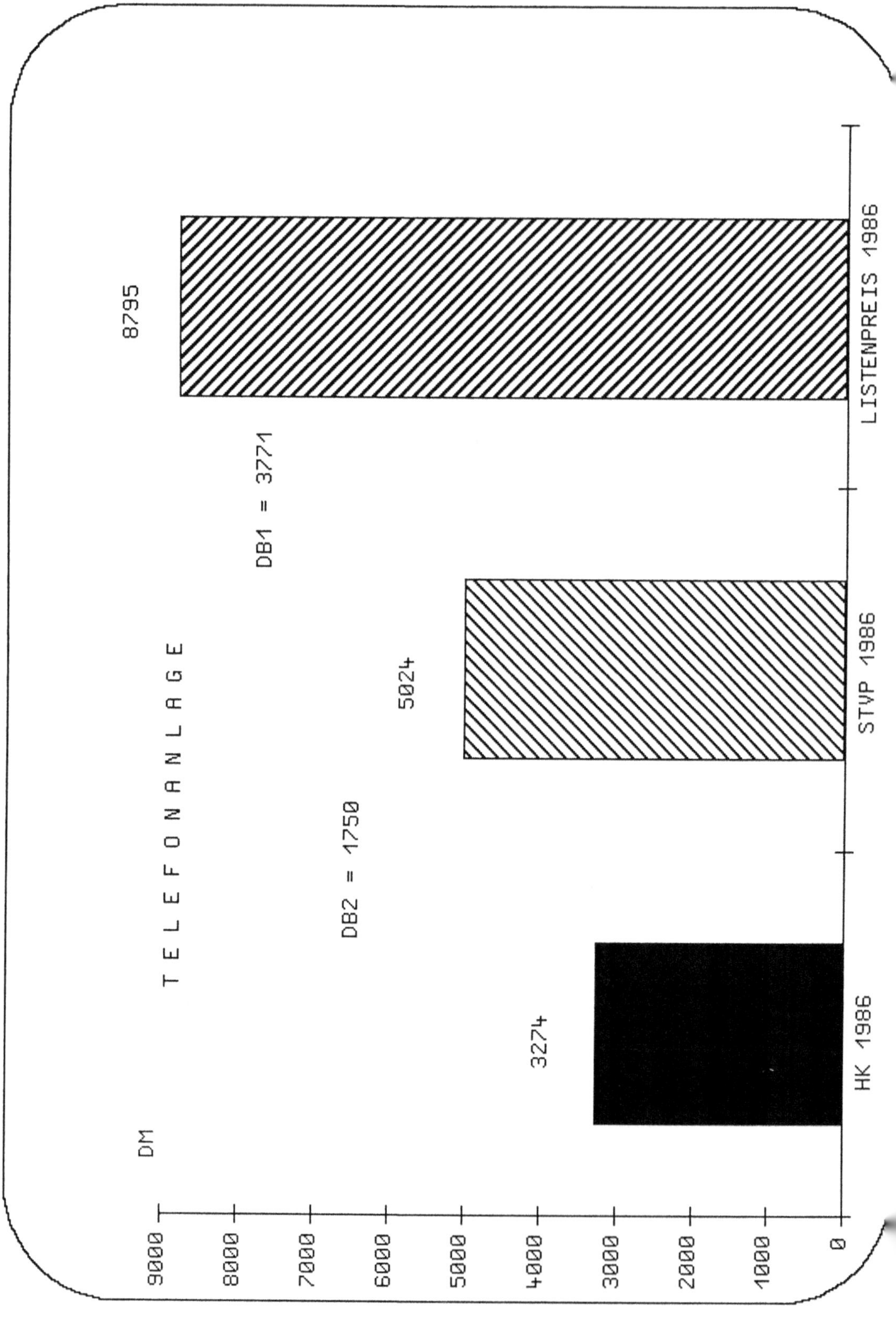
TELEFONANLAGE
DM
9000
8000
7000
6000
5000
4000
3000
2000
1000
0
3274
5024
8795
DB2 = 1750
DB1 = 3771
HK 1986
STVP 1986
LISTENPREIS 1986

D Neue Bilanzrichtlinien, CIM, projektorientierte Kosten- und Leistungsrechnung, Kostenträgerrechnung

Die Auswirkungen des Bilanzrichtlinien-Gesetzes auf das interne Rechnungswesen

Prof. Dr. K. Küting, Universität des Saarlandes, Saarbrücken

Gliederung:

7. Saarbrücker Arbeitstagung 1986
Rechnungswesen und EDV
hrsg. v. W. Kilger/A.-W. Scheer

2.3. Einzelfragen

2.3.1. Geringwertige Wirtschaftsgüter

2.3.2. Festbewertung

2.3.3. Niedrigverzinsliche - bzw. unverzinsliche Darlehn

Für die deutsche Bilanzierungspraxis ist zum 1.1.1986 ein neues Bilanzrecht in Kraft getreten, nachdem auf der Grundlage des Bilanzrichtlinien-Gesetzes gleichzeitig die 4., 7. und 8. EG-Richtlinie in deutsches Recht überführt wurden. Soweit die Vorschriften für den Einzelabschluß[1)] betroffen sind, müssen die neuen Regelungen auf alle Jahresabschlüsse solcher Geschäftsjahre angewendet werden, die nach dem 31.12.1986 beginnen. Die Vorschriften für den Konzernabschluß sind zwar erst für das am 1.1.1990 oder im Laufe des Jahres 1990 beginnende Geschäftsjahr zu beachten; Tatsache wird aber sein, daß die meisten deutschen Konzerne sowohl die Einzel- als auch die Konzernabschlüsse bereits 1987 gemeinsam umstellen werden.

Mit den neuen Rechnungslegungsvorschriften werden die Offenlegungs- und Prüfungspflichten erheblich erweitert. Darüber hinaus wird die deutsche Bilanzierungspraxis mit teilweise vollkommen neuen Bilanzierungsvorschriften konfrontiert. Dieser Einschnitt ist bedeutend gravierender als jene Situation, die sich mit der Änderung des Aktiengesetzes 1965 darstellte.

Obwohl das Bilanzrichtlinien-Gesetz das externe Rechnungswesen geändert hat, ergeben sich hierdurch aber auch Rückwirkungen auf das interne Rechnungswesen. Auf zwei der wichtigsten Folgen möchte ich im Rahmen meines Referates eingehen.

(1) Während bislang nach herrschender Meinung die variablen Kosten die Wertuntergrenze der handelsbilanziellen Herstellungskosten bildeten, stellen nunmehr nach neuem Bilanzrecht die Einzelkosten die Wertuntergrenze dar.[2)] Will der Bilanzierende den neuen Bewertungsspielraum nutzen, ergeben sich hierdurch erhebliche Auswirkungen auf die Gestaltung der Kostenrechnung.

(2) Während das Aktiengesetz 1965 bei der Gestaltung des Anlagenspiegels die sog. direkte Netto- oder die sog. indirekte Bruttomethode vorsah, ist künftig allein noch die sog. direkte Bruttomethode[3)] erlaubt. Hierdurch wird die Anlagenabrechnung gezwungen, völlig andere Informationen zur Verfügung stellen zu müssen.

Eine weitere wichtige Auswirkung des Bilanzrichtlinien-Gesetzes auf das interne Rechnungswesen ergibt sich aus der Neuregelung, daß auch das Umsatzkostenverfahren als Gestaltungsform der externen Erfolgsrechnung gewählt werden kann. Hierauf geht in einem gesonderten Referat Herr Weber ein.

1. Die Wertuntergrenze der handelsbilanziellen Herstellungskosten

1.1. Grundlagen

Das Aktiengesetz von 1965 enthält keine Legaldefinition der handelsrechtlichen Herstellungskosten, sondern vermerkt lediglich in § 153 Abs. 2: "Bei der Berechnung der Herstellungskosten dürfen in angemessenem Umfang Abnutzungen und sonstige Wertminderungen sowie angemessene Teile der Betriebs- und Verwaltungskosten eingerechnet werden, die auf den Zeitraum der Herstellung entfallen; Vertriebskosten gelten nicht als Betriebs- und Verwaltungskosten." Diese nur fragmentarische Umschreibung sowie die nicht eindeutige Verwendung einzelner Kostenbegriffe führten dazu, daß bis heute mehrere Ermittlungsfragen der handelsrechtlichen Herstellungskosten nicht eindeutig geklärt wurden.

Im Gegensatz zum Aktiengesetz von 1965 enthält das Bilanzrichtlinien-Gesetz in § 255 Absatz 2 erstmals eine relativ umfassende Definition der Herstellungskosten. Danach sind Herstellungskosten die "Aufwendungen, die durch den Verbrauch von Gütern und die Inanspruchnahme von Diensten für die Herstellung eines Vermögensgegenstands, seine Erweiterung oder für eine über seinen ursprünglichen Zustand hinausgehende wesentliche Verbesserung entstehen". Diese Terminologie hat der Gesetzgeber nahezu vollständig aus Abschnitt 33 der Einkommensteuerrichtlinien (= EStR) übernommen, obwohl materiell der handelsbilanzmäßige und steuerrechtliche Herstellungskostenbegriff nach wie vor noch erhebliche Unterschiede aufweisen.

Im einzelnen ist der Herstellungskostenbegriff nach neuem Bilanzrecht wie folgt zu erläutern:

(1) Unter Herstellung ist nicht nur der technische Vorgang "Fertigung" - also die Produktion im engeren Sinne - zu verstehen, vielmehr schließt der Begriff "die Beschaffung, den Transport und die Lagerung der zur Fertigung benötigten Kostengüter (Produktionsfaktoren) ein"[4].

(2) Es ist davon auszugehen, daß der Gesetzgeber nunmehr in § 255 Abs. 2 alle Bestandteile der Herstellungskosten erschöpfend aufzählt. Demnach können weitere - in § 255 Abs. 2 nicht genannte - Kostenarten nicht zum Herstellungskostenbegriff gerechnet werden.

(3) Der Gesetzgeber hält nach wie vor am Begriff der Herstellungskosten fest, obwohl er nicht von jenem Kostenbegriff ausgeht, wie er allgemein üblich in der Betriebswirtschaftslehre definiert und verwendet wird. Während unter Kosten der bewertete sachziel-(leistungs-) bezogene Güterverbrauch erfaßt wird, stellt der Gesetzgeber auf den sog. pagatorischen Herstellungsaufwand ab; denn als handelsrechtliche Herstellungskosten wird nur der Werteverzehr klassifiziert, der auch eine Ausgabe hervorgerufen hat

(sog. aufwands- oder ausgabengleiche Kosten). Somit sind weder die kalkulatorischen Zusatzkosten - wie zum Beispiel Eigenkapitalzinsen, kalkulatorische Mieten und der kalkulatorische Unternehmerlohn - noch die Differenz zwischen den Wiederbeschaffungs- und Anschaffungskosten Bestandteile der handelsrechtlichen Herstellungskosten.

(4) Das Bilanzrichtlinien-Gesetz unterscheidet ausdrücklich zwischen aktivierungspflichtigen Bestandteilen einerseits sowie aktivierungsfähigen, aber nicht aktivierungspflichtigen Elementen andererseits. Voraussetzung der aktivierungspflichtigen Bestandteile ist der Charakter von Einzelkosten - also Kosten, die direkt (unmittelbar) einem Bezugsobjekt zugerechnet werden können. Zu den aktivierungspflichtigen Elementen rechnet der Gesetzgeber ausdrücklich die Fertigungseinzelkosten, die Materialeinzelkosten und die Sonderkosten der Fertigung. Diese drei Kategorien der verursachungsgerecht zurechenbaren Einzelkosten bilden die Wertuntergrenze der Herstellungskosten nach dem Bilanzrichtlinien-Gesetz und müssen in jedem Fall aktiviert werden; es sind die mindestens aktivierungspflichtigen Herstellungskosten.

Gemeinkosten - also jene Kosten, die nur im Wege der Schlüsselung und Umlage den einzelnen Bezugsobjekten zugerechnet werden können - bilden somit keine Bestandteile der Wertuntergrenze. Da jedoch die Gemeinkosten meist sehr erheblich sind und sich ihr Anteil "infolge erhöhter Mechanisierungsgrade, gestiegener Energiekosten, Erweiterungen des Sekundärbereichs und einer Zunahme der Verwaltungs-

und Vertriebskosten in den meisten Unternehmungen wesentlich erhöht"[5], kann bzw. muß ein Großteil - häufig sogar der überwiegende Teil - aller Kosten bei der Aktivierung außer Ansatz bleiben.

(5) Das Bilanzrichtlinien-Gesetz stellt somit bei der Bestimmung der Wertuntergrenze allein auf das Kriterium der Zurechenbarkeit von Kosten ab und läßt gleichzeitig das Verhalten der Kosten bei Beschäftigungsänderungen - also die Unterteilung in fixe und variable Kosten - völlig außer Betracht.

(6) Die Wertuntergrenze der Herstellungskosten des Bilanzrichtlinien-Gesetzes kann wie folgt ermittelt werden:

	Materialeinzelkosten
+	Fertigungseinzelkosten
+	Sonderkosten der Fertigung
=	Wertuntergrenze der Herstellungskosten

(7) Während das Bilanzrichtlinien-Gesetz die Wertuntergrenze nunmehr eindeutig regelt, ist die Untergrenze auf der Grundlage des Aktiengesetzes 1965 bis heute noch strittig. Die Ansichten reichen hier von einem Verbot bis hin zu einem Gebot der Aktivierung sämtlicher Gemeinkosten. Unbestritten ist nach übereinstimmender Meinung lediglich, daß die Materialeinzelkosten

und Fertigungseinzelkosten Pflichtbestandteile der Herstellungskosten bilden.

Strittig blieb die Behandlung der Gemeinkosten. "Die Ansichten reichen von der Annahme eines Wahlrechts bei der Einbeziehung sowohl der variablen als auch der fixen Gemeinkosten über die Verpflichtung zur Einbeziehung der varibalen Gemeinkosten, wobei hinsichtlich der fixen Kosten z.T. ein Einbeziehungsverbot und z.T. ein Einbeziehungswahlrecht angenommen wird, bis zur Annahme einer Pflicht zur Berücksichtigung fast sämtlicher Gemeinkosten".[6)]

Mehrheitlich wurde in der Literatur als Wertuntergrenze des AktG 1965 die Summe der variablen Kosten betrachtet. Variable Kosten zeichnen sich dadurch aus, daß ihre Höhe sich verändert, wenn sich eine Beschäftigungsgröße ändert. Für bilanzielle Zwecke ist davon auszugehen, daß die Beschäftigungsgröße - ausgehend vom Prinzip der Einzelbewertung - nur die einzelne Mengeneinheit der durch das bilanzierende Unternehmen produzierten Vermögensgegenstände sein kann.

Auch wenn bei der Abgrenzung von fixen und variablen Kosten unter dem Bilanzierungsgesichtspunkt die gleiche Bezugsgröße wie bei der Abgrenzung von Einzel- und Gemeinkosten zu wählen ist, kann man doch nicht davon ausgehen, daß Einzelkosten mit variablen Kosten gleichzusetzen sind, während Gemeinkosten mit fixen Kosten übereinstimmen. Vielmehr unterscheiden sich die beiden Abgrenzungstatbestände dadurch, daß bei den Einzel- und Gemeinkosten auf das Kriterium der direkten Zurechenbarkeit von Kosten auf einzelne Bezugsgrößen abgestellt wird, während es bei der Abgrenzung von variablen und fixen Kosten um die Reagibilität einer Kostenart auf die Veränderung der festgelegten Kosteneinflußgröße geht.

Es gelten vielmehr folgende Zusammenhänge:

(a) Fixkosten sind immer Gemeinkosten. Gemeinkosten aber sind nicht immer Fixkosten, da sie auch variabel sein können.

(b) Einzelkosten sind stets variable Kosten, aber variable Kosten sind nicht immer Einzelkosten, da sie auch Gemeinkosten sein können.

Übersicht 1: Zum Verhältnis von Einzelkosten und variablen Kosten

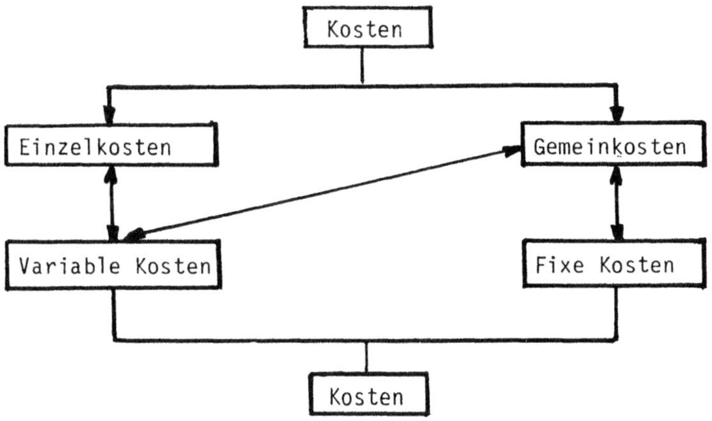

Damit ergibt sich bei der Bestimmung der Wertuntergrenze - wie der Übersicht 2 entnommen werden kann - im Vergleich zwischen § 153 Abs. 2 AktG 1965 und § 255 Abs. 2 ein wichtiger Unterschied; denn die Untergrenze

der Herstellungskosten ist in § 255 Abs. 2 enger gezogen, indem eben die variablen Gemeinkosten nun nicht mehr Bestandteil der Wertuntergrenze sind und somit zukünftig nicht mehr aktiviert werden müssen. Da die Gemeinkosten keineswegs ausschließlich als fixe Kosten anzusehen sind und viele Gemeinkostenarten vielmehr mehr oder weniger große Anteile proportionaler Kosten enthalten, bedeutet dies gleichzeitig, daß - vom Grundsatz her - nach neuem Recht den Unternehmen ein erhöhter bilanzpolitischer Spielraum eingeräumt wird; dies dürfte insbesondere im Bereich der Personalaufwendungen gelten.

Übersicht 2: Die Untergrenze der Herstellungskosten nach AktG 1965 und HGB

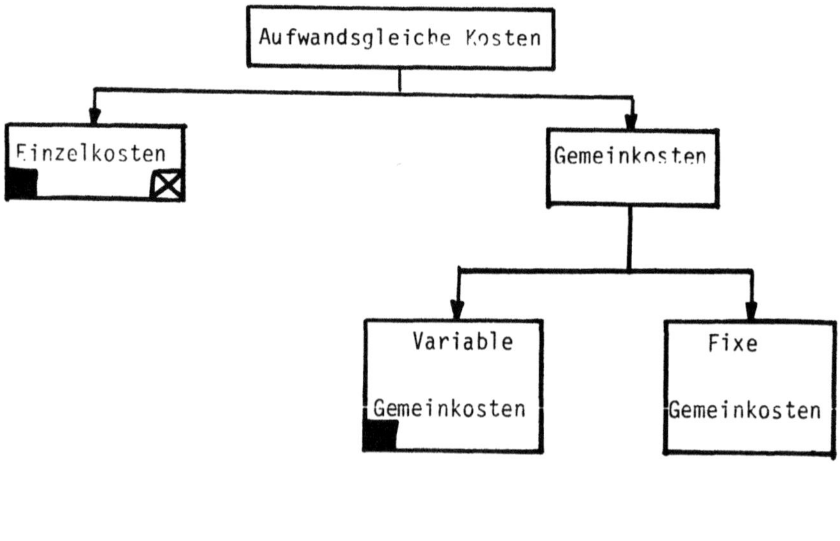

■ = Wertuntergrenze AktG 1965

☒ = Wertuntergrenze HGB

(8) Werden der Wertuntergrenze angemessene Teile der notwendigen Materialgemeinkosten, der notwendigen Fertigungsgemeinkosten, der Wertverzehr des Anlagevermögens, die Kosten der allgemeinen Verwaltung sowie die Aufwendungen für soziale Einrichtungen des Betriebes, für freiwillige soziale Leistungen und für betriebliche Altersversorgung sowie - unter bestimmten Voraussetzungen - Fremdkapitalzinsen hinzufügt, stellt diese so ermittelte Größe die Wertobergrenze - also die maximal ansetzbare Höhe der Herstellungskosten - dar. Diese Kostenelemente dürfen (können), müssen aber nicht angesetzt werden.

(9) Die Wertobergrenze der Herstellungskosten des Bilanzrichtlinien-Gesetzes stellt sich somit wie folgt dar:

Übersicht 3: Die Obergrenze der Herstellungskosten nach HGB

(siehe nächste Seite)

Übersicht 3: Die Obergrenze der Herstellungkosten nach HGB

Materialeinzelkosten	= Pflichtbestandteile
+ Fertigungseinzelkosten	
+ Sondereinzelkosten der Fertigung	
+ Materialgemeinkosten	= Wahlbestandteile
+ Fertigungsgemeinkosten	
+ Wertverzehr des Anlagevermögens	
+ Kosten der allgemeinen Verwaltung	
+ Aufwendungen für soziale Einrichtungen des Betriebes	
+ Aufwendungen für freiwillige soziale Leistungen	
+ Aufwendungen für betriebliche Altersversorgung	
+ Fremdkapitalzinsen[+]	
= Wertobergrenze	

[+]unter bestimmten Voraussetzungen

1.2. Einzelfragen

1.2.1 Definition der Einzelkosten

Gemeinkosten - also jene Kosten, die nur im Wege der Schlüsselung und Umlage den einzelnen Bezugsobjekten zugerechnet werden können - bilden keinen Bestandteil der Wertuntergrenze. Die Verteilung der Gemeinkosten auf die Bezugsobjekte erfolgt "proportional zu Hilfsgrößen (Schlüsseln), die für die jeweiligen Bezugsgrößen durch Messung, Zählung oder Errechnung festgestellt oder aufgrund bestimmter Annahmen festgelegt werden. Bei diesen Hilfsgrößen handelt es sich um Abschreibungssätze u.ä. zur Errechnung von Zeitraumgemeinkosten, um Verteilungs- oder Umlageschlüssel für die Errechnung der Gemeinkosten von Produktionsphasen, um Äquivalenzziffern und Zuschlagsgrundlagen zur Kalkulation von Trägergemeinkosten"[7)]. Da die Gemeinkosten heute bereits in vielen Fällen die Einzelkosten übersteigen und ihre relative Bedeutung ständig zunimmt[8)], liegt in dem hier vom Gesetzgeber eingeräumten Bewertungsspielraum ein wichtiges Instrument der Bilanzpolitik. Der Bilanzierende kann mit Hilfe dieses Instruments einen erheblichen Einfluß sowohl auf die Darstellung der Vermögens- als auch auf die Darstellung der Ertragslage nehmen.

Das Begriffspaar Einzel- und Gemeinkosten wird ausdrücklich auch im Einkommensteuerrecht (Abschn. 33 EStR) genannt. Im Rahmen der steuerrechtlichen Bestandsbewertung wirft die Trennung von Einzel- und Gemeinkosten jedoch keine weiteren Probleme auf, da die Wertuntergrenze der steuerrechtlichen Herstellungskosten bedeutend weiter als die handelsbilanzielle Wertuntergrenze gezogen worden ist und im Steuerrecht neben den Einzelkosten nahezu alle Gemeinkosten Pflichtbestandteile der Herstellungskosten sind.

Die größte Bedeutung hat das Begriffspaar Einzel- und Gemeinkosten bislang in der Kostenrechnung. Die direkte bzw. indirekte Zurechnung wird in Abhängigkeit vom jeweiligen Bezugsobjekt gesehen, wobei sich das Bezugsobjekt je nach Art der kostenrechnerischen Fragestellung ändern kann. In Abhängigkeit vom Bezugsobjekt wird z.B. zwischen Kostenstellen-, Perioden- oder Kostenträgereinzel- bzw. Gemeinkosten unterschieden.

Im Rahmen der handelsbilanziellen Bestandsbewertung kommt den Kostenstellen- und Periodeneinzelkosten keine Bedeutung zu, vielmehr ist allein auf Kostenträgereinzelkosten abzustellen. Bei diesen Kostenträgereinzelkosten wiederum ist zwischen Kosten zu unterscheiden, die sich auf alle Mengeneinheiten gemeinsam oder aber auf eine einzelne Mengeneinheit eines Kostenträgers beziehen. In Abhängigkeit von dieser Unterscheidung können so Einzelkosten einer Kostenträgerart gleichzeitig Gemeinkosten der Leistungseinheit werden.

Ausgehend vom Prinzip der Einzelbewertung, wonach jeder Vermögensgegenstand bei der Bilanzaufstellung einzeln zu erfassen und zu bewerten ist, kommt vom Grundsatz her als Bezugsobjekt allein die einzelne Mengeneinheit eines Kostenträgers in Betracht. Für dieses Ergebnis spricht im übrigen auch die Überlegung, daß bei Zugrundelegung der Gesamtheit der Leistungseinheiten eines Kostenträgers in einem Einproduktunternehmen ein kurioses Ergebnis erzielt würde; denn in diesem Fall wären alle Kosten zwangsläufig gleichzeitig auch Einzelkosten.

Folglich ist auf das Bezugsobjekt "einzelne Leistungseinheit" abzustellen.

Dabei ist zunächst Voraussetzung, daß die Zurechnung auf das einzelne Stück "gemäß nachweisbaren eindeutigen quantitativen Zusammenhängen zwischen Kosten und Leistungen"[9] erfolgt. Einzelkosten sind dann diejenigen direkt meßbaren Kosten, die nicht entstehen würden, wenn die jeweils betrachtete Kostenträgereinheit wegfiele. Die auf dieser Grundlage definierten Einzelkosten sind daher stets "variable Kosten, da sie durch die Produktion eines Stückes verursacht werden. Sie können vermieden werden, wenn dieses Stück nicht produziert würde".[10] Zu den Einzelkosten zählen somit nicht die Kosten, die auch im Fall einer Nichtproduktion eines einzelnen Stücks anfielen. Hierzu zählen insbesondere die fixen Gemeinkosten, die ganz unabhängig von der Beschäftigungsmenge auftreten.

Neben den fixen Gemeinkosten gibt es jedoch auch solche Gemeinkosten, die von der Beschäftigungsmenge abhängig und damit variabel sind. Hierunter fallen zunächst die sog. unechten Gemeinkosten. Sie werden primär aus Praktikabilitätsgründen nicht direkt den einzelnen sie verursachenden Kostenträgern zugerechnet, sondern zusammen mit den echten Gemeinkosten im Wege einer Schlüsselung bzw. Proportionalisierung. Während bislang in der Kostenrechnung der Block der unechten Gemeinkosten für unternehmensinterne Zwecke beliebig abgegrenzt werden konnte, werden künftig für handelsbilanzielle Zwecke Grenzen gezogen, da durch eine entsprechende Abgrenzung der unechten Gemeinkosten die Wertuntergrenze beeinflußt werden könnte. Zwar ist das Wirtschaftlichkeitsprinzip der Rechnungslegung zu beachten, wonach auch im Rahmen dieser Fragestellung nicht der letzte Genauigkeitsgrad verlangt werden kann; gleichwohl sollte verstärkt die bislang schon vertretene kostenrechnerische Regel beachtet werden, wonach unechte Gemeinkosten weitgehend vermieden werden sollten.

Weiterhin gehören hierzu jene variaben Kosten, die zwar Einzelkosten der Kostenträgerart sind, gleichzeitig aber Gemeinkosten der Leistungseinheit darstellen. Hierzu können u.a. Frachtkosten, Kosten für Betriebsstoffe und Werkzeuge sowie leistungsbedingte Abschreibungen zählen. Diese Kostenkategorie braucht künftig nicht in die Wertuntergrenze der Herstellungskosten einbezogen zu werden.

Zu den **verbleibenden aktivierungspflichtigen Herstellungskosten** zählen insbesondere die Anschaffungskosten der verbrauchten Roh- und Hilfsstoffe und sonstige stückbezogene Material- und Fertigungskosten. Soweit Aufwendungen jedoch nicht stückbezogen, sondern zeit- und/oder auf mehrere Leistungseinheiten eines Kostenträgers bezogen anfallen, wie im Regelfall die Gehalts- und Lohnkosten (von den verschiedenen Akkordlohnformen abgesehen) und insbesondere die Gehalts- und Lohnnebenkosten (wieder von bestimmten Kosten in stückbezogenen Akkordsystemen abgesehen), gehören sie nach dieser Definition nicht zu den aktivierungspflichtigen Herstellungskosten i.S.d. § 255 Abs. 2.

1.2.2. Definition der Leistungseinheit

Neben dem Problem des engen Zusammenhangs zwischen Kostenträgerrechnung und dem Begriff der Einzelkosten ergibt sich eine weitere Schwierigkeit aufgrund der Relativität der Einzelkosten. Die Abgrenzung der Kostenarten, die als Einzelkosten anzusehen sind, hängt wesentlich von dem Bezugsobjekt ab. Dies wird besonders deutlich, wenn man die kostenrechnerischen Überlegungen von RIEBEL betrachtet. Nach seinen Überlegungen sind Einzelkosten in Abhängigkeit von unternehmerischen Entscheidungen zu definieren und erhalten demnach eine andere Dimension, je nachdem auf welcher Unternehmensebene die Entscheidung angesiedelt ist; RIEBEL spricht daher auch von den relativen Einzelkosten.

Für bilanzielle Zwecke ist diese Abgrenzung zwar unerheblich, vielmehr ist in Abhängigkeit vom Einzelbewertungsgrundsatz die einzelne zu bewertende Leistungseinheit als Kostenträger zu definieren. So eindeutig diese Aussage ist, für die praktische Tätigkeit beinhaltet sie wesentliche Probleme. Dies wird deutlich, wenn man bedenkt, daß in einem Unternehmen möglicherweise eine bestimmte Leistungseinheit in unterschiedlichen Ausprägungen angeboten wird. So findet man möglicherweise in einer Brauerei letztlich lediglich das Produkt Bier. Bei der Abgrenzung der Leistungseinheit ergibt sich jedoch die Frage, ob als Kostenträger ein Liter Bier, eine Flasche Bier, ein Kasten Bier oder ein Faß Bier in einer bestimmten Größe zu verwenden ist. Für bilanzielle Zwecke dürfte davon auszugehen sein, daß die sog. Leistungseinheiten immer dann als einzelne Kostenträger zu verwenden sind, wenn diese unterschiedlichen Ausprägungen des gefertigten Produkts marktgängig angeboten werden. Die Konsequenz hieraus ist, daß Kostenarten, die Einzelkosten einer definierten Leistungseinheit darstellen, für eine andere Leistungseinheit als Gemeinkosten klassifiziert werden können.

1.2.3. Definition der Sonderkosten der Fertigung

Sowohl die Fertigungseinzelkosten als auch die Materialeinzelkosten sind seit jeher als Pflichtbestandteil der Herstellungskosten betrachtet worden; ihr Begriffsinhalt ist fest umrissen. Diese Aussagen gelten nicht für die Sonderkosten der Fertigung, die nach neuem Recht ebenfalls Pflichtbestandteil der Herstellungskosten sind; denn zum einen ist der gewählte Begriff in der Betriebswirtschaftslehre unbekannt und zum anderen stellt dieser Begriff auch gesetzesterminologisch eine Neuschaffung dar.

Begrifflich können Sonderkosten der Fertigung sowohl Einzel- als auch Gemeinkosten umfassen. Gleichwohl dürften Sonderkosten der Fertigung allein i.S.v. Sondereinzelkosten der Fertigung zu interpretieren sein. Dies gilt insbesondere aus folgenden Gründen:

(1) Die Begründung zum Regierungsentwurf verweist darauf, daß bei der Definition der Herstellungskosten "eine inhaltlich über-

einstimmende" (BT-Drucks. 10/317, S. 88) Formulierung mit Art. 35 Abs. 3 der 4. EG-Richtlinie gewählt wurde. Dieser Art. jedoch beinhaltet unter Buchstabe a explizit die Vorschrift, daß nur die "unmittelbar zurechenbaren Kosten" als Mindestumfang der Herstellungskosten anzusehen sind.

(2) Auch in § 255 Abs. 2 führt der Gesetzgeber mit den Material- und Fertigungskosten nur Einzelkosten als Bestandteile der Wertuntergrenze an und schließt somit ausdrücklich Fertigungs- und Materialgemeinkosten aus. Ganz offensichtlich geht der Gesetzgeber daher von der Konzeption aus, daß nur Einzelkosten in die Pflichtbestandteile der Herstellungskosten einzubeziehen sind. Es ist daher nicht einzusehen, warum der Gesetzgeber auf dem Weg einer neuen und strittigen Begriffsbildung von diesem Grundsatz abweichen sollte.

In der Literatur werden Sondereinzelkosten der Fertigung unterschiedlich definiert. Nach HABERSTOCK sind Sondereinzelkosten "zwar nicht pro Stück, aber pro Auftrag erfaßbar"[11], und KILGER sieht das charakteristische Merkmal darin, daß sie "für mehrere Kalkulationseinheiten gemeinsam"[12] anfallen, so daß sie entsprechend aufgeteilt werden müssen. Als klassische Beispiele der Sondereinzelkosten der Fertigung werden Kosten für Modelle, Spezialwerkzeuge, Vorrichtungen und Entwurfskosten genannt.

Diese Beispiele werden auf der Grundlage des § 255 Abs. 2 nur dann als Sondereinzelkosten der Fertigung einzustufen sein, wenn sie "nach der Intention einer möglichst umfassenden direkten Zuordnung"[13] der Kosten auf eine einzelne Mengeneinheit neben Einzelmaterial und Einzellohn als Produkteinzelkosten verrechnet werden können. Als Sondereinzelkosten der Fertigung werden somit alle außer Fertigungsmaterial und Fertigungslohn unmittelbar auf eine einzelne Leistungseinheit zu verrechnenden Einzelkosten definiert. Hierzu zählen z.B. eine stückbezogene Lizenzgebühr oder bestimmte Verbrauchsteuern (z.B. Biersteuer).

Der überwiegende Teil der bisher als Sondereinzelkosten der Fertigung verstandenen Kostenarten erfüllt die obigen Bedingungen nicht, da i.d.R. die Voraussetzung des Stückbezugs nicht gegeben ist. Es handelt sich dann um Sondergemeinkosten der Fertigung als Unterkategorie der Fertigungsgemeinkosten, die nicht aktivierungspflichtig, sondern lediglich aktivierungsfähig sind.

1.2.4. Probleme der Kostenträgerstückrechnung

Der Begriff der Einzelkosten wurde bislang primär im internen Rechnungswesen verwendet. Hier haben Einzelkosten insbesondere in jenem Teilbereich der Kostenrechnung Bedeutung erlangt, der als Kostenträgerstückrechnung bezeichnet wird und dessen Aufgabe darin besteht, "die Kosten zu ermitteln, die auf die einzelnen Produkt- oder Auftragseinheiten entfallen".[14] Der Einzelkostenbegriff beinhaltet darüber hinaus eine enge Verbindung zur Zuschlagskalkulation als einem bestimmten Kalkulationsverfahren der Kostenträgerstückrechnung. "Zuschlagskalkulationen sind dadurch gekennzeichnet, daß stets eine Trennung von Einzel- und Gemeinkosten vorgenommen wird. Während man die Einzelkosten den Leistungen direkt zurechnet, werden die Gemeinkosten mit Hilfe von Kalkulationssätzen zugeschlagen"[15].

Sämtliche anderen Kalkulationsverfahren, die den rechnerischen Aufbau einer Kalkulation determinieren, setzen in ihrer Grundform eine solche Trennung zwischen Einzel- und Gemeinkosten nicht voraus; eine solche Unterteilung ist bei allen anderen Kalkulationsverfahren unbekannt. Die Divisionskalkulation zum Beispiel dient der Ermittlung der Stückkosten absatzbestimmter Produkte. Ohne Trennung der Kosten in Einzel- und Gemeinkosten werden die für eine Produktart angefallenen Kosten mit Hilfe geeigneter Bezugsgrößen (sog. Zuschlagsbasen) zugerechnet, und auch bei der Äquivalenzziffernkalkulation werden die Gesamtkosten der Periode auf die Gesamtzahl der Rechnungseinheiten bezogen.

Dies wirft zunächst ganz generell die Frage auf, ob der Gesetzgeber das in der Praxis gebräuchlichste Verfahren der Zuschlagskalkulation als das einzig zulässige Kalkulationsverfahren ansieht, wenn er ausdrücklich lediglich die Einzelkosten als Bestandteil der Wertuntergrenze definiert. Das bedeutete gleichzeitig, daß der Gesetzgeber indirekt auch Normen für die Gestaltung des internen Abrechnungssystems schaffen würde, da nur die Zuschlagskalkulation die erforderlichen Daten der aktivierungspflichtigen Herstellungskosten liefern kann. Das bedeutete weiterhin, daß ein Unternehmen die Kostenträgerstückrechnung auf der Basis einer Zuschlagskalkulation aufbauen müßte, wenn es den eingeräumten bilanzpolitischen Spielraum nutzen will, nur den gesetzlichen Mindestumfang der Herstellungskosten für die Bilanzierung zu wählen.

Darüber hinaus stellt sich die Frage, ob die Verwendung eines Kalkulationsverfahrens, das nicht der Zuschlagskalkuation entspricht, überhaupt zur Ermittlung der bilanziellen Herstellungskosten verwendet werden kann. Prinzipiell kann festgestellt werden, daß sämtliche Kalkulationsverfahren, die die Möglichkeit der notwendigen Korrekturen der kostenrechnerischen Werte hin zu den bilanziellen Werten ermöglichen, vom Grundsatz her den bilanziellen Anforderungen genügen. Dies gilt z.B. uneingeschränkt sowohl für die Divisionskalkuation als auch für die Äquivalenzziffernkalkulation, sofern die Bestimmung der Wertobergrenze der Herstellungskosten angestrebt wird.

Die Divisionskalkulation und Äquivalenzziffernkalkulation versagen jedoch bei der Fixierung des gesetzlich zulässigen Mindestumfangs der Herstellungskosten, sofern diese Kalkulationsverfahren lediglich entsprechend ihren arteigenen Anforderungen ausgestaltet sind und keine Sonderrechnungen in Form von Teil- oder Partialkostenrechnungen angestellt werden.

Es kann somit festgehalten werden, daß der Gesetzgeber mit § 255 Abs. 2 kein bestimmtes Verfahren der Kostenträgerstückrechnung vorgeschrieben hat. Dies hätte wohl auch nicht im Rahmen seiner grundgesetzlichen Ermächtigungsbefugnis gelegen. Will der Bilanzierende jedoch den gesetzlich eingeräumten Bewertungsspielraum nutzen und eine Bestandsbewertung auf der Grundlage der aktivierungspflichtigen Einzelkosten vornehmen, muß er entweder gleich die Zuschlagskalkulation wählen oder aber mit einem erheblichen Mehraufwand verbundene Sonderrechnungen anstellen. Bemerkenswert ist jedoch in jedem Fall, daß der Gesetzgeber durch den Wortlaut des § 255 Abs. 2 eindeutig eine bestimmte Form der Kostenträgerstückrechnung präferiert.

1.2.5. Fragen der Kuppelproduktion

Ein besonderes Problem bei der Bestimmung der Einzelkosten stellt die Kuppelproduktion dar. Unternehmen, die lediglich Kuppelproduktion betreiben, brauchen bei einer wörtlichen Auslegung des § 255 Abs. 2 unter Beachtung des Einzelbewertungsgrundsatzes keine Herstellungskosten in Ansatz zu bringen, da es bei einer Kuppelproduktion ex definitione keine Einzelkosten gibt. Das aber kann der Gesetzgeber bei der Bedeutung der Kuppelproduktion in einzelnen Wirtschaftszweigen (z.B. Chemie- oder Mineralölindustrie) nicht beabsichtigt haben. Eine solche Lösung würde auch unvereinbar sein mit der Forderung an den Jahresabschluß jedenfalls der Kapitalgesellschaft gem. § 264 Abs. 2, daß er die Vermögens-, Finanz- und Ertragslage zutreffend darstellt.

Eine Lösung kann nur darin gesehen werden, daß als Bezugsobjekt zur Abgrenzung der Einzelkosten die gesamte Kuppelproduktion zu wählen und sodann mit Zurechnungsfiktionen zu arbeiten ist, wie sie analog im Rahmen der kostenrechnerischen Kalkulation praktiziert werden.

Die Restwert- oder Subtraktionsmethode findet dann Anwendung, wenn die Kuppelprodukte in ein Haupt- und ein oder mehrere Nebenprodukte unterteilt werden können. "Hierbei versteht man unter dem Hauptprodukt das Kuppelprodukt, dessen Herstellung in erster Linie geplant ist, weil sein ökonomischer Wert weit über dem der Nebenprodukte liegt." [16)] Die Herstellungskosten der Kuppelproduktion werden dann "um die Nettoerlöse der Nebenprodukte abzüglich der von diesen zusätzlich verursachten Kosten vermindert und der Saldo dem Hauptprodukt nach dem Divisionsprinzip zugerechnet".[17)] Zur Ermittlung der bilanziellen Untergrenze der Herstellungskosten wäre eine weitere Reduzierung um die anteiligen Gemeinkosten erforderlich. Da jedoch die Gemeinkosten lediglich als Kostenblock der gesamten Kuppelproduktion bekannt sind, ist eine exakte Zuordnung nicht möglich. Lediglich in Ausnahmefällen sollte eine Vereinfachungsregelung erlaubt werden, wonach alle Gemeinkosten dem Hauptprodukt zuzurechnen wären. Voraussetzung hierfür jedoch wäre, daß das Hauptprodukt eine dominierende Stellung einnimmt und die Nebenprodukte völlig untergeordnet sind.

Vielfach kann im Rahmen einer Kuppelproduktion keine Trennung in ein Hauptprodukt und ein oder mehrere Nebenprodukte vorgenommen werden. In dieser Situation kann das Verteilungs- oder Äquivalenzziffernverfahren Anwendung finden. Hier "werden die bei der Kuppelproduktion gemeinsam anfallenden Kosten mit Hilfe von Verteilungsschlüsseln auf die einzelnen Produkte umgelegt"[18], wobei als Verteilungsschlüssel z.B. die Umsatzerlöse, Mengenanteile oder physikalischen Eigenschaften denkbar sind. Unter Zugrundelegung dieser Verteilungsschlüssel wird dann auch der Einzelkostenblock der gesamten Kuppelproduktion auf die einzelnen Produkte verteilt.

Neben der Problematik, geeignete Verteilungsschlüssel zu finden, ergibt sich die Schwierigkeit, eine Trennung in Einzel- und Gemeinkosten der gesamten Kuppelproduktion vorzunehmen. Diese Trennung in Einzel- und Gemeinkosten wirft im übrigen auch im Rahmen der Restwertmethode die gleichen Probleme auf.

1.3. Zusammenfassung

(1) Das Begriffspaar Einzel- und Gemeinkosten gewinnt im Rahmen der handelsbilanziellen Bestandsbewertung erheblich an Bedeutung. Bislang wird diese Unterteilung vorwiegend im internen Rechnungswesen und hier primär für Zwecke der Kostenträgerrechnung vorgenommen. Auch im Steuerrecht (vgl. Abschn. 33 EStR) werden beide Begriffe - Einzel- und Gemeinkosten - ausdrücklich genannt. Im Rahmen der steuerrechtlichen Bestandsbewertung wirft die Trennung Einzel- und Gemeinkosten jedoch keine weiteren Probleme auf, da

neben den Einzelkosten nahezu alle Gemeinkosten Pflichtbestandteile der steuerrechtlichen Herstellungskosten sind. Indem die Kostenrechnung andere Zielsetzungen als die handelsbilanzielle Bestandsbewertung verfolgt und sich im Steuerrecht die Kostenspaltung in der erforderlichen Form nicht stellt, betritt die Bilanzierungspraxis mit der Bestimmung der handelsbilanziellen Untergrenze in Form der Einzelkosten weitgehend Neuland.

(2) Durch die Bestimmung, daß die Einzelkosten als Wertuntergrenze anzusehen sind, geht ein Einfluß auf die Gestaltung des internen Rechnungswesens eines Unternehmens aus. Da nur die Zuschlagskalkulation mit dem Begriffspaar der Einzel- und Gemeinkosten arbeitet, können nur in jenen Unternehmen ohne weiteres die erforderlichen Daten zur Bestimmung der Untergrenze bereitgestellt werden, die die Zuschlagskalkulation anwenden. Unternehmen, die mit der Divisions- oder Äquivalenzziffernkalkulation arbeiten, können von der bilanzpolitischen Möglichkeit, Vermögensgegenstände mit den Einzelkosten anzusetzen, nur dann Gebrauch machen, wenn eigens für die handelsbilanzielle Bestandsbewertung in einer Sonderrechnung die Trennung in Einzel- und Gemeinkosten vorgenommen wird.

(3) Des weiteren zeigt sich im Bereich der sog. unechten Gemeinkosten, daß die Qualität und der Genauigkeitsgrad des internen Rechnungswesens

einen Einfluß auf den Bilanzansatz zu Einzelkosten nehmen. Bei der Frage, wie weit der Vereinfachungsbereich gezogen werden darf, sind Konfliktpotentiale zwischen Bilanzierenden und Abschlußprüfern nicht auszuschließen.

(4) Als Bezugsobjekt der Einzelkosten kommt vom Grundsatz her nur die einzelne Leistungseinheit eines Kostenträgers in Frage. Würde der in der Kostenrechnung üblichen Definition gefolgt, wonach als Bezugsobjekt die Leistung des Kostenträgers insgesamt zu verstehen ist, würde dies in der Einproduktunternehmung zu dem kuriosen Ergebnis führen, daß alle Kosten gleichzeitig auch Einzelkosten wären.
Dies wäre auch unvereinbar mit dem Einzelbewertungsgrundsatz. Entscheidend für die bilanzielle Unterscheidung in Einzel- und Gemeinkosten kann nur sein, ob die entsprechenden Aufwendungen stückbezogen anfallen.

(5) Besondere Schwierigkeiten ergeben sich bei der Kostentrennung im Rahmen einer Kuppelproduktion. Da hier alle Kosten zwangsläufig für mehrere Produkte anfallen, können bei einer exakten Begriffsdefinition keine Einzelkosten auftreten. Bei einer Kuppelproduktion sollte daher als Bezugsobjekt der Einzelkosten die gesamte Kuppelproduktion gewählt werden. Es muß dann mit Zurechnungsfiktionen gearbeitet werden, wie sie analog im Rahmen der kostenrechnerischen Kalkulation Anwendung finden.

2. Das Anlagengitter nach der sog. direkten Bruttomethode

2.1. Grundlagen

Nach § 268 Abs. 2 sind, ausgehend von den "gesamten Anschaffungs- und Herstellungskosten, die Zugänge, Abgänge, Umbuchungen und Zuschreibungen des Geschäftsjahrs sowie die Abschreibungen in ihrer gesamten Höhe gesondert aufzuführen". In Anlehnung an die angelsächsische Praxis wird damit nunmehr ausschließlich die Anwendung der sog. direkten Bruttomethode vorgeschrieben, die im einzelnen wie folgt charakterisiert ist:

(1) Wie bei der indirekten Bruttomethode sind im Anlagengitter während der gesamten Nutzungsdauer die ursprünglichen Anschaffungs- und Herstellungskosten der Vermögensgegenstände auszuweisen. Die erste Spalte des Anlagengitters enthält damit Bruttowerte. Diese Bruttowerte sind auch dann auszuweisen, wenn der Vermögensgegenstand bereits voll abgeschrieben worden ist. Erst wenn das mengenmäßige Ausscheiden erfolgt, dürfen sie aus dem Anlagengitter herausgenommen werden.

(2) Im Unterschied zur indirekten Bruttomethode werden die aufgelaufenen Abschreibungen jedoch nicht mehr als Wertberichtigung zum Anlagevermögen passivisch ausgewiesen; vielmehr werden die kumulierten Abschreibungen von den Vermögensgegenständen aktivisch abgesetzt und

die (kumulierten) Zuschreibungen wieder hinzugerechnet. In die Endspalte des Anlagengitters gehen damit - wie bei der direkten Nettomethode - Nettowerte ein.

Bei der Darstellung der Entwicklung der einzelnen Posten des Anlagengitters ist auch nach künftigem Recht keine bestimmte Reihenfolge der Spalten vorgeschrieben. Unüblich ist jedoch bspw. der Ausweis der Abschreibungen vor den Zugängen, da der Gesamtbetrag der Abschreibungen i.d.R. auch Abschreibungen auf die im Geschäftsjahr zugegangenen Vermögensgegenstände enthält.

Die Zusammenfassung einzelner Spalten, z.B. der Zuschreibungs- und der Umbuchungsspalte, ist auch weiterhin zulässig. Mit der Zusammenfassung darf jedoch kein Informationsverlust einhergehen, d.h. die für jeden Bilanzposten ausgewiesenen Einzelbeträge einer Spalte müssen noch eindeutig erkennbar sein.

In der horizontalen Gliederung auftretende Leerspalten können weggelassen werden.

Ein auch aus betriebswirtschaftlicher Sicht sinnvoll gegliedertes Anlagengitter könnte nach künftigem Recht z.B. folgendes Aussehen haben:

Übersicht 4: Anlagengitter nach § 268 Abs. 2

Anschaffungs- und Herstellungskosten (historisch)	Zugänge +	Abgänge ./.	Umbuchungen + ./.	Zuschreibungen +	Abschreibungen (kumuliert) ./.	Stand am 31.12.	Buchwert am 31.12. Vorjahr

2.2. Inhalt der einzelnen Spalten

2.2.1. Kritische Anschaffungs- und Herstellungskosten

In der ersten Spalte des Anlagengitters werden die ursprünglichen (historischen) Anschaffungs- und Herstellungskosten sämtlicher im Unternehmen vorhandener Gegenstände des Anlagevermögens erfaßt. Zusätzlich sind hier in voller Höhe auch die Aufwendungen für die Ingangsetzung des Geschäftsbetriebs und dessen Erweiterung aufzunehmen, falls von dem Aktivierungswahlrecht des § 269 Gebrauch gemacht wurde. Das wesentliche Merkmal dieser Spalte ist also der Bruttoausweis, d.h. der ungekürzte Ausweis der ursprünglichen Anschaffungs- und Herstellungskosten.

2.2.2. Zugänge

Unter den Zugängen werden sämtliche im Geschäftsjahr erfolgten mengenmäßigen Ausweitungen von Gegenständen des Anlagevermögens verstanden, wobei diese Definition künftig vom Grundsatz her um die aktivierten Ingangsetzungs- und Erweiterungsaufwendungen des Geschäftsbetriebs erweitert werden muß. "Betriebswirtschaftlich sind Zugänge grundsätzlich Vermögensumschichtungen, sie sind als solche fast immer erfolgsneutral".[19]

Ein Ausweis als Zugang ist - geltendem Recht entsprechend - auch dann erforderlich, wenn die angeschafften oder hergestellten Vermögensgegenstände - wie bspw. die geringwertigen Wirtschaftsgüter - bereits im Jahr des Zugangs wieder in voller Höhe abgeschrieben werden. Lediglich solche Vermögensgegenstände, deren Anschaffungs- und Herstellungskosten 100,- DM nicht überschreiten, dürfen sofort als Aufwand verrechnet werden; in diesem Fall werden sie nicht in die Zugangsspalte des Anlagengitters aufgenommen.

Die Definition des Zugangs "als mengenmäßige Ausweitung" ist für immaterielle Vermögensgegenstände und für Aufwendungen für die Ingangsetzung und Erweiterung des Geschäftsbetriebs zu eng, da in diesen Fällen keine körperliche Zunahme von Vermögensgegenständen erfolgt. In diesen Fällen muß daher zwangsläufig mit einer Fiktion gearbeitet werden. Diese Fiktion könnte darin bestehen, daß der Zugang gleichzeitig mit der Buchung der jeweiligen Eingangsrechnung angenommen wird.

2.2.3. Abgänge

Unter Abgängen wird das mengenmäßige, d.h. körperliche Ausscheiden von Vermögensgegenständen aus dem Betriebsvermögen durch Verkauf, Tausch, Verschrottung, Entnahme oder aus einem sonstigen Anlaß wie z.B. Untergang auf Grund höherer Gewalt verstanden.

Die Spalte "Abgang" wird nach künftigem Recht - bedingt durch die Konzeption des Anlagengitters - völlig neu definiert. "Der Bruttoausweis in der Entwicklung des Anlagevermögens erfordert ..., daß Abgänge als solche in voller Höhe - also in der Höhe der für das ausgeschiedene Wirtschaftsgut insgesamt aktivierten Anschaffungs- oder Herstellungskosten - gezeigt werden müssen."[20] Dies bedeutet, daß im Falle des Ausscheidens eines Vermögensgegenstandes aus dem Unternehmen die historischen Anschaffungs- und Herstellungskosten, die kumulierten Abschreibungen und kumulierten Zuschreibungen, die auf diesen Vermögensgegenstand vorgenommen worden sind, aus den entsprechenden Spalten des Anlagengitters eliminiert werden müssen. Die Abgangsgröße nach künftigem Recht läßt sich daher ermitteln als:

	Buchwert des ausgeschiedenen Vermögensgegenstandes
+	auf den Abgang entfallende kumulierte Abschreibungen
./.	auf den Abgang entfallende kumulierte Zuschreibungen
=	Abgang (= historische Anschaffungs- und Herstellungskosten)

Da bei den aktivierten immateriellen Vermögensgegenständen und den als Bilanzierungshilfe erfaßten Aufwendungen für die Ingangsetzung und Erweiterung des Geschäftsbetriebs kein körperliches Ausscheiden erfolgt, ist für diesen Sachverhalt die Definition des Abgangs als mengenmäßige Abnahme zu eng. Auch hier muß - wie bereits beim Zugang - mit einer Annahme gearbeitet werden. Hier bietet sich an, den Abgang dann zu buchen, wenn die letzte Abschreibung auf die immateriellen Vermögensgegenstände oder auf die Bilanzierungshilfe vorgenommen wird. Mit dieser Fiktion wird erreicht, daß die historischen Anschaffungs- und Herstellungskosten, die kumulierten Abschreibungen und die (kumulierten) Zuschreibungen nicht während der gesamten Lebensdauer der Unternehmung im Anlagengitter ausgewiesen werden müssen.

2.2.4. Umbuchungen

"Umbuchungen zeigen weder Mengen- noch Wertänderungen ..., sondern lediglich Ausweisänderungen"[21] einzelner Anlagekategorien, d.h. sie stellen Vermögensumschichtungen bereits verbuchter Beträge innerhalb des Anlagengitters dar. Umgliederungen von Vermögensgegenständen des Umlaufvermögens in das Anlagevermögen bzw. von Vermögensgegenständen des Anlagevermögens in das Umlaufvermögen können als Umbuchung betrachtet oder aber als Zugang gebucht werden. "Sowohl für die eine als auch für die andere Handhabung lassen sich Begründungen finden. In der Praxis sind daher beide Formen anzutreffen" [22] Umbuchungen beziehen sich wie die Zu- und Abgänge nur auf das jeweilige Geschäftsjahr und werden in der Umbuchungsspalte mit positiven und negativen Vorzeichen gekennzeichnet.

Der Bruttoausweis in der Entwicklung des Anlagevermögens wird auch bei den Umbuchungen zu materiellen Änderungen führen. Für ihre Behandlung im Anlagengitter stellt sich künftig die Frage, ob sie brutto oder netto auszuweisen sind. Beim Nettoausweis wird - wie im geltenden Recht - lediglich der Restbuchwert des umzubuchenden Vermögensgegenstandes von einem Posten in einen anderen umgebucht. Bei konsequenter

Anwendung der direkten Bruttomethode kann jedoch allein die Umbuchung zu Bruttowerten in Betracht kommen.
Danach darf nicht der Restbuchwert, sondern es dürfen nur die historischen Anschaffungs- und Herstellungskosten des umzubuchenden Vermögensgegenstandes in die Umbuchungsspalte eingehen. Daraus folgt, daß auch die historischen Anschaffungs- und Herstellungskosten sowie auch weiterhin die ggf. auf den umzubuchenden Gegenstand vorgenommenen kumulierten Abschreibungen und kumulierten Zuschreibungen aus den betreffenden Spalten zu eliminieren sind und in die Spalten der Position aufgenommen werden müssen, in die der Vermögensgegenstand umgebucht wird. Der Umbuchungsbetrag läßt sich demnach ermitteln als:

	Restbuchwert des umzubuchenden Vermögensgegenstandes
+	auf die Umbuchung entfallende kumulierte Abschreibungen
./.	auf die Umbuchung entfallende kumulierte Zuschreibungen
=	Umbuchung (= historische Anschaffungs- und Herstellungskosten)

2.2.5. Kumulierte Abschreibungen

Nach künftigem Recht sind im Anlagengitter die Abschreibungen in ihrer gesamten Höhe gesondert aufzuführen. Die Spalte "kumulierte Abschreibungen" umfaßt damit sämtliche in vorausgegangenen Geschäftsjahren und im laufenden Geschäftsjahr angefallenen Abschreibungen auf Vermögensgegenstände, die sich zum Ende der Periode noch im Betriebsvermögen

befinden. Diese "Ausweismethode entspricht materiell der bisher zulässigen indirekten Abschreibung mit Passivierung der aufgelaufenen Wertberichtigungen. Formell sind jedoch die bisherigen Abschreibungen aktivisch abzusetzen".[23) Für die Unternehmen, die bereits nach geltendem Recht die indirekte Bruttomethode praktizieren, wird daher die Umstellung auf diese Ausweistechnik mehr formaler Natur sein.
Die kumulierten Abschreibungen, die auch die Abschreibungen des Geschäftsjahres enthalten, sind erst beim Abgang eines Vermögensgegenstandes aus dem Anlagengitter zu eliminieren. Die auf einen Vermögensgegenstand vorgenommenen kumulierten Abschreibungen sind selbst dann noch in voller Höhe auszuweisen, wenn sie zwischenzeitlich durch Zuschreibungen ganz oder teilweise wieder rückgängig gemacht wurden.
Aus der Verpflichtung zum gesonderten Ausweis der einzelnen Abschreibungs- und Zuschreibungsbeträge ergibt sich damit vom Grundsatz her ein ausdrückliches Saldierungsverbot für (kumulierte) Zuschreibungen und (kumulierte) Abschreibungen. In diesem Zusammenhang kann somit das Ergebnis auftreten, daß die kumulierten Abschreibungen die historischen Anschaffungs- und Herstellungskosten betragsmäßig übersteigen, wenn auf einen Vermögensgegenstand außerplanmäßige Abschreibungen vorgenommen worden sind, die später wieder durch entsprechende Zuschreibungen rückgängig gemacht werden.
Die Abschreibungen des laufenden Geschäftsjahres sind nicht mehr zwingender Bestandteil der Systematik des Anlagengitters. Nach § 268 Abs. 2 Satz 3 sind die Abschreibungen des Geschäftsjahres

vielmehr "entweder in der Bilanz bei dem betreffenden Posten zu vermerken oder im Anhang in einer der Gliederung des Anlagevermögens entsprechenden Aufgliederung anzugeben".

Die Bruttokonzeption des Anlagengitters führt in bezug auf die Darstellung der Abschreibungen im einzelnen zu nachfolgenden praktischen Konsequenzen:

(1) Der Bruttoausweis sieht im Anlagengitter lediglich den Ausweis solcher Abschreibungen vor, die auf am Ende des Geschäftsjahres noch im Unternehmen vorhandene Vermögensgegenstände vorgenommen wurden. Werden nun im Jahr des Abgangs noch Abschreibungen auf ausscheidende Vermögensgegenstände vorgenommen, so dürfen diese Abschreibungsbeträge nicht mehr in den kumulierten Abschreibungen bzw. in einer "davon-Spalte" "Jahresabschreibungen" ausgewiesen werden. Die auf Abgänge entfallenden Abschreibungen des Geschäftsjahres sind vielmehr Bestandteil der Abgänge. Die nach künftigem Recht in der Bilanz oder im Anhang auszuweisenden Abschreibungsbeträge und die Jahresabschreibungen des geltenden Rechts sind damit - von Änderungen in der Bewertungskonzeption abgesehen - schon aus diesem Grund nicht mehr identisch.

(2) Die auf Abgänge entfallenden Abschreibungen des Geschäftsjahres müssen, auch wenn sie im Anlagengitter nicht mehr gezeigt werden

dürfen, in der Gewinn- und Verlustrechnung gleichwohl in voller Höhe als Aufwand verrechnet werden. Die direkte Bruttomethode führt damit zum Ausweis unterschiedlich hoher Abschreibungsbeträge in der Bilanz und der Gewinn- und Verlustrechnung und insofern auch zu einem völlig neuen Bilanzverständnis. Das nach geltendem Recht den Anlagespiegel mit der Erfolgsrechnung verbindende Glied der Jahresabschreibungen entfällt künftig. Eine solche Verbindung besteht nur, wenn die Jahresabschreibungen im Sinne von Zuführungen zu den kumulierten Abschreibungen gezeigt werden. Für Zwecke der Bilanzanalyse sollte ausschließlich auf die in der Erfolgsrechnung ausgewiesenen Abschreibungen zurückgegriffen werden; denn die "Jahresabschreibungen", die im Anlagengitter Bestandteil der kumulierten Abschreibungen sind, liefern nur ein unvollständiges Bild der tatsächlich vorgenommenen Abschreibungen.

2.2.6. Zuschreibungen

Zuschreibungen sind Wertkorrekturen, d.h. Werterhöhungen von Gegenständen des Anlagevermögens. Das neue Bilanzrecht sieht allein den Ausweis der Jahreszuschreibungen vor. Wurden in den Vorjahren Zuschreibungen auf Vermögensgegenstände vorgenommen, die im betrachteten Geschäftsjahr noch im Anlagengitter vorhanden sind, führt der Ausweis lediglich der Jahreszuschreibungen dazu, daß der Bilanzleser nicht mehr durch eine bloße Addition und Subtraktion der Spalten von den Anschaffungs- und Herstellungskosten hin zum Stand am 31.12. des laufenden Geschäftsjahrs gelangen würde; denn es fehlen in der 'Queraddition' die Zuschreibungen aus Vorjahren.

Nachfolgende Verrechnungstechniken der Zuschreibungen aus Vorjahren dürften erlaubt sein:

(1) Es werden die kumulierten Zuschreibungen gezeigt, wobei die Jahreszuschreibungen gesondert vermerkt oder als Unterkategorie neben den Zuschreibungen aus Vorjahren ausgewiesen werden.

(2) In Höhe der Zuschreibungen aus Vorjahren werden die kumulierten Abschreibungen gekürzt.

(3) Zuschreibungen aus Vorjahren erhöhen die Anschaffungs- und Herstellungskosten. Diese Verrechnungstechnik kommt allerdings nur dann in Betracht, wenn die Zuschreibungen - und dies ist häufig der Fall - Nachaktivierungen darstellen, die z.B. aufgrund einer steuerlichen Betriebsprüfung vorgenommen werden müssen.

2.3. Einzelfragen

2.3.1. Geringwertige Wirtschaftsgüter

Nach überwiegender Meinung handelt es sich bei der Sofort-Abschreibung der geringwertigen Wirtschaftsgüter ganz offensichtlich nicht um eine spezifisch steuerliche Regelung. Die Möglichkeit zur Sofort-Abschreibung ist vielmehr ein Ausfluß des Grundsatzes der Vereinfachung oder Wirtschaftlichkeit der Buchführungs- und Bilanzierungsaufgaben; oder anders formuliert "handelt es sich bei der Sofort-Abschreibung um eine ursprünglich auf Grund handelsrechtlicher Gepflogenheiten entstandene Vereinfachungsregelung, deren Anerkennung sich der Steuergesetzgeber nicht verschließen konnte".[24)]

Wird von der Möglichkeit der Sofort-Abschreibung Gebrauch gemacht, stehen sich im Anlagengitter Zugänge und Abschreibungen in gleicher Höhe gegenüber. "Damit ist gewährleistet, daß trotz Vereinfachungsregelung die Investitionstätigkeit der Unternehmung nahezu vollständig aufgezeigt wird."[25)]

Die Anwendung der direkten Bruttomethode führt nunmehr für die bilanzielle Behandlung der Sofort-Abschreibung von geringwertigen Wirtschaftsgütern zu ganz erheblichen Konsequenzen: Werden geringwertige Wirtschaftsgüter im Jahr des Zugangs in voller Höhe abgeschrieben, müssen die hierfür angefallenen historischen Anschaffungs- und Herstellungskosten und die kumulierten Abschreibungen gleichwohl bis zu ihrem Ausscheiden im Anlagengitter ausgewiesen werden. Die direkte Bruttomethode verlangt also, daß erst der Abgang (= körperliches Ausscheiden) die Auflösung der kumulierten Abschreibungen dieser Wirtschaftsgüter nach sich zieht. Damit ergibt sich die Notwendigkeit, jedes geringwertige Wirtschaftsgut auf sein tatsächliches Vorhandensein hin genauestens zu überwachen, d.h. Abgänge durch Untergang, Veräußerung oder Entnahme lückenlos zu registrieren, die historischen Anschaffungs- und Herstellungskosten zu ermitteln und entsprechende Aufgliederungen vorzunehmen. Angesichts der Vielzahl der in einem Unternehmen u.U. befindlichen geringwertigen Wirtschaftsgüter wird dies in vielen Fällen vermutlich die Führung einer eigenen Nebenbuchhaltung erforderlich machen. Der hiermit verbundene erhöhte Dokumentations-, Kontroll- und Buchungsaufwand stünde im Widerspruch zu der ursprünglich beabsichtigten Vereinfachungsregelung.

Um die gewollte Vereinfachungsregelung auch nach künftigem Recht zu gewährleisten, wird empfohlen, mit der Sofort-Abschreibung gleichzeitig einen Abgang zu fingieren. Es wird also gleichzeitig ein mengenmäßiges Ausscheiden unterstellt, obwohl die geringwertigen Wirtschaftsgüter noch im Betriebsvermögen sind.

Übersicht 5: Alternative I

historische AHK 1.1.	Zugänge	Abgänge	Umbuchung	kumulierte Abschreib.	Zuschreibungen	Buchwert 31.12.
–	800	800	–	–	–	–

Diese vorgeschlagene Ausweistechnik birgt jedoch den Nachteil in sich, daß am Ende des jeweiligen Zugangsjahres im Anlagengitter auch keine kumulierten Abschreibungen mehr gezeigt werden. Da die auf die fingierten Abgänge entfallenden kumulierten Abschreibungen aber in der Erfolgsrechnung als Aufwand verrechnet wurden, führt diese Darstellungsweise in der Bilanz bzw. dem Anhang und in der Gewinn- und Verlustrechnung zu einem unterschiedlich hohen Ausweis der Abschreibungen. Die Diskrepanz zwischen den verschiedenen Bestandteilen des Jahresabschlusses wird hingegen durch folgende Ausweisalternative vermieden

Übersicht 6: Alternative II

	historische AHK 1.1	Zugänge	Abgänge	kumulierte Abschreibungen	Buchwert 31.12.
t_1	-	800	-	800	-
t_2	800	-	800	-	-

(a) Im Zugangsjahr stehen den Zugängen im Anlagengitter in gleicher Höhe kumulierte Abschreibungen gegenüber. Die hier ausgewiesenen Abschreibungsbeträge und die in der Gewinn- und Verlustrechnung als Aufwand verrechneten Beträge sind identisch.

(b) Die Fiktion des Abgangs erfolgt erst im folgenden Geschäftsjahr In diesem Jahr werden auch die kumulierten Abschreibungen wieder aufgelöst.

2.3.2. Festbewertung

Nach § 240 Abs. 3 dürfen "Vermögensgegenstände des Sachanlagevermögens sowie Roh-, Hilfs- und Betriebsstoffe ..., wenn sie regelmäßig ersetzt werden und ihr Gesamtwert für das Unternehmen von nachrangiger Bedeutung ist, mit einer gleichbleibenden Menge und einem gleichbleibenden Wert angesetzt werden, sofern ihr Bestand in seiner Größe, seinem Wert und seiner Zusammensetzung nur geringen Veränderungen unterliegt. Jedoch ist in der Regel alle drei Jahre eine körperliche Bestandsaufnahme durchzuführen."

Das Grundprinzip der direkten Bruttomethode, wonach im Anlagengitter während der gesamten Nutzungsdauer eines Vermögensgegenstandes bis zu einem Ausscheiden die hierfür insgesamt angefallenen historischen Anschaffungs- oder Herstellungskosten ausgewiesen werden, wird im Rahmen der Festbewertung durchbrochen; denn analog zu der oben vorgeschlagenen Fiktion bei der bilanziellen Behandlung geringwertiger Wirtschaftsgüter unterstellt der Gesetzgeber selbst auch beim Festwertverfahren, daß sich Zugänge und Abgänge jährlich in etwa entsprechen, sofern ansonsten die Voraussetzungen für den unveränderten Ansatz eines Festwertes erfüllt sind. Diese Fiktion führt zu der Konsequenz, daß die in den Spalten "historische Anschaffungs- und Herstellungskosten", "Abgänge" und "kumulierte Abschreibungen" ausgewiesenen Beträge der in Betracht kommenden Anlagenkategorien ceteris paribus konstant bleiben, selbst wenn ein Vermögensgegenstand einer Anlagenkategorie aus dem Betriebsvermögen ausscheidet.

Im Rahmen der Festbewertung tritt die Frage auf, ob die tatsächlichen Anschaffungs- und Herstellungskosten auch die bilanziellen Anschaffungs- und Herstellungskosten sind. Diese Frage wird verneint; denn die Festbewertung wird als spezifische Bewertungsmethode zur Ermittlung der Anschaffungs- und Herstellungskosten betrachtet. Im Rahmen der Festbewertung wird somit in einem ersten Schritt von den tatsächlich aufgewendeten Anschaffungs- und Herstellungskosten ausgegangen. Sodann wird in einem weiteren Schritt dieser Wert um den durchschnittlichen Abnutzungssatz von ca. 40 bis 60 % gekürzt. Dieser so gekürzte Wert stellt die Anschaffungs- und Herstellungskosten des Festwertes für das Anlagengitter dar.

2.3.3. Niedrigverzinsliche- bzw. unverzinsliche Darlehn

Werden Darlehn abgezinst, stellt der abgezinste Betrag und nicht der Nominal- bzw. Rückzahlungsbetrag die Anschaffungskosten für das Anlagengitter dar.
Die Frage, wie die jährlichen Aufzinsungsbeträge im Anlagengitter zu erfassen sind, kann nicht befriedigend beantwortet werden, da in diesem Fall weder ein Zugang noch eine Zuschreibung vorliegt.
Ob die Aufzinsung als Zugang oder als Zuschreibung erfaßt wird, wird somit stets als nicht exakte, sondern vielmehr als angreifbare Lösung zu betrachten sein.

Diese Grundsatzausführungen zum Anlagengitter dürften verdeutlicht haben, daß die bilanzielle Darstellung des Anlagevermögens grundlegend geändert worden ist. Dies hat zur Folge, daß die Anlagenabrechnung bedeutend mehr und veränderte Informationen bereitstellen muß. In der Praxis zeigte sich, daß hier erhebliche Umstellungsprobleme auftreten. Die Unternehmen sind daher gut beraten, spätestens jetzt mit den umfangreichen Umstellungen zu beginnen.

Anmerkungen:

1) Zu Fragen des Einzelabschlusses nach neuem Recht vgl. Küting/Weber: Der Übergang auf die neue Rechnungslegung, 3. Aufl., Stuttgart 1986.

2) Vgl. hierzu: Knop/Küting/Weber: Die Bestimmung der Wertuntergrenze der Herstellungskosten nach dem Entwurf eines Bilanzrichtlinien-Gesetzes, in: Der Betrieb 1985, S. 2517.

3) Vgl. hierzu: Küting/Haeger/Zündorf: Die Erstellung des Anlagengitters nach künftigem Bilanzrecht, in: Betriebs-Berater 1985, S. 1948 f.

4) Wöhe, G.: Bilanzierung und Bilanzpolitik, 6. Aufl., München 1984, S. 398.

5) Kilger, W.: Diskussionsbeitrag, in: BFuP 1981, S. 77.

6) Wohlgemuth, M.: Die Herstellungskosten in der Handels- und Steuerbilanz, in: Handbuch des Jahresabschlusses in Einzeldarstellungen, Köln 1984/86, Abs. I/10, S. 14.

7) Menrad, S.: Rechnungswesen, Stuttgart 1978, S. 64.

8) Vgl. auch: Kilger, W.: a.a.O., S. 77.

9) Menrad, S.: a.a.O., S. 62.

10) Wöhe, G.: Einführung in die Allgemeine Betriebswirtschaftslehre, 15. Aufl., München 1984, S. 1139.

11) Haberstock, L.: Grundzüge der Kosten- und Erfolgsrechnung, 3. Aufl., München 1982, S. 64.

12) Kilger, W.: Einführung in die Kostenrechnung, 2. Aufl., Wiesbaden

1980, S. 75.

13) Scherrer, G.: Kostenrechnung, Stuttgart/New York 1983, S. 112.

14) Kilger, W.: Einführung ..., S. 265.

15) Haberstock, L.: a.a.O., S. 102.

16) Kilger, W.: Einführung ..., S. 356 f.

17) Ebenda: S. 357.

18) Scherrer, G.: a.a.O., S. 213.

19) Niehus, R.J.: Rechnungslegung und Prüfung der GmbH nach neuem Recht, Berlin 1982, S. 274.

20) Ebenda: S. 277.

21) Adler/Düring/Schmaltz: Rechnungslegung und Prüfung der Aktiengesellschaft, Band I, 4. Aufl., Stuttgart 1968, S. 285.

22) Ebenda.

23) Lauth, B.: Buchhaltungs- und Bilanzierungsprobleme im Gefolge des geplanten Bilanzrichtlinie-Gesetzes, in: Betriebs-Berater 1982, S. 2024.

24) Harms/Küting: Die Notwendigkeit einer Sonderregelung für geringwertige Wirtschaftsgüter, in: Der Betrieb 1984, S. 2000.

25) Ebenda: S. 1198.

Kosten- und Investitionsmanagement für moderne Industrieanlagen

Dr. A. Mirani, IBM CIM Center Europe, München

Gliederung:

1. Einleitung

2. Elemente der rechner-gestützten Fertigung mit Einfluß auf die Kosten- und Investitionsrechnung

   - Die Möglichkeit der schnellen Produktanpassung
   - Die schnelle Entwicklung der Produktionsmittel
   - Technologische Lebensdauer
   - Vordefinierte Prozesse - Vordefinierte Kosten
   - Verringerung der variablen Kosten
   - Integrierte Prozesse
   - Zeitlicher Ablauf der Kostenfestlegung
   - Traditioneller Vorrang der direkten Arbeitskosten

3. Kosten- und Investitionsmanagement als Erfordernis der rechnergestützten Fertigung

   - Kostenplanung (Zukunft)
   - Kostenkontrolle (Gegenwart)
   - Kostenrechnung (Vergangenheit)

4. Zusammenfassung

7. Saarbrücker Arbeitstagung 1986
Rechnungswesen und EDV
hrsg. v. W. Kilger/A.-W. Scheer

1. Einleitung

Über eine lange Zeit war Automatisierung mehr oder weniger gleichbedeutend mit Mechanisierung, wobei Mechanisierung wiederum die Verbesserung von Maschinen und anderem technischen Gerät ist, mit dem Ziel Arbeitsvorgänge meist manueller Art zu ersetzen. Diese Mechanisierung wurde in den meisten Fällen von dem Produktionsmanagement des Unternehmens allein vorangetrieben und kontrolliert mit relativ geringen Einfluß auf die anderen Funktionen eines Unternehmens, wie z.B. Marketing, Finanz etc. Die Kostenrechnung in einem solchen Umfeld war meist eine isolierte Aufgabe mit hauptsächlich buchhalterischen Funktionen.

Eine neue Phase in der Fertigungstechnik begann vor einigen Jahren mit der rapiden Entwicklung der Mikroelektronik und Computer. Betrachtet man einmal ein einfaches Model eines Fertigungsprozesses, so kann man generell zwei Untersysteme erkennen:

- Ein Materialverarbeitungssystem, das Rohmaterial oder Halbfabrikate in Fertigfabrikate durch eine Reihe von Operationen überführt

- Ein Informationsverarbeitungssystem, das Informationen über den Status des Materialverarbeitungsprozesses sammelt und diese den Entscheidungsträgern zur Verfügung stellt.

Die neue rechner-gestützte Fertigungstechnologie zielt vereinfacht darauf, beide Untersysteme zu integrieren und mittels Computer zu steuern. Dies bezeichnet man als rechner-gestützte Fertigung (Computer Integrated Manufacturing - CIM).

Diese Integration wird jedoch nicht auf den Fertigungsbereich eines Unternehmens beschränkt bleiben, sondern wird die Integration aller Bereiche eines Unternehmens herbeiführen und daher als ein zukünftiges Unternehmenskonzept in allen Führungsbereichen reflektiert werden müssen. Hierbei wird den Herstellkosten und den erforderlichen Investitionen eine besondere Aufgabe zufallen. Diese beiden Elemente Kosten und Investitionen müssen zusammen betrachtet werden, da in einem automatisierten Umfeld die Kosten durch Investitionen nachhaltig beeinflußt werden können. Es wird aber in diesem Umfeld auch immer deutlicher werden, daß die traditionellen Methoden der Kosten- und Investitionsrechnung den neuen Gegebenheiten angepaßt werden müssen. Wobei der Schwerpunkt auf der Unterstützung des Managements liegen muß und nicht nur auf der buchhalterischen Abrechnung der Vergangenheit, denn in einem automatisierten Umfeld werden die Kosten- und Investitons-management-Systeme die folgenden Aufgaben haben:

- Interne Kontrolle (Herstellkostensteuerung)
- Leistungsnachweis
- Basis für Investitionsentscheidungen und -beurteilungen
- Unterstützung des externen Berichtswesen

Diese Aufgaben werden in der Zukunft wahrscheinlich nicht von einem geschlossenen System geleistet werden können, da vor allem zwischen der Zielsetzung der internen Kontrolle - schnelle Erfassung von Problemen - und der des externen Berichtswesens - größtmögliche Genauigkeit - große Unterschiede in der Vorgehensweise bestehen. Weiterhin wird es für das interne Kontrollsystem darauf ankommen, eine Verbindung mit den kritischen Erfolgsfaktoren des Unternehmens über die Kontrolle der Unternehmensziele herzustellen, denn nur was kontrolliert und gesteuert wird, kann auch erreicht werden (You get what you measure, Abb. 1). Sind die kritischen Erfolgsfaktoren eines Unternehmens die geringeren Kosten, so müssen diese sorgfältig kontrolliert und gesteuert werden. Dies wiederum erfordert in einem automatisierten Umfeld ein gut funktionierendes Kosten- und Investitionsmanagement.

Abbildung 1

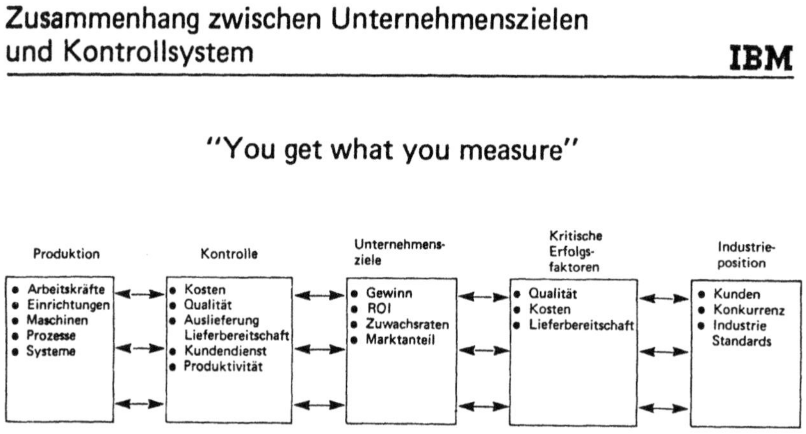

2. Elemente der rechner-gestützten Fertigung mit Einfluß auf die Kosten- und Investitionsrechnung

Um die Notwendigkeit und die Art der Veränderungen gegenüber der traditionellen Fertigung zu erkennen, sollen im folgenden die wesentlichsten Elemente der rechner-gestützten Fertigung, die in der Zukunft mehr und mehr je nach dem Grad des Übergangs von der traditionellen Fertigung zur rechner-gestützten automatisierten Fertigung auf die Kosten- und Investitionsverfahren eines Unternehmens einwirken, kurz beschrieben werden (siehe auch Abb.2 und 3):

- Die Möglichkeit der schnellen Anpassung der erzeugten Produkte an veränderte Marktanforderung.

  Dies wird zu einer geringeren Vermarktungszeit eines Produktes mit den Auswirkungen auf Preisgestaltung, Vertrieb und Produktion führen. Die bestimmten Produkten oder Modellen zugeordneten Maschinen des Fertigungsprozesses müssen über die Vermarktungszeit des Produktes oder Modelles abgeschrieben werden. Daher auch die Forderung nach einer flexiblen Fertigung, die möglichst wenig Teile enthält, die nur einem bestimmten Produkt oder Modell zuzuordnen sind.

  Aufgrund dieser Tatsache wird man im allgemeinen den Maschinenpark nach der Flexibilität unterteilen in:

  - abhängige oder zugeordnete Maschinen.
    Einem bestimmten Produkt oder Modell zugeordnet

  - flexible Maschinen.
    In einem weiten Bereich von Produkt- und Modelländerungen einsetzbar.

  - unabhängige Maschinen.
    Die völlig unabhängig von Produkt und Modellen

generell einsetzbar sind

Diese Tatsache wird auch bei der Investitionsbeurteilung später eine große Rolle spielen.

Abbildung 2

CIM und Kostenrechnung IBM

- Möglichkeit der schnellen Produktanpassung
  - Geringere Vermarktungszeit eines Produktes
- Schnelle Entwicklung der Produktionsmittel
  - Erhöhte Qualität
  - Geringere Lagerhaltung
  - Gleichmäßige Ausnutzung
- Technologische Lebensdauer
- Vordefinierte Prozesse - Vordefinierte Kosten
  - Kostenplanung wichtigstes Element

- Die schnelle Entwicklung der Produktionsmittel

Dies erfordert besondere Aufmerksamkeit bei Investitionsentscheidungen. Als Grundlage wird hier das Kostenprofil des Produktionsprozesses dienen, um durch gezielte Investitionen die Kosten nachhaltig zu beeinflussen, d.h. genau in den Teilen oder Baugruppen zu investieren, in denen die meisten Kosten anfallen.

Die Rechtfertigung solcher Investitionen kann in einem automatisierten Prozess nicht mehr durch die Einsparung von Arbeitskräften erreicht werden. Es müssen vielmehr Elemente wie

erhöhte und gleichmäßigere Qualität der Produkte
geringere Lagerhaltung - geringere Kapitalbindung
gleichmäßigere Ausnutzung
verbesserte Marktchancen etc.

als Rechtfertigungsmaßstäbe herangezogen werden.

- Technologische Lebensdauer

Durch die schnelle Entwicklung erreichen aber auch die Produktionsmittel selbst bei noch so großer Flexibilität in den seltensten Fällen ihre physische Lebensdauer sondern werden von der Technologie überholt und haben daher eine technologische Lebensdauer. Wobei die in der Produktion verwendete Technologie einen großen Einfluß auf die Qualität und damit auf die Konkurrenzfähigkeit eines Unternehmens am Markt hat.
Diese Tatsachen müssen in den bei der Investitionsbeurteilung berücksichtigten Rückzahlungszeiten ihren Niederschlag finden.

- Automatisierte Prozesse sind vordefiniert in Ablauf und Bearbeitungszeiten.

Daher sind auch die Kosten weitgehend vordefiniert. Abweichung von den Plankosten werden nur durch Planungsfehler oder Ablaufstörungen entstehen. Das Messen einzelner Bearbeitungszeiten und deren Umrechnung in Kostengrößen wird sich daher auf die Ermittlung des Kosteneinflußes solcher Störungen, auf die Ermittlung der Istkosten und deren Parameter für Umrechnungsgrößen beschränken.

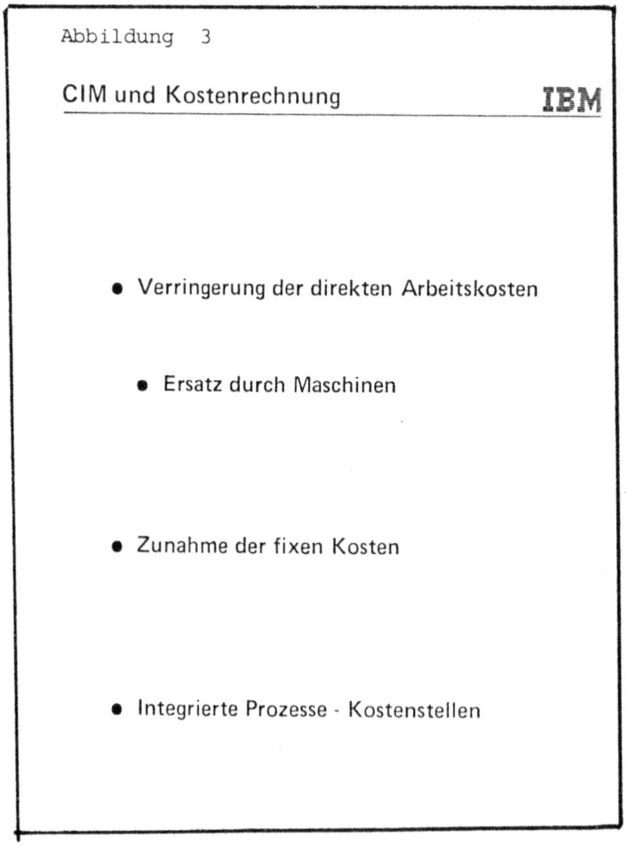

- Verringerung der variablen Kosten bei gleichzeitiger Zunahme der fixen Kosten.

  Diese Veränderung wird einen wesentlichen Einfluß auf das gesamte Unternehmen in einem automatisierten Umfeld haben. Zum einen wird dies eine Verringerung der Flexibiltät eines Unternehmens gegenüber Nachfrageschwankungen mit sich bringen, die jedoch teilweise aufgrund der Möglichkeit der schnelleren Anpassung an veränderte Marktanforderungen wieder ausgeglichen werden kann,falls es sich um eine produktbedingte Nachfrageveränderung handelt.
  Bei einer totalen Automation werden nur die Material- und Energiekosten als wesentliche Kostenelemente variabel bleiben. Dies erfordert jedoch, daß für die Kostenplanung und Kostenkontrolle verbesserte Methoden für die fixen Kosten gefunden werden, damit diese nicht mehr nur in einem allgemeinen Gemeinkostenzuschlag hinzugefügt werden. Dies ist auch heute schon ein Grund für die Skepsis in den Unternehmen gegenüber Ergebnissen der Kostenrechnung, da die Umlagen der Gemeinkosten für den Betrieb meist wenig transparent sind und häufig mit falschen Annahmen durchgeführt werden, vor allem dort wo die Gemeinkosten auf der Grundlage der direkten Arbeitskosten umgelegt werden. Die Annahme, daß eine Verringerung der direkten Arbeitskosten eine Verringerung der Gemeinkosten zur Folge hat, ist oft genug widerlegt worden.

- Rechner-gestützte Fertgigungsprozesse sind integrierte Prozesse

  Die noch bestehenden Technologie-Inseln werden mehr und mehr integriert werden. Dadurch werden jedoch auch die traditionellen Kostenstellen einen entsprechend größeren Umfang des Fertigungsprozesses abdecken, z.B. eine gesamte Fertigungsstraße.

- Festlegung der Kosten über den zeitlichen Ablauf von der Konstruktion bis zur Fertigung.

Vergleicht man den Anfall der Kosten mit der Festlegung der Kosten über den zeitlichen Ablauf von der Konstruktion bis zur Fertigung (siehe auch Abb. 4), so kann man feststellen, daß bis zu 70 % der Kosten eines Produktes bereits bei der Konstruktion festgelegt werden. Obwohl die meisten Kosten natürlich in der Fertigung anfallen, ist hier jedoch der Einfluß auf die Kosten geringer. Dieser Trend wird sich in einer rechnergestützten Fertigung noch verstärken. Um daher die Kosten nachhaltig zu beeinflussen, muß die Kostenrechnung bereits bei der Konstruktion einsetzen. Eine konstruktionsbegleitende Kostenplanung wird eine Hauptaufgabe der Zukunft sein.

Abbildung 4

Zeitlicher Anfall der Produktkosten

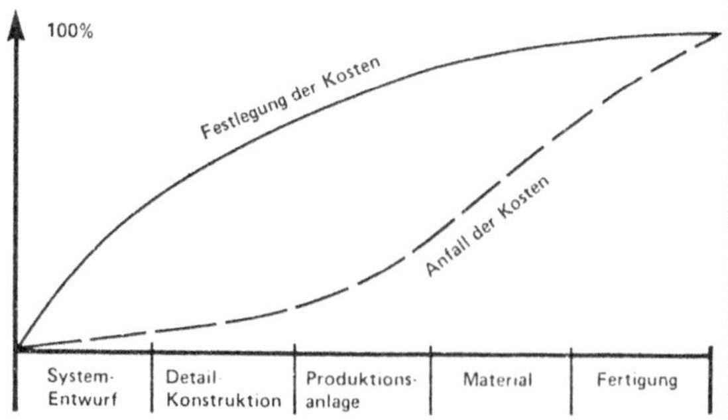

- Vorrang der direkten Arbeitskosten bei der traditionellen Kostenrechnung

Betrachten wir darüberhinaus, worauf sich die traditionelle Kostenrechnung konzentiert, so müssen wir feststellen, daß sie sich hauptsächlich auf die direkten Arbeitskosten konzentriert (siehe auch Abb. 5). Bereits heute jedoch ist dies ein geringerer Teil der Gesamtkosten und dieser Anteil wird in Zukunft immer geringer werden. Eine Aufgabe der Kostenrechnung wird es aber sein, wie bereits erwähnt, eine bessere Kontrolle der fixen Kosten zu erreichen.

Abbildung 5

Kostenkontrolle - Kostenanfall IBM

Kostenkontrolle basiert auf

Direkte Arbeitskosten	75%
Materialkosten	10%
Gemeinkosten	15%

Tatsächlicher Kostenanfall

Direkte Arbeitskosten	10%
Materialkosten	55%
Gemeinkosten	35%

Dies sind einige wesentliche Elemente der rechner-gestützten Fertigung mit Einfluß auf die Kosten- und Investitionsrechnung. Sie zeigen jedoch, daß man von der traditionellen Kostenrechnung zu einem Kostenmanagement in Verbindung mit dem Management der Investitionen kommen muß. Dies sollte nicht nur ein Schlagwort sein, sondern es sollte die Aufmerksamkeit darauf lenken, daß in einer rechner-gestützten Fertigung die Kosten nicht mehr nur abgerechnet werden sollen, sondern gesteuert werden müssen, und zwar durch eine stärkere Einbindung der Kostenplanung, aber auch der angrenzenden Systeme, wie Produktions- und Produktplanung, vor allem aber auch der Investitionsplanung und -kontrolle. Die Entwicklung und die Bestandteile eines solchen Kosten- und Investitionsmanagement-Systems für die rechner-gestützte Fertigung wird im nächsten Abschnitt beschrieben.

2. Kosten- und Investitionsmanagement als Erfordernis der rechner-gestützten Fertigung

Zur Unterstützung von Managemententscheidungen im Kostenbereich müssen sowohl Daten und Informationen der Vergangenheit (Abrechnung) als auch der Planung zur Verfügung stehen. Das System sollte daher Methoden enthalten, die diese Bereiche abdecken. Es sollte darüberhinaus aber auch Daten für ein Informationssystem zur Verfügung stellen, daß die Managemententscheidungen flexibel und gezielt unterstützt.

Zunächst bieten sich drei zeitliche Bereiche für ein solches Kostenmanagement-System an (siehe auch Abb. 6):

- Kostenabrechnung - Betrachtung der Vergangenheit
  Istkosten - Nachkalkulation
  Vorhandene Kapazitäten, Vorhandene Abläufe

- Kostenkontrolle - Analyse von Abweichungen und Bestimmen Ablaufkorrekturen bei vorhandenen Kapazitäten

- Kostenplanung - Konstruktionsbegleitende Kostenrechnung Produktionskostenplanung, Vorkalkulation Zukünftige Kapazitäten und Abläufe

Die Systeme dieser drei Bereiche müssen Informationen aus angrenzenden Bereichen erhalten. Es müssen also Verbindungen vordefiniert werden. Sie sollten es weiterhin erlauben, alle relevanten Kostenelemente zu erfassen und nicht nur die variablen Kosten.

Abbildung 6

Kosten- Investment- Management- System IBM

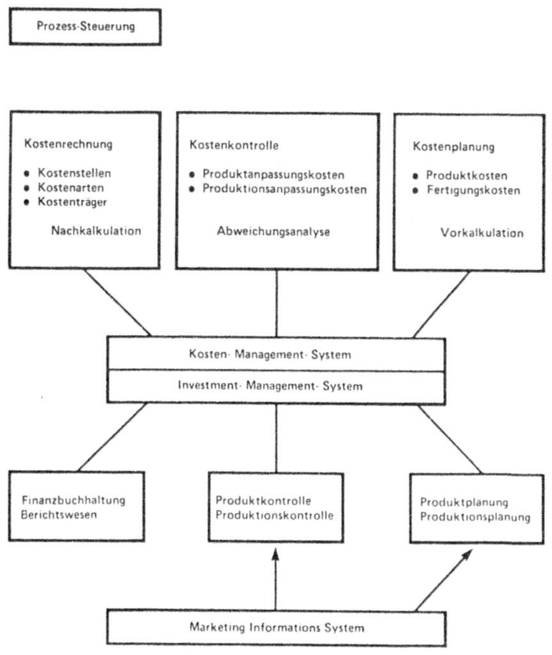

Jedes der traditionellen Kostenrechnungssystem unterstützt eine unterschiedliche Zielrichtung (siehe auch Abb. 7). Ich möchte hier keine detaillierte Untersuchung der Einzelverfahren durchführen, das zentrale Problem bleibt jedoch die Zuordnung steigender Gemeinkosten (Fixkosten) auf die Kostenstellen und Kostenträger.

Das Problem wird heute unter der zentralen Prämisse

- adäquater Bezugsgrößen (z.B. direkte Arbeitskosten)
- des proportionalen (linearen) Zusammenhanges zwischen Bezugsgröße und Kosten
- der Proportionalität von Einzel- und Gemeinkosten

oder

- durch Verzicht auf die Lösung des Zuordnungsproblems bei Teilkostenrechnungssystemen

Abbildung 7

Einteilung der Kostenrechnungsverfahren IBM

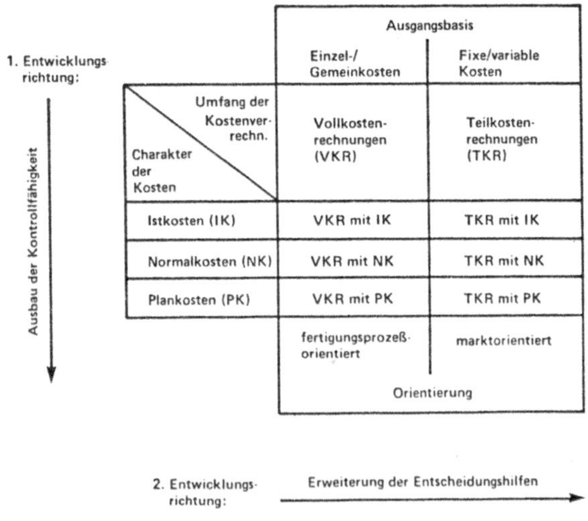

In einem automatisierten Betrieb wird jedoch die Proportionalität zwischen Einzel- und Gemeinkosten nicht mehr gegeben sein. Es müssen in jedem Fall zusätzliche Systeme hinzutreten, die den großen Bereich der Gemeinkosten selbst bei der Abrechnung transparenter machen. Aus steuer- und aktienrechtlichen Gründen wird es jedoch immer Systeme geben müssen, die dem Vollkostenprinzip entsprechen. Um jedoch in einer rechner-gestützten Fertigung die entstehenden Kosten dem Kostenträger, dem Produkt zuzuordnen, sollten Bezugsgrößen ermittelt werden, die man im Prozess automatisch messen kann, damit nicht durch Umlageverfahren das Kostenbild verfälscht wird. Eine solche Bezugsgröße könnten die entsprechenden Zeiten darstellen. Betrachtet man den Kostenaufbau in einer rechner-gestützten Fertigung, so ist folgender Kostenaufbau gegeben (siehe auch Abb. 8):

- die mit der gesamten Produktionsstätte zusammenhängenden Kosten wie Management, Gebäude und Services könnten über die Verweilzeit der Produkte oder Teile auf diese umgelegt werden

- die mit der Lagerhaltung zusammenhängenden Kosten wie Aufsicht, Arbeitskosten, Finanzierung könnten ebenfalls über die Verweilzeit der Teile oder Produkte umgelegt werden

- die mit dem Materialtransport im Prozess zusammenhängenden Kosten könnten über die Nutzungsdauer umgelegt werden

- die mit den einzelnen Maschinen (Robotern etc.) zusammenhängenden Kosten könnten über die Laufzeit umgelegt werden.

Dadurch erhält man eine genauere und objektivere Zuordnung der Kosten zu den Produkten und damit auch genauere Produktkosten. Obwohl natürlich mit dieser Vorgehensweise eine größerer Meßaufwand betrieben werden werden muß, der aber in einem automatisierten Betrieb sowieso vorhanden ist.

In einem Kostenmanagement-System müssen bei der Abrechnung neben den Kostengrößen (Kostenarten, Kostenstellen, Kostenträger) auch Leistungsparameter berücksichtigt werden, wie

- Produzierte Einheiten

- Produktionszeiten
- Verbrauchsabhängige Größen (Material und Energie)
- Qualität

Wie bereits erwähnt, können die Kosten in einem automatisierten Betrieb weitgehend vordefiniert werden und die Abweichungen sind normalerweise gering, sie entstehen nur durch Planungsfehler oder Betriebsstörungen. Man wird sich daher im Detail mehr auf Stichproben beschränken können. Die Beurteilungs- und Kostengrößen in der Abrechnung müssen aber auf die produzierten Einheiten und auf die Qualität projeziert werden, um die Kostengrößen für den Fertigungsmanager transparenter und verständlicher zu machen.

Abbildung 8

Produktkostenaufbau in CIM IBM

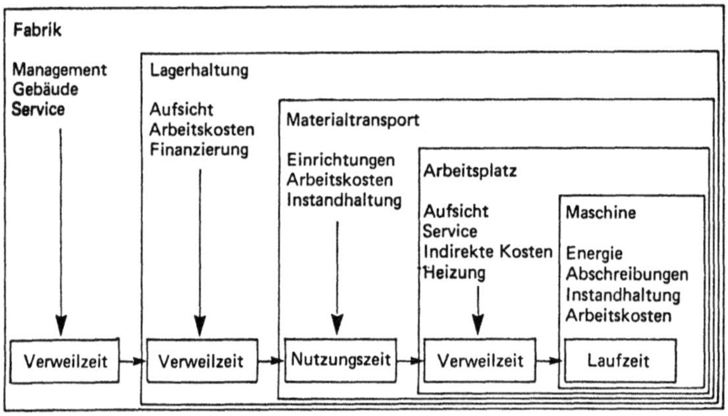

In dem zweiten Bereich der Kostenkontrolle sollen aus der Analyse der Abrechnungsgrößen Maßnahmen abgeleitet werden, die die Abläufe kostengünstiger korrigieren, so weit dies im Rahmen bestehender Kapazitäten möglich ist. Es muß also hier eine enge Verbindung mit der Kontrolle des Produktionsablaufes hergestellt werden.

Darüberhinaus sollten in der Kostenkontrolle die Kosten der kurzfristigen Produktanpassungen, die mit bestehenden Kapazitäten vorgenommen werden können, ermittelt werden.

Abbildung 9

Risiko der Investitionen

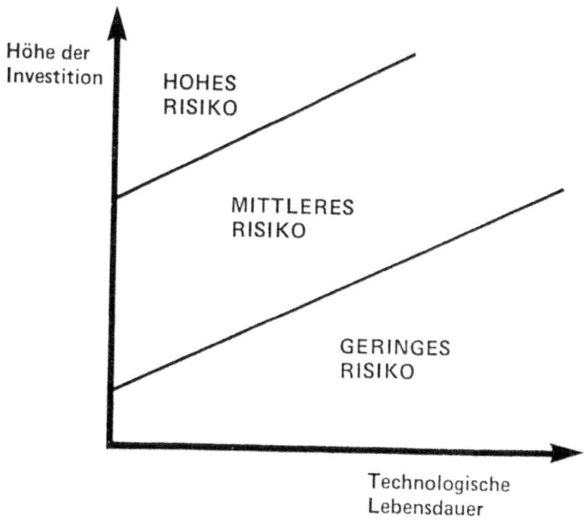

Die größte Aufmerksamkeit in der rechner-gestützten Fertigung wird der Kostenplanung zuzuordenen sein, denn hier müssen die zukünftigen Kapazitäten und Abläufe festgelegt werden, und zwar für die Produktion und die Produkte. Dies vor allem deshalb, weil in einer automatisierten Fertigung wesentliche Veränderungen in der Planung festgelegt werden müssen. Daher wird es vor allem auf die Produktionsplanung in Zusammenhang mit der Investitionsplanung und auf die konstruktionsbegleitende Kostenplanung ankommen.

Einmal, daß bereits bei der Konstruktion die Herstellkosten ermittelt und dem Konstrukteur ein Werkzeug gegeben wird, daß den Einfluß seiner Entscheidungen aufzeigt. Zum anderen müssen die zukünftigen Kapazitäten in der Produktion in engem Zusammenhang mit der Investitionplanung durchgeführt werden. Es wird hier

Abbildung 10

Einteilung der Maschinen

IBM

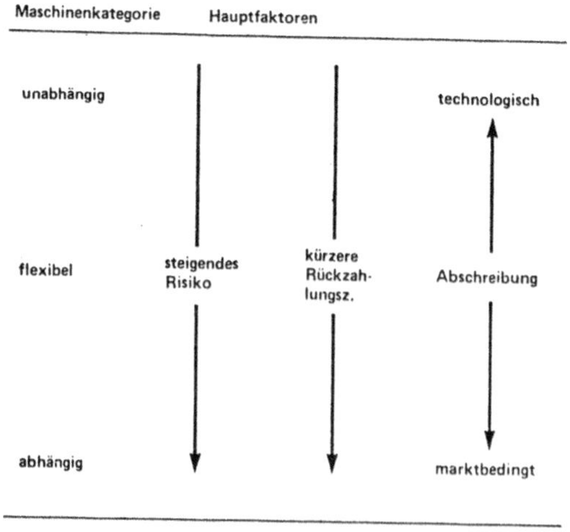

vor allem auf eine Abschätzung der technologischen Entwicklung einer Maschine oder eines Teiles der Produktion und der Höhe der Investition ankommen, denn je kürzer die technologische Lebensdauer geschätzt wird, umso risikoreicher ist die Investition bei hohen Investitionskosten (siehe auch Abb. 9). Die Beurteilung hängt natürlich wieder von der Art der Maschine ab, und zwar ob es sich um eine einem Produkt oder Modell zugeordnete Maschine handelt oder ob sie völlig unabhängig von einem Produkt ist (siehe auch Abb.10).

Ein Kostenmanagement-System wird also in den erwähnten drei Teilbereichen (Abrechnung, Kontrolle und Planung) verschiedene Untersysteme mit Verbindungen zu angrenzenden Systemen haben, aber darüberhinaus ein Informationssystem zur Verfügung stellen, mit dem Managemententscheidungen verschiedenster Art schnellst möglich unterstützt werden können.

3. Zusammenfassung

Die rechner-gestützte Fertigung wird einen großen Einfluß auf die Kostenrechnung haben, da viele Annahmen, die der heutigen Kostenrechnung zugrunde liegen nicht mehr gültig sind.

Es wird daher an die Stelle der traditionellen Kostenrechnung ein Kosten- und Investitionsmanagement-System treten müssen, daß nicht nur die Kostenabrechnung sondern ein Kostenmanagement unterstützt. Aufmerksamkeit kommt in diesem System der Planung zu, weil rechner-gestützte Fertigungssysteme vordefiniert werden müssen, deshalb auch die Kosten mit geringen Abweichungen vorgeplant werden können und die entsprechenden Investitionen parallel geplant werden müssen.

Elemente der Kostenträgerrechnung in einem integrierten System

Prof. Dr. H. Kagermann, SAP GmbH, Walldorf

7. Saarbrücker Arbeitstagung 1986
Rechnungswesen und EDV
hrsg. v. W. Kilger/A.-W. Scheer

1. Einleitung

Das externe Rechnungswesen war einer der ersten Anwendungsbereiche, für den ein Integrationsmodell entwickelt wurde.

Im SAP-System R/2 bildet die Hauptbuchhaltung den zentralen Abrechnungskreis, um den sich alle übrigen Anwendungen als Nebenbuchhaltungen gruppieren.
Wesentliche Merkmale dieser Systemkomponente sind:

- Zentrales Element des externen Informationskreises ist das Hauptbuchkonto
- Kreditoren-, Sachkonten- und Debitorenbuchhaltung sind in einer umfassenden Gesamtlösung realisiert
- Integrierte Anbindung der Funktionskreise Materialwirtschaft, Anlagenbuchhaltung, Lohn und Gehalt, Fakturierung
- Haupt- und Nebenbuchhaltung sind jederzeit abgestimmt (Kontiert wird auf den Schlüsselbegriff der Nebenbuchhaltung, die Mitbuchung im Hauptbuch erfolgt automatisch)
- Mengen- und Wertefluß bilden eine Einheit

Zu den Hauptaufgaben des internen Rechnungswesens gehört die Verfolgung des Einsatzes der Produktionsfaktoren in den Kombinationsprozeß und die wertmäßige Abbildung der betrieblichen Leistungserstellung.

Im Mittelpunkt des Integrationsmodells RK (Abb. 1) steht daher die Kostenträgerrechnung als Bindeglied zwischen der Kostenarten-, Kostenstellenrechnung und der Ergebnisrechnung. Die Architektur des Systems wird charakterisiert durch die Ansätze:

- Zentrales Element des internen Informationskreises ist der Auftrag, weitere Kontierungsobjekte sind Kostenstelle und Projekt.
- Die Probleme der Kostenstellen-, Kostenträger- und Ergebnisrechnung sind in einem einheitlichen Gesamtsystem gelöst.
- Die Kopplung an den externen Informationskreis erfolgt über das zentrale Modul Hauptbuchhaltung, unterstützt durch Abgrenzungstechniken.
- Externer und interner Kreis sind jederzeit abgestimmt. (Vollständige Kontierung in den vorgelagerten Systemen und zeitgleiches Buchen im System RK)
- Mengen- und Wertefluß bilden eine Einheit.

Integrationsmodell RK

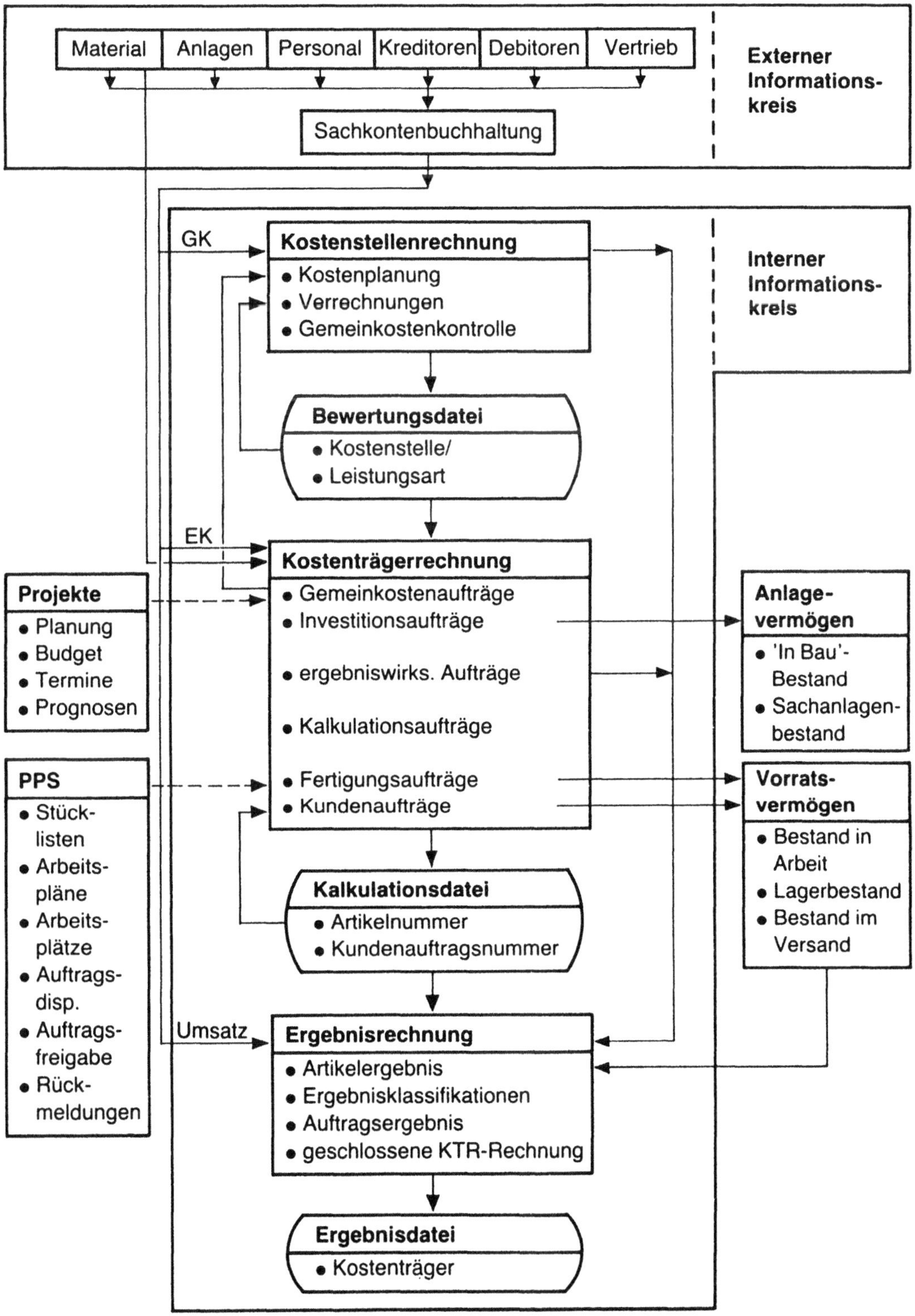

Im Gegensatz zum Hauptbuchkonto mit seiner linearen Struktur werden Aufträge durch drei Gliederungskriterien gekennzeichnet:

- Belastungen	- Entlastungen
- Soll	- Ist
- Technische Struktur	- Kostenstruktur

Aus DV-technischer Sicht resultiert hieraus die Notwendigkeit, die traditionelle sequentielle Verarbeitung durch matrixorientierte Verarbeitungsformen zu ersetzen.

Aus betriebswirtschaftlicher Sicht ergeben sich zusätzliche Forderungen an das Integrationsmodell:

- Fertigungssteuerung und Kosten-Controlling müssen auf denselben technischen Grunddaten basieren
- Unterstützung interaktiver Simulations- und Planungsrechnungen
- Unterstützung mehrstufiger und zyklischer Abrechnungstechniken

Bei abnehmenden Durchlaufzeiten und kürzeren Dispositionszyklen werden von der Kostenrechnung zunehmend entscheidungsorientierte Informationen gefordert, die es gestatten, unmittelbar korrigierend in das laufende Betriebsgeschehen einzugreifen. Abweichungen müssen nicht nur am Ort, sondern auch zum Zeitpunkt ihres Entstehens transparent gemacht werden. Der typische Zyklus eines zeitnahen, permanenten Controllings besteht aus den Phasen:

- Planungsrechnung (iterativ)
- vorgangsbezogene Istrechnung
- mitlaufender Soll/Ist-Vergleich
- Planungskorrektur
- periodische Istnachverrechnung
- geschlossene Rechnung.

Aus DV-technischer Sicht ergibt sich deshalb die Notwendigkeit, anstelle der traditionellen Batchverarbeitung transaktionsorientierte Realtimeverarbeitung zu verwenden.

Aus betriebswirtschaftlicher Sicht ist zu fordern

- Fertigungssteuerung und innerbetriebliches Rechnungswesen müssen simultan durch dieselben Bewegungsdaten aktualisiert werden.
- Berücksichtigung aller auftragsspezifischen Verfügbar-

keitswerte (Bedarfsanforderungen, Bestellungen usw.)
- Kopplung an ein Projekt- und Budgetüberwachungssystem mit aktiver Mittelüberwachung.

2. Verbindung zur Kostenstellenrechnung

Neben der Kontrolle der Gemeinkosten hat die Kostenstellenrechnung die Aufgabe, für die Kalkulation Verrechnungssätze in hinreichender Detaillierung bereitzustellen.

Die Bewertung der Kostenstellenleistung erfolgt getrennt mit Plankostensatz und Abweichungen. Der Plankostensatz wird durch die Planpreisiteration in den Komponenten fix und prop. oder strukturiert nach Primärkostenartengruppen bereitgestellt. Abweichungen können verursachungs- und periodengerecht berücksichtigt werden, wahlweise als

- manuell vorgegebene Standardabweichungen,
- maschinell aus den historischen Daten abgeleitete Durchschnittsabweichungen,
- iterativ errechnete Istabweichungen (Nachverrechnung an Periodenende)

Alle aus der Kostenstellenrechnung erforderlichen Informatinen sind in einer Bewertungsdatei abgelegt. Sie bildet die zentrale Stelle für den Datentransfer zur Kostenträgerrechnung und gewährleistet die schrittweise Einführung des Systems nach dem Baustein-Konzept.

Die fortlaufende Kontrolle der Kostensätze stellt in einem DV-technisch und betriebswirtschaftlich integrierten Kostenrechnungssystem zusätzliche Anforderungen an die Auslegung der Kostenstellenrechnung:

Kleinste gemeinsame organisatorische Einheit für Fertigungssteuerung und Kostenrechnung ist im SAP-System der Arbeitsplatz. Er enthält die Grunddaten für die Kapazitätsterminierung und kann hierarchisch nach fertigungstechnischen Gesichtspunkten verdichtet werden. Andererseits wird in den Arbeitsplätzen eindeutig die Verbindung zu einer oder mehreren Bezugsgrößen einer Kostenstelle festgelegt und somit die Synchronisation mit der kostentechnischen Organisationsstruktur hergestellt.

Bei der Gliederung der Endkostenstellen sollte diesen Gesichtspunkten Rechnung getragen werden, um die Voraussetzungen für eine durchgängige Verbindung von Kostenstellen- und Kostenträgerrechnung zu schaffen:

- Möglichst detaillierte Istkostenerfassung,
- Planung auf der Ebene Leistungsart,
- Ausweis von Verbrauchs-, Preis- und Beschäftigungsabweichung pro Leistungsart,
- Übereinstimmung von Sollkosten und verrechneten Kosten

3. Aufträge

3.1 Auftragsstruktur

Die Erstellung betrieblicher Leistungen wird über Aufträge abgewickelt. Je nach Art der Leistung und ihrer Verrechnung sind als Auftragstypen zu unterscheiden:

- Gemeinkostenaufträge
- Investitionsaufträge
- ergebniswirksame Aufträge
- Kalkulationsaufträge
- Fertigungsaufträge
- Kundenaufträge

Sie werden aufgrund ihrer unterschiedlichen organisatorischen und technischen Abwicklung in verschiedenen Fachbereichen eröffnet und verwaltet (Vertrieb, Fertigungssteuerung, Anlagenwirtschaft, Werkstatt, ...), sind aber aus Sicht der Kostenrechnung einheitlich zu kontrollieren und abzurechnen. Deshalb darf es in einem integrierten System nur einen gemeinsamen Auftrag geben, der sowohl die betriebswirtschaftlichen wie die technischen Aspekte in sich vereinigt. Die Ablauforganisation wird durch maßgeschneiderte Transaktionen in den jeweiligen Systemkomponenten unterstützt. Das Informations- und Abrechnungssystem besteht aus zentralen Modulen, die parametergesteuert den individuellen Anforderungen angepaßt werden können.

Die datentechnische Struktur des Auftrages ist für alle Teilsysteme formal identisch (Abb. 2):

Der Auftragskopf enthält identifizierende Merkmale und Kriterien für mehrstufige hierarchische Verdichtungen zu Kostenträgergruppen.

In der Auftragsposition wird festgelegt, welche Leistung zu welchem Termin zu erbringen und wie sie zu verrechnen

Aufträge: Zentrales Element des Systems R/2

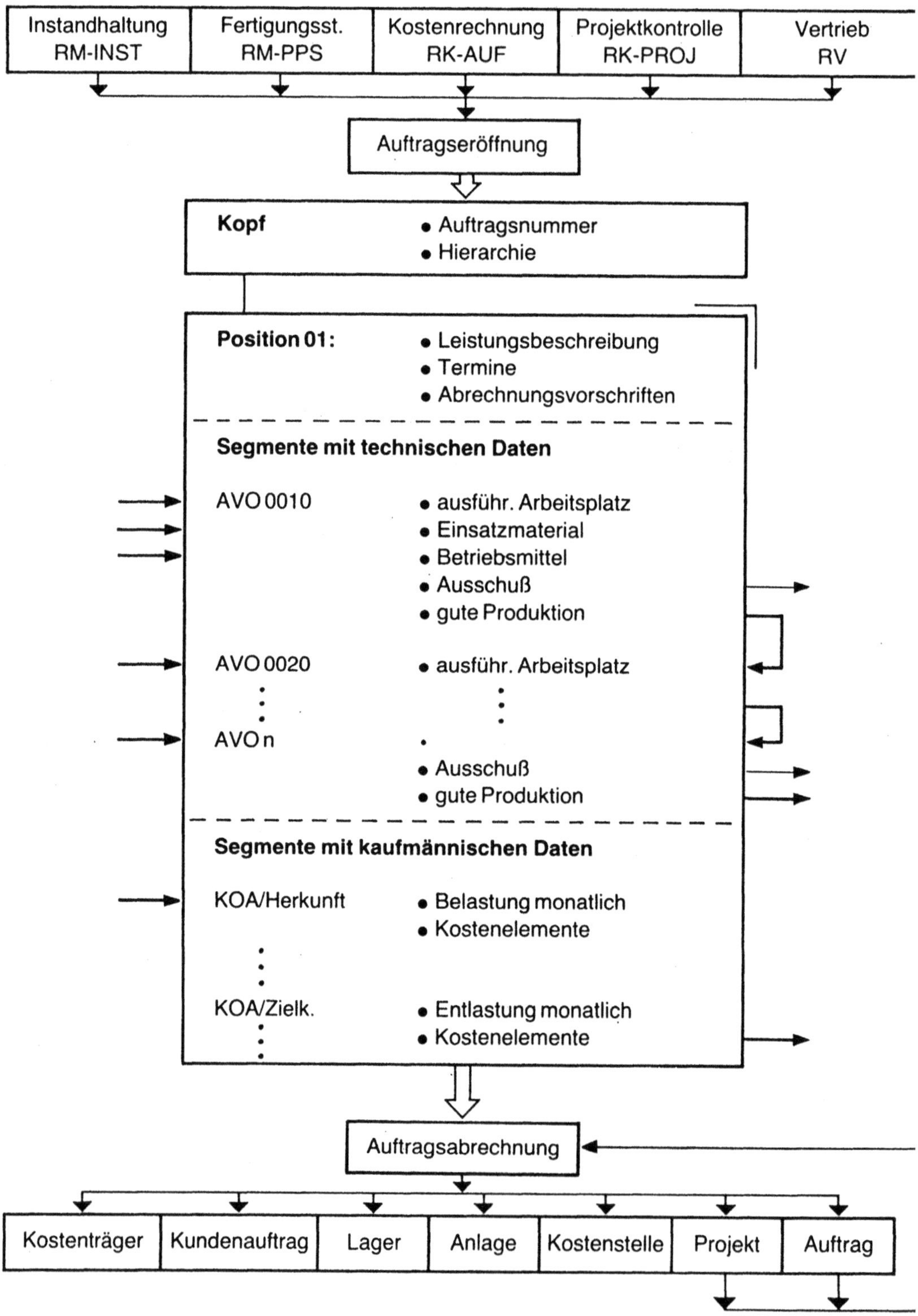

ist.

Pro Position können beliebig viele Segmente mit technischen Daten, gegliedert nach Arbeitsvorgängen, und kaufmännischen Daten, gegliedert nach Kostenart/Herkunft, eröffnet werden. Durch fachbereichspezifische Ausprägung der verschiedenen Segmente wird eine individuelle Sicht der Auftragstypen erreicht. So besteht z.B. ein Fertigungsauftrag immer aus Material-, Zeit-, Betriebsmittel- und Kostensegmenten, ein Gemeinkostenauftrag in der Regel nur aus Kostensegmenten.

Zwischen den Auftragstypen wird es in der Praxis immer gleitende Übergänge geben. Je nachdem, ob es sich um eine einfache Reparatur oder eine planmäßige Wartung handelt, kann ein Instandhaltungsauftrag strukturell wie ein Gemeinkostenauftrag oder ein Fertigungsauftrag aufgebaut sein. Im Rahmen des vorliegenden Konzepts ist dies problemlos abbildbar.

3.2 Auftragsklassifikation

Aufträge können nach verschiedenen Gesichtspunkten klassifiziert werden. So kann zwischen Einzel-, Dauer- und Standardaufträgen oder zwischen statistischen und ergebniswirksamen Aufträgen differenziert werden. Die für den Informationsfluß jedoch wesentliche Klassifikation ist die nach der Zielkontierung. Abgesehen von Mischfällen, die über Multikontierung gehandhabt werden können, werden im System RK folgende Fälle unterschieden:

Gemeinkostenaufträge werden per Definition auf Kostenstelle abgerechnet und müssen am Periodenende vollständig entlastet sein. Ein typisches Beispiel sind Instandhaltungsaufträge. Sie bilden in einem integrierten System die simultane Informationsbasis für die

- operative Instandhaltung (Equipmentverwaltung, Wartungspläne und Wartungsstücklisten)
- Projektplanung und -kontrolle (aktive Überwachung des Instandhaltungsbudgets)
- Anlagenbuchhaltung (bisher aufgelaufene Wartungskosten)
- Kostenstellenrechnung (Gemeinkostenkontrolle)

Investitionsaufträge werden direkt in den Sachanlagenbestand abgerechnet und müssen am Geschäftsjahresende in den 'im Bau'-Bestand übernommen werden. Sie können Investitionsprojekten zugeordnet werden mit den Möglichkeiten der

- Plan-Afa-Simulation über geplante und realisierte Investitionen
- Projektverfolgung hinsichtlich Kosten, Termine und Kapazitäten

Ergebniswirksame Aufträge werden über Angaben eines Kostenträgers direkt ins Ergebnis abgerechnet. Da ein Kostenträger nicht durch eine Identnummer, sondern durch ein oder mehrere bereits vorhandene Objektschlüssel identifiziert wird, können als Zielkontierung eine variable Anzahl benutzerindividueller Felder angegeben werden.

In Kalkulationsaufträgen werden die Ergebnisse von auftragsbezogenen Vorkalkulationsversionen oder artikelbezogenen Plankalkulationen abgelegt. Sie dienen ausschließlich als Träger von Planinformationen und können nicht bebucht werden.

Fertigungsaufträge werden nicht in einem Betrag sondern in frei definierbaren Kostenelementen in das Vorratsvermögen abgerechnet und können auf Bedarf oder periodisch in den 'Bestand in Arbeit' übernommen werden. Sie stellen die gemeinsame Informationsbasis dar für die Gebiete

- Kalkulation
- Fertigungssteuerung
- Bestandsführung

Kundenaufträge sind erlösführend und können direkt oder indirekt über Fertigungsaufträge oder Innenaufträge belastet werden. Die Weiterverrechnung erfolgt aufgrund der Faktura in die Ergebnisrechnung oder in ein Versandlager. Sie sind einheitlich für alle Systeme

- Vertrieb, Versand, Fakturierung
- Produktionsplanung und -steuerung (Primärbedarf)
- Kostenträgerrechnung

4. Kalkulation

Das System RK unterstützt für alle Produktionstypen

- Projektfertigung,

- Einzelfertigung, Kundenauftragsfertigung
- Serien- und Wiederholfertigung mit Fertigungsaufträgen
- Serien- und Prozessfertigung ohne Fertigungsaufträge

die Kalkulation von Produkten bzw. Dienstleistungen und dies sowohl periodenbezogen (Erzeugniskalkulation) als auch vorgangsbezogen (Auftragskalkulation).

Die ermittelten Kostenstrukturen werden nach Versionen getrennt pro Kundenauftrag oder Artikelnummer in einer Kalkulationsdatei für alle angrenzenden Arbeitsgebiete bereitgestellt.

4.1 Erzeugniskalkulation

Aufgabe dieser Kalkulationsform ist es, für standardisierte Erzeugnisse im voraus geplante Herstell- oder Selbstkosten zu errechnen.

Mit der Plankalkulation wird für eine definierte Periode die Kostenbasis für die Produktplanung und -fertigung festgelegt. Das Ergebnis bleibt unverändert und kann durch weitere Kalkulationen ergänzt werden, die auf der

Basis

- aktualisierter
- alternativer
- prognostizierter

Mengen- und Wertgerüste erstellt werden.

Der zentrale Kalkulationsmodul (Abb. 3) operiert auf den Stücklisten und Arbeitsplänen des integrierten Fertigungssteuerungssystemes RM-PPS, die alle kalkulationsrelevanten Daten enthalten. Fehlende Strukturdaten können daher zuerst aus der Sicht der Kalkulationsabteilung gepflegt und später durch die AV um die fertigungstechnischen Daten ergänzt werden. Als Basisdaten sind erforderlich:

- Angaben zum Materialeinsatz
Die Einsatzmengen werden aus den Stücklisten bzw. Rezepturen übernommen. Kontofindung und Bewertung erfolgt über den Materialstammsatz.

- Angaben zum Arbeitsvorgang
Aus den Arbeitsplänen wird der ausführende Arbeitsplatz, die benötigten Leistungseinsätze und ein geplanter Ausschußprozentsatz herangezogen. Die Bewertung erfolgt mit den Kostensätzen der beanspruchten Kostenstelle (wahlwei-

se geschichtet nach Primärkostenelementen).

- Ergänzende Kalkulationsangaben

Nicht aus den Produktionsdaten ableitbare Angaben, wie Materialgemeinkostenzuschläge, SEKF usw. werden in Tabellen abgelegt oder manuell vorgegeben.

Das Ergebnis ist die prozesskonforme Darstellung, in der die tatsächlichen Produktionsverhältnisse für Belange des internen Rechnungswesens abgebildet werden. Sie bildet den Einzelnachweis der Kalkulation und wird für Dokumentationszwecke und Analysen (Zeitablaufanalyse, Variantenvergleiche, ...) verwendet.

Wegen ihres Umfanges wird diese Darstellungsform nur für controllingwürdige Produkte oder Leistungen im Dialogzugriff gehalten. Als Speicherform dient ein Kalkulationsauftrag, der sich von einem normalen Fertigungsauftrag nur dadurch unterscheidet, daß er ausschließlich Planwerte enthält und nicht bebuchbar ist. Alle Berichts- und Analysetechniken stehen somit für periodische und vorgangsbezogene Kalkulationen gleichermaßen zur Verfügung.

Diese technisch orientierte Darstellung wird über Tabellen

Erzeugniskalkulation: Integration ins SAP-System R/2

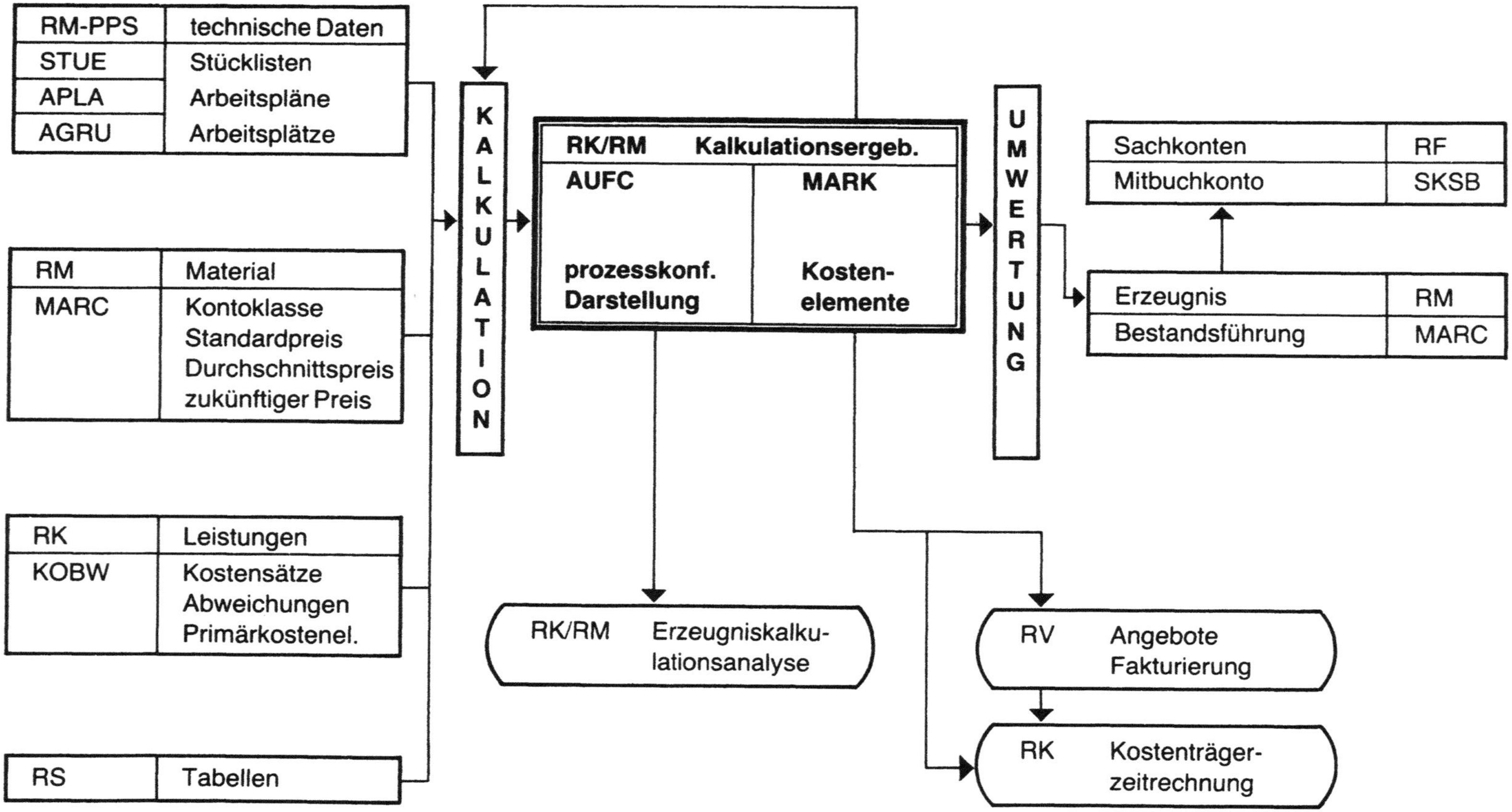

benutzerindividuell in ein Kalkulationszeilenschema transformiert, das horizontal nach frei definierbaren Kostenelementen gegliedert ist. Die Kostenstruktur der HK oder SK wird evtl. um Zusatzinformationen wie Fertigungsstunden ergänzt - in der Kalkulationsdatei für die Bewertung des Wiedereinsatzes, die Kostenträgerzeitrechnung und den Vertrieb bereitgestellt.

Die Stückkosten werden mit dem Kalkulationsdatum im Artikelstamm hinterlegt und können in einem zweiten, zeitlich völlig entkoppelten Schritt zum neuen Standardpreis erhoben werden. Die notwendigen Umwertungen des Bestandes und die entsprechenden Hauptkontobuchungen werden automatisch generiert und fortgeschrieben.

Erzeugniskalkulationen können mit denselben Modulen im Batch und Dialog erstellt werden. Die passenden Arbeitspläne und Stücklisten werden über Gültigkeitsdatum, Losgröße und Alternative automatisch ermittelt. Bei der Kalkulation im Dialog kann interaktiv zwischen verschiedenen Darstellungen wie

- Vollkosten, Grenzkosten, Selbstkosten, Werksabgabekosten
- technische Struktur, Primärkostenstruktur

- Halbfabrikate aufgelöst bzw. nicht aufgelöst

hin und her gewechselt oder gezielt in das Kalkulationsergebnis untergeordneter Baugruppen verzweigt werden.

Im Simulationsmodus können Mengen- und Wertgerüst ad hoc modifiziert und die Auswirkungen analysiert werden. Veränderungen der Kostenstruktur können somit schon frühzeitig am Ort des Entstehens sichtbar gemacht werden.

4.2 Auftragskalkulationen

Hierbei können Kalkulationsarten unterschieden werden, die hinsichtlich ihres Erstellungszeitpunktes, der Genauigkeit und Gliederungstiefe verschieden sind:

- Angebotskalkulation
- Auftragsvorkalkulation
- Auftragssollkalkulation
- mitlaufende Kalkulation
- Nachkalkulation

Entscheidend ist die Vergleichbarkeit der Kalkulationen

untereinander. Sie wird dadurch erzwungen, daß immer auf dem Basisbegriff der Kalkulationsschemata, nämlich Kostenart und Herkunft, gearbeitet werden muß. Für Kalkulationen sehr geringer Gliederungstiefe können jederzeit reine Planungskostenarten eröffnet werden.

Angebotskalkulationen werden vor Auftragserteilung erstellt. Sie bilden die Grundlage bei Preisverhandlungen und basieren in der Regel auf einem groben, oft manuell eingegebenen Mengen- und Wertgerüst. Abhängig vom Detaillierungsgrad können mehrere Versionen gehalten werden.

Kalkulationen dieser Form sind typische Dialoganwendungen, bei denen der Sachbearbeiter das Ergebnis interaktiv erarbeitet und durch eine Vielzahl von Hilfsfunktionen:

- Referenz auf Kalkulationen ähnlicher Aufträge
- Rückgriff auf Kalkulationen standardisierter Baugruppen oder Leistungspakete
- Zugriff auf Kostenkennziffern
- Neubewertung mit den aktuellen Material-, Kosten- und Ressourcensätzen
- Eskalation durch Preisindizierung
- Unterstützung beliebige Rechenformeln

von Routinearbeiten entlastet wird.

Nach Auftragserteilung wird die Auftragsvorkalkulation erstellt. Sie basiert auf einem genaueren auftragsspezifischen Mengengerüst. Die Durchführung erfolgt analog zur Angebotskalkulation. Änderungen werden in getrennten Versionen dokumentiert (aktualisierte Auftragskalkulation).

Bei diesem Kalkulationstyp müssen, die technischen Voraussetzungen gegeben sein, Erzeugniskalkulationen zu erstellen. Dann werden unmittelbar bei Auftragseröffnung die für den konkreten Auftrag festgelegten technischen Daten mit den zum Eröffnungszeitpunkt gültigen Materialpreisen und Kostensätzen bewertet. Die auf diese Weise automatisch generierte Sollkalkulation wird in den Kostensegmenten gespeichert und als Maßstab für die spätere Auftragsbeurteilung verwendet.

Zusätzlich werden Verfügbarkeitsprüfungen durchgeführt und Bedarfsmeldungen in Form von Bestellanforderungen, Reservierungen und Kapazitätselementen für die Bereiche Einkauf, Lager und Kapazitätsterminierung abgesetzt.

Für die Kontrollrechnungen (IST-Kalkulation) können infolge des Dialog- und Realtime-Charakters des Systems jederzeit mitlaufende Kalkulationen erzeugt werden. Die mitlaufende Kalkulation geht bei Auftragsabschluß nahtlos in die Nachkalkulation über.

5. Auftragsbelastungen

Da alle Belastungen realtime auf die Aufträge durchgebucht werden, ist der aktuelle Stand jederzeit im Dialog abrufbar. Eine besonders effektive Kostenkontrolle wird durch die Obligoverwaltung ermöglicht, bei der schon die Bedarfsmeldungen zu einer "vorläufigen" Auftragsbelastung führen, die automatisch durch die Istbuchungen ausgeglichen werden. Dieses Instrument ist von besonderer Bedeutung bei Kundenauftragsfertigung oder bei Aufträgen, die über Projekte budgetmäßig überwacht werden.

5.1 Innerbetriebliche Leistungen

Abhängig vom jeweiligen Produktionstyp werden in der Praxis unterschiedliche Verfahren zur Verrechnung von Fertigungskosten auf Kostenträger verwendet:

- Retrograde Verrechnung auf Kostenstellen
- Retrograde Verrechnung auf Kostenträgergruppen
- direkte Verrechnung auf Kostenträger

Im System RK wurde eine weitestgehende Vereinheitlichung dieser Verrechnungstechniken dadurch erreicht, daß die Kostensammlung immer auf dem Objekt 'Auftrag' vorgenommen wird. Lediglich die betriebswirtschaftliche Interpretation der Auftragsnummer als

- Kostenträger + Periode (1)
- Kostenträgergruppe + Periode (2)
- neutrale Auftragsnummer (3)

des Soll/Ist-Vergleiches ist unterschiedlich. Aktualität und Darstellung ist daher für den Anwender in allen Fällen identisch. Mischformen zwischen den verschiedenen Verfahren können durch entsprechende Parameterisierung jederzeit realisiert werden.

Beim ersten Verfahren (Abb. 4) wird die bei Auftragseröffnung automatisch generierte Sollkalkulation verwendet, um aus den rückgemeldeten Produktionsmengen (Output) die Sollkosten zu ermitteln und gleichzeitig die leistenden Kostenstellen retrograd zu entlasten.

Nachteile des Verfahrens: Im SIV der Kostenstelle werden den Istkosten nicht die Sollkosten der Istleistung, sondern die Sollkosten der Solleistung gegenübergestellt. Eine verursachungsgerechte Abweichungsanalyse ist nicht möglich.

Der Vorteil liegt im niedrigen Erfassungsaufwand, der bei einem integrierten Realtime-System in besonderem Maße deutlich wird: Eine einfache Rückmeldung unter Angabe von Artikelnr. + Variante (=Auftragsnr.) und der gefertigten Menge bewirkt simultan folgende Aktionen in den betroffenen Arbeitsgebieten:

- Produktionsplanung und -steuerung (RM-PPS)
  . Kapazitätsentlastung der Arbeitsplätze.
  . Ableitung der Kostenstellen und Leistungsarten.

- Kostenrechnung (RK)
  . Erstellung eines Kostenrechnungsbeleges.
  . Entlastung der leistenden Kostenstellen (mengen- und

wertmäßig).

. Belastung des Auftrags.

- Bestandsführung (RM-Lager)

  . Automatische Kontofindung.

  . Generierung einer retrograden Warenentnahme aus dem Rohmateriallager (mengen- und wertmäßig).

  . Generierung eines Wareneinganges zum Fertigfabrikatelager.

- Hauptbuchhaltung (RF)

  . Erstellung eines Buchhaltungsbeleges.

  . Fortschreibung der betroffenen G+V- und Bilanzkonten.

Aufgrund der Realtime-Verarbeitung sind die beteiligten Systeme jederzeit miteinander abgestimmt.

Einige der Nachteile dieses Verfahrens werden beim Verfahren (2) dadurch beseitigt, daß die retrograde Entlastung auf dem Bezugsobjekt 'Kostenträgergruppe' gesammelt wird, das andererseits direkt mit den Fertigungskosten belastet wird. Auf diese Weise können für Kostenstellen und Kostenträgergruppen getrennte Soll/Ist-Vergleiche erstellt und analysiert werden.

RK: Produktionskosten – SIV

1. Retrograde Verrechnung auf Kostenstelle

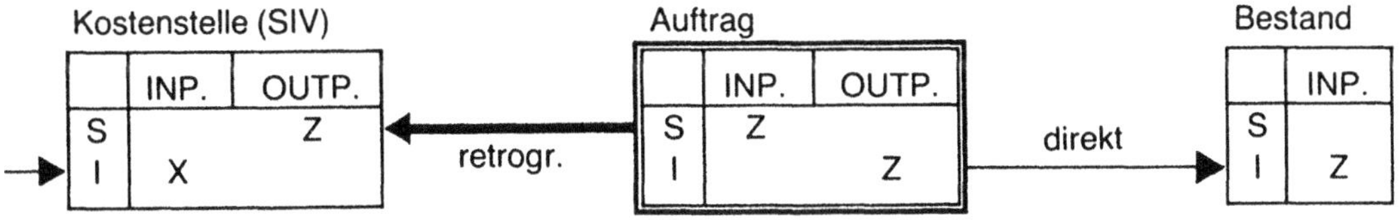

2. Retrograde Verrechnung auf Kostenträgergruppe

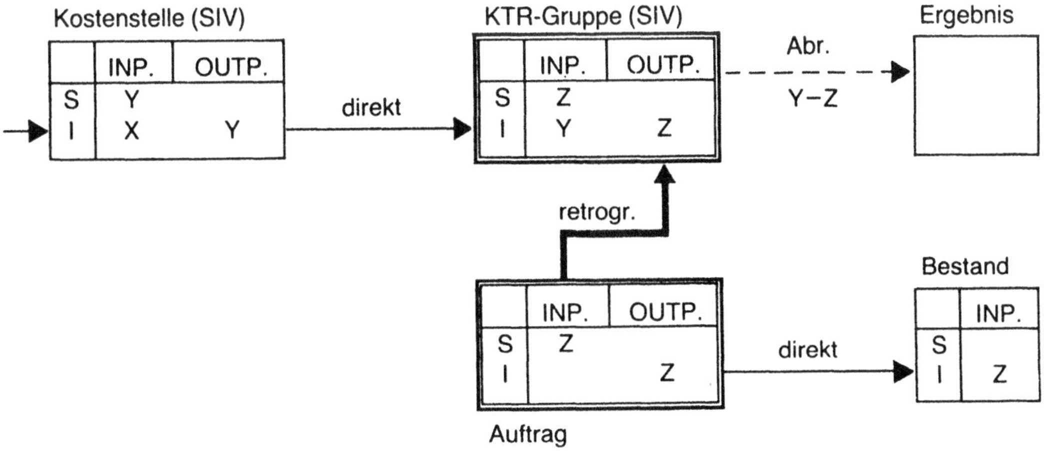

3. Direkte Verrechnung

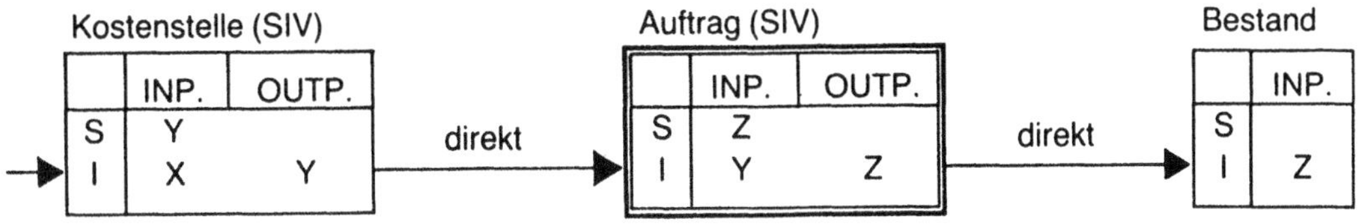

Da die Problematik analog ist wie bei der kalkulatorischen Abgrenzung von Großreparaturen oder Spezialwerkzeugkosten, wird auch hier pro Kostenträgergruppe ein Auftrag eröffnet. Dieser Auftrag enthält keine technischen Daten; er dient ausschließlich als Träger des Soll/Ist-Vergleiches. Über- oder Unterdeckungen können periodisch en bloc ins Betriebssystem verrechnet oder auf die Kostenträger nachbelastet werden.

Die direkte Verrechnung von innerbetrieblichen Leistungen an Aufträge ist das genaueste, aber auswendigste Verfahren (3). Der Anstoß kann je nach Systemauslegung und Auftragstyp erfolgen durch:

- Erfassung der Rückmeldungen in einem BDE-System und maschinelle Überleitung ins System R/2.
- Erfassung der Rückmeldungen im System RM-PPS und automatischen Anstoß der Leistungsverrechnung im System RK.
- Erfassung der Leistungsdaten im System RK.

5.2 Lagermaterial, Fremdbezug, Zuschläge

Materialkosten werden im vorgelagerten System RM-Lager erfaßt und ins RK durchgebucht. Die Kontofindung geschieht automatisch. Die Entnahmemenge kann zum Standardpreis und/ oder zum gleitenden Durchschnittspreis bewertet werden, wobei die Differenz als Preisabweichung ausgewiesen wird. Bei Entnahmen von Halbfabrikaten wird die zum Entnahmezeitpunkt gültige Kostenstruktur aus der Kalkulationsdatei im Kostensegment des Auftrages vermerkt.

Beim Absetzen einer Materialreservierung - manuell oder maschinell bei Auftragseröffnung - wird der Reservierungswert im Kostensegment als 'Obligo' ausgewiesen. Bei Auflösung der Reservierung durch eine Lagermaterialentnahme wird das Obligo mengenproportional zurückgenommen und durch den aktuellen Entnahmewert ersetzt. Retrograde Entnahmen werden analog zu Abschnitt 5.1 durchgeführt.

In den vorgelagerten Systemen der klassischen Materialwirtschaft (Einkauf, Lager, Rechnungsprüfung) werden die Geschäftsvorfälle

- Bestellanforderung
- Bestellung
- Kontraktabruf
- Wareneingang

- Rechnungseingang

bereits vollständig kontiert und geprüft, so daß sie unmittelbar zu einer Auftragsbelastung führen können.

Die Istbuchung erfolgt beim Wareneingang, ggf. wird beim Rechnungseingang nachbelastet. Alle übrigen Bewegungen werden jahres- und kostenartengerecht als getrennte Obligoarten ausgewiesen und durch Einzelposten dokumentiert.

Zuschläge können tabellengesteuert auf der Basis Kostenart und Herkunft gerechnet werden. Die Festlegung geschieht über Quoten oder Prozentsätze, differenziert nach fix, prop., Plan und Abweichung. Bei der Belastung mit Zuschlägen wird gleichzeitig eine Kostenstelle oder ein Auftrag entlastet.

6. Auftragsentlastungen

6.1 Teillieferungen, Ausschuß

Während der Abwicklung von Fertigungsaufträgen können fertige Teillose an Lager geliefert werden. Die Teillieferungen werden mit der Kostenstruktur der Auftragssollkalkulation bewertet; Auftrag, Bestand und Hauptbuch simultan fortgeschrieben.

Ausschuß kann berücksichtigt werden durch

- Ausschußprozentsätze in den technischen Daten Stückliste und Arbeitsplan,
- indirekte Verrechnung mit Hilfe von Abschlägen, Quoten,
- retrograde Soll=Ist-Verrechnung,
- direkte Erfassung unter Angabe einer verantwortlichen Kostenstelle,
- direkte Erfassung unter Angabe einer Kostenträgernummer.

6.2 Auftragsabrechnung

Die Teil- oder Endabrechnung von Aufträgen wird für alle Auftragstypen einheitlich durch einen zentralen Modul ausgeführt, der voll in das betriebswirtschaftliche Gesamtmodell integriert ist (vgl. Abb. 2). Die Abrechnungsvorschrift wird über eine oder mehrere Kontierungsanweisungen definiert, in denen festgelegt ist

- wohin (Zielkontierung)
- wann (Gültigkeitsintervall)
- wieviel (Prozentsatz, Quote, Absolutwert)
- wie (Grenzkosten, Vollkosten bzw. kostenartengerecht, über eine oder mehrere Verrechnungskostenarten)

verrechnet werden soll.

Für die meisten Aufträge wird die Abrechnungsvorschrift hinreichend früh vorliegen, so daß eine bedienerfreie Abrechnung periodisch oder zu einem vordefinierten Zeitpunkt erfolgen kann.

Eine manuelle Nachbearbeitung bestimmter Aufträge unter dem Aspekt der Wirtschaftsgutgliederung, der Festlegung nicht aktivierungspflichtiger Anteile oder der Abgrenzung ergebniswirksamer Herstellkosten wird es in der Praxis aber nach wie vor geben. Hier garantiert eine Vielzahl von Bearbeitungshilfen im Dialog eine gezielte Zuordnung der Kontierungsanweisungen auf verschiedenen Detaillierungsebenen:

- Auftragsposition
- Kostenartengruppe

- Einzelpostengruppe

Die Abrechnungsbuchungen werden automatisch generiert und lösen unmittelbar die entsprechenden Fortschreibungen aus in der

- Kostenrechnung
- Anlagenbuchhaltung
- Materialbuchhaltung
- Hauptbuchhaltung

Bei Fertigungs- und Kundenaufträgen wird zusätzlich die Kostenstruktur in der Kalkulationsdatei abgelegt.

Neben den primären Zielkontierungen Kostenstelle, Anlage, Materialnummer, Kundenauftrag und Kostenträger sind auch die sekundären Kontierungen Auftrag, Projekt erlaubt für eine mehrstufige Auftrags- oder Projektabrechnung.

7. Betriebsleistungsrechnung, Bestandsrechnungen

Durch hierarchische Verdichtung der entsprechenden Aufträge nach beliebigen Gruppierungsmerkmalen können Darstellungen und Analysen zu den Gebieten

- Betriebsleistungsrechnung
- Bestände im Bau
- Bestände in Fabrikation

jederzeit im System RK abgerufen werden. Informationsgliederung und Analysetechniken sind dieselben wie beim einzelnen Auftrag.

Über das interaktive Reporting sind also jederzeit Zeitablaufanalysen durch Abgriff der entsprechenden Perioden oder Strukturanalysen durch Zeilenaufriß einer der Kategorien

- Betriebsleistung
- HF-Einsatz
- Abgang ans Ergebnis
- Abgang ans Lager

möglich (Abb. 5).

Die Bestandführung des Anlagevermögens wird in dem integrierten, als Nebenbuchhaltung ausgelegten Anlageninformationssystem verwaltet. Der Sachanlagenzugang erfolgt di-

System RK: Betriebsleistungsrechnung: Bestand „in Arbeit“

Betriebsleistung + Materialeinsatz

Bestand „in Arbeit“

frei definierbare hierarchische Verdichtung (periodisch):

z. B.: Kostenträgergr. Unternehmensber.

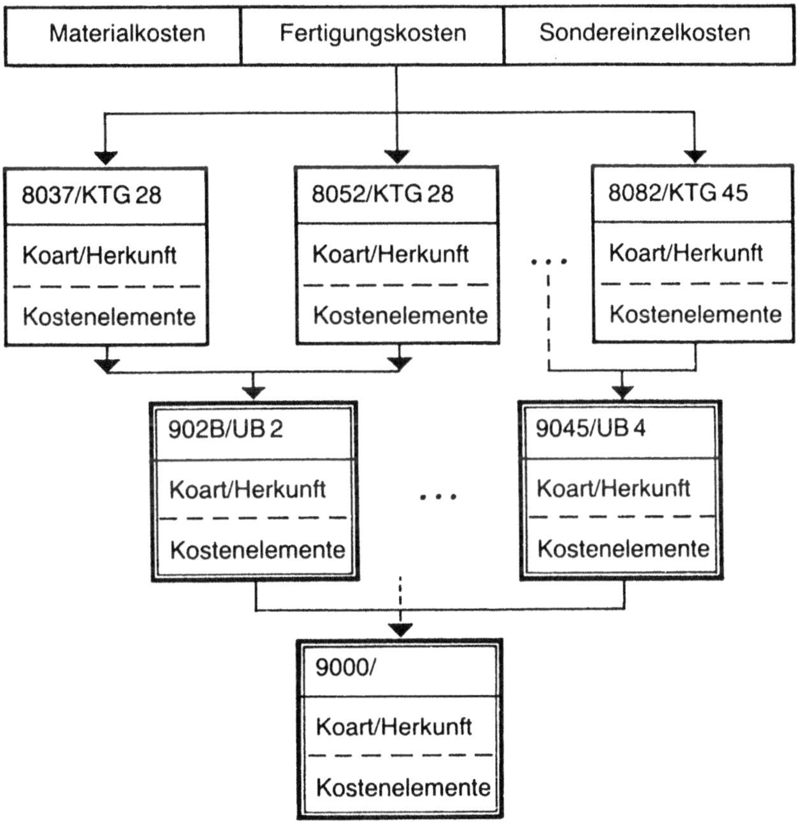

Bestand „in Arbeit“
= Anfangsbestand [1]
+ Betriebsleist. [2]
+ Einsatz HF [3]
− Abgang Lager [4]
− Abgang Ergebn. [5]

KZ		Kurztext	Sum. Vorper.		Lfd. Per.	
010	•	Materialkosten	53.600		21.000	
020	•	Fertigungskosten	122.500		46.500	
030	•	SEKF	11.900		5.500	
040	•	Sonstige Kosten				
100	••	Herstellkosten 1	188.000		**73.000**	[2]
110	•	Wiedereinsatz HF	74.500		**14.200**	[3]
200	••	Herstellkosten 2	262.500		87.200	
210	•	Abgang Lager	−181.500		**−82.200**	[4]
220	•	Abgang Ergebnis				[5]
300	••	Bestand	**81.000**	[1]	5.000	

rekt bei der Abrechnung von Investitionsaufträgen oder -projekten.

Die Bestände des Umlaufvermögens werden in der Materialwirtschaft geführt. Bei allen bestandverändernden betrieblichen Vorgängen, wie Wareneingang, Entnahme, Umlagerung, Reservierung etc. werden Mengen und Werte parallel fortgeschrieben. Fertigungsdisposition und Betriebsabrechnung basieren auf denselben aktuellen Bestandsdaten.

8. Verbindung zur Ergebnisrechnung

Von der Auftragsabrechnung werden die Standardherstellkostenelemente und Abweichungen in einer zentralen Kalkulationsergebnisdatei bereitgestellt für die angrenzenden Gebiete

- Bestandsführung
- Ergebnisrechnung
- Vertrieb

Während für das Produktions- oder Betriebscontrolling alle relevanten Informationen aus den Aufträgen gewonnen werden können, geht aktives Vertriebscontrolling über die Analyse und eindimensionale Verdichtung von Kundenaufträgen hinaus. Um vieldimensionale Marktsegmente beurteilen zu können, müssen vielmehr Ergebnishierarchien gebildet werden, deren Spezifikationen (z.B. Land, Sparte, Vertriebsweg, ...) aus dem Kundenauftrag, aber auch aus dem Kundenstamm und dem Artikelstamm abgeleitet werden (Abb. 6).

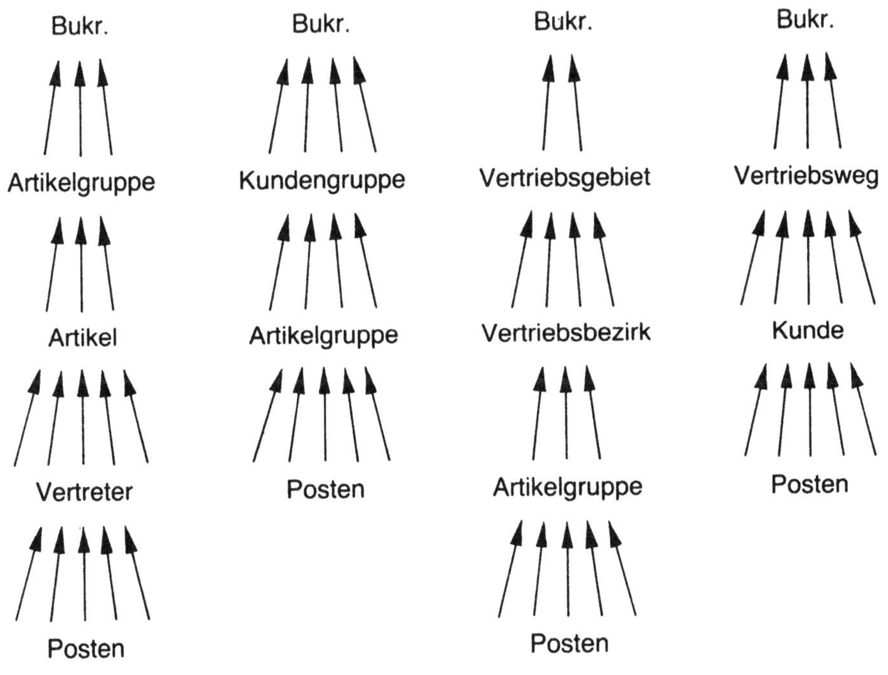

Im System RK-Betriebsergebnisrechnung können parallel beliebig viele Deckungsbeitragshierarchien angelegt und hinsichtlich der Menge, Erlöse, Erlösschmälerungen und Kosten geplant werden. Wird auf der Ebene Artikel geplant, kann auf die Kostenelemente in der Kalkulationsergebnisdatei zurückgegriffen werden. Bei einer weniger detaillierten Planung kann auf die Kostenelemente entsprechender Mischkalkulationen Bezug genommen werden.

Die Istrechnung basiert auf den endgültigen Daten der Fakturenpositionen. Daneben können vorläufige Daten anderer betrieblicher Vorgänge, wie z.B. Anfragen, Auftragseingänge oder Auslieferungen als Grundlage für Ergebnisrechnungen herangezogen werden. In einem integrierten System werden die Fakturenpositionen neben den Erlösen und Erlösschmälerungen um die hierarchiebildenden Kriterien aus Kundenauftrag, Artikel- und Kundenstamm und um die Kostenelemente aus der Kalkulation angereichert.

Die Übergabe an die Ergebnisrechnung erfolgt wahlweise im Zeitpunkt der Fakturierung oder periodisch. Fehlende Informationen wie z.B. Boni, Skonti oder Frachten werden durch kalkulatorische Ansätze tabellengesteuert ergänzt. Zwischen Finanzbuchhaltung, Fakturierung und Ergebnisrechnung besteht jederzeit ein definierter abgestimmter Stand.

Abb. 7 zeigt schematisch alle zur Verfügung stehenden Verfahren. Die Technik der Parallelrechnung erlaubt es, die Stellenfixkosten über den Bestand zu führen oder en bloc den Kostenträgern zuzuordnen (stufenweise Fixkostendeckungsrechnung).

Gesamtkostenverfahren ↔ Umsatzkostenverfahren
Plan ↔ Ist
Vollkosten ↔ Teilkosten
prop. Fixkosten ↔ Fixkostendeckungsr.
offene Rechnung ↔ geschlossene Rechnung
Plan ↔ Ist

Abb. 7: Verfahren der Ergebnisrechnung

Die Bewertung mit Istkosten (geschlossene Rechnung) erfordert ein periodisches Aufrollen der gesamten internen Rechnung. Sollen die Abweichungen über die Produkte ins Ergebnis geschleust werden, geschieht dies in den drei Stufen:

- Iterative Nachbelastung der Leistungen innerhalb der

Stellenrechnung; Ausweis der Istkostensätze in der Bewertungsdatei

- Mehrstufige, prozesskonforme Nachbelastung auf die Aufträge und in den Bestand

- Nachbelastung des Umsatzes auf den Kostenträgern

Werden die Abweichungen direkt ins Ergebnis gebracht, kann der zweite Schritt entfallen.

9. Reporting

Das Informationssystem stellt wahlweise über den Bildschirm, Online-Druck oder über Listangaben die gewünschten Daten in beliebiger Darstellung zur Verfügung. Die technischen Voraussetzungen für ein zeitgemäßes integriertes Reporting sind an anderer Stelle (H. Plattner: "Die technische Konzeption eines Integrationsmodells am Beispiel des Systems RK") ausführlich dargelegt worden. Sie sollen hier für die Kostenträgerrechnung am Beispiel der Konzepte

- traditionelle Listen
- bedarfsorientiertes, interaktives Reporting
- entscheidungsorientiertes, strategisches Reporting

diskutiert werden.

Traditionelle Listen in Papierform werden bevorzugt, wenn Gesichtspunkte der Dokumentation und Revision im Vordergrund stehen oder Arbeitsunterlagen für Konferenzen, Handbücher usw. zu erstellen sind. Eine mögliche Anwendung ist der klassische Istkostennachweis, bei dem alle Einzelposten eines Auftrages detailliert ausgewiesen werden.

9.1 Bedarfsorientiertes, interaktives Reporting

Immer wenn es darauf ankommt, schnell und zielgerecht Abweichungen aufzuspüren und ihre Ursachen zu analysieren, ist ein interaktives Reporting mit den charakteristischen Techniken

- mehrdimensionaler Zeilenaufriß
- Wechsel zwischen Objektliste und Staffelform
- variable Spaltenbeschickung

- etc.

der sequentiellen Liste weit überlegen. Typische Anwendungen sind

- Auftragsanalysen
- Nachkalkulationsübersichten
- Ergebnisanalysen
- Objektvergleiche
- Zeitablaufanalysen

Bei der Auftragsanalyse erhält der Benutzer zunächst eine adressatenspezifische Darstellung des Kalkulationsschemas, gegliedert nach Zeilen oder Summenzeilen. Unteraufträge können wahlweise in einer gesonderten Zeile ausgewiesen oder zeilengerecht verdichtet werden. Für die vier Betragsspalten stehen beliebige Kombinationen der

- vorkalkulierten Mengen und Werte
- Istmengen und -werte
- Verfügungen (Anforderung, Bestellung, Reservierung)
- Entlastungen
- Plankostenelemente
- Abweichungsarten

- abgeleitete Informationen, Kennzahlen

als Perioden- oder Kumuliertwerte für den Abruf über Menue, PF-Taste oder Funktionscode zur Verfügung.

Bei gravierenden Abweichungen kann durch verschiedene Formen des Zeilenaufrisses auf die nächste Informationsebene gewechselt oder eine andere Benutzersicht des Objektes angesteuert werden. Da die Kalkulationszeile aus den Begriffen Kostenart und Herkunft gebildet wird, ist der Zeilenaufriß nach beiden Gliederungskriterien unterstützt, wodurch jeweils die technischen oder kaufmännischen Aspekte des Auftrags betont werden.

Die Zeile Materialeinsatz kann somit einerseits über die Materialkostenarten und die Kostenrechnungseinzelposten, andererseits aber auch über die Materialidentnummern und Entnahmescheine bis zum Ursprungsbeleg verfolgt werden. Analog führt der technische Aufriss der Zeile Fremdbezug über die Bestellnummern und die Bestellentwicklung bis auf die Originalgeschäftsvorfälle aus Einkauf, Lager oder Rechnungsprüfung.

Die Analyse der Zeile 'Unteraufträge' sei als Beispiel für

zielorientiertes Navigieren in einem mehrstufigen Auftragsnetz angeführt (Abb. 8). Aus dem Kalkulationsschema gelangt der Benutzer zunächst auf eine bei Bedarf sortierte Objektliste aller Aufträge der nächsten Stufe. Von hier aus kann wiederum entweder die technische Struktur oder die Kostenstruktur des Einzelauftrages abgerufen werden. Die technischen Daten werden zuerst nach Arbeitsvorgängen gegliedert angeboten und können z.B. für eine gezielte Analyse der Strukturabweichungen bis zur prozesskonformen Darstellung verfolgt werden. Die Kostenstruktur wird im Kalkulationszeilenschema dargestellt, die Analyse erfolgt wie oben beschrieben.

9.2 Strategische Indices

Wenn viele Objekte parallel überwacht werden sollen, und im Auftragsbereich kann dies eine sehr große Anzahl sein, sind sequentielle Nachkalkulationsberichte zu unübersichtlich, auch wenn sie dem Controlling in stark komprimierter Form zur Verfügung gestellt werden. Gefragt sind vielmehr Auswertungen, die auf einem stark eingeschränkten und überschaubaren Ausschnitt controllingwürdiger Objekte operieren, z.B.:

System RK: Interaktives Controlling

Staffelform:
- Darstellung nach Kalkulationszeilen

Objektliste:
- Sortierte Darstellung der Unteraufträge

Zweidimension. Zeilenaufriß:
- technische Gliederung
- kostenrechn. Gliederung

- AVO-Positionen
- Materialnummern

Einzelpostenliste:
- Entnahmen
- Lohnscheine

Geschäftsvorfall

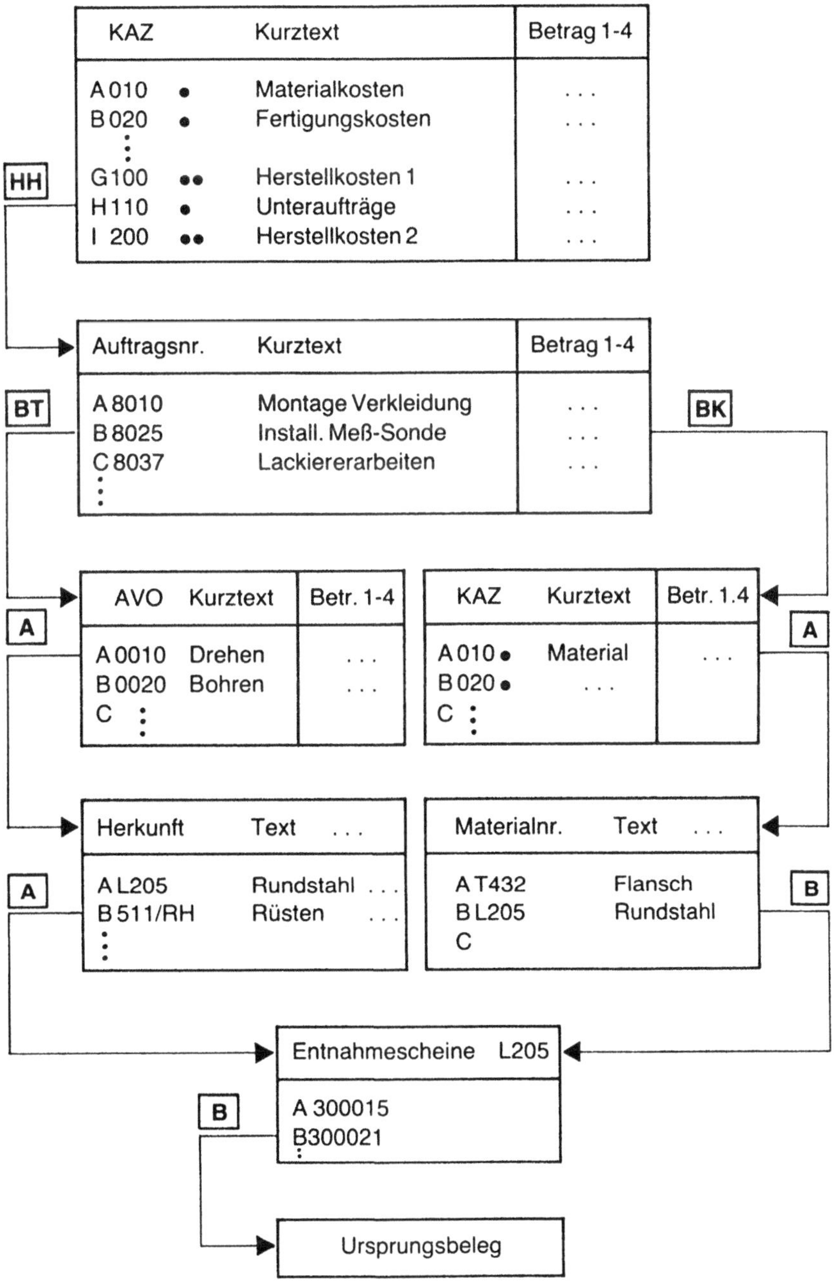

- alle Aufträge zu einem Sachbearbeiter
- alle in einem vorgegebenen Zeitintervall abgeschlossenen Aufträge
- die n größten Aufträge
- die n kritischen Aufträge
- die n Objekte mit dem größten (kleinsten) Deckungsbeitrag
- die n Aufträge mit den größten Abweichungen
- die Artikel mit dem größten (geringsten) Rationalisierungserfolg

Immer ist es eine Kennzahl, die als Maßstab genommen und gegen definierte Schwellwerte abgegrenzt wird.

Die Auswahl der relevanten Objekte wird sich in der Regel erst nach einem für Realtime-System relativ langen Zeitraum signifikant ändern. Es ist also zeitnahe genug, periodisch oder auf Bedarf Index-Kataloge über den relevanten Objekten aufzubauen. Nachkalkulationsübersichten können dann auf diesen kleinen, aber wesentlichen Auftragsbestand eingeschränkt werden, wobei der Zugriff immer auf die aktuellen Daten erfolgt.

Das Informationssystem produziert Auswertungen für die

controllingwürdigen Objekte mit derselben Aktualität aber erheblich kostengünstiger, schneller und übersichtlicher als traditionell üblich. Die Übersicht zeigt die entsprechend der jeweiligen Fragestellung wichtigsten Daten auf einen Blick. Objekte mit gravierenden Abweichungen können mit dem Pickup-Cursor punktgenau selektiert und in der in Abschnitt 9.1 beschriebenen Form detailliert analysiert werden.

Probleme bei der Einführung des Umsatzkostenverfahrens in den externen Erfolgsausweis nach dem neuen Bilanzrecht

Cl. P. Weber, Arthur Andersen & Co. GmbH, Hamburg

Gliederung:

7. Saarbrücker Arbeitstagung 1986
Rechnungswesen und EDV
hrsg. v. W. Kilger/A.-W. Scheer

1. EINFÜHRUNG

1.1. Begriff, Aufgaben und Ziel der Gewinn- und Verlustrechnung

Der vom Kaufmann aufzustellende Jahresabschluß besteht aus der Bilanz und der Gewinn- und Verlustrechnung (§ 242 Abs. 3), die als Aufwands- und Ertragsrechnung definiert ist (§ 242 Abs. 2 und § 252 Abs. 1 Nr. 5). Die Bilanz dient der Darstellung der Vermögens- und Finanzlage (Vermögen, Schulden, Eigenkapital) zu einem bestimmten Stichtag. Der Gewinn/Verlust (Periodenerfolg) - ermittelt als Veränderung des Saldos zwischen Vermögens- und Schuldposten zwischen zwei Stichtagen, die nicht auf Einlagen oder Entnahmen des Einzelkaufmanns oder der Gesellschafter der Personenhandels- oder Kapitalgesellschaft zurückzuführen ist - wird dabei in einer Summe als Veränderung des Eigenkapitals ausgewiesen. Demgegenüber ermittelt die zeitraum- oder periodenbezogene Gewinn- und Verlustrechnung diesen Erfolg (in gleicher Höhe) als Saldo von Erträgen und Aufwendungen der Periode. Die Erfolgsrechnung hat nach allgemeiner Auffassung betriebswirtschaftlich die wesentliche Aufgabe, durch "Gegenüberstellung der in einer bestimmten Periode angefallenen Aufwendungen und Erträge ... die Erfolgsquellen erkennbar zu machen" (ADLER/DÜRING/SCHMALTZ 1968, S. 600; vgl. auch § 242 Abs. 2).

Nach § 243 Abs. 2 muß die Gewinn- und Verlustrechnung klar und übersichtlich aufgestellt sein. Gem. § 264 Abs. 2 muß die Gewinn- und Verlustrechnung (unter Beachtung der GoB) ein den tatsächlichen Verhältnissen entsprechendes Bild der Ertragslage vermitteln.

So ergibt sich die Zielsetzung der Gewinn- und Verlustrechnung, die Aufwendungen und Erträge (Erfolgskomponenten) einer Periode nach ihren Quellen klar und übersichtlich zur Darstellung der tatsächlichen Ertragslage gegenüberzustellen. Dementsprechend ist die Gewinn- und Verlustrechnung mit ihren einzelnen Erfolgskomponenten aufzustellen und zu gliedern.

1.2. Allgemeine Grundsätze und Möglichkeiten der Gestaltung einer aussagefähigen Gewinn- und Verlustrechnung

Zunächst sind sämtliche Erträge und Aufwendungen der Periode (nach dem Verursachungsprinzip; § 252 Abs. 1 Nr. 5) in der Gewinn- und Verlustrechnung auszuweisen (Vollständigkeitsgebot; § 246 Abs. 1). Im Interesse der Aussagefähigkeit bzw. des Einblicks in die Erfolgsquellen dürfen Aufwendungen nicht mit Erträgen verrechnet werden (Saldierungsverbot). Aus dem Grundsatz der Klarheit und Übersichtlichkeit (§ 243 Abs. 2) lassen sich im einzelnen folgende Anforderungen ableiten:

(1) eine angemessene Aufgliederung in einzelne Aufwands- und Ertragskomponenten nach den Kriterien Wesentlichkeit und Relevanz;

(2) die Einhaltung eines informativen, logischen und durchgängigen Konzeptes bei der Aufspaltung in Erfolgskomponenten ;

(3) eine möglichst eindeutige Definition und Abgrenzung der einzelnen Komponenten;

(4) eine systematische, dem gewählten Konzept entsprechende Reihenfolge der einzelnen Komponenten;

(5) die Bildung aussagefähiger Zwischensummen.

Im Ergebnis sind im neuen Recht die Möglichkeiten zur Gestaltung einer aussagefähigen Gewinn- und Verlustrechnung weitgehend genutzt worden. Dabei war es unvermeidlich, verschiedene Abgrenzungs- und Definitionsprobleme in Kauf zu nehmen.

Nach dem Grundsatz der Klarheit und Übersichtlichkeit zur Darstellung der tatsächlichen Ertragslage ist anzumerken, daß

(1) zu jedem Posten der entsprechende (vergleichbare) Vorjahresbetrag anzugeben ist (§ 265 Abs. 2);

(2) die Gliederung bzw. Form der Darstellung gegenüber dem Vorjahr beizubehalten ist (Stetigkeitsgebot), soweit nicht in begründeten Ausnahmefällen (z.B. wegen wesentlicher Änderungen der Art der Geschäftstätigkeit) eine abweichende Gliederung erforderlich ist (§ 265 Abs. 1);

(3) in Ausnahmefällen eine abweichende Gliederung, d.h. vom Inhalt und ggf. auch von der Reihenfolge der Posten her, verwendet werden muß, wenn und soweit dies zur Verbesserung der Aussagefähigkeit erforderlich ist (§ 265 Abs. 6);

(4) eine weitere Untergliederung innerhalb der vorgeschriebenen Gliederung (z.B. in einer Vorspalte) wie auch die Hinzufügung zusätzlicher, von den vorgeschriebenen Posten inhaltlich nicht gedeckter Posten zulässig ist (§ 265 Abs. 5) bzw. Ergänzungen bei Vorliegen mehrerer Geschäftszweige mit vorgeschriebener Gliederung vorzunehmen sind (§ 265 Abs. 4);

(5) einzelne Posten mit anderen Posten zusammengefaßt (d.h. weggelassen und bei anderen Posten mit eingerechnet) ausgewiesen werden dürfen, wenn entweder ihr Betrag unbedeutend ist oder dadurch allgemein die Klarheit verbessert wird (§ 265 Abs. 7 - bei einer Beeinträchtigung der Aussagefähigkeit sind Einzelangaben im Anhang erforderlich);

(6) Leerposten nicht ausgewiesen werden müssen (§ 265 Abs. 8);

(7) gesetzlich vorgeschriebene Postenbezeichnungen geändert werden müssen wegen der besonderen Art der Tätigkeit (§ 265 Abs. 6) und, wenn der vorgeschriebene Posten auf einen Alternativ- oder Doppel-

inhalt hinweist, tatsächlich aber in diesem Posten nur eine Komponente enthalten ist. Hier gilt wie schon bisher, daß die Postenbezeichnungen grundsätzlich dem tatsächlichen Inhalt der ausgewiesenen Beträge anzupassen sind (vgl. ADLER/DÜRING/SCHMALTZ 1968, S. 622 f.).

Darüber hinaus sind keine weiter begründeten Abweichungen von den gesetzlich vorgeschriebenen Gliederungsschemata möglich.

Der Zielsetzung der Darstellung der tatsächlichen Ertragslage entsprechen schließlich auch die gesetzlich geforderten zusätzlichen Angaben im Anhang gem. §§ 284 bis 288, insbesondere § 285.

1.3. Regelung der Gewinn- und Verlustrechnung nach neuem Recht

Eine bestimmte Gliederung der Gewinn- und Verlustrechnung für nicht dem PublG unterliegende Einzelkaufleute und Personenhandelsgesellschaften ist nicht vorgeschrieben. Über die Bestimmungen "Gegenüberstellung der Aufwendungen und Erträge des Geschäftsjahrs" (§ 242 Abs. 2), eine klare und übersichtliche Aufstellung (§ 243 Abs. 2) sowie das Vollständigkeitsgebot bzw. Saldierungsverbot gem. § 246 Abs. 1 und 2 hinaus bestehen keine weiteren Regelungen; diese Unternehmen sind also bei der Form und Gliederung ihrer Gewinn- und Verlustrechnung nur an die GoB gebunden. In der Praxis werden sie sich wohl - wie schon bisher üblich - an den Gliederungsschemata des § 157 Abs. 1 AktG 1965 bzw. § 275 orientieren. Nur für Kapitalgesellschaften werden in § 275 ein bzw. zwei alternative Gliederungsschemata fest vorgeschrieben.

1.4. Vergleich der Gewinn- und Verlustrechnung nach § 157 AktG 1965 und § 275

Das Gesetz hält an der Darstellung der Gewinn- und Verlustrechnung in der unsaldierten Staffelform fest. Nur in bezug auf die beiden anderen Alternativen in der Gliederungsform hat der Gesetzgeber erst im letzten Stadium des Gesetzgebungsverfahrens von dem Wahlrecht des Art. 22 der 4. EG-Richtlinie Gebrauch gemacht und beide gleichberechtigten Möglichkeiten gem. Art. 23 und 25 der 4. EG-Richtlinie, das Gesamtkostenverfahren (bisher § 157 Abs. 1 AktG 1965) und das Umsatzkostenverfahren, zugelassen.
Der Gesetzgeber folgte damit den vielfältigen Anregungen, begründet mit der besseren internationalen Vergleichbarkeit, Harmonisierung und Vereinfachung (vgl. BT-Drucks. 10/4268, S. 107 f.).

1.5. Kurzdarstellung des Gesamtkostenverfahrens und des Umsatzkostenverfahrens

a. Konzeptionsunterschiede

Gesamtkosten- und Umsatzkostenverfahren unterscheiden sich grundsätzlich in zweierlei Hinsicht:

(1) nach dem Kriterium zur Aufspaltung und Darstellung der Aufwendungen im betrieblichen Bereich (nach Aufwandsarten bzw. nach Funktionsbereichen);

(2) durch die unterschiedliche Rechen- und Ausweistechnik, die bei Produktionsunternehmen zur Gegenüberstellung "vergleichbarer" Erträge und Aufwendungen in der Gewinn- und Verlustrechnung erforderlich ist.

b. Gesamtkostenverfahren

Beim Gesamtkostenverfahren werden die Aufwendungen nach den wesentlichen Arten gegliedert ausgewiesen. Ferner werden sämtliche in der Periode angefallenen Aufwendungen und Erträge erfaßt. Die Aufwendungen werden also zunächst produktions- oder leistungsbezogen ermittelt und stellen somit den "Gesamtaufwand" der Periode dar.

Dazu werden in die Gewinn- und Verlustrechnung nach dem Gesamtkostenverfahren zwei Korrekturposten aufgenommen: die "Veränderung des Bestands an fertigen und unfertigen Erzeugnissen" und "andere aktivierte Eigenleistungen".

Im Gesamtkostenverfahren werden also die Leistungen der Periode (Umsatzerlöse + / ./. Bestandsveränderungen + aktivierte Eigenleistungen) sämtlichen in dieser Periode angefallenen Aufwendungen nach Arten gegenübergestellt.

c. Umsatzkostenverfahren

Das Umsatzkostenverfahren nach § 275 Abs. 3 weist demgegenüber die Aufwendungen im betrieblichen Bereich nach den vier Funktionen Herstellung, Vertrieb, allgemeine Verwaltung und "sonstige betriebliche" getrennt aus. Im übrigen bleibt es bei der Gliederung nach Kostenarten. Ebenso werden wie beim Gesamtkostenverfahren - allerdings mit einer wesentlichen Ausnahme - sämtliche in der Periode angefallenen Aufwendungen und Erträge erfaßt. Bei der Ausnahme handelt es sich um die Herstellungsaufwendungen, die zur erforderlichen Anpassung des unterschiedlichen Mengengerüsts beim Umsatzkostenverfahren auf den Absatz und nicht auf die Produktion bezogen ausgewiesen werden (Umsatzaufwand bzw. Umsatzherstellungskosten). Beim Umsatzkostenverfahren erfolgt eine Angleichung der ausgewiesenen Aufwendungen an das Mengengerüst des Absatzes bzw. der Umsatzerlöse der Periode.

Das Umsatzkostenverfahren stellt also den Umsatzerlösen - neben den periodenbezogenen anderen Aufwendungen - die zur Erzielung dieses Umsatzes angefallenen Aufwendungen gegenüber.

d. Kriterien für die Wahl des Verfahrens

Die Gesellschaften haben im ersten Jahresabschluß nach neuem Recht gem. § 275 Abs. 1 ein Wahlrecht zur Anwendung des Gesamt- oder Umsatzkostenverfahrens. Danach bleiben sie an diese Wahl aufgrund des Stetigkeitsgrundsatzes gebunden, soweit nicht in Ausnahmefällen wegen besonderer Umstände Abweichungen erforderlich sind, die im

Anhang anzugeben und zu begründen sind (vgl. § 265 Abs. 1). Die Wahl des Verfahrens wird sorgfältig zu analysieren und abzuwägen sein. Die dabei maßgeblichen Kriterien sind etwa folgende:

(1) Aussagefähigkeit bzw. Beschränkung der Aussagefähigkeit (Geheimhaltung, besonders bei "transparenten" Unternehmen mit z.B. nur einer Sparte oder wenigen Produkten);

(2) Adressaten des Jahresabschlusses (Vergleichbarkeit und Gebräuchlichkeit);

(3) Gewohnheit (Gebräuchlichkeit);

(4) Branche;

(5) Arbeitsaufwand.

2. Die Gewinn- und Verlustrechnung nach dem Umsatzkostenverfahren

2.1. Die einzelnen Posten der Gewinn- und Verlustrechnung nach dem Umsatzkostenverfahren

a. Identische Posten mit dem Gesamtkostenverfahren

Die im folgenden aufgeführten Posten nach § 275 Abs. 3 stimmen sprachlich und inhaltlich mit den entsprechenden Posten des Gesamtkostenverfahrens überein. Eine Zuordnung dieser gesondert auszuweisenden Posten zu den verbleibenden Posten Nr. 2, 4, 5 und 7 nach § 275 Abs. 3 ist unzulässig.

§ 275 Abs. 3 Nr.	§ 275 Abs. 2 Nr.	Bezeichnung
1	1	Umsatzerlöse (§ 277 Abs. 1)
6	4	sonstige betriebliche Erträge
8	9	Erträge aus Beteiligungen, davon aus verbundenen Unternehmen
8a	9a	Ergebnisse aus Unternehmensverträgen
9	10	Erträge aus anderen Wertpapieren und Ausleihungen des Finanzanlagevermögens, davon aus verbundenen Unternehmen
10	11	sonstige Zinsen und ähnliche Erträge, davon aus verbundenen Unternehmen
11	12	Abschreibungen auf Finanzanlagen und auf Wertpapiere des Umlaufvermögens
11a	12a	Ergebnisse aus Unternehmensverträgen
12	13	Zinsen und ähnliche Aufwendungen, davon an verbundene Unternehmen
13	14	Ergebnis der gewöhnlichen Geschäftstätigkeit
14	15	außerordentliche Erträge (§ 277 Abs. 4)
15	16	außerordentliche Aufwendungen (§ 277 Abs. 4)
16	17	außerordentliches Ergebnis
17	18	Steuern vom Einkommen und vom Ertrag (§ 278)
18	19	sonstige Steuern (§ 278)
18a	19a	Ergebnisse aus Unternehmensverträgen
19	20	Jahresüberschuß/Jahresfehlbetrag

In Ausnahmefällen kann es aufgrund der anderen Konzeption beim Umsatzkostenverfahren dazu kommen, daß die Posten Nr. 11, 12 und evtl. auch 18 (und ggf. dann auch der Saldo in Nr. 13) nach § 275 Abs. 3 in anderer Höhe als beim Gesamtkostenverfahren ausgewiesen werden.

Umsatzerlöse

Gem. § 277 Abs. 1 sind unter "Umsatzerlöse" Erlöse aus der gewöhnlichen Geschäftstätigkeit abzüglich Umsatzsteuer und Erlösschmälerungen (wie Preisnachlässe infolge Skonti, Rabatten und Boni und zurückgewährte Entgelte) zu erfassen. Gegenüber § 158 Abs. 1 und 2 AktG 1965 ergeben sich inhaltlich grundsätzlich keine Änderungen. In § 277 Abs. 1 wird nunmehr ausdrücklich klargestellt, daß Umsatzsteuer nicht in die Umsatzerlöse einzubeziehen ist und zum anderen auch die Erlöse aus Vermietung, Verpachtung und Dienstleistungen zu den Umsatzerlösen gehören.

Sonstige betriebliche Erträge

Der Inhalt des Postens "sonstige betriebliche Erträge" ist im Gesetz nicht definiert oder abgegrenzt. Es handelt sich um einen "Auffangposten" (bzw. "Sammelposten") für alle Erträge, die nicht in anderen Posten bzw. an anderer Stelle gesondert auszuweisen sind. Danach gehören zu diesem Posten alle Erträge aus der gewöhnlichen Geschäftstätigkeit (d.h. nicht die außerordentlichen Erträge in der nunmehr engen Definition; vgl. § 277 Abs. 4), soweit sie nicht in vorhergehenden oder den Posten des Finanzergebnisses (Nr. 8 bis 10 nach § 275 Abs. 3) auszuweisen sind. Darunter fallen die bisherigen Posten Nr. 11 bis 14 des § 157 Abs. 1 AktG 1965. Schließlich sind nach § 281 Abs. 2 Satz 2 Erträge aus der Auflösung des Sonderpostens mit Rücklageanteil in diesen Posten einzubeziehen.

Teilweise wird die Auffassung vertreten, daß die "sonstigen betrieblichen Erträge" nach dem Gesamtkostenverfahren und Umsatzkostenverfahren ggf. unterschiedlichen Inhalt aufweisen können. Das liege daran, daß dieser Posten im Umsatzkostenverfahren "auch aktivierte Eigenleistungen oder Bestandserhöhungen enthalten (kann), wenn Aufwendungen aktiviert wurden, die im Aufwandsposten erscheinen" (BIENER, H. 1979, S. 101). Diese Auffassung beruht offensichtlich auf einem Mißverständnis des Konzepts des Umsatzkostenverfahrens. Beim Umsatzkostenverfahren erscheinen aktivierte Aufwendungen nicht im Aufwand.
Selbst in Sonderfällen, wie z.B. aktivierte Zinsaufwendungen, ist eine Berücksichtigung solcher Aufwands-Korrekturen unter den sonstigen betrieblichen Erträgen nach dem Umsatzkostenverfahren nicht möglich.
Bei Berücksichtigung der internationalen Vergleichbarkeit könnte man fragen, ob sämtliche genannten Komponenten hier unter den sonstigen betrieblichen Erträgen zu erfassen oder ob z.T. auch Saldierungen mit Aufwendungen entgegen § 246 Abs. 2 möglich sind.

Demnach sind im einzelnen die folgenden Erträge, soweit nicht als außerordentlich in den Posten Nr. 15 (bzw. 14) aufzunehmen, zu erfassen:

(1) Erträge aus dem Abgang von Gegenständen des Anlagevermögens und aus Zuschreibungen zu Gegenständen des Anlagevermögens (§ 157 Abs. 1 Nr. 11 AktG 1965);

(2) Erträge aus der Herabsetzung der Pauschalwertberichtigung zu Forderungen (§ 157 Abs. 1 Nr. 12 AktG 1965);

(3) Erträge aus der Auflösung von Rückstellungen (§ 157 Abs. 1 Nr. 13 AktG 1965);

(4) Erträge aus der Auflösung des Sonderpostens mit Rücklageanteil (§ 157 Abs. 1 Nr. 13a AktG 1965);

(5) Erträge, für die kein spezieller Posten im Gliederungsschema vorgesehen ist (§ 157 Abs. 1 Nr. 14 AktG 1965).

Erträge aus Beteiligungen, davon aus verbundenen Unternehmen

Dieser Posten war bisher in § 157 Abs. 1 Nr. 8 AktG 1965 erfaßt. Neu ist die Zusatzangabe "davon aus verbundenen Unternehmen".
Wie bisher sind in diesen Posten die aus den Bilanzposten § 266 Abs. 2 A. III.1. und 3. (Beteiligungen sowie Anteile an verbundenen Unternehmen) fließenden Erträge aufzunehmen. Was als Beteiligungen bzw. verbundene

Unternehmen im Einzelfall anzusehen ist, wird in § 271 geregelt.

Soweit Erträge (bei Vorliegen der obigen Voraussetzungen) aufgrund eines (Teil-)Gewinnabführungsvertrags anfallen, sind sie gem. § 277 Abs. 3 Satz 2 nicht unter Nr. 9, sondern an anderer Stelle und entsprechend bezeichnet auszuweisen.

Zum Posten Nr. 9 gehören insbesondere Dividenden und vergleichbare Ausschüttungen von Kapitalgesellschaften, Gewinnanteile von Personenhandels- und stillen Gesellschaften.

Erträge aus anderen Wertpapieren und Ausleihungen des Finanzanlagevermögens, davon aus verbundenen Unternehmen

Der Posten entspricht dem bisherigen § 157 Abs. 1 Nr. 9 AktG 1965.

Der "davon"-Vermerk ist neu im Gliederungsschema.

Wie bisher ist Voraussetzung für den Ausweis, daß die Erträge aus den in der Bilanz unter Finanzanlagen ausgewiesenen Ausleihungen und sonstigen Wertpapieren des Anlagevermögens (Posten A.III.2. sowie 4., 5. und 6. nach § 266 Abs. 2) stammen.

Sonstige Zinsen und ähnliche Erträge, davon aus verbundenen Unternehmen

Dieser Posten entspricht § 157 Abs. 1 Nr. 10 AktG 1965; lediglich der "davon"-Vermerk ist neu.

Abschreibungen auf Finanzanlagen und auf Wertpapiere des Umlaufvermögens

Dieser Posten ist inhaltlich nach neuem Recht erweitert worden. In ihn fließen zunächst die gesamten bisher in § 157 Abs. 1 Nr. 20 AktG 1965 auszuweisenden Aufwendungen (= Abschreibungen auf Finanzanlagen) ein. Nach der neuen Postenbzeichnung sind hier außerdem zwei weitere Aufwandskomponenten einzubeziehen, die nach § 157 Abs. 1 AktG 1965 unter Nr. 21 zu zeigen waren:

(1) Abschreibungen auf Wertpapiere des Umlaufvermögens;

(2) Bildung oder Erhöhung der Pauschalwertberichtigung auf Ausleihungen des Finanzanlagevermögens.

Zinsen und ähnliche Aufwendungen, davon an verbundene Unternehmen

Dieser Posten entspricht § 157 Abs. 1 Nr. 23 AktG 1965, wobei der "davon"-Vermerk neu ist.

Ergebnis der gewöhnlichen Geschäftstätigkeit

Diese "Zwischensumme" ist neu im Gliederungsschema der Gewinn- und Verlustrechnung nach § 275 Abs. 3. Sie stellt den Saldo der Posten Nr. 1 bis 12 dar und beinhaltet die Komponenten des Betriebsergebnisses (Posten Nr. 1 bis 7) und des Finanzergebnisses (Posten Nr. 8 bis 12) vor Berücksichtigung des außerordentlichen Ergebnisses

(Posten Nr. 14 bis 16) sowie des Steueraufwandes (Posten Nr. 17 und 18). Der Begriff stammt vielmehr aus der (anglo-)amerikanischen Rechnungslegungspraxis, in der er jedoch einen teilweise anderen Inhalt hat.

Außerordentliche Erträge

Bisher waren außerordentliche Erträge, soweit sie nicht in den Posten § 157 Abs. 1 Nr. 11 bis 13 AktG 1965 zu erfassen waren, in die sonstigen Erträge (§ 157 Abs. 1 Nr. 14 AktG 1965) einzubeziehen und über einen "davon"-Vermerk gesondert auszuweisen.

Aus der Begründung zu dem Vorschlag der 4. EG-Richtlinie ergibt sich folgende Abgrenzung: "die ... Posten" "sonstige betriebliche Erträge" und "sonstige betriebliche Aufwendungen" beziehen sich auf Leistungen, die nicht betriebstypisch sind, sich aber dennoch durch eine gewisse Regelmäßigkeit auszeichnen. Dadurch unterscheiden sie sich von den "außerordentlichen Erträgen" und den "außerordentlichen Aufwendungen", die zwar auch nicht betriebstypisch sind, aber keinen regelmäßigen Charakter haben. Danach muß zu dem Kriterium des Ungewöhnlichen bezogen auf die Geschäftstätigkeit noch das Kriterium der Unregelmäßigkeiten treten, um Erträge (und Aufwendungen) als außerordentlich zu qualifizieren (vgl. SCHRUFF 1978, S. II/53).

Außerordentliche Aufwendungen

Außerordentliche Aufwendungen wurden nach dem AktG 1965 nicht besonders erfaßt noch waren sie gesondert anzugeben. Sie fielen vielmehr unter die jeweilige Aufwandsart oder in die Posten Nr. 21 bzw. 22, andernfalls unter Nr. 26 (sonstige Aufwendungen) nach § 157 Abs. 1 AktG 1965.

Nach neuem Recht sind die enger definierten außerordentlichen Aufwendungen immer im Posten Nr. 16 auszuweisen, und zwar unabhängig von der Aufwandsart. Dieser Posten bildet das Gegenstück zu den außerordentlichen Erträgen.

Außerordentliches Ergebnis

Das außerordentliche Ergebnis stellt den Saldo aus außerordentlichen Erträgen und außerordentlichen Aufwendungen dar.

Steuern vom Einkommen und vom Ertrag

Gegenüber dem AktG 1965 ergeben sich beim Ausweis der Steueraufwendungen Änderungen. Einmal sind in der Bezeichnung des Postens Nr. 18 im Vergleich zu Nr. 24a nach § 157 Abs. 1 AktG 1965 die "Steuern vom Vermögen" weggefallen. Diese Steuern sind unter "sonstige Steuern" auszuweisen. Die jetzt konsequente Trennung im Ausweis von gewinnabhängigen und anderen Steueraufwendungen ist durch die 4. EG-Richtlinie sowie die international überwiegende Praxis bedingt.
Zweitens wirken sich die neu in das deutsche Recht aufgenommenen passivischen oder aktivischen Steuerabgrenzungen sowie ihre Veränderungen nicht nur in der Bilanz, sondern auch in der Gewinn- und Verlustrechnung i.d.R. als Erhöhung oder Minderung des Ertragsteuer-

aufwandes aus.

Sonstige Steuern

Nach § 157 Abs. 1 AktG 1965 waren die sonstigen Steuern unter Nr. 24b auszuweisen. Dabei handelte es sich um alle anderen (nicht bereits unter 24a zu erfassenden) Steuern, also die sog. Verkehr- und Verbrauchsteuern, soweit sie von der Gesellschaft zu entrichten waren und Aufwand darstellten. Insoweit ergeben sich keine Änderungen.

Auch nach neuem Recht gilt unverändert, daß unter den Posten Nr. 18 alle Steueraufwendungen ("sonstige Steuern") fallen, die nicht bereits dem Posten Nr. 17 zuzuordnen sind. Wegen des nunmehr engeren Inhalts des Postens Nr. 17 folgt daraus eine entsprechende Ausweitung der unter Nr. 19 auszuweisenden Steuern um die "Steuern vom Vermögen". Als sonstige Steuern sind also neben den schon bisher darunter fallenden Verkehr- und Verbrauchsteuern zukünftig auch die Vermögen-, Gewerbekapital- und Grundsteuer zu erfassen.

Ergebnisse aus Unternehmensverträgen

Zusätzliche Pflichtposten ergeben sich aus § 277 Abs. 3 Satz 2.

Die Zusatzposten stellen auf die in §§291, 292 AktG geregelten Gewinngemeinschafts-, Gewinnabführungs- und Teilgewinnabführungsverträge (so die Aufzählung in § 277 Abs. 3 Satz 2) ab. Aus ihnen können die folgenden gesondert auszuweisen Erträge oder Aufwendungen entstehen:

Bei der zur Ergebnisübernahme verpflichteten Obergesellschaft:

(1) aufgrund einer Gewinngemeinschaft, eines Gewinnabführungs- oder eines Teilgewinnabführungsvertrags erhaltene Gewinne (§ 157 Abs. 1 Nr. 7 AktG 1965);

(2) Aufwendungen aus Verlustübernahme (§ 157 Abs. 1 Nr. 25 AktG 1965).

Bei der zur Ergebnisabführung verpflichteten Untergesellschaft:

(3) Erträge aus Verlustübernahme (§ 157 Abs. 1 Nr. 15 AktG 1965);

(4) aufgrund einer Gewinngemeinschaft, eines Gewinnabführungs- oder eines Teilgewinnabführungsvertrags abgeführte Gewinne (§ 157 Abs. 1 Nr. 27 AktG 1965).

Die Postenbezeichnung in den Fällen (1) und (4) ist entsprechend den tatsächlich vorliegenden Vertragstypen vorzunehmen bzw. zu modifizieren.

b. Abweichungen in Ausnahmefällen

Es ist vereinzelt möglich, daß - bedingt durch die besondere Gliederungskonzeption des Umsatzkostenverfahrens - es bei den (regelmäßig identischen) Posten Nr. 11, 12 und evtl. 18 doch zu einem Ausweis in anderer Höhe als nach dem Gesamtkostenverfahren kommen kann. Dabei sind nach der Ursache zwei Fälle zu unterscheiden:

(1) Nach § 275 Abs. 2 sind die über das Übliche hinausgehenden

Abschreibungen auf Wertpapiere des Umlaufvermögens nicht unter Nr. 12, sondern bei Nr. 7b auszuweisen. Im Umsatzkostenverfahren ist ein entsprechender Posten für solche Abschreibungen nicht vorgesehen, d.h. sie gehen in den Posten Nr. 11 ein.

(2) In der Gliederungskonzeption des Umsatzkostenverfahrens sind nach den Aufwendungen der Funktionsbereiche gewisse Aufwandsarten (Posten Nr. 11, 12, 15, 17, 18) periodenbezogen auszuweisen. Werden Aufwendungen aktiviert, so entsteht ein Ausweiskonflikt. Einerseits sind die Periodenaufwendungen in voller Höhe auszuweisen. Zum anderen ist es ebenfalls unzulässig, Beträge aus Bestandsveränderungen bei den Umsatzaufwendungen (Posten Nr. 2) zu saldieren, soweit sie aus Aufwandsarten stammen, die gar nicht innerhalb der Umsatzaufwendungen ausgewiesen werden.
In Betracht kommen hier insbesondere betriebliche sonstige Steuern und Zinsaufwendungen (§ 255 Abs. 3).
(Ein ähnliches Problem kann wegen § 255 Abs. 2 Satz 4 auch für die allgemeinen Verwaltungskosten entstehen.)

c. Inhaltlich abweichende Posten

Einer genaueren Erläuterung zu Posteninhalt, Abgrenzung etc. bedürfen die Aufwendungen der Funktionsbereiche - die Posten Nr. 2, 4, 5 und 7 (sowie die Zwischensumme Nr. 3) nach § 275 Abs. 3. Diese Posten waren im deutschen Recht bisher unbekannt. Im Gesamtkostenverfahren entsprechen ihnen insgesamt - allerdings in anderer Untergliederung nach Aufwandsarten - die Posten Nr. 5 bis 8 sowie damit verrechnet 2 und 3.

2.2. Abgrenzungsprobleme und Lösungen

Bei der Abgrenzung dieser vier "neuen" Posten voneinander werden bzw. können Probleme und Zweifelsfragen in zweifacher Hinsicht auftreten, da hierzu bisher zum Ausweis in der Gewinn- und Verlustrechnung nur sehr beschränkte Erfahrungen bestehen und auch kaum in die Einzelheiten und -fragen gehende Stellungnahmen in der Literatur vorliegen.

(1) Zum Ausweis von Aufwendungen nach Funktionsbereichen sind vielfache Schlüsselungen, Verrechnungen und Umlagen der anfallenden Aufwendungen im betrieblichen Bereich, insbesondere der "Gemeinkosten" bzw. der Kostenarten einer vorher nach dem Gesamtkostenverfahren gegliederten Gewinn- und Verlustrechnung erforderlich. Wie das durchzuführen ist, läßt der Gesetzgeber offen. Deshalb muß auf allgemein anerkannte Grundsätze für eine solche Schlüsselung aus anderen Bereichen (z.B. Grundsätze der Kostenrechnung) zurückgegriffen werden bzw. müssen solche Grundsätze - ggf. unter Berücksichtigung international gebräuchlicher Methoden - fortentwickelt werden. Für die Abgrenzung der Herstellungskosten von den anderen Bereichen sind ferner § 255 sowie steuerrechtliche Vorschriften heranzuziehen.

In den meisten Fällen wird zur Anwendung des Umsatzkostenverfahrens eine Kostenstellenrechnung zur Verfügung stehen müssen. Eine Kostenträgerrechnung ist dagegen nicht erforderlich. Zunächst sind sämtliche kalkulatorischen Kosten sowie die an späterer Stelle des Umsatzkostenverfahrens gesondert auszuweisenden Aufwendungen zu eliminieren. Soweit mit Standardkosten gearbeitet wird, sind erfaßte Abweichungen entsprechend den zugehörigen Standard-Aufwendungen zu behandeln. Die Umlagen von Hilfs- auf Hauptkostenstellen werden beibehalten. Schließlich sind die ggf. bereinigten Beträge der verbleibenden Hauptkostenstellen den Posten zuzuordnen. Von den üblichen Kostenstellen entfallen dabei diejenigen der Fertigung bzw. Produktion sowie für Beschaffung und Lager auf den Posten Nr. 2, Vertrieb auf Nr. 4, Verwaltung auf Nr. 5 und Forschung und Entwicklung (soweit nicht den Herstellungskosten zuzuordnen) auf Posten Nr. 7. Andere Kostenstellen sind je nach ihrem Inhalt auf die Funktionsbereiche zu verteilen; so werden z.B. Aufwendungen zur Erzielung sonstiger betrieblicher Erträge mangels Zurechnungsmöglichkeit zu den anderen drei Posten in den "Restposten" Nr. 7 aufzunehmen sein.

Soweit umgekehrt betriebliche Aufwendungen nicht verrechnet wurden, sind sie anschließend bei den "passenden" Posten noch hinzuzurechnen. Das kann neben den anderen Einzelkosten z.B. für Sondereinzelkosten des Vertriebs (beim Posten Nr. 4) oder für Bestandsveränderungen und aktivierte Eigenleistungen als Korrekturposten (bei Posten Nr. 2, evtl. auch 5) erforderlich sein.

Schon wegen der unvermeidbaren Ungenauigkeit vieler Schlüsselungen kann nach dem Prinzip der Wesentlichkeit ("materiality") vorgegangen werden. Es sind also dabei auch Schätzungen und überschlägige Berechnungen zulässig. Daraus möglicherweise entstehende Verschiebungen ändern das ausgewiesene (Betriebs-, ordentliche oder Jahres-) Ergebnis nicht und dürften, soweit sie in einer vernünftigen Bandbreite bleiben, auch keine negativen Auswirkungen auf die externe Analyse der einzelnen Aufwands-Komponenten nach Funktionsbereichen haben.

(2) Zweifelsfragen können auch hinsichtlich des Inhalts des Postens Nr. 2 und seiner Abgrenzung zu Posten Nr. 5 und 7 entstehen, die durch die Aktivierungswahlrechte bei den Herstellungskosten nach § 255 Abs. 2 und 3 bedingt sind. Es ist zu prüfen, ob der Inhalt des Postens Nr. 2 durch den Herstellungskosten-Begriff als solchen oder durch die tatsächlich aktivierten Bestandteile dieser Herstellungskosten bestimmt wird. Das ist unabhängig davon zu sehen, daß natürlich die Art der Ausübung der Wahlrechte nach § 255 die Höhe des Postens Nr. 2 (und des Jahresergebnisses) beeinflußt. So wie die Aufgliederung der Posten im Umsatzkostenverfahren nicht den Begriff der aktivierungsfähigen Herstellungskosten in der Bilanz bestimmt, gilt dies auch umgekehrt. Für den Ausweis des Periodenaufwands unter Nr. 2 nach § 275 Abs. 3 ist daher allein und vollständig der Begriff der Herstellungskosten als

solcher (jedoch ohne in der Gewinn- und Verlustrechnung gesondert auszuweisende Steuern, Verwaltungskosten und Zinsen) maßgeblich. Die Art der ausgeübten Bewertungswahlrechte nach § 255 Abs. 2 und 3 ist dagegen für die inhaltliche Abgrenzung des Postens Nr. 2 nicht bestimmend, wenngleich sich ihre Wahl wie auch andere Bewertungsmaßnahmen (bei den Vorräten des lfd. und Vorjahres sowie den aktivierten Eigenleistungen) auf den Posten Nr. 2 auswirken. In diesem Posten sind alle "aufwandswirksam" gewordenen (bedingt durch Periodenabsatz und Bewertung am Jahresende sowie Vorjahresende) Herstellungskosten auszuweisen. Dazu gehören auch die Teile der Herstellungsaufwendungen, die in den Vorräten und Eigenleistungen nicht aktiviert werden. Der Posten Nr. 2 in dieser Definition entspricht damit dem Periodenaufwand des Funktionsbereichs Herstellung nach Verrechnung mit Bestandsveränderungen und aktivierten Eigenleistungen.

2.3. Herstellungskosten der zur Erzielung der Umsatzerlöse erbrachten Leistungen

In die betrieblichen Aufwendungen der drei Funktionsbereiche Herstellung (bzw. Anschaffung von Handelswaren), Vertrieb und allgemeine Verwaltung sowie in den Resteposten "sonstige betriebliche" gehen - aus der Sicht des Gesamtkostenverfahrens - folgende Aufwandsarten ein: Materialaufwand, Personalaufwand, Abschreibungen (außer auf Finanzanlagen und Wertpapiere des Umlaufvermögens), sonstige Wertminderungen und Verluste aus dem Abgang von Gegenständen des Umlaufvermögens sowie die (nicht anderweitig zuordnungsfähigen) sonstigen Aufwendungen. Diese Aufwendungen sind den drei Funktionsbereichen bzw. falls das nicht möglich ist, den sonstigen betrieblichen Aufwenden zuzuordnen.

Im Posten Nr. 2 sind die gesamten Herstellungs- (bzw. Anschaffungs-) Kosten auszuweisen, die auf die im Geschäftsjahr abgesetzten Produkte, Waren oder Leistungen entfallen. Was auf diesen Funktionsbereich im Gegensatz zu Vertrieb, Verwaltung und "sonstige" entfällt, wird zunächst durch die betriebliche Kosten- und Leistungsrechnung ermittelt. Durch den absatzbezogenen Ausweis sind hier auch (bisher aktivierte) Vorjahres-Aufwendungen enthalten, sofern die entsprechenden Vorräte im lfd. Jahr verkauft (oder nicht abgerechnete Leistungen fakturiert) werden. Rechentechnisch läßt sich der Posten Nr. 2 als Herstellungsaufwand der Periode plus Bilanzwert der Vorräte am Jahresanfang abzüglich Bilanzansatz der Vorräte am Jahresende abzüglich im lfd. Jahr als Eigenleistungen aktivierter Herstellungsaufwendungen ermitteln. Daraus wird klar, daß neben Bestandsveränderungen und Eigenleistungen auch die Bewertung der Vorräte im lfd. Jahr wie im Vorjahr in diesen Posten der Gewinn- und Verlustrechnung nach dem Umsatzkostenverfahren eingehen.

Sofern neben Eigenprodukten auch Handelswaren oder aber bei Handelsunternehmen nur bezogene Waren abgesetzt wurden, ist die Postenbezeichnung entsprechend anzupassen (§ 265 Abs. 6).

2.4. Bruttoergebnis vom Umsatz

Hier wird als erste Zwischensumme des Umsatzkostenverfahrens der Saldo der Posten Nr. 1 und 2, Umsatzerlöse abzüglich der für diesen Umsatz angefallenen Herstellungaufwendungen, ausgewiesen. Der Saldo wird als "Bruttoergebnis vom Umsatz" bezeichnet und entspricht der international gebräuchlichen Zwischensumme "gross margin" oder "gross profit".

2.5. Vertriebskosten

Dieser Posten des Umsatzkostenverfahrens ist immer perioden- und nicht umsatzbezogen. In ihm werden sämtliche im Geschäftsjahr verursachten Vertriebsaufwendungen ausgewiesen, da Vertriebskosten nicht aktiviert werden dürfen (vgl. § 255 Abs. 2 Satz 6). Von der Aufwandsart her kommen Material-, Personalaufwendungen, Abschreibungen, andere Verluste und Wertminderungen im Umlaufvermögen sowie sonstige Fremdleistungen in Betracht, soweit sie dem Vertriebsbereich zuzuordnen sind. Ob es sich um Einzel- oder Gemeinkosten handelt, spielt keine Rolle. Zum Funktionsbereich "Vertrieb" sind Kostenstellen oder Abteilungen wie (zentraler) Vertrieb, Zentrallager für Fertigerzeugnisse, Marketing, Absatzförderung, Werbung, Verkäuferschulung, Auftragsabwicklung, Kundenbelieferung (z.B. ein dafür eingerichteter Fuhrpark), Verkaufs-Innendienst, Vertriebsniederlassungen und -außenstellen, Vertriebsaußenläger etc. mit ihren gesamten Periodenaufwendungen zu rechnen. Die Aufwendungen einer

Abteilung Kundendienst oder Service (einschließlich Garantie) sind dagegen i.d.R. unter Nr. 2 einzubeziehen, da deren Leistungen für Kunden entweder als Umsatzerlöse gesondert berechnet werden oder aber in den vereinbarten (und realisierten) Produkterlösen einkalkuliert waren.

Bei einigen anderen Aufwandsarten wird die Abgrenzung zu den Posten Nr. 2 oder 5 manchmal schwierig sein bzw. wird wegen Geringfügigkeit der fraglichen Beträge auf eine Verteilung auf die drei Funktionsbereiche verzichtet werden können.

2.6. Allgemeine Verwaltungskosten

Wie bereits ausgeführt, ist wegen des bestehenden Aktivierungswahlrechts für Verwaltungskosten nach der Konzeption des Umsatzkostenverfahrens der Posten Nr. 5 prinzipiell umsatzbezogen auszuweisen. Das bedeutet, daß der Periodenaufwand um die im Geschäftsjahr erfolgte Veränderung in der Aktivierung von Verwaltungskosten (in Bestandsveränderungen und aktivierten Eigenleistungen des lfd. Jahres) korrigiert in der Gewinn- und Verlustrechnung zu zeigen wäre. Verwaltungskosten werden aber tatsächlich relativ selten aktiviert, und selbst dann wird der Veränderungsbetrag meist gering sein. Dann aber wird eine Mitverrechnung eines kleinen Veränderungsbetrags, der anteilige Verwaltungskosten darstellt, beim Posten Nr. 2 für zulässig gehalten. Als Regelfall ergibt sich damit schließlich doch der Ausweis des Periodenaufwands im Posten Nr. 5.

Von der Aufwandsart gehören hierzu insbesondere Personalaufwand und Fremdleistungen (i.S.d. sonstigen Aufwendungen nach § 157 Abs. 1 Nr. 26 AktG 1965), aber in geringerem Umfang auch Abschreibungen (nach § 282 sowie z.B. auf Verwaltungsgebäude) und Materialaufwand, jeweils soweit sie dem Verwaltungsbereich zuzuordnen sind. Das wiederum hängt von der Zuordnung nach Kostenstellen ab.

Durch die Einfügung des Postens "sonstige betriebliche Aufwendungen" könnte bei einigen Aufwendungen fraglich sein, ob sie unter Nr. 5 oder 7 zu zeigen sind, da beide Posten einen nicht klar abgegrenzten Inhalt, gleichzeitig aber teilweise den Charakter von Restposten haben.

2.7. Sonstige betriebliche Aufwendungen

Der Resteposten Nr. 7 für bisher noch nicht zugeordnete Aufwendungen ist ebenfalls periodenbezogenen und kann sämtliche Arten betrieblicher Aufwendungen enthalten.

Trotz identischer Bezeichnung ist der Posten Nr. 7 nach dem Umsatzkostenverfahren inhaltlich anders definiert und abgegrenzt als der entsprechende Posten Nr. 8 nach dem Gesamtkostenverfahren. Der weit überwiegende Teil der unter die sonstigen betrieblichen Aufwendungen nach dem Gesamtkostenverfahren fallenden Aufwandsarten ist nämlich bei Anwendung der Gliederung nach dem Umsatzkostenverfahren den drei Funktionsbereichen zuzuordnen (Posten Nr. 2, 4 und 5 nach § 275 Abs. 3). Deshalb werden die für den Ausweis im Posten Nr. 7 verbleibenden Beträge insgesamt ganz erheblich niedriger als der Gesamtbetrag nach Nr. 8 des Gesamtkostenverfahrens sein; es handelt sich hier dann tatsächlich - abgesehen ggf. von den Forschungs- und Entwicklungskosten - nur noch um die Restbeträge anderweitig nicht zurechenbarer Aufwendungen.

Danach ist der Ausweis unter Nr. 7 nach § 275 Abs. 3 auf solche "betrieblichen" - d.h. nicht an späterer Stelle (Posten Nr. 11 ff.) gesondert auszuweisenden - Aufwendungen beschränkt, die entweder aufgrund ausdrücklicher Vorschrift hier zu zeigen sind oder sich mangels Zurechenbarkeit zu den genannten betrieblichen Funktionsbereichen nur in diesen Posten aufnehmen lassen.

Hinsichtlich der Abschreibungen ist zu unterscheiden zwischen solche, die nicht in den Posten Nr. 2, 4 und 5 auszuweisen sind, und solchen, die unter sonstigen Posten aufgenommen werden können oder müssen. Hinsichtlich der Abschreibungen auf Gegenstände des Sachanlagevermögens sowie immaterielle Vermögensgegenstände und den Posten gem. § 269 sind planmäßige Abschreibungen und außerplanmäßige Abschreibungen zu unterscheiden. Die planmäßigen Abschreibungen sind entsprechend der Nutzung der Anlagegegenstände unter Posten Nr. 2, 4 und 5 auszuweisen; gleiches sollte für die Abschreibungen gem. §§ 255 Abs. 4 und 282 gelten (hier wohl Ausweis unter Posten Nr. 5). Hinsichtlich außerplanmäßiger Abschreibungen und der Abschreibungen gem. § 254 i.V.m. § 279 Abs. 2 sollte der Ausweis unter Posten Nr. 7 schon wegen § 264 Abs. 2 geboten sein; im übrigen lassen sich auch bei diesem Ausweis die besonderen Angaben gem. §§ 277 Abs. 3 Satz 1 sowie 281 Abs. 2 Satz 1 besser vermitteln. Werden die Abschreibungen gem. § 254 passivisch gem. § 281 ausgewiesen, gilt der Ausweis für Einstellungen in bzw. Auflösungen von Sonderposten mit Rücklageanteil (Posten Nr. 7 und Nr. 6).

Bei Abschreibungen auf Gegenstände des Umlaufvermögens außer Wertpapieren (Posten Nr. 11) kommen Posten Nr. 2, 4 und 5 in Frage; analog zu § 275 Abs. 2 Nr. 7b wird den Unternehmen aber auch die Möglichkeit einzuräumen sein, die Abschreibungen außerhalb des üblichen etwa unter Posten Nr. 7b gesondert auszuweisen. Hinsichtlich der steuerrechtlich begründeten Abschreibungen gem. § 254 sollte das gleiche gelten wie zu den Gegenständen des Sachanlagevermögens.

Ansatzpunkte einer projektorientierten Kosten- und Leistungsrechnung im Unternehmen des langfristigen Anlagenbaus

Prof. Dr. W. Plinke, Freie Universität Berlin

1. Kostenplanung in der Angebotsphase von Projekten im industriellen Anlagengeschäft

Das industrielle Anlagengeschäft wirft für das betriebswirtschaftliche Rechnungswesen viele Fragen auf, die eigenständige Antworten verlangen, weil sie so in anderen Anwendungsbereichen des Rechnungswesens nicht auftreten. Eine dieser Fragen richtet sich auf die Eignung bekannter Verfahren der Kosten- und Leistungsrechnung für die projektbezogene Kostenplanung und -kontrolle.

Industrielle Anlagengeschäfte sind langfristig. Allein die Angebotsphase kann von mehreren Monaten bis zu mehreren Jahren reichen. Das Wertvolumen einzelner Anlagenprojekte ist absolut und relativ zum Gesamtauftragsvolumen beträchtlich. Anlagen sind komplexe Hardware/Software-Konfigurationen, die individuell gefertigt werden und prinzipiell einmalig sind (vgl. ENGELHARDT 1977, ENGELHARDT/GÜNTER 1981, BACKHAUS 1982).

Für die Darstellung von Problemen projektbezogener Kostenplanung und -kontrolle ist es hilfreich, ein Anlagenprojekt idealtypisch in Phasen zu gliedern. Üblich ist eine Unterscheidung in Anfragenphase, Angebotsphase, Verhandlungsphase und Abwicklungsphase. In diesem Beitrag sollen allein Besonderheiten der Kostenplanung von Projekten des Anlagengeschäfts angesprochen werden, die in der Angebotsphase auftreten. Diese wird eröffnet durch die Entscheidung des Anbieters, auf eine Anfrage hin ein Angebot zu bearbeiten und beschlossen durch die Entscheidung des Nachfragers, das Geschäft mit dem Anbieter

7. Saarbrücker Arbeitstagung 1986
Rechnungswesen und EDV
hrsg. v. W. Kilger/A.-W. Scheer

fortzuführen (d.h. in die Verhandlungsphase einzutreten) oder abzubrechen.

Die Aufgabe des internen Rechnungswesens in der Angebotsphase besteht darin, einen Beitrag zur Angebotsentscheidung zu leisten, insbesondere die Angebotspreisentscheidung durch eine Kostenplanung zu untertützen. Die Preisentscheidung im industriellen Anlagengeschäft ist nämlich -anders als im Sorten- und Seriengeschäft- auf die Kostenrechnung angewiesen. Marktbezogene Informationen sind für eine projektbezogene Preisfindung nur sehr begrenzt verfügbar, da jedes Projekt im Prinzip einmalig und individuell ist. Im Angebotsstadium kann deshalb kein Marktpreis existieren, es gibt aus der Sicht eines Anbieters allenfalls Mutmaßungen darüber, was der anfragende Nachfrager für die Anlage zu budgetieren bereit und in der Lage ist sowie Mutmaßungen über das Preisverhalten der Konkurrenten. Alle diese Mutmaßungen gehen in den Entscheidungsprozeß ein, sind aber "weiche" Grundlagen. Die "harte" Grundlage der Preisentscheidung in der Angebotsphase ist die Kalkulation - Preisplanung in der Angebotsphase heißt deshalb zuallererst Kostenplanung!

Aufgabe der Kalkulation in der Angebotsphase ist die Ermittlung einer Wertgröße, die bestimmte Anforderungen des Anbieters an den Preis ausdrückt. Diese Anforderungen lassen sich ableiten aus dem Gewinnziel der Unternehmung:

1. Der Preis muß die vom Projekt selbst verursachten Kosten decken.

2. Der Preis muß einen angemessenen Beitrag zur Deckung der vordisponierten Kosten leisten. Das Angemessenheitskriterium leitet sich nicht aus Marktgesichtspunkten, sondern aus internen Kostenverteilungsgesichtspunkten ab.

3. Der Preis muß eine realistische Auftragschance ermöglichen.

Die Anforderungen an den Preis können also zu einem Konflikt zwischen einem als erforderlich angesehenen und einem als erreichbar eingeschätzten Preis führen. Die Kalkulation kann immer nur den "erforderlichen Preis" formulieren. Darum geht es bei den folgenden Ausführungen zur Preisplanung.

In diesem Zusammenhang taucht eine alte betriebswirtschaftliche Streitfrage wieder auf: die Frage nach der Eignung von Vollkostenrechnung und Teilkostenrechnung für die Fundierung von Preisentscheidungen. Diese Diskussion braucht in ihrem Ergebnis hier nicht wiedergegeben zu werden. Wir wollen im Hinblick auf die Problematik der Preisentscheidung in der Angebotsphase bei Anlagengeschäften lediglich einige wichtige Gesichtspunkte herausstellen (weiterführend PLINKE 1985, S. 13-26; 85-92).

Eine Deckungsbeitragsrechnung setzt definitionsgemäß einen Erlös zur Bestimmung des Deckungsbeitrags voraus. Die Kalkulation im hier beschriebenen Zusammenhang soll den "erforderlichen Preis" ja gerade ermitteln, insofern kann kein Deckungsbeitrag zur Preisfindung herangezogen werden.

Der Weg zur Preisfindung über Soll-Deckungsbeiträge (KILGER 1981, S. 766-784) ist ebenfalls nicht gangbar, weil für die Bestimmung des Soll-Deckungsbeitrages marktbezogene Kriterien herangezogen werden müssen. Diese sind aber aufgrund der Singularität von Anlagenprojekten, die jeweils einen "Markt für sich" darstellen, nicht verfügbar. Im industriellen Anlagengeschäft sind die Marktverhältnisse so individuell und heterogen, daß der Rückgriff auf die die Gemeinkostenzurechnung, d.h. die traditionelle Vollkostenkalkulation, unvermeidlich ist.

Ganz abgesehen davon, daß der materielle Bedeutungsunterschied zwischen Gemeinkostenzuschlagssätzen und Soll-Deckungsbeitragssätzen im hier behandelten Zusammenhang kaum wahrnehmbar ist, wollen wir herausstellen, daß die Kritik an der Vollkostenkalkulation für unsere Fragestellung gar nicht greift - daß es also bei der Preisfindung im Anlagengeschäft materiell gar keinen Unterschied macht, ob auf der Basis von proportionalen Selbstkosten plus (wie immer ermitteltem) Soll-Deckungsbeitrag oder auf der Basis einer Vollkostenkalkulation vorgegangen wird.

Das Kernstück der Kritik an der Selbstkostenrechung auf Vollkostenbasis -soweit Preisentscheidungen angesprochen sind- ist die willkürliche Aufteilung echter Gemeinkosten und die Irrelevanz dieser Kosten für (optimale) Preisentscheidungen (RIEBEL 1972, S. 22-38). Damit steht im Mittelpunkt der Betrachtungen die Richtigkeit der Abbildung von Entscheidungskonsequenzen.

Jede anteilige Gemeinkostenverrechnung basiert auf subjektivem Ermessen, stellt also einen willkürlichen Zurechnungsakt dar und zerstört damit die objektive Richtigkeit der Abbildung. Ein "richtiges" Deckungsbudget läßt sich also mit Hilfe der Vollkostenrechnung nicht ableiten. Es ist aber die Frage zu stellen, ob diese Kritik eigentlich - was unsere Thematik betrifft - an der richtigen Stelle ansetzt.

Bei der Bildung eines Planerlöses - und nichts anderes stellt die Angebotskalkulation im Anlagengeschäft dar - kommt es zwar auch darauf an, eine möglichst richtige Abbildung der Kostenwirkung der Projektentscheidung zu erreichen. An dieser Stelle dürfen die Überlegungen jedoch nicht haltmachen. In den Planerlös müssen auch mehr oder weniger hohe Anteile für die Deckung der vordisponierten Kosten einbezogen werden. Für die Bildung dieser Deckungsanteile können unter keinen Umständen objektive, kostenorientierte Kriterien angegeben werden. Das ist aber auch gar nicht nötig. Die Subjektivität der Bildung von Deckungsanteilen ist nämlich nicht das Problem: Nicht auf die (auf ein Entscheidungsoptimum bezogene) Richtigkeit der Kostenzurechnung kommt es an, sondern auf die Sicherung der Vollständigkeit der Kostendeckung im Erlös. Wenn wir den theoretisch zwar konsequenten, im Anlagengeschäft praktisch aber nicht erfüllbaren Anspruch auf Optimalentscheidungsmodelle aufgeben, fällt die Kritik an der Gemeinkostenzurechnung in sich zusammen. Was daraus hervortritt, ist die Neubesinnung auf ein in der Praxis unersetzliches Planungsinstrument - die Vollkostenkalkulation. Nicht die Tatsache der Gemeinkostenaufteilung sehen wir als das Problem der Kostenplanung in der Angebotsphase, sondern die Art und Weise der Behandlung von Einzelkosten und Gemeinkosten hinsichtlich der Sicherung der

Kostendeckung. Entsprechend sind die beiden folgenden Abschnitte gegliedert.

2. Die Planung des Deckungsbedarfs für Einzelkosten

Die Projekteinzelkosten haben eine Zeitstruktur, die in der Planung zu berücksichtigen ist. Dieser Schritt wurde in früheren Beiträgen zum Projektmanagement bereits vollzogen (vgl. NASA 1962; USAF 1963; SCHELLE 1969; WITHAUER 1971; GEWALD, KASPER, SCHELLE 1974, SAYNISCH 1977, 1979). Auf das industrielle Anlagengeschäft bezogen und kapitaltheoretisch fundiert wurde das Konzept von BACKHAUS (1980) wesentlich weiterentwickelt. Basis der Zeitstrukturierung sind Projekt-Prozeßpläne bzw. Netzpläne, die es erlauben, sämtliche Projekteinzelkosten als Auszahlungsvektoren darzustellen. Das Ergebnis ist eine zeitstrukturierte Kostenmatrix mit den Projekteinzelkostenarten in den Zeilen und den Zeitabschnitten der Projektepisode in den Spalten.

Die Summierung über alle Zeilen und Spalten der Matrix ergibt den Nominalwert der Projekteinzelkosten.

Da bei langfristiger Betrachtungsweise nicht nur die Höhe, sondern auch der Zeitpunkt einer Zahlung ökonomisch relevant ist, müssen die Auszahlungsvektoren durch Verzinsung zeitäquivalent gemacht werden. Als Bezugszeitpunkt für die Erlösplanung eines Anlagengeschäfts bietet sich der Vertragszeitpunkt an. An diesem Punkt entscheidet sich, ob aus dem Planerlös ein Kontrakterlös wird. Da bis zu diesem Zeitpunkt bereits Projekteinzelkosten angefallen sind (Angebotskosten) und nach diesem Zeitpunkt Projekteinzelkosten anfallen werden (Auftragskosten), gibt es eine aufzuzinsende und eine abzuzinsende Auszahlungsmatrix. Den Barwert der zeitstrukturierten Projekteinzelkostenmatrix zeigt Definition 1.

Die Besonderheit unseres Vorschlages gegenüber der praxisüblichen Vorgehensweise besteht in der Zeitstrukturierung der Einzelkosten nach ihren Auszahlungsvektoren sowie in der Berücksichtigung von Zinsen auf die Kapitalbindung in den Einzelkosten. Diese Vorgehensweise erweist sich aufgrund der

$$(1)\quad BPA = \sum_{t=0}^{T^*} \sum_{l=1}^{L} A^*_{l(t)} (1+k)^{t} + \sum_{t=0}^{T} \sum_{l=1}^{L} A_{l(t)} (1+k)^{-t}$$

wobei

$A^*_{l(t)}$ = Einzelkostenart l in der Periode t (Angebotsphase)

$A_{l(t)}$ = Einzelkostenart l in der Periode t (Auftragsphase)

T^* = Dauer der Angebotsphase

T = Dauer der Auftragsphase

k = Kalkulationszinsfuß

BPA = Barwert der Projektausgaben (Projekteinzelkosten)

Langfristigkeit der Projekte als unbedingt sinnvoll, da die Aggregation zeitverschiedener Auszahlungen ohne Verzinsung zu verzerrten Aussagen über die Höhe des Deckungsbedarfs führt.

3. Die Planung des Deckungsbedarfs für Gemeinkosten

In den praktizierten Ansätzen zur Kalkulation und zur Erlösplanung im industriellen Anlagengeschäft wird die Gemeinkostenplanung mehr oder weniger vernachlässigt bzw. durch pauschale Zuschlagsfaktoren, die auf die Herstellkosten oder eine vergleichbare Basis bezogen werden, mechanisch gehandhabt. Auch Beiträge, die ausdrücklich auf ein projektorientiertes Rechnungswesen abstellen, machen in der Gemeinkostenplanung keinen Unterschied (vgl. SAYNISCH 1979, S. 266). Das gleiche gilt für Planungsansätze, die auf Kostenprognosemodellen beruhen (vgl. EVERSHEIM et al. 1977; BACKHAUS 1980; WILDEMANN 1979, mit weiteren Nachweisen).

Die Aufgaben, die bezüglich der Planung des Deckungsbedarfs für Gemeinkosten an das Rechnungswesen heranzutragen sind, umfassen

* Schaffung von Transparenz über den Deckungsbedarf

* Sicherung der vollständigen Kostendeckung im Erlös

* Bereitstellung von Möglichkeiten einer absatzorientierten Gestaltung des Deckungsbedarfs ohne Gefährdung der Deckungskontrolle.

Diese Aufgaben kann das Rechnungswesen besser erfüllen, wenn die formal rechnische Dominanz des Periodenerfolgsmodells zurückgenommen wird und der projektorientierte Charakter der Rechnung betont wird. Das Modell, das wir zum Aufbau des Deckungsbedarfs für Geminkosten vorschlagen, stellt eine Erweiterung des Periodenerfolgsmodells dar und ist an den genannten drei Aufgaben orientiert.

Der Grundgedanke des Modells liegt im Bezugsobjekt der Rechnung: Anstelle der Periode wird das Projekt wird zum zentralen Zurechnungsobjekt. Der Unterschied zum traditionellen Modell läßt sich aus einem Strukturvergleich beider Modelle ableiten. So wie es in der Periodenrechnung einerseits Wertbewegungen gibt, die der Periode eindeutig zugeordnet werden können und andererseits solche, die mehr als eine Periode betreffen (Periodengemeinkosten, Periodengemeinerlöse), so stellen sich auch im projektorientierten Rechnungswesen Unterschiede in der in der Zurechnung ein, je nachdem ob die Kosten allein ein Projekt betreffen oder eine Mehrzahl von Projekten. Im periodenorientierten Modell werden diejenigen Kosten, die eine bestimmte Periode gar nicht oder nur anteilig betreffen, durch Periodisierung abgegrenzt, in der Sprache der Bilanz: Aktivierung, Passivierung, Abschreibung sind die Instrumente der periodengerechten Zurechnung.

Wird dieses Modell nun auf das Problem der Erlösplanung im industriellen Anlagengeschäft übertragen, so ergeben sich einige gravierende Schwierigkeiten:

1. Gemeinkostenzuschlagssätze werden auf der Grundlage eines kurzfristigen Periodenrechnungsmodells - der Betriebsabrechnung - ermittelt. Diese basiert ihrerseits auf Periodisierungen. Das industrielle Anlagengeschäft ist dagegen langfristiger Natur. Es ist nachgerade ausgeschlossen, daß Beginn und Ende eines Projekts in dieselbe Periode fallen. Damit wird aber ein Soll-Ist-Vergleich und damit die Deckungskontrolle im Rahmen der Betriebsabrechnung unmöglich.

2. Das Modell der kurzperiodischen Betriebsabrechnung kann zwar "Aktivierungen" und "Passivierungen" von solchen Wertgrößen zulassen, die mehr als eine Periode betreffen, es stellt dagegen keine Möglichkeit bereit, solche Abgrenzungsbuchungen in bezug auf Projekte vorzunehmen. Die Konsequenz ist, daß Projektverluste im kurzperiodischen Betriebsergebnis kumuliert und saldiert mit Projektgewinnen ausgewiesen werden. Die gegenüber dem ursprünglichen Plan realisierten Kostenunterdeckungen werden damit gleichsam automatisch und unkontrolliert aus dem Deckungsbedarf herausgenommen und damit der zukünftigen Deckungsplanung entzogen. Das kurzfristige Periodenergebnis hat - rechnerisch gesehen - die Wirkung einer "Generalabsolution".

Die konzeptionelle Schwachstelle der traditionellen Periodenrechnung ist das fehlende Bindeglied zwischen der kurzperiodischen Betriebsabrechnung und der langfristigen Projektrechnung, aufgrunddessen allein die Sicherung der vollständigen Gemeinkostenüberwälzung sowie die Rückkopplung der Istwerte zum Planungsansatz bewirkt werden kann. Dieses Bindeglied finden wir in einem "künstlichen" zusätzlichen Zurechnungsobjekt, das wir "Pool" nennen.

Kostenpools sind fiktive Konten, die solche Kosten, die in der kurzperiodischen Betriebsabrechnung als Gemeinkosten - und somit für die Erlösplanung als Deckungsbedarfe - auftreten, sammeln und für die Weiterverrechnung auf Projekte bereithalten. Damit ist zunächst einmal gesichert, daß Gemeinkosten, die in einer Abrechnungsperiode nicht auf Projekte zugerechnet werden können oder sollen, nicht im Periodenergebnis "verschwinden" und damit der Deckungskontrolle entzogen werden.

Formal-rechnerisch stellen die Pools eine konsequente Analogie zu den Abgenzungsinstrumenten der Periodenrechnung dar: So wie dort diejenigen Kosten, die mehr als eine Periode betreffen, auf besonderen Konten gesammelt und sukzessive an die Einzelperioden weiterverrechnet werden, so werden in der Projektrechnung diejenigen Kosten, die mehr als ein Projekt betreffen, in Pools gesammelt und sukzessive an die Projekte weiterverrechnet. Pools werden also gebildet durch Dispositionen über Kostenquanten, sie werden entsprechend entlastet durch Dispositionen über Deckungsanteile der einzelnen Projekte an den Kostenpools. Der Aufbau der Kostenpools geschieht kumulativ im Zeitablauf, so wie die Dispositionen getroffen werden, die Deckung erfolgt in dem Maße wie Projekte anfallen.

Die Pools sind also das erforderliche Zwischenglied zwischen Zeitpunkt und Höhe der Kostenentstehung und Zurechnung zum Projekt. Insofern erfüllen die Pools im projektorientierten Rechnungswesen dieselbe Aufgabe wie die Bilanz im periodenorientierten Rechnungswesen.

Abb. 1 verdeutlicht den Wertefluß im projektorientierten Rechnungswesen. Anstelle der direkten Weiterverrechnung von Projektgemeinkosten auf die Projekte erfolgt nunmehr die Sammlung dieser Kostenquanten in Pools (Ziffer 4). Zusätzlich zu dem von den Kostenstellen fließenden Wertestrom nehmen die Pools in ihrer Funktion als Abgrenzungsinstrument der Projektrechnung auch Beträge auf, die zwar aus Dispositionen über mehrere Projekte resultieren, die aber gleichwohl nicht periodisiert werden sollen (Ziffer 5). Die Projekte nehmen aus der Grundrechnung die Einzelkosten (Ziffer 1) und von den Pools die Deckungsanteile (Ziffer 6) auf. Die Möglichkeit des Rückflusses von zugerechneten Gemeinkostenanteilen von den Projekten zu den Pools ist gegeben (Ziffer 7).

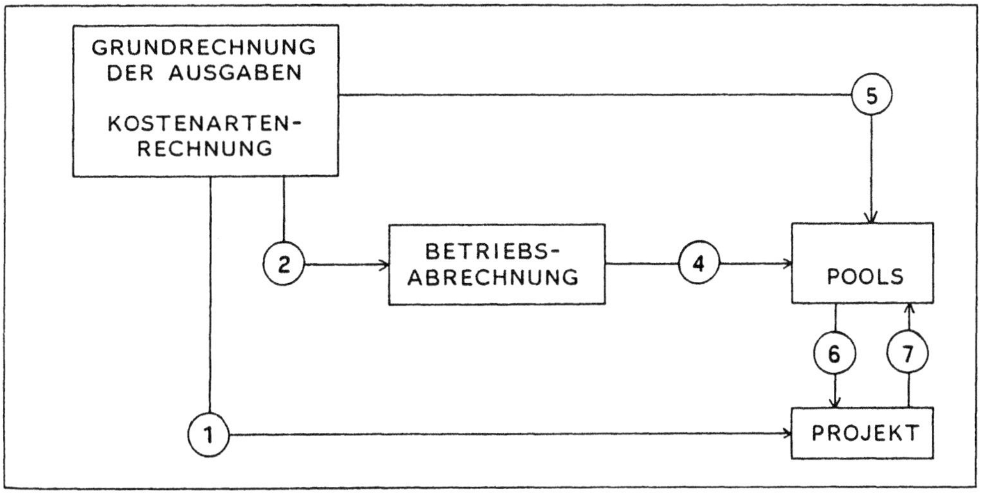

Je nach dem Anspruch an Differenziertheit der Gemeinkostenplanung und -deckungskontrolle können beliebig viele Kostenpools gebildet werden. Eine sachliche Gliederung erleichtert die Durchführung und Kontrolle der Poolrechnung. Zwei Hauptgruppen von Pools sind zu unterscheiden.

Generelle Pools empfangen als Anlastungen die kurzperiodisch anfallenden Gemeinkostensummen der Kostenstellenrechnung. Aus diesem Grunde ist im Prinzip je Kostenstelle bzw. je Kostenstellengruppe ein genereller Pool zu bilden. Diese Pools sind ihrer Natur nach von unbegrenzter Lebensdauer, da der Deckungsbedarf der generellen Pools nicht von bestimmten Projekten abhängt. Wir halten drei Gruppen von generellen Pools für die Mindestgliederung:

* Pools für die Sammlung von allgemeiner Overheads (Overhead-Pools)

* Pools für das Auffangen spezieller Risiken (Risiko-Pools)

* Pools für das Auffangen von Verlusten und Gewinnen (Gewinn- und Verlust-Pools)

Spezielle Pools empfangen als Anlastungen Projektgemeinkosten, die nicht in der Periodenrechnung geführt, sondern direkt aus der Grundrechnung übernommen werden. Anlässe für die Bildung spezieller Pools können in beliebigen Aktivitäten gesehen werden, die eine Mehrzahl von Projekten betreffen. Beispiele sind Lizenzkauf, Markterschließungskosten, Sonderbetriebsmittel, Sonderentwicklungskosten.

Als Besonderheit tritt bei den speziellen Pools in Erscheinung, daß geplante Verluste als Gemeinkosten interpretiert werden, für die ein Pool zu bilden ist. Geplante Verluste sind - gegenüber dem "normalen" Deckungsplan - als Deckungsverzichte zu behandeln, die der Deckungskontrolle nicht entzogen werden dürfen. Beispiele sind Preiszugeständnisse zur Erschließung eines neuen Marktes (Referenzkunde) oder zum Eintritt in eine neue Technologie (Referenzanlage).

Im Gegensatz zu den generellen Pools werden spezielle Pools stets für eine im Prinzip begrenzte Zahl von Projekten gebildet.

Die Erfassung und Kontrolle der Wertbewegungen in den Pools erfolgt in derselben Frequenz wie die Betriebsabrechnung, also kurzfristig.

Wegen der Langfristigkeit des Deckungsprozesses müssen die Poolsalden verzinst werden. Der Teil der kalkulatorischen Zinsen, der sich auf das in Pools gebundene betriebsnotwendige Vermögen bezieht, wird aus der pauschalen Berechnung herausgenommen. Dafür wird das gesamte in dem Pools gebundene Kapital der Verzinsung unterworfen. Dies geschieht dadaurch, daß die Poolsalden in jedem Abrechnungszeitraum verzinst werden, vgl. die nachfolgende Definition 2.

(2) $$P_j^{SB(t)} = [P_j^{SB(t-1)} + P_j^{A(t)} - P_j^{E(t)}]\ (1+k)$$

wobei

$P_j^{SB(t)}$ = Schlußbestand des j-ten Pools in Periode t

$P_j^{SB(t-1)}$ = Schlußbestand des j-ten Pools in Periode t-1

$P_j^{A(t)}$ = Anlastungen in Periode t für Pool j

$P_j^{E(t)}$ = Entlastungen in Periode t für Pool j

k = Kalkulationszinssatz $/100 \cdot \frac{1}{12}$

t = Monat

Durch die Berechnung von Zinsen verändern sich die Poolsalden auch dann, wenn ansonsten keine Wertbewegungen stattfinden, so daß der Zeitpunkt der Deckung in die Deckungskontrolle einbezogen wird.

4. Die Aussagefähigkeit des projektorientierten Rechnungswesens

Die dargestellte Grundstruktur des projektorientierten Rechnungswesens läßt erkennen, daß es sich nicht um eine Alternative zum periodenorientierten Rechnungswesen handelt, sondern um eine Erweiterung, die parallel zum traditionellen internen Rechnungswesen läuft, um den besonderen Belangen des industriellen Anlagengeschäft gerecht zu werden.

Dieses Rechnungswesen kann im Gegensatz zum traditionellen Rechnungswesen die Gewähr dafür übernehmen, daß nicht unkontrolliert Bestandteile des Deckungsbedarfs im Periodenergebnis untergehen und damit der Deckungskontrolle entzogen werden. Drei Beispiele mögen das verdeutlichen.

1. Wenn ein Anlagenbauer sich von einem Auftrag positive Ausstrahlungseffekte auf zukünftige Auftragschancen verspricht, z.B. weil er eine neue Technik als Referenz vorweisen kann oder weil er einen Pionierkunden gewinnt, dann ist er in der Regel auch zu Preiszugeständnissen bereit, die zu einer Kostenunterdeckung führen. Diese Kostenunterdeckung stellt gleichsam eine Investition in zukünfte Auftragschancen dar. Im internen Rechnungswesen verschwindet diese Position, d.h. es wird nicht mehr kontrolliert, ob die Referenzfolgeprojekte wirklich einen Beitrag zur Deckung der geplanten Verluste beim Referenzprojekt erbringen. Stattdessen erhöhen sich aufgrund der Unterdeckung anteilig die Gemeinkostenzuschlagssätze (auf Istkostenbasis), was im periodenorientierten Rechnungswesen entweder als Abweichung von den vorkalkulierten Kosten im kurzfristigen Periodenergebnis verschwindet oder aber - für den Fall einer Fortschreibung der Zuschlagssätze - sich kostenerhöhend bei allen folgenden Projekten auswirkt.

Im projektorientierten Rechnungswesen werden diese "Investitionen" in einem Pool erfaßt und gleichsam über die Referenzfolgeprojekte "abgeschrieben". Die Folge ist die anteilige kalkulatorische Belastung der Referenzfolgeprojekte sowie die entsprechende Entlastung aller anderen Projekte, die mit dieser Referenzanlage nicht in sachlichem Zusmamenhang stehen. Der spezielle Pool für diese Referenzanlage erlaubt den jederzeitigen Einblick in das Ausmaß der Wiedergewinnung der Kosten.

2. Wenn bei einem Anlagengeschäft besondere Entwicklungskosten anfallen, die preispolitisch nicht voll abwälzbar sind, dann tritt häufig folgendes Phänomen auf: Der Kalkulator "verhandelt" mit dem Akquisiteur über die Quote der Sonderentwicklungskosten, die bei dem aktuellen Auftrag kalkuliert werden kann. Der Rest verschwindet im kurzfristigen Periodenergebnis, es wird nicht nachkalkuliert, inwieweit Folgeprojekte die beim aktuellen Auftrag ungedeckt gebliebenen Sonderentwicklungskosten abdecken.

Im projektorientierten Rechnungswesen wird wiederum ein spezieller Pool für diese Entwicklungskosten gebildet. Die Entwicklungskosten werden gleichsam aktiviert und abgeschrieben mit der Folge einer entsprechenden kalkulatorischen Belastung der sachlich betroffenen Projekte und einer permanenten Kontrolle der Wiedergewinnung der Kosten.

3. Ein anderer heikler Punkt im industriellen Anlagengeschäft ist der kalkulatorische Umgang mit Angebotskosten, die im Anlagengeschäft eine beträchtliche Kalkulationsgröße darstellen. Werden Angebotskosten als Vertriebsgemeinkosten behandelt (was der Regelfall ist), dann kann es im traditionellen Kalkulationsmodell keine wirksame Kontrolle darüber geben, ob die gewonnenen Aufträge die notwendigen Deckungsbeiträge für die Angebotskosten der verlorenen Angebote erbracht haben.

Das projektorientierte Rechnungswesen sammelt sämtliche Angebotskosten in einem generellen Pool und hat durch die Gegenrechnung der Entlastungen über gewonnene Aufträge die jederzeitige Deckungskontrolle.

Mit diesen Beispielen ist gleichzeitig deutlich geworden, daß das projektorientierte Rechnungswesen den Weg weist zu einem strategischen, d.h. projektübergreifenden Projekt-Controlling, dessen Notwendigkeit unbestritten ist, für das Ansatzpunkte im Rechnungswesen bisher jedoch fehlten.

5. Schlußbetrachtung

Die wesentlichen Merkmale des projektorientierten Rechnungswesens, das als Ergänzung zum periodenorientierten Rechnungswesen konzipiert ist, lassen sich wie folgt zusammmenfassen.

1. Zentrales Bezugsobjekt der Rechnung ist wegen der Dominanz im industriellen Anlagengeschäft das Projekt und nicht mehr die Periode. Alle Kosten werden möglichst direkt und soweit das nicht möglich ist über Pools dem Projekt angelastet.

2. Wegen der sich daraus ergebenden Irrelevanz der Periodisierung von Kosten werden die Einzelkosten nicht mit dem Zeitpunkt des Güterverbrauchs, sondern mit dem Zeitpunkt der Auszahlung rechnerisch realisiert. Dies ist die Voraussetzung für die Durchführung der als notwendig erkannten Verzinsung zeitverschiedener Kostenströme.

3. Der individuellen Erfassung und Zurechnung von Kosten wird der Vorrang gegenüber pauschalen Rechnungsmethoden ergeben. Gegenüber dem periodenorientierten Rechnungswesen ergeben sich zusätzliche Ansatzpunkte dafür z.B. bei Zinsen, Risiken und Angebotskosten.

4. Die Kapitalbindung in noch nicht verrechneten Gemeinkosten, d.h. im Deckungsbedarf, wird einer Kapitalbindung im materiellen betriebsnotwendigen Vermögen gleichgestellt, d.h. verzinst. Diese Vorgehensweise bricht mit der Tradition des internen Rechnungswesen, das wie das externe Rechnungswesen auf die Aktivierung immaterieller Werte verzichtet.

Auf diese Weise ist das projektorientierte Rechnungswesen in der Lage, die ihm oben zugewiesenen Aufgaben, vor allem aber die Schaffung von Transparenz über den Deckungsbedarf, die wir als Voraussetzung zur Sicherung der Wiedergewinnung der Kosten sehen, zu gewährleisten.

LITERATUR

Backhaus, K., Auftragsplanung im industriellen Anlagengeschäft, Stuttgart 1980

Backhaus, K., Investitionsgüter-Marketing, München 1982

Engelhardt, W.H., Grundlagen des Anlagen-Marketing, in: Anlagen-Marketing, hrsg. von W.H. Engelhardt und G. Laßmann, Sonderheft 7/77 der ZfbF, Opladen 1977, S. 9-37

Engelhardt, W.H.,- Günter, B., Investitionsgüter-Marketing, Stuttgart 1981

Eversheim, W., - Minolla, W., - Fischer, W., Angebotskalkulation mit Kostenfunktionen in der Einzel- und Kleinserienfertigung, Berlin/ Köln 1977

Gewald, K., - Kasper, K., - Schelle, H., Netzplantechnik, Band 3, Kosten- und Finanzplanung, München/Wien 1974

Kilger, W., Flexible Plankosten- und Deckungsbeitragsrechnung, 8. Aufl., Wiesbaden 1981

NASA PERT and Comparison Cost System Handbook, NPC 101.00, o.O. 1962

Plinke, W., Erlösplanung im industriellen Anlagengeschäft, Wiesbaden 1985

Riebel, P., Kosten und Preise bei verbundener Produktion, Substitutionskonkurrenz und verbundener Nachfrage, 2. Aufl., Opladen 1972

Saynisch, M., Integrierte Zeit- und Kostenplanung bei Entwicklungsprojekten, in: Waffensystemplanung, hrsg. von R.K. Huber, München 1977

Saynisch, M., Die Projektkostenrechnung und ihre Integration mit dem betrieblichen Rechnungswesen, in: Projektmanagement, hrsg. von M. Saynisch, H. Schelle und A. Schenk, München 1979

Schelle, H., Kosten- und Finanzplanung mit Methoden der Netzplantechnik, Wiesbaden 1969

USAF USAF-PERT, VOL.III "Pert/Cost System Description Manual", US Air Force Systems Command, o.O. 1963

Wildemann, H. Betriebswirtschaftlich-organisatorische Einflußgrößen für Kostenprognosen bei komplexen, neuen Systemen, Habilitationsschrift, Köln 1979

Withauer, K.F., Planung und Kontrolle von Kosten und Leistungen bei Projekten, in: BFuP 32 (1971), S. 609-622

Konsequenzen der 4. EG-Richtlinie für die Software der Finanzbuchführung

Dipl.-Betriebsw. H.H.J. Becker, ADV/ORGA F.A. Meyer AG, Wiesbaden

Durch das am 01. Januar 1986 in Kraft getretene Bilanzrichtlinien-Gesetz (BiRiliG) werden zusätzlich zu bisher ca. 3.300 Gesellschaften ca. 300.000 Gesellschaften erstmals veröffentlichungspflichtig. Die Anzahl von 720 Konzern-Rechnungslegungs-Gesellschaften wird sich um 3.000 erhöhen.

Vielen Unternehmen steht also die Aufgabe ins Haus, ihr Rechnungswesen auf die Bestimmungen dieses Gesetzes umzustellen. Welche Unternehmen dies sind, ist im Gesetz definiert und an anderen Stellen kommentiert.

Wer im Unternehmen ist nun betroffen, welche Aufgaben sind zu erfüllen.

Betroffen ist

1. die Unternehmensleitung wegen einiger wichtiger Grundsatzentscheidungen, die das Unternehmen auch für die Zukunft binden
2. die Fachabteilung Finanz- und Rechnungswesen ein-

7. Saarbrücker Arbeitstagung 1986
Rechnungswesen und EDV
hrsg. v. W. Kilger/A.-W. Scheer

schliesslich des Controllers, und zwar vom Leiter bis zum Sachbearbeiter

3. die Organisation, in jedem Fall aber die Datenverarbeitung, wenn Buchhaltung und Rechnungslegung nicht manuell abgewickelt werden

An diesen letzten Bereich, genauer an die Software der Finanzbuchhaltung, werden neue Anforderungen gestellt, die in sehr vielen Fällen von der eingesetzten Software nicht erfüllt werden können - es sei denn, man nimmt eine Verschlechterung des Service, zusätzliche manuelle Eingriffe - also einen Rückschritt - in Kauf.

Das das Bilanzrichtlinien-Gesetz sind also mit einem Schlag viele Finanzbuchhaltungssysteme veraltet. In die Zukunft denkende Unternehmen nutzen diesen Zeitpunkt, ihr Informationswesen auf eine neue Basis zu stellen.

Welche Anforderungen an die Software bringt nun das Bilanzrichtlinien-Gesetz im einzelnen?

Zur Beantwortung sollen zunächst die Neuerungen für die Fachabteilung aufgezeigt werden, aus denen sich die Anforderungen an die Software ergeben.

1. Erforderliche Festlegungen der Unternehmensleitung -

Simmulation der Auswirkungen.

Die Unternehmensleitung hat zunächst zu entscheiden, z. B., welche Gesellschaften

- Beteiligungs- bzw.
- verbundene Gesellschaften

sind und welche davon in den Konsolidierungskreis einzubeziehen sind.

Hierzu ein Hinweis: Unternehmen, die jetzt Konzern geworden sind, sollten in einem Zug auf die Vorschriften der 4. und 7. EG-Richtlinie umstellen.

Für Unternehmen, die vorzeitig umstellen, hat der Gesetzgeber Erleichterungen für die Übergangszeit vorgesehen, er verzichtet auf

1. die Einbeziehung ausländischer Töchter
2. die einheitlichen Konzern-Bewertungs-Vorschriften
3. die Einbeziehung von Beteiligungs-Unternehmen

Desweiteren sind die Methoden der Fremdwährungsumrechnung festzulegen.

Die mit der Einführung der neuen Gesetze verbundenen Wahlrechte erfordern abgewogene Entscheidungen, da die einmal getroffenen Festlegungen - wegen des jetzt sehr viel strenger ausgelegten Grundsatzes der Kontinuität - nicht mehr ohne weiteres geändert werden können.

Solche Festlegungen betreffen unter anderem z. B. auch den Inhalt der Herstellkosten bezüglich Material- und Verwaltungsgemeinkosten, Gesamtkosten- oder Umsatzkostenverfahren, Darstellung bestimmter Positionen und Sachverhalte im Anhang oder in Bilanz und G + V.

Die ergebnispolitischen Auswirkungen derartiger Entscheidungen müssen sorgfältig analysiert und am besten durch Simmulationsrechnungen auf der Basis der bisherigen Zahlen und Annahmen zukünftiger Entwicklungen unterstützt werden. Das bedeutet für die Software, dass sie z. B. durch ein flexibles Abschlussystem in der Lage sein sollte, die ergebnispolitischen Auswirkungen von einer endgültigen Festlegung bereits mit den Daten des alten Geschäftsjahres aktuell aufzuzeigen.

Wenn das Geschäftsjahr dem Kalenderjahr entspricht, sind bestimmte Entscheidungen bereits mit dem Beginn des Geschäftsjahres ab 01. 01. 1987 zu treffen, da nicht nur der Jahresabschluss geprüft wird, sondern auch die damit verbundene Buchführung.

2. Internes und externes Berichtswesen

In vielen Unternehmen wurde bisher nur eine Einheitsbilanz erstellt. Besonders die GmbH, die bisher nur eine Steuerbilanz machen musste, ist nun besonders vom Auseinanderklaffen von Steuer- und Handelsbilanz betroffen, da sich bei einigen Positionen der materielle Inhalt verändert hat.

Insgesamt kommt es zu einem grösseren Auseinandertriften von internem und externem Berichtswesen.

So laufen z. B. die bisherigen ausserordentlichen Aufwände und Erträge, also z. B. auch Erlöse aus Grundstücksverkäufen, in den sonstigen betrieblichen Aufwand bzw. Ertrag. Dies ist für das interne Berichtswesen nicht akzeptabel. Folglich müssen in solchen Fällen die Geschäftsvorfälle weiterhin differenziert erfasst und den Zwecken der Berichte entsprechend zugeordnet werden.

Dies betrifft natürlich auch die Vorjahreswerte. Durch die inhaltliche Veränderung einzelnen Positionen ist eine

Vergleichbarkeit zwischen zukünftigen und bisherigen betriebswirtschaftlichen Aussagen aus dem externen Berichtswesen nicht mehr gegeben.

Hier bietet sich an, dass Kennzahlensystem des Unternehmens kritisch zu prüfen und eine Reihe von Basiswerten neu zu definieren.

Die Software sollte hier über ein Kennzahlensystem verfügen, das dem Benutzer gestattet, unterschiedlichste Berichte am Bildschirm sowohl in ihrer Form als auch in ihrem materiellen Inhalt zu definieren, die Basiswerte festzulegen und das Ergebnis zeitnah übermittelt zu bekommen.

Dies bedeutet, dass die Software entsprechend tiefe Kontenplangliederungen zulassen muss, beliebige Werte zu Abschlusszeilen zusammenfassen kann und dasselbe Zahlenmaterial in verschiedenste Abschlüsse nach den unterschiedlichsten Gesichtspunkten des internen und externen Berichtswesens einleiten muss.

Jede Zahl aus jedem Abschluss muss bis zum Einzelbeleg zurückverfolgt werden können, was bei einem modernen

Softwaresystem direkt am Bildschirm möglich sein sollte.

3. Inhaltliche Gestaltung des externen Rechnungswesens

3.1 Verbindlichkeitsspiegel

Das neue Recht sieht 8 verschiedene Verbindlichkeitsgruppen vor, die nach Restlaufzeiten gegliedert sein müssen.

Hierzu sind Statistische Buchungen zum Jahresschluss erforderlich. Ein Batchprogramm prüft die offenen Posten und stellt die Werte für die einmaligen Buchungen zusammen.

Während des Jahres sollte ständig eine Parametersteuerung der Fristigkeiten durch die Software möglich sein.

Die Definition müsste am Bildschirm dargestellt werden.

3.2 Anzahlungen

Bisher kannten wir Anzahlungen auf das Anlage- und auf Anzahlungen auf das Umlaufvermögen. Die weitere Aufgliederung der Anzahlungen nach neuem Recht bedeutet für die Software im Sachkontenbereich, mehrere Forderungs- und Verbindlichkeitskonten, auch für verbundene Unternehmen aufnehmen zu müssen.

3.3 Anlagengitter

Für die Darstellung des Anlagevermögens in der Bilanz bzw. im Anhang ist je Spalte des Anlagengitters (bis auf den Restbuchwert) ein Konto je Bilanzposition zu führen. Die Software muss also die Konten entsprechend tief gliedern und doch im Abschluss zusammenfassen können. Die erste Zeile enthält z. B. nicht den Restbuchwert aus dem Vorjahr, sondern den kumulierten Anschaffungswert oder den kumulierten Herstellungswert. In der letzten Zeile erscheint dann doch der Buchwert.

Hieraus ergibt sich die Forderung, Werte wahlfrei den Abschlusszeilen zuzuordnen.

3.4 Anhang

Für den nun voll prüfungspflichtigen Anhang gibt es keine gesetzliche Gliederung. Es besteht in einigen Fällen das Wahlrecht der Darstellung im Anhang oder in Bilanz und G + V. Die entsprechende Festlegung ist dann jedoch für die Zukunft wegen des Grundsatzes der Kontinuität bindend.

Der Anhang besteht aus Zahlen und Kommentierungen, also aus Daten, die überwiegend aus Bilanz und G + V bzw. aus dem Zahlenmaterial des Rechnungswesens stammen und aus frei formuliertem Text.

Ein modern organisiertes Rechnungswesen stellt daraus zwei Anforderungen an die Software:

1. Überleitung der im Anhang kommentierten Daten aus dem gespeicherten Zahlenwerk nur aufgrund der Definition am Bildschirm bzw. PC.
2. Integration dieser Zahlen in ein Text- und Graphiksystem auf PC. Durch ein solches Verfahren kann der Anhang schneller erstellt, die Zahlen sicherer übernommen und verschiedene Versionen ohne grossen Aufwand durchgespielt werden.

3.5 Vorjahreswerte

In Bilanz und G + V sind den inhaltlich unterschiedlichen Positionen auch die dazugehörigen richtigen Vorjahreswerte gegenüberzustellen.

3.6 Umstellungsdokumentation

Für die Umsetzung der neuen Vorschriften auf Sachbearbeiterebene bietet es sich an, den Abschluss 1986 zusätzlich als Musterabschluss nach neuem Recht zu erstellen. Hierbei wird zu prüfen sein, ob alle Positionen durch den Kontenplan erstellbar sind und welche Konten aufgrund der Analyse der Einzelbuchungen gesplittet werden müssen etc.

Auch hier bietet eine moderne Software durch ein entsprechendes flexibles Abschlussystem die Möglichkeit, das gleiche Zahlenmaterial nach unterschiedlichsten Gesichtspunkten aufzubereiten und auszuwerten. Die Software beinhaltet damit bereits einen Teil der Umstellungsdokumentation.

4. Zusammenfassung

Das Bilanzrichtlinien-Gesetz hat die Software der Fianzbuchhaltung auf den Prüfstand gestellt. Was für die Software der Personalabrechnung laufende Erfahrung ist, nämlich die Beeinflussung von Software durch den Gesetzgeber, hat nun auch die Finanzbuchhaltungssoftware getroffen.

Wesentliche Anforderungen an die Software stellen sich mit

- einer wahlfreien Tiefengliederung des Kontenplans
- einer wahlfreien Zuordnung von Werten zu Berichten mit den unterschiedlichsten Zielen und Zwecken
- komfortablen Definitionen von Basiswerten, Zuordnungen zu Berichten, Berichtsstrukturen und Inhalten am Bildschirm
- eine aktuelle Datenbereitstellung von Gliederung, Zuordnung und Berichtsgestalt
- einer intensiven Darstellung der Berichte durch

Textsysteme und Graphikbausteine

Eine Software der Finanzbuchhaltung, die diesen Anforderungen gerecht wird, wird auch weitere Vorschriften ohne zusätzliche Eingriffe verkraften können und für zukünftige Anforderungen aus dem eigenen Unternehmen an Qualität und Aktualität des internen und externen Berichtswesens gerüstet sein.

GPSR Compliance

The European Union's (EU) General Product Safety Regulation (GPSR) is a set of rules that requires consumer products to be safe and our obligations to ensure this.

If you have any concerns about our products, you can contact us on ProductSafety@springernature.com

In case Publisher is established outside the EU, the EU authorized representative is:

Springer Nature Customer Service Center GmbH
Europaplatz 3
69115 Heidelberg, Germany

Batch number: 10816188

Printed by Printforce, the Netherlands